中国建筑施工行业信息化发展报告（2017）

智慧工地应用与发展

本书编委会　编

中国建材工业出版社

图书在版编目（CIP）数据

中国建筑施工行业信息化发展报告．2017：智慧工地应用与发展 /《中国建筑施工行业信息化发展报告》编委会编．—北京：中国建材工业出版社，2017.6

ISBN 978-7-5160-1868-2

Ⅰ．①中…　Ⅱ．①中…　Ⅲ．①建筑业－信息化－研究报告－中国－2017　Ⅳ．① F426.9-39

中国版本图书馆 CIP 数据核字（2017）第 100327 号

中国建筑施工行业信息化发展报告（2017）

智慧工地应用与发展

本书编委会　编

出版发行：中国建材工业出版社

地　　址：北京市海淀区三里河路 1 号

邮　　编：100044

经　　销：全国各地新华书店

印　　刷：北京隆元普瑞彩色印刷有限公司

开　　本：889mm × 1194mm　1/16

印　　张：25.75

字　　数：743 千字

版　　次：2017 年 6 月第 1 版

印　　次：2017 年 6 月第 1 次

定　　价：280.00 元

本社网址：www. jccbs. com　　本社微信公众号：zgjcgycbs

本书如出现印装质量问题，由我社市场营销部负责调换。电话（010）88386906

《中国建筑施工行业信息化发展报告（2017）智慧工地应用与发展》编委会

主任委员：

王中奇　张福麟　毛志兵

副主任委员：

赵昕　马智亮　杨富春　李云贵　张建平　李久林　刁志中

编　　委：

陈珍敏　丁刚　付永晖　龚剑　郭冬建　黄俭　李洁　刘刚
刘谦　汪少山　王剑　夏志华　徐沫　姚守俨　袁正刚　苑玉平
曾立民　张爱梅　张建全　张义平　杨万勇

《中国建筑施工行业信息化发展报告（2017）智慧工地应用与发展》编写组

主　　编：

赵昕

副 主 编：

马智亮　杨富春　李云贵　张建平　李久林　龚剑　李洁　刘刚

编写组成员：

安培　敖萱　曹雪琴　陈谌　陈大萍　陈渊鸿　邓连根　杜城
冯俊国　付卫国　郭红领　郭圣杰　郭文军　韩玉辉　何玮　侯酝
黄炜　黄玉林　霍启帅　姜辉　靳五一　井振威　况中华　李彩霞
李洪艳　李俊伟　李珂　李晓颖　李鑫奎　梁宇　林佳瑞　刘海涛
刘建斌　刘伟斌　孟涛　穆洪星　钱济民　邵光信　沈志勇　宋雪飞
孙璟璐　唐磊　陶斌辉　田军　童应超　万卫国　吴林　吴瑞卿
武文斌　徐沫　邢洁　许健斌　杨万勇　勇研　于森　于晓明
余宇　曾立民　苑玉平　张兵兵　张观红　张光明　张亮　张觅媛
张卫锋　张义平　赵福宝　周长会　朱天讯　左小英

序　一

王中奇

当前，我国经济发展正从传统粗放式的高速增长阶段，进入高效率、低成本、可持续的中高速增长阶段，与此同时，传统建造模式已不再符合可持续发展的要求，迫切需要利用以信息技术为代表的现代科技手段，实现中国建筑产业转型升级与跨越式发展。

在互联网时代，随着建筑施工行业对信息化建设的探索不断深入，信息化建设也越来越趋向具体工程项目的落地应用，通过信息技术的集成应用改变传统管理方式，实现传统施工模式的变革，使施工现场更智慧化。近年来，随着BIM技术、大数据技术、物联网技术、云计算等信息技术的不断发展，施工现场管理逐渐由人工方式转变为信息化、智能化管理，极大地提高了工程质量、进度、安全等管理效率，显著提升了管理效率和效果，节省了工程管理成本。

在新常态下，建筑施工企业愈加聚焦项目施工现场，将先进的信息技术、管理理念与现场实际相结合。随着信息技术的日益成熟和“互联网+”战略的提出，“智慧工地”应运而生，它将云计算、大数据和BIM等信息技术与先进建造技术深度融合，顺应了时代和社会的发展需求，体现了建筑施工行业的创新变革。

在此背景下，《中国建筑施工行业信息化发展报告（2017）：智慧工地应用与发展》（以下简称《报告》）深度论述了建筑施工行业智慧工地应用现状和未来发展方向。《报告》聚焦施工现场信息化应用，通过施工工地这一行业最基层单位的信息化进展，呈现现阶段我国建筑施工行业信息化现状，同时也为我国建筑施工行业的信息化建设提供基础性理论和实践指导。

智慧工地顺应建筑行业发展趋势应运而生，它的意义并不在于用一些新型的科技手段在项目现场进行简单的堆砌和罗列，而是围绕项目的全生命周期建立一个支撑现场管理、互联协同、智能决策、知识共享的一整套项目现场管理的信息化系统。如果没有基础管理标准化和响应机制的建立，智慧工地的各种技术手段就无法与项目管理进行融合和交互，获得的相关信息也无法与现场管理进行集成。

如何避免智慧工地沦为简单的技术手段的罗列，有效解决施工现场的进度、人员、设备、材料、成本、质量安全等管理问题，提升、变革现有管理体系，并使施工现场紧跟时代步伐转型升级。这些问题都在《报告》中逐一得到解答。

《报告》内容丰富，客观描述我国建筑施工行业智慧工地的发展现状和应用成效，通过广泛调研分析并总结出建筑施工行业智慧工地发展趋势和具体形态，提炼出发展经验和后来者可遵循的发展规律。同时，《报告》在智慧工地应用的多个方面提供了不同的具体应用案例，对于已经在推行或者正准备推行智慧工地的单位和个人，可以获取发展路径、方法和步骤，并具有实践指导意义。

《报告》秉承客观公正、科学中立的原则和宗旨，追踪我国建筑施工行业智慧工地应用发展的最新资讯，深度分析、剖析因果、谋划对策、展望未来。《报告》的编制可谓切合行业需求，为行业内每一个关注智慧工地的从业人员提供专业、深度的前沿资讯，为施工企业提供具体指导，促进施工企业技术创新和管理创新。《报告》也将进一步推动建设领域信息化建设和智慧工地在整个行业的应用发展，为实现我国建筑业全面信息化、新型城镇化和可持续发展做出积极贡献。

序　二

毛志兵

1956年达特茅斯会议上“人工智能”被首次提出，1970年人工智能研究到达第一次浪潮的顶峰，此时的第一代人工智能神经网络算法已能够证明伯特兰·罗素和其老师怀特海所著《数学原理》书中的绝大部分数学原理。1984年人工智能的研究迎来第二次浪潮，当时霍普菲尔德网络被推演出来，人工智能神经网络从此具备了历史记忆的功能。如今的第三次浪潮，以深度神经网络为基础，基于大数据、云计算，加之物联网、移动互联网可以源源不断地把各种训练数据收集到后台，使人工智能真正达到了部分类人思考的水平。今天的人工智能其智慧已经达到一流专家水平，超过90%的普通人，并已经进入到各个行业中，这是我们面临的时代大趋势。

2015年5月8日，国务院正式印发《中国制造2025》，其核心是要通过智能制造技术进一步优化流程，特别是通过定义标准化工艺实现由标准化大规模生产向个性化大规模生产的转变，掌握一批重点领域关键核心技术，优势领域竞争力进一步增强，产品质量有较大提高。到2020年实现由“制造大国”向“制造强国”的转变，并基本实现工业化。

2017年2月21日，国务院办公厅正式发布了《国务院办公厅关于促进建筑业持续健康发展的意见》(国办发〔2017〕19号)，明确提出推进建筑产业现代化，其核心是借助工业化思维，推广智能和装配式建筑，也就是通过标准化设计、工厂化生产、装配化施工、一体化装修、信息化管理、智能化应用，实现建筑产品像制造飞机、汽车一样的装配化生产制造，推动建造方式创新，提高建筑产品的品质。

“智慧工地”是人工智能在建筑施工领域应用的具体体现，是建筑业信息化与工业化融合的有效载体，是建立在高度信息化基础上的一种支持对人和物全面感知、施工技术全面智能、工作互通互联、信息协同共享、决策科学分析、风险智慧预控的新型施工手段。它聚焦工程施工现场，紧紧围绕人、机、料、法、环等关键要素，综合运用信息模型（BIM)、物联网、云计算、大数据、移动计算和智能设备等软硬件信息技术，与施工生产过程相融合，对工程质量、安全等生产过程以及商务、技术等管理过程加以改造，提高工地现场的生产效率、管理效率和决策能力等，实现工地的数字化、精细化、智慧化生产和管理。

从人工智能技术发展到今天来看，我们可以将“智慧工地”的发展定义为三个阶段，即“感知阶段、替代阶段、智慧阶段”。

感知阶段就是借助人工智能技术，起到扩大人的视野、扩展感知能力以及增强人的某部分技能的作用。例如我们借助物联网传感器来感知设备的运行状况、感知施工人员的安全行为等，借助智能机具来增强施工人员的技能等，我们现在的“智慧工地”主要就处于这个阶段，本书中所给出的绝大多数应用案例也是基于“感知”的理念提出来的应用需求。

替代阶段就是借助人工智能技术，来部分替代人，帮助完成以前无法完成或是风险很大的工作。例如，现在正在处于研究和探索的智能砌砖机器人、智能焊接机器人等，由于它们的出现和应用，可能某些施工场景将实现全智能化的生产和操作。当然，这种替代是基于给定的应用场景，并假设实现的条件、路径来实现的智能化，智能替代边界条件是严格框定在一定范围内的。

智慧阶段就是随着人工智能技术不断发展，借助其“类人”思考能力，大部分替代人在建筑生产过程和管理过程的参与，由一部“建造大脑”来指挥和管理智能机具、设备完成建筑的整个建造过程，这部大脑具有强大的“知识库”管理和强大的自学习能力，也就是“自我进化”能力。人转变为监管“建造大脑”的角色。

“智慧工地”三个阶段，是随着人工智能技术的研发和应用不断发展而循序渐进的过程，不可能一步实现。这需要在感知阶段就做好顶层设计工作，在总体设计思路的指导下开展技术的应用和研发，特别要注重信息模型（BIM）、互联网、物联网、云计算、大数据、移动计算和智能设备等软硬件信息技术的集成应用。在集成应用过程中可以集中把握好三种人的机体形态，物联网、智能设备等技术可以理解为人的手、眼、耳、鼻等，用于感知外界的形态、颜色、温度等信息的；互联网、移动计算、信息模型等技术可以理解为人的血管、神经网络，用于传输和加工信息的；大数据、人工智能等技术可以理解为人的大脑，对采集到的数据和信息进行集中加工分析，并通过物联网传感器指挥智能设备做出反应和动作。只有这样，才能在应用中不断推动施工工地的自动化建造、智能化建造以及新型管理模式下的智慧协同，实现建造方式的彻底转变。

序　三

刁志中

随着互联网技术井喷式的突破和广泛应用，消费互联网的成熟以及产业互联网的蓬勃兴起，新一轮的数字化浪潮已经到来，为社会经济转型提供了巨大的内生动力，催生了新兴产业的发展，加快了传统产业转型升级的步伐。“数字经济”、“数字企业”、“智能工厂”、“智慧城市”等概念层出不穷，预示着我们已经步入了数字化变革的新时代。产业新生态在“大破大立”中逐渐形成，行业“颠覆洗牌”的风潮已被深刻感知。

“十三五”期间，随着建筑业全面深化改革步伐不断加大，建筑业正在进一步立足于转变发展方式、调整产业结构，大力推进供给侧结构性改革，“优胜劣汰”的市场规则将在企业竞争中发挥更重要的作用。2017 年 2 月，国务院办公厅印发了《关于促进建筑业持续健康发展的意见》（以下简称意见）。“这是建筑业改革发展的顶层设计，对促进建筑业持续健康发展具有重要意义，市场化、平台化、现代化将是行业发展的未来方向。行业转型升级环境逐步向好，利用科技手段促进建筑产业发展已是大势所趋。”

建筑业发展的手段和方式在不断创新，但核心业务没有变，那就是项目。可以说围绕项目开展生产经营和管理活动是建筑行业业务形态的显著特点。项目管理的水平决定了企业生存与发展的问题，也影响着行业的发展，而工地现场是项目成功交付的重要环节，也是信息化落地的最后“一公里”，因此打造“智慧工地”，助力每个工程项目成功，对企业和产业发展有着重要的意义。

在拥抱建筑业数字化变革的大趋势下，由住房城乡建设部信息中心主持编写的《中国建筑施工行业信息化发展报告（2017）：智慧工地应用与发展》（以下简称《报告》）全面、客观、系统地分析了我国建筑施工行业智慧工地应用与发展的现状和趋势，总结了智慧工地应用的理论，收集了最佳实践案例，为建筑施工行业推广“智慧工地”提供了系统性的理论和实践指导。

从《报告》中我们可以看到，“智慧工地”通过以岗位级的专业应用为核心，提升了一线业务工作效能；以物联网为核心的智能化应用，提高了管理数据的准确性和及时性；以云技术为核心的平台化应用，提升了综合管理能力；以大数据为驱动的智慧化应用，强化了企业科学决策力。智慧工地的应用价值主要体现在如下几方面：

1. 有效提高施工现场作业工作效率

“智慧工地”通过 BIM、云计算、大数据、物联网、移动应用和智能应用等先进技术的综合应用，让施工现场感知更透彻、互通互联更全面、智能化更深入，大大提升现场作业人员的工作效率。

2. 有效增强工程项目的精益化管理水平

“智慧工地”有助于实现施工现场“人、机、料、法、环”各关键要素实时、全面、智能的监控和管理，有效支持了现场作业人员、项目管理者、企业管理者各层协同和管理工作，提高了施工质量、安全、成本和进度的控制水平，减少浪费，保证工程项目成功。

3. 有效提升行业监管和服务能力

通过“智慧工地”的应用，及时发现安全隐患，规范质量检查、检测行为，保障工程质量，实现质量溯源和劳务实名制管理。促进诚信大数据的建立，有效支撑行业主管部门对工程现场的质量、安全、人员和诚信的监管和服务。

总之，“智慧工地”是建筑施工行业转型升级的关键支撑，让现场人员工作更智能化，让项目管理更精益化，让项目参建各方更协作化，让建筑产业链更扁平化，让行业监管与服务更高效化，让建筑业发展更现代化。助力每个工程项目成功，使人们生活和工作的环境更美好！

目　　录

第1章 “智慧工地”概述

1.1 “智慧工地”的概念

1.1.1 “智慧工地”的背景

工程建设是指为了国民经济的发展和人民物质文化生活水平的提高而进行的有组织、有目的的投资兴建固定资产的经济活动。工程建设一般以项目的形式完成建造、购置和安装固定资产的活动以及与之相联系的其他工作。工程建设项目就是为完成依法立项的新建、改建、扩建的各类工程（土木工程、建筑工程及安装工程等）而进行的、有起止日期的、达到规定要求的一组相互关联的受控活动组成的特定过程，包括策划、勘察、设计、采购、施工、试运行、竣工验收和移交等阶段。

其中，工程施工是依据设计图纸，通过施工组织与实施将原材料、半成品、设备等变成工程实体的过程，是实现工程建设项目价值和使用价值的主要阶段，其核心任务就是建造出社会认可、业主满意的建筑产品。施工项目周期又可划分为投标签约、施工准备、施工建造、竣工验收、保修等阶段，施工项目管理就是在一定的约束条件下，按照项目内在的逻辑规律，对施工项目全过程各阶段的技术、商务、生产等方面进行有效的计划、组织、协调和控制，以实现进度、成本、质量、安全、环保等管理目标，将满足合同规定或其他强制或明确规定的项目成果交付建设方。

施工项目管理所要满足的质量、安全、成本、工期四大指标都是聚焦施工现场，抓好施工现场管理是施工项目管理的核心和关键。这是因为，施工现场露天及高空作业多，多工种联合作业，人员流动大，属于事故隐患多发领域，加强施工现场管理能有效降低事故发生率，加强施工作业的系统性；有效的施工现场管理可优化和改善人、物、事、场地等的协调与衔接，减少或消除施工现场的无效劳动和窝工，减少施工材料的消耗。有效的施工现场管理可统筹和平衡进度、成本和质量要求，保证工程质量和安全、降低成本、缩短工期，提高合同履行率。施工现场管理是施工企业管理水平的综合反映，是施工企业管理和工程项目管理的基础。

施工现场管理从业务范围上来讲主要包括“三管四控一协调”。“三管”就是对合同、现场、信息的管理，“四控”就是对进度、成本、质量和安全进行有效控制，“一协调”就是资源协调。从管理要素上来讲，施工现场管理要对影响生产和质量的五个大要素进行科学管理，包括人、机、料、法、环。其中，“人”指人的组织、技能和意识；“机”指使用的机械；“料”指投入的物料；“法”指施工方法、工艺；“环”是指影响施工质量的自然环境和现场环境。

施工现场具有参与方多、业务繁多、业务之间制约性强、信息量大等特点。随着现代建筑的复杂度和体量等不断增加，施工现场管理的内容越来越多，管理的技术难度和要求在不断提高。各参与方和部门之间交互的信息量不断扩大，信息的交流与传递变得越来越频繁，施工现场管理的复杂程度和难度越来越高。传统的施工现场管理模式在速度、可靠性以及经济可行性等方面已越来越不能适应现代化施工企业的管理及发展要求。因此，建筑施工单位广泛采用先进的信息化手段来辅助现场管理工作。通过信息化的平台，例如项目管理系统，实现现场各参与方之间、各业务岗位之间、企业与项目之间的信息互通和共享，以提高管理和决策的有效性；通过一些专业化的软件工具，例如进度管理软件、材料管理软件等，辅助不同岗位人员高效完成业务管理工作，提高工作效率。这些都可以称为施工现场管理信息化，随着信息技术被不断应用到管理领域，施工现场信息化管理在提高现场标准化管理水平，提升企业的项目控制能力等方面取得了一定的效果。

随着政策引导方向的变化、施工行业的需求差异、技术发展水平的限制，施工现场信息化的发展在不同的历史时期有其明显的特征，总体来讲，我国施工现场的信息化主要经历了三个发展阶段。

一是面向单业务岗位应用的工具软件阶段。从20世纪90年代到2005年之前，主要是面向一线工作人员的单机工具软件普及，辅助完成其日常工作，使其从繁重而重复的劳动中解放出来，工作效率大幅提高。例如CAD制图软件、工程预算软件和一些结构计算类软件等。

二是面向多业务集成化的管理软件阶段。从2006年开始至2012年左右，建筑行业积极推进企业ERP和项目管理等信息化建设，特别是信息化建设指标被纳入建筑施工总承包特级资质评审要求之后，企业信息化建设更是如火如荼。本阶段的施工现场信息化应用的软件主要是以集成化的项目管理系统或平台的形式出现，一般面向企业管理者自上而下实现推广和实施，基于企业、项目、施工现场三层架构实现全面信息管理。力图通过平台将所有项目信息进行高效地采集、加工、传递和实时共享，实现企业和项目、部门与部门之间信息一致性和及时性，为项目管理服务、为项目决策提供可靠的依据。

三是聚焦生产一线的多技术集成应用系统阶段。传统的填报式企业ERP系统或综合项目管理系统在实施过程中容易产生一些问题。例如，信息在逐级上报过程中产生失真；信息收集手段落后，效率低；信息统计分析口径各异，数据之间缺乏必要的勾稽核对关系；部分信息归口管理部门不明确，存在重复收集等现象和问题。信息化的实施往往与一线工作发生脱节，对于有效辅助一线工作、实时采集一线数据、精细化管理和数据分析等的需求都难以实现。

从2013年开始，随着互联网技术迅猛发展和应用，在国家“互联网+”行动计划推动下，施工现场信息化开始突破固有的企业ERP的传统信息化实施模式。诸如BIM（Building Information Modeling，建筑信息模型）技术、物联网、云技术、大数据、移动技术等更多的软硬件技术被集成应用在施工现场，与传统信息化平台集成实现优势互补。其中，利用物联网可以使施工现场数据的获取更加智能、准确和及时，并可以将有效信息整合到信息系统中，提高系统的实时性和自动化程度。利用移动应用技术，可以提升管理人员在现场的安全监控、质量监管、物资管理、设备检修维护等工作效率和工作质量。通过大数据和云技术，能有效实现工程项目资源整合和集中化管理，实现工程信息资源的集中共享，提高工程参建各方的协同效率。海量数据的分析，可挖掘出管理要素之间的关联性，为科学决策和准确预测提供技术基础。特别是BIM技术在全过程的深度应用，有效降低了设计错误、减少了返工，提高了施工过程的精细化管理水平。

在这样的发展背景下，针对现场管理业务的不同信息化应用呈现百花齐放态势。这些应用都充分集成了诸如BIM、物联网技术、云技术、大数据和移动技术等先进信息技术，并与传统的信息化管理平台集成，使得施工现场信息化应用呈现出数字化、智能化、在线化和可视化等应用特点。施工项目现场变成一个有感知、有生命、有智慧的有机体，“智慧工地”的需求应运而生。

1.1.2 “智慧工地”的定义与特征

“智慧工地”是智慧城市理念在建筑施工行业的具体体现，是建立在高度的信息化基础上的一种支持对人和物全面感知、施工技术全面智能、工作互通互联、信息协同共享、决策科学分析、风险智慧预控的新型信息化手段。它聚焦工程施工现场，紧紧围绕人、机、料、法、环等关键要素，综合运用BIM、物联网、云计算、大数据、移动和智能设备等软硬件信息化技术，与一线生产过程相融合，对施工生产、商务、技术等管理过程加以改造，提高工地现场的生产效率、管理效率和决策能力等，实现工地的数字化、精细化、智慧化管理。

“智慧工地”是 BIM 技术、物联网等信息技术与先进建造技术深度融合的产物。从这个角度来讲，“智慧工地”具有以下 4 个特征：

（1）聚焦施工现场一线生产活动，实现信息化技术与生产过程深度融合。传统的企业信息化的实施聚焦管理流程，以表单、流程、统计分析为主要应用手段，形成填报式的信息化模式。这往往造成数据的失真、延迟和不一致性，也无法真正提高施工现场监管能力。为实现现场的各种资源要素更有效率，质量、进度、成本的监控更加到位，就需要突破传统的信息化应用模式，将信息化技术应用到一线工作中，真正解决现场的实际问题。例如在劳务管理上，将一卡通、人脸识别、红外线或智能安全帽等新技术应用到劳务管理的考勤、进出场、安全教育等业务活动中，实现现场劳务工人的透明、安全和实时的管理，这才是“智慧工地”应用的目的和核心特征。

（2）保证数据实时获取和共享，提高现场基于数据的协同工作能力。这包括两层含义，一是在现场数据的采集方面，要充分利用图像识别、定位跟踪等物联网技术手段，实时获取现场的“人事物”等管理数据，并能通过云端实现多方共享，保证信息传递的准确性和及时性；二是在信息的共享方面，按照项目现场业务管理的逻辑，打通数据之间的互联互通，形成横向业务之间、纵向管理层级之间的数据交互关系，避免信息孤岛和数据死角，并通过移动终端等技术手段，实现协同工作，加快解决问题和处理问题的效率。

（3）强化数据分析与预测支持，辅助领导进行科学决策和智慧预测。“智慧工地”应建立数据归集、整理、分析展示的机制，并对现场采集到的大量工程数据进行数据关联性分析，形成知识库，并利用这些知识对信息进行分析、计算、比较、判断、联想、决策，提供管理过程趋势预测及专家预案，及时为各个管理层级提供科学决策辅助支持，并通过智慧的预测能力对管理过程及时提出预警和响应，实现工地现场智慧管理。

（4）充分应用并集成软硬件技术，满足施工现场变化多端的需求和环境，保证信息化系统的有效性和可行性。“智慧工地”需要融合新型信息技术，以一种“更智慧”的方法来改进工程各干系组织和岗位人员相互交互的方式，以便提高交互的明确性、效率、灵活性和响应速度。信息技术应用的重点包括，一是要采用物联网技术，将感应器植入到建筑、机械、人员穿戴设施、场地进出关口等各类场景中，并且被普遍互联，形成“物联网”，再与“互联网”整合在一起，实现万物互联；二是集成应用移动技术和云技术，在现场工作实现工程管理干系人与工程施工现场的整合，保证实时协同工作；三是智能化施工设备的应用，例如采用基于 GPS（Global Positioning System，全球定位系统）、数字摄影测量、物联网等多种智能测量技术，解决特大型、异形、大跨径和超高层等钢结构工程的测量速度、精度、变形等技术难题，实现对钢结构安装精度、质量、安全、施工进度的有效控制；四是应用集成化平台，企业和项目部都有对工地现场进行统一管理和监控的需求，同时，大量的数据也需要进行统一的汇总分析。因此，有必要在规范不同系统的标准数据接口的基础上，建立集成化的平台系统，实现“智慧工地”集成监管系统，并需要保证其与现在的管理体系和软件系统等进行无缝整合。

1.2 “智慧工地”的关键技术

从“智慧工地”的定义和核心特征来看，“智慧工地”会利用更多的信息技术来解决施工现场的管理问题，而施工现场的管理可划分为事前策划、施工控制和事后决策分析共 3 个方面，每个方面都有其核心技术手段。在施工策划方面，以 BIM 为核心，对施工组织过程和施工技术方案进行模拟、分析，提前发现可能出现的问题，优化方案或提前采取预防措施，以达到优化设计与方案、节约工期、减少浪费、降低造价的目的。在施工控制方面，通过传感器、射频识别（RFID）、二维码等物联网技术，随时随地获取工地现场信息，实现全面感知、实时采集。通过移动互联网和云平台实现信息的可靠传送，实时交互与共享，还有智能施工设备的应用等。在决策分析方面，通过基于云端的集成系统和大数据分析技术，对海量的、多维度和相对完备的业务数据进行分析与处理，建立各管理要素的分析模型，进行关联性分析，并结合分析结果实现智慧预测、实时反馈或自动控制。

1.2.1 BIM 技术

在工程建设领域，三维图形技术已经被应用在建筑物的规划、设计、施工与运维过程中，产品的三维图形化表达、处理与展示对项目的成功实施、效率提升发挥着非常关键的作用。三维图形处理技术主要包括几何造型、实体建模与显示绘制。几何造型主要利用计算机数值解法实现物体的几何外形描述并进行相应的显示、控制处理。实体建模重点关注如何在计算机内定义并生成一个真实的三维物体。二者结合在一起就能用数字化的手段在计算机内完整地表达现实世界中的真实物体，模拟其生成过程，并进行各种分析、变换处理。

在工程建设领域，三维图形技术的一个重要应用体现在 BIM 技术应用上。相比于传统的二维 CAD 设计，BIM 技术以建筑物的三维图形为载体进一步集成各种建筑信息参数，形成了数字化、参数化的建筑信息模型，然后围绕数字模型实现施工模拟、碰撞检测、5D 虚拟施工等应用。借助 BIM 技术，能在计算机内实现设计、施工和运维数字化的虚拟建造过程，并形成优化的方案指导实际的建造作业，极大地提高了设计质量、降低了施工变更、提升了工程可实施性。

目前，BIM 技术已经被广泛应用在施工现场管理中。在施工方案制定环节，利用 BIM 技术可以进行施工模拟，分析施工组织、施工方案的合理性和可行性，排除可能的问题。例如管线碰撞问题、施工方案（深基坑、脚手架）模拟等的应用，对于结构复杂和施工难度高的项目尤为重要。在施工过程中，将成本、进度等信息要素与模型集成，形成完整的 5D 施工模型，帮助管理人员实现施工全过程的动态实物量管理、动态造价管理、计划与实施的动态对比等，实现施工过程的成本、进度和质量的数字化管控。目前，BIM 技术的应用逐渐呈现出与物联网、智能化设备、移动等技术集成应用的趋势，发挥着更大的作用。在竣工交付环节，所有图纸、设备清单、设备采购信息、施工期间的文档都可以基于 BIM 模型统一管理，可视化的施工资料和文档管理，为今后建筑物的运维管理提供了数据支撑。

1.2.2 物联网技术

《2016 ~ 2020 年建筑业信息化发展纲要》中明确提出要通过物联网技术，结合建筑业需求，加强低成本、低功耗、智能化传感器及相关设备的研发，实现物联网核心芯片、仪器仪表、配套软件等在建筑业的集成应用。物联网技术是“智慧工地”应用的核心技术之一。

物联网是通过在建筑施工作业现场安装各种 RFID、红外感应器、全球定位系统、激光扫描器等信息传感设备，按约定的协议，把任何与工程建设相关的人员或物品与互联网连接起来，进行信息交换和通讯，以实现智能化识别、定位、跟踪、监控和管理的一种网络。可弥补传统方法和技术在监管中的缺陷，实现对施工现场人、机、料、法、环的全方位实时监控，变被动“监督”为主动“监控”。物联网具备三大特征，一是全面感知，利用传感器、RFID、二维码等采集技术，随时随地获取现场人员、材料和机械等的数据；二是可靠传送，通过通信网与互联网，实时获取的数据可以随时随地地交互、共享；三是智能处理，利用云计算、大数据、模式识别等智能计算技术，对海量的数据进行分析与处理，提取有用的信息，实现智能决策与控制。因此，物联网不是一项技术，它是多项技术的总称，从其技术特征和应用范围来讲，物联网的技术可以分为自动识别技术、定位跟踪技术、图像采集技术和传感器与传感网络技术。

1）自动识别技术

自动识别技术主要包括条形码技术、RFID 技术和其他识别技术。

（1）条形码技术

条形码（Barcode）技术是由一系列规则排列的条、空及其对应字符组成的标记，用以表示一定的信息，条形码中的信息需要通过阅读器扫描并经译码之后传输到计算机中，信息以电子数据格式得以快速交换，实现目标动态定位、跟踪和管理。条形码种类繁多，主要可分为一维、二维和三维条形码。自 1949 年发明条形码技术至今得到了广泛的应用，是最经济、最实用的一种自动识别技术。并且随着智能手机和平板电脑等移动终端的兴起及广泛应用，条形码技术的应用程度也得到大大提高。

条形码技术克服了传统手工输入数据效率低、错误率高以及成本高的缺点，因此逐渐被应用于建筑施工行业，实现以较少的人力投入，获取高效准确的信息。在施工现场，条形码技术主要被应用于建筑材料和机械设备的管理，通过移动终端设备扫描，实时获取管理数据，完成从材料计划、采购、运输、库存的全过程跟踪，实现材料精细化管理，减少材料浪费。还可以制成现场工作人员的工作卡，方便对施工现场人员的管理和控制。

（2）RFID 技术

RFID 全称为“ Radio Frequency Identification”（中文名为“射频辨识系统”），是一项利用射频信号通过空间电磁耦合实现无接触信息传递，并通过所传递的信息达到物体识别的技术。RFID 系统主要由三部分组成：电子标签（Tag）、天线（Antenna）和读写器（Reader）。其中，电子标签芯片具有数据存储区，用于存储待识别物品的标识信息；天线用于发射和接收射频信号，往往内置在电子标签或读写器中；读写器是将约定格式的待识别物品的标识信息写入电子标签的存储区中（写入功能），或在读写器的阅读范围内以无接触的方式将电子标签内保存的信息读取出来。

近年来，由于 RFID 技术成本的急剧下降以及功能的提升，使其在零售业、服务业、制造业、物流业、医疗和国防领域得到广泛应用。对于复杂的施工现场来讲，RFID 也具有很好的发展空间和应用优势，可以针对恶劣工作环境下的信息进行有效收集和管理。目前，RFID 技术在“智慧工地”应用中主要用于现场人员、机械、材料（包括预制构件）的跟踪和现场安全方面的管理工作。例如，在 PC 装配式建筑施工中，通过内置于预制构件中的 RFID，配合手持读写器，可精确可定位构件的吊装位置。通过监测场区范围内施工人员身上的 RFID 标签，掌握工地现场人员状况，包括精确掌握人员考勤、各工种上岗、人员现场进出情况等，实现现场人员智能化管理。还可以通过 RFID 跟踪危险物品或现场废弃物，监视工作人员位置，当处于或即将处于危险区域时，对其提出警告。

（3）其他识别技术

除了条形码和 RFID 技术之外，日常生活中可能接触到的自动识别技术还有语音识别技术、光学字符识别技术（OCR）、生物识别技术（如指纹）、磁条等，目前开始应用于施工现场的是人脸识别技术。

人脸识别是一种可实现身份认证的生物特征识别技术。人脸识别技术通过构建人脸识别系统的一系列相关技术，如人脸图像采集、人脸定位、人脸识别预处理、身份确认以及身份查找等相关技术，基于人的脸部特征对输入的人脸图像或视频流，提取每个人脸中所蕴涵的身份特征，并将其与已知的人脸进行对比，从而识别每个人脸对应的身份。相对于指纹、视网膜、虹膜等其他人体生物特征，人脸识别系统具有更直接、友好、方便等特点，容易被使用者接受。随着在各行各业中的逐渐认识及应用，人脸识别技术不断完善，现在已经被越来越多地推广到门禁和考勤等应用领域。目前，人脸识别在施工现场主要应用在诸如自动门禁系统、身份证件的鉴别等领域，用以提高现场人员的管理效率。

2）定位跟踪技术

施工现场劳动力、建筑材料、机械设备的定位、跟踪，现场数据的及时获取是管理者进行实时监控、及时决策的有力工具。将定位跟踪技术引入工程施工现场，能够有效地提高工作区域的各种人、材、机的实施监管能力。定位跟踪技术主要包括室外定位跟踪和室内定位跟踪。

（1）室外定位跟踪技术

室外定位跟踪技术通常称为全球定位系统（Global Positioning System，GPS），是一种基于卫星导航的定位系统，其主要功能是实现对物体定位以及速度等的测定，并提供连续、实时、高精度三维位置、三维速度和时间信息，在测量各个领域中得到了较广泛的应用，可全天候采集和不受空间通视条件的限制，作业效率大幅度提高，特别是在大面积控制测量中，更能体现其独特的优势。

近年来，GPS 技术在高层建筑施工的放样与定位、大坝建设与监测、道路及桥涵的定位与控制等方面有着广泛的应用前景，其准确的测量使得工程施工质量和效率不断提升，而且节约了大量施工成本，实现了经济效益的提升。GPS 技术被用于施工现场管理包括几个方面：一是用于各种等级的大地测量与线路放样，测量员在 GPS 技术使用中，仅需将 GPS 定位仪安装到位并开机即可，GPS 定位仪可自动化地完成大地测量；另一个主要应用就是对施工人员和施工车辆的定位跟踪，科学合理地完成车辆运营调度，掌握施工机械的工作路线以及工作状态。三是主要用于获取施工坐标系与大地坐标系的换算关系，对建筑物变形及振动进行连续观测，获取准确数据。在此过程中，观测基点主要是确定起算点及方向，这样即使变换观测点也不会对观测精度产生影响，从而满足工程施工的需求。

（2）室内定位跟踪技术

GPS 技术不适合视线之外目标的定位跟踪，在室内的环境下会有卫星信号损失过多、多路径效应等问题，导致定位信息的精确度较低。如在地下室施工过程中，GPS 就无法提供较好的定位效果。室内定位跟踪技术又称为短距离无线通讯技术，它的发展充分弥补了 GPS 技术在环境复杂的条件下应用的问题，为复杂施工条件下确定人员、车辆的位置信息，提高施工现场“人材机”管理能力提供了技术保证。室内定位跟踪技术通常包括无线保真技术（Wireless Fidelity，Wi-Fi）、蓝牙技术（Bluetooth）技术、UWB（Ultra-Wide Band）和 ZigBee 技术。

Wi-Fi 定位技术是无线局域网络系列标准 IEEE802.11 的一种定位解决方案，是电气与电子工程师协会规范的全球无线网络设备的标准。一般采用经验测试和信号传播模型相结合的方式，易于安装，需要很少基站，能采用相同的底层无线网络结构，系统总精度高。

蓝牙技术（Bluetooth）是一种依据 IEEE802.15.4，使用 2.4GHzISM 频段的无线跳频收发系统。它依靠短波长的无线电传输，构成固定与移动设备通信环境中的个人网络，进行数据短距离的传输和交换，是一种短距离低功耗的无线传输技术。蓝牙技术主要应用于小范围定位，其最大的优点是设备体积小、易于集成在 PDA、PC 以及手机中，因此很容易推广普及。

Wi-Fi 和蓝牙两种技术更适合在室内的环境下工作。由于其技术存在一些限制，在施工管理中的应用比较少。主要的应用是对建设工程相关资源的定位，以及通过与无线传感器或别的数据采集技术相结合，减少现场电缆、数据线的数量，进而提高现场管理水平。

UWB（Ultra-Wide Band，超宽带）三角定位技术是一种新兴的无线通信技术，它使用三角测量法精确算出使用者的位置，可使定位误差在 2 厘米之内，优于全球卫星定位技术，传输速率也远远高于蓝牙技术，具有传输速率高、通信距离短、定位精度高、抗干扰性能强、通信保密度高、抵抗恶劣环境等技术特点。UWB 技术主要用于施工现场危险区域安全管理，用于在不同作业环境下定位跟踪施工人员、设备和材料以及现场事故搜索营救等工作。

ZigBee 是一种新兴的短距离、低速率无线网络技术，它介于射频识别和蓝牙之间，也可以用于室内定位。Zigbee 基于 IEEE 802.15.4 无线标准，是一个有关组网、安全和应用软件方面的网络协议，在数千个微小的传感器之间相互协调通信以实现定位。这些传感器只需要很少的能量，以接力的方式通过无线电波将数据从一个传感器传到另一个传感器，所以它们的通信效率非常高。因此，它具有低成本、低耗电量、可靠度高、扩展性好、传输距离远等特点。建筑施工现场环境监测是目前较成熟的应用，也有用于人员定位、建筑材料跟踪、门禁安全监控等领域。

3）图像采集技术

目前，图像采集技术在施工现场的应用主要聚焦于视频监控技术和3D激光扫描技术。

（1）视频监控技术

视频监控技术也称图像监控，施工现场视频监控技术主要是通过部署在建筑工地现场的摄像机获取视频信号，再将视频信号进行处理和传输，便于显示和读取。以物联网的角度看待视频监控系统，其感知层主要包括各类监控摄像头以及它们与网络层的数据通信设备。其应用层主要为显示监控视频，较为复杂的可能包括监控视频的地理位置分布、自动切换等便于用户使用的功能。施工现场视频监控技术目前已经非常成熟，可直接应用于工程实际建设过程中。

视频监控可以实现声音与图像的同步传送，可以得到与施工现场环境一致的场景信息，用来实现较周密的外围区域及建筑物内重要区域的管理，减少管理人员的工作强度，提高管理质量及管理效益。视频监控结合图像识别跟踪技术逐步向自动化和智能化方向发展。一方面结合具体的场合可实现多个活动过程的识别跟踪，这些活动过程可以是施工现场人员未佩戴安全帽、施工面抽烟、危险动作等场景，系统能实时判定出施工人员的准确位置，并触发相应摄像头，对施工人员及交互场景进行多角度、多画面拍摄。另一方面实现精准定位技术，摄像头对施工人员采用“紧盯”方式：即使施工人员小幅度的转身、移动，摄像头也随之移动，不仅需要进行自动拍摄，同时进行动作分析，并自动报警。该技术的应用也在实验阶段，对于施工现场环境复杂，材料、设备、人员位置相对混乱，应结合人员手动介入，更能及时发现违规行为。

（2）3D激光扫描技术

3D激光扫描（Laser Distance and Ranging，LADAR）技术是20世纪90年代中期开始出现的一项高新技术，是继GPS空间定位系统之后又一项测绘技术的新突破。它是利用激光测距的原理，对物体空间外形、结构及色彩进行扫描，记录被测物体表面大量的密集点的三维坐标、反射率和纹理等信息，可快速复建出被测目标的三维模型及线、面、体等各种图件数据，形成空间点云数据，并加以建构、编辑、修改生成通用输出格式的曲面数字化模型。3D激光扫描技术为快速建立结构复杂、不规则场景的三维可视化数字模型提供了一种全新的技术手段，高效地对真实世界进行3D建模和虚拟重现。3D激光扫描技术具有速度快、精度高的优点，而且其测量结果能直接与多种软件互连，这使它在CAD、CAM、CIMS等技术应用日益普及的今天很受欢迎，在文物古迹保护、建筑、规划、室内设计、建筑监测等领域也有了很多的尝试、应用和探索。

在BIM技术快速发展的今天，3D激光扫描技术与BIM技术集成应用发挥了较大的价值。例如可通过三维激光扫描结合BIM技术实现高精度钢结构质量检测及变形监测。现场通过3D激光扫描获取安装后的钢结构空间点云，通过配套软件建立三维数字模型，通过与BIM设计模型比较特征点、线、面的实测三维坐标与设计三维坐标的偏差值，从而实现成品安装质量的检测。它比传统检测技术更能全面反映构件的空间状态和拼装质量。对于古建建筑，3D激光扫描技术可快速准确形成电子化记录以保存当前状况，形成数字化存档信息，方便后续的修缮改造等工作。BIM技术和3D激光扫描技术的结合，正在帮助施工现场解决很多传统方式无法解决的问题。

4）传感器与传感网络技术

传感器是能感知指定的被测量信息，并能按照一定的规律转换成可用输出信号的器件或装置。随着微机电系统（Micro-Electro-Mechanism System，MEMs）、片上系统（SOC，System on Chip）、无线通信和低功耗嵌入式技术的飞速发展，孕育出无线传感器网络（Wireless Sensor Networks，WSN），并以其低功耗、低成本、分布式和自组织的特点带来了信息感知的一场变革。无线传感器网络是由部署在监测区域内大量的廉价微型传感器节点组成，通过无线通信方式形成的一个自组织网络。一个无线传感器网络可将不同的传感器节点布置于监控区域的不同位置并自组织形成无线网络，协同完成诸如温湿度、噪声、粉尘、速度、照度等环境信息的监测传输。

目前，无线传感器网络广泛应用于许多工业和民用领域的远程监控中，包括工业过程监控、机械健康监测、交通控制、环境监控等。在工程领域的应用已经从混凝土的浇筑过程监控扩展到大坝、桥梁、隧道等复杂工程的测量或监测。例如，高支模变形监测可以通过安置传感器实时监测高大模板支撑系统的模板沉降、支架变形和立杆轴力，实现高支模施工安全的实时监测；安装于塔吊驾驶室的各类传感器与无线通讯模块共同实现塔吊当前运行参数的实时监测；应变仪还可以嵌入混凝土构件内，通过收集混凝土的应力、应变变化，实现构件的安全性等监测工作。

1.2.3 智能化技术

智能化技术主要是将计算机技术、精密传感技术、自动控制技术、GPS 定位技术、无线网络传输技术等综合应用于工艺工法或机械设备、仪器仪表等施工技术与生产工具中，提高施工的自动化程度及智能化水平。智能化技术的应用可大大改善操作者作业环境，减轻工作强度，提高作业质量和工作效率，特别有助于解决重点和危险的施工环节和场合问题。《2016 ~ 2020 年建筑业信息化发展纲要》明确提出发展智能化技术的转向应用，开展智能机器人、智能穿戴设备、手持智能终端设备、智能监测设备等在施工过程中的应用研究，提升施工质量和效率，降低安全风险。下面针对“智慧工地”应用中较多使用的智能化测量技术、智能化机械设备应用进行论述。

1）智能化测量技术

智能化测量技术是指在施工过程中，综合应用自动全站仪、电子水准仪、GPS 测量仪、数字摄影测量、无线数据传输等多种智能测量技术，解决特大型、异形、大跨径和超高层等结构工程中传统测量方法难以解决的测量速度、精度、变形等难题，实现对建筑结构安装精度、质量、安全、施工进度的有效控制。下面就几个核心技术进行论述。

（1）自动全站仪。它是一种集自动目标识别、自动照准、自动测角与测距、自动目标跟踪、自动记录于一体的测量平台。技术组成包括坐标系统、操纵器、换能器、计算机和控制器、闭路控制传感器、决定制作、目标捕获和集成传感器等八大部分。例如在钢结构地面拼装中，可使用智能型全站仪及配套测量设备，利用具有无线传输功能的自动测量系统，结合工业三坐标测量软件，实现空间复杂钢构件的实时、同步、快速地面拼装定位。

（2）GPS 测量仪。它采用 GPS 全球卫星定位系统能够提供实时的经度、纬度、高程等导航和定位信息，利用 GPS 的定位功能，得出各个点的坐标，再通过数学方法计算出距离、面积等数据。例如利用 GPS 空间定位技术，结合智能型全站仪和高精度电子水准仪以及条码式铟瓦水准尺，按照工程测量规范实现高精度三维测量控制网布设，建立多层级、高精度的三维测量控制网。

（3）数字近景测量技术。摄影测量（Photogrammetry）是一门通过分析记录在胶片或电子载体上的影像，来确定被测物体的位置、大小和形状的科学。其中，近景摄影测量（Close Range Photogrammetry）是指测量范围小于 100m、像机布设在物体附近的摄影测量。它经历了从模拟、解析到数字方法的变革，硬件也从胶片像机发展到数字像机。数字近景摄影测量具有测量现场工作量小、快速、高效和不易受温度变化、振动等外界因素干扰等的优点。例如在高精度钢结构性能检测及变形监测中可利用数字近景摄影测量技术对钢结构桥梁、大型钢结构进行精确测量，建立钢结构的真实三维模型，并同设计模型进行比较、验证，确保钢结构安装的空间位置准确。

智能测量技术在“智慧工地”应用中呈现出与 BIM 技术集成应用的特点。例如自动全站仪结合 BIM 技术在机电施工过程中实现精确放样，有效衔接土建施工和机电深化设计。通过自动全站仪复核现场结构信息，完成对 BIM 设计模型的修复，优化机电深化设计，减少施工错误。修正后的结构模型以三维坐标数据形式导入测量机器人中，通过自动全站仪实现机电管线及设备在施工现场的高效精确定位，保证优良的施工质量。利用自动全站仪采集施工现场数据，通过实测数据与设计数据的对比，可以辅助施工验收，确保施工成果的质量水平达到设计要求。

2）智能化机械设备

随着工业转型升级需求释放、生产力成本上升、技术发展进步等，工业机器人在不少制造领域已隐隐形成替代人工的趋势。在工程机械设备行业中，这一趋势或许同样适用。智能化已成为工程机械设备行业的主要趋势和发展方向，而智能化水平的高低对我国工程机械设备的发展具有至关重要的作用。智能化机械设备的应用对于“智慧工地”的发展起到重要的作用。

智能化机械设备的应用有两方面，一是将智能化控制技术改进施工工艺，提高工艺的自动化程度和精确控制能力。例如在模板脚手架施工工艺中的智能整体顶升平台技术，通过一套整体钢平台，采用长行程油缸和智能控制系统，顶升模板和整个操作平台装置，适应复杂多变的核心筒结构施工，保证全过程施工进度、安全和质量要求。其中智能控制系统是由集中控制台、开度仪、压力传感器和相关数据线组成，所有动作均提前编程并输入电脑，实现智能控制。二是将GPS技术、传感器、自动控制技术、图像显示技术和软件系统等集成应用到诸如挖掘机、推土机和摊铺机等机械设备上，可提高机械设备生产效率和能力、改善施工机械安全性、缓解人力资源短缺和延长施工时间等。例如在挖掘机应用GPS引导的坡度控制系统，采用GPS接收器，确定设备开挖方向并获得铲斗三维坐标位置信息，并通过安装光棒、车体纵横角度传感器、小臂解读传感器等，辅助操作人员准确地完成边坡开挖，使得复杂且费时费力的开挖变得简单快捷。

1.2.4 移动互联网技术

移动互联网（Mobile Internet，MI）是一种通过智能移动终端，采用移动无线通信方式获取业务和服务的新兴业态，包含终端、软件和应用三个层面。终端层包括智能手机、平板电脑、电子书、MIDI等；软件包括操作系统、中间件、数据库和安全软件等；应用层包括休闲娱乐类、工具媒体类、商务财经类等不同应用与服务。随着技术和产业的发展，第四代移动通信技术（4G）和移动支付的支撑技术NFC（Near Field Communication，近距离无线通讯技术）等网络传输层关键技术也将被纳入到移动互联网的范畴之内。

随着宽带无线接入技术和移动终端技术的飞速发展，移动互联网已经开始向各个行业渗透，在餐饮、旅游、租车、房产、教育和医疗等消费领域已经得到广泛应用。截止到2015年12月，国内在网活跃移动智能设备数量达到8.99亿。

移动应用对于建筑施工现场有着天然的符合度，施工现场人员的主要工作职责和日常工作发生地点一般在施工生产现场，而不是在办公区的固定办公室。基于PC机的信息化系统难以满足走动式办公的需求，移动应用解决了信息化应用最后一公里的尴尬。通过项目现场移动App的应用，实现项目施工现场一线管理人员的碎片化时间整合利用。目前移动应用被广泛地应用在现场即时沟通协同、现场质量安全检查、规范资料的实时查询等方面。同时移动应用与物联网技术、BIM技术、云技术集成应用，在手机视频监控、二维码扫描跟踪、模型现场检查、多方图档协同工作上得到深度应用，产生了极大的价值。

1.2.5 云计算技术

云计算是网格计算、分布式计算、并行计算、效用计算、网络存储、虚拟化和负载均衡等计算机技术与网络技术发展融合的产物。它有三个主要特性，一是云计算旨在通过网络把多个成本相对较低的计算实体，整合成一个具有强大计算能力的完美系统，并把这些强大的计算能力分布到终端用户手中。二是云计算是一种新的互联网应用模式，它是基于互联网的相关服务增加、使用和交付而建立，其资源具有动态易扩展而且是虚拟化的特点，云计算依赖互联网实现。三是云计算是交付和使用模式的服务，这种基于互联网、采用按需和易于扩展的方式获得所需要的资源的服务可与软件和互联网以及其他服务相关，标志着计算能力作为商品在互联网的正式流通。

云计算按照服务类型大致可以分为三类，将基础设置作为服务（Infrastructure as a Service，IaaS）、将平台作为服务（Platform as a Service，PaaS）、将软件作为服务（Software as a Service，SaaS）。云计算在我国得到快速发展，截至 2014 年，国内企业级 SaaS 市场规模为 117.5 亿元，增长率达 72.2%。2015 年，增至 199.3 亿元，增长率为 69.3%。按 70% 左右的增速计算，2016 年市场规模突破 300 亿。《2016 ～ 2020 年建筑业信息化发展纲要》指出建筑行业要大力发展云计算技术，积极利用云计算技术改造提升现有电子政务信息系统、企业信息系统及软硬件资源，降低信息化成本，挖掘云计算技术在工程建设管理及设施运行监控等方面的应用潜力。

在施工现场智慧化应用过程中，云计算作为基础应用技术是不可或缺的，物联网、移动应用、大数据等技术的应用过程中，普遍搭建云服务平台，实现终端设备的协同、数据的处理和资源的共享。传统信息化基于企业服务器部署的模式逐渐被基于公有云或私有云的信息化架构模式所取代，特别是一些移动应用提供了公有云，用户只需要在手机上安装 App，注册后就可以使用，可避免施工现场部署网络服务器，简化了现场互联网应用，有利于现场信息化的推广。

1.2.6 大数据技术

关于大数据概念的界定到目前为止没有一个公认的定义。维基百科的定义：大数据指的是所涉及的资料量规模巨大到无法通过目前主流软件工具，在合理时间内达到撷取、管理、处理并整理成为帮助企业经营决策目的的资讯。工业和信息化部电信研究院 2014 年大数据白皮书中指出，大数据是具有体量大、结构多样、时效强等特征的数据，处理大数据需采用新型计算架构和智能算法等新技术，其应用强调以新的理念应用于辅助决策，发现新的知识，更强调在线闭环的业务流程优化。

目前，普遍被认同的是关于大数据特征描述是由国际数据公司（International Data Group，IDC）提出的 4 个 V。一是数据体量巨大（Volume），截止到 2013 年，全球累计数量为 4.3ZB（1ZB=1024EB，1EB=1024PB，1PB=1024TB，1TB=1024GB）字节，预计 2020 年有望达到 40ZB；二是数据类型繁多（Variety），包括网络日志、音频、视频、图片等不同格式的结构化和非结构化数据；三是处理速度快（Velocity），云计算技术的出现，可通过分布式并行计算和虚拟化技术实现可配置、可扩展的计算资源共享池，为大数据的计算提供了保证；四是价值密度（Value），海量数据中有价值信息很少，如何通过强大的机器算法更迅速地完成数据的价值“提纯”，寻找数据关联关系，并建立有效模型，成为目前发挥大数据应用价值的重点。

项目施工过程中将会产生海量的数据，有工程设计图纸、工程进度数据、合同数据、付款数据、供应商评审信息、询价信息、劳务数据、质量检验数据、施工现场的监控视频等不同的数据信息。随着“智慧工地”的实施与应用，更多的物联网、BIM 技术被引入，建设项目产生的数据将成倍增加，数据量将是是惊人的。以一个建筑物为例，一栋楼在设计施工阶段大概能产生 10T 的数据，如果到了运维阶段，数据量还会加大。这些数据充分体现了大数据的多源、多格式、海量等特征，对这些数据进行收集整理并再利用，可帮助企业更好地预测项目风险，提前预测，提高决策能力；也可帮助业务人员分析提取分类业务指标，并用于后续的项目。例如从大量预算工程中分析提取不同类型工程的造价指标，辅助后续项目的估算。

1.3 “智慧工地”应用架构与建设思路

1.3.1 “智慧工地”应用框架

“智慧工地”信息化应用架构包括现场应用、集成监管、决策分析、数据中心和行业监管 5 个方面的内容，如图 1-1 所示。

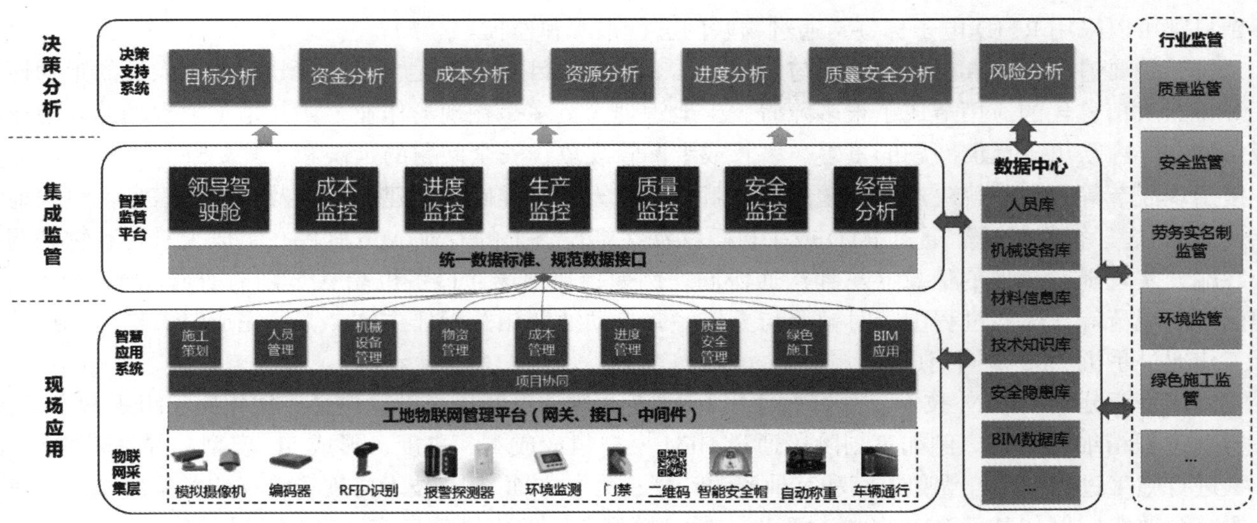

图 1-1 “智慧工地”应用框架图

现场应用通过小而精的专业化系统，充分利用 BIM 技术、物联网等先进信息化技术手段，适应现场环境的要求，面向施工现场数据采集难、监管不到位等问题，提高数据获取的准确性、及时性、真实性和响应速度，实现施工过程的全面感知、互通互联、智能处理和协同工作；集成管理通过数据标准和接口的规范，将现场应用的子系统集成到监管平台，创建协同工作环境，搭建立体式管控体系，提高监管效率。同时，基于实时采集并集成的一线生产数据建立决策分析系统，通过大数据分析技术对监管数据进行科学分析、决策和预测，实现智慧型的辅助决策功能，提升企业和项目的科学决策与分析能力；通过数据中心的建设，建立项目知识库，通过移动应用等手段，植入一线工作中，使得知识发挥真正的价值；“智慧工地”的建设可延伸至行业监管，通过系统和数据的对接，支持“智慧工地”的行业监管。

1）现场应用层

目前，工程建设规模不断扩大，施工现场环境错综复杂，这对信息化的实施和应用都提出了新的要求。“智慧工地”的现场应用层聚焦施工生产一线具体工作，通过一系列小而精且实用的专业应用系统来解决施工现场不同业务问题，降低施工现场一线人员工作强度，提高工作效率。这些系统聚焦于现场人、机、料、法、环五大要素的管理，业务范围涵盖施工策划、现场人员管理、机械设备管理、物料管理、成本管理、进度管理、质量安全管理、绿色施工管理和项目协同等 9 大管理单元，同时充分利用先进的 BIM 技术的可模拟、可计算、可分析等特性，提高施工可行性和管理精细化程度。目前，“智慧工地”应用层的软件层出不穷，但其都具有共同的特征。

一是应用软件的碎片化，不再通过一个大而全的系统或平台来解决所有问题。每个管理单元中都拥有一个或多个“智慧工地”的信息化系统，它们分别满足业务单元中不同的管理问题。例如人员管理就有智能安全帽系统、劳务实名制系统、一卡通、电子支付等，这些小的系统共同推动了相应的业务单元的管理水平和能力的提高。

二是要追求数据的准确性、实时性、真实性和有效性。数据是管理的基础，单纯靠人员现场手工记录一是效率低下，二是容易出错，三是有延迟性。因此，“智慧工地”采用 RFID、定位跟踪、传感器、图像采集等物联网技术和智能化技术应用于施工现场关键环节，实现施工过程的智能感知、实时监控和数据采集。并通过物联网网关协议与各管理系统集成，实现现场数据的及时获取和共享，解决了以前通过人工录入带来的信息滞后和不准确的问题，提高了现场交互的明确性、高效性、灵活性和响应速度。例如针对材料控制方面的物联网应用，可以对现场物料的使用、存放的信息进行有效的监控和管理。针对物料跟踪应用，对施工过程中的物料运输、进场、出入库、盘点、领料都可以采用 RFID 电子标签，通过物联网进行跟踪和监控。

三是要追求现场人员实时沟通与协同工作。施工项目的临时性、工地的分散性、人员的走动性等特点对信息化的应用造成了很多障碍。工地管理人员多是在现场作业，尤其是工地现场的环境非常复杂，容易出现反馈问题的重复、多管或者漏管现象、安全问题的延误和重复处理、工作前后交接出现脱节等现象。解决这些问题的核心就是干系人能更准确地创建信息、及时传递信息、更快地反馈信息。“智慧工地”通过 PAD 或手机等移动终端设备上的专业 App 软件，集成云平台和物联网终端，实现随时随地的信息共享和沟通协同。例如，在现场通过手机端 App 随时查阅图纸、工法、标准、规范等；巡检过程中随时拍照与上传，并自动通知相关责任主体；工序完成时，班组交接等工作通过手机 App 协同完成等。

四是充分应用 BIM 技术。一方面使用 BIM 专业软件不断提高设计质量、优化施工组织和方案，实现过程精细化管控。例如策划阶段通过 BIM 模型集成成本、进度，形成 5D 模型，并基于 5D 模型进行施工过程模拟，优化进度和其他资源计划；另一方面 BIM 技术与现场管理业务集成应用，发挥综合效应。例如基于 BIM 的材料管理，通过模型关联的多维信息实现材料的精细化管控。此外，BIM 技术与云计算、物联网、移动终端、智能设备等信息化技术集成应用，解决工地现场需要及时获取设计信息，并校核和指导施工业务的需求。例如装配式建筑的施工现场，通过手持终端识别植入预制构件的 RFID 芯片，结合 BIM 模型定位构件的位置，提高现场装配的准确性和效率。

2）集成监管层

“智慧工地”应用在满足现场工作需求的的同时，并不意味着放弃对项目管理者的监管需求。而恰恰相反，“智慧工地”更强调在各子系统应用基础上，通过建立集成监管平台，实现各子系统的数据集成，为项目管理层和企业管理层，甚至业主方提供有效、及时和准确的项目信息，使得管理更科学高效，提升整体项目的监管水平和能力。“智慧工地”集成监管层包括平台数据标准层和集成监管平台两部分内容。

集成监管平台需要与各项目业务子系统进行数据对接。为保证数据的无缝集成，各系统之间的管理协调，需要建立统一的标准，包括管理标准和技术标准等。管理标准包括流程标准化、制度建设标准化等。流程标准化是对支持“智慧工地”应用顺利进行，如何与现有管理模式融合的管理规范和工作流程梳理的标准化。还包括项目部自身管理制度的标准化，明确管理流程、岗位职责等。技术标准主要解决平台与子系统数据交换的问题。监管平台数据来源于现场各应用系统，系统的供应商不同、产品不同、数据格式也不同，造成数据的格式、形态和集成方式都不一致。因此，需要建立数据标准化体系，包括数据格式标准、数据交换标准、数据接口标准等。从满足监管需求的角度出发，对需要项目提交的数据进行标准化，确定数据范围、内容和信息要求，并在此基础上，开发针对不同数据类型软件接口，并集成在平台中。

集成监管平台其集成有多种方式和表现形式，可以通过标准数据接口将项目数据进行整理和统计分析，实现施工现场的成本、进度、生产、质量、安全、经营等业务全过程的实时监管。也可以通过现场物联网设备网管连接智能化设备，集成至统一的页面查看，例如视频监控、塔吊黑匣子等。还可以通过 BIM 模型为数据、集成和展现的载体，实现对模型、设计、进度、成本等信息或资料的监管。监管平台可实现手机端应用，真正实现随时随地的监控，并可及时发出指令给相关责任人，提高管理效率。通过管理驾驶舱，将不同平台的模型、业务数据、视屏等集成展示在同一界面，并根据对业务数据的分析，采用图形、表格、动态模型、视频等方式进行展现，辅助科学决策。

3）决策分析层

当前的施工项目体量庞大，参与方众多，流程繁杂，这些带来了现场管理的复杂性和项目管控难度，进一步增加了项目的安全、质量、人员等方面的风险，科学的数据分析与预测可以预控项目风险。在“智慧工地”众多的系统应用过程中将产生大量的工程信息数据，这些数据对总结工程建设经验，为今后改进施工方法和提高经济效益都具有重要的参考价值。决策分析层通过集成监管层对这些项目现场信息的采集，应用数据仓库、联机分析处理（OLAP）工具和数据挖掘等技术，对项目数据提取出有用的数据并进行清理，以保证数据的正确性，然后经过抽取（Extraction）、转换（Transformation）和装载（Load），即 ETL 过程，提供多种分析模型并进行数据模拟，挖掘并发现不同业务之间的关联关系，并将分析或预测的结果通过各种可视化的图形和报表展示出来，辅助企业管理者进行经营决策。这种决策是在大量的项目数据的前提下做出的，使得企业的各级决策者获得知识或洞察力，促使他们可综合考虑各项分析指标，做出对项目更科学合理的决策，降低项目风险。

决策分析层一般需建立领导决策分析系统，并通过信息系统的消息预警和提醒设置，将风险预警点设计到各系统中，实现风险信息的同步预警和即时掌控，实现风险的事前控制。

4）数据中心

数据中心主要是为支持“智慧工地”的应用而建立的知识库系统，主要包括人员库、机械设备库、材料信息库、技术法规库、安全隐患库和 BIM 数据库等不同的知识库。这些知识库来自于“智慧工地”各子系统，也有企业积累总结的专业信息，主要包括：一是规范标准类，主要是国家、行业和地方各类标注规范和技术法规，这些需要按照标准分类进行编码管理；二是基础数据类，主要是一些支持标准化和信息化的一些基础资源类信息，例如材料编码库、BIM 构件库等；三是应用数据类，是为满足系统应用的知识库，与相应的系统集成实现动态调整和变化，例如材料价格库、方案库、BIM 模型库等。

传统信息化系统中知识库的应用一般是通过手工或半自动化的数据收集、整理，通过知识库平台进行发布，使用者主动去查询。“智慧工地”对这些知识库的应用方式不同，体现在两个方面：一是将已有的知识库通过一些推送功能在满足一定条件时自动呈献给使用者，这一点也非常符合“智慧工地”始终与一线工作融合的特点。这种应用需要将知识库进行专业化分解，建立符合现场应用习惯的索引和“智慧工地”子系统的数据接口。例如质量检查移动应用中，可根据检查部位自动关联呈现给用户相关的质量验收规范的要求或安全规范等。二是各子系统的运行过程中会形成众多的业务数据，这些业务数据与知识库之间形成互动，通过设定业务规则，用专门的软件实现知识库的动态修订。例如材料价格库，通过现场采购管理等系统，动态采集入库材料的真实市场价格，补充并修订价格库，但必须保证材料的编码一致，这都需要专门的工具完成。

5）行业监管

在“智慧工地”的应用越来越广泛的同时，对行业监管的智慧化应用提出了挑战。同时在国家政策层面，《国务院关于促进建筑业持续健康发展的意见》中明确提出了要加强工程项目质量监管，加快建筑施工安全监管信息系统建设，通过信息化手段加强安全生产管理。与“智慧工地”相适应的行业智慧监管应用也逐步发展起来，目前的应用主要包括质量监管、安全监管、劳务实名制监管、环境监管和绿色施工监管。智慧行业监管的应用一方面与“智慧工地”现场应用系统的方式类似，采用物联网、移动等新技术对工程现场质量安全进行监督管理，这里不再赘述；另一方面通过规范数据标准，开发数据接口，实现与现场的系统连接，自动抓取数据，实现智慧监管；还有就是项目监管数据与建筑业市场监管平台对接，实现项目企业和人员的诚信联动。

1.3.2 “智慧工地”建设思路

“智慧工地”具有一定的复杂性，其建设不可一蹴而就，需要遵循一定的规律。“智慧工地”的建设思路可以总结为以下几点。

（1）以满足现场工作为基础，同时满足监管的需要

“智慧工地”建设的需求要紧紧围绕施工现场业务展开，只有这样，才能发挥“智慧工地”的价值，帮助项目现场信息化落地。具体来说，“智慧工地”的建设要仅仅围绕人、机、料、法、环这

五个影响生产和施工质量的关键要素展开管理，“人”是根本，“法”是基础，“机”和“料”是施工的保证，“环”是条件，缺一不可。同时要满足一线管理岗位对现场作业过程所需知识的即时获取、共享和沟通。要针对现场工作人员所面对的是具体工作，包括现场作业指导、检查、验收等，以及与现场施工管理人员相关的设计、监理、业主、分包等不同干系方之间的沟通管理。通过“智慧工地”的信息化手段实现要素的智能监控、预测报警和工作的数据共享、实时协同等。

在满足施工现场管理的基础上，要能够满足公司法人和项目管理者对项目建造过程的实时监管。企业法人管工程项目是企业各职能管线的职责所在，他们对项目现场必须履行应有的监管职责，重点就在于能通过对项目资源实现集中控制；项目部的管理者也需要对整个现场施工全过程进行管理，需要对工程的进度、质量、安全、经营等信息及时获取，辅助项目决策。因此，这两层的管理者对“智慧工地”集成系统提出了需求，正如架构中描述的那样，通过平台将各子系统的数据进行集成，供管理者监督管理。

目前企业层面对项目的技术、质量、劳务、生产、机械设备、安全等业务的实施监管面临一些困境，这主要包括已经实施的很多综合项目管理信息化平台在数据采集方面依然采用手工录入方式，企业依靠岗位自觉或管理制度约束。伴随着项目数量的众多，管理面的扩大隐含着管理风险面的同步提升，难以做到法人或管理者对项目过程的真正监管。因此，“智慧工地”也肩负着满足企业法人和项目管理层对现场有效监管的任务，充分利用科技手段管理，以实现有支撑的降本、增效、防风险管理。

（2）整体规划、分步实施

“智慧工地”从本质上来讲依然属于信息化建设的范畴，从这个角度来讲，“智慧工地”的建设依然需要企业进行整体的规划。整体规划依然可以采用“从上到下”的方式，综合考虑集团和公司层到项目层，从监管业务到执行层业务的细节与关系，结合公司战略和信息化发展的整体规划方向，对公司和项目，乃至互联网＋智慧工地方案的各方面、各层次、各要素统筹规划，强调规划对象内部要素之间围绕核心理念和整体目标所形成的关联、匹配与有机衔接。这主要包括结合公司战略和业务管理弱点，有针对性地梳理“智慧工地”的业务需求、技术标准和建设成本等，规划适合于本企业的“智慧工地”的整体架构和实施步骤，选择重点或关键项目进行试点，逐步推进和推广。

“智慧工地”的建设与传统信息化建设的路径有所不同。传统大型的ERP信息化一般采用从集团到企业再到项目的“自上而下”的建设模式，由集团或企业规范流程制度，搭建集成化的协同平台，项目人员进行填报。显然，这样的信息化无法满足施工现场的管理需求。“智慧工地”的建设正好相反，在整体规划的基础上，一般采用“自下而上”的方式实施。正如架构中展示的那样，紧紧围绕现场核心业务，采用碎片化的众多子系统，以解决满足一线管理岗位对现场作业过程的管理为第一要务，有针对性地降低工作量，提高工作效率，减少管理漏洞。

（3）采取自建和购买服务相结合的方式建立系统

“智慧工地”现场碎片化应用采用了众多的软件系统，这些软件具有供应商多、技术集成程度高、数据不一致等特点，但同时又具有业务相对单一、系统架构简单、单品价格低等特点。鉴于这样的一些特点，“智慧工地”的建设方式宜采用多种方式结合完成。主要包括，一是直接购买商业软件，这主要是针对一些商业化程度高，较为成熟系统而言，可以买来经过简单培训就可以使用。例如一些手机应用、视频监控、劳务实名制等。二是定制或半定制化软件系统，这主要针对项目部有明确的需求，但具有明显的个性化特征且市场无对应成熟产品的情况，这对项目部的能力要求较高，往往是一些大型项目。第三是自行研发或者合作开发，这种方式一般是企业层面主导，项目部一般不会有。自行研发对企业自身的项目研发能力有着更高的要求，投入往往也是最多的。

（4）建立配套的岗位流程制度提供支撑

“智慧工地”集成应用了物联网、云计算、移动等新技术手段，使得现场管理跨越了时空限制，符合现场走动式办公的特点。这样的信息化模式会改变现场管理和协同的方式，催生新的现场管理的工作模式。例如 BIM 的应用可能会改变图纸审核、各种交底的方式，可视化模型成为审核交底的必备。这样的新的工作方式就需要建立起相应的岗位和管理制度支撑。例如前面所说的 BIM 审图或交底，这种工作方式必然会要求修改完善原来的流程和制度，也需要增加专门的 BIM 岗位。

1.4 “智慧工地”的应用价值

“智慧工地”通过先进信息化技术的综合应用，可实现施工现场关键要素的实时、全面、重点的监督和管理，有效支持了现场工作人员、项目部管理者、企业管理者，乃至行业管理部门项目的管理工作，提高了施工质量、成本和进度的控制水平，保证工程项目成功。“智慧工地”的应用价值包括以下几个方面。

1）可以有效提高现场人员工作效率

施工人员是工程实施的主体，现场工作人员主要包括技术人员、质量管理人员、施工生产管理人员、材料管理人员、机械操作人员等，还有更多的劳务工人员。如何合理配置现场的人员、机械、材料、机械以及场地环境因素等都将影响人员的工作效率，而人员工作效率对工程的质量、进度、成本起着举足轻重的作用。

“智慧工地”的应用可有效提高现场人员工作效率。这主要表现在几个方面，一是“智慧工地”提高施工组织策划的合理性，通过 BIM 技术实现施工组织模拟，优化施工进度，合理安排工序的流水作业，保证每个施工人员工作量均衡，避免出现人员限制或超负荷工作等影响整体效率的不良状况。二是合理优化资源配置。人员的工作效率与施工机械、材料等生产资料的合理调配有着直接的关系，机械或材料的不到位或短缺都有可能造成人员的窝工，影响工程进度。“智慧工地”的应用可以保证现场材料、设备和场地布置等的有序管理，保证机械设备、材料、场地布置的合理调配。例如通过二维码、智能识别等技术自动清点现场材料数量，保证建筑材料重组充足，同时通过移动协同平台，在材料进场之前及时协调联系各个施工负责人，避免材料过多或过少带来的问题。通过 BIM 场地布置软件优化场地配置，减少二次搬运。三是提高现场人员的沟通效率，现场很多工作的延迟或问题都是因为相关干系人不能及时沟通和共享信息造成的。“智慧工地”通过移动应用、移动终端和云计算实现随时随地的沟通，现场情况通过语音、图片和视频，以及与 BIM 模型的对比分析与相关干系人共同解决问题。

2）可以有效增强项目现场生产的综合管控能力

项目现场生产的综合管控是指对项目的多个方面，包括进度、成本、质量、安全、人员和环境等进行综合管理和控制。施工现场露天高空作业多，多工种联合作业，人员流动大，是事故隐患多发地段，“智慧工地”的应用能有效加强现场的管控能力，主要包括以下几个方面。

一是从业务数据角度来讲，现场数据是项目管理的基础，“智慧工地”综合应用定位技术、传感器和识别技术等物联网技术进行现场数据的采集，一方面保证了现场数据的准确性、及时性、有效性；另一方面通过集成监管平台，使得一线生产数据一通到顶，实时呈现在管理人员面前，为管理提供可靠依据。同时，大量的数据积累汇总至集成监管平台，通过数据分析，为科学决策提供依据。例如通过劳务实名制系统准确记录农民工在某个工地的劳动状况，以此作为薪酬的凭证。另外，根据企业和农民工的一贯表现，设立双向的黑名单制度，构成建筑产业在此方面的征信记录，就能从根本上解决农民工和企业的薪酬纠纷。

二是加强项目现场各业务板块的管理。通过现场视频监控、安防报警等技术手段建立安全监督网，来保证安全生产。通过智能设备提高质量检查的准确性和效率，降低质量和安全事故发生率；通过基于 BIM 的 4D 管理，提高进度计划与其他资源计划的协调配套，在施工过程中合理调配施工资源，正确指导生产活动；通过物联网称重、识别、二维码等技术加强对施工材料的管控。例如通过地磅系统精确获取进场材料的重量，消除虚报材料现象，节约成本；通过定位技术、劳务实名制等实现现场人员的精准管理，包括考勤、位置等及时获取，关联安全系统，可对人员进行危险源范围报警等；通过基于BIM的5D管理，对施工过程合同资金、成本进行可视化管理。例如5D中分部分项构件与合同、分包、流水等绑定，精确控制材料领用，实现材料控制。

三是为项目精益管理提供支撑。精益管理认为材料采购不及时、机械设备不到位、质量安全事故等是造成现场资源浪费的根源，管理的核心就是减少浪费。“智慧工地”通过管理和技术能力提升等手段对现场生产全过程每个环节进行监督与管理，及时发现或预测问题，并协同解决，极大地减少了由此带来的进度延迟、质量安全事故、沟通协同不畅等问题，消除了每个环节的浪费，最终提高了项目效率与效益。这些都是精益管理的思想在现场的落地执行。

3）可以促进行业监管水平的全面提高

国务院办公厅〔2017〕19号文《关于促进建筑业持续健康发展的意见》提出加强工程质量安全管理，严格落实工程质量责任，加强安全生产管理，全面提高监管水平。并明确提出推进信息技术与安全生产深度融合，加快建设建筑施工安全监管信息系统，通过信息化手段加强安全生产管理。这些对工程项目的监管能力和通过信息化基础提高监管水平提出了更高的要求。

“智慧工地”的应用不仅仅局限在工程施工企业的应用，也应该包括行业对现场的智慧监管的内容。政府主管部门通过建立基于BIM、物联网、移动通讯等技术的工程质量、安全监管平台，实现对项目施工现场人员、机械设备、临时设施等安全信息实时采集和汇总分析，及时发现安全隐患，提高现场安全生产监控能力，减少和杜绝安全生产事故的发生。利用智能化手段建立完善的质量溯源机制，规范质量检查、检测行为，及时发现质量隐患，保障数据可追溯。还有通过推进劳务实名制管理信息化，建立基于物联网、大数据的行业劳务实名制管理平台，通过物联网、智能设备等技术手段实时地监控劳务人员在工程现场的劳务动态和现场的分布，并实现与工程现场劳务人员安全、环境教育培训的信息联动，提升劳务管理水平和建筑施工企业现场的劳务管理能力。劳务实名制管理平台与诚信管理系统进行对接，实现劳务人员信息的共享等。

1.5 本《报告》的内容组成

本《报告》是一份关于“智慧工地”技术与管理在我国建筑施工行业应用发展的研究报告——《中国建筑施工行业信息化发展报告（2017）：智慧工地应用与发展》（以下简称《报告》）。《报告》通过对“智慧工地”在施工行业应用的现状进行调研、分析和总结，给出建筑施工行业“智慧工地”应用的应用点，并逐点展开论述，《报告》共分为14章的内容。

《报告》首先在第1章对工程施工现场的信息化背景进行论述，并给出“智慧工地”的概念、定义和核心特征。

针对“智慧工地”在施工行业中的应用情况，本书编委会组织进行广泛调查，调查采用线上和线下结合的方式进行，第2章对调查结果进行详细分析。

第3章到第11章从施工现场管理业务角度分别对智慧施工策划、智慧进度管理、智慧人员管理、智慧机械设备、智慧物料管理、智慧成本管理、智慧质量安全管理、智慧绿色施工管理、智慧项目协同进行了论述。

“智慧工地”应用在满足现场不同业务的智慧管理需求的同时，也需要满足管理层和决策层的管控要求，应建设统一的监管平台对众多系统进行集成，支持管理决策，这方面的内容在第12章进行论述。“智慧工地”在聚焦施工现场管理的同时，也应该将这些智慧手段应用在行业监管方面，提升监管水平和效率，这方面的内容在第13章论述。第14章对智慧工地发展趋势进行展望。

另外，从第3章到第13章，每一章中还给出了实际案例，用于展示“智慧工地”的具体应用方法和途径，帮助读者建立对“智慧工地”应用和发展的感性认识。

参考文献

[1] 倪江波，等. 中国建筑施工行业信息化发展报告（2013）[M]. 北京：中国城市出版社. 2013.

[2] 倪江波，等. 中国建筑施工行业信息化发展报告（2014）-BIM应用与发展[M]. 北京：中国城市出版社. 2014.

[3] 倪江波，等. 中国建筑施工行业信息化发展报告（2015）-BIM深度应用与发展[M]. 北京：中国城市出版社. 2015.

[4] 赵昕，等. 中国建筑施工行业信息化发展报告（2016）- 互联网应用与发展[R]. 北京：中国城市出版社. 2016年.

[5] 马智亮. 追根溯源看BIM技术的应用价值和发展趋势[J]. 施工技术，2015, 44 (6): 1-3.

[6] 姚德利. RFID在施工管理中的应用研究[J]. 施工技术，2012, 41 (6).

[7] 申龙章，李启成等. RDIF技术在建筑工地管理中的应用[J]. 南华大学学报，2015, 29 (3).

[8] 黄正凯，钟剑，张振杰，彭青，邓亚宏等. 基于BIM平台测量机器人在机电管线施工中的应用[J]. 施工技术，2016, 45 (6).

[9] 张晓萌. 云计算在工程建设相关行业应用探讨[J]. 电子技术与软件工程，2015, (4).

[10] 曾晖. 大数据挖掘在工程项目管理中的应用[J]. 科技进步与对策，2014, 31 (11).

[11] 李香玉. 深圳平安金融中心项目基于BIM的数字化建造：行业“互联网+”先行者[J]. 施工企业管理，2015 (7).

[12] 张学武. 浅谈现场施工人员的工作效率的提高[J]. 山西建筑，2011, 37 (10).

[13] 霍红霞，魏风雪. 数字化机械施工技术在南水北调工程阶段性的应用[J]. 技术与市场，2014, 21 (4).

[14] 王宇. 解密数字化施工技术和设备管理[J]. 交通建设与管理，2014, (13).

[15] 陈红团. 互联网+智慧工地建设的必要性及应对[J]. 经济，2016, (8).

[16] 习云航. 数据采集技术在施工现场管理中的应用研究[D]. 大连：大连理工大学，2015

[17] 徐瑛丹，徐杰. 论GPS在地面施工控制网中的应用[J]. 城市建设理论研究：电子版，2013, (36)

第 2 章　建筑施工行业智慧工地应用现状调查与分析

2.1　概述

为全面、客观地反映智慧工地在我国建筑施工行业的应用现状，《中国建筑施工行业信息化发展报告（2017）：智慧工地应用与发展》编写组对全国建筑施工企业智慧工地的应用情况进行了调查，并将其结果作为本章的主要内容。对于调查不能覆盖的部分，借鉴了其他来源的数据；对于没有其他数据可借鉴的部分，采取了根据感性认识进行定性描述的方法。

此次调查分为线上和线下调查，共收到 474 份有效问卷。线上调查是指由 PC 端、手机微信端和邮箱进行调查问卷链接推送，调查对象点击电子问卷链接进行答题，此部分共收到 241 份有效问卷，占总体样本的 50.8%。线下调查是指向调查对象发送纸质问卷，再进行问卷回收录入系统，共收到 233 份有效问卷，占总体样本的 49.2%，如图 2-1 所示。

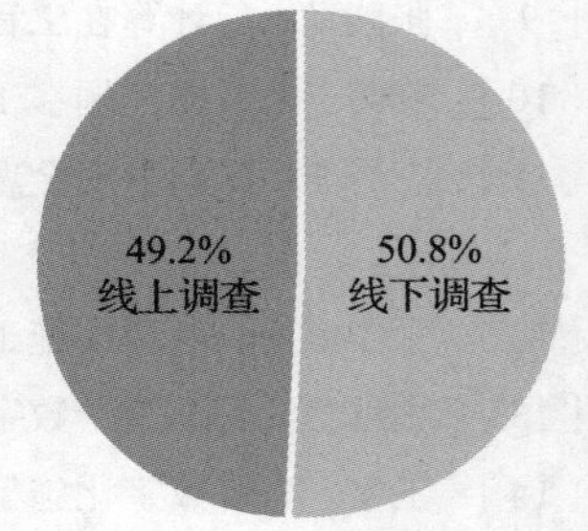

图 2-1　调查主要渠道

本次问卷调查被访对象的岗位涉及企业高管、企业信息化负责人、项目总工、项目经理、技术管理、商务管理、生产管理等。其中被访对象中技术管理岗人数最多，占比 27.85%；企业信息化负责人次之，占 11.60%；生产管理岗人数占 10.97%，商务管理岗人数占 10.13%；项目经理占比为 8.86%，项目总工为 4.64%，企业总经理 / 副总经理和企业总工程师均占比较少，分别为 2.53% 和 2.74%；其他岗位为 20.68%，如图 2-2 所示。从被访对象的岗位类别可以看出，本次调查覆盖了企业各相关层级。

从工作年限来看，被访对象中从业时间为 1 ~ 3 年有 107 人，从业时间 3 ~ 5 年有 92 人，从业时间 5 ~ 10 年有 121 人，从业时间 10 年以上占比最多，达到了 154 人，如图 2-3 所示。在建筑施工行业工作 5 年以上的被访对象超过半数。可以看出，本次被访对象有较宽的从业时间分布。

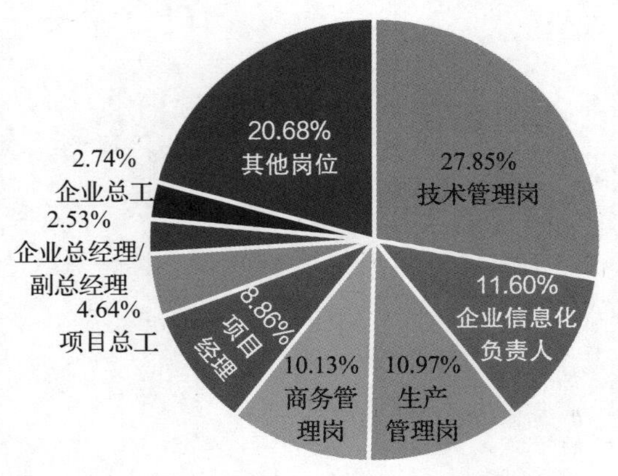

图 2-2　被访对象岗位分布情况

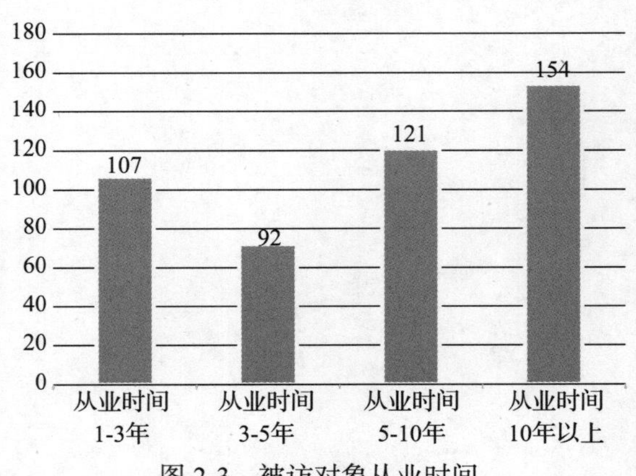

图 2-3　被访对象从业时间

参与本次调查人员所在企业类型包括施工单位、建设单位、咨询机构、勘察设计单位、政府部门等。大多数被访对象所在企业为施工单位，占比达 68.14%；被访对象所在企业为建设单位占 8.65%，咨询机构则占 7.81%，勘察设计单位占 4.22%，政府部门、科研及教育机构以及构件（部品）生产厂商所占比例都不多，均未超过 3%，如图 2-4 所示。这意味着本次被访对象更多地来自施工单位。

本次被访对象主要来自较高级别资质的施工单位。调查显示，被访对象所在企业大部分为特级资质企业，占比 57.86%；一级资质企业占比 28.76%，二级资质企业占比较少，仅为 3.34%；其他资质企业为 10.04%，如图 2-5 所示。

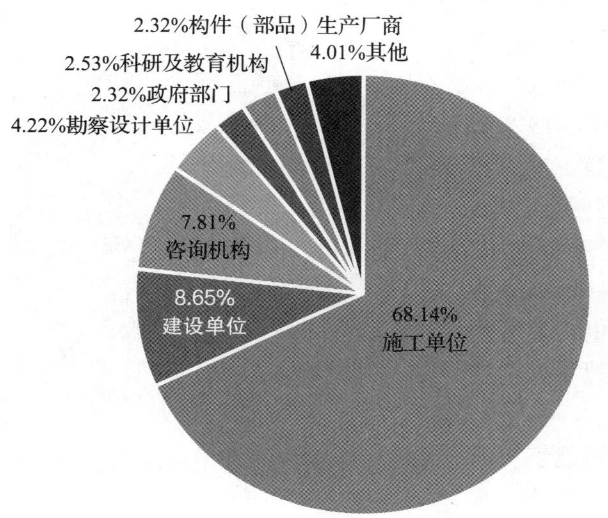

图 2-4 被访对象所在企业类型

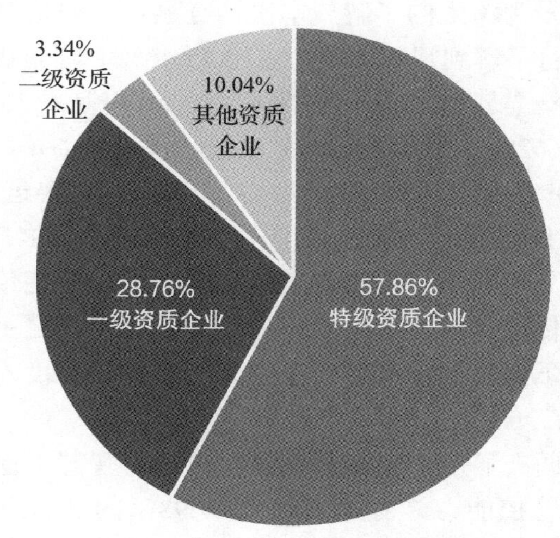

图 2-5　被访对象所在企业资质

调查显示，此次被访对象所在企业性质多为国有企业，占主导地位，达 83.28%；民营企业和股份制企业相差不多，分别占比 7.02% 和 7.69%；外资（含合资）企业占比最少，仅为 0.34%；其他性质企业占比 1.67%，如图 2-6 所示。

从业务分布情况来看，被访对象所在企业业务分布在华东地区（包括山东、江苏、安徽、浙江、福建、上海）占比最多，达 52.84%；其次为华北地区（包括北京、天津、河北、山西、内蒙古），占 35.12%；华中地区（包括湖北、湖南、河南、江西）占 31.77%，华南地区（包括广东、广西、海南）和西南地区（包括四川、云南、贵州、西藏、重庆）业务分布相差不多，分别占 22.41% 和 20.74%；被访对象所在企业在东北地区（包括辽宁、吉林、黑龙江）业务分布占比较少，为 15.72%；西北地区（包括宁夏、新疆、青海、陕西、甘肃）业务分布最少，仅为 9.37%；其他地区业务分布为 3.01%，如图 2-7 所示。这表明被访对象所在企业业务分布范围广泛，经济发达地区的业务分布相对较多。

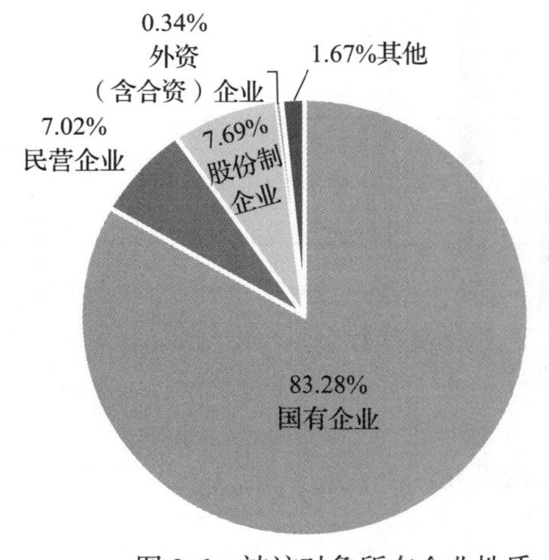

图 2-6　被访对象所在企业性质

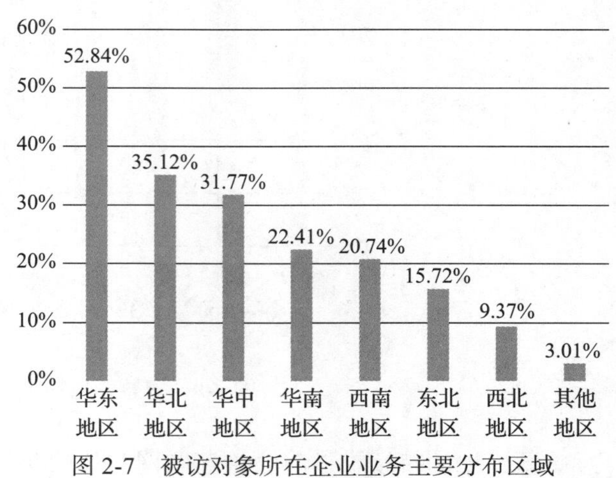

图 2-7　被访对象所在企业业务主要分布区域

2.2　建筑施工行业智慧工地应用现状

2.2.1　建筑施工行业智慧工地应用基本情况

智慧工地是运用信息化手段，围绕项目的全生命周期建立支撑现场管理、互联协同、智能决策、知识共享的一整套项目现场管理的信息化系统。随着建筑施工企业信息化建设的不断深入以及互联网技术的不断发展，越来越多的建筑施工企业对智慧工地有了较为深入的了解。本次调查显示，被访对象大部分通过业内同行了解到智慧工地，占比 43.46%；通过媒体和行业会议了解到智慧工地的被访对象所占比例相差不大，分别为 19.41% 和 19.62%；部分被访对象通过软件供应商了解到智慧工地，占 10.13%；还有 7.38% 的被访对象通过其他渠道了解到智慧工地，如图 2-8 所示。可见，目前智慧工地宣传推广渠道较为集中，大部分企业了解到智慧工地是通过“口口相传”这一形式；媒体宣传也是智慧工地推广应用的重要途径之一。这也表明智慧工地虽然已经在行业内获得了一定的关注度，但智慧工地的宣传推广方式还不够系统，略显单一。

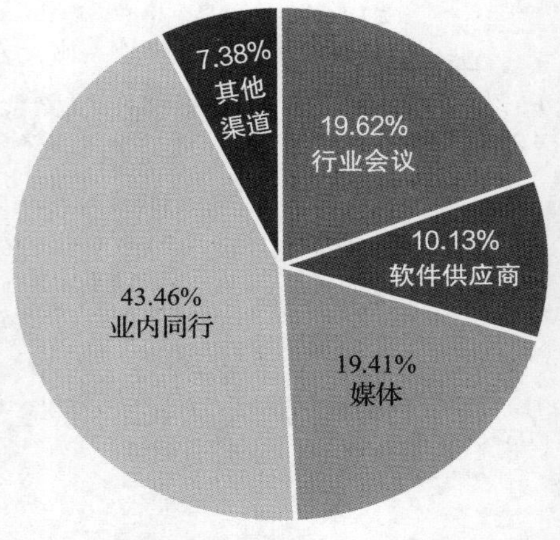

图 2-8　被访对象了解智慧工地的渠道

调查显示，大部分被访对象认为智慧工地的应用能够提升成本管控能力，占 69.62%；67.93% 的被访对象认为智慧工地的应用能够提升材料管控能力，被访对象认为智慧工地的应用还可以提升进度管控和质量管控，分别占比 63.92% 和 62.03%；安全管控和机械设备管控也被认为是应用智慧工地可以有效提升的方面，分别占比 58.44% 和 55.27%；超过半数的被访对象认为智慧工地的应用能够提升沟通协同效能，占 52.74%；50.21% 的被访对象认为智慧工地的应用可以提升劳务管控能力，39.03% 的被访对象则认为智慧工地的应用可以提升环境管控能力，3.17% 的被访对象认为智慧工地的应用还可以提升其他方面的业务管控能力，如图 2-9 所示。可见，通过智慧工地的应用可以对施工现场关键要素进行实时、全面的监督和管理，有效提升业务管控能力，智慧工地将从不同角度为建筑施工行业带来变化和发展。

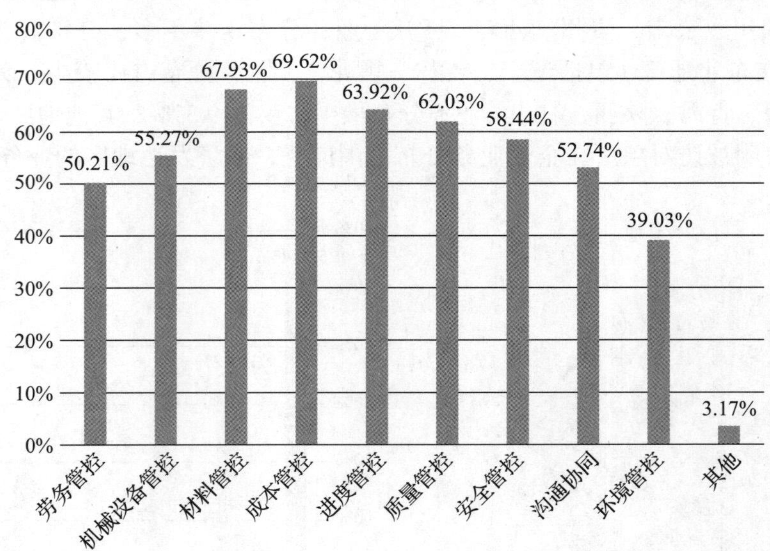

图 2-9　智慧工地的应用提升业务管控能力情况

智慧工地的持续推进将会给互联网时代的建筑业带来一场深远的变革，也将颠覆传统的现场作业模式。调查显示，大多数被访对象所在企业开展智慧工地的原因是企业统一推动，占比 56.96%；22.57% 的企业因项目自发推动而开展智慧工地，由于业主要求而开展智慧工地应用的企业所占比例较少，为 10.34%；还有 10.13% 的企业因为其他原因开展智慧工地，如图 2-10 所示。这表明，绝大部分建筑施工企业出于自身需求而开展智慧工地应用，智慧工地的应用已经上升至企业战略发展层面，借助智慧工地打造企业核心竞争力也成为企业开展智慧工地的主要驱动力。这也意味着智慧工地的应用价值被更多企业所认可。

随着建设工程体量的快速增长，对工程的复杂度和工艺水平提出了更高的要求，大数据、云计算、物联网、BIM 等信息技术的快速发展和智慧工地的出现，使施工现场管理逐渐由人工方式转变为信息化、智能化管理，提高了工程质量、进度、安全等管理效率，为建筑施工企业带来切实效益。调查显示，37.34% 的被访对象倾向于在重点项目中进行智慧工地应用，26.37% 的被访对象倾向在结构复杂、施工难度大的项目中进行智慧工地应用，还有 20.89% 的被访对象倾向在参与方多、协调难度大的项目中进行智慧工地应用，企业对于在一般建设项目中进行智慧工地应用的倾向并不高，占比 5.49%；而倾向在建设环境复杂的项目中进行智慧工地应用的企业占比最少，仅为 5.27%，还有 4.64% 的企业倾向于在其他项目中进行智慧工地应用，如图 2-11 所示。这表明，目前智慧工地应用更多地集中在重点项目中，同时对于复杂程度高、参与方多、难度大的项目中应用智慧工地的比较高，一般建设项目极少应用智慧工地，这也说明智慧工地应用还需进一步普及。

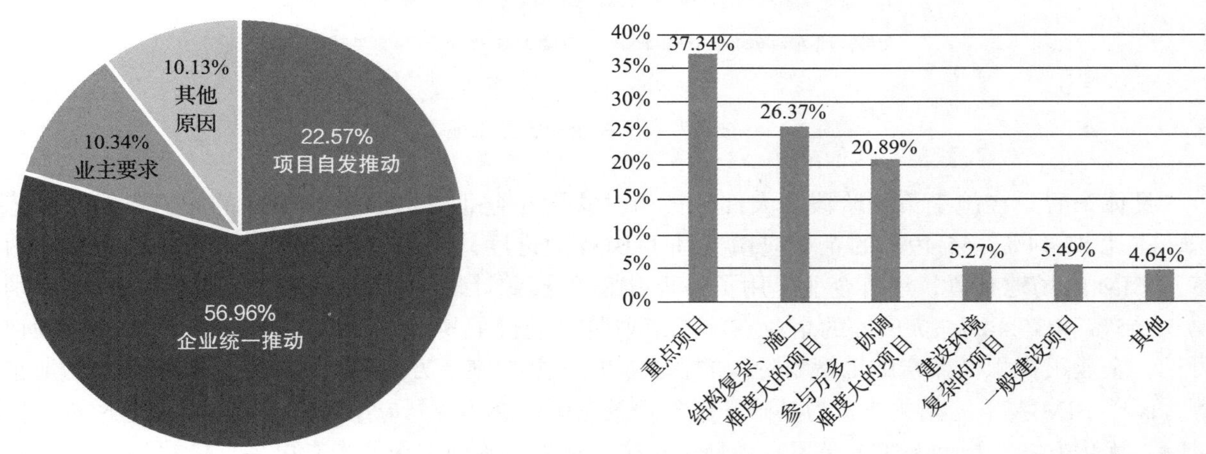

图 2-10　被访对象所在企业开展智慧工地应用的原因　　图 2-11　被访对象所在企业希望进行智慧工地应用的项目

2.2.2　建筑施工行业智慧工地应用范围和深度

智慧工地必须以信息的互联互通为支撑，覆盖项目全生命周期，按照项目现场业务管理的逻辑，打通数据之间的互联互通，形成横向到边、纵向到底的数据交互关系，避免信息孤岛和数据死角出现。随着智慧工地在施工行业的不断应用，建筑施工企业对智慧工地的认识也不再流于表面而是通过应用智慧工地得到一定效益。

从智慧工地在建筑施工企业的应用现状来看，目前，大多数企业对智慧工地的应用尚处于探索阶段。调查显示，企业的智慧工地应用范围较为集中。被访对象所在企业中有 44.30% 的企业目前智慧工地主要应用于进度管理，43.88% 的企业目前智慧工地主要应用于人员管理，43.25% 的企业目前智慧工地主要应用于成本管理，41.35% 的企业目前智慧工地主要应用于施工策划，39.66% 的企业目前智慧工地主要应用于项目协同管理，39.03% 的企业目前智慧工地主要应用于质量管理，还有企业目前智慧工地主要应用于安全管理和机械设备管理，分别占比 38.82% 和 37.98%；37.98% 的企业目前智慧工地主要应用于物料管理，32.07% 的企业目前智慧工地主要应用于集成管控平台，

29.11% 的企业目前智慧工地主要应用于绿色施工，还有 4.64% 的企业目前智慧工地应用于其他方面，如图 2-12 所示。可见，目前绝大多数企业的智慧工地应用主要集中在工程施工现场管理，并围绕人、机、料等关键要素进行应用，同时对于直接影响施工效果的关键环节应用较多，这也是由于智慧工地的特征所决定的。智慧工地的集成应用、延展性应用相对较少，这也说明智慧工地应用有待进一步深入。

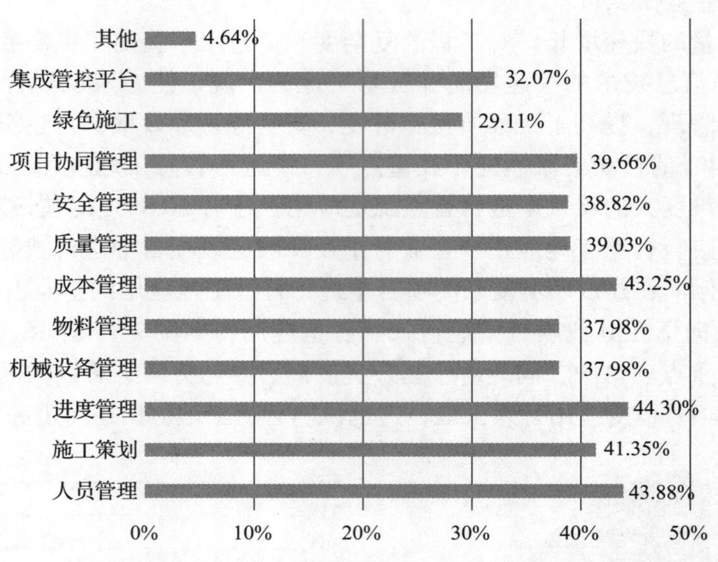

图 2-12　被访对象所在企业智慧工地主要应用

具体来看，在施工策划阶段，大部分被访对象所在企业应用了基于 BIM 的施工方案及工艺模拟，占比 58.44%，55.49% 的企业应用了基于 BIM 的进度计划编制与模拟，54.22% 的企业应用了基于 BIM 的场地布置，还有企业应用了基于 BIM 的资源计划和可视化施工组织设计交底，分别占比 35.65% 和 35.44%，7.17% 的企业在施工策划阶段进行了其他方面的智慧应用，如图 2-13 所示。可见，企业正在积极探索施工策划阶段的智慧应用，并在施工方案模拟、进度计划编制、场地布置等方面以 BIM 技术等相关技术为基础开展了智慧应用。这些智慧应用可以有效降低企业成本、控制风险、优化方案，帮助施工人员更高效地进行施工策划，为施工企业带来更多直接效益。

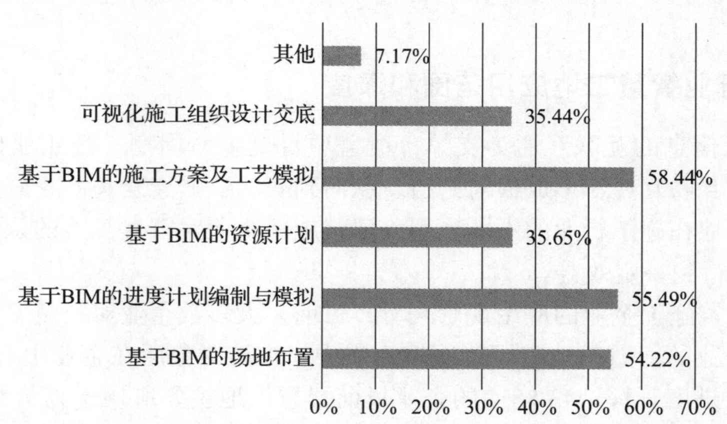

图 2-13　施工策划阶段，被访对象所在企业智慧应用情况

在进度管理方面，被访对象所在企业中有 45.64% 的企业应用了基于智能化的计划分级管理和动态监控，44.40% 的企业应用了基于智能化的计划管理数据分析，43.98% 的企业应用了 BIM

技术与进度管理的结合，应用基于信息化的智能计划管理和基于工序标准化的施工组织的企业相差不多，分别占比 38.59% 和 39.42%；还有 11.20% 的企业在工程进度方面进行其他智慧应用，如图 2-14 所示。

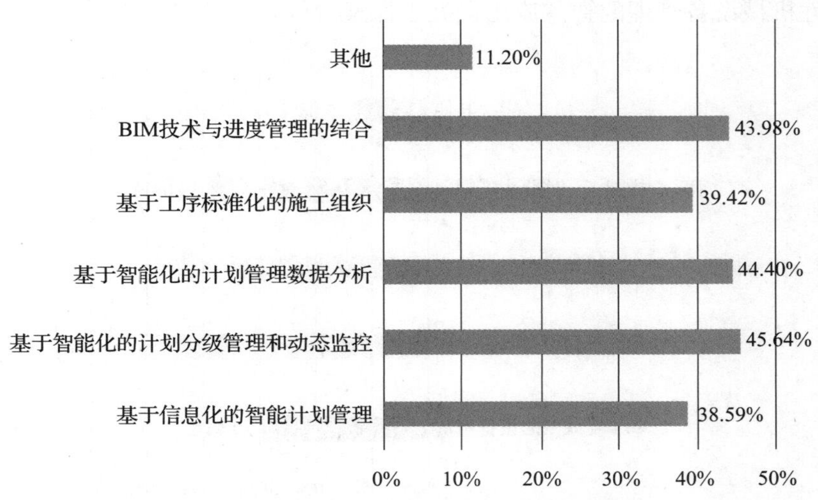

图 2-14　进度方面，被访对象所在企业智慧应用情况

在人员管理方面，现场劳务实名制管理应用最多，调查显示多达 57.38% 的企业进行此项智慧应用；50.21% 的企业应用了基于一卡通的人员管理，基于互联网的人员培训和基于互联网的用工管理也有企业应用，分别占比 47.05% 和 41.77%；29.75% 的企业应用基于物联网的人员现场综合管理（智能安全帽），农民工的电子支付体系建设和生物识别对现场考勤的应用则较少有企业应用，分别占 18.99% 和 20.25%；还有 5.70% 的企业在人员管理方面进行了其他智慧应用，如图 2-15 所示。可见，目前建筑施工企业对于施工现场人员管理进行了大量智慧应用探索，企业在劳务管理方面开始重视信息化技术应用和投入，这也是基于施工现场管理的需求所在。随着移动应用技术的飞速发展，企业对于人员培训和用工管理方面利用移动应用替代传统的作业方式，这意味着建筑业从业人员管理正在向信息化管理方向发展。但对于综合管理、现场考勤和电子支付等以物联网为核心的智能化应用目前鲜少尝试。

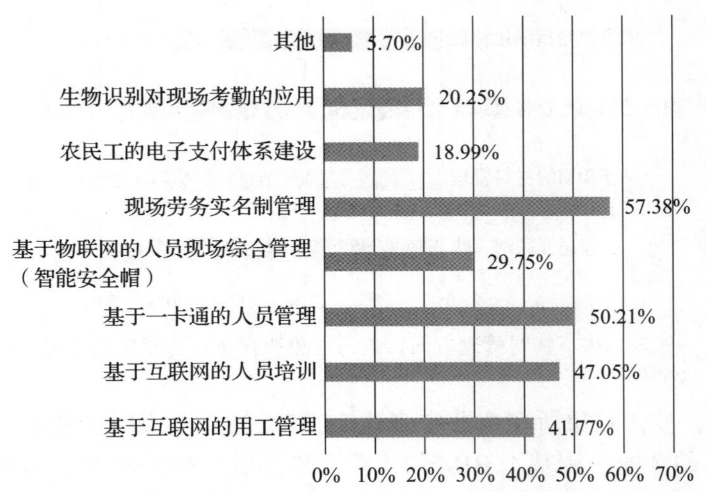

图 2-15　人员管理方面，被访对象所在企业智慧应用情况

在机械设备管理方面，被访对象所在企业中有 51.48% 的企业进行智能化的机械设备日常管理，

39.03% 的企业进行钢筋翻样加工一体化生产管理，35.02% 的企业应用基于 GIS 平台的机械进出场、调度管理，还有 29.54% 的企业应用基于互联网的设备租赁，13.08% 的企业在机械设备管理方面进行了其他智慧应用，如图 2-16 所示。这表明，企业更多地对常规化机械设备管理进行智慧应用，对于专业性、集成性机械设备管理的智慧应用仍处于探索阶段。

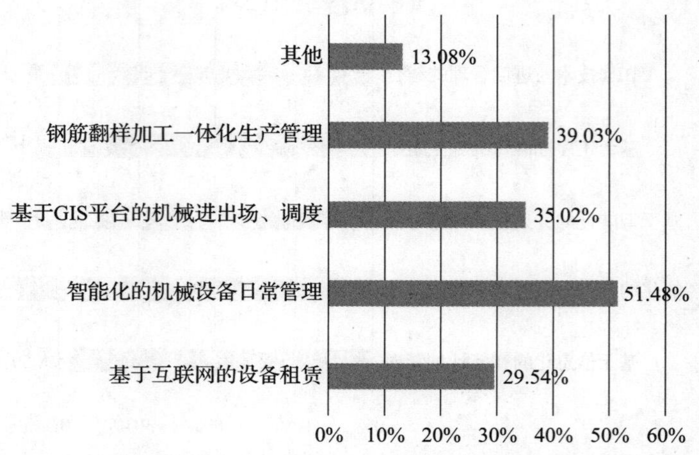

图 2-16　机械设备管理方面，被访对象所在企业智慧应用情况

在物料管理方面，被访对象所在企业中有 47.68% 的企业应用物料进出场检查验收系统，41.77% 的企业通过互联网进行采购，还有企业应用了基于 BIM 的材料管理和现场钢筋精细化管理，分别占比 40.72% 和 40.30%；28.06% 的企业应用了二维码物料跟踪管理，8.86% 的企业则在物料管理方面进行了其他智慧应用，如图 2-17 所示。可见，企业在物料管理方面的智慧应用范围较广，基于互联网的采购管理、基于 BIM 的材料管理、基于物联网的物料进出场验收和基于二维码的物料跟踪管理等一系列的智慧应用将会进一步降低物资管理的复杂性，简化管理操作。

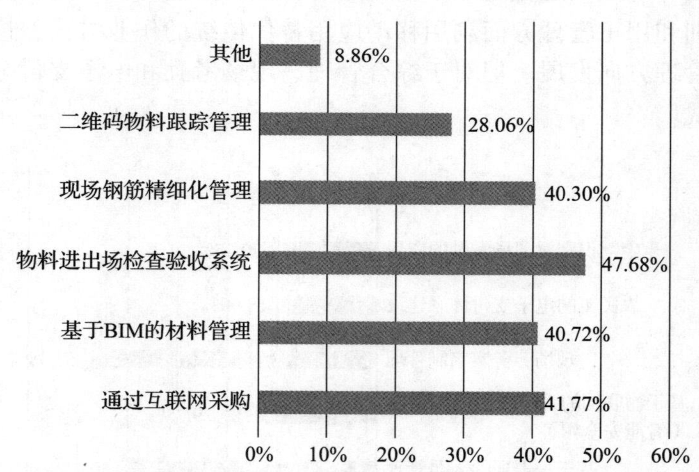

图 2-17　物料管理方面，被访对象所在企业智慧应用情况

在成本管理方面，被访对象所在企业中多达 55.27% 的企业应用了基于大数据的项目成本分析与控制技术，40.93% 的企业应用基于 BIM 的工程造价形成，39.45% 的企业应用了基于大数据的材价信息，还有 31.65% 的企业应用了基于 BIM 的 5D 管理，12.24% 的企业在成本管理方面进行了其他智慧应用，如图 2-18 所示。这表明，企业通过综合运用 BIM 技术、大数据等信息化技术手段，聚焦成本管理，建立了信息智能采集、数据科学分析的信息网络，从而帮助企业从多个维度进行成

本管控。

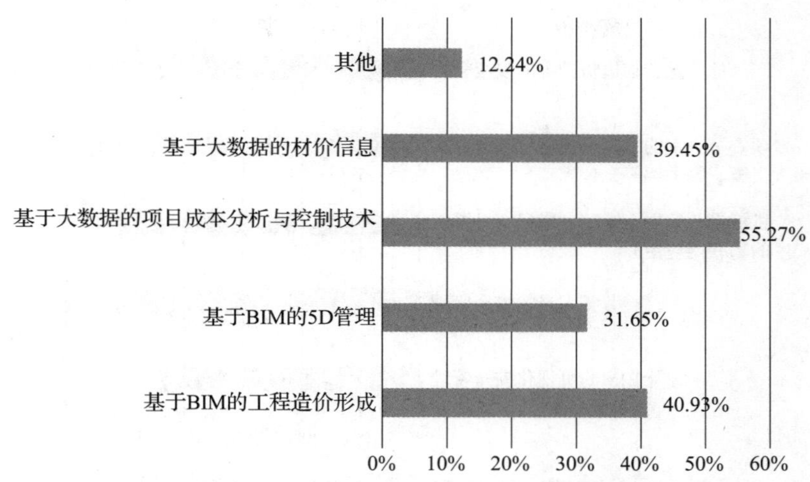

图 2-18　成本管理方面，被访对象所在企业智慧应用情况

在质量管理方面，被访对象所在企业中有 47.89% 的企业进行了检查记录等监测，46.84% 的企业应用了基于 BIM 的质量管理，43.46% 的企业进行了混凝土温度监测，36.08% 的企业进行二维码质量跟踪，28.69% 的企业基于物联网的基坑变形监测，还有 11.18% 的企业在质量管理方面进行了其他智慧应用，如图 2-19 所示。可见，施工现场质量安全管理正逐渐由人工方式转变为信息化、智能化管理，但目前物联网、移动应用等新技术在质量管理方面的应用并不多。

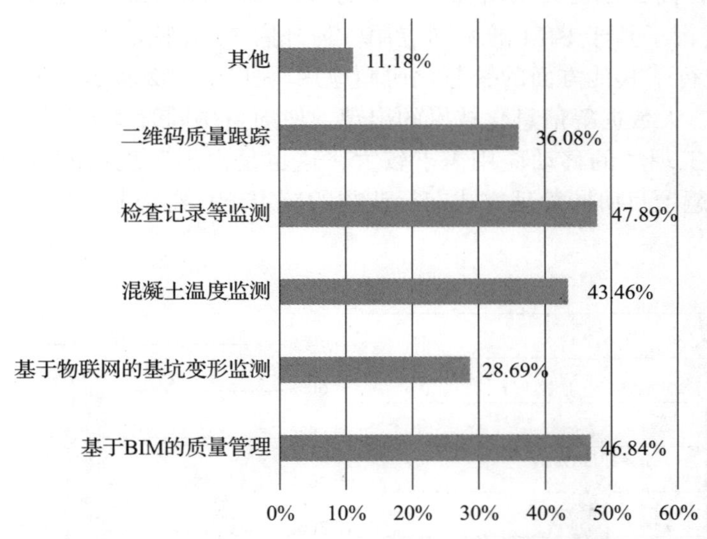

图 2-19　质量管理方面，被访对象所在企业智慧应用情况

在安全管理方面，被访对象所在企业中多达 56.12% 的企业进行专项安全方案的编制及优化（基坑、高大支模、脚手架等），51.48% 的企业进行劳务人员的安全管理，51.05% 的企业进行机械设备的安全管理（塔吊、升降机的物联网应用），还有企业进行危险源、临边防护等的安全管理和基于 BIM 的可视化安全管理，分别占比 44.94% 和 44.30%；8.23% 的企业在安全管理方面进行了其他智慧应用，如图 2-20 所示。这表明，企业在安全管理方面已经广泛进行了智慧应用，通过集成多种信息技术，辅助施工安全管理，以减少施工现场安全事故的发生；对于专项安全管理方面的智慧应用不断深化，这也说明企业对于安全管理日趋重视。

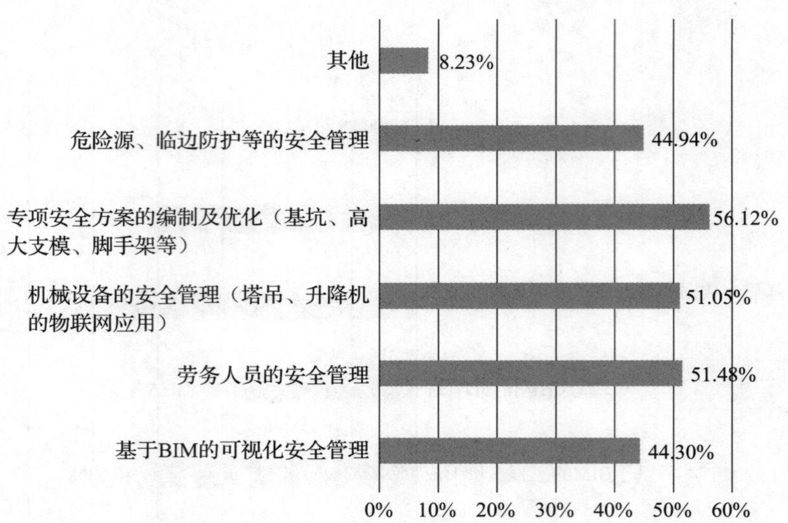

图 2-20　安全管理方面，被访对象所在企业智慧应用情况

在绿色施工方面，被访对象所在企业中大部分企业进行了现场环境管理与控制，占比 68.99%；60.34% 的企业在现场进行“四节”应用，建筑垃圾管理与控制的应用则占比较小，为 43.88%；还有 8.86% 的企业在绿色施工方面进行了其他智慧应用，如图 2-21 所示。这表明，企业在绿色施工方面的智慧应用主要集中在现场环境和节水、节电、节材、节地等基本环节，单点的智慧应用较多，绿色施工的集成化智慧应用还有待探索。

在项目协同管理方面，被访对象所在企业中有多达 60.34% 的企业进行了施工现场移动协同应用，52.95% 的企业进行了基于 BIM 的协同应用，另外有 37.76% 的企业进行基于云平台的图档协同，10.34% 的企业进行了其他方面的智慧化协同应用。如图 2-22 所示。可见，BIM 技术、移动通讯、物联网、云技术、大数据等信息化技术的出现，使项目协同管理方法和工具发生了改变。目前建筑施工企业对于施工现场的移动应用需求较大，这也是由施工现场的特点所决定的，同时，以 BIM 技术为核心的智慧项目协同管理方式在行业内的应用正日益普遍，但基于云端的智慧化协同应用还不成熟。

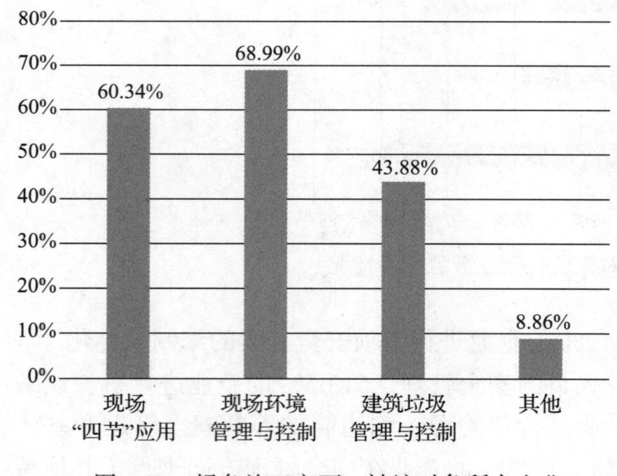

图 2-21　绿色施工方面，被访对象所在企业智慧应用情况

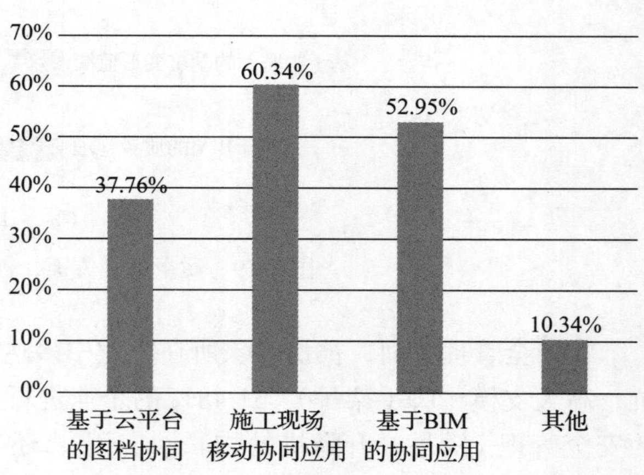

图 2-22　项目协同管理方面，被访对象所在企业智慧化协同应用情况

智慧工地集成管理平台定位于工地整体信息化系统的共享与协同，通过集成 BIM、物联网，制

定数据接口、建立管理规范，建立进度安全质量管理，在各级子系统充分覆盖基层业务的基础上，实现各信息化子系统的“数据共享”与“协同工作”。调查显示，有多达 69.62% 的被访对象认为智慧工地集成管理平台要具有管理数据的综合分析功能，69.41% 的被访对象认为智慧工地集成管理平台要具有各参与方的沟通协调功能，此外，操作简便、方便查询与应用和各业务系统的数据集成也被认为是智慧工地集成管理平台需要具有的功能，分别占比 65.82% 和 65.40%；还有 4.85% 的被访对象认为智慧工地集成管理平台需要具有其他功能，例如开放式可添加功能、全员全过程管理痕迹留存、分析等功能，如图 2-23 所示。可见，数据分析和协同沟通是智慧工地集成管理平台的核心价值所在，对于用户而言，还需要智慧工地集成管理平台易用、好用。

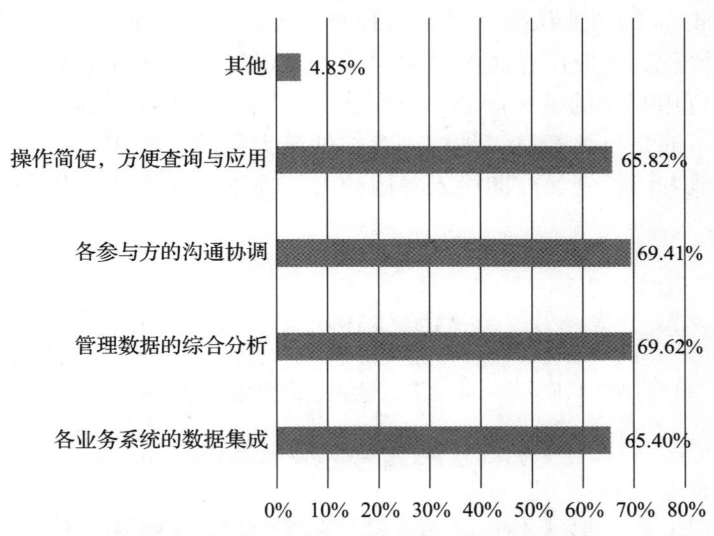

图 2-23　被访对象认为智慧工地的集成管理平台应具有的功能

近年来，随着我国城镇化进程的加快，工程建设规模越来越大，工程质量安全监管难度越来越高，质量安全问题也越来越突出。随着互联网技术的飞速发展和广泛应用，在建设工程质量安全监管领域全面推进和实施监督管理的信息化和网络化，是解决传统建设工程质量安全监管问题的重要途径。依托互联网技术的全流程工程质量安全监管将有效促进工程质量安全治理，提升工程质量安全监管水平。调查显示，被访对象所在企业中有 61.39% 的企业通过实地办理和在线办理结合的方式完成了工程安全的质量监管，通过实地办理方式完成了工程安全质量管理工作的企业占比 49.16%，还有部分企业通过在线电子政务系统完成了工程安全质量监管工作，占比 32.91%；仅有 26.58% 的企业通过政府微信公众号完成了工程安全质量监管工作，5.06% 的企业通过其他渠道完成了工程安全质量监管工作，如图 2-24 所示。可见，建筑施工企业利用传统手段进行工程安全质量监管仍是目前行业内的主流，完全利用信息化手段进行工程安全质量监管工作的企业占比较少，大部分施工企业利用传统方式和信息化技术相结合的手段互为补充进行工程安全质量监管；目前施工企业通过移动应用手段完成工程安全质量监管还有待深化。

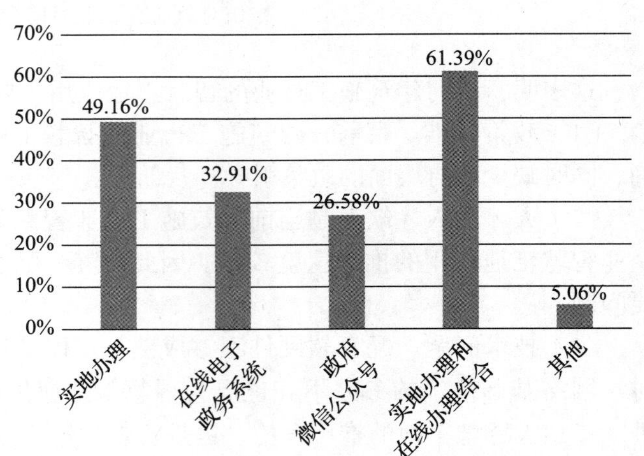

图 2-24　被访对象所在企业完成工程安全质量监管工作的渠道

2.3　建筑施工行业智慧工地发展趋势调研与分析

2.3.1　建筑施工行业智慧工地应用存在的问题

随着建筑施工行业信息化建设的不断深入，信息化建设越来越趋向具体工程项目的落地应用，即通过信息技术的集成应用改变传统管理方式，实现传统施工模式的变革，使施工现场更智慧化。当然，建筑施工行业的智慧工地应用还在探索和尝试阶段，目前还存在多种问题。调查显示，建筑施工企业智慧工地的应用存在多方面问题，包括人才、制度、标准以及技术等方面。被访对象所在企业中多达 58.44% 的企业认为相关人才的缺失是目前智慧工地应用中存在的最大问题，其次是配套软硬件不成熟，54.43% 的企业认为这是目前智慧工地应用存在的最大问题；51.27% 的企业认为缺乏行业标准是目前智慧工地应用存在的最大问题，对智慧工地价值认识不足、投入不足也被企业认为是目前智慧工地应用存在的最大问题，分别占比 42.62% 和 41.35%；还有 33.12% 的企业认为行业主管部门的引导不够是目前智慧工地应用存在的最大问题，6.33% 的企业认为目前智慧工地应用的最大问题还有其他方面，例如前期投入费用较大、收益成效较慢、设计开发与实际工作差别大等，如图 2-25 所示。

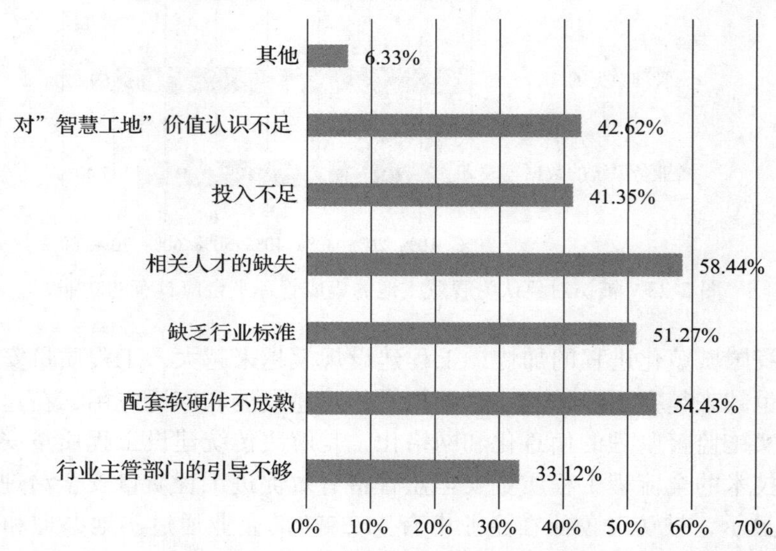

图 2-25　被访对象所在企业目前智慧工地应用中存在的最大问题

这表明，目前建筑施工行业的智慧工地应用主要在技术、政策和人才三大层面存在问题。

（1）政策标准。目前，建筑施工行业的智慧工地应用缺乏相关标准、规范，法律责任界限不明确，同时缺少政府层面的政策引导。

（2）人才。人才缺乏是当前建筑施工企业智慧工地应用的主要问题所在，相关人才的缺失使得企业智慧工地应用的推进速度较慢。因此培养、吸引人才是企业进一步应用智慧工地需要解决的首要问题。

（3）技术问题。配套软硬件不够成熟，难以支撑智慧工地和其他多种专业软件的集成应用，同时，网络基础设施的参差不齐也成为智慧工地应用的瓶颈。因此，改进软件功能，完善配套设施，进一步加大智慧工地的推广宣传，也是智慧工地应用需要解决的相关问题。

建筑施工企业在智慧工地应用中遇到诸多技术难点。调查显示，被访对象所在企业认为智慧工地应用过程中首当其冲的技术难点是“系统众多，集成难”，占比 56.96%；还有 52.53% 的企业认为“软硬件集成难”是智慧工地应用过程中的技术难点，“市场系统众多，选型难”也被认为是智慧工地应用的技术难点所在，占比 44.73%；还有 44.51% 的企业认为“现场网络环境差、无法保证使用效果”是智慧工地应用的技术难点，7.17% 的企业认为智慧工地应用的技术难点还有其他方面，例如意识、理念不足，系统庞大，完善需要长久的时间和大量投入等。如图 2-26 所示。这也说明，目前智慧工地应用过程的主要技术难点在于数据之间的协同和集成，同时软件选型和硬件配置也成为影响智慧工地应用的技术因素。

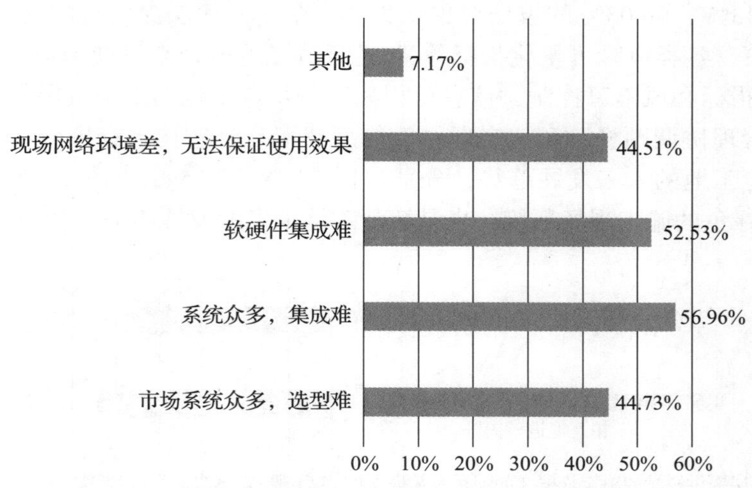

图 2-26　被访对象所在企业在智慧工地应用中遇到的技术难点

要想更好地推动建筑施工行业智慧工地的应用，大部分被访对象认为需要配套政策及鼓励措施来推动智慧工地顺利应用，占比 68.78%；63.50% 的被访对象认为需要加强行业培训来推动智慧工地的顺利应用，推动示范工程也被认为是推动智慧工地顺利应用的手段之一，占比 60.76%；58.86% 的被访对象认为行业主管部门的引导也会推动智慧工地的顺利应用，48.73% 的被访对象认为推荐相应的软硬件对推动智慧工地顺利应用也很重要，还有 38.40% 的被访对象认为推动智慧工地顺利应用也需要加大投入，4.43% 的被访对象认为还需其他方面推动智慧工地顺利应用，例如优化硬件，达到落地轻量化，开展竞赛等手段，如图 2-27 所示。这大体表明，目前建筑施工企业推动智慧工地的主动性并不高，需要通过外部的激励手段进行推动，同时智慧工地缺乏成功、标杆案例，一些企业即使想推却感觉无从下手，一定程度上阻碍了智慧工地的推进，技术因素也成为制约智慧工地推行的一大要素。可见，智慧工地的顺利应用存在多方面掣肘。

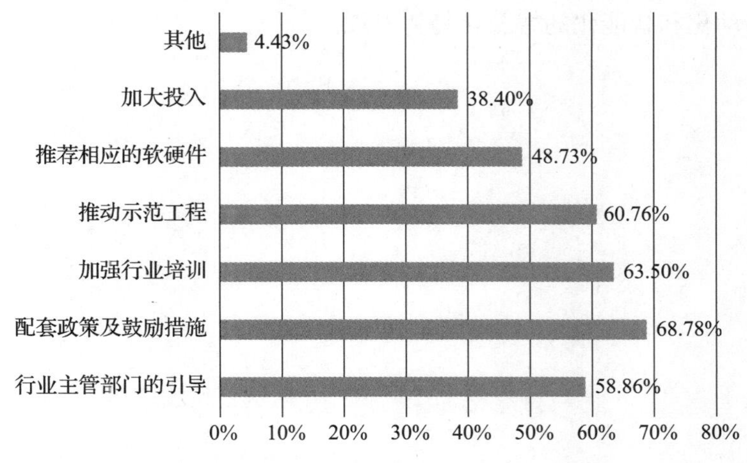

图 2-27　被访对象认为推动智慧工地顺利应用的途径

2.3.2　建筑施工行业智慧工地发展趋势

建筑施工行业的发展趋势是信息化、智能化、智慧化。随着 BIM 技术、移动互联网技术、云技术、物联网等关键技术的不断发展，为智慧工地的发展提供了机遇，智慧工地也会借助更多的信息技术来解决施工现场的管理问题。调查显示，被访对象中绝大部分认为智慧工地的未来发展趋势是“实现项目充分连接，实现人、机、料等的互联互通（如有成熟的社会化的用工管理平台、材料共享平台等）”，占比 81.43%；66.03% 的被访对象认为“为企业决策层提供科学的决策依据（如项目大数据支撑的管理决策、各类风险可量化指标等）”是智慧工地的未来发展趋势，61.18% 的企业认为“要素管理可量化，指标和风险可控制，信息可积累”是智慧工地的未来发展趋势，“实现项目内部无障碍沟通，项目管理协调顺畅”和“实现专项信息技术与建造技术有机融合，相互促进、提升”也被企业认为是智慧工地的未来发展趋势，分别占比 59.28% 和 54.64%；还有 48.10% 的企业认为“营造生态、人文、绿色的施工现场环境”也是智慧工地未来的发展趋势，如图 2-28 所示。

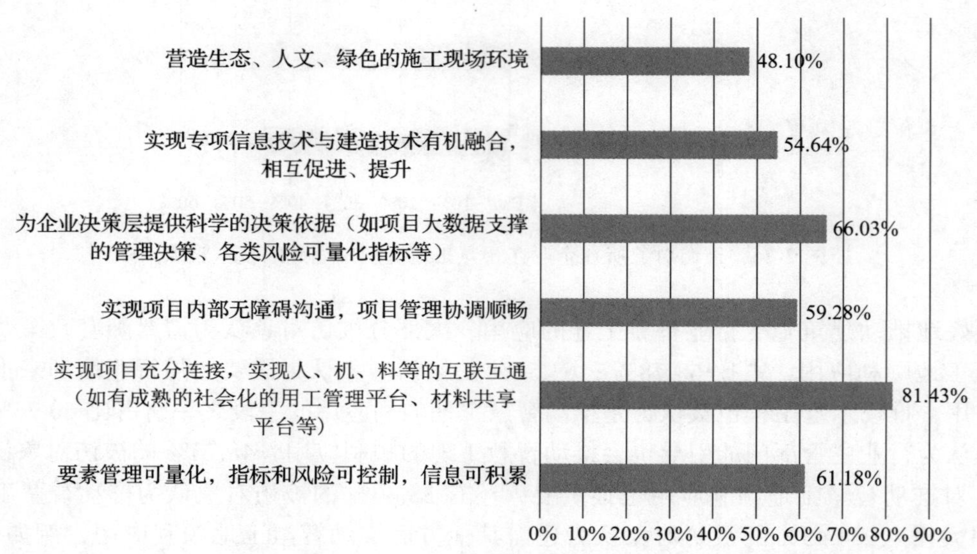

图 2-28　智慧工地未来发展趋势

可见，未来智慧工地将通过各种先进技术手段进一步与项目管理进行融合和交互，将获得的各类信息与现场管理进行集成，以大数据的充分挖掘和共享为基础，提高企业的科学分析和决策能力。未来的智慧工地也将通过先进技术的综合应用，构建项目建造和运行的智慧环境，最终推动建筑施工行业向更加自动化和智能化的智慧化趋势发展。

第 3 章　智慧施工策划

3.1　概述

所谓施工策划，是指针对一个工程建设项目，在项目施工前对将要进行的一系列施工活动和管理活动进行策划的过程。一般需要组织专家和相关人员，通过调查研究和收集资料，从组织、经济、技术、管理等方面进行科学分析和论证。施工策划的内容包含以下三类：总体策划、关键施工活动策划，以及对临时设施、进度、质量、安全、成本、文明施工等管理活动的专题策划。策划的具体内容包括：各施工阶段施工场地的布置、总体施工进度计划、分包单位招标计划、劳动力计划、物资采购（订货、进场）计划、资金成本计划、主要施工方案、质量控制策划、危险源管控计划等。优秀的施工策划是项目顺利实施的先决条件，它不但要实用，而且要具有提前性、创造性和动态持续性。

在传统模式下，项目的施工策划工作由经验丰富的工程师来完成。他们根据建筑设计特点、工程量数据、总工期以及施工环境等项目信息，结合自己以往的施工经验对项目各项重要施工管理活动进行策划。由于施工策划是在开工前较短的时间内完成，而且项目的工程量数据往往也不完整，项目策划往往带有较多的主观因素，其优劣直接取决于策划人的能力水平。

随着移动互联、云计算、大数据，尤其是 BIM 技术等一大批信息技术的快速发展，这些技术逐渐帮助施工人员更高效地进行施工策划，进而使智慧施工策划成为可能。智慧施工策划主要特征是，应用信息系统，自动采集项目相关数据信息，结合项目施工环境、节点工期、施工组织、施工工艺等因素，对项目施工场地布置、施工机械选型、施工计划、资源计划、施工方案等内容做出智能决策或提供辅助决策的数据。智慧施工策划与传统模式相比，主要有如下优点。

（1）数据自动采集

智慧施工策划系统可以自动采集数据，大量减少或替代人工计算、记录和录入的工作，不但可以提高数据采集的效率，也可保证数据的精度。数据来源主要包括：

①项目 BIM 模型。系统可以直接从 BIM 模型中得到项目工程量、几何尺寸、空间结构关系、构件重量等数据，为项目施工策划提供数据基础。

②传感器等设备。施工现场布置自然环境信息（风速、气温、空气湿度和 PM2.5 等）、应力、应变、用电量、用水量等传感器来自动采集记录施工现场的各类实时数据。

③项目信息管理系统。通过项目信息管理系统，可以快速获得项目施工进度、现场劳动力数量、材料库存、成本信息等数据。

（2）数据分析

智慧施工策划系统根据采集的项目各类数据信息，自动统计分析出项目各类资源消耗、施工机械运行、每日施工量等相关数据，且该数据可保留、可关联、可查询，以便项目管理人员随时掌握项目运行情况，预估后续施工进展。

（3）辅助决策

智慧工地以智能化决策支持为目的，打通数据之间的内在联系，建立数据归集、整理、分析、展示的机制，使现场管理中产生的大量数据能够及时为各个管控层级提供决策辅助支持，对管理过程进行预警和响应。同时，通过大数据的积累、分析和判断，利用系统建立的内在工作机制，让管理体系能自动产生预警和管理响应。

如今许多施工企业和软件商正在积极探索智慧施工策划应用，但是由于智慧施工才刚刚起步，加之受软件系统的制约，现阶段智慧施工策划只是在施工场地布置、进度计划编制、资源计划编制和施工方案模拟等方面取得了一些成果。这些成果主要是以 BIM 技术等相关技术为基础开展的，本章即对上述这些成果从应用内容和使用的软件系统两方面进行介绍。

3.2 应用内容和工具

3.2.1 基于 BIM 的场地布置

3.2.1.1 应用背景

施工现场布置策划是在拟建工程的建筑平面上（包括周围环境），布置为施工服务的各种临时建筑、临时设施及材料、施工机械等的过程。施工现场布置方案是施工方案在现场的空间体现，它反映已有建筑与拟建工程间、临时建筑与临时设施间的相互空间关系，表达建筑施工生产过程中各生产要素的协调与统筹。布置得恰当与否对现场的施工组织、文明施工、施工进度、工程成本、工程质量和安全都将产生直接的影响。施工现场布置策划是施工管理策划最重要的内容之一，也是最具“含金量”的部分。合理、前瞻性强的总平面管理策划可以有效地降低项目成本，保证项目发展进度。

传统模式下的施工场地布置策划是由编制人员依据现场情况及自己的施工经验指导现场的实际布置。一般在施工前很难分辨其布置方案的优劣，更不能在早期发现布置方案中可能存在的问题。施工现场活动本身是一个动态变化的过程，施工现场对材料、设备、机具等的需求也是随着项目施工的不断推进而变化的。传统模式下的施工场地布置普遍采用不参照项目进度进行的二维静态布置方案，随着项目的进行，很有可能变得不适应项目施工的需求。这样一来，就得重新对场地布置方案进行调整，再次布置必然会需要更多的拆卸、搬运等程序，需要投入更多的人力物力，进而增加施工成本，降低项目效益。布置不合理的施工场地甚至会产生施工安全问题。所以，随着工程项目的大型化、复杂化，传统的静态的二维的施工场地布置方法已经难以满足实际需要。

基于 BIM 模型及理念，运用 BIM 工具对传统施工场地布置策划中难以量化的潜在空间冲突进行量化分析，同时结合动态模拟从源头减少安全隐患，可方便后续施工管理、降低成本、提高项目效益。

基于 BIM 的场地布置策划运用三维信息模型技术表现建筑施工现场，运用 BIM 动画技术形象模拟建筑施工过程，结合建筑施工过程中施工现场场景布置的实际情况或远景规划，将现场的施工情况、周边环境和各种施工机械等运用三维仿真技术形象地表现出来，并通过虚拟模拟进行合理性、安全性、经济型评估，实现施工现场场地布置的合理、合规。

3.2.1.2 软件系统

在这方面，市面上可以得到的主要软件有：广联达 BIM 场地布置软件、PKPM 施工现场平面布置图制作软件、Revit、犀牛软件、3D Studio Max、草图大师（Sketchup）等。该类系统的典型功能如下。

（1）基于 BIM 的场地布置规划主要用于对施工现场进行可视化信息模型描述，可参数化设计施工现场的围墙、大门一级场区道路。

（2）可设计标识企业的 UI 展示，并可生成施工现场各种生产要素与主体结构，包括结构主体、基坑、塔吊、水电线路、围栏、模板体系、脚手架体系、临时板房、加工棚、料堆等，可置入各种工程机械、绿植、地形等。

（3）在规划过程中，可自动检测现场 BIM 布置与相关规范的符合性，当绘制构件与相关规范不符时，系统出现提示框告知违反规范的名称、条目及正确的规范内容及合理性建议。

（4）基于 BIM 的施工现场布置策划完成后，可以自由设置 360° 任意视角、任意路径的场地漫游，输出漫游视频动画；可以根据进度计划或设置时间节点输出施工模拟动画。

3.2.1.3　应用场景

下面以广联达 BIM 场地布置软件（GCB）为例进行介绍。GCB 主要用于施工现场的三维描述，提供多种临建 BIM 模型构件，可以通过绘制或者导入 CAD 电子图纸、GCL 文件快速建立模型，同时还可以导出自定义构件和导出构件。软件按照规范进行场地布置的合理性检查，支持导出和打印三维效果图片，导出 DXF、IGMS、3DS 等多种格式文件，软件还提供场地漫游、录制视频等功能。

1）应用流程

首先，利用广联达 BIM 场地布置软件导入二维施工总平面图，通过菜单栏进行临建平面布置构件二维或三维绘图，此部分由 BIM 小组施工现场组依据图纸及现场实际进行绘制。

其次，通过绘制好的三维场地模型，查看或导出临建工程各构件工程量，商务人员能够利用三维模型进行工程量查询及分包对量工作。

最后，导入广联达 GCL 土建模型，将土建模型定位到施工总平面图拟建位置，通过漫游操作进行施工现场三维漫游，形象、直观地了解项目布置情况，通过进度关联模型进行进度模拟。

BIM 在场地布置中的应用流程如图 3-1 所示。

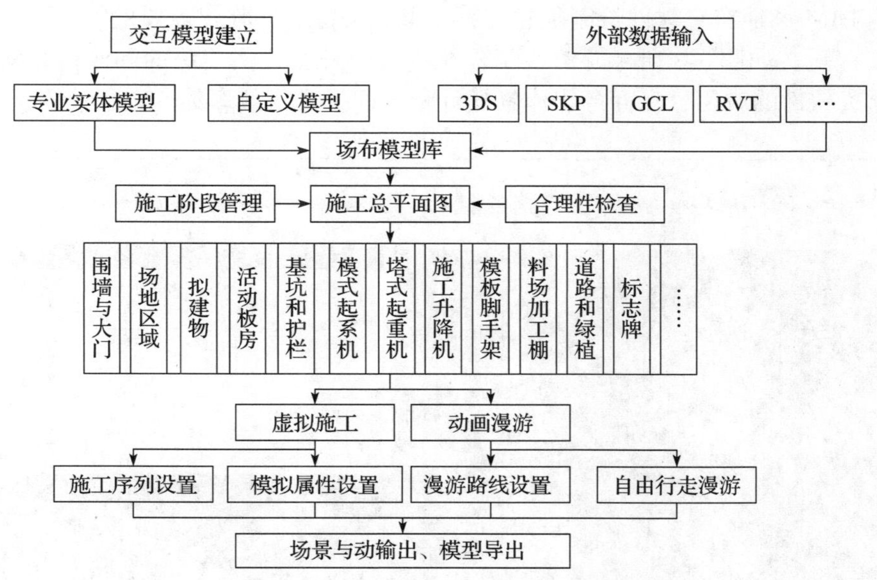

图 3-1　基于 BIM 的场地布置应用流程

通过建立建筑模型库，在 BIM 现场布置软件中导入 DWG、GCL、OBJ、SKP 等格式的建筑设计文件，可实现现场构件库的快速完善。系统提供便捷的模型绘制能力，可自由建立和编辑特殊构件模型，补充构件库。

基于总平图（CAD 或者蓝图），确定围墙和拟建物位置，以及场区围墙与拟建物的位置关系，系统可自动生成围墙、大门，并支持编辑不同企业的 UI 标识，以及墙面材质、大门样式。

在施工过程中，根据地基与基础施工、主体结构施工、装饰装修施工，可设置不同的时间阶段与各构件的施工工序进行动态施工模拟，检查可能出现的碰撞或者安全隐患。

可根据工程施工部署，在 BIM 模型中模拟出工程各个施工阶段所有地上、地下、已有和拟建建筑物、施工设备、各场地实体、临时设施、库房、材料堆放及加工区、管线、道路等现场情况，将需要布置的现场设备与工程 BIM 模型进行整合，通过调整位置来优化平面布置方案，生成的方案如图 3-2 所示。

图 3-2　基于 BIM 的场地布置效果图

在传统模式下，商务人员根据技术人员编制好的施工总平面图进行图纸测量及工程量计算。由于 CAD 二维模式不够形象直观，商务人员无法深入了解施工平面布置总图里设计一些未标注的信息，也就无法准确计量图注工程量。

利用广联达 BIM 场地布置软件绘制临建三维模型，一键提取临建需要的临水、临电、活动板房及临时道路等工程量，如图 3-3 所示，解决了传统手算工程量无法追踪的问题，方便商务人员后期对量等工作。通过软件的应用，在商务工作临建计量方面提升了效率约 50%。

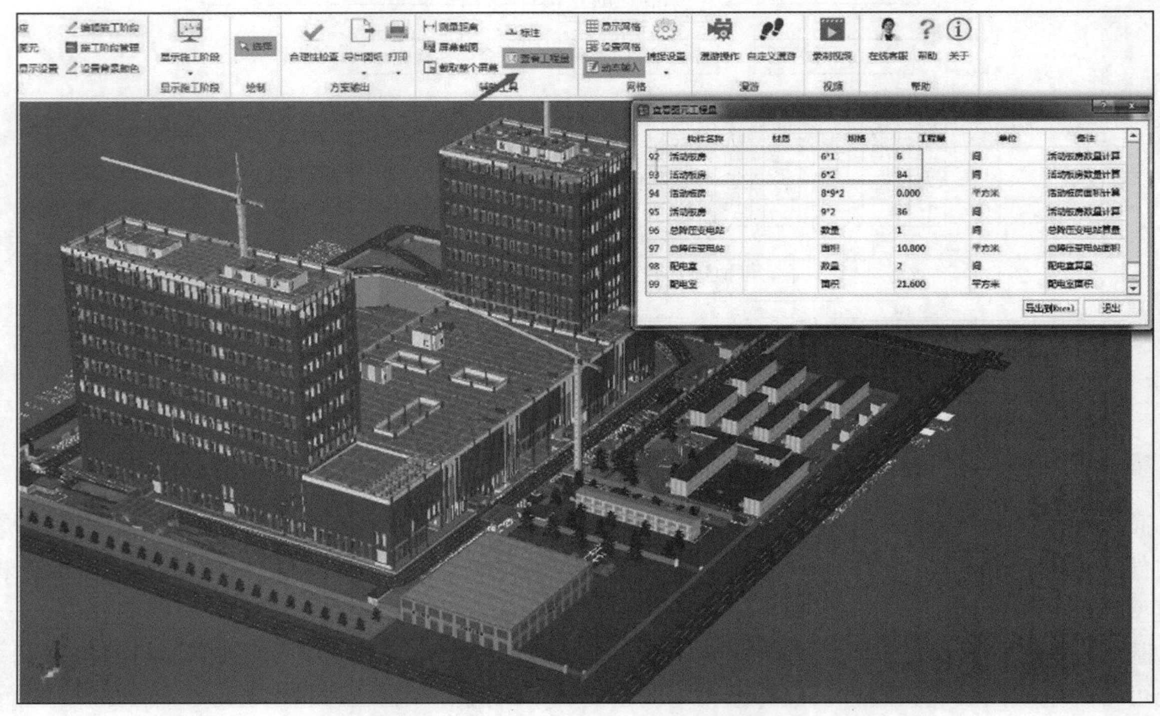

图 3-3　施工现场各类临时设施用量计算

通过关联 Project 进度计划，模拟施工现场临时建筑、机具进出场，校核进度计划、分析流水推进和专业工序衔接，保证进度计划合理性。针对出现的进度延误情况，利用 BIM 技术辅助分析原因及影响，快速响应调整，保障项目工期顺利实施。图 3-4 展示了施工现场的动态变化和进度的关联关系。

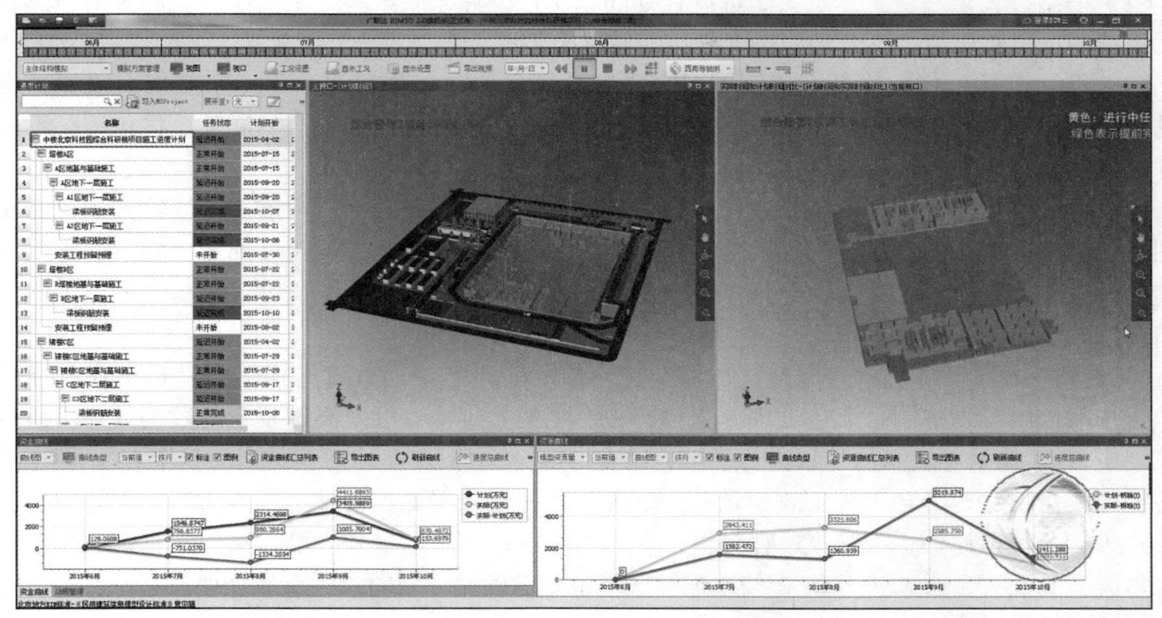

图 3-4　施工现场的动态变化与进度的关联

2）应用价值

利用该软件进行施工现场合理布置临建及施工机具，可优化资源配置，提高施工效率，节约施工成本。在施工现场三维可视化应用方面，方便施工各参与方直观了解施工布置，优化各临时建筑的间距，保证临建的规范性；在施工计量方面，通过软件计量提升商务人员计量效率约 50%，确保数据的准确性和可追溯性。在模拟施工方面，通过项目的应用，保证进度计划合理性，也为后续项目投标培养技术标 BIM 技术应用人员，为公司后续 BIM 发展及人员储备夯实基础。

基于 BIM 的施工场地设计，依据施工进度的动态模拟，可对现场各类施工资源的规划布置、相互关系进行优化，确保资源的布局、工程量计算、逻辑关系的准确性，预见计划执行中可能存在的问题。

系统按不同施工环节设计，内置大量安全文明施工相关的参数化模型，通过总平面布置图识别转化和内置构件库可快速完成三维场地布置设计。系统可通过关联时间形成 4D 模型，完成施工过程模拟，并可进行实时渲染动态模拟，相对于传统平面二维设计，能够更直观动态地进行施工场地布置合理性检查，提前发现问题。基于 BIM 的可视化与数据支撑，可以大幅度优化施工资源计划、临建工程量动态计算，精确把控临建成本。

3.2.2　基于 BIM 的进度计划编制与模拟

3.2.2.1　应用背景

施工进度计划是施工单位进行生产和经济活动的重要依据，它从施工单位取得建设单位提供的设计图纸进行施工准备开始，直到工程竣工验收为止，是项目建设和指导工程施工的重要技术和经济文件。进度控制是施工阶段的重要内容，是质量、进度、成本三大建设管理环节的中心，直接影响到工期目标的实现和投资效益的发挥。工期控制是实现项目管理目标的主要途径，施工项目进度控制与质量控制、成本控制一样，是项目施工中的主要内容之一，是实现项目管理目标的主要有效途径。因此，项目的前期策划工作是目标和进度整体的确立，其对项目的整体进展起着决定性作用，通过智慧施工策划，对整个项目的成败有着重要的影响。

通过分析可知，传统施工进度计划编制流程以及方法存在以下问题：

（1）编制过程杂乱，工作量大。进度计划的编制过程考虑因素多、相关配套资源分析预测难度大、丢项漏项时有发生，不合理的进度安排给后续施工埋下进度隐患。

（2）编制审核工作效率低。传统的施工进度计划大部分工作都要由人工来完成，比如工作项目的划分，逻辑关系的确定，持续时间的计算，以及最后进度计划的审核、调整、优化等一系列的工作。

（3）进度信息的静态性。施工进度计划一旦编制完成，就以数字、横道、箭线等方式存储在横道图或者网络图中，不能表达工程的变更信息。工程的复杂性、动态性、外部环境的不确定性等都可能会导致工程变更的出现。由于进度信息的静态性，常常会出现施工进度计划与实际施工不一致的情况。

随着国内建设项目不断的大型化、复杂化，传统的施工策划方式已经不能满足项目管理的要求，传统的进度计划编制也无法处理施工过程中产生的大量信息以及高度复杂的数据处理。通过智慧策划中 BIM 技术对编制的计划进行模拟，结合 BIM 技术特点在计划编制期间利用 BIM 模型提供的各类工程量信息，结合工种工效、设备工效等业务积累数据更加科学地预测出施工期间的资源投入，并进行合理性评估，为支撑过程提供了有力的帮助；在施工策划阶段编制切实有效的进度计划是项目成功的基石，通过基于 BIM 技术进行模拟策划以确保计划的最优及最合理性。

3.2.2.2 软件系统

1）系统分类

基于 BIM 的进度计划编制与模拟主要分为两部分内容：进度计划编制系统和进度模拟优化系统。首先编制进度计划初稿，然后导入进度模拟优化系统进行优化调整。

（1）进度计划编制系统

编制施工进度计划、组织项目施工、调度各项资源、协调各单位之间的工作等都是项目管理的主要工作。作为这些工作的基础，进度计划的作用不言而喻，在施工策划阶段，表示施工进度常用的方法有两种：横道图法和网络图法。市面上主流的进度编制软件有 Project、Primavera P6、斑马梦龙计划、Excel 等。

（2）进度模拟优化系统

编制完成初步的进度计划时，通过 BIM 施工模拟软件对计划进行虚拟建造模拟，可以模拟进度计划中任务项、时间安排、资源、资金计划之间的关系，模拟时经过模型多维度的呈现，进而显示出计划之间的逻辑关系是否合理。当计划中的各项内容包括材料计划、资金计划存在不合理或异常现象时，系统按不同颜色呈现在 BIM 模型中，管理人员根据呈现的结果，对问题的事项进行分析和调整，并再次模拟后即可在施工策划阶段形成最优化的施工进度计划。

市面主流的进度编制软件有 BIM5D、Fuzor、Navisworks Manage、Synchro4D Pro。其中，广联达 BIM5D 以 BIM 平台为核心，集成全专业模型，并以集成模型为载体，关联施工的进度、资源、资金等信息，为项目提供数据支撑，实现有效决策和精细管理，从而在决策阶段制定最佳的施工进度计划，达到缩短工期、控制成本、提升质量的目的。

2）系统的典型功能

在进度计划编制系统编制进度计划时，利用 Project、P3/P6、斑马梦龙计划软件进行编制，然后将进度计划文件导入到 BIM5D 平台系统中，通过任务项与专业－楼层－构件相关联，将进度信息赋予模型中每个构件。利用该平台系统提供的进度模拟功能，对编制的进度计划进行可视化施工模拟，针对进度计划不合理之处进行在线调整。

策划阶段的总工期基本在合同签订阶段已经确定，有些项目还明确了更具体的里程碑节点，在计划编制阶段可以利用 BIM 模型提供的各实体构件工程量信息结合工种工效、设备工效等业务积累数据，初步测算劳动力、设备、场地等资源需求计划，这项任务可以利用 BIM 集成平台完成，也可以通过 BIM 集成平台 + 专业计划编制工具 + 工效数据库完成，计编制原理如图 3-5 所示。

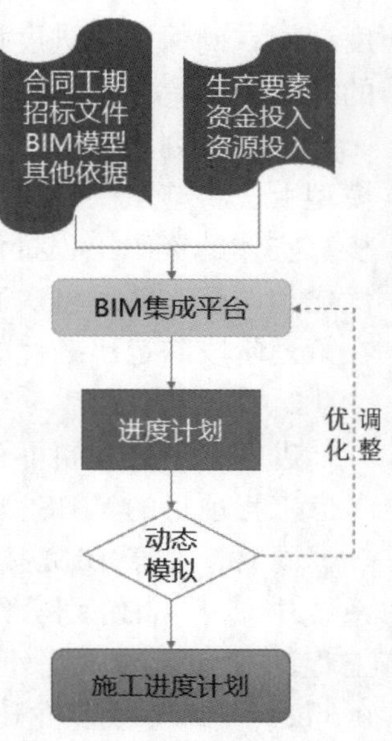

图 3-5 计划编制原理

使用进度模拟优化系统时，通过实时地在系统中录入进度计划并与模型关联，实现任意时间点现场实时进度的三维动态展示，管理人员可以通过三维模型视图实时展示现场实际进度，可以获取任意时间点、时间段工作范围的 BIM 模型直观显示。有利于施工管理人员进行针对性工作安排，尤其是针对有交叉作业及新分包单位进场情况，真正做到工程进度的动态管理。对于施工进度的提前或延迟，软件会以不同颜色予以显示（颜色可调整），为项目的进度管控提供参考。施工进度模拟过程如图 3-6 所示。

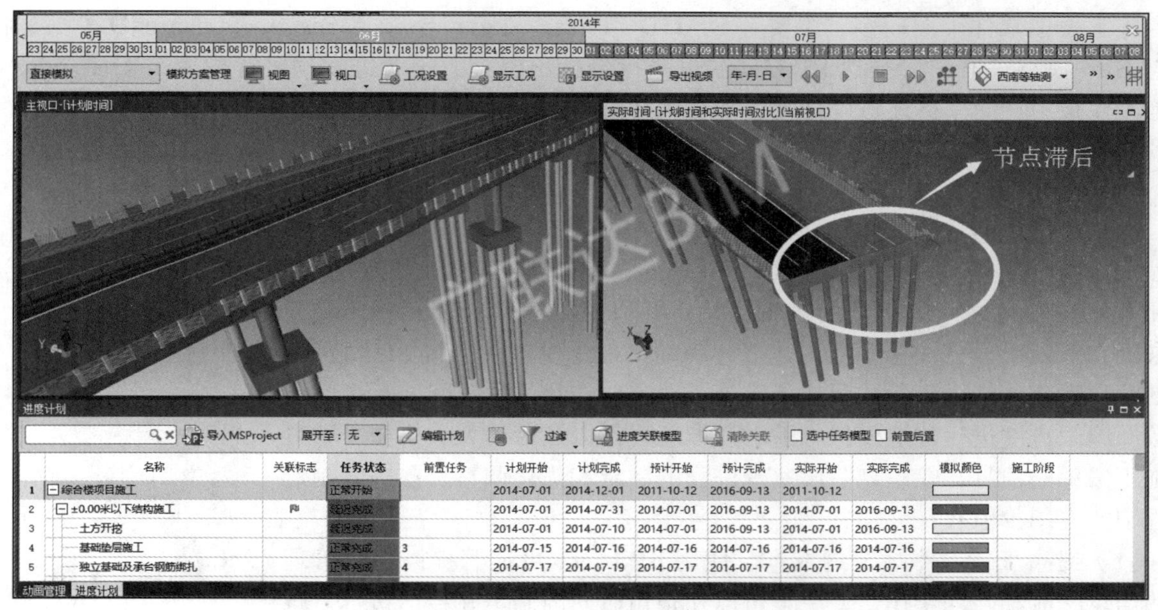

图 3-6 施工进度模拟

3.2.2.3 应用场景

下面以广联达 BIM5D 软件为例，介绍运用 5D 时进度计划编制与模拟的应用。

1）应用准备

使用 Project 或斑马进度软件根据项目的实际情况、合同工期，结合生产要素（人、材、料、物、机）和资金等资源配置，确定项目整体进度计划的开竣工时间、里程碑节点，综合考虑各方面的情况，对施工全过程做出战略性部署，明确进度计划施工的总工期，确定主要施工阶段的开始和结束时间，确定各单项工程或分部分项工程的施工顺序及相互衔接的关系。通过计算，确定关键工序线路，明确主攻方向，将进度计划通过 BIM 集成平台进行施工模拟，发现计划中缺、漏、错的节点及时修改调整并模拟优化，经过多次调整、优化模拟后，即可在策划阶段编制出最合理的施工进度计划，确保施工进度计划的制定与现场相匹配，提高施工进度计划编制效率、确保进度计划管理的有效控制。

进度计划初稿编制完成后导入 BIM 集成平台，由此方式产生的相关任务可以自动关联到 BIM 模型上，将施工中每一项工作以可视化形象的建筑模型用虚拟建造过程来呈现，集成平台通过自动核算实体的资源工程量信息与计划之间是否相匹配，决策人员根据施工模拟的输出信息对进度计划优化和调整，然后再次通过 BIM 集成平台进行调整。此过程为优化进度计划提供良好的依据，进而在策划阶段制定出最优的施工进度计划。

2）应用流程

进度计划的编制可采用 Project、P3/P6、梦龙斑马等进度计划软件进行编制，在编制过程中，应考虑工程项目的 WBS 划分结构，以使其在后续过程中可方便地建立 WBS 与进度计划的关联关系。

同时，基于 BIM 技术的施工管理或进度控制软件也可提供相应的进度计划编制功能，直接在系统中基于 WBS 划分结构，通过设置各个节点的起止时间、各节点的紧前紧后关系来建立整个工程的进度计划。此外，基于 BIM 技术的施工管理或进度控制软件还可将其 WBS 划分直接导出 Project、P3/P6 或梦龙斑马等进度计划软件，作为进度编辑的基础数据，可直接在此基础上进行进度计划编制。采用这两种方式编制的进度计划已经与工程项目的 WBS 形成了明确的对应关系，将为后续的 WBS 与进度任务的关联带来极大的方便。

施工模拟软件市面较多，主要有 BIM5D、Fuzor、Navisworks Manage、Synchro4D 等都是将计划与 BIM 模型关联；广联达 BIM5D 通过模拟分析出资金、资源进度预警等内容，下面以 BIM5D 的施工模拟为例简单概述进度计划管理在策划阶段的管理流程，应用步骤如图 3-7 所示。

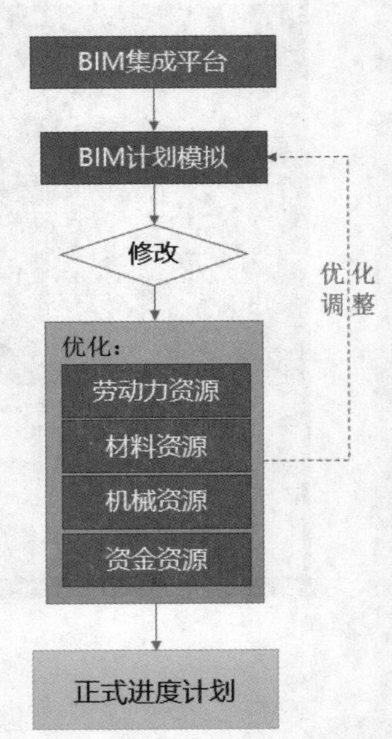

图 3-7　进度计划应用步骤

3）应用价值

通过将施工进度计划与 BIM 模型关联，以及人力、机械、材料、设备、成本等相关资源的信息融合，建立施工进度计划与 BIM 模型之间、与相关资源用量之间的复杂的逻辑关系，并以三维模型的形式直接呈现出来，在策划阶段完成整个施工建造过程的可视化模拟。使用 BIM 技术，策划管理者在计划审核阶段只要指定施工对象并选择显示时间，系统就可以按照施工进度进行建造模拟，随时获取工程量以及劳动力、机械、材料等施工资源的信息，在策划阶段实现进度的制定和优化调整。在进度制定过程中的应用价值有：

（1）提高工作效率、节约成本。使用 BIM 技术可显著提高项目管理方的信息交流和互动合作，使决策可以在很短时间内制定并传达执行，减少后期施工过程中拖延的时间、降低了返工的次数。

（2）利用 BIM 模型对建筑信息的真实描述特征，进行各专业的资源合理配置并优化，对策划阶段的要素在施工前尽早发现计划中的矛盾以及施工安排的不合理，提高了进度计划的效率和质量。

（3）合理计划并精确控制施工进度，动态配置施工资源并保证资源供给和作业空间，可减少或避免进度延误。支持基于施工进度的工程量、资源、成本等信息的分析，有利于策划管理者提高进度、资源、成本的控制。

3.2.3　基于 BIM 的资源计划

3.2.3.1　应用背景

策划阶段的资源控制作为进度计划的重要组成部分，是决定工程进度能否执行、能否按期交工的重要环节。资源控制的核心是制定资源的相关计划，资源计划是通过识别和分析项目的资源需求，确定出项目需要投入的劳动力、材料、机械、场地交通等资源种类，包括项目资源投入的数量和项目资源投入的时间，从而制定出项目资源供应计划，满足项目从立项阶段到实施过程使用的目的。

在传统的资源计划制定过程中，主要依据平面图、施工进度计划、技术文件要求等进行制定，资源计划编制时依据文件多、涉及资源众多，对人员计算的能力要求较高，在策划阶段难免在施工过程中对资源种类、工程量计算有缺失疏忽，由此导致在策划阶段埋下较大的不可控因素、进度计划不合理等隐患。施工资源管理的现状不尽人意，施工资源管理往往涉及多工种劳动力，不同规格、数量的材料，种类繁多的机械设备等，正是由于其复杂性，导致在实际管理过程中，资源管理出现各种问题。通过分析，发现传统的资源计划存在如下不足：

（1）各类资源（主要包括劳动力、材料、机械设备等）的名称及项目种类杂多，常造成漏项情况的发生。

（2）策划阶段时间紧迫，难以在有限的时间内高效计算、难以精确计算，造成计划的工程量不准确、偏差较大，给后期施工造成资源供应不足等情况的发生，影响施工进度。

（3）资源计划投入时间的节点与进度计划的制定不匹配，造成进度计划难以直接指导后期施工，导致资金的价值难以做到最大化、施工安排不合理的情况发生。

（4）劳动力计划在策划阶段制定不合理时，可能会导致劳动力安排与实际用工需要不对应，在后期的施工过程中经常会出现人员闲置、窝工或少工和断工等现象；人数安排不当导致在小的工作面安排过多人员，在大的工作面安排过少人员，不能充分发挥出劳动力的工作效率，影响工程进度；各劳动工种人数结构安排不合理，各工种之间协调性差，效率低。

上述问题给项目造成进度和资金两方面的损失是很大的，使用BIM技术对解决上述问题有较好的效果。BIM模型包含了建筑物的所有信息，需要什么直接对模型操作即可，BIM技术的可视化以及虚拟施工等特性，能让管理者在策划阶段即可提前、直观地了解建筑物完成后的形态以及具体施工过程，通过BIM模型可以获取完整的实体工程量信息，进而计算出劳动力需求量以及其他资源信息，通过BIM模拟技术来评估资源投入量的合理性，可在策划阶段制定出合理完善的资源项目、资源工程量以及进场时间等信息，为后期施工过程中减少返工和浪费、保证进度的正常进行提供前期的保障。

3.2.3.2 软件系统

1）系统分类

在策划阶段的资源计划系统主要是解决资源计划（项目名称、工程量、投入时间）的合理性、以及与进度计划之间的关系：进度计划是施工单位进行生产和经济活动的重要依据，它从取得建设单位提供地设计图纸进行施工准备开始，直到工程竣工为止的施工过程，而制定的进度计划是否合理，同时取决于主要资源计划（物资和劳动力）工程量等信息的高效、合理制定。没有合理的资源计划作为支撑，进度计划很难得以落实，如何处理两者之间既相辅相成又矛盾的关系，是资源计划和进度计划能否实现预期目标的关键性所在。而制定合理的资源计划是基础性依据，资源计划主要是考虑资源项目、资源工程量以及进场时间等信息，因此管理系统分为工程量计算和劳动力计算两个系统。

2）系统介绍

（1）工程量计算系统

通过工程量统计系统可以提高工作效率。过去传统的算量工作方式强度很大，计算时间很长，在时间有限的策划阶段很难快速地计算工程量信息；运用算量系统时，通过简单的工程整体设置、建模、计算三个步骤，就可以完成工程算量工作，整个过程中只需将精力投入在建模环节即可，计算过程全部有软件自动完成，使整个过程计算效率大大提高。

通过工程量统计系统可以提升算量结果的准确性。传统手工计算工程量经常出现加减算错、小数点错位等低级错误，而且复核难度大，一旦出错可能造成的损失巨大，加上现代建筑结构更加复杂，异型构件的种类增多，手算已经不能满足精确的结果计算；运用算量系统可以根据构件的形状，自动计算结果，轻松完成算量工作，提升计算结果的准确性。

通过 BIM 技术的工程量统计系统，可以高效、精准地计算资源工程量，为策划阶段的资源计划提供有力的依据。市面的软件主要有：广联达 GCL、广联达 GGJ、Magicad、PKPM、神机妙算、造价大师等。

（2）劳动力计算系统

在策划阶段，对劳动力的计划管理是施工单位策划管理最重要的要素之一，施工单位通过对各个劳动力的管理实现对业主的履约，因此，劳动力的安排、能力、策划等是关系着进度能否按期完工的关键要素。在策划阶段对劳动力资源的策划是依据项目进度计划以及工程量信息，运用 BIM 集成平台和 BIM 模型的实体工程量信息，结合实际劳动力的工效来计算劳动力投入的数量，确保劳动力资源在策划阶段可以精准计算，避免施工过程中的劳动力人数不足、劳动力的不均衡的投入等情况的发生。

要想劳动人员在如此复杂的施工环境中有序作业，需要对劳动力做出合理安排，而合理的安排就是依靠劳动力需求计划来实现的。编制劳动力需求量计划首先根据相关的施工计划，如施工准备工作计划、主要分部分项工程进度计划等，套用经验资料或概算定额，计算出施工所需的总共日数，进而确定出施工的总人数，再考虑施工处理高峰期时，施工现场是否有能力承担这些施工人员所必须的生活建设条件，然后根据工作分解结构把项目分解成一个个工作，明确这些工作之间的前后逻辑关系。再根据这些逻辑关系画出网络计划图，计算时间参数和模型，得出各个作业时段所需的劳动力，然后把各个时刻施工的劳动力进行累加，就得到了在时间维度上分布的劳动力需求量计划。广联达 BIM5D 平台依据 BIM 模型的实体信息和施工进度计划，设置实际工效后系统自动计算出最合理的劳动力资源计划。

3.2.3.3 应用场景

下面以广联达 BIM5D 软件为例介绍基于资源计划的应用。

1）应用准备

首先需要完成计划（Project、P3/P6、斑马梦龙）的编制，然后依据工程设计文件以及施工组织设计来编写，包括施工过程中需要的各种材料的类型、尺寸、数目和工期等要求，为其他各类计划的制定提供参考。资源计划一般包括了整个项目的需用计划和各计划期的需求计划，准确确定材料需用量计划是材料配置的关键，它清楚地反映了整个工程和各分部分项工程对各种材料的需求量。策划阶段的资源需用计划需要确定计划期所需要材料的品种、规格、数量、供应日期等信息，保证后期施工中能够按进度进行，合理控制材料使用和投入，同时也助于节约材料、降低施工成本。

在应用准备阶段主要是完成模型的整合、施工进度计划的编制两方面的工作。

2）应用流程

使用广联达 BIM5D 软件的资源计划时，系统将数据化的横道图转换为图形化的理论劳动力曲线，给进度计划的合理性检查提供了更加清晰的判断方法，对不合理的进度计划进行调整后使其更具指导性和可操作性，也减少了工程管理人员后续为适应现场劳动力情况而不断调整工程进度计划的工作量。

施工资源配置是要将项目上的各种资源均衡合理地分配到各个工序和施工阶段中，从而保证项目能够更早更快地完成。制定施工资源计划为各种资源投入的数量、时间以及具体步骤进行安排，使之满足实际施工的要求，配置优化主要通过计划来实现。在应用准备阶段，需要有完整的 BIM 模型（模型的来源是设计模型或是编制方自行构建），有完整的施工进度计划（业主方要求的时间节点、合同、总施工组织设计等文件制定）；然后根据相关技术文件和进度计划确定资源配置需要的材料项目名称信息，结合模型实体的工程量，完成资源工程量的计算，依据节点时间的要求加入资源计划的时间安排，最后通过BIM5D平台进行模拟优化，即可制定完整的资源计划表。

3）应用价值

在策划阶段制定资源计划时，通过对项目施工进度的动态模拟，可对进度计划的编制过程、资源计划投入和优化过程进行模拟分析，确保资源的制定、工程量计算、投入时间、逻辑关系的准确性，预见计划执行中可能存在的问题。

（1）精细化施工策划，提高工作效率。基于广联达BIM集成平台的策划方式，通过将进度计划和BIM模型关联，直接获取模型所需资源的项目类别和工程量信息，大大提高了资源计划的效率。

（2）可视化与数据支撑，优化施工资源计划。使用广联达BIM集成平台进行动态施工过程模拟，对拟投入的资源配置计划、劳动力计划等进行全过程的虚拟建造，集成平台可以计算出不合理或需要优化的项目名称，调整后在策划阶段获得最优的资源计划。

3.2.4　基于BIM的施工方案及工艺模拟

3.2.4.1　应用背景

施工策划的一项重要工作就是确定项目主要的施工方案和特殊部位的作业流程。当前，施工方案编制主要依靠项目技术人员的经验及类似项目案例，实施过程主要依靠简单的技术交底和作业人员自身技术素养。面对越来越庞大且复杂的建筑工程项目，传统的方案编制和作业工人交底模式显得越来越力不从心，给工程项目的安全、质量、工期和成本带来了很大的压力。

在智慧施工策划模式下，运用基于BIM技术的施工方案及工艺模拟不仅可以检查和比较不同的施工方案、优化施工方案，还可以提高向作业人员技术交底的效果。整个模拟过程包括了施工工序、施工方法、设备调用、资源（包括建筑材料及人员等）配置等。通过模拟，可发现不合理的施工程序、设备调用程度与冲突、资源的不合理利用、安全隐患、作业空间不充足等问题，也可以及时更新施工方案，以解决相关问题。施工过程模拟、优化是一个重复的过程，即“初步方案→模拟→更新方案”，直至找到一个最优的施工方案，尽最大可能实现“零碰撞、零冲突、零返工”，从而降低了不必要的返工成本，减少了资源浪费与施工安全问题。同时，施工模拟也为项目各参建方提供沟通与协作的平台，帮助各方及时、快捷地解决各种问题，从而大大提高了工作效率，节省了大量的时间。

工程中常用的模拟分为方案模拟和工艺模拟。方案模拟是对分项工程施工方案或重要施工作业方案进行模拟，主要是验证、分析、优化和展示施工进度计划、工序逻辑顺序和穿插时机、施工工艺类型、机械选型和作业过程、资源配置、质量要求和施工注意事项等内容。工艺模拟主要是对某一具体施工作业内容进行模拟，主要是验证、分析、优化和展示每个施工步骤的施工方法、措施、材料、工具、机械、人员配置、质量要求、检查方法和注意事项等内容。

3.2.4.2　软件系统

施工方案、工艺模拟可采用的模拟软件比较多，主要有Revit、Navisworks Manage和Autodesk 3Ds Max等软件。

1）基于Revit软件的模拟应用软件方案

使用Revit软件进行施工方案、工艺模拟应用时，可以直接使用前期通过Revit建立的BIM模型，然后通过IFC格式文件将其他专业的模型文件导入Revit中。在此基础上，利用Revit建立模型需要其他模型元素，然后进行模拟应用。

（1）二维图纸

Revit 可以直接绘制二维图纸，但不是特别完善，通常需要从建立的 BIM 模型导出 DWG 格式文件，然后使用 AutoCAD 软件进行处理完善。

（2）三维模型图片

Revit 可以渲染输出多种图像格式的模型三维图像，为方便后期的编制和使用通常导出 JEPG 格式的文件。

（3）三维模型模拟动画

三维模型模拟动画可以采用 Navisworks 或 3Ds Max 软件制作。Revit 模型文件可以通过 NWC 格式导入到 Vavisworks 中；Revit 模型可以通过“Design Suite”设计工作流功能直接将 Revit 导入到 3Ds Max 中，也可以通过 FBX 格式导入。

基于 Revit 软件的模拟应用软件方案如图 3-8 所示。

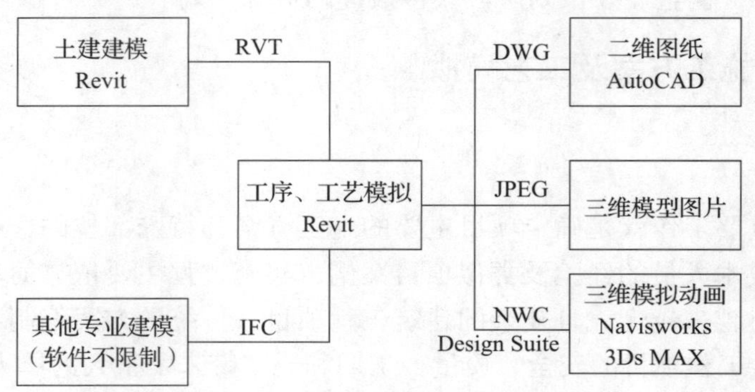

图 3-8　基于 Revit 软件的模拟应用软件方案

2）基于 Navisworks Manage 的模拟应用软件方案

模拟所需要的土建专业建模软件均采用 Revit 软件创建，模型文件通过 NWC 格式导入 Navisworks Manage 中，其他专业模型文件以 IFC 格式导入到 Navisworks Manage 中完成模型的整合。模型整合后，利用 Navisworks Manage 视点动画、TimeLiner、Animator 三个功能模块设置场景和动画集，制作土建工序工艺方案模拟，导出静态图片、序列图片或视频文件，然后利用视频编辑软件进行剪辑、编辑、配音、字幕等后期处理。如图 3-9 所示。

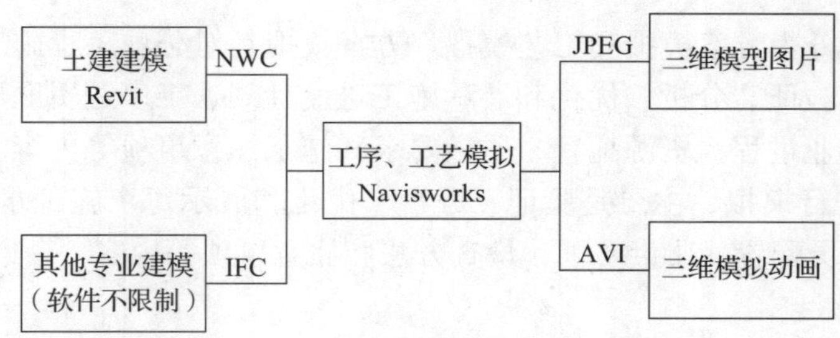

图 3-9　基于 Navisworks Manage 软件系统

3）基于 Autodesk 3Ds Max 的模拟应用软件方案

3Ds Max 支持的外部数据格式主要有 DWG、FBX 和 3DS。BIM 建模软件可以通过上述 3 种格式将模型文件中转导入到 3Ds Max 中。如果土建专业采用 Revit 建模，还可以通过 Autodesk 提供的“Design Suite”设计工作流功能直接将 Revit 模型导入到 3Ds Max 中，而且模型材质也可以跟随模型一起导入，可省去重新设置材质的工作。3Ds Max 具有强大的建模功能，有丰富的模型库资源，部分措施模型、机械模型可以在 3Ds Max 中建立或直接导入收集的模型文件。

模型导入 3Ds Max 后，根据方案交底设置场景、模型材质、构件显隐时间、运动路径、摄像机、灯光等内容。制作完成的工序工艺模拟先导出序列图片文件或视频，然后利用视频编辑软件进行剪辑、编辑、配音、字幕等后期处理工作。具体软件方案如图 3-10 所示。

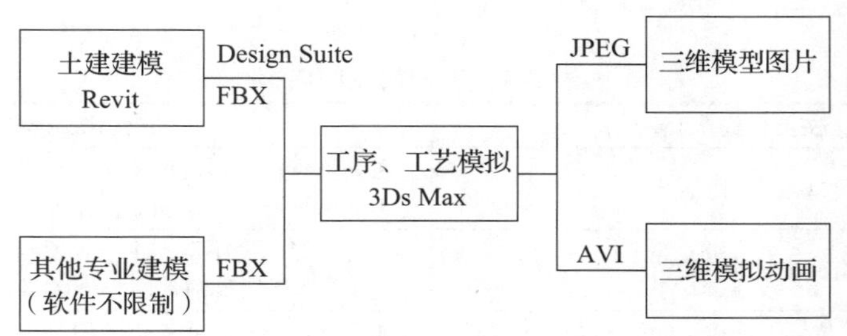

图 3-10　基于 Autodesk 3Ds Max 系统方案

3.2.4.3　应用场景

由于施工方案、工艺模拟的类型较多，且共性差，导致模拟应用的方式也有较大差异，用一种模拟应用类型不易展示其应用方法，本书以举例的方式，列举复杂节点模拟应用、模板安装工艺模拟应用和混凝土运输及浇筑模拟应用三种较有代表性的应用说明施工方案、工艺模拟的应用方法。

1）复杂节点模拟应用

土建工程中复杂节点类型较多，如复杂钢筋节点、防水节点、屋面节点等，但是基于 BIM 的复杂节点模拟应用方式非常相似，本书以常见的复杂钢筋节点为例进行介绍。

（1）模型建立及整合

钢筋复杂节点模拟时，通常会用到钢结构专业的模型。土建专业的节点部分模型使用 Revit 软件根据施工图和节点详图对节点部位混凝土构件和钢筋建模，建模时需要重点关注钢筋的数量、规格、形状和空间位置。钢结构专业的模型可通过 IFC 格式为中间格式导入到 Revit 中，完成钢筋节点部位的模型整合。图 3-11 为整合后钢筋节点模型。

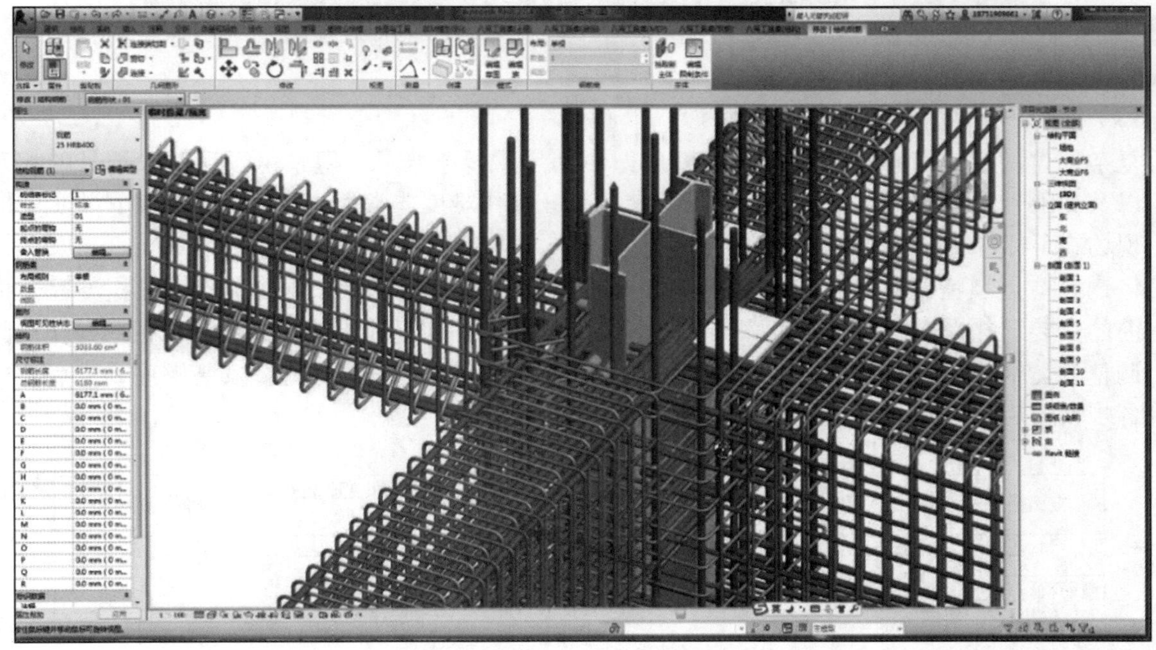

图 3-11　整合后钢筋节点模型

（2）节点优化调整

模型整合后，检查梁柱主筋和箍筋的位置、间距等，对梁柱钢筋和劲性钢骨进行碰撞检查，并校核钢骨柱穿筋孔（钢筋接驳器）的位置、间距、数量和规格。在检查过程中常见的问题及调整方式如表 3-1 所示。节点优化调整后，导出钢筋详图指导钢筋加工制作和施工。图 3-12 为优化调整后的钢筋节点模型。

表 3-1　主要检查的内容

序号	主要问题	优化、调整方法
1	梁柱主筋间距不能满足规范要求	在满足保护层厚度的基础上调整钢筋间距以满足间距要求；如还不能满足要求，应告知设计单位解决
2	梁主筋和钢骨柱翼缘有碰撞冲突	如有碰撞深度不深，主筋可适当偏移；如碰撞较为严重，主筋应按 1:6 弯折绕过钢骨柱
3	穿筋孔（钢筋接驳器）位置不准确、间距不能满足要求	如不满足要求，通知钢结构深化设计单位核实并修改
4	主筋安装、绑扎操作空间不能满足要求	优化、模拟主筋安装绑扎顺序，以满足操作空间要求
5	封闭箍筋无法绑扎	优化、模拟主筋和箍筋安装顺序，完成绑扎操作；如还不能满足要求，修改箍筋样式，报请监理单位和设计单位批准

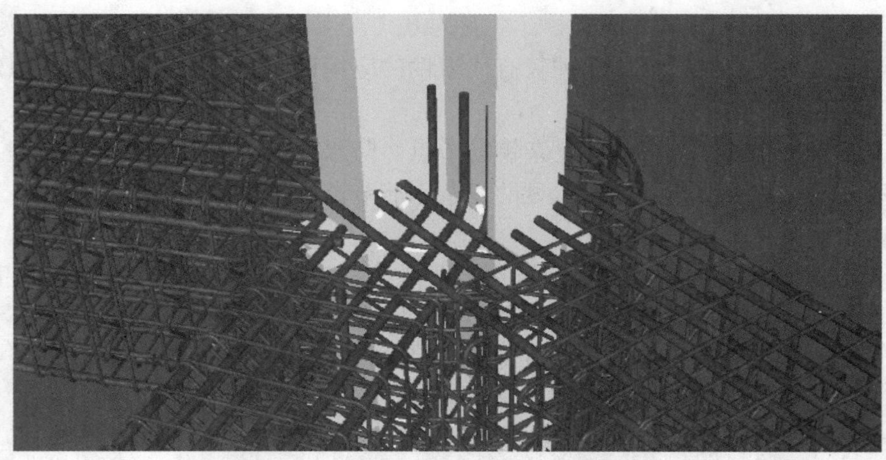

图 3-12　调整优化后复杂钢筋节点模型

（3）钢筋绑扎顺序模拟

复杂部位的钢筋节点，经过优化调整后即使满足了规范要求，但是由于钢筋和钢骨的相互影响，以及受限于局促的操作空间，钢筋的安装、绑扎操作难度非常大。如不进行钢筋安装步骤的策划，现场施工往往费时费力，甚至无法安装。

将钢筋节点模型导入到 Navisworks Manage 中，按照图 3-13 所示的钢筋整体绑扎流程模拟各类钢筋的安装绑扎操作，检查各步骤操作是否受到其他构件和钢筋干扰。如遇到干扰或操作空间不足，调整各类钢筋的安装顺序，直至确定该节点部位钢筋最优的安装顺序。安装顺序确定后，可以生成各步骤图片或动画用于交底和指导现场施工。

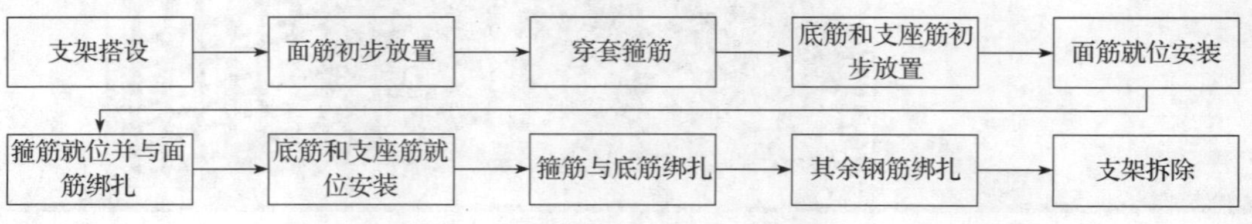

图 3-13　钢筋安装绑扎整体流程图

图 3-13　钢筋绑扎整体流程图

2）模板安装工艺模拟应用

由于软件操作的差异，不同软件制作模拟的步骤有较大差异。本书现以 Navisworks Manage 为例进行介绍。

制作模拟动画前，需要对 BIM 模型进行审核，避免因模型问题造成重复工作。BIM 模型重点审核的内容主要有：

（1）构件模型和原设计图纸是否相符，模型细度、分段方式是否满足模拟需要。

（2）细部节点部位是否符合施工方案和工艺要求，模型细度、分段方式是否满足模拟需要。

（3）施工场景模型元素是否齐全，是否能真实反映施工场景。

（4）施工措施是否和施工方案、技术交底相符；模型细度是否满足模拟需要，如图 3-14 所示。

图 3-14　施工措施模型内容

然后，依据施工方案和技术交底，制作工序工艺模拟动画。具体步骤：

①模型导出

将 BIM 模型整理后，选取需要的模型导出 NWC 格式文件，如图 3-15 所示。如需将局部模型导出时，可以选择导出 DXF、DWG 和 IFC 三维数据格式文件。导出非 NWC 格式文件时，需要注意导出的相关参数设置以及图形范围，避免导出的图形不满足应用要求。例如导出 DXF 格式文件时，只能导出当前视图中所显示内容，而非整个项目文件。

②在模拟软件中，按照进度计划时间节点或工序先后的逻辑顺序、施工机械的布置与作业状态、施工环境，给模型中各有效图元赋予正确的出现（消失）时间、运行轨迹、状态（几何尺寸、颜色、属性等）变化等，使虚拟的工序工艺模拟能够尽可能逼真地呈现目标方案和交底的整个作业过程。

③设置视频的长度和速度，优化摄像机和灯光，使动画的速度、视角和色彩能够更好地表达施工内容。

在 Navisworks Manage 中完成模拟动画编辑内容后，需要对模拟内容进行审核，一方面确保工序工艺模拟的正确性，另一方面也可避免返工时重复视频渲染，节省时间。动画模拟审核的主要内容如下：

①模拟动画是否正确反映了方案和交底的内容。

②施工方案和交底是否有不妥或可优化的部分。

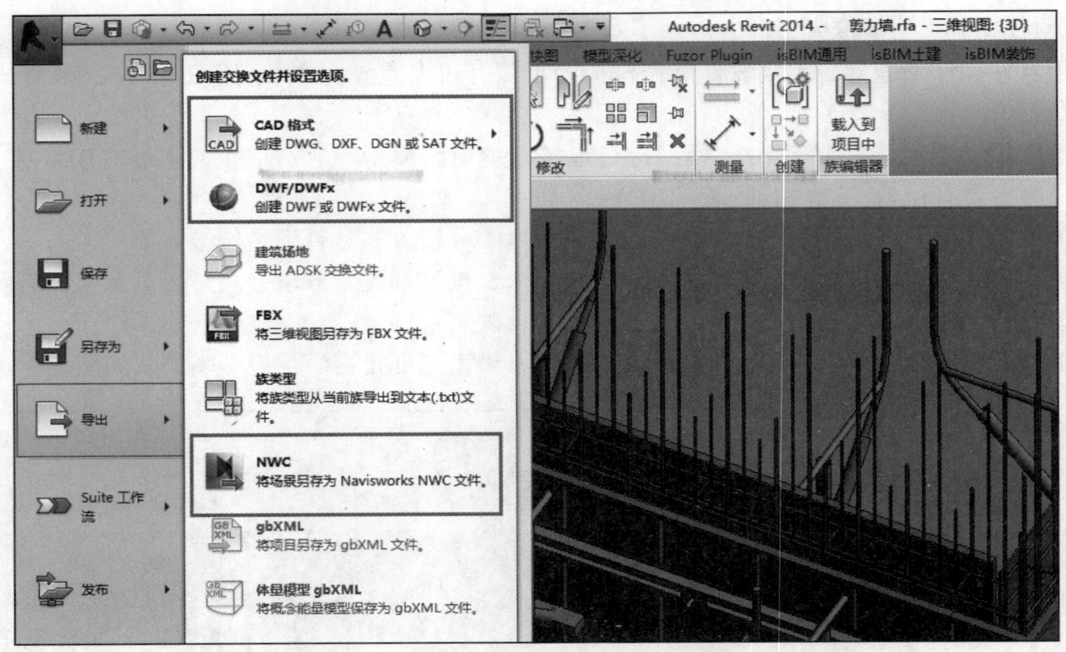

图 3-15　Revit 模型导出 NWC 格式文件

如果模拟动画未能正确表达方案和交底内容，应在编制人员的指导下调整错误内容，直至达到要求。如果原方案和交底需要修改和优化，修改和优化完成后需再调整原模拟动画。

完成的模拟动画导出时需要选择合适的视频比例和尺寸，常用的视频尺寸有 720P 和 1080P，对应的分辨率分别为 1280 × 720 和 1920 × 1080。视频分辨率越高，清晰度也越高，同时渲染输出时耗时也越长。视频导出可以直接导出视频，也可以导出序列图片。本书推荐使用导出序列图片的方式，因为导出序列图片可以及时检查导出视频的效果，如发现错误或效果不满足要求时可及时终止渲染操作，避免重复导出浪费的时间。

视频后期编辑通常选择 Adobe Premiere Pro 软件，对视频进行剪辑、调整速度、添加转场特效。将方案和交底中需要利用旁白和文字表达的内容制作为配音和字幕。视频编辑完成后即可导出完整的工序工艺模拟。

3）混凝土运输及浇筑模拟应用

当进行大型基础底板混凝土浇筑时，由于需要在短时间内浇筑数万立方米的混凝土，因此对浇筑方案和混凝土运输的交通组织设计要求非常高。通过 BIM 技术模拟、优化浇筑方案和交通组织方案，既有助于提高方案的可行性、经济性和安全性，也可以向作业人员提交技术交底，提高方案的执行力。

利用 Revit 软件，在施工现场 BIM 模型的基础上根据混凝土浇筑方案布置溜管、溜管支架、串桶、卸料点、汽车泵、混凝土托泵等模型元素，然后对混凝土浇筑方案进行模拟和优化。主要模拟和优化以下内容：

（1）卸料口处混凝土运输车辆的进出、停放、转弯和错车空间是否满足要求。

（2）溜管和溜管支架布置位置、角度是否合理，是否和其他构件有碰撞。

（3）溜管出料口、汽车泵和托泵覆盖范围是否有盲区。

浇筑方案确定后，导出三维图像，用于指导施工，如图 3-16 所示为模拟方案和实际施工现场对比图。

在 Navisworks Manage 中对于混凝土罐车的交通路线模拟，主要模拟混凝土罐车的发车间隔、场地进出口位置、场内运行线路、道路转弯半径和场外车辆等待区等内容，保证施工畅通，做到有组织交通疏导，保障混凝土浇筑有序进行。图 3-17 为混凝土罐车运行线路模拟。

图 3-16　模拟方案和实际施工现场对比图

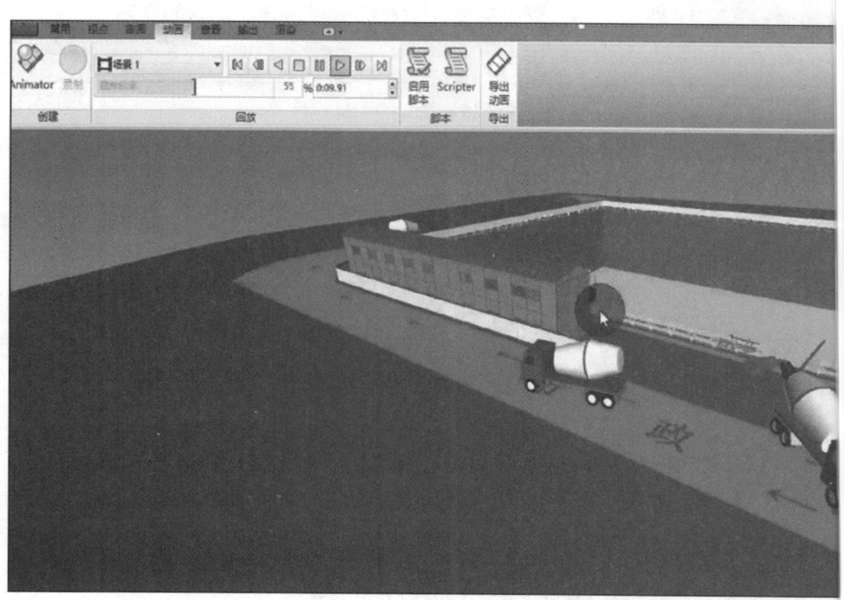

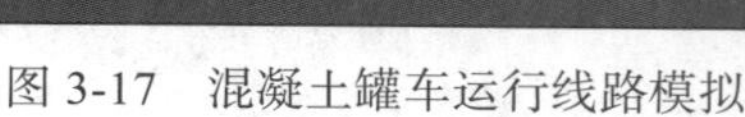

图 3-17　混凝土罐车运行线路模拟

混凝土罐车运行模拟也可以在 Autodesk 3Ds Max 中进行，效果整体比较好，但是软件操作较为复杂，需要专业人员来制作。

3.2.4.4　应用价值

基于 BIM 的施工方案、工艺模拟中应用成果主要包括：二维图纸、三维模型、工序工艺图片、模拟视频等。

1）二维图纸

复杂节点模拟完成后，通常会生成二维图纸用于指导下料、加工和施工，图 3-18 为钢筋节点模拟优化后导出的钢筋加工详图。

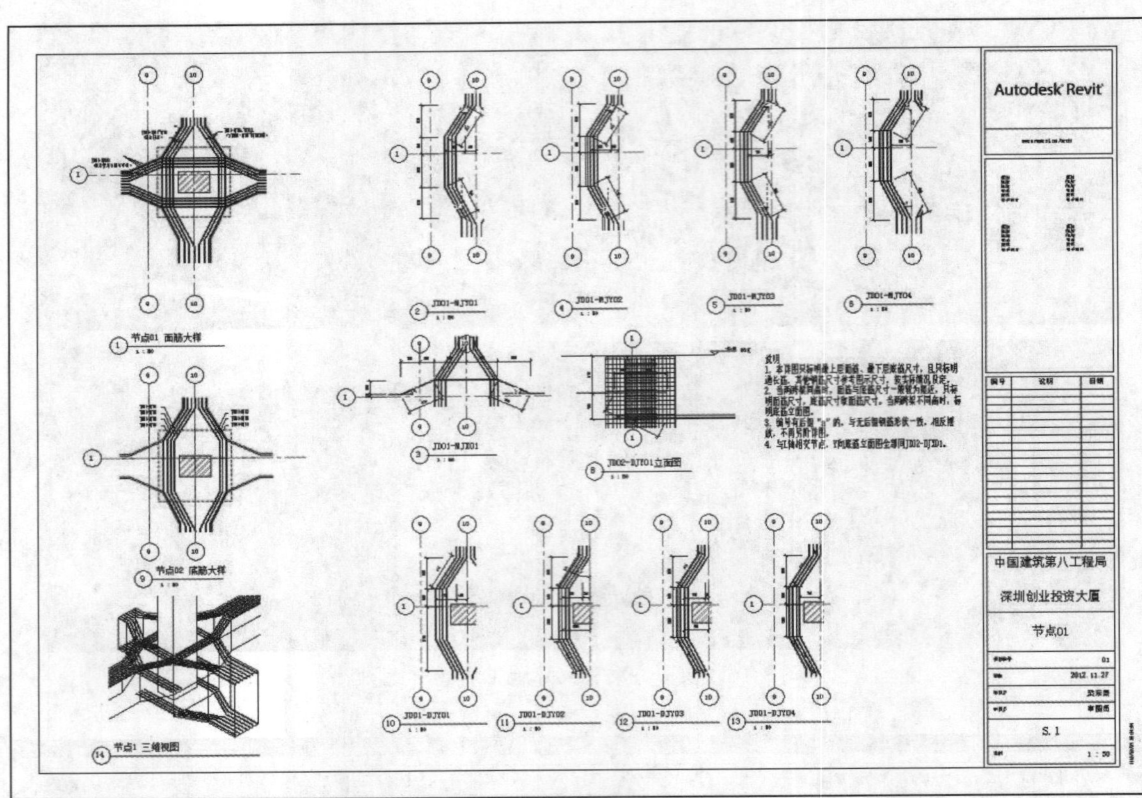

图 3-18　钢筋节点模拟优化后的钢筋加工详图

2）三维模型

工序工艺模拟导出三维模型图像，指导作业人员现场施工，便于理解施工顺序和作业要点，图 3-19 为劲性混凝土柱钢筋三维模型。

图 3-19　劲性混凝土柱钢筋三维模型

3）工序工艺图片

工序工艺图片可以清晰地表达工序工艺的作业顺序和施工要点，利用其进行技术交底可以帮助作业人员理解作业内容。图 3-20 为模板安装工艺图片。

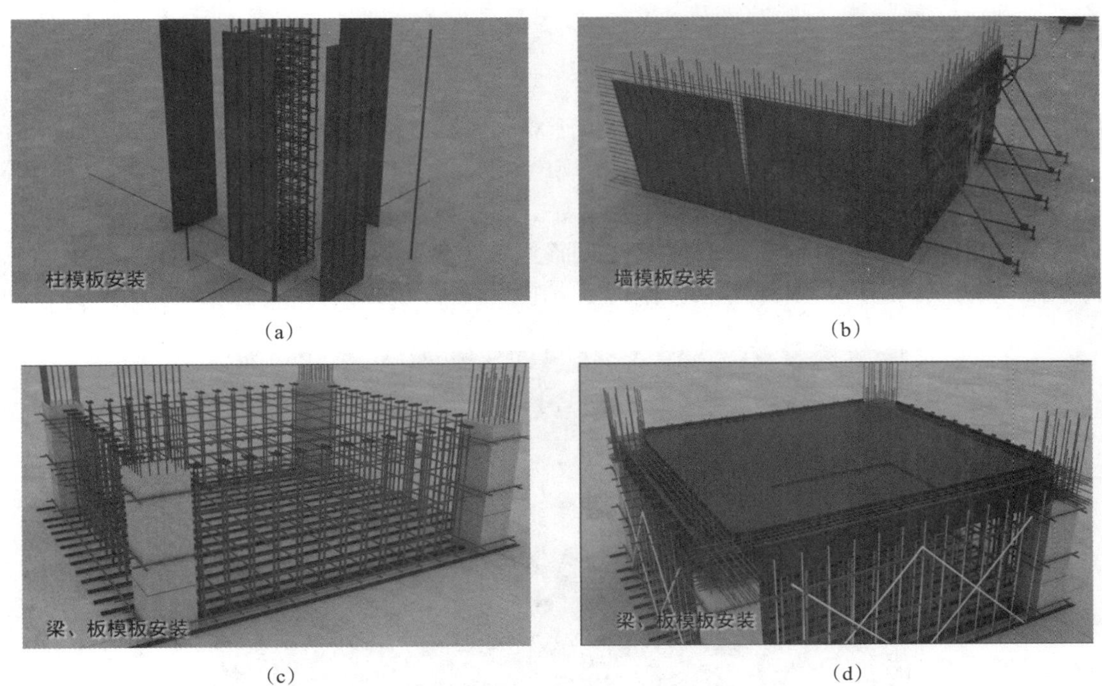

（a）　（b）　（c）　（d）

图 3-20　模板安装工艺图片

（a）柱模板安装；（b）墙模板安装；（c）梁、板模脚手架搭设；（d）梁、板模板安装

4）模拟视频

对于工序多、作业复杂的工序工艺模拟，需要导出模拟视频。模拟视频的优势是作业步骤表达连贯、传递的信息量大、易于理解。图 3-21 为顶升平台顶升模拟视频过程截图。

图 3-21　顶升平台顶升模拟视频过程截图

3.3 应用案例

3.3.1 双流县第一人民医院迁建工程 PPP 项目

3.3.1.1 工程概况

1）项目概述

双流县第一人民医院迁建工程 PPP 项目，位于双流区航林路三段，采用 BTO 合作模式，由中建一局与川投集团强强联合与政府合作，建安投资规模 7.38 亿元，建设期 3 年，运营期 10 年。本工程为三级甲等医院，由门诊医技楼、住院楼、制氧站、污水处理站、门卫室及下沉式花园组成，总建筑面积共计 21 万 m^2，设计总床位数 1500 个。门诊医技楼地上 5 层，由 7 个功能区组成，住院楼地上 9 层，由 3 个功能区组成，项目共用地下 1 层，造型设计体现以人为本，如图 3-22 所示。

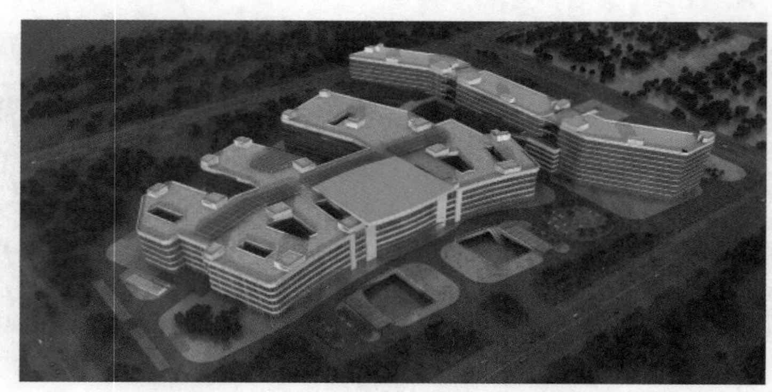

图 3-22 项目效果图

2）项目难点和特点

项目超大基坑有长 370m，宽 270m，1135 个独立基础、1267m 条形基础、136 个集水坑，地下结构复杂且体量较大，地下单层面积达 7 万 m^2，对进度计划工期计算的准确性带来了极大的挑战。同时，作为医院项目，设备关系复杂，机电设备繁多，各专业之间工作面交接复杂，地下 59 个流水区域和地上 10 栋单体将分别同时施工，这对进度计划的合理性也提出了更高的要求。

本项目为 PPP 工程，中建一局作为投资方和参建方双重身份融入项目管理过程中，也意味着施工生产过程中带来的工期滞后等问题将会给企业自身带来直接损失。项目工期紧，任务重，一份科学合理的进度计划是保障项目有序施工的重要保障。

3）硬件、软件投入

硬件投入电脑 6 台，软件采用 Autodesk 公司的 Revit 软件及广联达公司的 BIM5D 系统。

3.3.1.2 应用工具及内容

1）BIM 与进度计划的编制

施工之前，项目需要对整个工程的工程量进行计算，还需要对每个流水段、每个时间节点的工程量进行统计，才能明确施工时每个时间节点所需的物资及人力的需求量，此项工作十分繁重，需要投入大量人力物力，还容易因计算错误而返工，造成不必要的麻烦。

例如，地下室有 59 个流水段，每个工作面形状不一，差异比较大。在进行地下区域进度计划编制时，不仅需要考虑到每个工作面的前后关系，也要确定对应的施工时间。计算每个区域的混凝土量、钢筋量、模板量等工作量较大且复杂，加之区域形状不一，通过传统方法计算，效率不高，又较难保障准确性。

项目在进度计划编制阶段开始引入 BIM 技术，通过广联达 BIM5D 对三维模型进行流水区域划分，一个区域划分好后多个专业均可直接应用，从而计算对应流水区域不同专业工程量结果，如图 3-23 和图 3-24 所示。需要哪个区域工程量，直接点选对应区域，工程量便可直接输出，再结合工程部劳务工效，计算对应的施工时间，通过 Project 软件进行横道图输出。原来整个地下室工程量提取需要 7 天的时间，最终仅用 4 天就将整个地下室主体结构工程的工程量提取出来。整个算量过程方便快捷又非常准确，为后期物资提取、人员进场提供了有效的数据支持。

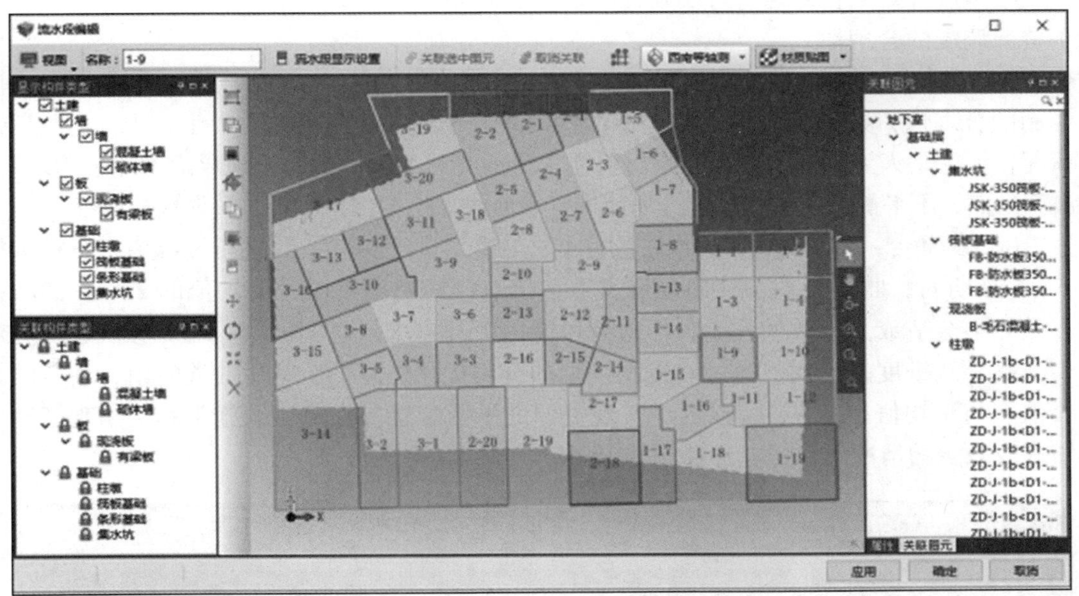

图 3-23　流水分区图

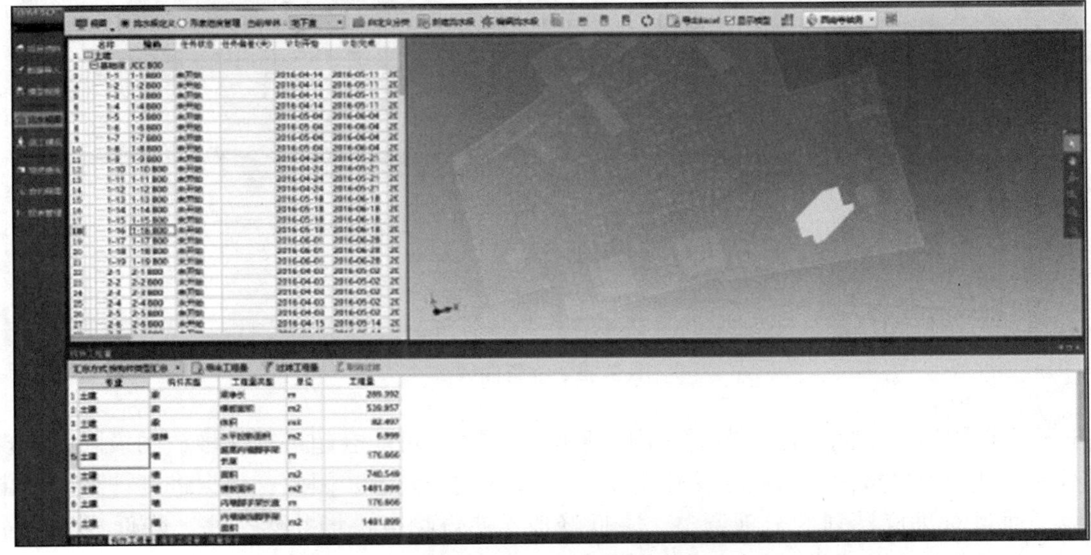

图 3-24　流水段提量

2）BIM 与进度计划的模拟

（1）施工计划的合理性

施工计划通常是由工程部编制的纸质计划和施工横道图，表现形式不够直观明了。通过 4D 的动态模拟方式进行施工过程模拟，以三维模拟的形式表现施工的全过程，能够清楚地看出整个施工过程中衔接不当的地方，以及由于施工计划编制不当造成的工序错误、作业面冲突等情况。同时还能对施工方案进行校核优化，达到缩短工期的目的。

本工程通过 Project 编好进度计划之后，将其导入 BIM5D 与模型进行关联，通过 4D 模拟的功能，按流水段进行虚拟建造模拟。在模拟过程中发现，2-11、2-12、2-14 流水段施工作业后有 4 天的间歇期间，后与其他部门协调确认，可以进行优化；同样的情况还发生在其余单体中，共计优化工期 12 天，为后续按期竣工提供了重要保障。同时，也校验了各专业工作面间是无冲突的情况，有力地证明了进度计划的正确性与可实施性。

（2）资源调配的合理性

结合 BIM 模型，将资源与之挂接进行 5D 模拟，生成资源曲线，资源曲线的走向也侧面反映了进度计划编制的合理性，如图 3-25 所示。资源曲线出现峰值代表短时内需要大量人力、材料以及机械配合的情况，无论是人力需求的增加还是材料需求量的突然加大，都易出现风险。通过 5D 模拟的方式，找出突出点、不平衡点，调整进度计划使得资源曲线平稳输出，实现了资源配置平衡。

通过 BIM5D 平台，将 Project 编制的进度计划与模型进行关联，并进行资源模拟。根据模拟结果，在 5、6 月期间，曲线出现了突出的爆发点，该点已经超出了正常平均值的 20%，如若正常进行施工，虽然不会造成大事故的发生，但很有可能因劳务需求量急剧增大，而劳务班组一时难以满足需求，最终导致进度的延期。通过对进度计划的合理优化，降低劳动力曲线峰值，使劳动力输出平缓，峰值点与平均值控制在 5% 以内，实现资源的平衡配置。保障后续施工不会出现劳动力需求的突然增多或减少的情况，保障有序施工。

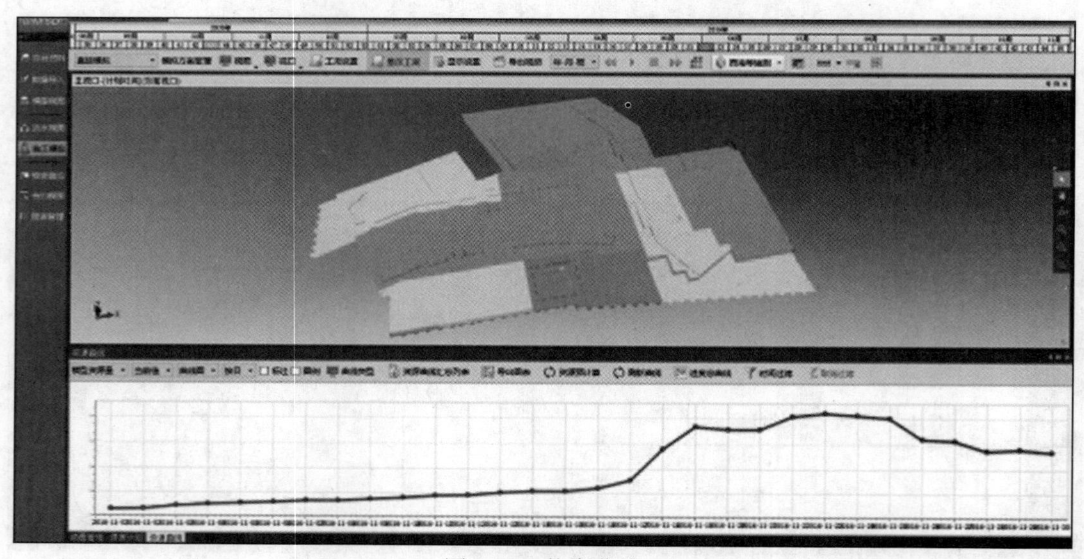

图 3-25　物资曲线

由于现场物资堆放空间有限，短时间内大量物资进场，可能会超过现场堆放的极限，给现场施工带来不便，且物资堆放过多、过于集中会造成许多的安全隐患。因此，根据进度计划模拟出物资进场曲线，通过对进度计划的合理调整，降低峰值，使得物资进场井然有序，降低现场的安全隐患。具体做法与劳动力曲线类似，这里不再赘述。

3.3.1.3　应用效果

1）基于 BIM 的进度计划编制实现了工程量提取更加高效

建完模型后，将模型导入到平台中，通过平台进行流水区域切割，平台可依据单体、楼层、区域、构件等不同的粗细维度进行工程量汇总计算，操作人员只需根据自己的需求，在软件中直接导出需要工程量即可，省去了过去人工算量的过程，使工程量提取更加高效快捷、工程量也更加精确。

2）基于 BIM 的进度计划模拟效果

（1）通过模拟施工，对整个项目的施工过程有了直观了解，对进度计划中不合理的部分提前做出调整，流水的衔接更加合理，避免给后期施工带来麻烦。同时还能通过对进度计划的优化减少工期，节约成本。

（2）通过对劳动力和物资的曲线模拟，对进度计划进行调整，使得整个施工过程物资进场合理，人员安排有序，实现了有条不紊、合理施工。

3.4　存在的问题及发展趋势

3.4.1　存在的问题

由于智慧施工策划如今还处于起步阶段，不论是施工企业还是软件企业对其研究、实践还不够完善，因此智慧施工策划还有许多不完善之处，主要体现在以下两个方面：

（1）缺少专业软件系统

智慧施工策划需要专业的软件支撑，但是专门用于进行智慧施工策划的软件还比较少，现阶段基本还是以 BIM 软件扩展应用为主，所以智慧施工策划的价值不能充分地发挥。智慧施工策划的理想场景是通过建筑设计 BIM 模型、项目总工期和项目所在地的环境数据信息，在项目管理人员在决策过程中给出决策辅助或者智能做出决策。这就需要智慧施工决策软件系统可以智能地收集建筑设计 BIM 模型数据，并且内置了各类施工作业的工期、劳动力需求等数据，在总工期、节点工期、施工环境等边界条件下自动计算出项目决策数据，给项目管理人员提供决策依据。

（2）信息集成度低

施工策划需要以丰富的项目数据为基础，并且还要结合环境、设备材料供应等外部条件，这些信息均为施工策划的依据。要实现智慧施工策划，必须将这些信息集成并传递给软件系统。现阶段项目设计数据可以通过 BIM 模型获得，但是影响项目策划的外部条件信息还不能实现自动地集成到软件系统中，需要依靠收集工程师的经验来完成。这种情况造成了数据收集任务繁重，而且数据的准确性也很难保障。

3.4.2　发展趋势

施工策划对经验数据的依赖程度非常高，而且这些数据在不同的地区、不同企业、不同的项目类型、不同的气候条件下都有差异，这对策划的结果均会产生影响。如果要实现智慧策划，未来必须将各类施工数据形成大数据供智慧施工策划系统使用。以大数据的充分挖掘和共享为基础，收集、记录项目业务管理活动过程中产生的各类数据，制定统一数据标准架构形成针对这些分类、归纳、汇总、展示和追溯的业务标准。大数据的应用可以向各级管理人员实时推送日常管理工作的决策辅助知识信息，提高决策的合理性和效率，及时解决相关问题。同时，通过历史数据的积累和分析，按系统后台设立的机制对管理体系进行反馈和智能响应，实现管理的持续改进。

参考文献

［1］褚振辉、王志元. 项目策划及其应用［J］. 项目管理技术，2012, 10 (11): 104-108.

［2］王景. 智慧工地推动精益建造［J］. 中国建设信息化，2016 (22): 14-17.

［3］曾凝霜、刘琰、徐波. 基于 BIM 的智慧工地管理体系框架研究［J］. 施工技术，2015, 44 (10): 96-100.

［4］万晓曦.“互联网＋”提速智慧工地［J］. 中国建设信息化，2015 (20): 25-27.

［5］薛延峰. 基于物联网技术的智慧工地构建［J］. 科技传播，2015 (15): 64, 156.

第 4 章　智慧进度管理

4.1　概述

所谓施工项目进度管理，是指在既定的工期内，编制出最优的施工进度计划，在执行该计划的过程中，经常检查施工实际进度情况，并将其与计划进度相比较，若出现偏差，便分析产生的原因和对工期的影响程度，找出必要的调整措施，修改原计划，不断地如此循环，直至工程竣工验收的过程。施工项目进度控制是确保施工项目按既定目标工期完成，或者在保证施工质量和不因此而增加施工实际成本的前提下，适当缩短施工工期的进度管理过程。

进度控制是建设项目三大目标之一（质量、进度、成本），它是项目管理中的一项关键内容，直接关系到项目的经济效益和社会效益，具有举足轻重的地位。它不仅关系到项目从开工到竣工投产的持续时间，也从时间的维度对项目整体的成本、物资、质量等各方面进行了约束。进度控制与成本、质量的控制是相互关联、相互制约的，一个合理的进度计划以及适当的进度控制方法有利于项目的整体优化控制。目前，我国建设项目中进度拖延的情况时有发生，进度与成本、质量的多方协调仅采用传统进度控制方法很难兼顾。同时，建设工程的大型化和复杂化的趋势对进度控制方法提出了新的要求。

传统的施工进度管理存在如下问题。

（1）进度计划的完成情况靠人工记录。施工项目进度计划编制虽然有甘特图、网络计划、Project 等技术支撑，但是进度计划编制绝大部分还是依赖项目管理者的经验，在实施已制定计划的过程中，由于各种干扰因素的存在往往不能按照原定的计划进行，而进度计划完成情况通常由人工记录统计。为进行进度计划调整，工作量巨大，致使进度计划控制无法做到及时进行。

（2）实际进度表达不直观。CAD 的到来使人们甩掉了图板，但是这种在电脑上画图与在纸板上画图的差别并不是很大，除了易保存、易修改之外，形象关联性较差，并且对于外在形象复杂的立体异型结构，表达不够形象直观，无法检查碰撞等不利于具体的施工过程，容易导致进度滞后。

智慧施工进度管理是在智慧工地概念内涵的基础上，结合传统的进度管理进一步提出的。它建立基于计算机技术、大数据、互联网 +、BIM、物联网、云计算和 4D 技术的施工进度管理信息模型，使得进度管理过程能够实时感知进度计划完成情况，物理空间与信息空间充分互联，并将与进度管理有关的信息集成在一起。针对智慧施工进度管理点，通过对进度计划实施过程的实时跟踪，及时发现偏差，采取有效措施，纠正偏差，确保实现进度目标，从而使进度计划控制更加有效。

4.2　应用内容和工具

4.2.1　基于信息化的智慧进度管理

4.2.1.1　应用背景

进度计划编制和进度计划控制是项目进度管理的基本内容。项目进度计划编制即为项目在规定的时间期限内完成而制定进度计划，其编制需要在保证质量和节约成本的前提下进行。进度计划控制的思路是，在按照原进度计划施工时，定期或不定期地检查项目的实际施工进度是否按照预期的目的进行，如果出现进度偏差，则必须找出偏差发生的原因，采取各种措施及时对偏差给予纠正，确保项目按期完成。

（1）项目进度计划编制。图 4-1 显示了工程项目编制进度计划的流程。项目进度计划是项目能够按预期目标完成的保障措施，为了保证进度计划的实施，还需要编制相应的资金需求计划、劳动力需求计划、物资需求计划。进度计划是项目施工过程中进行进度控制的依据；也是为任务分配资源和时间的依据。

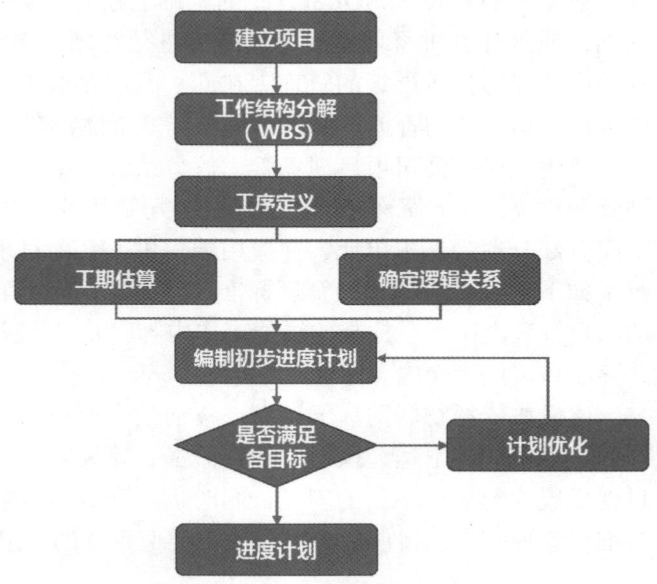

图 4-1　工程项目编制进度计划流程

（2）项目进度的动态监测。这一活动的进行需要根据项目设定的里程碑事件或者关键事件完成时间进行，包括进度跟踪、实际进度信息收集、进度计划对比，这种对比可以利用甘特图、S 形曲线等。通过对比发现实际进度是提前或者滞后或者适中，作为采取何种措施进行纠偏的依据。

（3）项目进度计划控制。进度计划编制完成后，对每道工序的进度就有了初步的安排。然而施工过程受很多因素的影响，如不可抗力等难以预料或者人为因素等预料之中的问题，预定的计划在执行中就会不可避免地发生偏差，这样就要求管理者及时发现偏差并进行处理。如果需要，还应调整原计划，使项目能够按照预定的计划完成。进度计划控制是对项目实际进度进行检查、对比、分析、纠偏的一系列活动，从而确保项目的进度计划目标能够完成的循环活动。

当今施工项目越来越多，施工项目过程管理理论也不断推陈出新，进度计划控制技术也蓬勃发展，有利于施工项目的进度管理。

随着计算机的出现，施工项目进度计划的创建在一定程度上实现了信息化，如利用 Project、P6 等软件实现进度计划编制，但是进度计划的完成情况还是需要管理人员利用计划软件进行人工确认并进行调整，人工确认的过程对进度计划管理的真实性和及时性都产生了极大的考验。

基于信息化的智慧进度管理，即是通过进度计划自动生成，将进度计划与项目工作安排产生关联，并结合移动物联网技术实现工作内容的自动确认，从而实现进度计划的自动确认，进而使计划管理达到实时确认，有效提高其及时性和真实性。

4.2.1.2　管理系统

相应的管理系统分为两类，即，进度计划编制系统和进度计划控制系统。

（1）进度计划编制系统

常用的项目进度管理软件 Project 以创建进度计划为主要功能，除此之外还有其他一些功能。如进度，成本的控制、分析、预测，生成预算费用，资源管理分配等，还能够生成甘特图、PERT 图、资源统计表、资源输入表、资源使用表、任务表、任务输入表等一系列相互关联的图标。该软件在全球范围内项目管理中得到广泛应用。

（2）进度计划控制系统

进度计划控制系统以项目管理理论为基础，应用信息技术，在项目执行和控制过程中，对项目进度进行跟踪，以项目进度计划为依据，在实施过程中对实施情况不断进行跟踪检查，收集有关实际进度的信息，比较和分析实际进度与计划进度的偏差，找出偏差产生的原因和解决办法，确定调整措施，直至项目最终完成。

美国 Primavera 公司的项目管理软件 P6（Primavera 6.0）一般适用于规模较大项目的进度管理。P6 以 PMI（项目管理协会，美国）颁布的 PMBOK（项目管理知识体系指南）为理论依据，在大型关系数据库 Oracle 和 SQLServer 的基础上建立起来企业级项目管理软件，该软件以项目管理理论为基础，通过计算机将理论演变成能够进行计划、协同、跟踪、控制、积累的实用型软件操作系统。它的应用能够让各层级的管理者在同一时间存取项目所有信息，通过分析、交流、决策对项目的实施进行更加有效的管理。但是，由于其复杂性，在我国施工项目中的应用还是凤毛麟角。

中建三局一公司项目现场管理信息系统是中建三局一公司开发的项目管理系统。其中的智慧计划管理模块（以下简称“中建三局一公司智慧计划管理模块”）以总承包计划管理的串联为核心，以工序分部分项为基本单元，在应用端提供一套项目现场管理整体解决方案。为开发该模块，首先进行了如下工作：梳理现场管理标准动作，建立标准管理动作底层数据库（标准的工作任务库、标准的项目管理岗位库、标准的岗位工作内容库），并通过三个数据库的相互关联，实现标准化和差异化并存项目岗位工作内容库。

该模块依托物联网、云计算、移动互联等技术，为项目各岗位自动生成周工作安排，并遵循计划的自动生成、下达、执行、检查监督、绩效考核的 PDCA 循环过程，形成闭环。该模块解决了项目现场履约匀质性不高的问题，同时也为新到的毕业生提供了标准的岗位工作指引，进而提升项目精细化管理水平。目前尚未看到关于类似系统的报道。

4.2.1.3　典型应用场景

以综合应用 Project 软件及中建三局一公司智慧计划管理模块为例，智慧计划管理应用步骤如下：

（1）进度计划编制及导入

项目使用 Project 软件编制项目总控计划并导入中建三局一公司项目现场管理信息系统。

（2）基于标准化工作任务库的计划自动生成

中建三局一公司智慧计划管理模块根据标准化的工作任务库、标准化的岗位内容库和标准化的项目岗位工作内容库，将项目工作任务自动分解为项目人员的工作内容。

根据前面设置的总控计划的相应时间节点，系统自动按照月、周进行截取，形成月、周进度计划。系统通过项目初始设置的分区分段信息、项目岗位标准化工作内容，实现从周进度计划到项目人员周工作安排的自动生成，如图 4-2 所示。

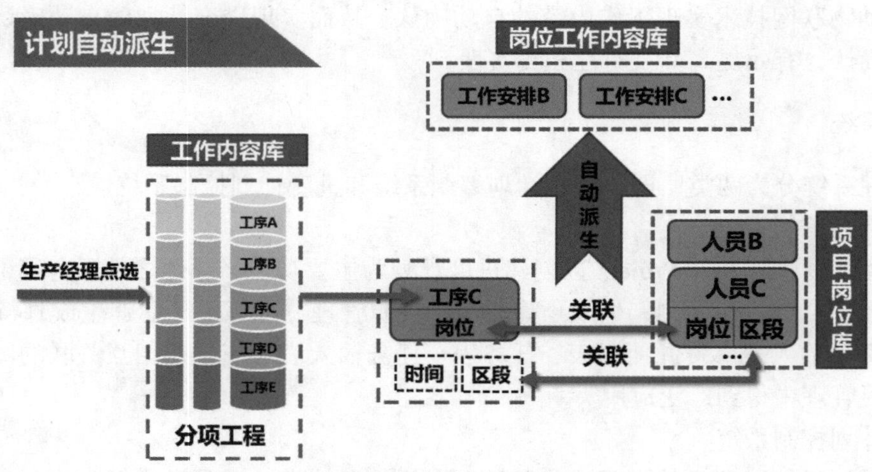

图 4-2　计划自动生成

①标准化的工作任务库。中建三局一公司以项目管理标准化手册为基础，将项目从开工到竣工全生命周期的各项工作进行系统梳理，对提炼出的 2501 项工作任务从工作内容到工作标准、考核标准等进行统一，形成项目标准化的工作任务库，如图 4-3 所示。通过系统后台固化工作任务库，实现标准化、信息化集成。工作任务库基本包含了项目管理生产过程中的所有工作，因任务库庞大，因此按照职能版块将其做了一个树形分类，这个树形与项目管理子系统中的各业务版块及菜单的树形配置基本匹配，便于在使用过程中的识别及过滤。

图 4-3　项目标准化的工作任务库

②标准化的项目岗位库。项目岗位库包含了公司项目上所能涉及到的所有种类的岗位，如图 4-4 所示，每个项目只需要根据自己的实际情况做适当的勾选保存，就可以实现本项目工作岗位的设置。

图 4-4　项目岗位库

③标准的岗位工作内容库。岗位工作内容库是将标准项目岗位库和工作任务库做一个通用的关联配置，如图 4-5 所示。同时各个分项工程都配置有相应的工作内容，每个具体岗位都会与其要参与到的工作内容建立关联，有了这套通用配置，每个项目在初始化的时候，可以进行快速拷贝（即初始化），然后根据本项目的具体情况做相关调整（勾选、保存即可），形成本项目各岗位的工作内容设置。

图 4-5　岗位工作内容库

④项目初始化设置。项目管理人员可利用项目现场管理信息系统的设置模块进行项目设置、分区分段和项目岗位设置，则系统自动生成项目人员工作内容库，如图 4-6 所示。

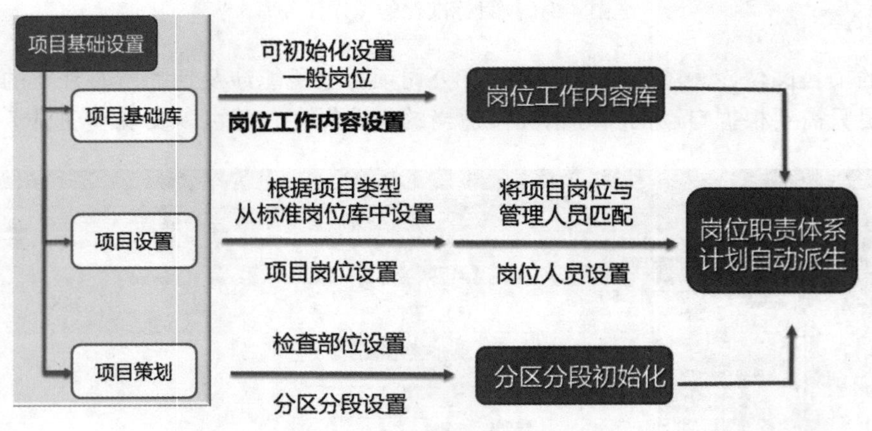

图 4-6　项目三个数据库关联关系

⑤计划的自动生成。根据前面设置的总控计划的相应时间节点，系统自动按照月、周进行截取，形成月、周进度计划。基于项目初始设置的分区分段信息、项目岗位标准化工作内容，系统进一步实现从周进度计划到项目人员周工作安排的自动生成，如图 4-7 和图 4-8 所示。

（3）基于移动终端进度完成情况自动确认

项目工作人员通过移动终端接收每周工作安排，并在移动终端中记录工作内容完成情况。移动终端采集到相关数据后，自动传递至云端，系统后台自动进行比对，记录项目人员工作完成情况，自动进行绩效考核，如图 4-9 和图 4-10 所示。

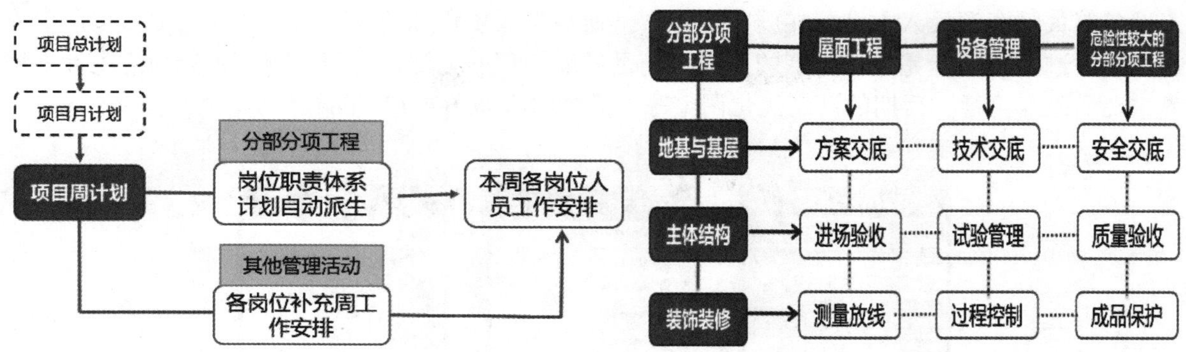

图 4-7　项目周计划派生至项目岗位人员周工作安排　　图 4-8　分部分项工程派生至标准化工序

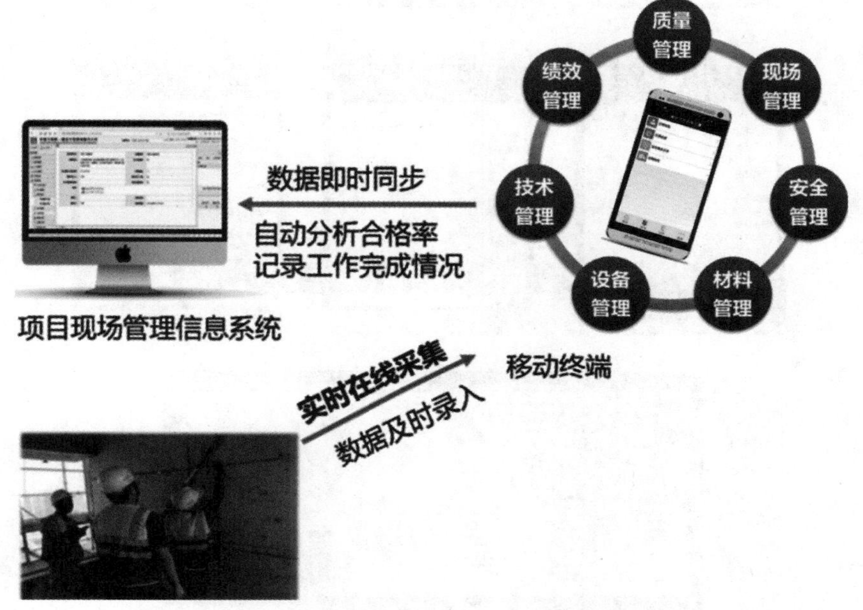

图 4-9　移动终端实时记录数据并归集到项目管理系统

（4）系统自动根据工作内容完成情况确认进度计划管理情况，并进行实时推送预警。项目经理根据预警情况，实时调整进度计划，从而实现进度计划管理的 PDCA 循环，如图 4-11 所示。

4.2.1.4　应用价值

（1）实现了项目进度计划编制的标准化和模块化，提升了项目进度计划的编制水平。

（2）实现了项目进度计划的实时确认，通过移动终端及物联网技术的广泛应用，实现了项目进度计划的实时确认，提升了项目进度计划管理的及时性和真实性。

（3）实现了项目进度计划的实时预警和 PDCA 循环。系统自动归集并确认项目进度计划完成情况后，根据设置好的阈值自动预警并推送至项目管理人员，项目管理人员及时掌握项目进度情况并进行处理，从而实现项目进度计划管理的 PDCA 循环，提升了项目进度计划管理的有效性。

4.2.2　BIM 技术与进度管理的集成应用

4.2.2.1　应用背景

在项目策划阶段，一般需要完成项目的总体部署，包括总控计划、重大方案、场地交通、大型施工设备等关键资源投入方案。在施工过程中，通过对现场资源的有效组织，确保项目按照事先制定的质量、进度等目标完成，进度的过程控制是进度管理的关键，过程控制大致分为进度计划细化分解、现场跟踪执行、后期的计划优化调整等，具体内容如图 4-12 所示。

图 4-10 项目管理系统自动进行绩效考核

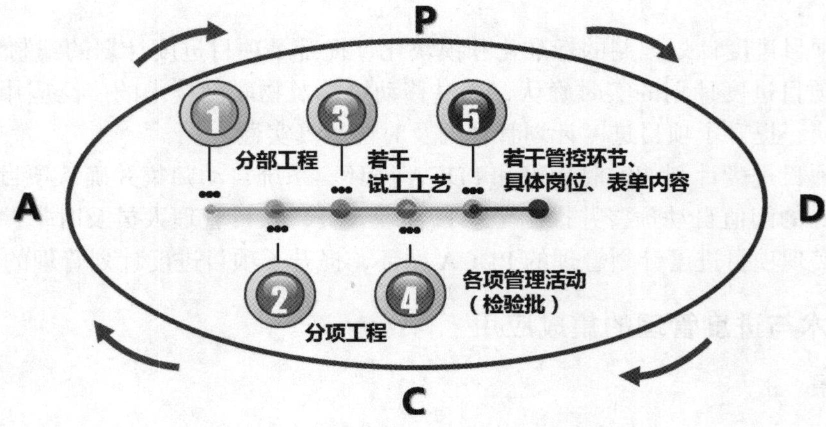

图 4-11 进度计划管理的 PDCA 循环

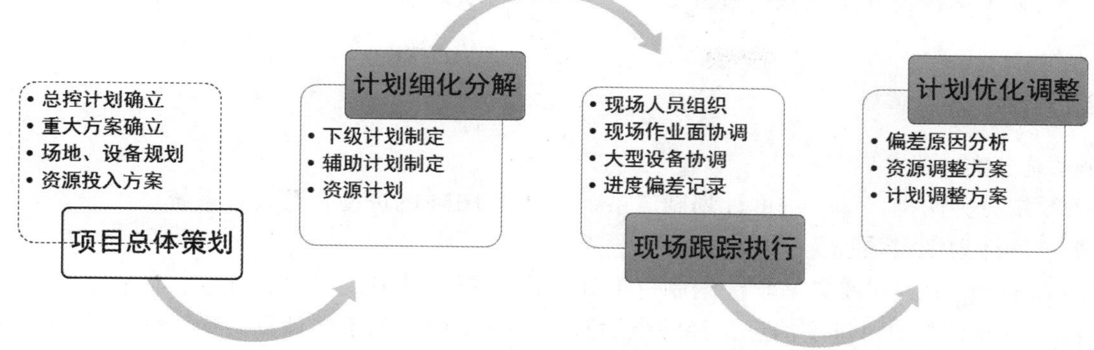

图 4-12　进度管理过程控制流程

在项目细化和分解阶段，也就是进度计划制定时，利用成熟的计划编制工具对确立的总控计划进行细化和分解，形成实施计划。在实施过程中，参照或引用标准工序库里的数据积累完成任务细分，结合各工序对工种的要求，利用施工工效库里的工效信息，对任务项涉及的资源需求测算出任务工期。

在项目现场跟踪阶段，依据制定好的进度计划，便于随时查询进度目标，结合工序库积累的数据查询并按照作业标准施工，确保标准化施工、集约化管理，保证施工进度和质量。随着施工进展同步记录进度状况，根据记录直接呈现出资源消耗的统计，确保项目过程控制的及时性。建设工程项目是在动态条件下实施的，因此进度控制也就必须是一个动态的管理过程。

进度控制的目的是通过控制以实现工程的进度目标。如只重视进度计划编制，而不重视进度计划必要的调整，则进度无法得到控制。为了实现进度目标，进度控制的过程也就是随着项目的进展，进度计划不断调整的过程。因此，在计划优化调整阶段，主要是通过多维度将进度进行分析对比，找出进度偏差天数和偏差原因，根据实际情况调整并通过模拟进行优化进度，以确保施工进度，如图 4-13 所示。

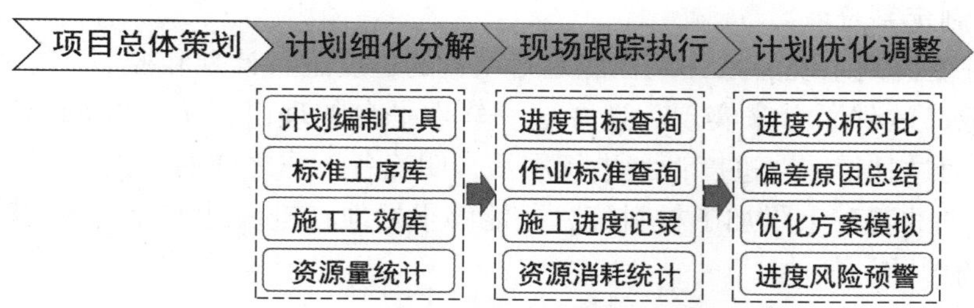

图 4-13　进度管理过程中涉及到的控制工作环节

在传统的施工进度管理中，使用的进度管理软件都是以横道图和网络计划为主，存在着一定的不足：

（1）计划编制完成后根据经验或简单核对即按照此计划进行施工，没有经过精准的工效分析和资源量的统计，因此不能明确地反映出各项工作之间错综复杂的相互关系。

（2）在计划执行过程中，当某些工作的进度由于某种原因提前或拖延时，不便于分析其对其他工作及总工期的影响程度，不利于建设工程进度的动态控制。

（3）不能明确地反映出影响工期的关键工作和关键线路，也就无法反映出整个工程项目的关键所在，因而不便于进度控制人员抓住主要矛盾。

（4）不能反映出工作所具有的机动时间，看不到计划的潜力所在，无法进行最合理的组织和指挥，不能反映工程费用与工期之间的关系，因而不便于缩短工期和降低工程成本。

综上所述，传统的进度管理已在一定程度上制约了施工最优的进度。而基于 BIM 技术对施工进度管理，贯穿于从预控开始到最终过程跟踪，从发现问题记录并及时调整记录等，可以有效降低问题的发生。

4.2.2.2 管理系统

1）系统分类

相关系统分为两类，即，进度计划制定系统和基于 BIM 的进度智慧管理系统。

（1）进度计划制定系统

使用 Project、P3/P6 或斑马软件编制进度计划是工程项目中最常用的方法。在项目实施中，管理人员随时检查收集项目进度信息，经整理后直接在图中用并列于原计划的横道线表示工程的实际进度，进行直观比较。进度计划制定完成后，导入 BIM 智慧集成管理平台，利用 BIM 综合模型中标准工序库里的数据积累完成任务细分，结合各工序对工种的要求，利用施工工效库里的工效信息，可以形成最优的综合进度计划。

（2）基于 BIM 的进度智慧管理系统

施工过程的动态模拟在进度计划控制中是非常重要的功能，同时也是传统进度控制所没有的方式。施工过程的动态模拟功能是指在项目计划制定好后，通过动态的方式，根据时间安排，对项目的进度进行一次 BIM 多维度模拟，项目管理人员能够对项目的全过程有一个更加清晰地认识，了解不同阶段项目的整体情况以及各工序之间的搭接关系，同时根据动态模拟过程对计划进行适当的调整。此外，在施工进行过程中，当进度计划调整后，也能通过施工过程的动态模拟功能，对修改后的模拟进行多维度动态观察。一方面能够辅助进度计划人员对修改后的计划进行校验，通过三维模型及时发现进度计划存在的问题并进行改进，并在此基础上合理安排项目的工作面和机械、材料进出场计划；另一方面能够给予施工人员一个更全面的认识，直观了解项目的进行过程，帮助其高效准确地完成施工任务，减少返工，避免工期延误。

2）系统介绍

（1）进度计划制定系统

基于 BIM 的进度控制系统的另一大功能是对项目的进度进行计划和控制，这一功能选择项目管理中最常用的 Project 软件平台来实现。选择这一软件平台的理由在于：Project 软件能够制定专业的项目进度计划，通过甘特图对进度计划进行展示，明确各工作之间的搭接关系。

同时在进度计划的基础上附加了材料信息，能够很好地在进度计划控制中同时注重对资源的调配，保证施工的顺利开展。

（2）基于 BIM 的进度智慧管理系统

基于 BIM 的进度智慧管理系统是现场进度管控的重要组成部分。常见的软件系统有广联达 BIM5D、Navisworks、Synchro4D、Fuzor、4D-BIM 系统等。

该类系统首先要可以承接主流的进度管理软件，以 BIM 平台为核心，集成全专业模型，并以集成模型为载体，关联施工过程中主流的进度编制软件，为项目标准工序库、工序库等数据提供支撑；系统通过以多视口形式进行施工模拟、不同专业穿插、计划时间和预计时间进行模拟，方便工程进度管理；结合实际进度信息，将实际进度与计划进度对比，针对后续施工内容做预警提示，与成本关联后的模型，在进行模拟的同时，可以按月按周分析施工所需的资源值，方便以资源分配的角度来判断施工计划安排是否合理，实现有效的精细化管控和施工进度优化调整，从而达到缩短工期、提升质量的目的。

根据实际进度与计划进度对比和分析的结果，可在基于 BIM 的施工管理或进度控制软件中对进度计划进行调整和控制。可通过直接点选模型、选择 WBS 节点等不同方式调整工程进度计划。当施工进度改变后，BIM 模型将自动更新与之关联的信息，并将受影响的任务及模型突出显示出来。

同时，也可在 Project、P3/P6 等软件中调整工程进度，并将数据同步到基于 BIM 的施工管理或进度控制软件中，从而实现对施工进度计划的调整，如图 4-14 所示。

图 4-14　进度控制流程

通过集成已编制的进度计划文件（Project、斑马等），运用系统对进度优化调整，获得最优的进度计划，然后共享给进度跟踪人员，同时通过手机端对进度进行跟踪，通过拍照、描述等方式记录在 BIM 集成平台中，最后对出现偏差的进度项进行分析，做出优化调整。

3）应用价值

BIM 模型通过集成工程项目施工阶段的模型信息与进度、WBS、质量安全、资源、成本与场地等信息，实现了工程项目不同参与方之间的数据交换和共享，保障了项目各参与方之间的有限交流和沟通；通过直观、准确、动态的施工模拟，可比较多种施工方案的可实施性，为方案优选提供决策支持；通过动态方式精确地计划和控制每月、每周、每天施工进度，可减少或避免工期延误，保障资源供给和项目工期；通过对工程项目进度、质量安全、成本和场地的集约化管控，为实现过程项目全面综合管理和决策提供了有力支持。基于智慧进度管理比传统的进度管理有如下价值。

（1）基于 BIM 技术可实现进度计划与工程构件的动态链接，可通过甘特图、网络图及三维动画等多种形式直观表达进度计划和施工过程，避免传统方式逻辑管理不清晰、呈现方式不直观的现象出现。

（2）基于 BIM 技术可精确地计划、跟踪和控制每月、每周、每日的施工进度，确保工程项目按期完工，同时可基于 BIM 模型动态地分配各种施工资源和场地，可减少或避免工期延误，保障资源供给，避免传统方式进行过程跟踪时丢项漏项的发生。

（3）BIM 模型将工程项目的几何信息、进度信息、WBS 划分信息、质量安全信息、资源信息、成本信息以及场地信息等有机地集成在一起，可实现工程项目施工进度、质量、安全与成本的集约化管理。同时，将 BIM 技术与施工方案模拟、现场视频监测相结合，可大大减少质量与安全问题，减少返工和整改，切实保障工程项目及时、高质量的竣工。

4.2.2.3　应用场景

下面以广联达 BIM5D 计划管理模块为例的进度管理介绍如下：

1）应用准备

BIM 在建设项目进度控制中的应用涵盖了项目实施阶段的全过程，主要通过虚拟施工指导项目进度的计划、推进、检查、纠偏和评价。具体的方式为：首先通过三维模拟软件构建各个构件和专业的信息模型，然后根据项目的资源和总工期要求进行详细的进度计划。接着，通过连接三维模型和进度信息，形成 4D 模型，从时间维度直观地展示整个项目的施工进程。

通过总进度计划、二级进度计划、周进度计划、日常工作编制流程后，项目进度计划还需结合作业工期、各工序间逻辑关系、资源配置、成本估算及预算设定等条件制定，利用 Project、P6、斑马计划等进度计划工具完成总进度计划的编制，再结合模型数据、工程量等逐一估计作业时间及各工序间逻辑关系。

将 BIM 模型构建与作业工期估算值相关联、分配各工序间逻辑关系，同时赋予模型构件详细信息，如计划起止时间、资源分配（人工资源、材料资源等）、作业成本等。在项目模拟及实施过程中便可比较实际费用与预算费用，随时调整项目计划，监控支出。在 BIM5D 软件中导入已建立完成的 Revit 模型，并以其作为 5D 信息模型的基础。5D 虚拟建造技术，其原理是为 3D 建筑信息模型附加上时间维度与费用指标，从而构成 5D 模拟动画，通过在计算机上建立模型并借助各种可视化设备对项目进行虚拟描述。此模型在施工过程中可以应用到进度管理和施工现场管理的多个方面，在进度管理上主要表现为可视化功能、监控功能、记录功能、进度状态报告功能和计划的调整预测功能。

2）应用流程

（1）进度计划制定并导入

基于BIM的建设项目进度计划，首先要进行工作结构分解，然后对WBS分解后的工作包和构件ID之间进行相互关联，将进度信息与构件的基本信息、三维信息进行结合。同时对相关资源进行配置，每一进度点所需的资源量都应有所规划，当选定相应作业和时间点之后，即可查看构件的四维信息和资源信息，可以直观有效地进行进度计划编制。

基于BIM的进度计划包括了各工作的最早开始时间、最晚开始时间和本工作持续时间等基本信息，同时明确了各工作的前后搭接顺序。因此计划的安排可以有所弹性，伴随着项目的进展，为后期进度计划的调整留有一定接口。

利用BIM指导进度计划编制，可以将各参与方集合起来，充分沟通交流后进行进度计划编制，对具体的项目进展，人员、资源和“工器具”等布置进行具体安排。并通过可视化的手段对总计划进行验证和调整。同时各专业分包商也将以4D可视化动态模型和总体进度计划为指导，在充分了解前后工作内容和工作时间的前提下，在对本专业的具体工作安排进行详细计划。各方相互协调进行进度计划，可以更加合理地安排工作面和资源供应量，防止本专业内以及各专业间的不协调现象出现。

（2）进度计划跟踪与优化

由于工程项目的复杂性，在工程进行中不可控风险有很多，有可能会使进度进展无法按照原定预期完成。因此制定初始项目进度计划后，仍然需要在项目实施过程中根据实际进展情况不断对计划进行动态调整，通过对进度的阶段性计量，比较实际完成工程量与计划进度之间的差异，及时发现偏差和问题，并寻找相应措施，以应对各种实际情况的改变，保证按期完成工作。

进度分析主要通过里程碑控制点和关键线路分析以及实际进度与计划进度之间的比较进行。基于BIM的进度事中控制通过摄像头、激光扫描仪等工具，加上人工的判断，了解当前进度的进展情况，并将实际进度与计划进行对比分析，生成进度对比图。管理者可根据具体的计划模型以及预留偏差和实际进展情况之间的关系，结合项目现场资源、人员分配的实际情况，决定是否进行计划的调整。当出现进度偏差且需要调整时，则在BIM控制平台中，参考共同的资源中心中的数据，协同各方共同商讨对策并达成一致，这样比传统的出现偏差后上报然后再逐级反馈的方式更加快捷，大大节约了信息传递与处理时间，有助于更加及时地处理项目进度中存在的问题，反应更加灵敏。同时，由于各方同时在一个四维可视化平台上操作，并对信息资源共享，因此可以在充分了解项目各方信息状况的前提下，共同交流讨论进度中存在的问题，并确定解决的对策，减少了信息传递过程中产生的信息损耗，杜绝了信息孤岛现象。

在确定解决措施后，施工方根据修改方案对具体的进度和资源计划进行更加细化的调整，并将处理信息上传至BIM信息共享平台，生成新的细分进度计划，指导后期的施工与资源人员配置，同时为后期的进度评价留下相关信息资料。

评价可以通过三维模型直观地观察到整个项目的建设过程，并与初始的模型进行对比。在进行后评价时，BIM管理平台可以输出相应的表报，如对整个项目中进度计划和实际实施情况的差别比较，对项目中偏差修改措施的报告和纠偏有效性的分析，对资源数量的分配合理性的分析等。这一评价涉及项目实施的所有参与者，包括了他们在进度控制中所起的作用和实施过程中所输入和导出的信息等，对参与各方所做的工作、效率以及各方的责任进行了更加清晰的分析，因此进度的事后评价不仅对施工单位很有价值，对任何参与到项目实施的参与者来说，都具有借鉴和指导意义，如

图 4-15 所示。

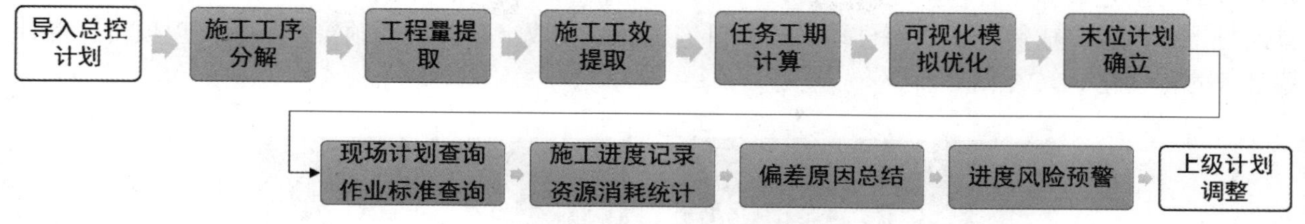

图 4-15　BIM 技术应用于进度管理流程

3）应用价值

（1）提供的动态联动修改功能方便用户直观而快捷地对项目的进度信息进行修改。在项目进度控制过程中，会遇到很多不确定因素从而导致项目的实际进展情况与计划不同。动态联动修改就是当需要对进度进行修改时，如果在 BIM 信息平台中的进度管理模块对进度进行修改，则进度模块中相关的各类三维模型中的数据也发生相应的修改。在模型进行演示的同时，用户也能直观地从模型中看到进度计划改变所产生的影响。另一方面，如果在三维模型中对各类构件的进度信息进行修改后，则在进度模块中的各构件信息也随之更改。

（2）提供的信息交换平台可显著增加各方之间的交流和互动，通过施工信息模型可以进行实时信息查询，提升了施工进度管理的效率。

（3）有助于合理计划并精确控制施工进度，动态配置施工资源、合理布置施工场地，保证资源供给和作业空间，可减少或避免进度延误。支持基于施工进度的工程量、资源、成本等信息的及时查询和计算分析，有利于加强管理者对工程实施进度、资源成本的控制。

（4）有助于加快进度，缩短工期。通过 BIM 技术，能够增强团队协作、颠覆传统的项目管理模式、实现动态管理，可通过构件场外预制、材料提前准备来减少施工中的闲置时间，加快了进度，大大缩短了工期。

4.3　应用案例

4.3.1　联想武汉基地智慧进度管理

4.3.1.1　工程概况

联想武汉研发基地，位于东湖高新技术开发区关山大道与高新二路交汇处，总规划建筑面积 17.4 万 m^2，地上 11.6 万 m^2，地下 5.8 万 m^2；包含 3 层深 13.1m 人防地下室、3 层裙房、2 栋 29 层 134.7m 的塔楼。结构类型为钢筋混凝土框架－剪力墙结构，塔楼为矩形结构，由 18 根最大截面为 2020mm × 1980mm 框架柱及核心筒组成，主要功能为甲级写字楼及配套商业。开工时间 2015 年 10 月，计划完工时间 2017 年 6 月。

联想武汉研发基地项目于 2016 年 4 月成功举行国家级 BIM 技术与应用现场观摩会，获得武汉市在建工程扬尘治理达标示范工程，并获得中国建筑业协会第五批全国绿色示范工程立项。在第五届龙图杯 BIM 大赛中获得综合组第二的成绩。

联想武汉研发基地投用后，将成为全球最大移动互联产业基地一部分，供研发和管理团队进行移动互联设备和应用领域研发，如图 4-16 所示。

4.3.1.2　核心理念

本工程应用了中建三局一公司智慧进度管理模块。该模块通过三大数据标准库的建立，实现进度计划到岗位工作内容的自动生成；通过项目分区分段的基础设置，实现岗位工作内容到人员周工作安排的自动生成。结合移动终端、云计划、大数据及互联网＋相关技术，该模块还能自动归集项目人员工作内容完成情况，从而自动确认项目进度计划完成情况并自动预警，从而实现项目进度计划管理的智慧化 PDCA 循环。

图 4-16　联想武汉研发基础效果图

4.3.1.3　系统应用

1）项目初始化设置

利用项目现场管理信息系统的项目基础设置模块，设置项目分区分段和项目岗位，自动生成项目人员工作内容库。利用施工项目现场管理信息系统的项目设置模块，进行项目的岗位设置、项目岗位工作内容设置以及项目检查部位设置。项目岗位设置如图 4-17 所示。

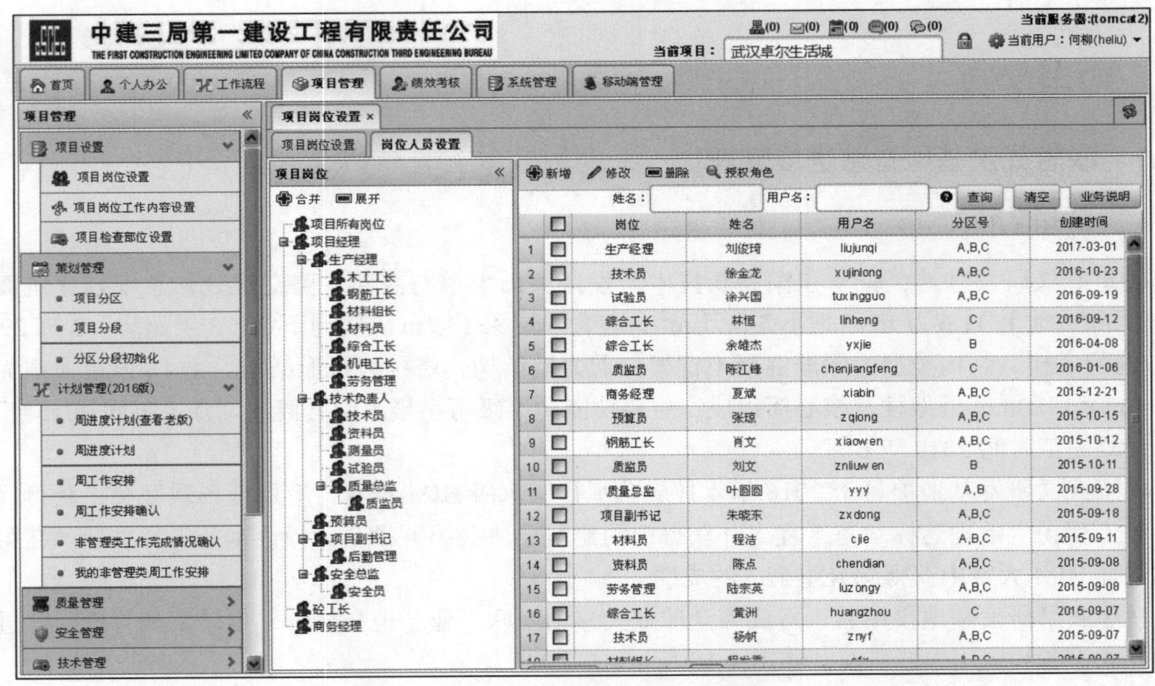

图 4-17　项目岗位设置

项目分区分段如图 4-18 所示。

图 4-18　项目分区分段

项目岗位工作内容设置如图 4-19 所示。

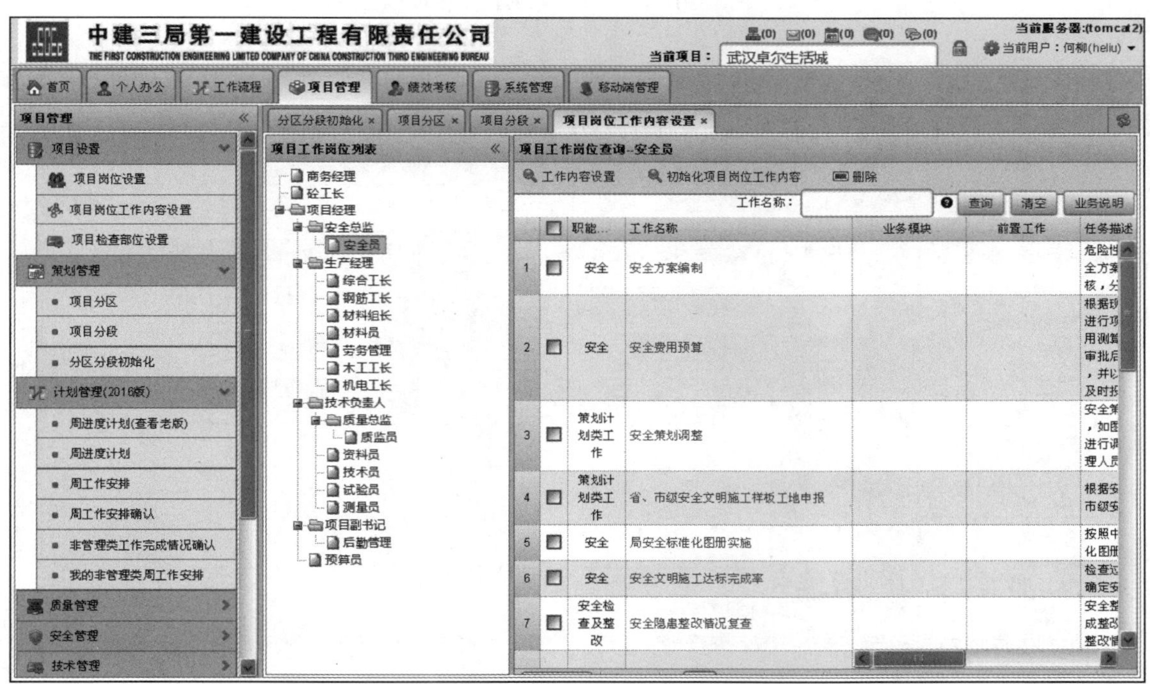

图 4-19　项目岗位工作内容设置

2）计划的自动生成

编制项目总控计划并导入后，系统根据计划时间自动划分成项目周计划（可进行调整），项目周计划与项目人员工作内容库关联，自动生成项目人员周工作安排。

在编制总控计划之后，可以将其导入项目施工现场管理系统，然后系统可以根据计划时间自动划分成项目周计划（可进行调整）。由项目生产经理导入并调整项目周计划，并且此周计划与项目人员工作内容库关联，从而自动生成项目人员周工作安排，如图 4-20 ~ 图 4-22 所示。

图 4-20　周进度计划的自动生成

图 4-21　项目人员周工作安排的自动生成

3）工作安排的完成与确认

工作任务库各项工作内容与系统各业务模块关联，工作人员在移动终端接收到周工作安排后，点击进入系统相应工作模块，完成工作并进行记录后，移动终端数据自动同步到项目现场管理信息系统，系统自动进行计划对比，实现人员自动化绩效管理。

图 4-22　项目周进度计划的调整

项目施工现场管理系统工作任务库各项工作内容与系统各业务模块关联。工作人员在移动终端接收到周工作安排后，点击进入相应工作模块，完成工作并进行记录后，移动终端数据自动同步进入项目现场管理信息系统，如图 4-23 所示。系统自动进行计划对比，实现人员自动化绩效管理，如图 4-24 所示。

图 4-23　使用移动终端记录工作安排完成情况

4）自动归集生成进度计划完成情况并预警

系统自动根据项目人员工作完成情况进行项目生产进度计划确认，并在系统中按已设置的阈值进行四色预警，如图 4-25 所示。项目预警中心根据预警等级向相关管理人员推送预警信息，相关管理人员及时处理并反馈处理结果至预警中心，如图 4-26 所示。

图 4-24　项目管理系统自动生成人员绩效考核结果

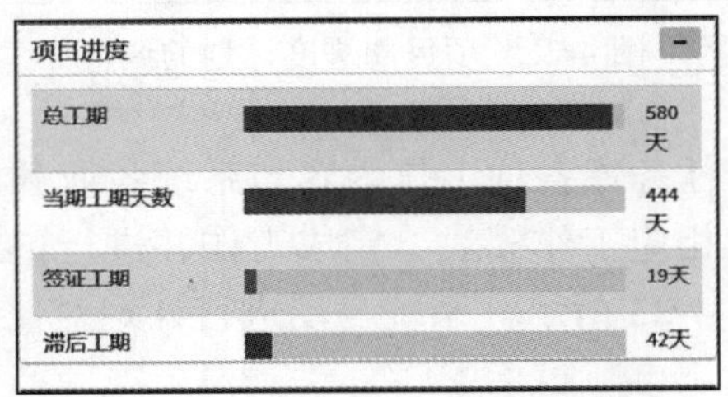

图 4-25　项目进度管理四色预警

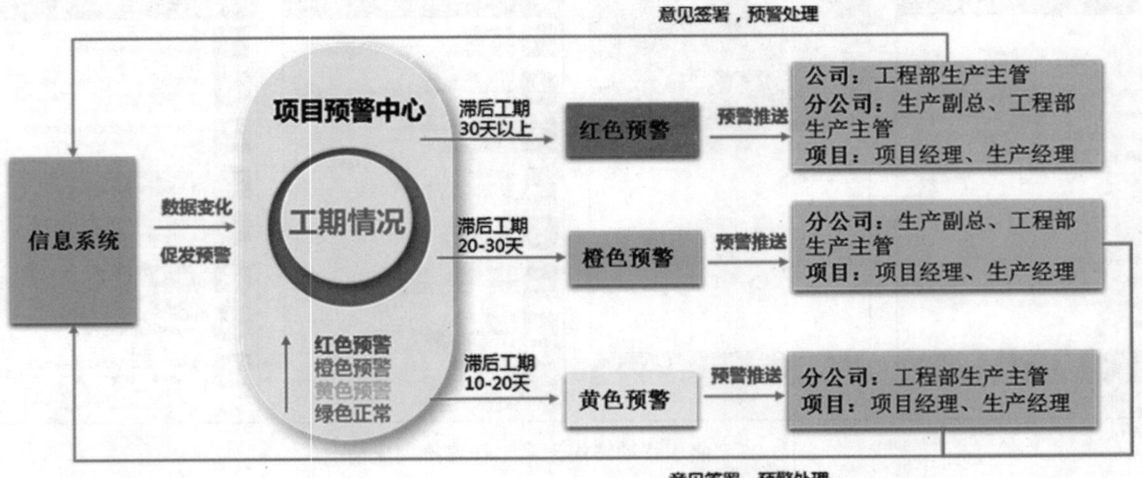

图 4-26　项目预警中心处置流程

4.3.1.4　应用价值

（1）系统通过项目—岗位（人员）—项目的分解及归集，实现了智慧化的进度计划完成情况比对。

（2）系统通过项目预警中心，发现问题及时处理，并对处理情况进行跟踪总结，实现了智慧化的进度计划优化调整。

（3）系统通过与项目现场管理业务系统的相互关联，应用移动终端及其他新兴技术，实现了项目人员及项目自身的智慧化 PDCA 循环管理。

4.3.1.5　存在的问题及发展趋势

（1）项目工作人员通过移动终端现场记录数据，极大地提高了项目数据采集的及时性。但人工记录的过程，可能导致数据真实性降低，下一步将推动物联网技术与移动终端相结合，自动获取项目现场数据，省去人工录入环节，进一步提升数据的及时性和真实性。

（2）项目进度计划管理与资源管理未形成有机整体，且二维展示方式并不直观。下一步将以计划管理模块与 BIM 系统相结合，一方面可反映工程费用与工期之间的关系，利于采取措施缩短工期和降低工程成本；另一方面可形象直观地反映出影响工期的关键工作、关键线路和工作所具有的机动时间。

4.3.2　上海国金中心 4D-BIM 应用

4.3.2.1　工程概况

上海国际金融中心项目总占地面积 5.53 万 m^2，设计为由 3 栋高层塔楼相连的整体地下层组成的建筑群，3 栋塔楼高度分别为 200m，180m 和 160m。项目总建筑面积近 52 万 m^2，其中地上 27 万 m^2，地下 25 万 m^2。上海国际金融中心项目以营造“科技、智能、环保、节能”的现代化金融办公园区为目标，建成后将成为中国资本市场崛起的象征和上海市的新地标。

4.3.2.2　应用背景

为了提高上海国际金融中心项目的建设管理水平，确保项目设计、施工和运营高效、优质地顺利进行，北京云建信科技有限公司与项目建设方（上海竹园工程管理有限公司）、项目施工方（上海四建）合作，在项目的全生命周期中全面应用 BIM 技术。

4.3.2.3　工程特点

该工程的建设原则为统一规划、统一设计、统一建设、统一管理，秉承现代化理念，即低碳经济、绿色建筑、绿色施工。该工程设计要求高，要实现绿色建筑、智能建筑设计；施工难度大；多参与方，涵盖中外设计方、施工方、监理、分包商、供应商等；施工组织，成本、进度、安全、质量控制和现场管理有难度，管理复杂；运营管理面临挑战；该工程用途广泛，即作为交易大厅、上市仪式中心、国际媒体中心、金融剧院、数据机房等；多任务，涉及物业管理、房屋与设备维护、机电设备节能减排监控和管理。

4.3.2.4　项目全生命期 BIM 应用整体实施方案

本项目在实施初期即制定了完整的 BIM 实施方案，明确了设计、施工、运维三个主要阶段的应用点、应用流程和应用目标，图 4-27 为面向施工阶段的多参与方协同 BIM 应用流程。该流程从设计方提交设计成果开始，在咨询方依据设计图纸建立的设计模型的基础上，加入工程进度计划、工程预算、场地布置等施工信息形成 4D 施工 BIM 模型，通过基于 BIM 模型的碰撞检测、仿真分析、施工动态模拟对设计结果和施工计划等进行深化和优化。工程开工后，施工总承包和分包方在基于 BIM 的项目综合管理系统中填报工程施工的进度数据和质量数据。在系统中经过监理方的监督与审核，最终与 4D 施工管理系统中的施工 BIM 模型集成并呈现给建设方的相关管理部门，支持建设方对工程施工状况的实时管理和控制。

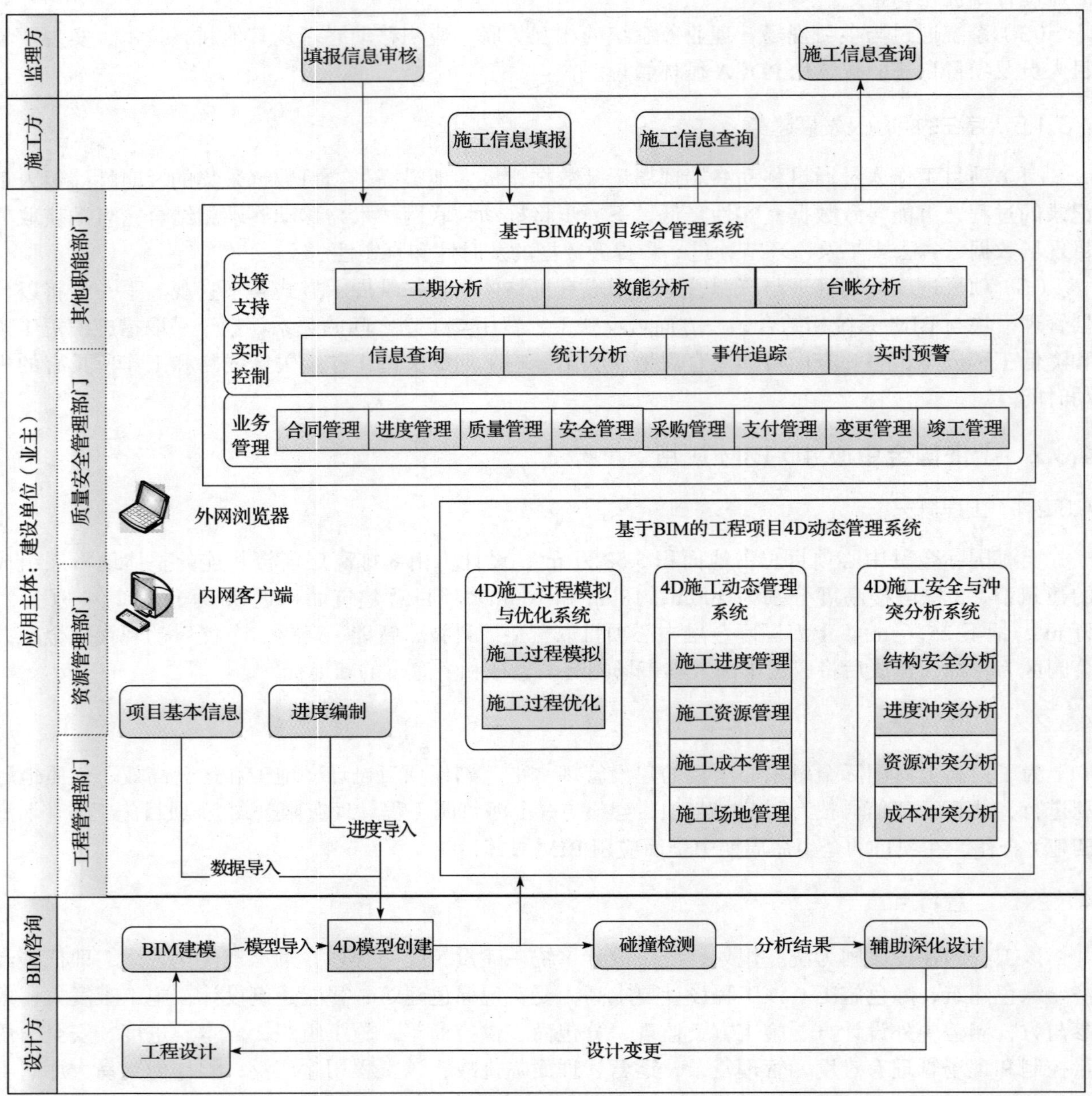

图 4-27　面向施工阶段的多参与方协同 BIM 应用流程

在本项目中，基于传统的 4D 施工管理系统，结合上海国际金融中心工程施工管理中的实际需要，提出了跨平台的协同 4D 施工管理技术并进行了系统研发和应用，即在管理操作过程中同时应用 C/S 架构的“基于 BIM 的 4D 施工管理系统”与 B/S 架构的“基于 BIM 的项目综合管理系统”。通过两个系统之间无缝的业务交互和数据与模型链接，实现了更为便捷和丰富的用户体验，同时为数据的采集拓宽了渠道、增加了灵活性，如图 4-28 所示。

4.3.2.5　4D 管理系统在项目中的实际应用

1）4D 施工进度管理

（1）实施方案比选。允许用户输入多套施工进度方案，提供不同方案之间快速切换，进行方案的对比和分析。

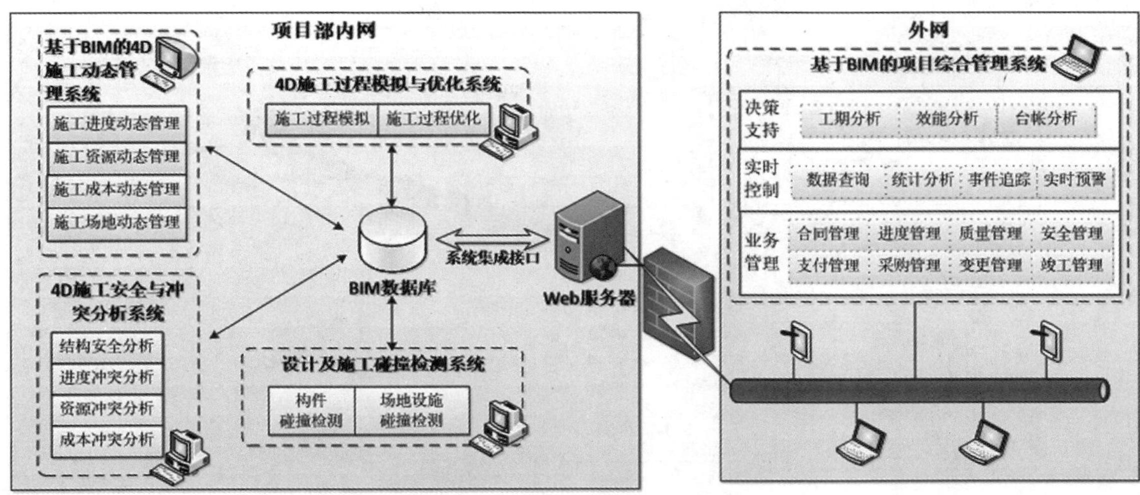

图 4-28　“基于 BIM 的 4D 施工管理系统”与“基于 BIM 的项目综合管理系统”的交互

（2）施工进度的 4D 显示。进度计划可在 Project 软件中用甘特图或网络图表示，也可以动态的 3D 图形方式展现。3D 模型的不同颜色，表示施工过程中的不同施工工序和状态，如图 4-29 所示。

（3）施工进度控制。Project 中的进度被修改，4D-BIM 中的 4D 施工模型也随之改变。在 4D-BIM 中修改任意施工工序的实际开始及完成日期，将自动调整 Project 进度计划，如图 4-30 所示。

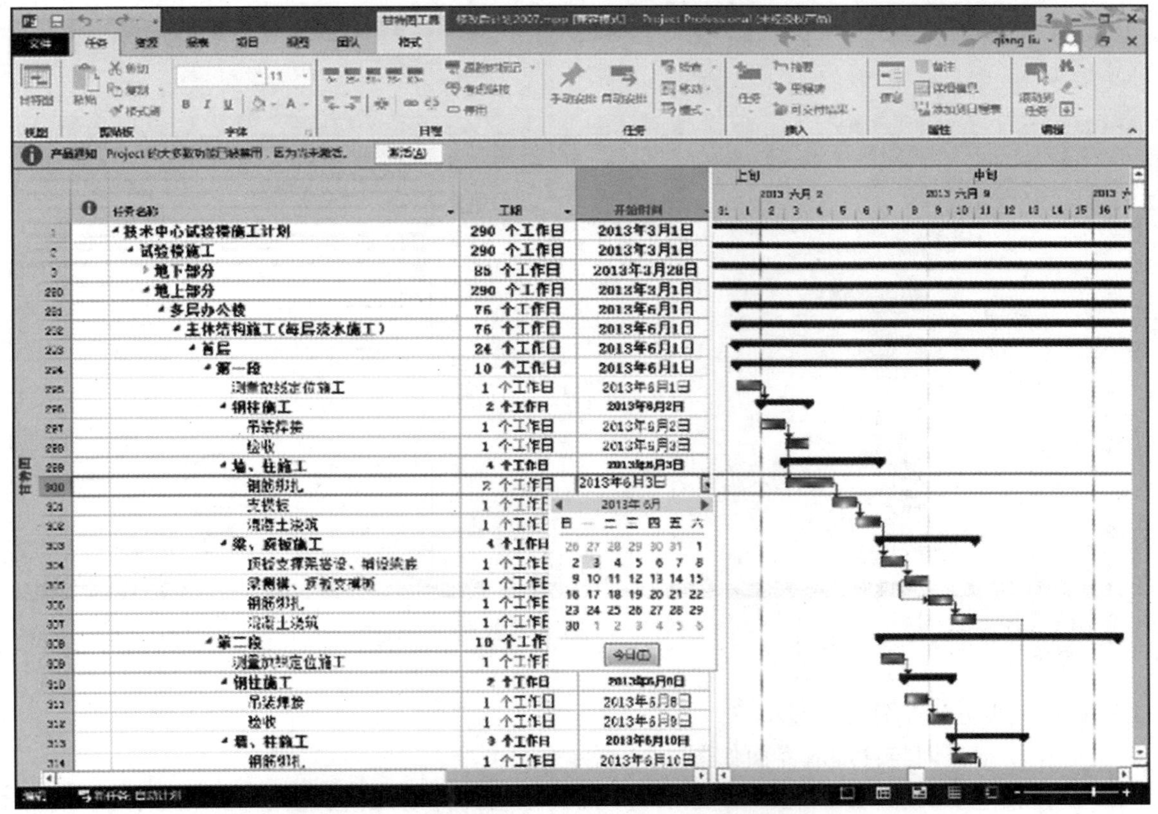

图 4-29　施工进度的 4D 显示

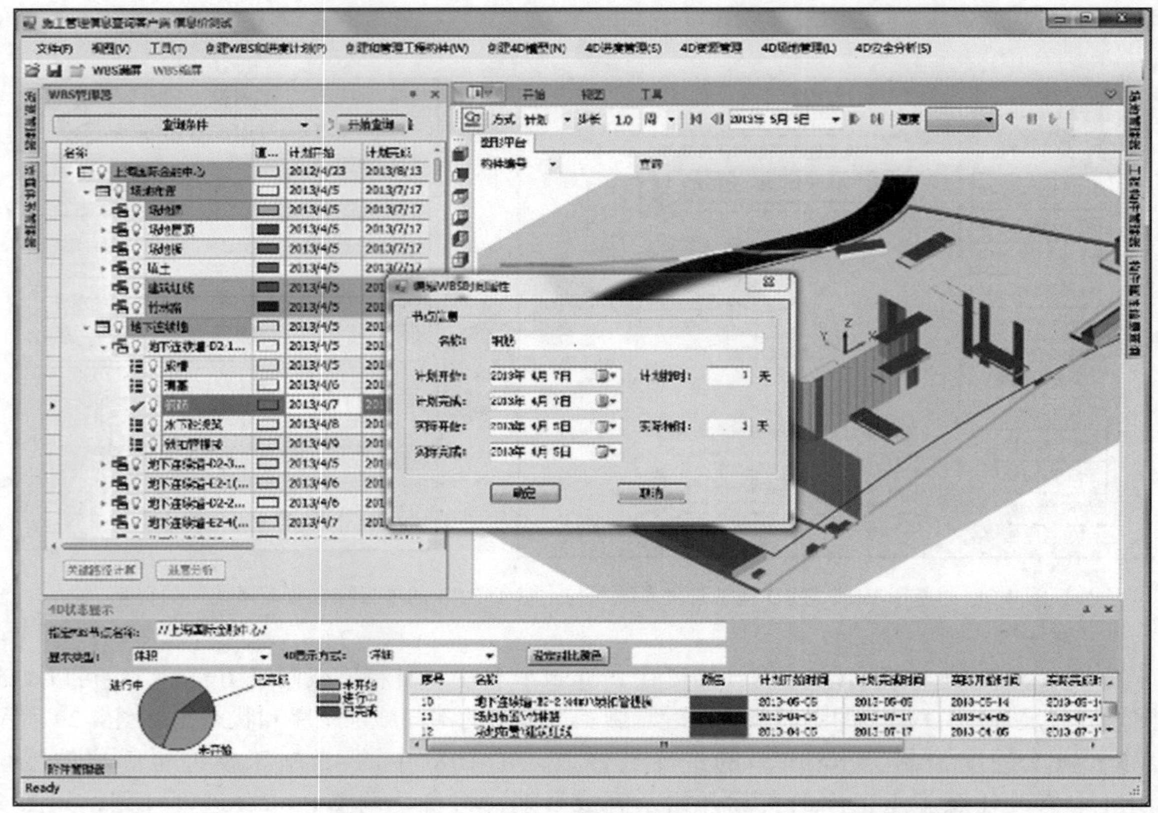

图 4-29 （续）

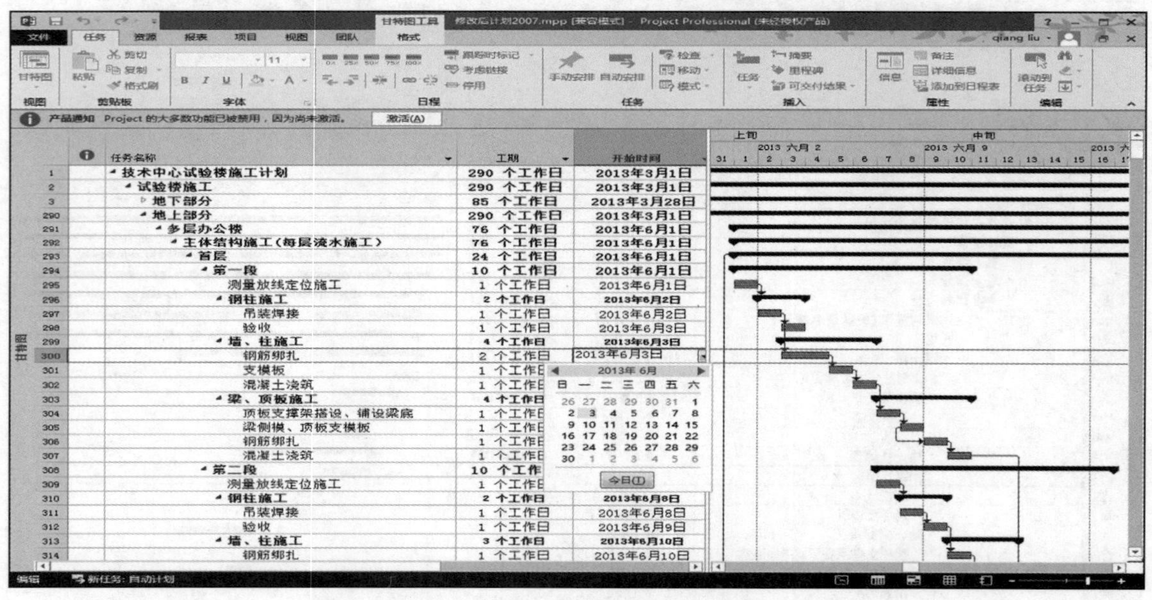

图 4-30　施工进度控制

2）施工信息动态查询与管理

施工信息动态查询与管理的界面如图 4-31 所示。

（1）桩基信息查询。4D 系统中不仅可以查询到桩基构件的几何属性、关联的进度、资源等信息，还可以通过网络，获取构件相关的施工记录文件、质量参数等项目管理信息，如图 4-32 所示。

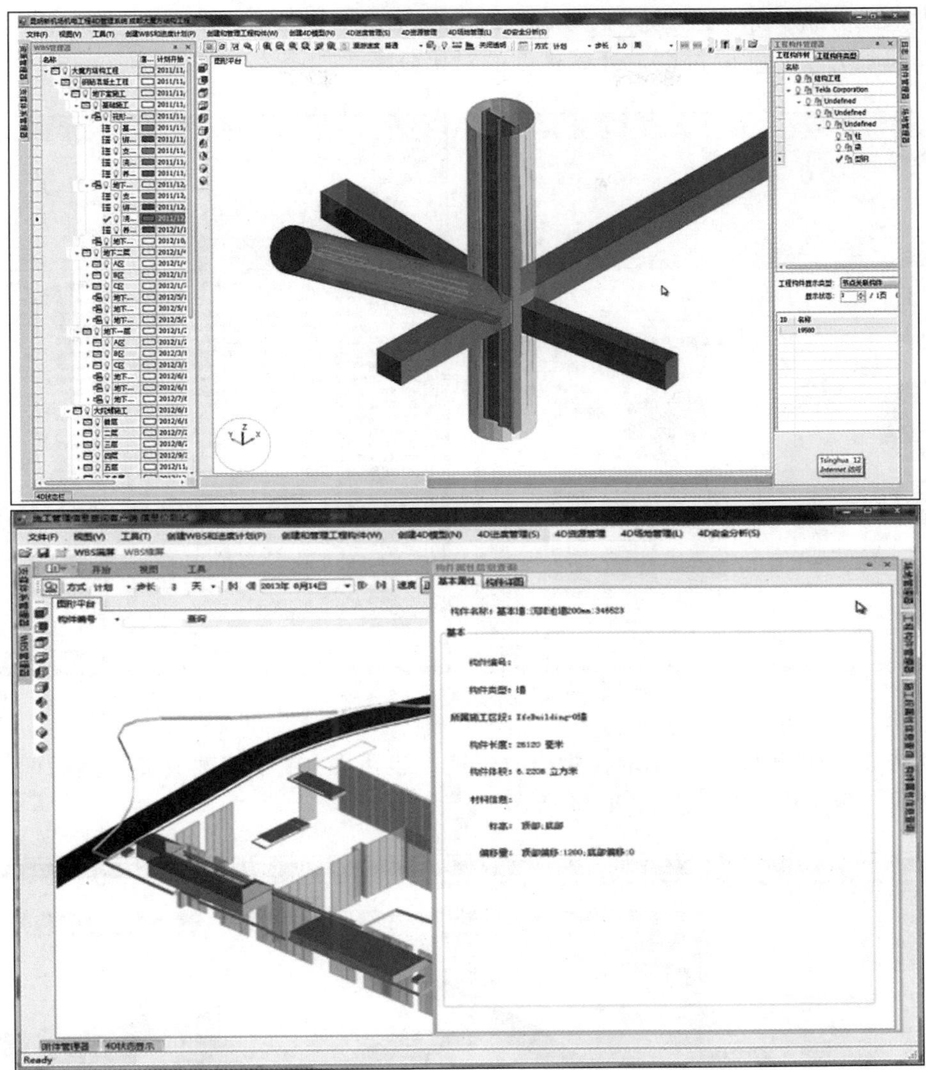

图 4-31　施工信息动态查询与管理

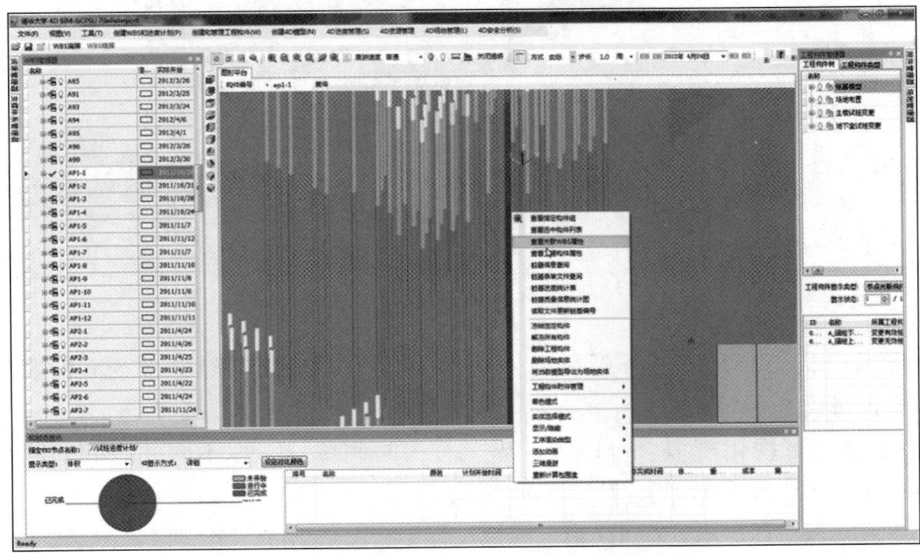

图 4-32　桩基信息查询

（2）进度追踪分析。系统还提供了按指定时间段，对整个工程、WBS 节点或施工段进行进度计划执行情况的跟踪分析、实际进度与计划进度的对比分析，如图 4-33 所示。

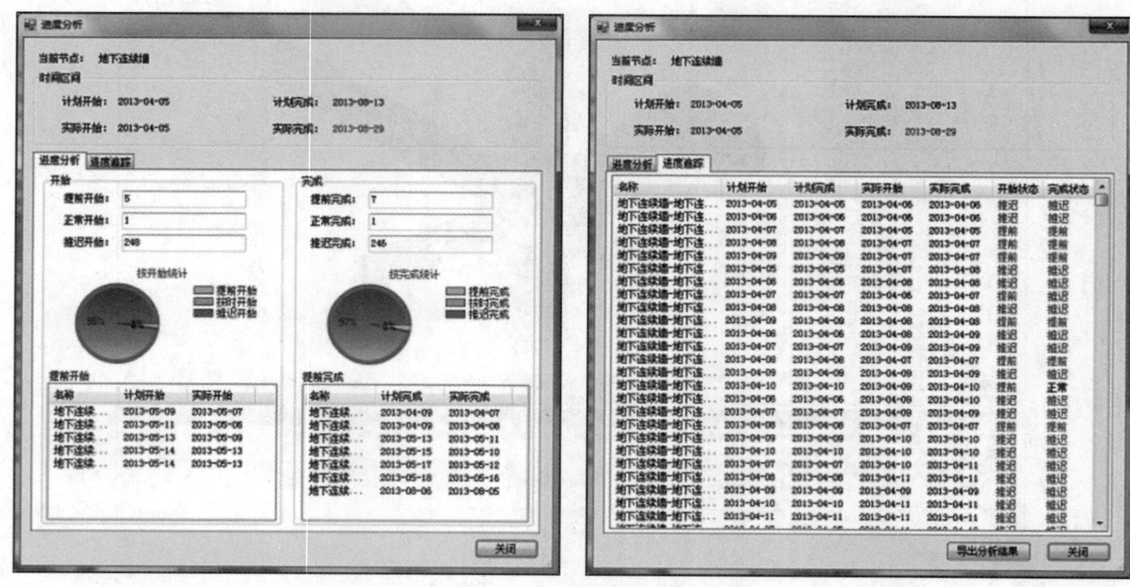

图 4-33 进度追踪分析

（3）进度修改。用户即可在 Project 中修改进度，也可在 4D 中修改进度，然后两者之间数据会自动更新，形成一致进度计划，如图 4-34 所示。

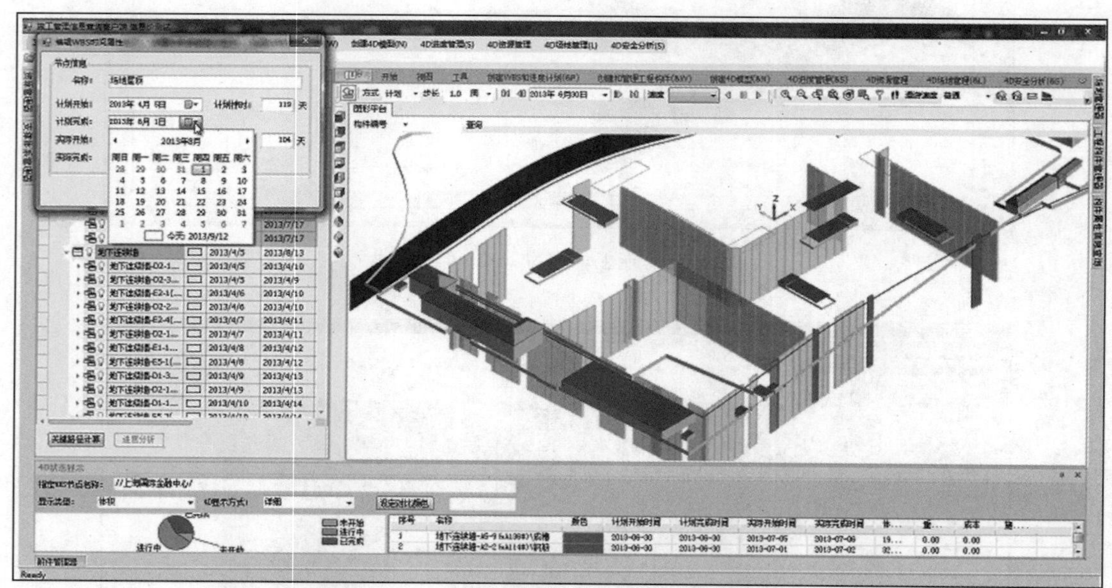

图 4-34 进度修改

（4）进度滞后分析。当某一任务延误后，4D 系统会自动分析后续任务受到的影响，提醒管理者有针对性地管控进度，保证工期。

（5）4D 施工过程可视化模拟。可以天、周、月为时间单位，按不同的时间间隔对施工进度进行正序模拟或逆序模拟，形象反映施工计划和实际进度。

（6）当前施工状态信息显示。在 4D 施工模拟过程中，图形区左下方，以饼图形式同步显示当前的工程量完成情况。在图形区正下方，以列表方式同步显示当前施工状态的详细信息，如图 4-35 所示。

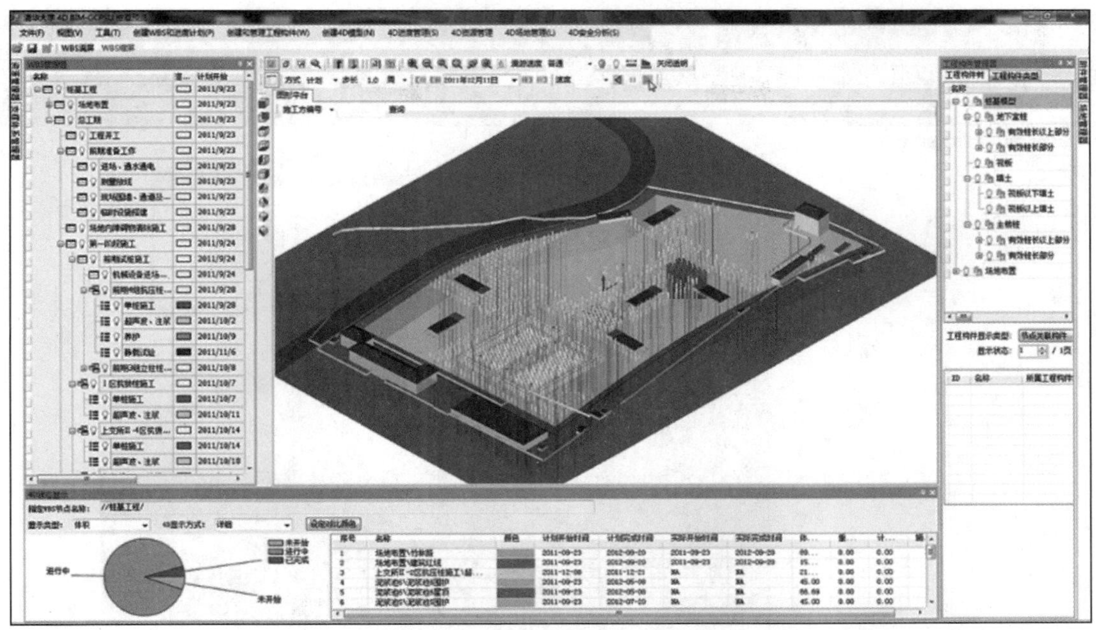

图 4-35　当前施工状态信息显示

4.3.2.6　基于 BIM 的项目综合管理

基于 BIM 的项目综合管理系统的应用，实现了项目信息的远程填报、审核与查询，通过信息集成，经过审核的远程填报的实时施工数据最终集成到 4D-BIM 系统中，直接与施工 BIM 模型关联，实现了跨平台的多参与方协同 4D 管理。实际应用中，施工方负责实时上传施工进度、施工质量、安全记录、工程量等数据，勘测方负责上传仪器检测数据。施工方上传数据后，系统会自动通知监理方对施工数据进行审核，监理方同时负责上传质检表。该系统基于 B/S 架构，方便易用，各参与方可以通过平板电脑在 3G 网络下进行数据输入和浏览。通过 Web 浏览器实时获取各参与方从项目管理系统中录入的数据，并且数据与 BIM 模型相关联，在 4D-BIM 系统中相关的施工单元或构件上，都能查询到远程填报的信息，如图 4-36 所示。

上海国际金融中心项目管理系统

主页 | 最新动态(0) | 待处理(0) | 修改密码 | 退出

欢迎您，admin

正在载入...

共32根桩基

构件归属(全部)　桩基类别(全部)　AP1　搜索

桩基名称	桩基类型	构件归属	桩孔体积(m³)	更新人	更新日期	填报状态	上传状态	评审状态	备注	操作
AP1-18	A型桩锚桩AP1	中金所	43.63	基础公司	2012/8/21 20:23:05	已完成	已完成	已评审		实时填报 上传报表 修改
AP1-12	B型桩锚桩AP1a	中国结算	61.90	admin	2012/4/27 13:01:01	已完成	已完成	已评审		实时填报 上传报表 修改
AP1-10	B型桩锚桩AP1a	中国结算	62.51	admin	2012/4/27 13:00:55	已完成	已完成	已评审		实时填报 上传报表 修改
AP1-4	A型桩锚桩AP1	中金所	63.58	基础公司	2012/4/10 10:46:21	已完成	已完成	已评审		实时填报 上传报表 修改
AP1-3	A型桩锚桩AP1	中金所	63.41	基础公司	2011/12/28 16:20:21	已完成	已完成	已评审		实时填报 上传报表 修改
AP1-2	A型桩锚桩AP1	中金所	63.72	基础公司	2011/12/28 16:19:59	已完成	已完成	已评审		实时填报 上传报表 修改
AP1-11	B型桩锚桩AP1a	中国结算	61.73	基础公司	2011/12/28 16:14:29	已完成	已完成	已评审		实时填报 上传报表 修改
AP1-9	B型桩锚桩AP1a	中国结算	62.07	基础公司	2011/12/28 16:12:54	已完成	已完成	已评审		实时填报 上传报表 修改
AP1-8	A型桩锚桩AP1	上交所	63.68	基础公司	2011/12/28 16:11:21	已完成	已完成	已评审		实时填报 上传报表 修改
AP1-7	A型桩锚桩AP1	上交所	63.08	基础公司	2011/12/28 16:06:32	已完成	已完成	已评审		实时填报 上传报表 修改

添加　删除　首页 上一页 1 2 3 4 下一页 尾页 3 跳转

47/204

图 4-36　项目信息综合展示

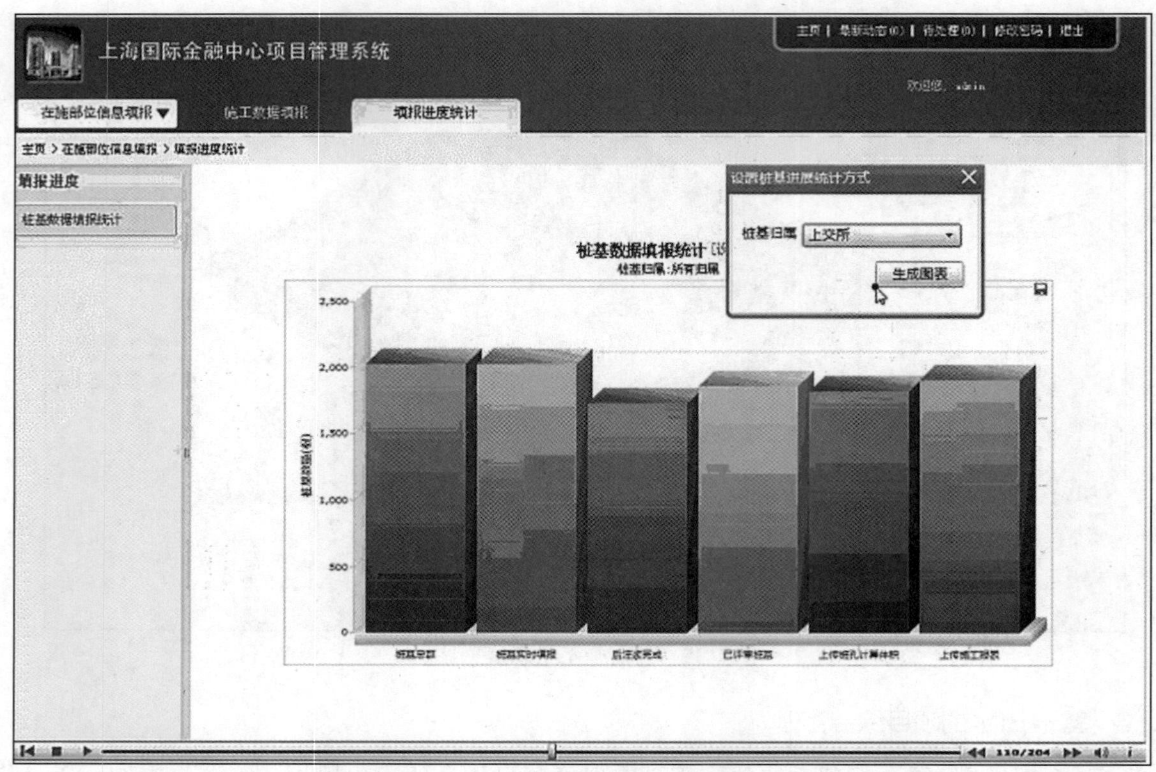

图 4-36 （续）

系统实现了 4D-BIM 与项目综合管理系统信息集成与交互。通过 Web 浏览器远程获取用户从项目管理系统录入的数据，与 BIM 模型相关联，如图 4-37 所示。4D-BIM 系统中每个施工单元或构件上都能查询到综合管理系统中填报的质量、安全等信息，如图 4-38 所示。

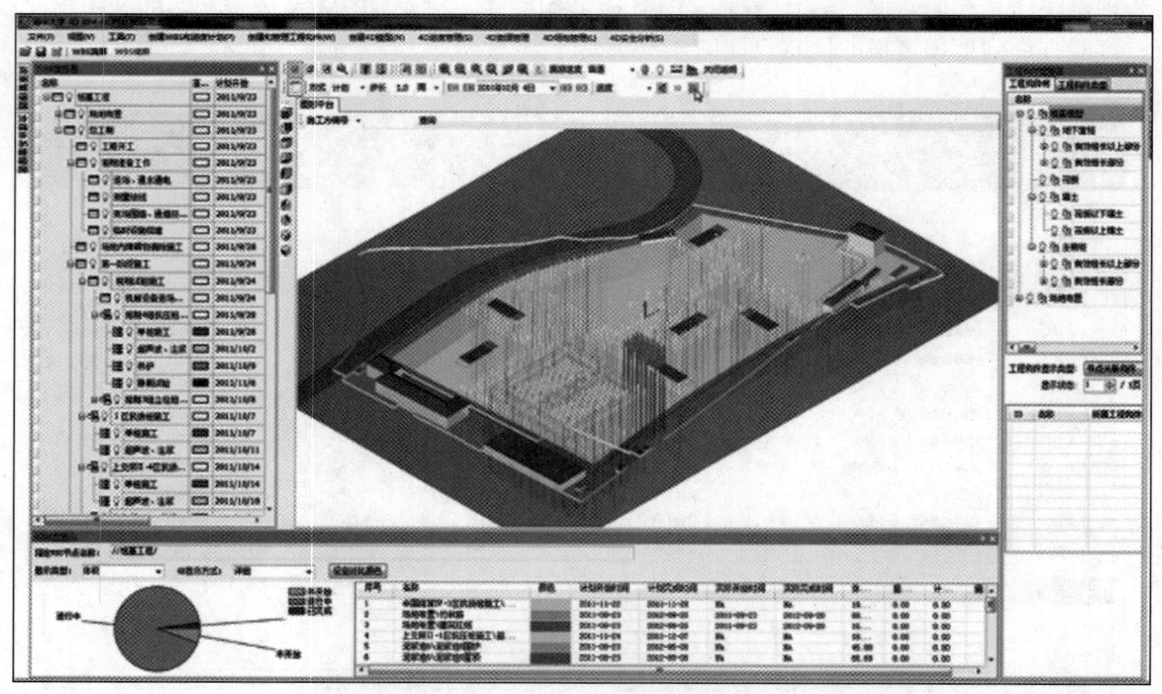

图 4-37　4D-BIM 与项目综合管理系统数据关联

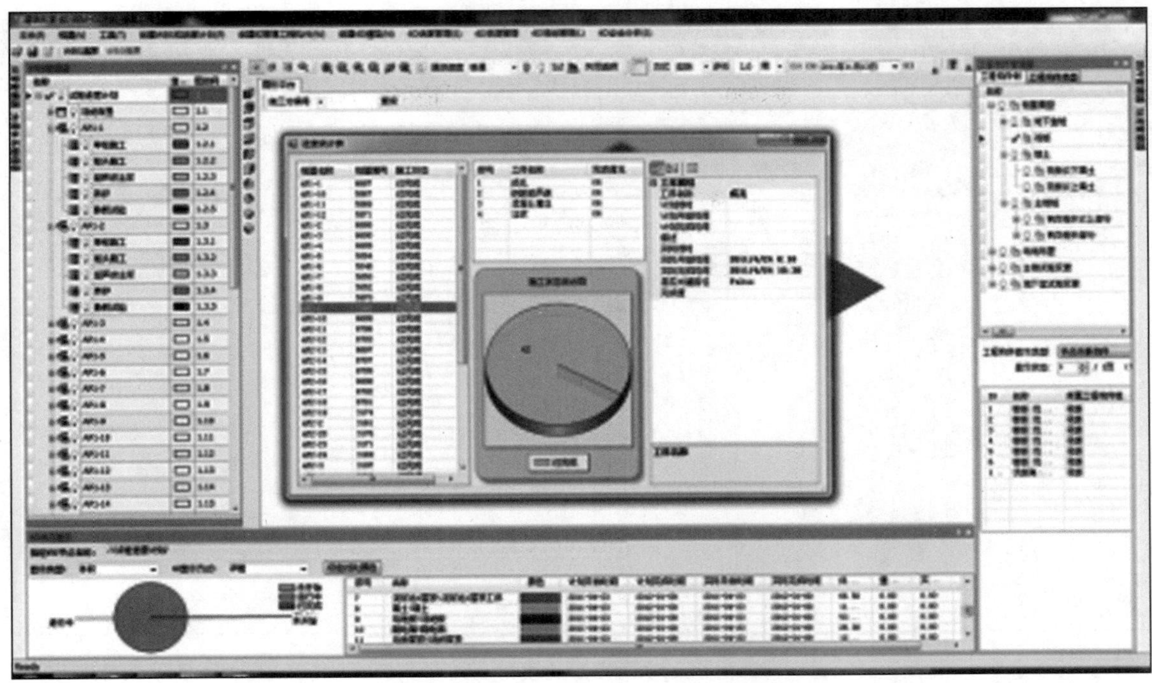

图 4-37 （续）

4.3.2.7　应用价值

本项目通过创建和管理项目各阶段各专业的 BIM 模型，实现了项目从设计到施工的全方位 BIM 应用。应用表明，通过跨平台的协同 4D 施工管理，可有效地辅助建设方和施工承包方收集管理施工中产生的数据，方便将实时施工数据与 BIM 模型集成，结合 4D 技术实现工程的动态、集成和可视化的施工管理和工程模拟。本研究为建设方主导的全生命期 BIM 应用提供了方法、技术、系统和应用示范，可明显提高工程建设管理的信息化水平和效率。

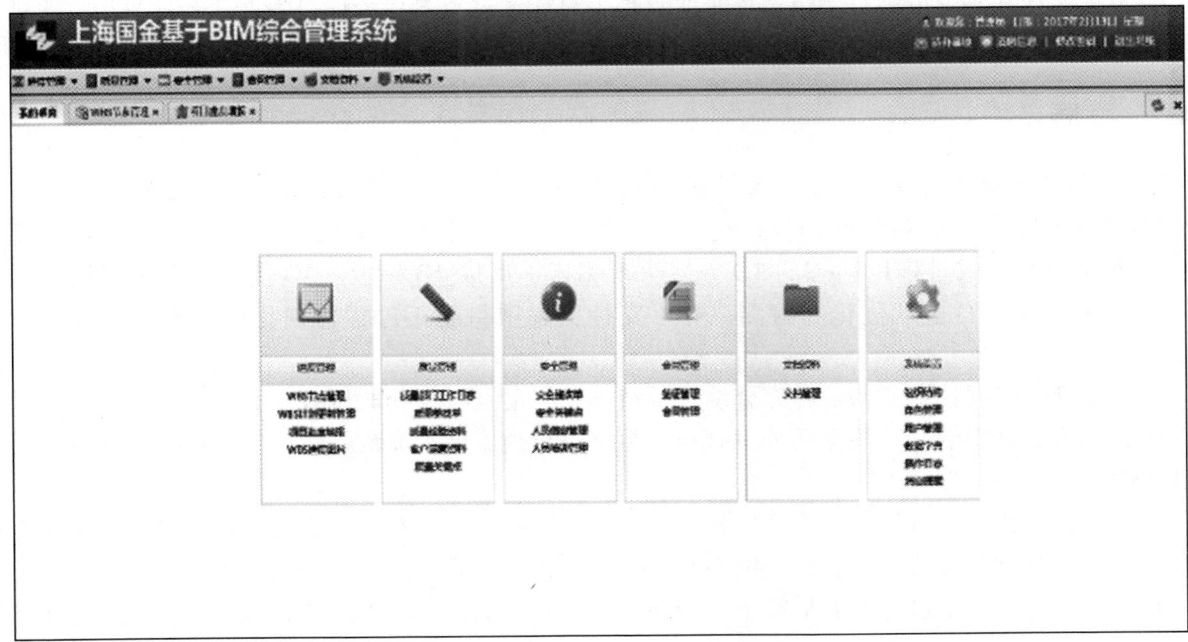

图 4-38　综合管理系统质量、安全管理模块

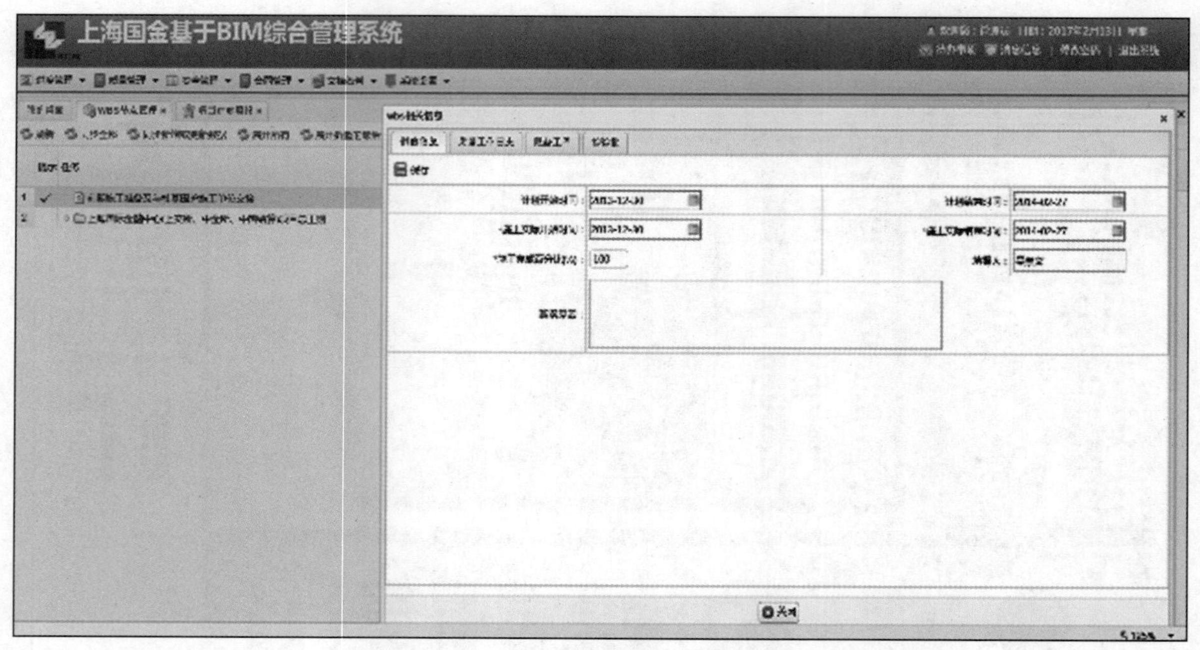

图 4-38 （续）

4.4 存在的问题及发展趋势

4.4.1 存在问题

（1）进度计划管理软件实现资源优化、平衡和过程成本管理等工作，需要对计划进行资源绑定，工作量巨大，修改调整麻烦。

（2）进度计划管理对进度完成情况仍有大量工作需要人工确认，人为因素影响大，影响了进度管理的及时性和真实性。

（3）进度计划管理以项目为单位，企业管理者只能通过查看单个项目数据获知项目进度管理情况，操作不便，且无法及时获得企业项目的整体进度控制情况。

4.4.2 发展趋势

（1）随着BIM技术的普及，部分进度计划软件开始结合BIM技术，在3D模型的基础上，使用施工流水段切割模型构件，达到施工协同管理的目的。同时进度计划与流水段、模型绑定，将模型的形成过程以动态的3D方式表现出来，形成4D模型。4D信息模型可以结合进度计划对相关资源进行进度优化和检测，并可支持工程项目施工过程可视化动态模拟和施工管理控制。

（2）随着物联网技术的普及，充分结合手持移动终端及各项物联网技术，施工人员现场完成施工工序后，项目管理信息系统自动采集到相关数据进行进度节点完成确认，提高进度管理的及时性和真实性。

（3）随着大数据分析技术的普及，打造企业级的数据中心，利用标准的数据接口、数据中心获取企业项目的所有关键数据，通过数据中心的计算分析，对项目及企业的进度控制情况进行集中展现，并实施预警，使项目管理人员和企业管理人员及时有效地获项目进度管理情况，及时化解工期风险。

参考文献

[1] 丁烈云，祁神军，陈峰. 大型复杂工程智能进度计划管理系统设计与实现 [J]. 施工技术 2006, 35 (12), 121-123.

[2] 伊朝接. 基于新兴信息技术的智慧施工进度管理研究 [D] 哈尔滨：哈尔滨工业大学，2014.

[3] 张建平，刘强，张弥，王修昌. 建设方主导的上海国际金融中心项目 BIM 应用研究 [J]. 施工技术，2015, 44 (6): 29-34.

[4] 李恒，郭红领，黄霆等. BIM 在建设项目中应用模式研究 [J]. 工程管理学报，2010, 24 (5).

[5] 孙峻，李明龙，李小凤. 业主驱动的 BIM 实施模式研究 [J]. 土木工程与管理学报，2013, 30 (3): 80-85.

[6] 何关培. 业主 BIM 应用特点分析 [J]. 土木建筑工程信息技术，2012 (4): 32-38.

[7] 张建平，曹铭，张洋. 基于 IFC 标准和工程信息模型的建筑施工 4D 管理系统 [J]. 工程力学，2005 (1).

[8] Zhang J P, Hu Z Z. BIM-and 4D-based integrated solution of analysis and management for conflicts and structural safety problems during construction: 1. Principles and methodologies[J]. Automation in construction, 2011, 20 (2): 155-166.

第5章　智慧人员管理

5.1　概述

作为劳动力密集的行业，建筑行业的人员管理具有非常重要的意义。对施工人员进行合理有效的管理，既能保证施工质量，又能促进工程顺利进行，缩短施工周期和减少成本投入，从而提升企业竞争实力。

人员管理也称人力资源管理，就是指运用现代化的科学方法，对与物力相结合的人力进行合理的培训、组织和调配，使人力、物力经常保持最佳比例，同时对人的思想、心理和行为进行恰当的诱导、控制和协调，充分发挥人的主观能动性，使人尽其才、事得其人、人事相宜，以保证组织工作的正常进行，进而实现组织的既定目标。

人员管理包含人员培训、人员组织、人员调配等，在目前管理中主要通过制度化手段完成，一般由生产制度、企业制度、财务制度、员工制度、员工守则、考勤制度等构成，用于保障企业正常运转以及企业政策的顺利推进。施工现场人员管理属于人力资源的一部分，包含人员技术水平管理、信息管理、安全管理、收入管理等内容。

智慧人员管理就是运用信息和通信技术手段感测、分析人员的各项关键信息，围绕人员管理，建立互联协同、智能生产、科学管理的施工人员信息化生态圈，并将数据在虚拟环境下与互联网采集到的人员信息进行数据挖掘分析，形成员工信息库，从而对人员的技能、素质、安全、行为、生活等做出响应。提高施工现场人员信息化管理水平，从而逐步实现绿色建造和生态建造。

施工现场智慧人员管理将更多的人工智能、传感技术、生物识别、虚拟现实等高科技植入到人员穿戴设施、场地出入口、施工场地高危区域等关键位置，实现工程相关人员与施工现场的整合。智慧人员管理的核心是以一种“更智慧”的方法进行人员管理，以提高信息交互的明确性、效率、灵活性和响应速度。

我国建筑行业目前在施工人员管理方面主要存在如下问题：

（1）建筑业中的一线操作工作属于重体力简单劳动，施工人员技术素养总体偏低，施工人员对建筑行业规范与施工现场一些制度不理解、不熟悉，一线施工人员几乎没有接受过正规、系统的专业技能培训，专业技能低下导致生产率不高，加之个人缺乏主观能动性导致缺乏应有的安全意识、无视安全管理要求等现象屡见不鲜。

（2）建筑行业生产所包含的内容决定了施工人员的复杂性，一个工程项目施工现场需要不同部门、不同的技能等级、不同类型工种进行分工配合共同完成建设目标。

（3）建筑行业是一个集工作环境恶劣、工作强度大、工作时间长、晋升空间小等诸多不利因素于一体的行业，施工人员流动较为频繁。

（4）随着时间的推移，农民工无限供给的状态在改变，施工人员年龄结构趋于大龄化。

实施施工现场的智慧人员管理能够提升员工素质与技能，提高人力资源管理水平，保障施工人员安全，有效降低人力资源管理成本，提升管理人员工作效率，增强企业核心竞争力。

本章主要介绍智慧人员管理的方法和系统，包括基于物联网的人员培训、施工人员实名制管理、信息化门禁管理、农民工电子支付体系建设。

5.2　应用内容和工具

5.2.1　基于互联网的施工人员培训

5.2.1.1　应用背景

传统的施工人员培训主要是通过课堂讲课、作报告的方式给施工人员讲解相关安全生产法规、施工标准、安全隐患等内容，或者组织一线施工人员到其他建筑企业进行参观和考察。这种培训方式只能从语言上对员工的心理和行为进行约束和规范，并不能让员工亲身体会到施工培训的内涵。同时这种培训方式只能在固定场所（教室、某个施工现场等）进行，受地域的限制。近年来建筑施工培训的模式发生了转变，出现了一种和传统模式截然不同的培训方式——基于互联网的施工人员培训，它的出现对现代建筑企业的施工现场一线施工人员的安全、技能培训具有非常重要的意义。

基于互联网的人员培训通过互联网、多媒体技术，将安全生产法规、施工技术标准、安全隐患等文字课件，融入故事情节编排成情景动画，转换为动画视频课件，甚至是情景虚拟再现，让一线工人在观看、参与、体验的过程中，对不安全行为的危险性和安全事故引发的后果有更深入的了解，从而加深施工人员对规范行为的印象，减少不安全行为的出现，从根源上降低安全事故的发生。通过建立互联网培训管理平台，施工人员可利用计算机、手机等移动设备在线观看学习视频课件，进行自我测试等，管理人员同样可利用移动设备在线实时查看各个人员的学习进度及测试成绩，实现方便快捷、无地域性的培训管理模式，从而提高人员培训的效率和效果。

基于互联网的人员培训可针对施工现场的安全事故、特殊工种、大型机械设备、高危作业等工作进行仿真模拟，把复杂的、抽象的、难理解的培训内容简单化、直观化，实现施工情境再现，让施工人员在一种真实的情境中积极主动地去接受培训教育，而不是强迫性地去接受培训。基于互联网的人员培训采用的是一种互联网分布式仿真技术，是目前仿真技术发展的最新分支，主要是指通过 Intenret 对仿真应用进行调用，实现施工现场的情境仿真、模拟实际操作中安全事故的发生，进而达到技能、安全双向教育培训的目的。将互联网技术运用到过程建模仿真中来，建立开放的、安全的、异地可操作的网上过程模拟仿真系统成为企业模拟仿真的一个新的研究方向。

5.2.1.2　现有系统

中国建筑第三工程局有限公司（以下简称“中建三局”）的施工人员培训系统具有代表性。2014 年，中建三局联合武汉大学安科中心（武汉博晟安全技术股份有限公司），成功开发了一套多媒体安全培训工具箱（如图 5-1 所示）及安全培训系统（如图 5-2 所示）。该平台应用了 .NET 开发技术、Windows 应用程序作为辅助和简单准确的算法，结合 Adobe Flash、Adobe Photoshop、GoldWave、After Effects CS4 等多媒体软件将安全知识转化为生动、形象的动画课程。

图 5-1　中建三局的多媒体安全培训工具箱

该培训系统实现了培训课件视频化、标准化，培训设施集成化、工具化，考勤考核便捷化、无纸化以及培训管控信息化、远程化。该培训系统无需备课，直接开展培训，系统内的每个课程都是单独的模块，管理人员可根据培训对象勾选需要培训的课程模块进行自由组合，建立培训方案。

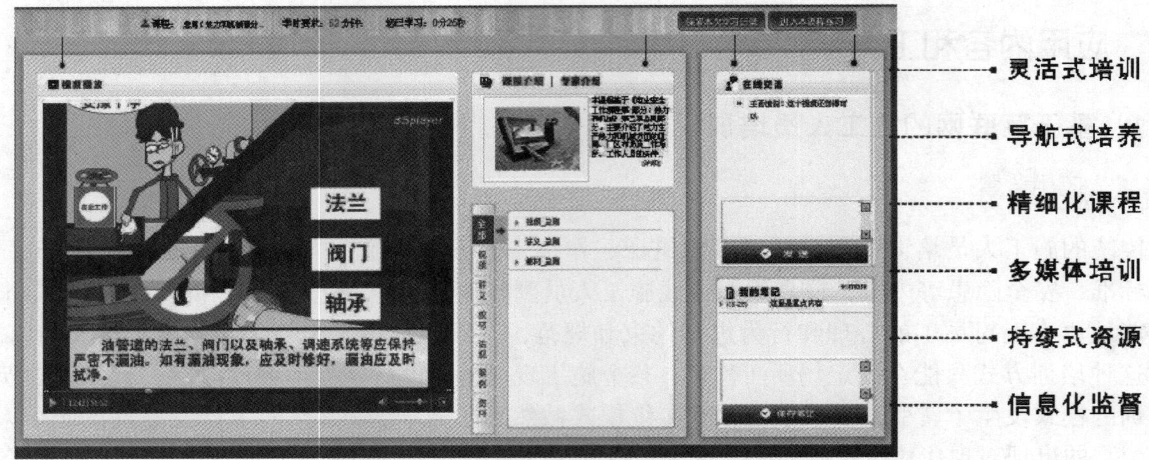

图 5-2 中建三局的多媒体安全培训系统界面

在建筑施工中，特种设备的安全操作极其重要，对于特种操作员的培训也是建筑施工人员培训中的重点。西安建筑科技大学针对塔吊操作人员培训进行了研究，相关学者基于 MFC（微软基础类库）和 OSG（开源场景图开发库）建立了异型塔机人机交互式三维仿真培训系统。该平台带有演示区、操作主视角区和场景模拟区等操作模块。针对异型高耸专用塔机的操作特点及培训标准，可设置不同的视点（地面视点、建筑物顶端视点和输送平桥视点等），可根据操作的需要和便捷性进行切换。使被培训者能够准确地定位货物与吊钩的相对位置，实现便捷的操作培训，并且可以实现塔式起重机模拟器中三维场景的管理和优化。通过多媒体等硬件设备把异型高耸塔式起重机工作过程当中场景的变化、工况所产生的各种声音传递给被培训者，使被培训者有“身临其境”的感觉，以使异型高耸塔式起重机虚拟培训系统具有逼真的场景、健全的功能。

浙江大学针对化工行业的人员培训，研发了一套基于 J2EE 的互联网化工仿真培训系统，如图 5-3 所示。该系统以 Internet 技术为系统背景，使用了面向对象的软件设计和开发方法，具备易维护性、兼容性、高效性、安全性和友善性的特点。该系统可实现如下功能：

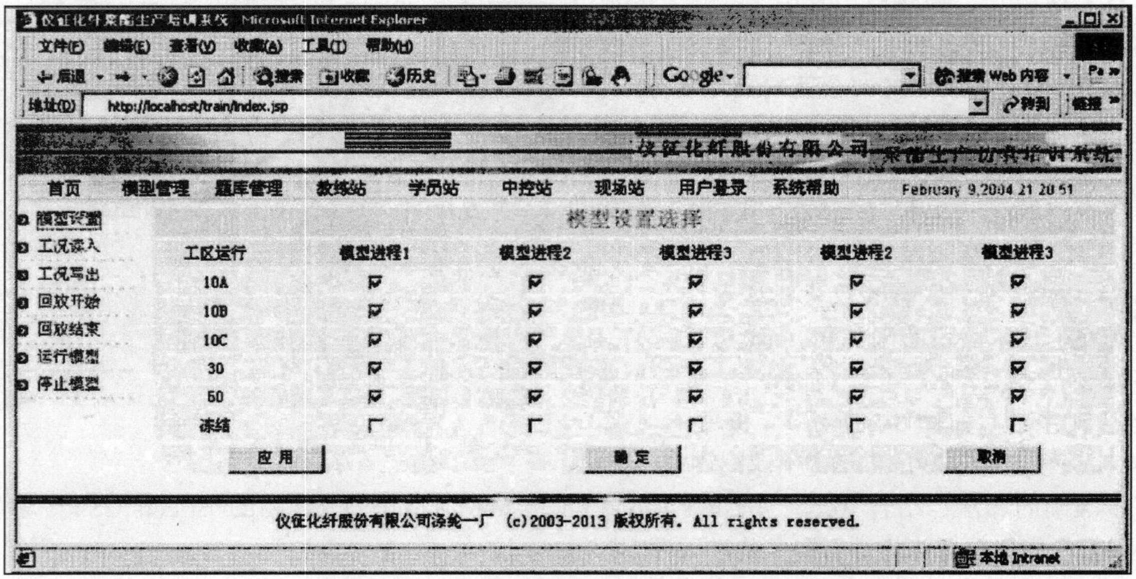

图 5-3 浙江大学的基于 J2EE 的互联网化工仿真培训系统

（1）使操作工学会通过显示屏和键盘操作来获得所需要的参数和完成基本参数调整。

（2）使操作工熟悉全部的基本参数的控制回路的正常操作值和报警范围。

（3）系统模拟产生各种生产突发故障供操作工练习处理，培养处理生产故障的操作能力。

（4）允许操作工反复练习装置的开工过程操作和停工处理操作，直到操作工正确熟练地掌握所有的开、停操作步骤。

在我国提供较为先进的化工仿真培训系统软件的单位还有天津大学化工信息技术中心、东方仿真技术有限公司和达西奥仿真优化技术集团等，主要技术包括化工厂操作工技能培训、仪表自控系统使用方法培训、工艺过程辅助优化设计、控制系统辅助优化设计和生产装置调优等软件。

国外也已经开发了多种面向互联网的仿真系统，如美国海军研究院的 Simklt 可以在网上浏览器（互联网 Browser）的支持下进行分布式仿真，用 Simkit 建立的仿真模型可以在世界任何地点的网络用户机上运行，使分布在各网点的用户仿真模型可在其他网点上运行或进行全球范围内总体仿真模型的分布式仿真运行。近年来，利用面向互联网的程序语言开发离散事件仿真系统、基于互联网的仿真建模以及实施互联网上的仿真运行已经成为系统仿真中研究工作的热点。

5.2.1.3　应用步骤

以中建三局的施工人员培训系统为例，基于互联网的施工人员培训系统的总体应用流程如图 5-4 和图 5-5 所示。系统使用人员分为教练员和学员，教练员负责设置学员账号管理、系统控制和学员监视评分，学员根据教练员设定的系统进行培训。

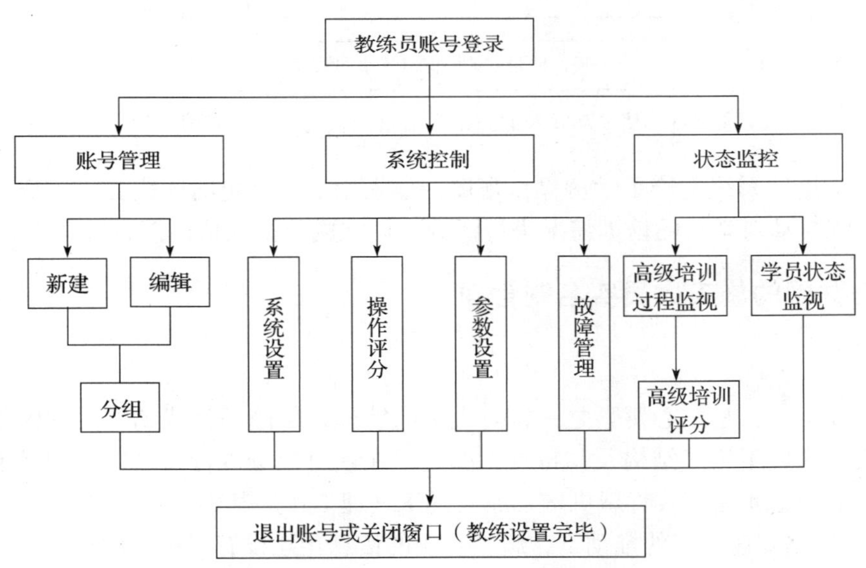

图 5-4　基于互联网的施工人员培训系统中教练员应用步骤

可用系统进行三个层次的培训，即应知、应会及高级培训，其中应知培训面向新上岗操作工（学徒工）和初、中级技工。应会培训的对象为新上岗中控 / 现场操作工和初、中级技工。高级培训面向中、高级（特种）技工，可进行建筑施工全过程或特种设备操作培训。

在应知、应会培训时，每台客户机都能独立进行操作，教练员可事先设定客户机学员（根据具体账号）的培训层次和相应的培训内容。考核后的成绩记入数据库服务器内的培训档案数据库。从广义上来说，应知、应会培训属于计算机辅助教学（多媒体教学）的范畴，而高级培训则属于过程仿真培训。

无论哪个层次的培训，都分成三个培训阶段，即学习、练习和考核阶段。在练习阶段，学员可根据前一阶段学到的知识自行练习，在发生困难或有疑问的时候，可激活在线帮助功能，借助操作指导功能继续进行以后的操作。通过计算机自动评分功能，学员可以自查学习情况，但是评定成绩不记入培训档案数据库中。

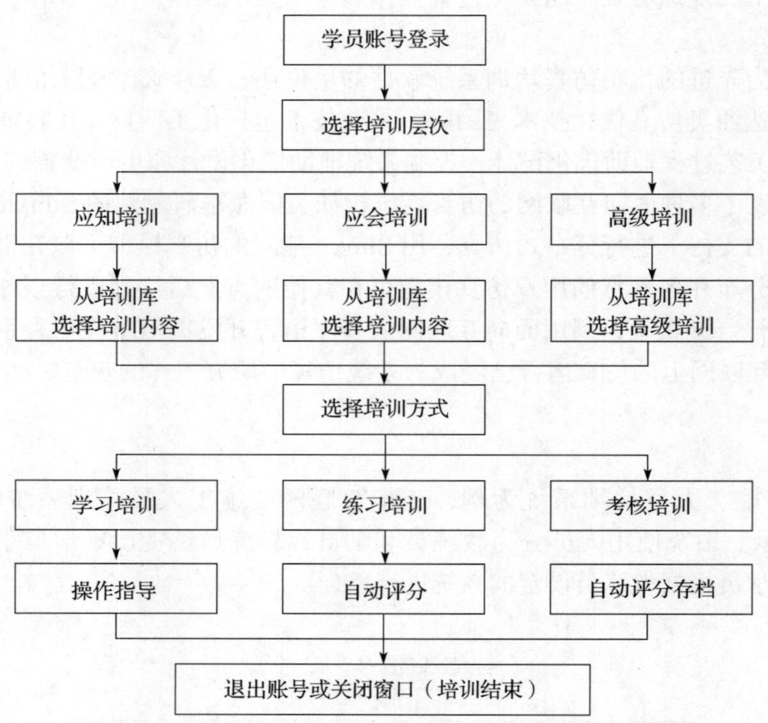

图 5-5 基于互联网的施工人员培训系统中学员应用步骤

在考核阶段，培训系统不给予学员操作帮助，要求学员在规定时间内独立完成培训课程。培训时间到达后，系统自动对学员的培训情况进行评分，评定成绩记入培训档案数据库。

5.2.2 基于物联网的施工人员实名制管理

5.2.2.1 应用背景

现场施工过程中，人是核心要素之一，对人员的管理是保障项目成功的关键因素。我国的建筑业劳务用工模式、农民工组成结构及其特点，决定了在项目现场进行实名制管理是推进整个劳务分包改革的基础，也是企业和行政管理机构开展农民工管理工作的基础。

在近 10 年信息化高速发展的推动下，施工企业的信息化建设有了极大的提升，但是在项目层级的信息化应用落地还有不足。在劳务用工管理方面，建筑施工企业（施工总承包企业）的规范管理是一个大的挑战。现在，政府层面正不断加强劳务用工的管理规范程度，企业也意识到需要不断提升劳务管理，解决目前存在的各类矛盾，提升劳务人员技能水平，维护双方利益，控制劳务用工风险。

国外由于其在建筑和基建行业较早地引入了信息化技术和科学化的管理，因此企业劳务管理信息技术比较成熟，有较广泛的应用。在美国、欧盟、日本等国家和区域，建立了比较健全的技能培训、职业认证、信息管理、安全监管、工资保障、社保体系等完善的制度，有比较健全的法律法规，企业在用工过程中也对建筑工人有对应的信息化管理手段，现在国外项目已经在结合安全、生产任务管理等业务环节开展深化应用，出现了智能定位技术、智能穿戴设备、移动任务派遣设备等物联网技术应用。

国内在劳务管理方面的信息技术应用较晚，目前还大量保持传统的纸质作业模式来记录工人花名册、考勤数据以及工资发放数据，不仅影响管理效率，而且无法保障实际数据的准确性。另外，国内的建筑劳务用工发展和工人的结构构成也对劳务用工管理有着方方面面的影响。国内建筑工人属于半农半工性质，不是完全的产业工人，从技能成长、职业教育、资格认证、社会保障、权益保护等各个方面均未形成体系，只有在特种作业岗位推行较严格的职业资格认证制度。国内半农半工的从业队伍现状，导致其流动性巨大，传统方式无法对其从业经历、技能水平、职业素质等方面进行客观评价，使得企业劳务管理还处于粗放式、传统式的管理为主。

近年来，国家在行业用工安全方面的管理力度不断加强，农民工工资保障不断强化，而劳务用工模式也发生了一定的变化，使得企业在劳务管理方面开始重视信息化技术应用和投入。近两年从施工人员实名制管理切入的各类信息化应用不断产生，正在快速支撑企业劳务管理的信息化诉求。

目前施工人员实名制管理主要面临的问题，具体表现如下：

（1）传统的纸质作业方式面对流动性较强的农民工群体，在资料信息更新、内容准确性等方面面临巨大挑战。

（2）无法实现实时动态感知，需要通过汇报方式呈报，信息滞后。

（3）不能建立农民工信息库，无法系统地进行农民工管理工作。

（4）易导致劳务纠纷事件发生。

（5）不能有效支撑企业和项目管理决策需要的数据信息。

（6）在推进劳务用工改革、促进产业工人形成和发展技术工人方面缺乏基础数据支撑。

这些问题对企业及施工项目现场管理至关重要，基于物联网的施工人员实名制管理有望解决这些问题。例如，通过在现场应用智能物联网终端设备完成工人信息采集、考勤数据采集，同时能够实现对人员进出作业区域的有效管控；通过业务平台记录工人基本信息、从业经历信息、安全教育信息、工资发放记录、奖惩记录等信息，逐步可以录入工人职业资格信息、社保信息等，逐步形成企业用工大数据，推进劳务管理改革。

在管理实名制作业人员的过程中，除已经在各个行业成熟应用的 IC 卡方案应用以外，随着技术进步、生物识别技术逐渐应用到施工现场，能够很好地解决身份认证唯一性问题，也能够避免人员之间替代刷卡等问题。本次技术中主要推荐使用人脸和虹膜识别生物技术，二者已经在市场上开始推广应用，技术成熟度相对较高，技术的发展潜力大，可以作为未来生物识别的主要选择方向。

随着移动应用技术的飞速发展，各类移动应用已经开始替代传统的作业方式，极大地提高了作业效率，同时也能够解决不同场景下的应用诉求。施工项目现场对移动应用的诉求更为迫切，在工人登记、查验、数据实时查看等各种环节中，移动互联网技术的应用，将进一步推动施工人员实名制管理的有效落地。

5.2.2.2　基于物联网的施工人员实名制管理系统

基于物联网的施工人员实名制管理系统用来通过物联网技术建立人员信息管理体系，制定统一人员信息管理规则、劳务人员信息登记、实时动态考勤、安全培训教育落地、工人工资发放、工人诚信管理、工种配备等信息，保障企业基础数据的准确性，实现企业层与项目层数据的集成应用，实现数据动态实时管理，实现企业级劳动台账管理，促进各项管理制度落地。

基于物联网的施工人员实名制管理系统目前分为 3 类：单项目式、移动 App 式和云平台综合式的。单项目式管理系统主要是闸机硬件厂商自带系统，厂商有浮聪、科曼等；移动 App 式管理系统有超级工人、农民工等；云平台综合式管理系统有广联达劳务管理系统等。

下面以广联达施工人员实名制管理系统为例进行介绍。

1）系统架构

广联达施工人员实名制管理系统架构主要由物联网智能硬件终端、云端劳务业务系统以及大数据3部分组成。物联网智能硬件终端有门禁设备、二维码生成和扫描设备、RFID设备、生物识别设备、视频摄录设备、移动终端等。云端劳务业务系统包含身份认证、企业数据统计、项目数据统计、班组数据、工种数据、考勤数据、行为记录、会议定义等功能。大数据包括劳务基础数据、劳务用工评价、劳务工效分析、劳务薪酬体系等。

该系统可应用于工程项目中诸多场景，如实名认证登记、智能终端考勤采集、工人基础数据分析、劳务作业人员统计、公众分析、安全教育监管、农民工个人行为记录、企业多项目集中管控、项目作业劳动分析、工资发放管理、生活住宿管理等。施工人员实名制管理系统可帮助项目管理者进行全面质量管理、并行施工、资源均衡、末位计划、准时生产、柔性施工等多种复杂管理。

2）移动应用、物联网技术集成

该系统集成应用了各类智能设备。例如：视频监控设备、门禁控制设备、IC卡授权设备、身份证读取设备、人脸（虹膜）生物识别设备、RFID设备、二维码设备、智能控制终端设备等。这些设备需要利用物联网技术实现智能互联，才能在应用过程中有效配合，完成任何应用场景下的数据自动采集记录，执行系统发布的各种指令操作，自动回传采集数据，满足建设项目现场劳务管理的信息化需求。

（1）IC卡闸机门禁

用户可以通过闸机（三辊闸、翼闸、半高转闸、全高转闸）+IC卡授权模式实现对农民工进出项目各区域进行授权管理，不同授权人员只能通行对应的区域；控制器能记录进出场人员信息、进出场时间信息，并实时传输到云端服务器；能支持断网工作，数据可在网络恢复以后及时上传；断电则设备无法工作，但门禁控制设备中已有数据可以保留30天；采用三辊闸或翼闸通行单个通道高峰期排队人数不大于100人，采用半高转闸和全高转闸通行单个通道高峰期排队人数不大于50人。

（2）人脸（虹膜）识别闸机门禁

用户可以通过闸机（三辊闸、翼闸、半高转闸、全高转闸）+人脸（虹膜）识别授权模式实现对农民工进出项目各区域进行授权管理，不同授权人员只能通行对应的区域；控制器能记录进出场人员信息、进出场时间信息，并实时传输到云端服务器；能支持断网工作，数据可在网络恢复以后及时上传；断电则设备无法工作，但门禁控制设备中已有数据可以保留30天；采用三辊闸或翼闸通行单个通道高峰期排队人数不大于50人，采用半高转闸和全高转闸通行单个通道高峰期排队人数不大于35人；单台人脸（虹膜）识别设备最少支持存储500张人脸（虹膜）信息。

（3）二维码闸机门禁

用户可以通过闸机（三辊闸、翼闸、半高转闸、全高转闸）+二维码授权模式实现对农民工进出施工作业进行授权管理，不同授权人员只能通行对应的区域；控制器能记录进出场人员信息、进出场时间信息，并实时传输到云端服务器；现场设备能支持断网工作，数据可在网络恢复以后及时上传；断电则设备无法工作，但门禁控制设备中已有数据可以保留30天；采用三辊闸或翼闸通行单个通道高峰期排队人数不大于100人，采用半高转闸和全高转闸通行单个通道高峰期排队人数不大于50人。

（4）RFID通道

用户可以通过建立RFID通道模式完成农民工进出项目区域授权管理，要求不同授权人员只能通行对应区域，非授权人员通行具备报警功能；能记录进出场人员信息、进出场时间信息，并实时传输到云端服务器；现场设备能支持断网工作，数据可在网络恢复以后及时上传；断电则设备无法工作，RFID卡及读写设备应符合IOS15693协议相关要求；单个通道高峰期排队通过人数不大于200人。

（5）视频监控和采集

能对通行人员实时采集照片并与通行记录对应匹配，支持实时查询；能对各个通道进行实时视频监控，并支持远程监控查看，也能存储视频监控资料。抓拍照片能够支持实时查看，在系统中抓拍照片能够有效保存，文件应进行加密处理，避免外部编辑数据进入，抓拍设备能够清晰抓拍每一个通道的进出人员特质；录像数据可以根据项目实际情况进行配置，推荐配置能够支撑一个月运行数据量的硬盘录像机配置。

5.2.2.3　系统典型功能

（1）统一管理规则

企业需要制定管理规则，用于统一企业内部管理制度以及管理标准，项目上执行企业的管理规则，同时，项目上根据权限可以设定自己的管理特性，对于个别特殊的项目管理，需要按照特定的规则执行。管理规则与管理系统的结合应用，更有利于管理制度的落地，有利于企业对劳务管理的监管，让管理分布在每个过程管控的细节中。管理规则包含：超龄规则、证书规则、教育培训规则、不良记录规则、卡片失效规则、门区设置规则。

（2）劳务人员实名登记

分包队伍进场，要求“三证”齐全，即，持有入场教育并考试合格的人员持考试试卷、身份证以及劳务合同办理入场登记。登记人员信息通过身份证阅读器，同时上传特殊工种证书和照片，保证人员信息准确，也减轻了劳务管理员的工作量。对黑名单人员和年龄不符合要求的人员，系统会自动拦截，降低了项目的用工风险。

（3）实时动态考勤

考勤记录功能在实时监控进出场频次、作业时间、工种，采集出勤数据后，根据队伍、班组、个人姓名等关键字检索统计当日、当月或者某一时间段作业人员出勤信息。考勤记录功能的应用，一是为恶意讨薪提供查询依据，降低企业风险；二是可监控各队伍及班组实际出勤人数，为生产计划安排、工种配比、劳动效率分析、工人成本分析提供依据。能追溯计划的准确性，及时根据施工组织设计纠正人员偏差，确保用工计划符合实际需求。

（4）安全培训教育落地

项目安全培训教育的效果直接影响现场安全管理，因此保证每个人都参加培训，并且真正起到培训效果，使每个现场施工人员都能认识到安全的重要性并掌握安全施工技能是非常关键的。系统通过移动 App 扫码或手动添加，将每个人参加安全培训教育的情况进行统计，并设定规则提醒被监控人员参加培训，未参加安全教育培训人员不允许进入施工现场，可以规避安全风险。

（5）工人工资发放监管

工资发放监管一直是项目劳务管理头疼的一个问题，人多流动性大，工资或生活费发放是否到位一直没有特别有效的手段，项目劳务管理员需要每月收集工资表。应用该系统进行管理，则工资表收集是否到位可以通过系统进行监管，可对未进行收集工作的项目示警。

（6）工人诚信管理

通过系统，实现人员信息全集团共享，在集团的范围内规避不合规人员进场，同时积累优秀的作业队伍和工人信息，对于综合实力较差的队伍及班组进行预警、提示风险、慎重使用或者不用提示，减少管理隐患。

（7）宿舍管理

系统的宿舍管理功能可为生活区管理服务，实行人员统一编号管理，根据班组及队伍情况合理地安排宿舍，动态监控宿舍的利用率，并且随时跟踪人员住宿的情况，既可节省时间、又方便宿舍分配统一管理。

（8）工种配备情况分析

利用系统工种配备情况分析功能，可核算出队伍及班组单位面积内使用各类人员的数量，从施工进度、质量、劳动效率等方面进行综合分析，得出最优工种配比情况，为生产部门合理进行人员配置提供依据，有效提高生产组织效率。

5.2.2.4 手机 App 应用

手机应用主要的目标是为了更便于应用系统，主要包括两个方面，一方面用于项目的监控，主要是管理者（如项目经理、业主等）在远程监控项目的劳务状况，以及项目在管理过程中的监管情况。另一方面则包括手机 App 应用于劳务工人，为劳务工人提供更多的服务，使劳务工人更能享受到信息化给他们带来的价值，从而更有效地应用系统，获得他们想要的服务。该系统目前已在实际项目中进行应用，主要功能包括：出勤率分析、在场工种分析、劳动力分析、查队伍、黑名单等，使用界面如图 5-6 ~ 图 5-10 所示。

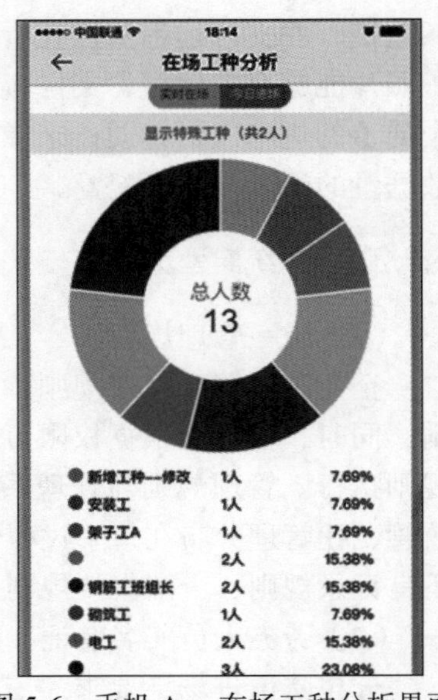

图 5-6　手机 App 在场工种分析界面

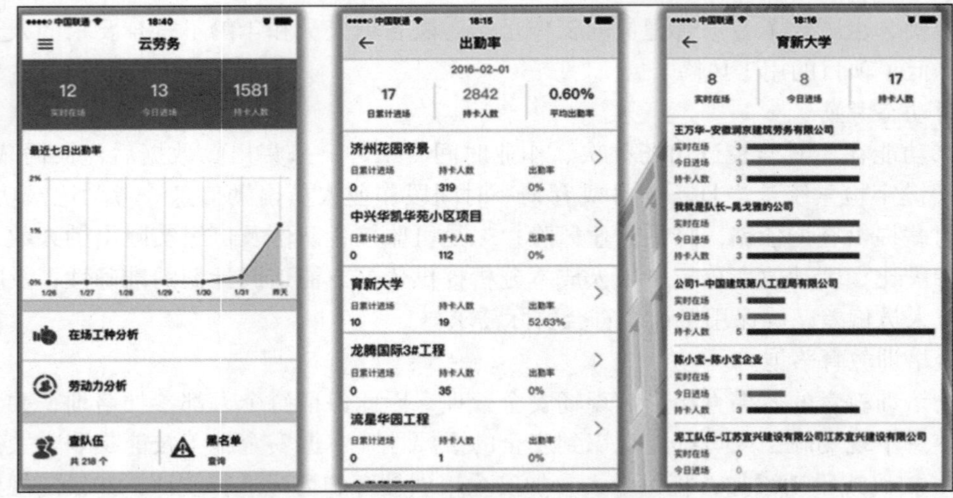

图 5-7　手机 App 出勤率分析使用界面

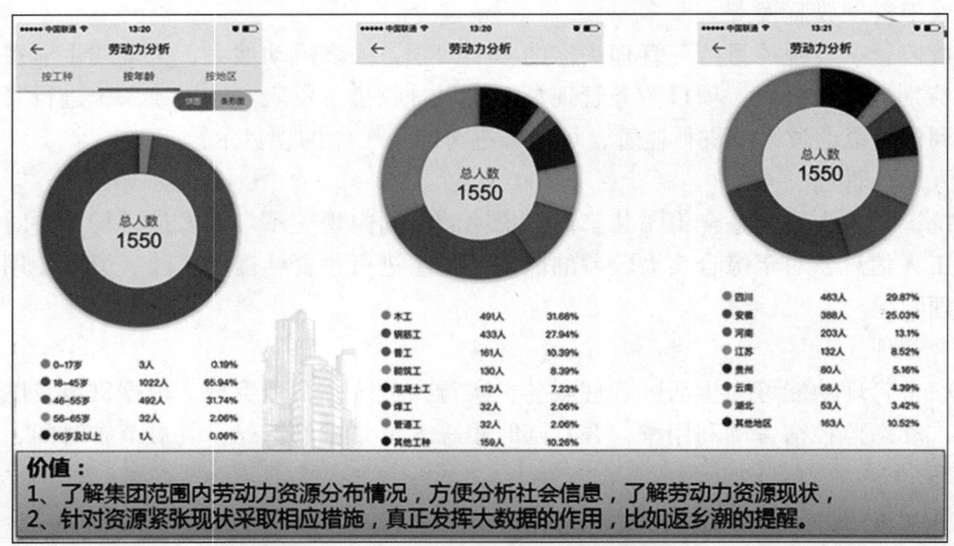

图 5-8　手机 App 劳动力分析使用界面

图 5-9　手机 App 查队伍使用界面

图 5-10　手机 App 黑名单使用界面

5.2.2.5　应用步骤

（1）应用准备

①项目劳动力规划。通过规划，落实各类物联网设备的选型和技术要求，同时确定具体数量。

②场地平面布置设计。对现场进行设计，确定通道布置位置，优化现场布置，降低成本，提升现场通行便捷性。

③网络准备。现场准备网络环境，提供可以链接因特网的应用环境。

（2）物联网设备安装，现场调试

确定好物联网技术方案以后，安排具体进场时间，现场安装各类物联网设备，并对设备进行调试，联通云端业务系统，配置各类设备，现场测试系统控制指令是否有效，数据采集及权限下发是否畅通，调试结束后安装工作完成。

（3）系统正式应用

系统调试完成以后，组织管理人员及劳务队伍管理人员进行系统学习，通过培训保障大家掌握系统功能，培训结束以后，系统可以正式启用，开展业务管理工作。

5.2.2.6　应用价值

（1）保障基础数据的准确性

通过身份证阅读器采集工人信息，确保登记基础数据的准确性，是开展其他工作的重要基础。

（2）实现企业层、项目层数据集成应用

企业可以通过云端管理所有项目，每一个项目可以通过授权独立运行，极大地节约了企业管理成本，同时满足企业不同管理层级的管控诉求和业务诉求。

（3）实现数据动态实时管理

通过互联网实时进行数据传输，使得项目和企业管理人员可以实时掌握劳务相关数据，为项目决策和企业管理提供实时数据。

（4）实现企业级劳务管理台账

通过不断积累数据，逐渐形成企业级劳务管理台账，记录工人从业记录信息，形成企业劳务管理数据平台。

（5）促进企业管理制度落地，提升一线管理人员作业效率

通过系统管控规则的执行，可以有效促进项目施工人员实名制管理工作的扎实推进，同时能够提升一线管理人员的工作效率，减少各类系统的填报工作。

5.2.3 信息化门禁管理

信息化门禁管理以施工人员实名制为基础，以物联网＋智能硬件为手段，通过工人佩戴装载智能芯片的安全帽，以及采用基于虹膜与人脸识别等生物识别技术，实现数据自动收集、上传和语音安全提示，最后在移动端实时数据整理、分析，清楚了解工人现场分布、个人考勤数据等，给项目管理者提供科学的现场管理和决策依据。

当前建筑施工现场管理门禁系统主要有以下三种：

（1）刷卡式闸机系统，如康保安防系统（中国）有限公司、上海维亮电子科技有限公司等生产的接触式 IC 卡闸机系统。

（2）基于智能芯片非接触式门禁系统，如深圳市特冠电子科技有限公司、广联达科技股份有限公司的智能安全帽管理系统。

（3）生物识别门禁系统，如中控科技、思源科安的指纹识别、人脸识别和虹膜识别等。

本节以智能安全帽系统和生物识别系统为例进行详细介绍。

5.2.3.1 智能安全帽系统

劳务管理和现场安全管理一直是建设工程现场管理的难点。通过政府部门长期以来对施工人员实名制的要求，各个建筑工地陆续开始实名制管理，但是作为应用主体的项目部迫切希望将实名制落到实处，规避恶意讨薪；能够实时掌握人员在场情况（包含位置、工作内容），利于安排生产；加强安全预警机制，避免出现安全事故。

智能安全帽适用于相对封闭的施工现场。该产品是以施工人员实名制为基础，以物联网＋智能硬件为手段，通过工人佩戴装载智能芯片的安全帽，现场安装“工地宝”进行数据采集和传输，实现数据自动收集、上传和语音安全提示，最后在移动端实时数据整理、分析，清楚了解工人现场分布、个人考勤数据等，给项目管理者提供科学的现场管理和决策依据。

1）系统组成

以广联达的智能安全帽系统为例，系统主要由手持终端、智能安全帽、“工地宝”和 App 移动端组成。手持终端（如工人使用的手机等）进行实名登记，可实现工人进出场管理；智能安全帽集成多种传感器，用于工人身份识别以及作业时的信息收集；“工地宝”接收器用于工人作业时的数据分析、回传与分享，可实现智能语音播报。App 用于管理者实时信息查看，进行移动管理，可实现远程语音遥控。手持终端、智能安全帽、“工地宝”与 App 通过广联云完成数据远程传递。

2）典型功能

（1）落实施工人员实名制

当工人进行安全教育的同时，采用专用手持设备，进行身份证扫描，筛选工人工种、队伍等信息，同时进行证书扫描或人员拍照留存等；发放安全帽的同时，关联人员 ID 和安全帽芯片，真正

实现人、证、图像、安全帽统一。

（2）项目场地布置模型、人员轨迹和分布

当施工人员进入施工现场，通过考勤点或关键进出通道口设置的“工地宝”，主动感应安全帽芯片发出的信号，记录时间和位置；通过 3G 上传到云端，再经过云端服务器处理，得出人员的位置和分布区域信息，并绘制全天移动轨迹。

（3）及时准确的人员考勤

当施工人员进入施工现场，通过考勤点设置的“工地宝”，主动感应安全帽芯片发出的信号，记录时间；通过 3G 上传到云端，再经过云端服务器按设定规则计算，得出人员的出勤信息，生成个人考勤表。

（4）智能语音预警提示

当施工人员进入施工现场，通过考勤点设置的“工地宝”，主动感应安全帽芯片发出的信号，区分队伍和个人，进行预警信息播报；预警信息预置可使用手机端自助录入。

（5）花名册、考勤表等一键导出

按需求，选择人员、队伍、工种等，筛选，一键导出 EXCEL，可分享至 QQ、微信或直接给予链接，在其他 PC 设备自由编辑。

（6）人员异动信息自动推送

提供人员出勤异常数据，区分队伍和工种，可监测人员出勤情况，辅助项目进行人员调配。

（7）人员滞留提醒

提供人员进入工地现场长时间没有出来的异常提醒，辅助项目对人员进行安全监测。

（8）工人绑定安全帽的免费 Wi-Fi

通过工人配戴安全帽，上工时间换取免费 Wi-Fi 时长，丰富工人娱乐并保证安全帽的佩戴。

5.2.3.2　基于生物识别的施工人员管理

一直以来，由于工地工作的特殊性，工地现场考勤管理就是一个难题。一些在楼宇办公使用非常好的方法在工地上不见成效，如指纹考勤、IC 卡考勤，在工地实际运用中，都不尽如人意。目前浙江工汇网络科技有限公司的“工付宝”系统不仅支持以上几种方案，同时支持人眼虹膜识别和面部识别等先进的生物识别技术，使用的工地反馈良好。生物特征身份识别具有唯一性和方便性的优势，工人无需额外携带或佩戴考勤识别物件，创新性地解决了工地考勤管理难的问题。

1）虹膜识别技术

该技术具有如下特点。

（1）高准确率。两个不同的虹膜信息有 75% 匹配信息的可能性是 1/106。两个不同的虹膜产生相同虹膜代码的可能性是 1/1032。在人脸、掌纹、指纹、语音、步态、虹膜、静脉等生物特征中，虹膜具有最高的准确率。

（2）高稳定性。人的虹膜在出生后 2 年内已经稳定，此后几十年内都不会发生改变，与人脸识别、语音识别等识别方式相比，虹膜识别具有高稳定性。

（3）高防伪性。想改变虹膜要进行很精细的外科手术，而且危险性很大。

（4）采集友好。采集的非接触性，使虹膜识别具有指纹识别、掌纹识别、静脉识别所不具有的非侵犯性。

（5）普遍性。除了部分眼疾患者，虹膜识别对绝大部分人都适用。

2）人脸识别技术

根据国际生物组的统计，2007 年全球生物特征识别技术市场收入为 30 多亿美元，并且以每年超过八亿美元的速度递增。而微软前总裁比尔 · 盖茨也曾预言：生物识别技术将在未来数年内成为

IT 产业最为重要的技术革命。

2013 年 9 月 5 日，刷脸支付系统在中国国际金融展上亮相。该系统基于天诚盛业自主研发的生物识别云金融平台，将自主知识产权军用级别的人脸识别算法与现有支付系统进行融合，对接了日常生活中涉及到的支付、转账、结算和交易的环节，从而为用户提供了更棒的支付体验。

人脸识别技术具有识别准确，动态性强，不受光照、时间、姿态、人数和脸部姿态的限制等优点。人脸曲面表征会随着时间的流逝而发生改变，不同的采集时间对识别效果有一定的影响，“工付宝”系统最新的人脸识别技术，利用 3D 局域匹配算法，不受时间间隔的干扰，且准确性和分析速度加宽。目前的 2D 人脸识别算法一般都要求是正面照片，对于非正面照片识别率会降低。“工付宝”系统采用的面部识别技术，减少了面部表情的影响，提高了识别的显著度，且随着数据库规模的增加，算法的性能不会相应衰减。

人脸识别过程如图 5-11 所示。

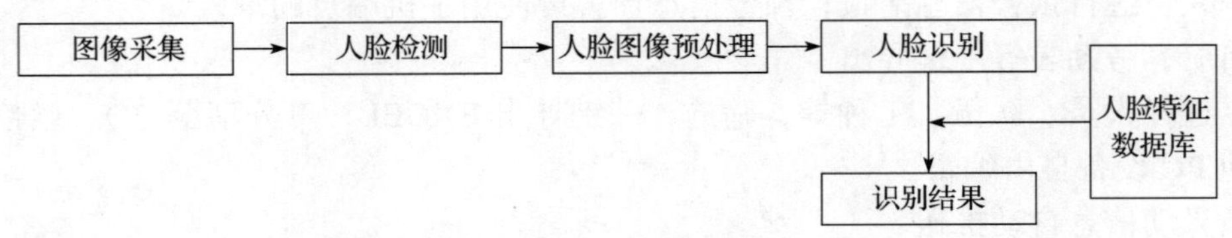

图 5-11　人脸识别过程

5.2.4　农民工电子支付体系建设

5.2.4.1　应用背景

传统的农民工薪酬支付方式存在如下问题。

（1）薪酬组织架构不完善

建筑公司的施工多以项目部为单元，项目经理负责制决定了项目缺少建筑公司和财务部的约束，建筑公司无法得知工资的具体支付情况。多数项目部都是在项目部内设置了农民工薪酬领导小组。该领导小组主要由项目经理担任总负责人，项目副经理协助，劳务施工员负责农民工入职培训和薪酬支付监督。其他职能部门配合薪酬领导小组工作。劳务施工员每月对劳务分包公司的工资支付核对，并上报项目部。项目经理审核通过后，项目部出纳完成农民工薪酬支付。但是该组织架构并不完善。首先，组织架构没有合理分配职权。薪酬领导小组经过项目经理环节审核后，整个控制过程便结束了，职权集中在项目经理一人手中。其次，组织架构未能很好地起到约束作用。纵向看缺少建筑公司、监理对项目经理薪酬小组行为的约束。横向来看，缺少项目部财务部的约束。建筑公司、监理无法得知农民工薪酬是否按月、足额支付。再次，监理对薪酬支付内部的内控管理缺位。监理只关注工程质量，忽视薪酬支付内部控制。最后，劳务施工员担任农民工薪酬制单和审核，不相容职务未能有效分离，起不到约束作用。总之，现有的薪酬领导小组组织架构不完善，不能有效发挥牵制作用。

（2）薪酬支付流程不科学

传统的薪酬支付以项目部支付为主，不经过劳务分包公司。首先，入场后，施工员负责监督农民工合同的签订，为农民工办理用于支付薪酬的银行卡，并依次编制农民工花名册。有的建筑公司为了防止项目部欠薪，要求项目部开设专用的农民工薪酬保证金账号，并每月存入保证金。财务部门按照工时记录表、农民工花名册核算农民工薪酬编制工资汇总表，将工资汇总表交给财务经理。财务经理核对并签字后交给劳务员，编制工资支付申请表，最后汇总到项目经理处审批。项目经理经过审核后，通知出纳，支付农民工薪酬，支付现金的在支付确认单上签字，确认单留存备查。

这样的操作带来如下问题：首先，在存入保证金环节，项目部并没有足够的资金保证。项目部的资金来源于建筑公司拨付的工程款，当阶段性验收工程质量合格后，统一划拨工程款。项目部得到工程款后，一部分用于支付材料费用，另一部分用于支付人工费用。但工程验收不是按照自然月份划分的，如果工程需要多个月份才能验收，项目部只能垫付农民工薪酬。其次，不相容职位没有分离。为了节省开支，有的施工项目让劳务员负责制单和审核，两个关键岗位没有做到有效分离。最后，农民工薪酬的资金来源于工程款，工程款的拖欠属于企业经营风险，拖欠工程款时农民工就会承担这种经营风险。

（3）监督管理体制不合理

第一，监督缺位。没有专门的机构和人员监管农民工薪酬支付是否按时、足额。建筑公司、监理、项目部都将精力集中在施工质量和完工进度上。农民工的考勤、核算、支付工作由基层员工经办，项目经理签字后就可以支付。

第二，现有监督体系无法应对突发状况。在资金充足的情况下可以这样，当项目部资金短缺时，农民工薪酬就有暂缓发放的可能。

第三，监督手段单一。资金安全的监督只是通过账目与资金核对实现，没有建立纵向对比和横向对比机制，无法排查资金使用异常的期间。

5.2.4.2　金融劳务监管与信息化系统建设系统

建设农民工电子支付体系的目的在于，解决农民工欠薪问题，转变管理转账方式，优化薪酬组织架构，完善监督考勤体系，提高企业资金集约利用率。当前该领域成熟系统主要包括 ERP 财务管理软件和“工付宝”系统，本报告以“工付宝”系统为例进行详细介绍。

5.2.4.3　系统典型功能

“工付宝”系统等电子支付体系实现跨行、批量、一键代发的功能，工资直接发放至建筑工人的银行卡，省时省力、方便快捷、安全高效，同时防范了工资被挪用的风险。企业通过“工付宝”系统，还可获得资金的管理功能，可进一步提高企业资金集约利用的有效性。各种支付途径过程及特点对比如表 5-1 所示。

表 5-1　薪资发放方式对比表

支付途径	过程及特点
现金发放	银行支取大额现金流程繁琐、往返耗时长、人工成本高，一般超过 10 万元需提前预约，基本不可能实现工资发放集中管理
银行代发	1. 需在指定银行开户，对于流动性较大的工友来说抵触心理较强 2. 批量代开银行卡的，工友资料收集流程繁琐，因批量开卡的密码默认为身份证后六位，后期易产生批量开出的卡仍由包工头掌握，易产生工资被挪用风险 3. 企业根据工人原有银行卡进行网银汇款的，需根据不同的银行分类汇款，工作量大，银行费用高
工付宝系统代发	1. 适用性强：“工付宝”系统根据建筑企业工资发放流程定制，各级人员可根据职责分配不同的权限，如包工头负责收集工友信息、工资表报送，总部财务负责审核、发放，方便易用，适用性强 2. 跨行直发：“工付宝”系统无需工人新开银行卡，只要是银联卡，都能做到批量上传、一键跨行直发，直接发放至工人卡中，规避包工头代持银行卡风险 3. 管理功能：工资报表随看随查，数据永久保存，根据企业需求定制报表，满足分析、监督需求 4. 安全性高：企业到指定银行开立薪资专户，资金存放在企业自主账户中，资金安全性高，“工付宝”系统作为技术整合支持，起到代发指令转接作用

“工付宝”系统由建筑企业薪资专户、“工付宝”系统薪资发放平台和工人银行卡组成。可实现如下功能。

（1）PC 端电子支付系统的功能

PC 端电子支付系统可实现工资生成、工资信息处理、工资信息查询、工资发放等功能。企业在指定银行开立工资专用主账户及子账户，并签署多方协议后，可以自主设定审批权限以及审批流程，并可根据需求创建多个子账户。企业还可根据实际情况，新增班组和人员，管理工地用户。使用界面如图 5-12 ~ 图 5-14 所示。

图 5-12 “工付宝”系统单账户 PC 版首页

图 5-13 “工付宝”系统单独添加或 EXCEL 导入工资发放

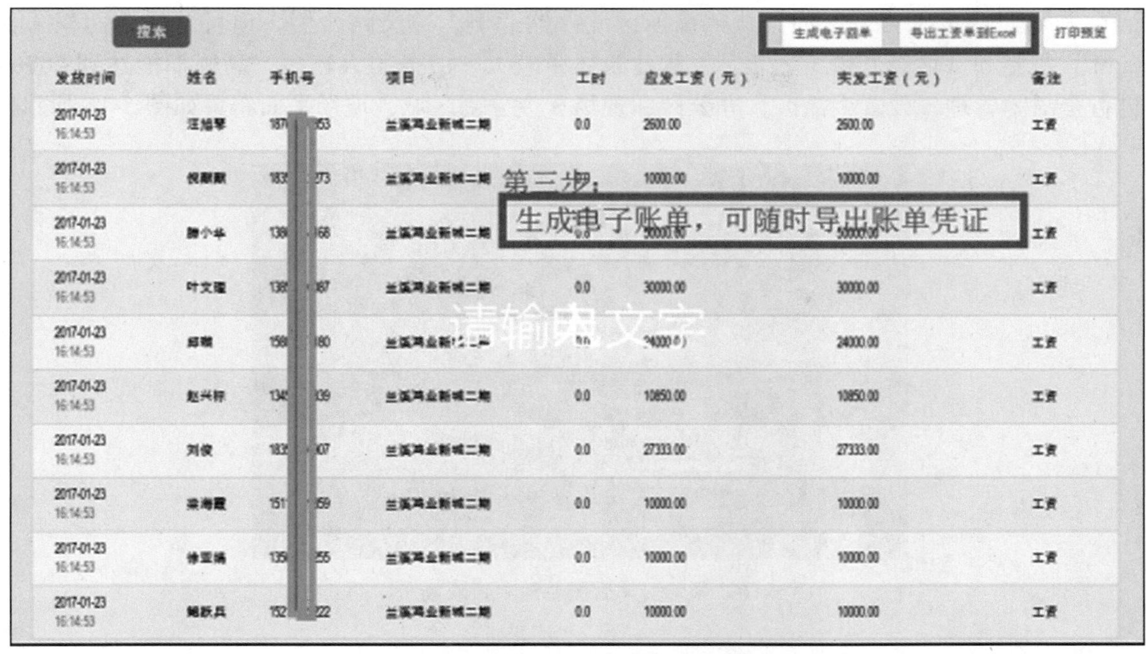

图 5-14 “工付宝”系统账单打印及导出

（2）手机端电子支付功能

由企业财务或相关负责人发起指令，选择工资发放对象，填写相应金额、发放月份、理由等信息，通过支付密码验证完成工资发放流程，并生产电子账单。接收工资者同时会收到工资到账短信通知。使用流程界面如图 5-15 所示。

图 5-15 “工付宝”系统手机端电子支付系统使用流程界面

5.3 应用案例

5.3.1 廊坊安邦保险燕郊后援中心项目

5.3.1.1 工程概况

廊坊安邦保险燕郊后援中心项目的业主单位为安邦保险股份有限公司，该项目位于河北省廊坊市三河市燕郊经济技术开发区内，燕郊高新区北一路北侧，燕灵路西侧。项目总建筑面积（估算）130 万 m^2，总造价（估算）30.3 亿元。工程建筑体量较大，劳务工人较多，高峰期能达到 2000 人。工地进行全封闭管理，设置生活区、办公区和现场 3 个分割区域，现场平面布置如图 5-16 所示。

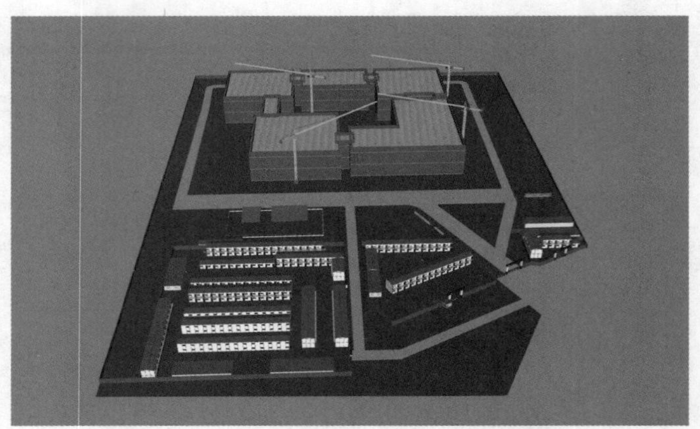

图 5-16　燕郊安邦后援基地项目现场平面图

5.3.1.2　应用内容

项目采用广联达最新研发的智能安全帽系统。该产品是以施工人员实名制为基础，以物联网 + 智能硬件为手段，通过工人佩戴装载智能芯片的安全帽，现场安装“工地宝”系统进行数据采集和传输，实现数据自动收集、上传和语音安全提示，最后在移动端实时数据整理、分析，清楚了解工人现场分布、个人考勤数据等，给项目管理者提供科学的现场管理和决策依据。

当工人进行安全教育时，采用专用手持设备，进行身份证扫描，筛选工人工种、队伍等信息，同时进行证书扫描或人员拍照留存等。发放安全帽的同时，关联人员 ID 和安全帽芯片，真正实现人、证、图像、安全帽统一。

当施工人员进入施工现场，通过考勤点或关键进出通道口设置的“工地宝”，主动感应安全帽芯片发出的信号，记录时间和位置；通过 3G 上传到云端，再经过云端服务器处理，得出人员的位置和分布区域信息，并绘制全天移动轨迹。工人进场曲线如图 5-17 所示。

通过考勤点设置的“工地宝”，系统主动感应安全帽芯片发出的信号，记录时间。通过 3G 上传到云端，再经过云端服务器按设定规则计算，得出人员的出勤信息，生成队伍和个人考勤表如图 5-18 和图 5-19 所示。

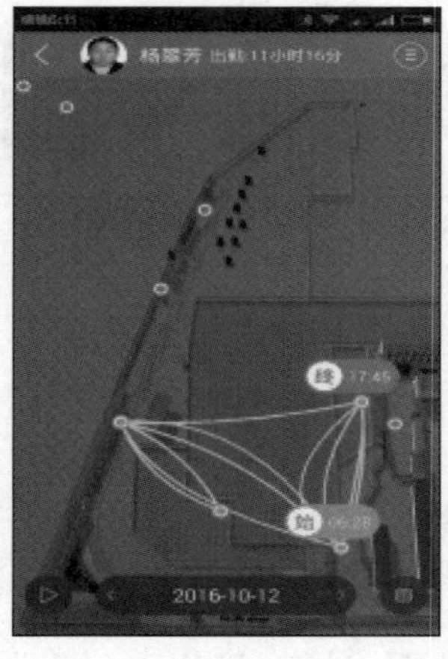

图 5-17　“工地宝”记录工人进场曲线

劳务队	总人数	在岗人天	出勤人天	全部工时	综合出勤比例（出勤天数/在岗天数）	人均工时（总工时/在岗人日）	人均工时（总工时/出勤人日）
杂工班组	16	910	757	7117	0.83	7.82	9.40
塔司信号工组	19	1077	849	7669	0.79	7.12	9.03
定型化班组	7	513	457	3611	0.89	7.04	7.90
水电班组	49	2239	1804	15573	0.81	6.96	8.63
混凝土班组	25	1603	1321	11101	0.82	6.93	8.40
砌体2	9	335	222	2023	0.66	6.04	9.11
土建木工组	165	8969	6075	53683	0.68	5.99	8.84
钢筋班组	104	5214	3452	30110	0.66	5.77	8.72
架子工组	27	1226	786	6376	0.64	5.20	8.11
精装修	37	1440	832	6851	0.58	4.76	8.23
瓦泥工组	72	2852	1457	13183	0.51	4.62	9.05
钢筋班组2	44	1377	791	6002	0.57	4.36	7.59
管理班组	51	3500	2369	13575	0.68	3.88	5.73
安全维护工组	9	242	111	817	0.46	3.38	7.36

图 5-18　“工地宝”生成队伍考勤表

姓名	分包队伍	进场日期	退场日期	在岗天数	出勤天数	出勤比例	出勤总时长	每天平均出勤时长（按出勤天数）	每天平均出勤时长（按在岗天数））
卢家军	土建木工组	2016-11-11	2017/1/20	71	66	93%	777.40	11.78	10.95
李金印	水电班组	2016-11-09	2017/1/3	56	54	96%	600.50	11.12	10.72
杜明兴	土建木工组	2016-11-11	2017/1/20	71	68	96%	735.30	10.81	10.36
刘锦荣	土建木工组	2016-11-18	2017/1/20	64	56	88%	661.80	11.82	10.34
何友良	土建木工组	2016-11-11	2017/1/20	71	65	92%	715.80	11.01	10.08
谭朝艳	塔司信号工组	2016-11-18	2017/1/20	64	62	97%	644.10	10.39	10.06
杨存德	混凝土工	2016-11-15	2017/1/20	67	65	97%	670.40	10.31	10.01
向可权	土建木工组	2016-11-11	2017/1/20	71	66	93%	709.10	10.74	9.99
张伟	水电班组	2016-11-09	2017/1/18	71	69	97%	708.30	10.27	9.98

图 5-19　“工地宝”生成人员考勤表

系统可提供人员出勤异常数据，区分队伍和工种，可监测人员出勤情况，辅助项目进行人员调配；提供人员进入工地现场长时间没有出来的异常提醒，辅助项目对人员安全进行监测，如图 5-20 所示。

图 5-20　“工地宝”人员异常预警界面

系统可按需求，选择人员、队伍、工种等进行劳动力工效分析，筛选、生成工日对比。可分享至 QQ、微信或直接给予链接。工日对比分析如图 5-21 所示。

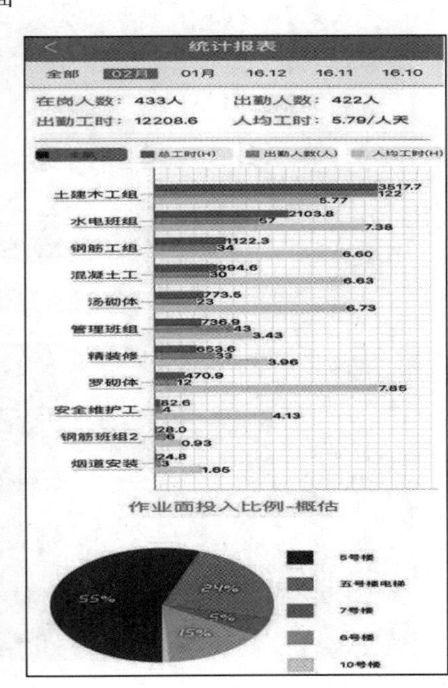

图 5-21　“工地宝”工日对比分析界面

5.3.1.3　应用效果

该项目引入智能安全帽系统后，劳资管理人员采用公安部认证的手持设备进行录入，并采用环环相扣的校验体系，使实名制管理上升了一个大台阶，具体表现在以下几个方面。采用公安部门认证的专业设备进行录入，杜绝了假身份证情况，保证原始采集信息的可靠性；实名登记时，给工人发放安全帽，将安全帽编号和人员进行一对一的绑定，同时，给工人拍照存档，保证“看帽识人、人帽合一”；基本杜绝了“登记是一个人，进场干活是另一人”的现象，很大程度上避免了恶意讨薪的发生，使工人实现了“场内场外一致性”；利于施工总包方全程了解工人进出场情况，做到了实名制的“严进严出”。

此外，通过该系统能清楚掌握各作业面人员作业数量，可根据作业面不同工种的人员调配提高工作效率；可通过手机蓝牙，搜索当前位置周边人员，在特殊情况下，能够第一时间获知周围人数及每个人员的详细信息，如遇到突发情况，可快速找到相关人员，为抢救赢得时间。

智能安全帽的应用，在未增加管理人员的情况下，做到了工人管理的精细化，大幅提高了管理效率，增强了管理效果；加强了施工区域封闭管理，提高了门禁的通行能力，解决了上下班高峰拥堵问题，增强了公司对劳务分包商的管理，有效避免了恶意欠薪等事件发生，具有显著的社会效益和经济效益。

5.3.2　广州地铁项目智慧人员管理

5.3.2.1　工程概况

这里以广州地铁新线——金峰站为例，介绍智慧人员管理技术在本项目中的应用。金峰站位于开创大道和科祥路的交叉路口，车站为标准的地下 2 层车站。车站西北方向为万科站，东北方向为保利林语山庄等高档住宅小区。东南方向为香雪制药厂房，西南方向为江苏扬子江药业厂房。车站总长 204.8m，标准段宽 18.8m，站台为 10m 有柱岛式站台，主体结构建筑面积为 8157.5m^2，出入口及风道、风亭等建筑面积 4139.3m^2，总建筑面积 12296.8m^2。车展共设 4 个出入口、1 个消防出入口和 2 组风亭。

5.3.2.2　系统典型功能

在施工人员管控方面使用了广联达科技股份有限公司的 BIM-4D 系统，利用派工单去约定每天现场的准入施工人员名单，并自动推送至工地现场的门禁系统，通过系统保证仅当天有作业安排的人员才能进入工地，将“人”这种在施工现场最不可控的安全风险因素尽量减少。同时，在新线隧道区间试行轨行区人员定位系统，将施工人员严格限制在派工单约定的区段内，防止人员的随意流动而导致的安全隐患，原理如图 5-22 所示。

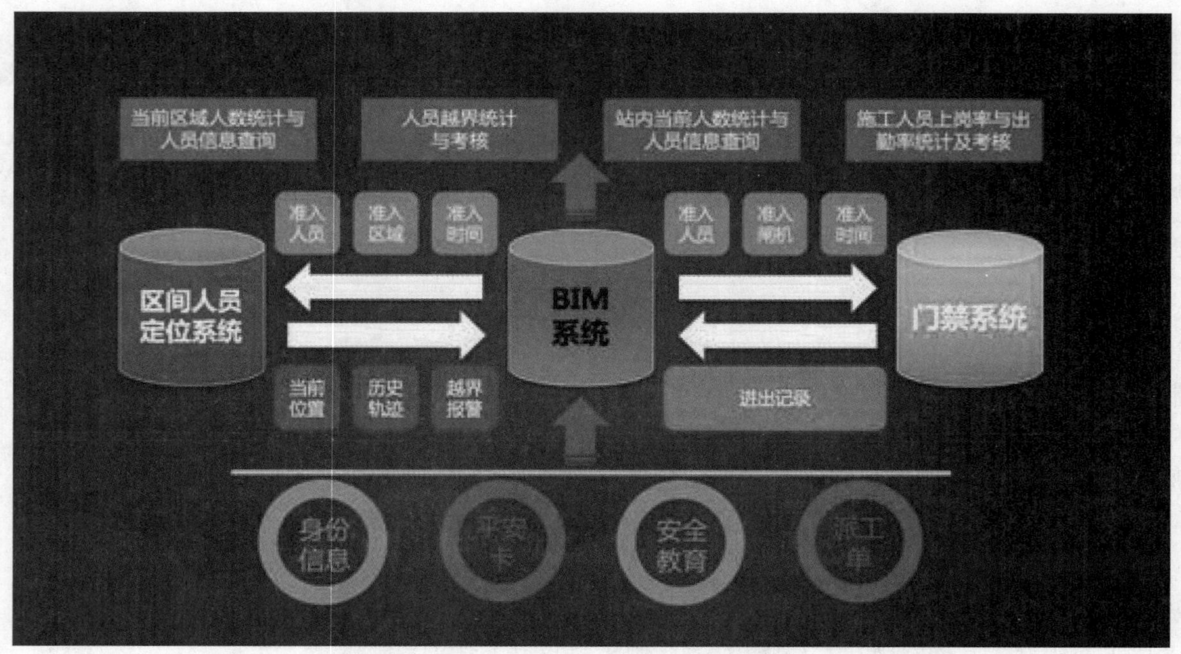

图 5-22　人员管理原理图

5.3.2.3　应用内容

本项目使用了一套以派工单为核心的质量安全管理体系。施工单位根据审批过的周计划创建派工单，将施工任务以工单的形式创建出来，工单中包含进入车站作业的人员、设备 / 材料、工序指引、安全隐患以及安全防范措施等。在施工人员管控方面，利用派工单约定每天现场的准入施工人员名单，并自动推送至工地现场的门禁系统，通过系统保证仅当天有作业安排的人员才能进入工地。

建筑工人首先建立平安卡并参加安全培训。平安卡由广州市建委统一颁发，用于记录建筑工人上岗安全生产教育培训等相关信息，包括个人基本情况（如姓名、性别、出生日期、籍贯、身份证号码、家庭或亲属联系电话等）和安全生产教育等情况。工地派送工人到培训平安卡管理办公室指定的 7 所培训学校进行安全知识培训和考核，考核不合格人员将被强制再培训并重新参加考核（区属工程由各区属安监站负责）。在广东范围内，所有建筑行业企业只能聘用持有平安卡的建筑工人，工人必须凭借平安卡方可进入工地上岗工作。

在智慧人员管理系统中输入管理人员信息、管理人员电子签名、施工人员信息，创建施工单位、监理单位，并创建对应的施工标段、监理标段之后（此处需要配置施工标段和监理标段对应的施工单位、项目经理，监理单位、总监理工程师），单位管理员账号会被提供给相关单位的系统负责人进行使用。施工单位、监理单位在获取单位管理员账号后，可登录系统，导入管理人员、施工人员信息，为施工人员配置专业，编制施工班组并上传施工人员资质文件，待安全监理工程师审核。

系统管理人员负责对符合准入资格的施工人员进行注册登记。施工人员资质文件一般包括身份证、平安卡、上岗证（含特种作业证），由系统管理人员按一定标准统一扫描并上传至系统中，操作界面如图 5-23 所示。

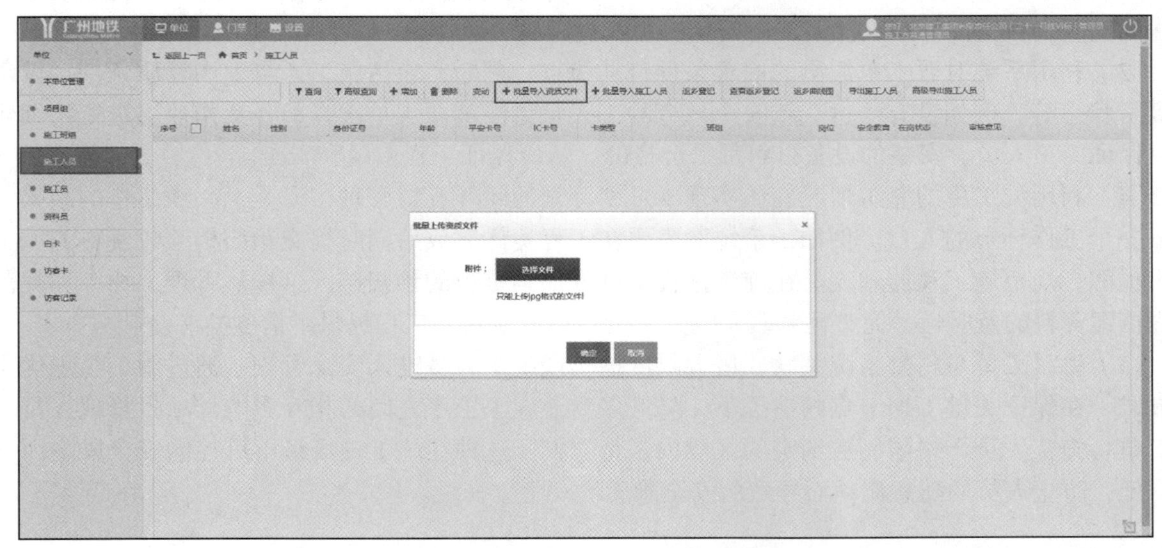

图 5-23　智慧人员管理系统管理人员导入施工人员资质文件操作界面

通过派工单的精细化质量安全管理，金峰站按照派工单要求编制了以“天”为单位的进度计划，按部就班地有序推进。每张派工单包含一天的计划工作任务量，通过系统填报、审核，符合要求的计划才会被派工单选择。每张派工单包含了符合上岗的施工人员、经检验合格的设备材料、施工区域以及标准工序指引等内容。当天被派工单选择的施工人员，其信息将被推送到门禁管理系统，可以通过车站的门禁系统进入作业区域施工。

以车站派工单流程为例，操作流程如下：

（1）施工单位各专业施工员在施工前一天创建派工单，选择施工班组和施工人员，选择需要使用的设备、材料及数量，填写工序指引及注意事项、签名，提交给对应专业的监理工程师。

（2）监理单位各专业监理工程师登录系统，对施工员当天提交的派工单进行确认，经过监理确认后，施工人员的信息将推送给门禁系统，派工单生效。

（3）施工员在派工单确认后次日组织施工队按单施工，施工完成后，施工员填写当天的完成情况，包括实际开始、结束时间，完成量，生成施工日志等；对于该项任务的下一步操作，需要施工员进行选择。

（4）专业监理工程师在施工员填写完成情况后，当天对完成情况进行审核确认，同时生成监理日志。

（5）与此同时，每天的派工单任务完成情况需要填报反馈到 BIM 系统，对未按时完成施工任务的发出预警。系统从派工单中提取实际进度数据，并与计划进度比较，分析工期延误情况，同时定量分析任务完成的质量以及数量，建立对工程质量安全的及时跟踪反馈制度。

5.3.2.4　应用效果

该项目中采用的基于派工单的施工过程信息管理是属于质量安全管理模式的创新，与传统工单有很大不同，主要表现在以下几点：

（1）派工单不仅规范施工单位的工作内容，对监理单位的日常行为同时也加以约束，以监理方主导的施工管理是对传统质量安全管理模式的变革与创新。在该项目试点过程中，派工单达到 260 多张，通过派工单的精细化质量安全管理，金峰站按照派工单要求编制了以“天”为单位的进度计划。

（2）通过智慧人员管理系统对施工方案以及工艺流程进行“彩排预演”，提前发现施工中可能存在的问题，在提前控制上保证工程质量安全，提高施工效益。

（3）利用系统对派工单派出的前置条件自动检查、判断，包括施工人员上岗资质条件、设备材料到货状态等。例如没有受过三级安全教育的工人是无法被派工单选择的，从作业层进行精细化管控以保证施工人员、安装的设备材料都是合格的，从而保证工程质量和安全。

（4）利用派工单的完工情况确认实现了进度计划的闭环反馈管理，既是上一项工作的结果，也是下一个工作环节的入口。例如，系统对需要在工程实体完成后同时提交预归档验收资料的派工单发出提醒，规范施工和监理人员在施工过程中做到档案资料的预归档。这样从管理上约束和规范了工程档案资料的及时性、完整性和真实性，也为打造优质精品工程提供了借鉴参考。

（5）将派工单与门禁系统关联，最大限度地实现施工人员准入安全管理。通过施工组织优化管理方式，在保证关键工期节点的前提下，降低多专业施工工序之间的相互影响。项目管理人员利用派工单将施工人员严格限制在约定的区段内，将“人”这种在施工现场最不可控的安全风险因素尽量降低，防止人员的随意流动而导致的安全隐患。

5.3.3　北京新机场项目施工人员实名制信息化管理

5.3.3.1　工程概况

北京新机场定位为“大型国际枢纽机场”，与首都机场相对独立运行，配合各自的基地航空公司构筑中枢航线网络，形成北京地区“双枢纽”。本期工程按 2025 年旅客吞吐量 7200 万人次、货邮吞吐量 200 万 t、飞机起降量 62 万架次的目标设计，主要建设“三纵一横”4 条跑道，70 万 m^2 的航站楼。本期工程站坪机位数为 150 个，远期工程到 2040 年，预计旅客吞吐量达到 1 亿人次、货邮吞吐量达到 400 万 t，占地达到 8.2 万亩。民用机场主要包括 4F 级的飞行区（三纵一横 4 条跑道)，70 万 m^2 的航站楼、货运站，以及供水、供电、办公、仓库、污水处理等各项配套工程。

5.3.3.2　应用内容

北京新机场航站楼项目，施工现场用工量巨大，施工作业面多，施工人员管理难度大。各个作业区域人员进出控制，作业人员实名制管理，安全教育管理，考勤管理，工人一卡通消费服务，后勤住宿服务等都需要投入大量的人力资源进行管理，没有信息化系统的支持，很难做到实施动态管理，面对实时处理大规模人员流动变化、安全教育统计等问题。

北京新机场航站楼项目采用了广联达科技股份有限公司的现场劳务管理系统。为实现建设工地管理信息化、自动化，让生产达到安全、高效的目的，采用了集计算机信息安全技术、通道闸门自动化控制技术、网络通讯技术、数字信号模拟技术、射频识别技术、人脸拍照采集技术、视频传输技术于一体的综合技术。通过前端设备接入通道闸、射频感应读头、联动设备（包括摄像机、显示屏等）等进行数据采集，后端通过统一数据库进行数据云存储管理。实施后劳务人员情况图如图 5-24 所示。

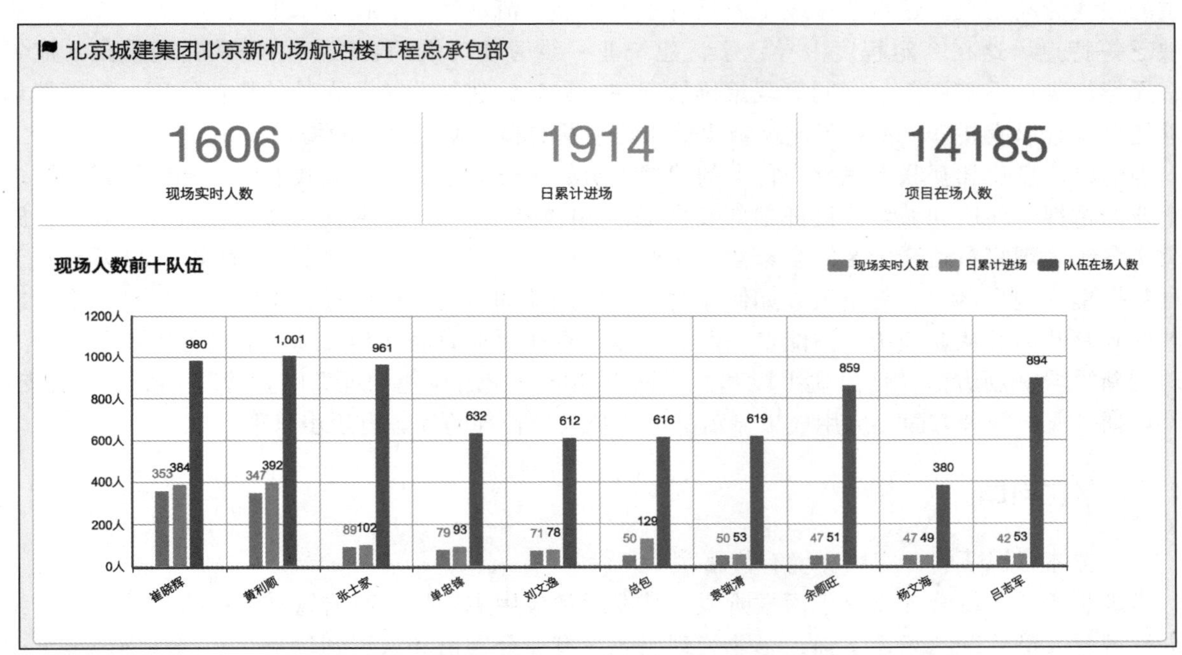

图 5-24　北京新机场航站楼项目施工人员实名制系统劳务人数情况图

北京新机场航站楼项目设置了一系列管理规则，如不良记录规则、工人超龄限制、以及过程中的风险预警，如图 5-25 所示，一旦项目触发风险预警系统将及时发送预警信息，且系统会自动拦截，项目劳务用工的风险将得到大大的降低。

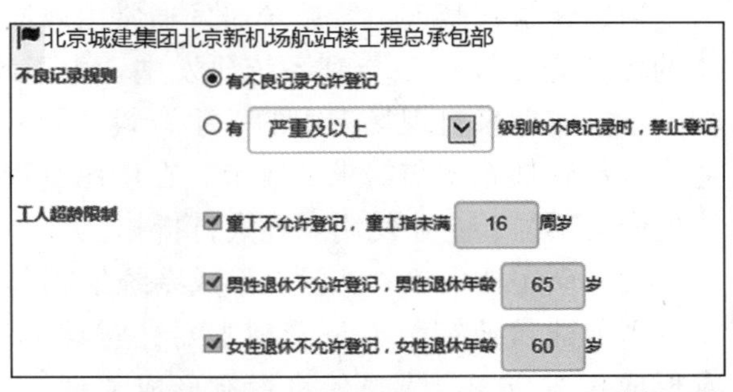

图 5-25　北京新机场航站楼项目施工人员实名制系统规则设置图

施工人员实名制系统可根据进出场频次、作业时间、工种等维度实时查询考勤记录。通过实时监管动态考勤记录将为劳务工人恶意讨薪提供查询依据，这将大大降低企业及项目劳务用工风险；此外，通过查询各劳务队伍及班组实际出勤人数可为生产计划安排、工种配比、劳动效率分析、工人成本分析提供依据。

5.3.3.3　应用效果

施工人员实名制平台，通过信息化手段将工人进场登记、过程奖惩、退场、区域划分等进行全过程管理，逐步实现企业项目上劳务人员信息的共享和互通。系统对于新机场航站楼项目的应用价值主要体现在。（1）结合物联网技术，通过智能化的管理模式对进出施工现场、起居生活等进行全方面的管控，项目管理人员的工作效率得到显著的提高。（2）采用移动云技术，实现劳务数据动态实时反馈，同时满足公司及项目管理人员实时监控生产现场，降低项目劳务用工风险。

5.4　存在的问题及发展趋势

经过多年的高速发展，建筑业取得了很大成就，但仍是一个管理粗放的行业，同时，其从业人员身份复杂、层次高低不同，其中既有受过高等教育的管理人员和技术人员，也有大量的以农民工为主的一线劳动工人。建筑业一线工人具有季节性强、流动性大、技能水平参差不齐、操作技能培训缺乏等特点。这在一定程度上导致了，建筑业一线劳动工人的合法权益经常受到侵犯，拖欠工资、无偿加班、不签订劳动合同等现象仍然存在。另外，建筑业从业人员的从业经历、技能培训经历等信息没有形成共享，不利于建筑企业长期健康发展和国际竞争力的增强。

当前以信息化和互联网思维为特点的智慧人员管理方兴未艾，受到政府管理部门和越来越多建筑企业的重视。住房和城乡建设部副部长易军在 2017 年 3 月 27 日召开的新闻发布会上表示，施工人员实名制管理将覆盖全国 8 万余家建筑企业的 5000 多万建筑工人。把现有的逾 5000 万建筑工人信息数据集中到平台上，无论工人如何流动，只要到新的建筑企业劳务，出示个人信息，都可以直接查询到其此前的从业经历、技能培训经历。建筑企业也在政府和相关部门的指导下不断探索人员管理的新手段和新方法，信息化手段和互联网思维已经应用在施工现场门禁管理、工人工资支付、工人培训等人员管理方面，应用成果显示其与传统人员管理的优势也逐步显现。

5.4.1　存在问题

（1）主体意识薄弱，应用环境有待培育

建筑业智慧人员管理仍处于探索阶段，其发展和应用主要依靠政府管理部门推动，多数建筑企业进行智慧人员管理的意识不强，企业管理层还没有充分领悟和认识到信息化和互联网环境下进行人员管理的意义和更深层次价值的挖掘。因此大部分建筑企业自发进行智慧人员管理研发和应用意愿不强导致投入不足，只有少数大型建筑企业在某些重点工程中示范应用，还没有形成大面积推广应用的基础。

当前建筑智慧人员管系统研发通常由政府管理部门推动由软件开发企业完成，而作为建筑业主体的建筑企业没有参与到系统研发中。由于政府管理部门和软件开发企业受所在产业链位置的影响，不能掌握来自现场需求的一手资料，同时对人员的管理思维也与建筑企业存在一定差别，从而造成人员管理系统与需求的脱节，在应用过程中不能完全满足建筑企业及现场管理的需求，致使系统生命力不强，企业使用意愿大打折扣。

（2）应用技术单一，没有形成系统集成

当前建筑业智慧人员管理主要针对某单一内容，如只针对门禁、培训、实名制管理等，还没有形成集成应用。人员信息没有形成共享，不能进行大数据挖掘。通过单一的人员信息管理只实现了人员的信息化管理，远没有达到智慧人员管理的水平。由于暂时无法获得人员信息大数据超额附加值，建筑企业对人员智慧管理的热情和积极性降低，更加不利于人员智慧管理的发展和应用。

（3）管理人员管控不足

当前建筑业智慧人员管理的重点都集中在一线工人，而对参与工程建设的管理人员的管控没有引起足够重视。施工现场安全和质量的管控主要取决于管理人员的素质和态度，管理人员对一线工人的教育，对施工现场的巡视和检查是较为效的管理手段。通过信息化技术的应用，提升和督促管理人员进行有效的施工现场巡视和检查，能够有效提升施工现场的管控效果，降低施工安全风险，提高施工质量。

（4）差异化、针对性不足

当前智慧人员管理系统同质化严重，差异化不足。建筑工程项目特点各异，各个建筑企业的管理方法也千差万别，针对人员的管理也各有不同。但当前人员管理系统大同小异，功能基本相同，多以现有行业规章制度、政府要求以及传统做法为依据，各个企业的特点和管理风格没有充分考虑，不能体现出不同建筑企业和不同建筑项目的特色和特点。这在一定程度上也造成了智慧人员管理系统在应用过程中与企业管理的冲突，即智慧管理系统不仅没有为企业的管理带来效率和效果的提升，反而需要企业的管理适应智慧人员管理系统，因此，不利于智慧人员管理系统的推广应用和不断升级更新。

（5）重技术，轻管理

智慧人员管理系统应用过程中，使用者过分依赖系统的智能性，往往忽视了管理在系统应用过程中的作用。良好的智慧人员管理系统需要辅助于相应的管理制度，才能最大限度地发挥其作用和价值。实际应用中，系统的使用者往往忽视了管理制度与智慧管理系统之间相辅相成的作用，片面强调系统的智能化和自动化，忽视了管理制度在智慧人员管理中的作用。

5.4.2　发展趋势

“十三五”时期，建筑业将全面提高建筑业信息化水平，着力增强 BIM、大数据、智能化、移动通讯、云计算、物联网等信息技术集成应用能力，建筑业数字化、网络化、智能化将取得突破性进展，初步建成一体化行业监管服务平台，数据资源利用水平和能力明显提升。随着建筑业信息化、互联网改造的不断深入，建筑业从业人员管理必然向信息化管理方向发展。

（1）信息技术在工程项目中应用越来越广泛

智慧人员管理从单一系统向系统集成方向发展，人员信息统计、门禁管理、工资发放等集成于同一系统，实现数据共享，实现大数据分析，数据价值得到充分挖掘，建筑企业对智慧人员系统所采集的数据需求也更加迫切，数据将广泛应用于生产和日常管理。

随着建筑企业在信息化发展过程中的不断适应，其管理信息化和互联网意识的不断增强，在智慧人员系统研发过程中建筑企业将发挥越来越重要的作用。智慧人员系统将更加贴近建筑企业的需求，建筑企业将越来越主动地应用信息化和智能化手段进行人员管理，智慧人员管理系统将大面积推广应用。

（2）差异化、个性化管控系统受到青睐

智慧人员管理系统个性化和差异化将进一步体现，随着建筑企业对智慧人员管理需求的不断提高，智慧人员管理逐渐由功能统一向定制化差异化发展，在满足政府相关管理部门要求的基础上，建筑企业的管理理念和管理方法将更多地融入到智慧人员管理系统当中。

（3）管控系统由数据收集向现场管控方向发展

智慧人员管理系统将更加智能化。随着智能传感设备的发展，人员信息的采集将更加智能化和简单化，信息采集的及时性和准确性进一步提升，人员状态信息和位置信息等关键信息的实时精准采集变为现实，为人员安全管理和作业效率分析提供了基础。

智慧人员管理信息由单向向双向发展，当前信息的采集和传输基本上属于单向，管理人员从系统中获得一线工人的数据，管理人员与施工人员之间的信息交流形式单一，主要依靠现场扬声器、手机、对讲系统等传统手段。随着信息设备的发展，将逐步实现一线工人与管理人员的信息交流，进而对现场安全和施工质量的管理提供有效支撑。

参考文献

[1] 鲍威，陶玲. 水电站施工现场人员安全管理水平的系统动力学分析［J］. 水利发电，2016, 42 (6): 77-79.

[2] 尚杰. 建筑工程土建施工现场管理有效途径分析［J］. 建筑管理，2016, 43 (1): 66-67.

[3] 钟国益. 超高层建筑施工安全预警管理研究［D］. 重庆大学. 2014 (5).

[4] 胡静静. 建筑工程安全管理与评价［D］. 安徽理工大学. 2012 (6).

[5] 牛天勇，景维立，朱华军. 工程施工现场区域定位系统研究［J］. 测绘通报，2014 (3): 95-97.

[6] 周建华. 多媒体技术在仿真培训系统中的应用［J］. 计算机工程，2006 (12): 223-225.

[7] 曹瑞金. 基于J2EE的互联网化工仿真培训系统的研究与应用［D］. 浙江大学，2004.

[8] 熊涛，王洪永. 基于互联网技术的安全教育培训模式创建［J］. 建筑安全，2016 (12): 13-17.

[9] 王蓉. 基于虚拟现实技术的异形高耸塔机培训系统的研究［D］. 西安建筑科技大学，2013.

[10] 冯岱鹏. 地下变电站三维虚拟现实仿真培训系统的研制［D］. 上海交通大学，2010.

[11] 中华人民共和国住房和城乡建设部. 2016-2020年建筑业信息化发展纲要［J］. 建筑安全，2017, (1): 4-6.

[12] 甑祺桦. 论述广东省建筑施工特种作业人员培训工作的管理现状及发展［J］. 科技经济市场，2016, (10): 182-183.

[13] 王冠华. 建筑施工企业用工管理信息系统的设计与实现［D］. 山东大学，2014.

第6章　智慧施工机械设备管理

6.1　概述

机械设备管理是指工程项目实施过程中，为了杜绝机械设备发生安全事故，保证设备安全性能，充分发挥设备效能，通过合理组织、协调等方式提高设备使用效率，促进项目安全生产效率的过程。机械设备管理主要包括设备管理策划、设备需用计划编制、设备基础验收、设备进退场、设备安装验收、设备附着验收、设备自检、设备维修与保养、安全管理、临电管理、人员管理等现场管理内容，进一步讲，还包括资源组织招投标、分供方沟通考核等内容。机械设备管理可分为设备组织（采购租赁）和现场管理。其中，现场管理是基本内容，主要要求为"安全"、"高效"、"可控"，设备资源组织管理是设备管理的增值内容，通过统一的组织形式，以更合理的调配方式，更经济的使用价格，实现设备使用的最佳效益。

智慧机械设备管理指围绕施工过程中机械设备的使用管理，通过对工程项目进行精确设计和施工模拟，采用智慧感知技术采集设备运行数据信息，采用互联网进行机械设备可视化管理，采用大数据原理进行设备管理的智能化分析并能智慧化预警和进行相应处理，采用移动物联网技术对设备随时随地管控，利用信息化系统将设备管理全过程固化为一整套智慧化系统的过程。智慧机械设备管理是全生命周期的管控，表现为建立一个互联协同、职能决策、知识共享的一套设备管理的智慧化、信息化体系，实现从传统管理到智慧管控的转变。

利用BIM、云应用、大数据、移动互联、智能设备为代表的"互联网+"正在形成智慧工地的核心，改变目前建筑行业的管理模式。当前常用的指纹识别系统、防碰撞安全管理监控系统、移动终端等单项技术在实际使用过程中，对设备检查、运行和人员安全管理发挥了一定的作用，保障了设备的正常运行，是机械设备管理向着数字化和智能化发展的基础。同时，信息化设备管理系统、资源组织招投标等集成管理系统的应用为设备管理提供了更便捷的管理，创造了更好的效益。

智慧机械设备管理将智慧融入到人员、机械等各类物体中，并被普遍互联，形成物联网，然后通过互联网整合在一起，实现了施工机械管理与现场施工管理的整合，以一种更智慧的方式改进人员组织与协调的方式，以便提高设备管理的安全性、及时性和高效性。智慧机械设备管理从根本上来讲也是对工程施工的一种监督管理。没有可靠的监督，再优秀的操作人员、管理人员、维护保养人员都会变得不可控、不安全，在一个熟悉的环境下，对渐进的危险因素等熟视无睹。因此，这种监督与考核有助于实现工程机械设备的智慧化管理。

物联网技术为人们进行机械设备管理提供智能化的解决方案。机械设备在运行过程中存在着很多的问题，一旦问题出现就会给生产造成较大的损失，因此需要采用先进的物联网技术对其运行状态进行实施监控和监测。该技术能够实现人和物之间的通信，建立人和物体之间交流的语言，提高了管理的智能化水平。

机械设备管理之所以能够实现智慧化，除采用以上新技术之外，还依靠信息化管理系统。目前主要采用的有招标采购ERP系统与设备现场管理综合信息系统，同时还有一些单项的系统应用，如塔吊远程监控系统、钢筋翻样一体化管理系统等。

6.2　应用内容和工具

6.2.1　基于互联网的设备租赁

6.2.1.1　应用背景

设备管理以合同为分界点分为资源组织与现场管理两个环节，其中资源组织是机械设备管理的起点，也是非要重要的一环，本节即聚焦于此。

资源组织即设备的招投标。目前设备组织形式更多的是设备租赁，从租赁计划开始，寻找供应商，进行过程招投标，最终签订租赁采购合同，实现设备的组织目标。基于互联网的设备租赁应用较为广的是ERP系统、综合项目管理信息系统，用户通过应用这些系统，可进行线上招投标、合同管理等操作完成设备租赁的招标及供应商管理工作。供应商关系管理，是为企业评估供应战略、建立供应网络、结成互利互惠的供应关系提供协作的全方位解决方案。通过它，企业可对机械设备采购过程进行实时监控，包括招投标的过程管理、采购执行过程的协同监控、采购结算、在线对账等，并可及时准确地获取货源与采购方面的数据信息，从而更好地控制整个采购过程，制定正确的采购战略和决策，降低企业采购成本和管理成本，并从供应商的合作关系中持续获取最大程度的回报。

6.2.1.2　管理系统

目前主流的机械设备资源管理系统主要有各地工程管理建设信息网站上搭载的机械信息管理系统。例如青岛市建筑起重机械信息管理系统、武汉市建筑起重机械平台、广东省建筑起重机械信息管理系统等；各大网站上的机械资源信息发布平台，例如中国工程机械信息资源网、机械工业网、中国机械设备网等的相应平台；以及各大施工企业自主研发的企业管理信息系统，例如中建三局一公司施工项目现场管理系统、中铁十八局集团公司办公系统、北京建工集中采购管理系统等。

基于互联网的机械设备资源管理系统有B/S架构下的ERP系统。利用这些系统时，用户的工作界面可以通过浏览器来实现，系统不但适用于企业内部局域网，也适用于外部的广域网，满足互联网下的无区域限制办公，适应企业全球化管理的需求。

以中建三局一公司的综合管理信息系统的智慧施工机械设备管理模块（以下简称“中建三局一公司智慧施工机械设备管理模块”）为例，该类系统能提供以下功能。

（1）平台门户。是系统的基础，用于发布公司租赁采购政策、最新招标信息发布、新供应商注册申请、以及供应商登录入口。

（2）基础数据集成。支持供应商主数据、设备主数据、租赁采购价格主数据及货源等与“招采”系统的同步集成。

（3）业务协同集成。支持采购需求计划、采购订单、到货计划、入库及质检的采购执行业务与招标采购系统的实时集成。

（4）财务结算集成。支持供应商结算对账单的提交和确认审核，支持电子发票与招标采购系统、现场管理系统实时集成的自动校验。

6.2.1.3　典型应用场景

机械设备租赁采购主要包括供应商管理和招投标采购。企业招标采购部门对设备租赁应用进行全程全面管理，主要包括：供应商生命周期管理，支持从供应商注册到认证评估、供应商初选到最后成为合格供应商、供应商绩效考核到供应商晋级或淘汰，形成供应商的全生命周期的闭环管理，可不断优选供应商合作伙伴队伍。招投标采购则包括招标计划、招标文件公告、招标评审、合同签订等环节。以下以中建三局一公司智慧施工机械设备管理模块为例，介绍典型应用场景。

（1）供应商考察评审。由企业资源组织部门对意向合作单位进行考察，主要进行符合性审核，并完成考察记录，如图 6-1 所示。考核评审授权分公司进行。

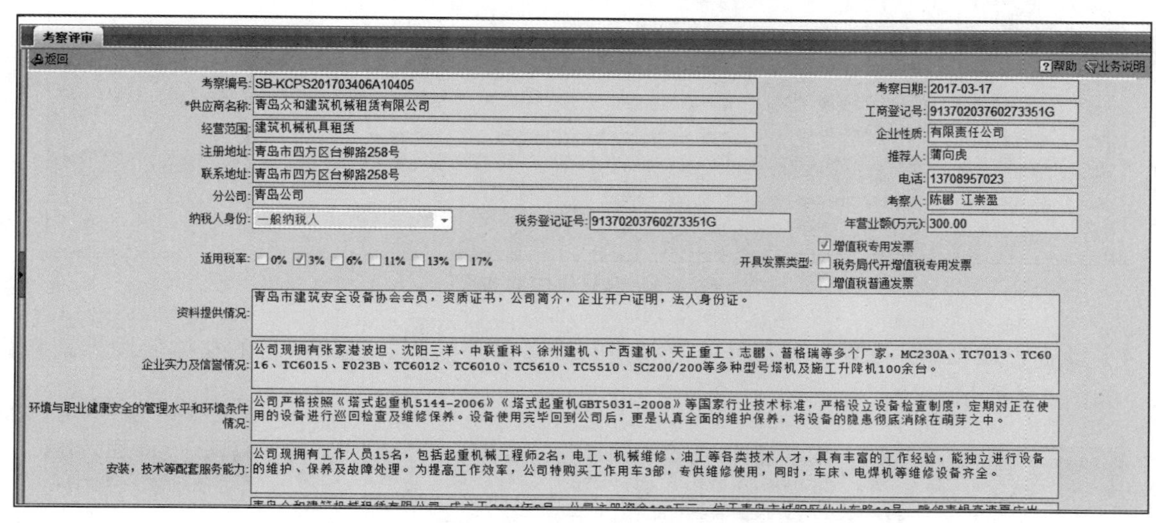

图 6-1　供应商考察评审

（2）供应商登记。根据供应商考察记录进行登记，供应商登记由公司资源组织部门管理，如图 6-2 所示。

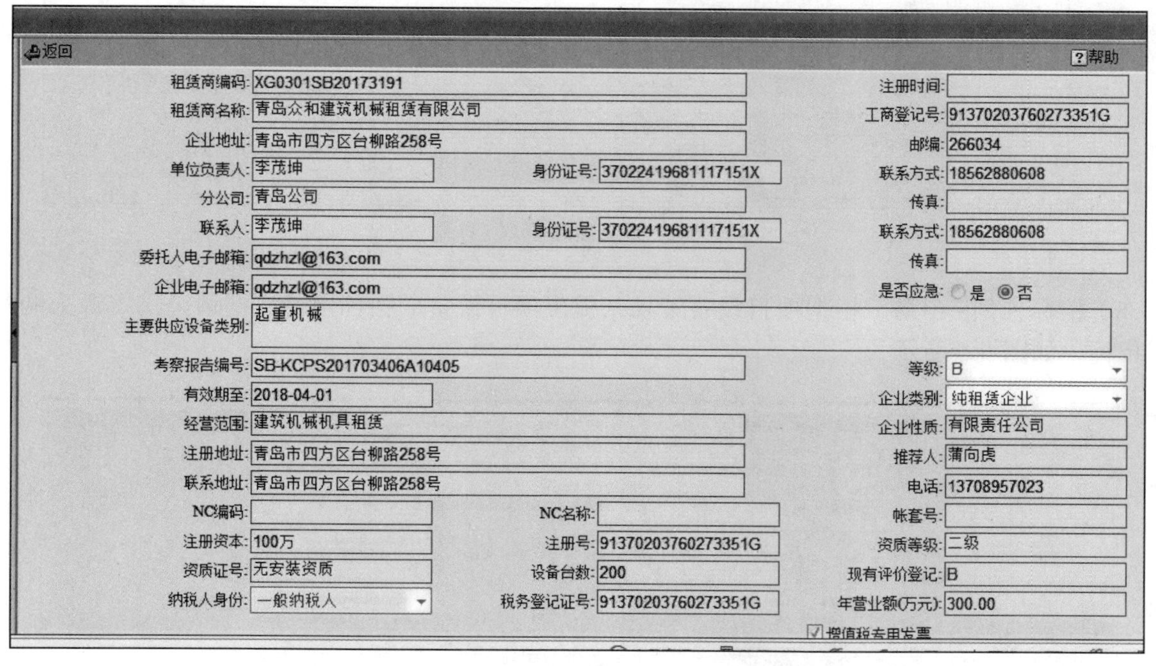

图 6-2　供应商登记

（3）合格供应商名册。供应商登记并经批准之后即成为公司的合格供应商，可参与公司的招投标，如图 6-3 所示。

合格供应商

列入黑名单　导出Excel　　供应商名称：　高级查询

	供应商编号	供应商名称	企业地址	有效期	法人姓名	评定等级
	XG0301SB20173173	山东临工工程机械有限公司	山东省临沂经济开发区北横路205国道东侧	2017-12-31	王志忠	
	XG0301SB20162524	襄阳美誉扬商贸有限公司	襄阳市长虹北路63号江山誉园小区26栋1705号	2016-12-31	李锐	B
	XG0301SB20163012	广西柳工机械股份有限公司	柳州市行政审批局	2017-12-31	曾光安	
	XG0301SB20173179	许昌彤鑫工程机械租赁有限公司	许昌市工商行政管理局魏都分局	2017-12-31	初兰艳	
	XG0301SB20173179	惠州市鑫晨实业有限公司	惠州仲恺高新技术产业开发区市场监督管理局	2017-12-31	黄吉勇	
	XG0301SB20162698	徐州徐工基础工程机械有限公司	江苏徐州经济开发区东环工业园	2016-12-31	李锁云	
	XG0301SB20162698	重庆探矿机械厂	重庆市沙坪坝区小龙坎快乐里1号	2016-12-31	文浩	
	XG0301SB20162698	无锡市安迈工程机械有限公司	无锡市锡山区羊尖镇工业园A区	2016-12-31	陈琪	
	XG0301SB20173111	无锡金帆钻凿设备股份有限公司	无锡市新区梅村新泰工业配套区	2017-12-31	罗强	
	XG0301SB20163089	深圳市冠深发吊装租赁有限公司	深圳市南山区桃源街道龙井花园D座101号	2017-07-01	成书华	
	XG0301SB20163089	深圳市粤润通吊装运输有限公司	广东省东莞市长安镇涌头社区德政东路38号万宝城5楼	2017-07-01	刘松山	
	XG0301SB20173099	东海县旭达起重机械租赁有限公司	东海县白塔埠镇航空路南侧	2017-12-01	时一迁	
	XG0301SB20162644	武汉恒鑫源工程设备有限公司	武汉市东湖开发区关山大道以东、创业街以北武汉光谷国际商务中心A栋20层2004号	2017-04-07	李斌	
	XG0301SB20163089	珠海市横琴新区物通起重机租赁有限公司	珠海市横琴镇	2017-07-01	浦秀蓉	

图 6-3　合格供应商名录

（4）设备管理策划 / 计划。项目开工之初进行设备管理策划，提出项目的整体使用计划和管理要点，如图 6-4 所示。

设备管理策划

修改　删除　发起流程　流程状态：已通过　（注意:流程发起后,当前数据将不能做任何修改操作!）　帮助　业务说明

策划编号：SBGLCH2014020001　　项目名称：中交财富中心石家庄项目

策划时间：2014-02-22　　编制时间：2014-02-25

策划人：柳学意

编制说明：根据楼房高度、T3、1146.4m、T1-T2、99.9m、地下面积57692.53 m2、总建筑面积为总建筑面积为194313.93 m2。

附件：中交财富中心项目机电管理策划.doc　下载记录

主要设备配置方案　主要设备租赁采购方案　分包设备管理计划

序号	*设备名称	规格型号	安装部位	主要技术参数及设备能力	使用成本及构成	备注
1	塔式起重机	STT293-18t	T3	18t-4.5t	52000.00	安装高度195m
2	塔式起重机	TC6015-12t	T3	12t-1.5t	33000.00	安装高度185m
3	塔式起重机	TC6021-12t	T1	12t-3t	36000.00	安装高度155m
4	塔式起重机	TC6021-12t	T2	12t-3t	36000.00	安装高度155m
5	施工升降机	SC200/200	T3	中速（60m/min）	20000.00	安装高度195m
6	施工升降机	SC200/200	T3	中速（60m/min）	20000.00	安装高度185m
7	施工升降机	SC200/200	T1	中速（60m/min）	20000.00	安装高度155m
8	施工升降机	SC200/200	T2	中速（60m/min）	20000.00	安装高度155m
9	拖式混凝土输送泵	HBT80	T3	90KW	16.5	T3、2台、输送高度175m
10	车载式混凝土输送	HBT60	地下室	90KW	16.5	地下室一台
11	车载式混凝土输送	HBT60	T1	90KW	16.5	输送高度155m

图 6-4　设备管理策划 / 计划

（5）招标计划 / 申请。根据项目设备策划，提出项目设备的招标申请，提请公司资源采购部门进行招标，如图 6-5 所示。

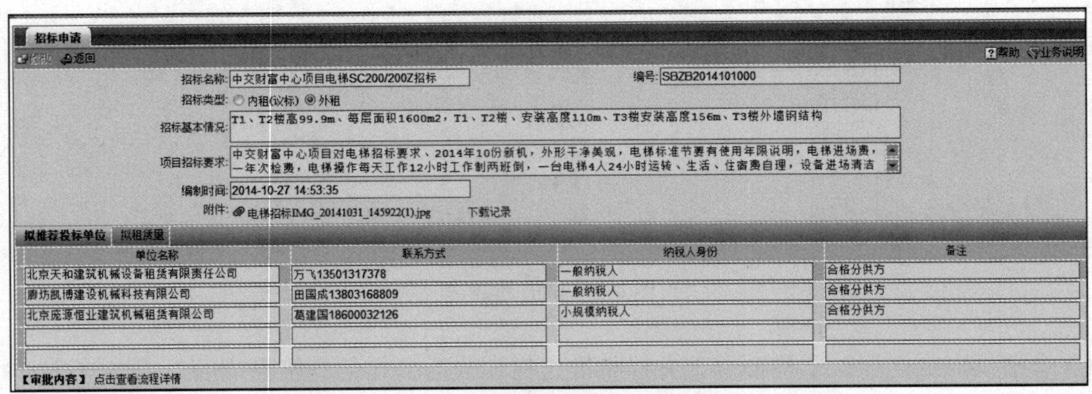

招标申请

修改　返回　帮助　业务说明

招标名称：中交财富中心项目电梯SC200/200Z招标　　编号：SBZB2014101000

招标类型：内租(议标)　外租

招标基本情况：T1、T2楼高99.9m、每层面积1600m2，T1、T2楼、安装高度110m、T3楼安装高度156m、T3楼外墙钢结构

项目招标要求：中交财富中心项目对电梯招标要求、2014年10份新机，外形干净美观，电梯标准节要有使用年限说明，电梯进场费，一年次检费，电梯操作每天工作12小时工作制两班倒，一台电梯4人24小时运转、生活、住宿费自理，设备进场清洁

编制时间：2014-10-27 14:53:35

附件：电梯招标IMG_20141031_145922(1).jpg　下载记录

拟推荐投标单位　拟租质量

单位名称	联系方式	纳税人身份	备注
北京天和建筑机械设备租赁有限责任公司	万飞13501317378	一般纳税人	合格分供方
廊坊凯博建设机械科技有限公司	田国成13803168809	一般纳税人	合格分供方
北京庞源恒业建筑机械租赁有限公司	葛建国18600032126	小规模纳税人	合格分供方

【审批内容】点击查看流程详情

图 6-5　设备招标计划 / 申请

（6）开标评审。在评标环节，可以对投标供应商进行价格汇总、对比、价格调价操作。评标之后，经过商务谈判，确定定标报告。定标报告经过中标公示无异议后，企业可以发布中标结果，从而完成开标定标过程，如图 6-6 所示。

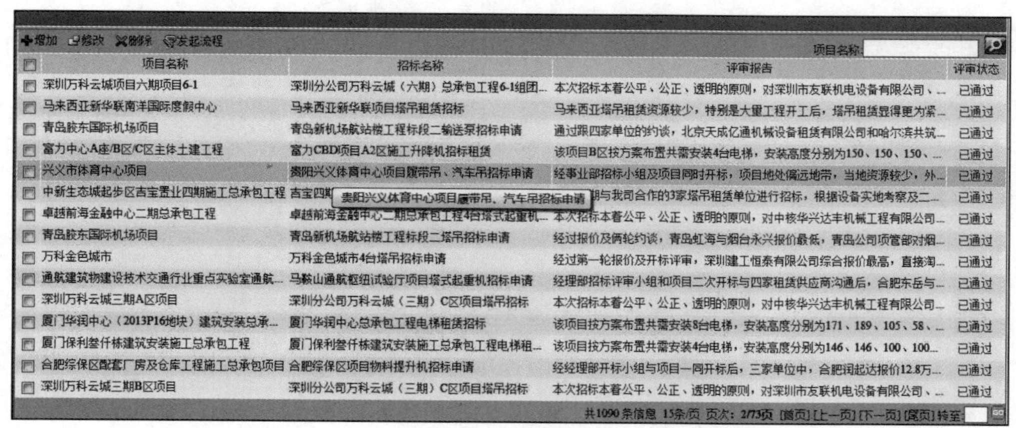

图 6-6　设备招标开标评审

（7）合同评审。采购合同和价格管理，支持采购合同条款定义、合同模板定义，支持采购货源管理、采购价格目录管理，合同签订之前进行评审商定，如图 6-7 所示。

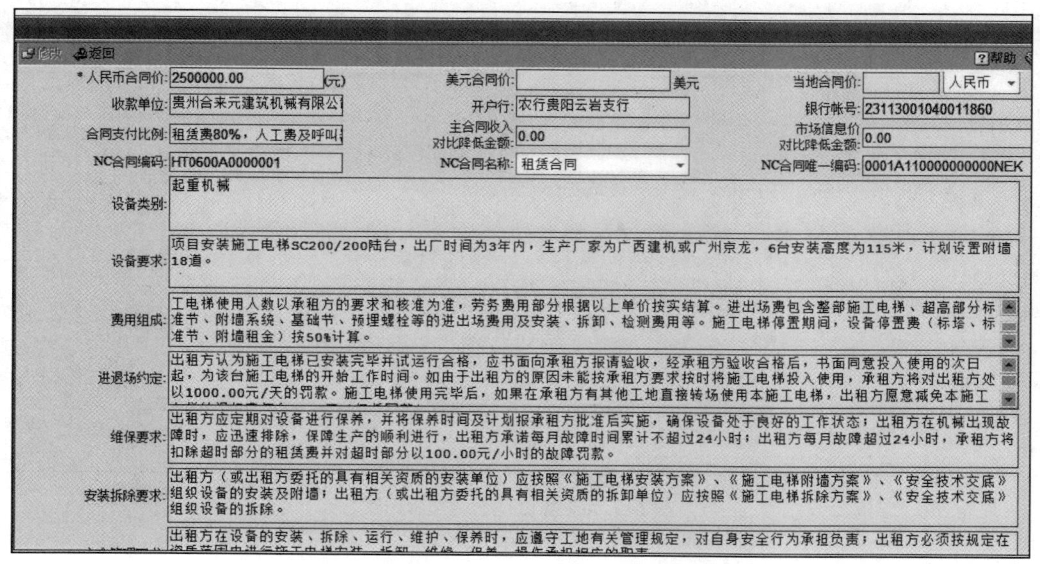

图 6-7　设备租赁合同评审

（8）合同交底。合同签订后，招采人员通过信息化系统将合同主要条款、注意事项等内容对项目管理团队进行交底，如图 6-8 所示。进行合同交底后即完成招投标环节，进入现场管理阶段。

（9）供应商考核评价。对合作中的供应商进行考核评价，记录在案，如图 6-9 所示。

6.2.1.4　应用价值

（1）供应商评估标准更加统一。建立统一的供应商评估标准，提供公平、便利的评估平台，创建一个良性竞争的评估环境，避免以往因对供应商的评估标准不统一、评估权重不统一，导致供应商评估结果不公平现象的出现。供应商从入围到淘汰，整个过程的决策均可来自系统数据的自动评估。

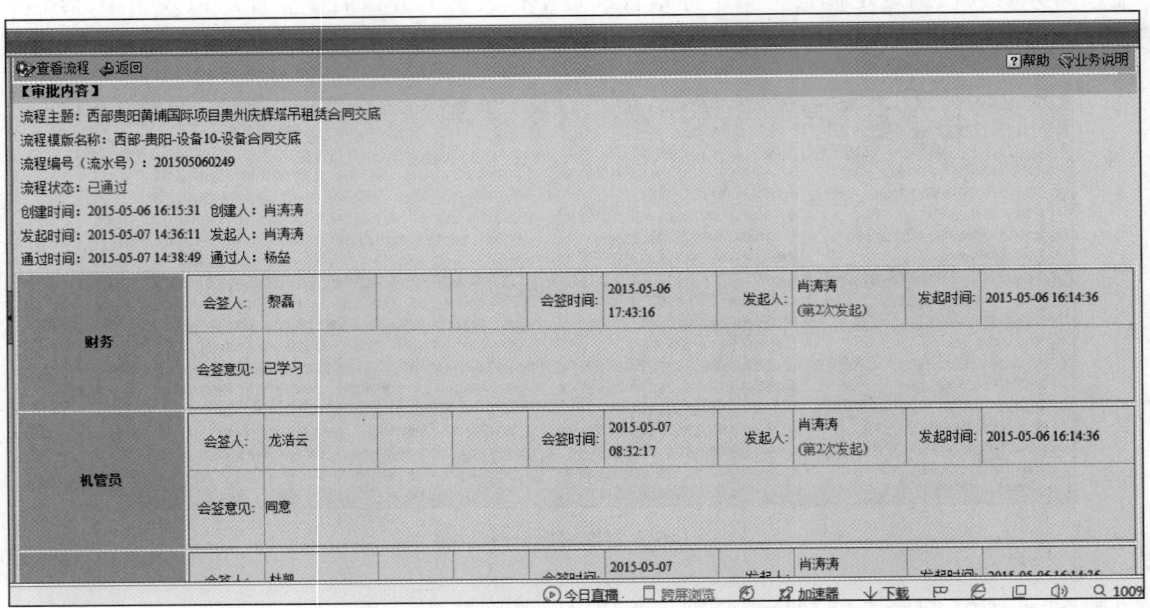

图 6-8 设备租赁合同交底

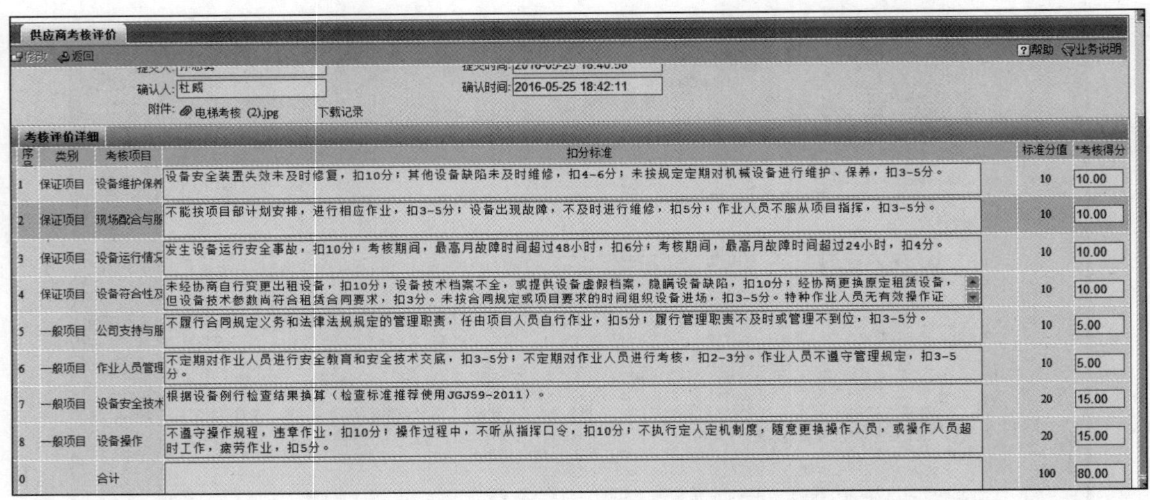

序号	类别	考核项目	扣分标准	标准分值	*考核得分
1	保证项目	设备维护保养	设备安全装置失效未及时修复，扣10分；其他设备缺陷未及时维修，扣4-6分；未按规定定期对机械设备进行维护、保养，扣3-5分。	10	10.00
2	保证项目	现场配合与服	不能按项目部计划安排，进行相应作业，扣3-5分；设备出现故障，不及时进行维修，扣5分；作业人员不服从项目指挥，扣3-5分。	10	10.00
3	保证项目	设备运行情况	发生设备运行安全事故，扣10分；考核期间，最高月故障时间超过48小时，扣6分；考核期间，最高月故障时间超过24小时，扣4分。	10	10.00
4	保证项目	设备符合性及	未经协商自行变更出租设备，扣10分；设备技术档案不全，或提供设备虚假档案，隐瞒设备缺陷，扣10分；经协商更换原定租赁设备，但设备技术参数尚符合租赁合同要求，扣3分。未按合同规定或项目要求的时间组织设备进场，扣3-5分。特种作业人员无有效操作证	10	10.00
5	一般项目	公司支持与服	不履行合同规定义务和法律法规规定的管理职责，任由项目人员自行作业，扣5分；履行管理职责不及时或管理不到位，扣3-5分。	10	5.00
6	一般项目	作业人员管理	不定期对作业人员进行安全教育和安全技术交底，扣3-5分；不定期对作业人员进行考核，扣2-3分。作业人员不遵守管理规定，扣3-5分。	10	5.00
7	一般项目	设备安全技术	根据设备例行检查结果换算（检查标准推荐使用JGJ59-2011）。	20	15.00
8	一般项目	设备操作	不遵守操作规程，违章作业，扣10分；操作过程中，不听从指挥口令，扣10分；不执行定人定机制度，随意更换操作人员，或操作人员超时工作，疲劳作业，扣5分。	20	15.00
0		合计		100	80.00

图 6-9 设备供应商考核评价

（2）招投标询报价过程更加透明、公开。提供公开透明的电子化招投标阳光交易平台，提高招投标效率。支持电子文件、电子签章、网络传输等信息技术，实现从招标公告、投标报名、文件传输到专家评标、审查备案全过程的电子化，大大降低了企业成本。同时交易的各个环节，包括招标公告、中标公示、评标结果公示可在平台上进行，促进招投标活动公开透明运行。

（3）采购全过程跟踪，业务协同贯穿始终。可直接实现订单在供应商管理系统的在线下达，实现供需双方对订单的及时调整和确认，极大地提高了采购效率，节省了采购成本。对订单的交付过程可实时监控。比如供应商的备货情况，供应商的发货状态及装运信息，利于企业更灵活地应对。

（4）自助对账结算，劳动成本更节省。供应商可依据到货数据，按结算周期定期提交结算对账清单，经采购和仓库确认后，可发送结算电子发票到ERP系统，ERP系统自动校验电子发票。

6.2.2　基于移动终端的设备现场管理

6.2.2.1　应用背景

机械设备的现场管理以体系构建、预防系统、持续改善为主，通过夯实管理基础，提升绩效指标，为企业带来收益。为此，需要构建从机械设备的使用计划到设备的进场，从安装验收到设备备案，从日常检查到维修保养，从设备结算到款项支付，从设备拆除到退场交付的全过程管理链条。

具体方法为，将互联网信息技术、物联网技术、移动终端智能化装备运用于设备管理，实现设备巡检智能化、设备预防维护智能化、设备 OEE（时间开动率、性能开动率、合格品率）分析智能化以及备品备件管理智能化。实现实时监控设备状态，故障停机实时反馈；自动统计分析设备运行数据，实时输出设备问题点；自助维护信息化管理；自动分析维护数据；自动跟踪设备及备件的使用周期；定期输出设备的运行参数和诊断报告，评估设备的管理水平和性能状态，从而提升设备综合效率，降低设备故障率，减少设备安全事故。同时建立通力合作的设备使用和维护队伍，打通联系与沟通通道。

6.2.2.2　管理系统

目前，市场上关于建筑行业智能移动终端的产品主要有北京建科研软件技术有限公司开发的“C-PAD”，北京易筑信息系统有限公司开发的“e 建筑”，深圳市明源云服务电子商务有限公司开发的“明源云服务 2.0”系统，江苏乐建网络科技有限公司研发的“工程宝”等。

目前，建筑工地智能移动终端仍处于起步阶段，各公司所研发的系统功能各有侧重。例如北京建科研软件技术有限公司开发的“C-PAD”软件，主要涉及施工过程工程中资料的收集、施工验收规范的查看、过程记录以及质量安全状况评估；北京易筑信息系统有限公司开发的“e 建筑”支持浏览天正、AutoCAD 等各种 dwg 格式 CAD 图纸和 BIM 模型，可以在移动端、PC 端、云端进行实时文档管理和数据共享；深圳市明源云服务电子商务有限公司开发的“明源云服务 2.0”系统主要帮助开发商、监理单位、施工单位实时协作，适用安全质量检查、实测实量、工序移交等业务场景，方便及时准确掌握施工质量；江苏乐建网络科技有限公司研发的“工程宝”系统，借助在线工具的使用简化了沟通流程，通过扁平化沟通的方式提高了工作效率，节省了沟通成本。

中建三局一公司移动终端管理系统是在综合管理信息系统的基础上拓展的一种管理方式，将施工现场涉及到的大部分工作内容固化到系统内。该方式允许原来使用单机版 PC 端方式的人员，直接在项目管理的现场使用这些功能，通过在手机上安装一个客户端软件，输入帐号和密码登录验证成功后即可使用相关功能，并通过手机使用蓝牙功能和通讯网络（Wi-Fi、3G 或 4G），进行现场信息采集。

中建三局一公司移动终端管理系统内的机械设备管理信息系统主要应用于机械设备的日常作业管理中。目前常用的软件有综合管理信息系统、单机版信息系统、手持移动终端、DSS（决策支持系统）等。通过对工程全生命周期中机械设备管理活动的梳理，将设备基础验收、设备进场、设备安装、附着加节、拆除退场等管理活动的工作标准整合到信息系统中，并设置固定的流程、表单。以施工项目现场管理系统为例。该系统的主界面分为三个部分，第一部分是底部的一级菜单，该菜单根据登录用户的权限不同显示不同的模块；第二部分是中建系统的常用快捷导航，当用户所属的模块非常多时，可在此模块设置自己常用的快捷功能（仅在本手机，不会漫游到其他的登录手机）以方便使用；第三部分是最上面一排圆形按钮，这些是常用的公共模块功能，有些是保留的图标，无实际功能，可作为以后的扩展使用。不同用户根据系统设置的角色不同，将会呈现不同的模块。

系统共设置设备管理、起重运输设备管理、安全管理、临电管理、人员管理、设备分析等模块，如图 6-10 所示。起重设备管理包含了基础验收、设备联系单、设备进场、安装验收、自查记录、维保、退场等全部过程内容。

6.2.2.3 典型应用场景

通过应用中建三局一公司移动终端管理系统，项目机管员根据工程实际情况，按工程需要组织设备进场、安装等，并将相应内容录入手持移动终端中，在综合管理信息系统中按合同办理设备结算及付款申请。通过过程跟踪管理，公司和项目管理人员随时随地掌握现场动态，发现问题，及时采取纠正措施，提高项目整体设备管理水平。

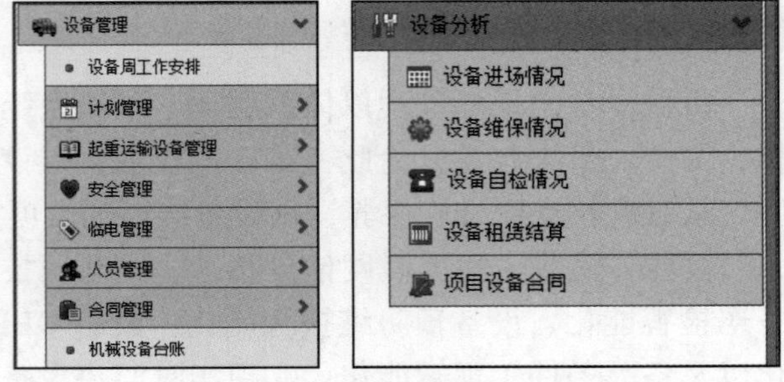

图 6-10 设备现场管理系统目录

1）智慧化的设备安装手续

通过安装资质审核与施工现场验收等环节，在安装之前通过网络信息查询安装资质及备案情况，通过签署安全协议规范双方责任人，通过信息化审核相应方案，最后在现场进行信息化安装管控。

机械设备进入施工现场，管理部门通过手持终端机信息化系统组织设备进场验收。审查该设备各项证件后进行进场设备检查，合格后办理交接手续，并在信息系统中留下检查情况的详细信息，如图 6-11 和图 6-12 所示。

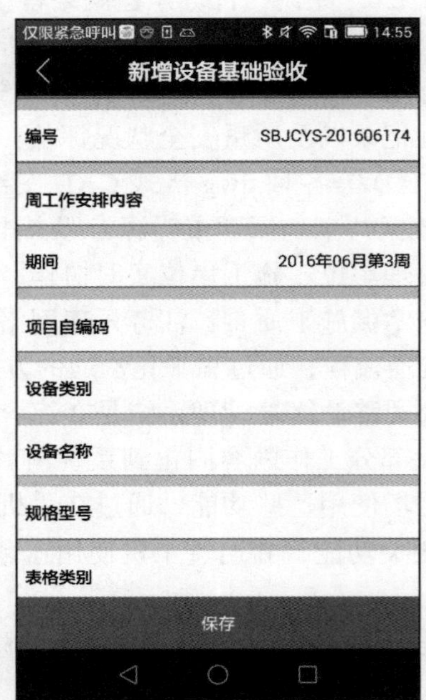

图 6-11 设备管理模块 – 基础验收

2）信息化的机械设备日常检查

为加强设备的安全管理，降低设备故障率，必须进行设备日常检查。设备检查分为机长或班长的班前班后检查、管理人员的定期检查和上级部门的不定期检查，通过信息化手段可实现信息更新、备注与下发通知记录等功能。

系统中会自动记录各台设备的运转情况及技术状况，各安全装置是否齐全有效、设备附件的使用及磨损情况、设备用电的安全情况、设备的安全防护情况、作业人员的遵章守纪情况、作业人员的持证上岗情况等有效信息，为智慧输出做好基础工作，如图 6-13 所示。机械设备部门、机管员应经常深入现场巡视、询问、检查设备的运行情况和安全状态，巡查作业人员的遵章守纪情况。

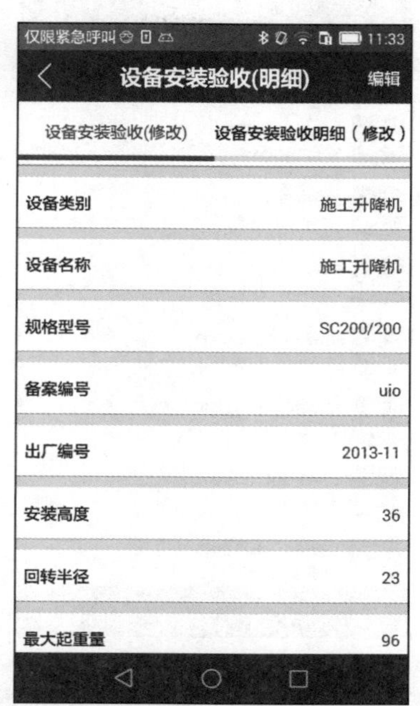

图 6-12　设备管理 – 安装验收

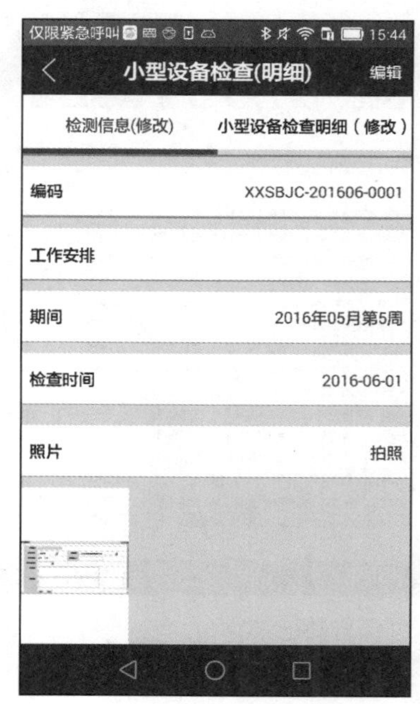

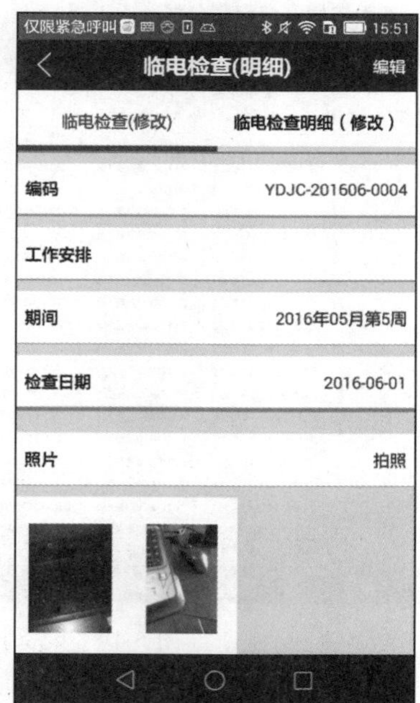

图 6-13　设备管理 – 设备自检

3）自动形成设备维保记录

定检维修保养可保证机械设备的正常运转，延长机械设备修理周期和使用寿命。根据机械设备月度维修保养计划，组织实施维修保养，并通过信息化系统形成维修保养记录，根据设备运转情况自动提醒下次维修保养计划，如图 6-14 所示。

在安排生产和设备使用计划时，必须安排好保养计划，并保证保养计划的如期进行。根据每台设备已运转的时间，结合下月需用机械设备的情况，按照保养周期确定每台机械设备应进行的保养级别和日程，由班组执行保养计划，出租单位和器材部门配合执行。

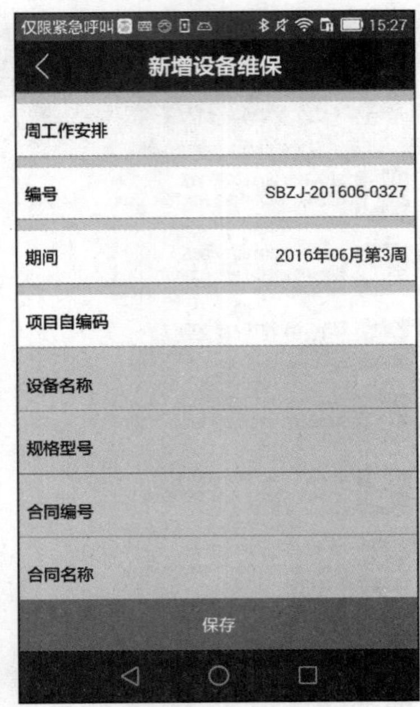

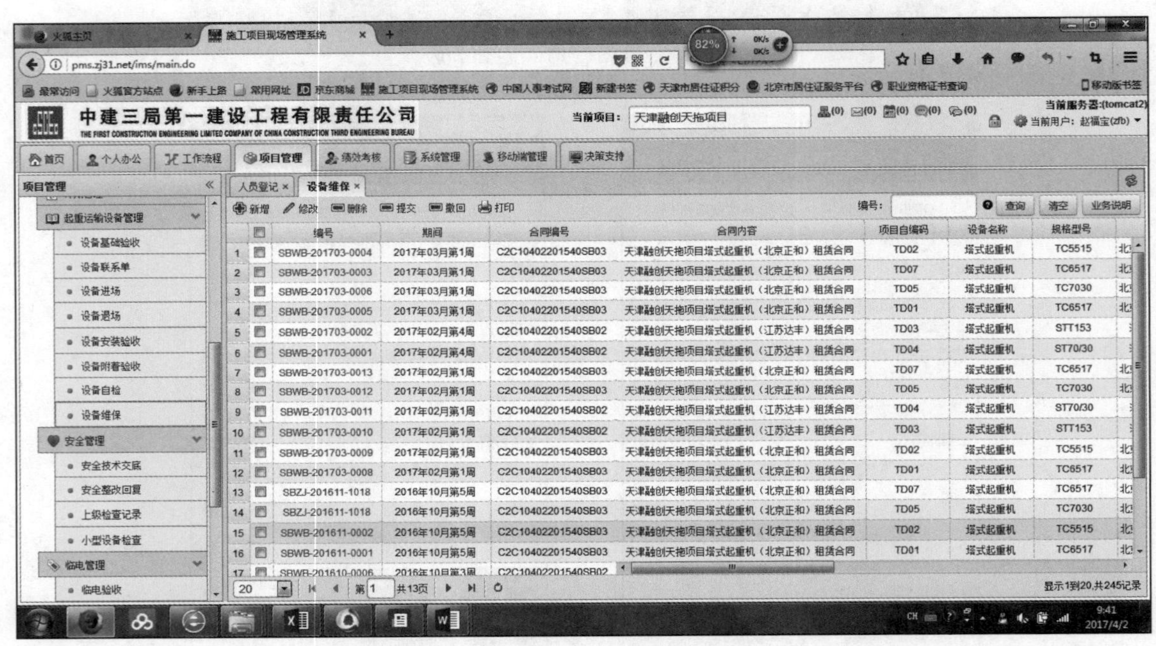

图 6-14　设备管理－维保自动记录

4）信息化施工的设备使用管理

在机械使用管理过程中，机械设备作业人员在施工现场应当佩戴在系统上能查询其身份的证卡，且由经过培训考核持有资格证的人员负责操作。施工负责人应向机械操作人员进行信息化技术交底，如图 6-15 所示。项目管理人员应协调机械使用、保养中出现的矛盾，杜绝违章指挥、违章作业。施工现场的机械管理人员通过巡更系统对在用的机械设备进行巡回检查，发现违反岗位纪律或机械运转异常的进行记录并采取相关措施。

人员管理、结算审批等均在系统中进行，系统自动生成本月成本统计，由项目经理核对租赁成本后提交确认，如图 6-16。同时生成人员管理表格如图 6-17 所示。系统可以对项目每月实际发生的机械费用进行直观显示。

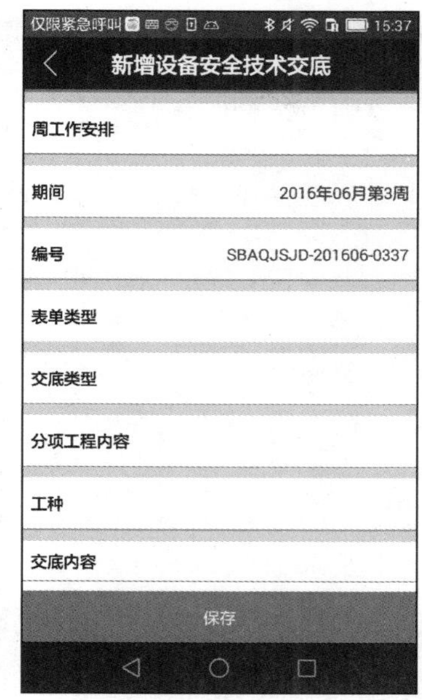

图 6-15　设备管理 – 安全技术交底

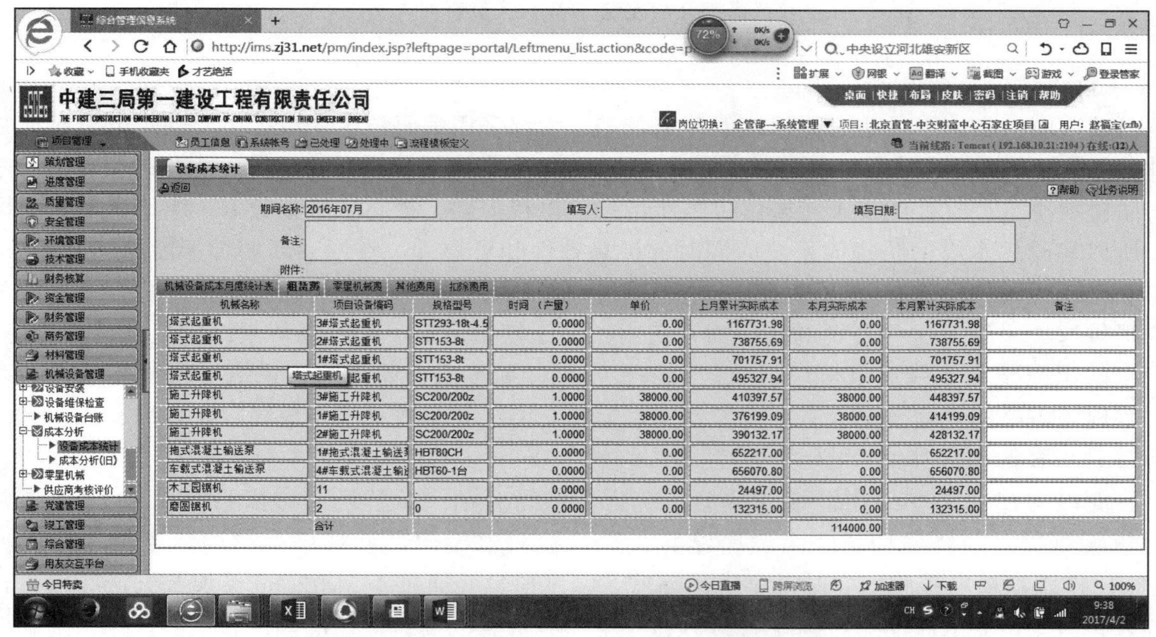

机械名称	项目设备编码	规格型号	时间（产量）	单价	上月累计实际成本	本月实际成本	本月累计实际成本	备注
塔式起重机	3#塔式起重机	STT293-18t-4.5	0.0000	0.00	1167731.98	0.00	1167731.98	
塔式起重机	2#塔式起重机	STT153-8t	0.0000	0.00	738755.69	0.00	738755.69	
塔式起重机	1#塔式起重机	STT153-8t	0.0000	0.00	701757.91	0.00	701757.91	
塔式起重机	塔式起重机	STT153-8t	0.0000	0.00	495327.94	0.00	495327.94	
施工升降机	3#施工升降机	SC200/200z	1.0000	38000.00	410397.57	38000.00	448397.57	
施工升降机	1#施工升降机	SC200/200z	1.0000	38000.00	376199.09	38000.00	414199.09	
施工升降机	2#施工升降机	SC200/200z	1.0000	38000.00	390132.17	38000.00	428132.17	
拖式混凝土输送泵	1#拖式混凝土输送泵	HBT80CH	0.0000	0.00	652217.00	0.00	652217.00	
车载式混凝土输送泵	4#车载式混凝土输送	HBT60-1台	0.0000	0.00	656070.80	0.00	656070.80	
木工园锯机	11		0.0000	0.00	24497.00	0.00	24497.00	
磨圆锯机	2	0	0.0000	0.00	132315.00	0.00	132315.00	
	合计					114000.00		

图 6-16　设备管理 – 成本自动统计

6.2.2.4　智慧机械设备单项技术应用

智慧设备管理除综合系统应用外还有很多单点应用，目前主要应用的工具及软件系统有：群塔防碰撞系统、塔机吊钩可视化安全管理系统、指纹识别系统、塔吊远程监控系统、钢筋翻样一体化管理系统。

以上系统主要用于提升施工现场机械设备安全性、便捷性，通过信息化手段，有效避免了事故发生，提升了现场施工效率，减少了人力成本，下面以群塔防碰撞系统与钢筋翻样加工一体化生产管理系统为例进行介绍。

图 6-17 设备管理－人员管理

1）群塔防碰撞系统

目前市面上实施塔吊防碰撞系统的厂家较多，大都采用编码技术手段，主要通过分析碰撞临界条件（包含塔吊高度、位移、转角之间的内在联系），从干涉区分析开始，尽可能在碰撞即将开始时进行防碰撞决策，有效减少了频繁误报警所带来的电机损耗，提高了施工效率。由于考虑了惯性因素，所以编码技术塔吊防碰撞系统应同时保证高效性和可靠性。陕西泰新博坤智能科技有限公司、北京联合众为科技发展有限公司、郑州恺德尔科技发展有限公司、上海睿技土木工程咨询有限公司等均提供这类系统。这些公司的防碰撞系统由安装于塔机吊臂、塔身及传动结构处的各类传感器、驾驶室的黑匣子和无线通讯模块组成，当塔机发生碰撞等安全隐患时，系统可报警并进行制动控制，对现场塔吊作业安全隐患有一定控作用。但是，由于大多数系统集成局限在角度、风速和倾角传感器上，不能做到 360 度无死角监控。

下面以中建三局一公司群塔防碰撞系统为例进行介绍。该群塔防碰撞系统采用 17 位高精度绝对值编码器，与塔吊回转平台紧密结合，通过绝对值编码器计算塔吊的回转角度，精度可达 0.01°。使用高精度传感器实时采集塔吊高度、幅度信息，通过 433M/2.4G 模块等开放频段，将塔吊群之间的互相通讯周期缩短到 0.5s 以内，保证所有信息的实时性、准确性，从而快速、准确地判断塔吊群内多个塔吊的实时状态并实现群塔防碰撞功能。群塔中的某台设备断电或通讯中断时，当周围塔吊的塔臂进入到和该设备交涉的区域后会进行声光报警来提示司机进入到未知区域，提醒司机小心操作。

塔吊吊钩可视化安全管理系统可 360° 无死角自动聚焦追踪吊钩运作画面，有效预防安全事故。过去塔吊司机吊装材料，需要司索、指挥等通过对讲机反复协调沟通才能作业，即便如此，由于塔吊吊距超高以及存在视线盲区等问题，时常发生塔吊吊钩钩吊不准或吊钩脱落导致材料散落的现象，甚至造成安全事故。塔吊吊钩可视化系统是基于塔吊作业行业需求，根据实际工况，向市场推出的一款全新智能化视频作业引导系统，该引导系统将球状监控仪安装在大臂最前端，自动聚焦、追踪吊钩，能实时、无线发射高清视频至塔吊司机操作屏幕上，展现吊钩周围情况，保证塔吊司机可无死角地监控吊运范围，使其快速准确地做出正确判断和操作，解决了施工现场塔吊司机的视觉死角、远距离视觉模糊、语音引导易出差错等行业难题。

2）钢筋翻样加工一体化生产管理系统

目前在建设工程领域已广泛使用数控钢筋加工设备，较大型的设备生产厂家有济宁腾飞机械设备有限公司、天津市银丰机械系统工程有限公司、济宁凯瑞德机械设备有限公司、河北沧州金同成机械有限公司等，其产品包括数控钢筋自动弯箍机、数控调直剪切一体机、数控棒材剪切机、数控棒材弯曲机、数控套丝机等大型自动化钢筋生产机械。数控机械的广泛使用不仅大幅提高了生产效率，同时也提高了钢筋加工的质量水平，但目前市面上的数控钢筋加工设备的功能大多数都集中在某一点上，受场地制约，不能很好地服务现场生产工作。

近年来，一些施工企业和大型施工项目成立了钢筋加工中心服务于辐射半径内的钢筋工程。尤其是基础建设项目，由于其构件标准化程度高，多数构件采用装配式施工，更适合钢筋加工中心这种集约式钢筋加工方式。中建三局一公司钢筋加工中心的建立，让管理者的管理诉求从替代人工发展成为组建自动化、智能化的生产管理系统，并逐步在工程实际中得以运用。

翻样加工一体化生产管理系统主要由以下几部分组成：数控钢筋加工机械及上、下料系统，二维码料牌打印机及条码扫描识别系统，钢筋翻样软件和综合生产任务管理系统。

翻样加工一体化生产管理系统具有如下优势。

（1）打通翻样加工环节的数据流通环节，实现远程分发加工任务，控制机械加工，提高了加工的整体效率。通过应用该系统，能够最优使用钢筋原材，与传统模式相比，有效减少了钢筋浪费。加工数据能够实时传回系统，整个加工形成闭环，有利于对加工环节的管理。整个加工环节数字化，能够及时、方便地进行远程管理，对保障施工项目的整体进度提供了有力支撑。

（2）通过二维码实现翻样数据与机械的数据通讯。采用二维码的方式将数据记录在料牌中，在生产过程中，通过料牌在各个工序中的流转来承载数据的传输。这种方式可降低现场对网络的要求，提高系统的通用性。料牌的作用不仅是对原材、成品的信息标示，同时也是加工数据的载体。对于一根钢筋加工成“多端”的场景，设计了多联料牌，可在剪切工序完成后，将料牌进行分解，并悬挂至后续环节的各段钢筋中。

6.2.2.5　应用价值

（1）基于移动终端的设备管理系统为设备资产、设备运行（包括故障管理）、维修管理等相关工作，提供了一个先进、完整、综合、动态的工作体系、信息共享体系、知识管理体系和经济技术分析体系。

（2）基于移动终端的设备管理信息系统使工作人员的日常工作方式由 PC 端操作逐渐转变为移动终端操作，解决了现场管理不能做到的数据实时性、准确性的问题。基于移动终端的建设将设备管理各模块实现贯通，并将这些模块移植到移动终端来检验移动终端的便捷性与高效性。

（3）实现系统效率最优、价值最大。一是实现了企业生产能力最大化、企业服务能力最大化（提高设备利用率、降低设备事故和故障时间）；二是改善设备运行效能，提高企业产品（服务）质量；三是优化维修资源配置，提高维修效率，规范维修流程，使保障体系成本最小化（即降低企业对设备的维修成本）；四是保障设备安全、有效、正常运行，实现设备运行效率最大化。

（4）系统当前登录人要做的所有工作都会在待办模块进行显示，能够对管理类工作内容进行及时提醒，确保工作无遗漏。移动终端功能模块的直接使用实现了管理在第一现场，确保了管理动作的及时性，避免了管理人员现场管理和资料整理的分离。设备监控预警记录是对设备运行状况进行的自动监控检查，记录数据分析并判断后自动生成的，对相应人员监控预警的消息提醒，确保了设备安全，受到了基层设备管理人员和公司机关设备管控部门的欢迎。

6.3　应用案例

6.3.1　工程概况

北京通州台湖公租房项目一标段施工项目位于北京市通州区台湖镇通马路以东、亦庄站前街以南、亦庄东石东三路以西，南侧为万科 V 公馆。通州台湖 B1 地块公租房项目，由 3 个分地块构成，其中 C1 分地块建筑群落为 1 ~ 5 号住宅楼，19、20 号配套商业；C2 分地块建筑群落为 6 ~ 11 号住宅楼，21、22 号配套商业。C4 分地块建筑群落为 14 ~ 18 号住宅楼、24 ~ 21 号配套商业，如图 6-18 所示。占地面积 8.15 公顷，总建筑面积 19.7 万 m^2。

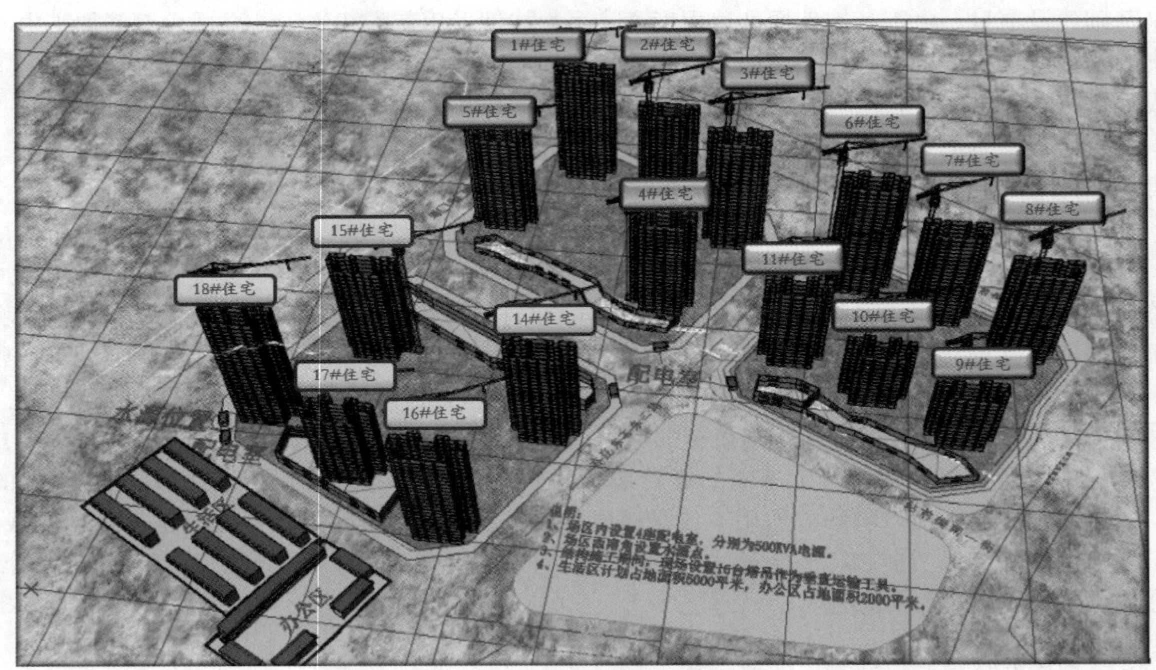

图 6-18　北京通州台湖公租房项目效果图

6.3.2　工程特点

北京通州台湖公租房项目一标段施工项目是通州区的重点建设项目，由北京城乡建设集团有限责任公司（以下简称“北京城乡建设集团”）承建。该项目对质量管理提出了很高的目标，对工程项目管理标准化、精益化而言是极大挑战，因此借助信息化手段是实现项目管理目标的关键要素。

北京通州台湖公租房项目一标段施工项目由 1 ~ 11 号住宅楼，14 ~ 18 号住宅楼，C1、C2、C4 地下车库，19 ~ 22 号配套，24 ~ 26 号配套，共 26 个单体组成。其中，1 ~ 11 号住宅楼、14 ~ 18 号住宅楼为全产业化楼（结构产业化、装修产业化），结构产业化率为 54%。该项目开工日期 2015 年 12 月 30 日（实际开工日期 2016 年 5 月 10 日），竣工日期 2018 年 6 月 3 日，工期紧张。质量等级为合格标准，质量奖目标为北京市“结构长城杯”（金奖）“建筑长城杯”（金奖）“中国土木工程詹天佑大奖”“建筑工程鲁班奖”。安全文明施工目标为北京市“绿色安全样板工地”和“全国绿色示范工程”。

6.3.3　应用工具及应用内容

根据北京通州台湖公租房项目一标段施工工程实际需求，广联达公司作为北京城乡建设集团智慧工地的战略合作伙伴，为此项目开发设计智慧工地整体解决方案，其中在机械设备管理领域采用了“云 + 端”的应用工具，实现了生产效率提升、经营成本控制以及作业风险防控等应用价值。

1）监控设备故障率

机械设备发生故障直接影响现场生产的正常工作开展，设备故障率的统计也是租赁设备结算的重要依据，通过手机移动 App 报备设备故障，记录其维修信息，数据自动同步云数据平台，供统计分析与机械设备运行监控使用，如图 6-19 所示。

我的桌面　机械设备维修保养记录

查询方案(0)　编制人,单据编号,机械设备名称

新建　编辑　查看　删除　取消提交　共享　流转历史　查看引用　导出　打印　刷新

拖动列头到此处添加分组　分组合计：计数　编辑

		单据编号	机械设备名称	修理工时(h)	主修人	维修保养类别	故障现象	故障原因	维修保
174		C1002035120150000...	固定塔式起重机	2	袁发明		电缆外皮磨损	电缆无保护	1、
175		C1002035220150000...	施工升降机	2	粟正权	三级	电梯滚轮有磨损跟换一个新的滚...	长时间使用机械磨损。故障已排...	1.安
176		C1002035320140000...	固定塔式起重机	3	陈保杰	一级	吊重材料出现制动不灵	刹车片磨损	检查
177		C1002035320140000...	固定塔式起重机	2	陈保杰	一级	回转距离不够	调整回转限位	检查
178		C1002035120150001...	固定塔式起重机			一级	无		各机
179		C1002035120150001...	固定塔式起重机			一级	无		各机
180		C1002035120150001...	固定塔式起重机	720	袁发明	三级	无	无	保养
181		C1002035120130001...	施工升降机	0	陈湘勇	三级	无	无	各限
182		C1002035120130001...	施工升降机	0	陈湘勇	三级	无	无	各限
183		C1002035120130001...	施工升降机	0	陈湘勇	三级	无	无	各限
184		C1002035120130001...	施工升降机	0	陈湘勇	三级	无	无	各限
185		C1002035120130001...	施工升降机	0	陈湘勇	三级	无	无	各限
186		C1002035120130001...	固定塔式起重机	0	朱瑞	三级	无	无	各限
187		C1002035120130001...	施工升降机	0	陈湘勇	三级	无	无	各限
188		C1002035120130001...	施工升降机	0	陈湘勇	三级	无	无	各限
189		C1002035120130001...	固定塔式起重机	720	陈湘勇	三级	无	无	各限
190		C1002035120130001...							

第 1 页,共 2 页　每页显示 300 条记录　显示第 1 条到 300 条记录，一共 323 条

图 6-19　监控设备故障率现场及记录

2）监控设备维修保养

现场机械设备出现故障的一个重要原因是维修保养工作不到位，因此，机械设备管理需要将事

后维修转化为预防检修及维护保养，使得设备实现最大综合效益。系统中将【模版】→【计划】→【提醒】→【执行】→【记录】→【分析】等环节融为一体，通过手机移动 App 报备设备故障、记录其维修信息，数据自动同步云数据平台，供统计分析与机械设备运行监控使用，如图 6-20 所示。

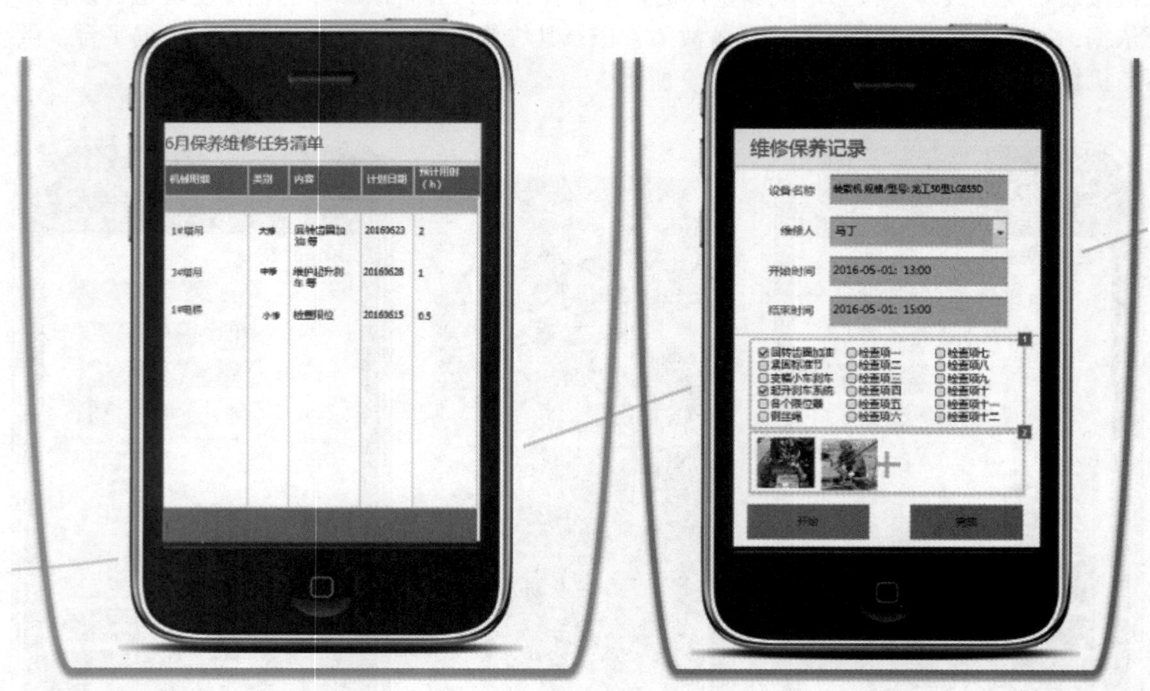

我的桌面　机械设备维修保养记录

查询方案(0)　编制人,单据编号,机械设备名称

新建　编辑　查看　删除　提交　共享　流转历史　查看引用　导出　打印　刷新

拖动列头到此处添加分组　**分组合计：计数**　编辑

	单据编号	管理编号	类型	机械设备编码	机械设备名称	规格型号	单位	修理工...	维修保养内容
1	C1002035320160000...	7#塔吊	外租机械	G1020125005	固定塔式起重机	QTZ80	台	2	检查维护起升刹车系统，检查维护变幅小车刹车
2	C1002035320160000...	8#塔吊	外租机械	G1020125005	固定塔式起重机	QTZ80	台	2	紧固标准螺栓，检查维护变幅小车系统、起升刹
3	C1002035320160000...	6# 塔吊	外租机械	G1020125026	固定塔式起重机	R50.20	台	2	回转齿圈加油，检查维护起升刹车系统、变幅小
4	C1002035320160000...	5#塔吊	外租机械	G1020125005	固定塔式起重机	QTZ80	台	2	回转齿圈加油，检查紧固标准节螺栓，检查维护
5	C1002035320160000...	4#塔吊	外租机械	G1020125026	固定塔式起重机	R50.20	台	2	齿圈加油，检查维护起升刹车、变幅小车刹车等
6	C1002035320160000...	3# 塔吊	外租机械	G1020125026	固定塔式起重机	R50.20	台	2	回转齿圈加油，检查维护起升刹车、变幅小车刹
7	C1002035320160000...	2#塔吊	外租机械	G1020125028	固定塔式起重机	QTZ145(H25/...	台	2	检查维护起升刹车系统、维护变幅小车刹车、回
8	C1002035320160000...	1#塔吊	外租机械	G1020125005	固定塔式起重机	QTZ80	台	2	检查维护起升刹车系统、维护变幅小车刹车、紧
9	C1002035320140000...	F007-001	外租机械	G1020125084	固定塔式起重机	QTZ6013	台	2	润滑、保养、检查钢丝绳、各个限位器的灵敏度
10	C1002035320140000...	F001-001	外租机械	G1020125084	固定塔式起重机	QTZ6013	台	3	润滑、保养、检查钢丝绳、各个限位器的灵敏度
11	C1002035320140000...	F007-001	外租机械	G1020125084	固定塔式起重机	QTZ6013	台	3	润滑、保养、检查钢丝绳、各个限位器的灵敏度
12	C1002035320140000...	F001-001	外租机械	G1020125084	固定塔式起重机	QTZ6013	台	2	润滑、保养、检查钢丝绳、各个限位器的灵敏度
13	C1002035320140000...	F007-001	外租机械	G1020125084	固定塔式起重机	QTZ6013	台	3	润滑、保养、检查钢丝绳、各个限位器的灵敏度
14	C1002035320140000...	F001-001	外租机械	G1020125084	固定塔式起重机	QTZ6013	台	3	润滑、保养、检查钢丝绳、各个限位器的灵敏度
15	C1002035320160000...	8#塔吊	外租机械	G1020125005	固定塔式起重机	QTZ80	台	2	检查紧固各连接螺栓，钢丝绳抹油，回转齿圈加
16	C1002035320160000...	7#塔吊	外租机械	G1020125005	固定塔式起重机	QTZ80	台	2	检查紧固各连接螺栓，钢丝绳抹油，回转齿圈加
17	C1002035320160000...	6# 塔吊	外租机械	G1020125026	固定塔式起重机	R50.20	台	2	检查调整起升刹车，钢丝绳抹油，检查紧固各连

图 6-20　监控设备维修保养

3）智能点检设备状态，快速定位现场问题

塔吊、施工电梯等大型设备，安全隐患多，需要定期进行隐患排查。传统检查过程完全依靠管理者本身的经验和责任心，经常出现例行公事式的检查，导致隐患不能及时被发现。通过专用手持终端将巡检工作标准化，避免了人为因素导致的疏漏，保证了隐患及时得到排查，如图 6-21 所示。

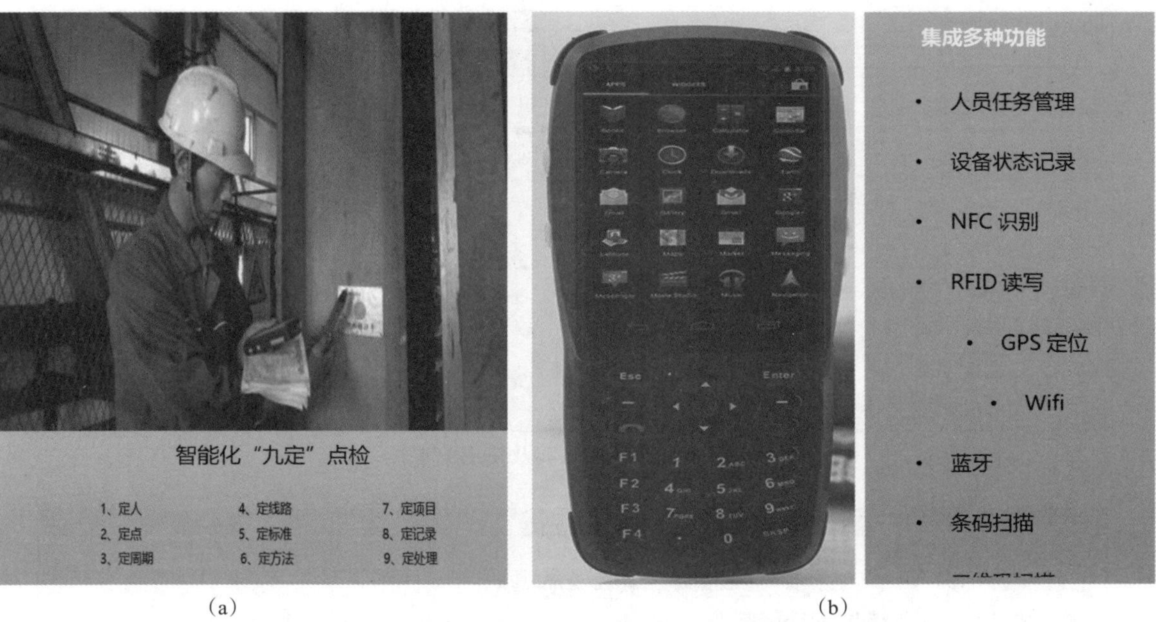

（a）　　　　（b）

（c）

图 6-21　智能点检设备状态

（a）智能化"九定"点检；（b）移动终端集成功能应用；（c）移动终端巡检

4）控制采购及使用成本

找到高性价比的设备供应商和租赁商，是控制设备成本的源头，历史价格信息的参考和供应商信息平台，是招标采购环节重要的支撑要素，数据积累应用得益于信息系统工具。通过平台端价格平台和供方平台，实时汇总和更新价格信息，为采购寻源比价提供有利支撑，如图 6-22 所示。

合理调控机械设备的进出场，是节约成本的重要措施；严格按照合同约定办理结算付款，加强过程结算支付，同样也可以在信息系统中实现精益化管理，如图 6-23 ~ 图 6-27 所示。通过机械设备使用策划的执行，做到机械设备有序进出场；通过机械设备使用的全过程管理，做到成本可控，形成计划、合同、过程履约、结算支付闭环管理。

机械设备编码	机械设备名称	规格型号	单位	计费方式	计费单位	合同价	结算价	当期指导价	地域	合同数量	付款方式	供应商信息	租赁单位	合同名称
G1020172009	物料提升机	SMZ150	台	日租	天		186.6666666 2016-06-19		廊坊	12		北京宏利盛世贸易有限公司 联系人:刘丽 13701205309	直营业务部 首钢·圣拉蒙尔小...	C100203682015... 物料提升机租赁合同
G1020125003	固定塔式起重机	ST70/30	台	日租	天		0 2016-06-22			1	工程预付款：本工程ｱ	中建二局第三建筑工程有限公... 联系人:闫雪松 13901360661	直营业务部 房山高教园项目	F005 塔吊拆装、租赁合同
G1020125003	固定塔式起重机	ST70/30	台	日租	天		0 2016-06-22			1	工程预付款：本工程ｱ	中建二局第三建筑工程有限公... 联系人:闫雪松 13901360661	直营业务部 房山高教园项目	F005 塔吊拆装、租赁合同
G1020125003	固定塔式起重机	ST70/30	台	日租	天		40000 2016-06-22			1	工程预付款：本工程ｱ	江苏中建达丰机械工程有限公司 联系人:0 0	直营业务部 房山高教园项目	F006 塔吊拆装、租赁合同
G1020125004	固定塔式起重机	QTZ63B	台	日租	天		766.6666666 2016-06-19		廊坊	2		三河市营鑫建筑工程有限公司 联系人:赵德龙 13932699926	直营业务部 首钢·圣拉蒙尔小...	C100203682015... 塔吊租赁合同（营鑫）
G1020125004	固定塔式起重机	QTZ63B	台	日租	天		366.6666666 2016-06-20		丰台区	1		北京万盛建筑机械设备租赁有... 联系人:张桂芹 18910228525	直营业务部 招商亚林东项目	C100203682015... 亚林东一期塔吊租赁合

图 6-22 控制采购及使用成本

	单据编号	状态	编制机构	编制人	编制日期	计划日期	备注
1	C100203632016000...	审批通过	凯里市下司镇民族中学...	钟明	2016-06-13	2016-06-13	
2	C100203632016000...	审批中	凯里市下司镇民族中学...	钟明	2016-06-13	2016-06-13	
3	C100203532014000...	审批中	呼市回民区万达项目	黄海深	2016-06-05	2016-06-05	
4	30005-JXSBSYJH-201...	未提交	北京方兴亦庄X85R1住...	徐鸿志	2016-05-19	2016-03-10	
5	C100203532014000...	审批通过	中建城三期	任定武	2016-04-23	2016-04-23	
6	C100203532014000...	审批通过	中建城三期	任定武	2016-04-23	2016-04-23	
7	C100203532014000...	审批通过	中建城三期	任定武	2016-04-23	2016-04-23	
8	C100203532016000...	未提交	陕西大剧院项目	胡嘉峰	2016-04-16	2016-04-16	
9	C100203532014000...	审批通过	中建城三期	任定武	2016-04-11	2016-04-11	
10	C100203542015001...	审批通过	浙江嘉兴一期(南区)项目	袁练	2016-04-08	2016-04-08	
11	C100203512015001...	未提交	深圳金利通金融中心项目	陈方元	2016-04-07	2016-04-07	
12	C100203512015001...	未提交	京东华南（广州）电子...	黄宜斌	2016-04-07	2016-04-07	
13	C100203522015000...	审批通过	宗地14B地块	魏殿敏	2016-03-31	2016-03-31	
14	C100203512016000...	未提交	长沙望城红星美凯龙全...	冷宝林	2016-03-29	2016-03-29	
15	C100203682015001...	审批通过	远成齐鲁综合物流港（...	鲁小蒙	2016-03-28	2016-03-28	
16	895623-JXSBSYJH-20...	审批通过	瑞河兰乔1#地工程	黄斌	2016-03-24	2016-03-24	
17	895623-JXSBSYJH-20...	未提交	瑞河兰乔1#地工程	于凤龙	2016-03-17	2016-03-17	

图 6-23 设备使用计划

图 6-24 设备租赁合同

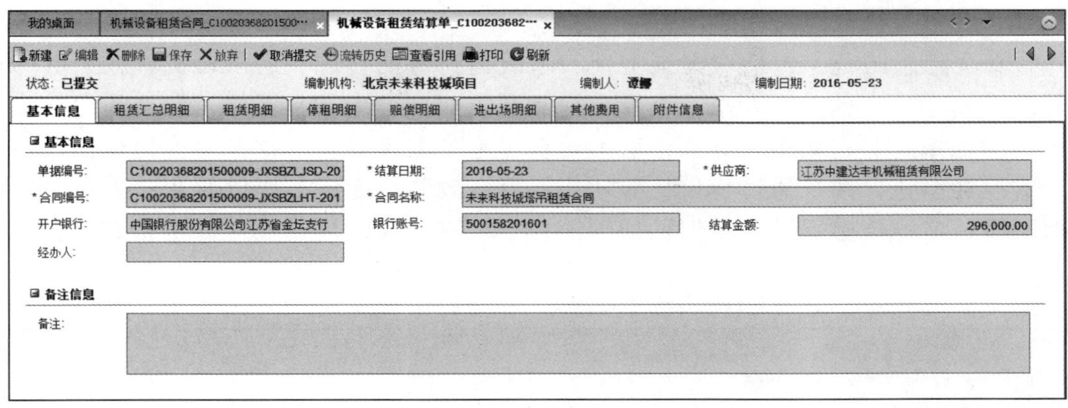

图 6-25　设备租赁结算单

图 6-26　设备付款申请单

我的桌面　机械设备结算支付情况查询

查看结算支付明细　详细信息　导出　打印　单位：万元　资金超付时标红预警：

拖动列头到此处添加分组　编辑

	合同名称	合同...	变更...	本期金额				累计金额						欠...
				本期履约...	本期结算...	本期支付...	本期抵...	累计履...	累计结...	累计支...	累计抵扣...	累计付...	履约未结金额	履约...
1	室外施工电梯租赁合同...	214.23	214.23	0.00	0.00	0.00	0.00	18.44	18.44	0.00	0.00	0.00	0.00	
2	未来科技城塔吊租赁合同	249.60	249.60	0.00	0.00	0.00	0.00	119.67	119.67	0.00	0.00	0.00	0.00	
3	南昌西湖万达广场施工...	211.49	211.49	23.50	23.50	0.00	0.00	108.38	108.38	0.00	0.00	0.00	0.00	
4	塔吊租赁合同	225.00	225.00	0.00	0.00	0.00	0.00	38.18	38.18	8.00	0.00	20.95	0.00	
5	4#楼塔吊安装拆卸补充...	0.00	0.00									0.00		
6	塔吊租赁合同（湖北鼎...	262.50	262.50	27.52	27.52	0.00	0.00	107.62	107.62	30.00	0.00	27.88	0.00	
7	塔吊租赁合同（江西五...	435.30	435.30	18.90	18.90	0.00	0.00	113.67	113.67	36.00	0.00	31.67	0.00	
8	施工电梯租赁合同（武...	216.00	216.00	4.80	4.80	0.00	0.00	22.68	22.68	0.00	0.00	0.00	0.00	
9	施工电梯租赁合同（武...	252.00	252.00	4.80	4.80	0.00	0.00	19.24	19.24	0.00	0.00	0.00	0.00	
10	南昌万达城K区塔吊租...	358.40	358.40									0.00		
11	塔吊租赁合同	74.71	74.71	0.00	0.00	0.00	0.00	74.60	74.60	0.00	0.00	0.00	0.00	
12	八达岭航天五院一期塔...	103.20	103.20									0.00		
13	八达岭航天五院一期建...	18.20	18.20									0.00		
14	塔吊租赁合同	48.70	48.70	0.00	0.00	0.00	0.00	35.60	35.60	0.00	0.00	0.00	0.00	
15	中建•御和天下二期塔吊...	188.80	188.80	18.20	18.20	0.00	0.00	55.22	55.22	0.00	0.00	0.00	0.00	
16	蓝爵花园商住小区（二...	40.80	40.80									0.00		
17														
		8,038....	8,038....	183.78	183.78	0.00	0.00	1,271.00	1,271.00	74.00	0.00		0.00	

第 1 页,共 3 页　每页显示 25 条记录　显示第 1 条到 25 条记录，一共 69 条

图 6-27　设备支付情况查询

5）防范人员以及机械设备的安全风险

人员的安全隐患防范，包括对无证上岗、超载运行等的管理。塔吊司机、施工电梯司机持证上岗是设备安全生产的基本要求，企业自身和政府对此要求非常严格，但往往存在临时更换无资质司机的现象。在超载运行方面，塔吊司机、施工电梯司机违章作业行为也往往得不到及时有效的监控和制止。系统通过身份校验功能，可有效防止无证上岗以及非法人员操作塔吊和施工电梯；通过多种传感器及控制器的协同工作，可有效控制塔吊和施工电梯超载，如图 6-28 所示。

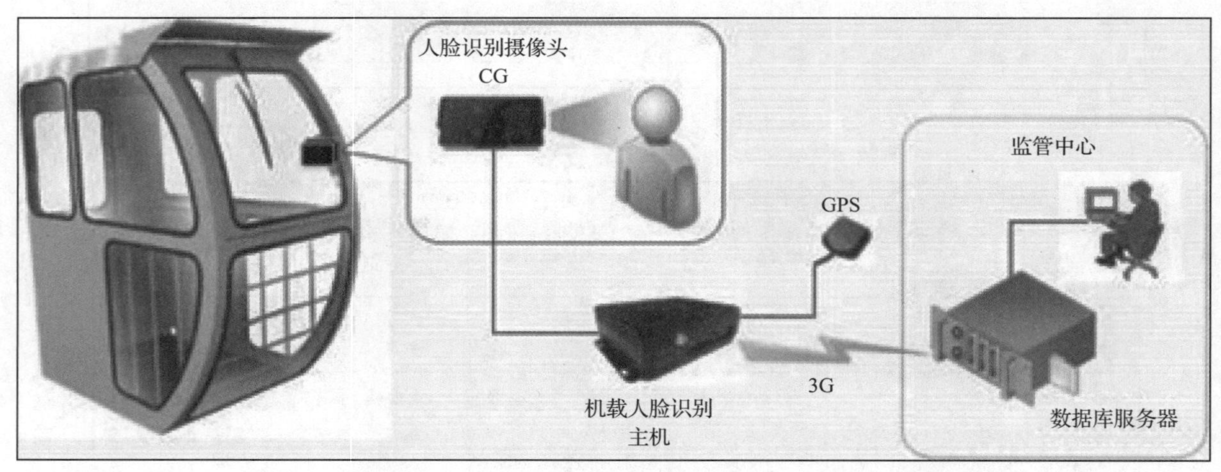

（a）

（b）

图 6-28　设备人员管理

（a）塔吊及施工电梯身份校验系统；（b）人脸识别、身份校验

机械设备的安全隐患防范，如图 6-29 所示，包括但不限于以下几个方面。

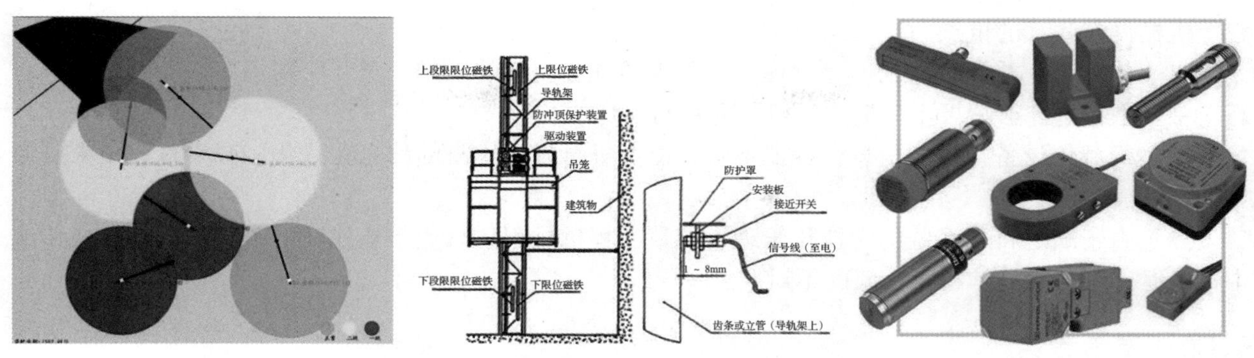

图 6-29　设备风险管理（塔吊防碰撞系统、施工电梯防冲顶、基坑位移监测）

（1）塔机碰撞。群塔作业时，由于塔吊大臂回转半径的交叉，容易造成大臂之间碰撞事故发生。

（2）施工电梯冲顶。由于制动失效，上限位开关、上极限开关失效，电梯上行超速等原因引起轿厢越过标准节顶节。

（3）附着及固定设施松动。因附着设施或固定设施松动，导致塔机和电梯失稳而发生倾覆倒塌。

防碰撞设备的主要作用在于：群塔中每塔均安装防碰撞监控设备，对塔吊作业状态（转角、半径等）进行实时监控，塔吊智能识别和判断碰撞危险区域。大臂进入碰撞危险区域，系统即开始声光预警，距离越近，报警越急，达到碰撞临界允许值时，系统自动切电源。系统将通过无线设备检测升降机吊笼高度，当升降机接近顶部时，自动发出预警提醒信号；通过接近开关监测附着及固定设备的状态，一旦出现松动或发生沉降、变性的等位移，自动发出预警信息。

6.3.4　应用效果

通过“云 + 端”的物联网技术手段应用，北京通州台湖公租房项目一标段施工在机械设备标准化、精益化、智能化管理中实现了初步应用价值，同时，随着工程的进展，应用效果将进一步显著提升。

（1）保生产。通过监控设备故障率以及维修保养记录，保证机械设备能够在现场作业环境中正常运行，为现场生产正常进行提供了保障。

（2）提效能。智能点检查提高了传统机械设备的运行状态及效率，从而提升了管理效率。

（3）控成本。通过系统积累的价格数据信息辅助采购比价与价格控制，同时在管理平台中规范化计划申请、合同、结算和支付审批管理，减少了人为干扰，确保了履约合规、成本可控。

（4）防风险。通过对关键岗位（如塔司）上岗人员监控以及机械设备运行中的安全隐患监控和预防，有效降低乃至避免了安全风险带来的不利影响。

6.4　存在的问题及发展趋势

6.4.1　存在问题

目前智慧机械设备管理在工程施工管理过程中，逐步实现了信息化、标准化、规范化的管理，但实际操作过程中仍然存在着一定的不足。机械设备管理的重点在于人员管理，只有人员管理好，项目管理水平才能不断提升，但在过程管理中对过程及人员的管理还存在着诸多不足，这也是今后智慧机械设备管理的重点。

（1）传统企业受经营方式、经营理念、思维惯性等因素的影响，对互联网仍有怀疑和抵触的心态，主观上还不能够积极主动地“拥抱”互联网。

（2）机械化设备自身的信息化程度不够，需要进行设备本身的信息化优化，减少过程中人员参与的程度。

（3）由于缺乏科学系统的智能化管理，导致工程机械租赁行业市场比较混乱，数据信息在传递中不及时、不科学，使得供需匹配不对应。

6.4.2 发展趋势

基于互联网 + 工程机械设备的智慧管理主要向资源组织网络化、产品功能自动化、售后服务远程化、设备管控智能化、统计诊断数字化方向发展。

（1）资源组织网络化将成为企业进行资源组织的最好方法。通过网络招投标，与分供方进行实时便利沟通，实现了资源的有效配合，直至各地库存互联互通，实现泛供应链数字化管理，实时提供设备和备件、配件、易损品、易耗品库存和物流情况，并向售后服务、生产管理等提供数字支持。

（2）产品功能自动化将成为设备优化设计的关键问题。各生产厂家将花大力气提升产品的自动化水平，并进一步配合物联网技术，实现远程管控、信息化管控，借助数字化管理等技术实现提升。主要实现设备操作的简单化、无人化、智能化，实现基于多设备类型的协同精准作业的现场管理，提升施工现场的精细化生产管理水平，并通过网络实现信息化管控和记录。同时在管控中提供如故障诊断、远程指导、备件查询和成本统计分析功能，甚至提供物流端到端监控及安全管理和维保成本核算等内容，能够取得更大的经济效益，从而实现更好的综合效益。

（3）售后服务远程化将成为设备管理智慧化的关键一环。根据远程故障诊断技术、GPS 等技术或应用，提供自动召唤服务，一旦设备发生报警和故障信息，系统自动匹配报警内容和故障等级，依据就近、尽快、适合的原则，寻找服务车和服务工程师，进行精准派单，并自动进行服务过程和结果的闭环验证与确认，确保服务升值。

（4）设备管控智能化将成为现场管理的重中之重。包括人对设备的管理行为和设备本身操作的管理，均应实现智慧化功能。人对设备的管理行为主要依靠企业规章制度和国家规范建立起来的相应信息系统和 App，通过规范统一的管理和数字化的记录，实现自动统计分析，定期提醒等智慧化增值内容。设备本身操作的管理通过设备本身的优化成为电子化、数字化的操作方式，并和物联网技术结合，融合到管理行为的信息系统中，有机实现人员、设备的融合。甚至可实现互联网 + 远程操作、管控，降低劳动强度，保障作业人员远离危险作业环境。

（5）统计诊断数字化将成为机械设备管理系统的必备功能。主要是通过过程中的行为管控记、设备数字存档，进行大数据分析和挖掘，统计出各设备类型、各类因素下的应用情况。如作业和负载数据信息、维保数据、故障分析，为精准的设备管理提供数据参考。实现基于手机的 App 移动管理应用，整合客户碎片时间，实现随时随地获取设备位置、工况、报警、故障、服务等信息，提升产品质量，强化提升生产效率，提高机械设备管理水平。

互联网 + 以客户为中心的智慧机械设备管理是供应商、使用者、技术服务者全部参与的全新设备管控模式，打破了原有机械设备使用的资源和分工模式，将形成一体化、信息化、智慧化的大格局和创新力，成为工程建设过程的有力保障。

参考文献

［ 1 ］ 齐智慧. 浅谈施工现场机械设备节能管理［J］. 工程技术：文摘版：00195-00195.

［ 2 ］ 丁淑英. 浅谈施工机械设备管理［J］. 中国石油和化工标准与质量，2011, 31 (5): 76-76.

［ 3 ］ 姚国龙. 施工企业机械设备管理［J］. 中国新技术新产品，2009 (15): 112-112.

［ 4 ］ 彭万仓，王水波，王全州. 基于编码技术的塔吊防碰撞系统设计［J］. 现代电子技术，2008, 31 (16): 51-54.

［ 5 ］ 张绍伶. 工程施工中的机械设备管理［J］. 商品与质量，2016 (10).

［ 6 ］ 刘洪滨，邹智慧. 智能建筑工程项目施工管理［J］. 施工企业管理，2003 (1): 34-35.

［ 7 ］ 吕豪. 智慧工地的几个典型应用［J］. 施工企业管理，2017 (4).

第 7 章 智慧物料管理

7.1 概述

建筑物料构成建筑产品实体，是建筑生产的劳动对象。建筑物料管理，是建筑物料的计划、采购、供应、验收、使用等管理工作的总称。由于物料费用一般占建筑工程成本的 60% ~ 70%，合理地组织建筑物料的计划、采购、供应、验收与使用，保证建筑物料从供应商手中按品种、数量、质量、时间节点进入建筑工地，减少流转环节，防止积压浪费，对缩短建设工期，加快建设速度，降低工程成本有重要意义。

在传统的工地管理模式中，建筑物料管理的可控性不强。建筑物料管理受工程项目施工特点的影响，物料管理在计划、采购、供应、验收、使用等环节的管理工作具有一定的特殊性和复杂性。一般由技术部门提出材料计划后，由物资部门进行采购，然后由物资部门反馈材料到达现场的时间，材料到达现场后由物资部门进行签收。在这个过程中，往往会出现物资不能按时到场，到场材料不足或者不合格的情况。

智慧物料管理是充分利用 BIM、物联网、大数据、移动互联网等技术对工地物料实施全生命周期的管理。通过这些新技术的应用，使项目管理人员能够提出准确的采购计划，对进场物料跟踪管理，对工地的物料情况进行实时监控，对主要物料的成本状况了如指掌，从公司内部获取物料历史采购价格和供应商信息，从互联网建材商务平台获取物料市场价格和优质供应商，作为物料成本的预测和风险分析的数据基础，从而帮助项目降低采购成本。

本章将主要围绕基于 BIM 模型和互联网的集成物料采购管理、基于物联网技术的物料现场验收以及对工程项目物资成本占比较大的钢筋的精细化管理 3 个方面进行总结。

7.2 应用内容和工具

7.2.1 互联网采购管理

7.2.1.1 应用背景

物料采购是物料管理的起点，以订立合同为界分寻源与履约两个环节。寻源从采购计划开始，寻找供应商，进行招投标等最终生成采购合同；履约从下订单开始，根据合同进行供货、验收、结算、支付。物料采购管理即是将此过程所需的信息流、商流、资金流和物流进行有效管理。

通常情况下，为了增强市场竞争实力，谨慎开支和严格控制采购环节、优化采购策略和规避采购风险对提高采购效率、保持低成本的竞争优势至关重要。企业通过实施有效的计划、组织与控制等采购管理活动，合理选择采购方式、采购品种、采购批量、采购频率和采购地点，以有限的资金保证经营活动的有效开展，在降低企业成本、加速资金周转和提高企业经营质量等方面发挥着积极作用。

随着采购水平及管理要求的提高，如何执行采购也成为困扰各施工企业的一道难题。信息技术和互联网技术的飞速发展，为企业打开了一扇新的天窗。互联网采购管理在降低企业采购成本的过程中，其反应迅速、协同方便、安全可靠的特点也逐渐被企业所认可。

互联网采购是一种智慧的采购，它是使用云计算、大数据、移动通信等信息技术，以互联网思维构建的企业基于互联网的采购模式。基于互联网完成采购与交易行为，如网上招标、竞标、谈判、签约等，利用互联网思维和信息技术对采购全程进行管理。互联网采购体现采购管理的规范化、流程化、标准化，并最终使采购管理更加智能和专业。

互联网采购应用移动通讯手段，比如短信、微信、手机 App，可以及时准确地收发采购中所涉及的各类消息，包含招标公告与招标邀请信息、中标公告信息、订单信息、发货信息、到货信息等。

互联网采购应用基于云技术的网络平台，可以提高企业内外部的协同效率。对外，供需双方可以在线发标、投标报价，在线开标、专家在线评标在线中标确认、验货确认等。对内，业务、采购、财务等不同部门可进行业务流转，在线审批等。平台通过提供智能化的系统工具，提高业务人员的工作效率，减少了数据出错的几率，统一输入输出的形式，为企业内数据共享提供了条件。平台通过信息协同，将管理和信息化相融合，打通了管理壁垒，提高了管理效率。

互联网采购应用大数据技术，建立分门别类的数据信息库。通过分析业务系统中不断产生、收集起来的数据，形成对整体内、外部形势的分析，获取整体业务发展状况，进而形成科学合理的管理决策。通过分析数据，挖掘数据背后的价值，使之作为决策的依据，避免拍脑袋、凭空做决策。其中的基础数据库包含物料库、供应商库、价格库等，业务数据库包含交易数据、合同数据、订单数据等。按照统计的供应商中标金额及次数作为战略供应商的选取依据，统计招标率、采购节约率等指标判断采购管理水平的高低。通过计划准确性、审批通过率考核等提高采购绩效水平。把所有的物料采购明细价格做成价格台账，记录数量、时间、地域、采购单位等信息；然后把同种材料提取出来分析最高价、最低价、平均价及价格曲线图；最终把这些价格应用到计划、定标环节，跟实际供应商报价及定标价格做对比，作为定标决策依据。

7.2.1.2　互联网采购管理系统

1）互联网采购管理系统分类

（1）按业务范围划分

按业务范围可分为寻源系统与履约系统。寻源系统从采购计划开始，到采购合同结束。目前市场上主要以寻源系统为主，人们常说的采购系统大多指寻源系统。寻源过程因为有招投标等相关法律法规的约束与规范，发展比较成熟，一般均已形成了标准型产品。履约过程因为受组织层级、管理模式等诸方面的影响，企业应用时个性化要求比较多，多是定制化产品。

（2）按系统主导与建设方划分

按主导与建设方可分为买方系统、卖方系统与第三方市场系统三种。

①目前各施工企业建设的采购管理系统就是买方系统，是指采购方在互联网上发布所需采购的产品信息，由供应商在采购方的网站上投标登录，供采购方进行评估，通过进一步的信息沟通和确认，从而完成采购业务的全过程。在此模式中，采购方通过限定采购产品目录中的种类和规格，给不同的员工设定访问权限和决策权限来控制整个采购流程。供求双方通过采购方的网站进行文档传递，因此有利于对采购网站与后端的信息系统进行有效的连接，使这些文档能够流畅地被后台系统识别并加以处理。

②卖方系统是指供应商在互联网上发布其产品的在线目录，采购方则通过浏览来取得所需的商品信息，然后做出采购决策。代表性的就如现在的苏宁易购、中粮网等。在该模式中，采购方能够

比较容易获得所需采购的产品信息，但为了进行供应商选择，必须寻找并浏览大量的供应商网站，这些网站有各自的界面、布局、格式，不便于进行迅速地比较。如果购销双方能够使用相同的系统标准，电子采购系统与后端的企业内部信息系统很好地集成，将会极大地简化此过程。

③第三方系统是指供应商和采购方通过第三方设立的专业采购网站进行采购。目前的淘宝等电商网站均属这个模式，无论是供应商还是采购方都只需在第三方网站上发布提供或需要的产品信息，第三方网站负责对这些信息进行归纳和整理，然后反馈给用户使用。

在三种模式的选择上，目前施工企业主导的大多都是买方系统模式。基于各种模式的特点，比较科学的方式是根据所购买材料的分类及特点，选取不同的采购系统，并最终组合在一起形成采购全生态链的管理。比如大型重要物资采购主要以招投标形式进行的在施工企业自主搭建的买方系统上进行。周转材、装饰耗材、劳保用品等价值比较低用量又比较频繁的材料可以搭建专门的第三方平台，商家入驻商户，应用方直接查看产品、价格等信息后下单购买。对于办公用品、家电等可以通过对接专业成熟的现有卖方系统实现。

（3）与其他信息化系统的集成

目前存在以下 4 种集成方式：

①与移动端系统的集成。移动端可以最方便地实现移动审批与消息推送的功能，充分发挥移动互联网的便捷性。

②与其他系统的界面层次集成。一方面用单点登录方式形成统一的登录门户，另一方面应用采购系统与供应商互通互联的优势，把其他信息化系统的消息数据推送过来形成与供应商信息交互的统一平台门户。

③业务数据方面的集成。具体包含业务数据中的计划信息、合同信息、到货验收信息与综合项目管理的集成，结算、发票、支付信息与财务系统的集成等。

④基础数据方面的集成。包含组织人员信息与 HR 系统集成，审批信息与 OA 系统集成，供应商、物料、项目信息与 PM 系统集成等。

随着系统建设实践越来越多，以采购寻源为基础，以合同履约为后续，以供应商在线即时沟通为主要特点，同时配备手机应用与 PC 端共存的互联网采购系统成为企业选择的主要形式。并且通过与已有系统的集成，共同形成企业全生态信息化体系，成为目前典型互联网采购管理系统的一致特点。

目前市场上能够提供互联网采购系统平台的主要有中国建筑工程公司的云筑网、筑客网络技术（上海）有限公司的筑采网、广联达广易子公司的企业集采管理平台等企业平台产品，下面以广联达广易子公司的集采管理平台作为典型案例进行分析。

2）互联网采购管理系统的典型功能

基于互联网的采购系统，一般主要包括以下功能。

（1）供应商管理。提供对通过电子采购平台注册的供应商信息的准入审批，基本信息、资质信息变更审批，信息注销，注册清理，账户分配，信息管理。

（2）供应商门户。合格供应商查询企业发布的采购信息，根据采购方式的不同在网上进行投标、竞价、报价、谈判，参与企业的采购交易。中标供应商还可查询企业发布的要货计划、开票通知、收货反馈、付款通知等信息，发布发货通知、已开票通知、收款反馈等信息。

（3）专家门户。专家门户支持专家登记门户进行在线签到、在线评标、在线报价评审，生成评标结论，作为公司定标决策依据。

（4）采购寻源。采购平台提供招标、询价、竞价、竞争性谈判、协议采购等采购方式，提供采购计划、采购方案、采购项目等的制单 / 审批功能，提供分配供应商、采购预告 / 公告发布、公告管理、开标、定标和中标管理等功能，完成对企业询价、招标、竞价采购的全过程管理。

（5）采购协同。通过供需双方物流、资金流及信息流的交互，建立供应链上下游的全信息协同机制，缩短交付时间，实现准时化采购。

（6）移动应用。实时查询供应商关注的项目，方便供需双方实时了解供需信息、招投标执行情况及实时采购动态，提高工作效率，节约时间成本。

（7）采购分析。采购平台利用企业采购活动中沉淀出的数据，对采购信息、中标情况、成本节约情况、供应商投标情况以及价格等信息进行智能分析，让企业决策更加敏捷，智能数据分析贯穿整个业务流程。

3）互联网采购管理系统的应用价值

互联网采购管理系统的应用具有如下优势。

（1）降低采购成本，减少采购环节，提高采购效率

首先，互联网可以突破传统采购模式的局限，货比多家，在比质量、比价格的基础上找到满意的供应商，大幅度地降低采购成本；其次，通过实施电子商务可以更加有效地组织企业内部资源，进行集中采购，减少采购环节；另外，采购人员利用互联网平台进行供应商选择、产品询价、订货等活动，不需要出差，可以大大降低采购费用。通过网站信息的共享，可以实现无纸化办公，大大提高了采购效率。

（2）采购信息准确、全面，便于支持领导决策

利用互联网平台的采购模式，必然有全面的数据库作为支持。企业领导人可以方便地了解每一种产品的价格、数量、库存情况，订单的执行情况，资金的使用情况以及供应商情况等各种信息，针对采购过程中出现的问题，可以快速反应。计算机强大的分析、统计能力也大大降低了采购人员的工作强度，提高了采购效率。

（3）采购过程公开、公平、公正，提高了采购的透明度

通过采购信息和采购流程在网络公开，避免交易双方有关人员的私下接触，若是基于电子商务的采购平台，则由计算机根据设定的采购流程自动进行价格、交货期、服务等信息的确定，并完成供应商的选择工作。整个采购活动都公开于网络之上，方便群众的监督，避免采购中的暗箱操作，使采购过程更透明、更规范。

（4）可以实现采购业务程序的标准化

基于电子商务的采购模式是在对业务流程进行优化的基础上进行的，在此之前，企业必然要对传统的采购流程进行重组，以最大程度地发挥基于电子商务的采购过程中各个环节的作用。这样，按照设定好的标准化软件流程进行，则可以规范采购行为，规范采购环节，大大减少采购过程的随意性。

7.2.1.3　互联网采购管理系统的应用场景

当前，互联网采购管理系统已经比较成熟，企业集团、公司、项目各层的采购活动都可以在系统里面顺畅进行。而对于施工项目工地的典型应用，我们从供应商管理、物料管理、计划管理、周转材料采购、标准化采购流程、智能协同评定标、移动订单及收发货等几个场景来给大家展示其智能与便捷。

1）供应商信息的共享与管理

众所周知，施工现场资源紧张，供应商管理又是一个系统工程，靠一个项目部来实施供应商管理，能力及所达到的效果均有限。利用信息化手段，一方面使资源集中起来各项目进行共享，另一方面对于重复性的信息收集、分类也更加规范准确，这样可以节约大量人力物力，并且通过分类、分级的细致管理还方便了使用和检索。图 7-1 为一家公司所有供应商资源的管理界面。公司下属任何项目部均可在此检索到企业全部的供应商信息。

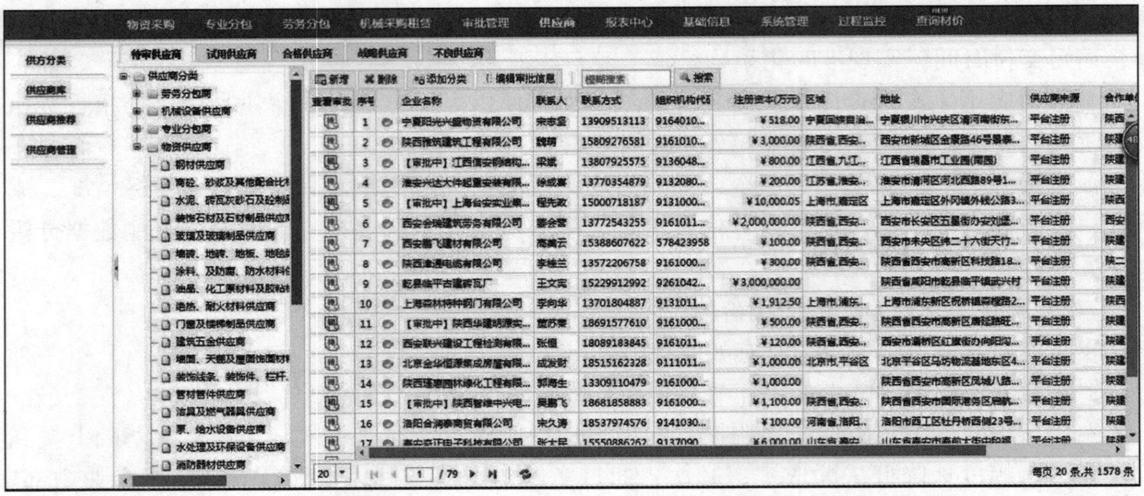

图 7-1　供应商管理界面

此栏目既可以按照供应商服务范围在左侧进行分类，又可以通过上方的分级栏目进行分级。待审供应商与不合格供应商因未通过企业审核或审核后不符合要求，均不可参与投标，在源头上减少了不合格供应商的风险。审核通过的供应商还可以根据投标与合作业绩划分试用、合格、战略等细致分级。如此立体交叉的管理思路，如果没有信息化的手段，其实现难度可想而知。

除了分类检索以外，对于单一供应商的信息也可以达到较高的管理水平。如图 7-2 所示，系统对于供应商的信息通过分页签的方式进行分类，其中基本信息、联系人信息、业绩信息、资质证书可以由供应商自行维护，节省了施工企业的人力资源，并且供应商自行维护的信息也更加及时准确。网上合作记录是平台自动记录的供应商投标中标业绩，便于各项目间互相参考。

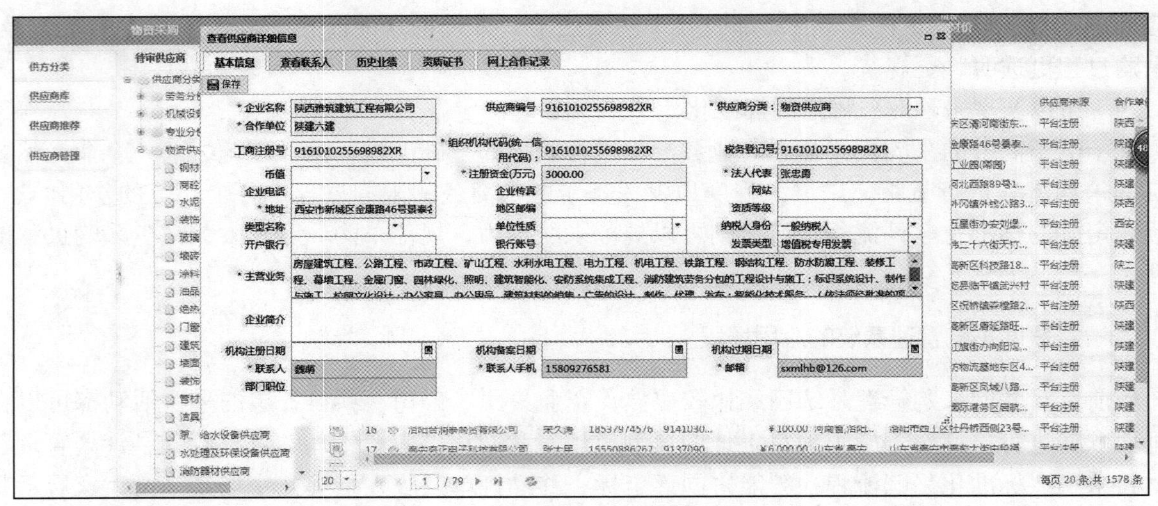

图 7-2　供应商信息界面

2）物料编码体系的统一管理

物料信息是物资管理的基础。无论与供应商沟通采购目标，还是各项目间进行价格对标，或是计划采购合同各业务环节在不同部门间的流转，均离不开统一的物料信息基础。一套完整的物料编码体系最主要的需解决新增、共享与监管问题。

图 7-3 所示是物料信息的新增及审核界面。新增时需要注意：其一不能有重复编码，其二不能

影响正常采购流程，其三正视施工项目现场人员技术水平有限的客观事实。对于以上几点，物料信息要区分编码及信息描述，编码分类由企业公司一级统一管理，并进行统一审核。物料编码根据对应的分类层级，审核通过后由系统自动赋码。施工现场业务人员只负责进行物料信息、规格等描述即可。物料使用时原则上应用现有物料编码，库内没有的才允许新增。此时新增的物料为临时物料，可以正常进行采购流程。审核时，由专业人员进行，或与现有物料对应，或审批通过，或退回要求再描述，或加入现有编码库。审核后信息对临时编码的信息进行更新与替换。为避免业务人员随意新增，可以对审核通过率进行考核。如此一来，使得物料编码体系既不会因编码问题影响采购业务进行，又使得系统、项目人员、专业人员有效分工并各自负责。

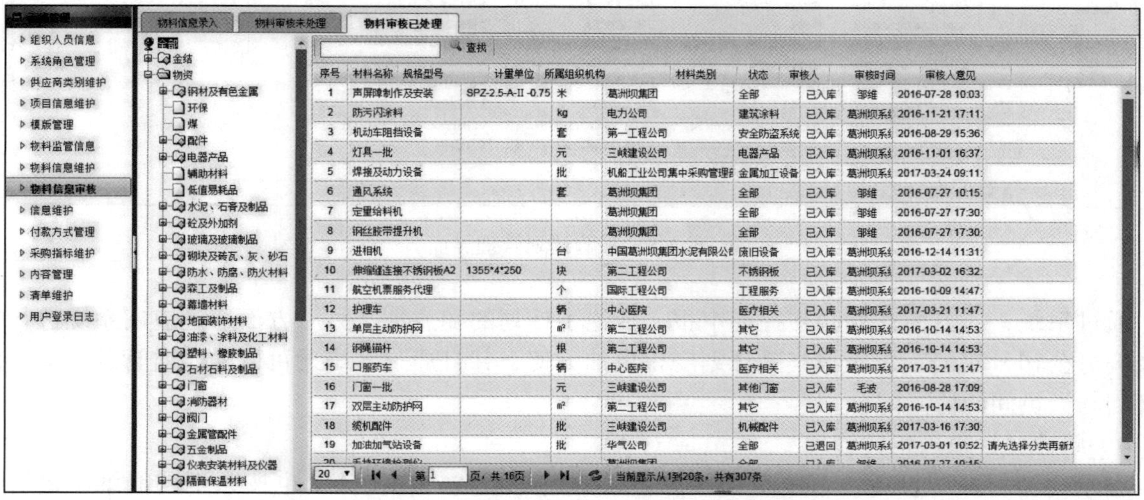

图 7-3　物料信息新增及审核界面

物料的使用需要区分层次，对于金额比重大、使用频繁的材料需要统一纳入监管。图 7-4 所示就是这一功能的体现。纳入监管的物料可以由公司统一出具指导价，使得各项目采购有章可循，避免随意定价，提高施工项目现场的整体采购水平。

图 7-4　物料信息共享与监管界面

3）采购计划分类管理

施工现场的采购计划性差与监管困难是企业面临的难题，虽然各企业也制定了很多制度来约束，却一直执行困难。图 7-5 所示计划管理模块很好地解决了这个问题。

序号	计划编号	计划名称	需求单位	使用项目	填报人	创建时间	状态	退回原因
1	ZJH-JTZB-2017-000939	西咸空港	陕西建工安装集团建设公司	空港阳光里棚户区改造工程	付选伟	2017-03-30 15:13	已分配	
2	ZJH-JTZB-2017-000938	嘉峪关市看守所扩建工程钢材购买...	三建六工程公司	嘉峪关市看守所扩建工程	邓新燕	2017-03-30 14:53	已分配	
3	ZJH-JTZB-2017-000937	六公司-赣州海亮天城二期项目-8#...	陕建一建集团六公司	赣州海亮-天城二期项目	种宇嘻	2017-03-30 13:34	审批中	
4	ZJH-JTZB-2017-000917	水泥采购计划	陕西华山建设有限公司第五经理部	融盛卓越	韩敏	2017-03-30 10:57	审批中	
5	ZJH-JTZB-2017-000916	方木、镜面多层板采购计划	陕西华山建设有限公司第五经理部	融盛卓越	韩敏	2017-03-30 10:56	审批中	
6	ZJH-JTZB-2017-000915	方木、镜面多层板采购计划	陕西华山建设有限公司第五经理部	大兴九路9#楼	韩敏	2017-03-30 10:56	审批中	
7	ZJH-JTZB-2017-000904	钢筋采购计划	陕西华山建设有限公司第五经理部	大兴九路9#楼	韩敏	2017-03-30 10:55	审批中	
8	ZJH-JTZB-2017-000932	给排水材料采购	安装公司第十项目经理部	安装公司高科麓湾国际社区1...	张春锋	2017-03-30 10:38	编辑中	
9	ZJH-JTZB-2017-000936	模板方木采购计划	陕西建工第十建设集团有限公司	陕建十建集团城固县妇女儿...	黄鹏	2017-03-30 10:04	已分配	
10	ZJH-JTZB-2017-000935	安全网	三建工程管理部	郑州碧桂园项目	张俊飞	2017-03-30 09:56	已分配	
11	ZJH-JTZB-2017-000934	国家专利局门禁停车场增加设备	陕西建工安装集团河南工程公司	国家专利审查协作河南中心...	兰文雄	2017-03-30 09:38	已分配	
12	ZJH-JTZB-2017-000926	配电箱招标采购	陕西建工第十一建设集团有限公司...	2017年镇安县移民（脱贫）...	赵苗	2017-03-30 09:37	已分配	
13	ZJH-JTZB-2017-000867	陕建一建安装公司第三工程公司界...	陕建一建集团安装公司第三工程公司	界首市颍河路安置区工程	卢海峰	2017-03-30 09:23	已分配	
14	ZJH-JTZB-2017-000933	钢板网	三建工程管理部	郑州碧桂园项目	张俊飞	2017-03-30 08:58	已分配	
15	ZJH-JTZB-2017-000883	西门子区域施工工程防爆灯具采购	陕西建工第五建设集团有限公司陕...	陕西有色天宏瑞科硅材料有...	任金安	2017-03-30 08:24	待分配	
16	ZJH-JTZB-2017-000931	陕建五建-银川茂悦府项目部（首...	陕西建工第五建设集团有限公司二...	银川茂悦府	李伟	2017-03-29 22:39	已分配	
17	ZJH-JTZB-2017-000930	矿渣、砂子、石灰	三建市政公司	韩城市经济技术开发区凤山...	任晋兴	2017-03-29 21:42	待分配	

图 7-5 采购计划管理界面

通过系统，一方面计划必须提前申报，杜绝了计划的随意性，另一方面通过应用系统进行审批以及向分公司、集团一级申报集采计划变得更加方便，并且通过系统还可以随时监管及查询，便于各部门与人员间的协同配合。

4）周转材料采购租赁管理

对于周转材料与设备，系统里面区分了采购还是租赁，在统计上也按照不同的维度进行，如图 7-6 所示。

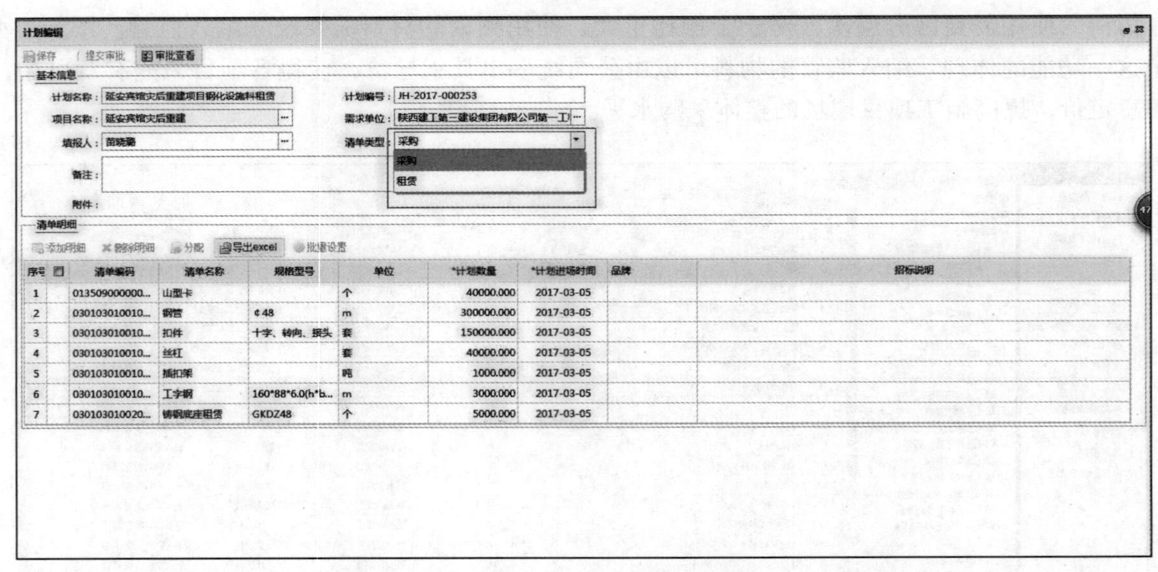

序号	清单编码	清单名称	规格型号	单位	*计划数量	*计划进场时间	品牌	招标说明
1	013509000000...	山型卡		个	40000.000	2017-03-05		
2	030103010010...	钢管	¢48	m	300000.000	2017-03-05		
3	030103010010...	扣件	十字、转向、接头	套	150000.000	2017-03-05		
4	030103010010...	丝杠		套	40000.000	2017-03-05		
5	030103010010...	插扣架		吨	1000.000	2017-03-05		
6	030103010010...	工字钢	160*88*6.0(h*b...	m	3000.000	2017-03-05		
7	030103010020...	铸钢底座租赁	GKDZ48	个	5000.000	2017-03-05		

图 7-6 周转材料采购界面

周转材料及辅材耗材因价格低廉又品种繁多，不适合走统一招标手续采购时，还可以通过电子商城的形式在线进行价格比选完成订单，如图 7-7 所示。

5）标准流程及模板化文件管理

系统通过流程化设置，使得采购活动只能按既定步骤规范进行，即使以前管理水平较差的项目部，也能通过系统使采购活动更加规范。系统对使用人员各操作步骤会自动详细记录，便于管理人员监管。系统还可以设置模板文件库，由公司一级统一管理、编制，各项目部按需选取调用，对内，便于审批，对外，有专业标准的采购文件，便于项目部使用，使采购环节高水平进行，也有利于提高企业整体形象。如图 7-8 所示即是对这两点的展示。

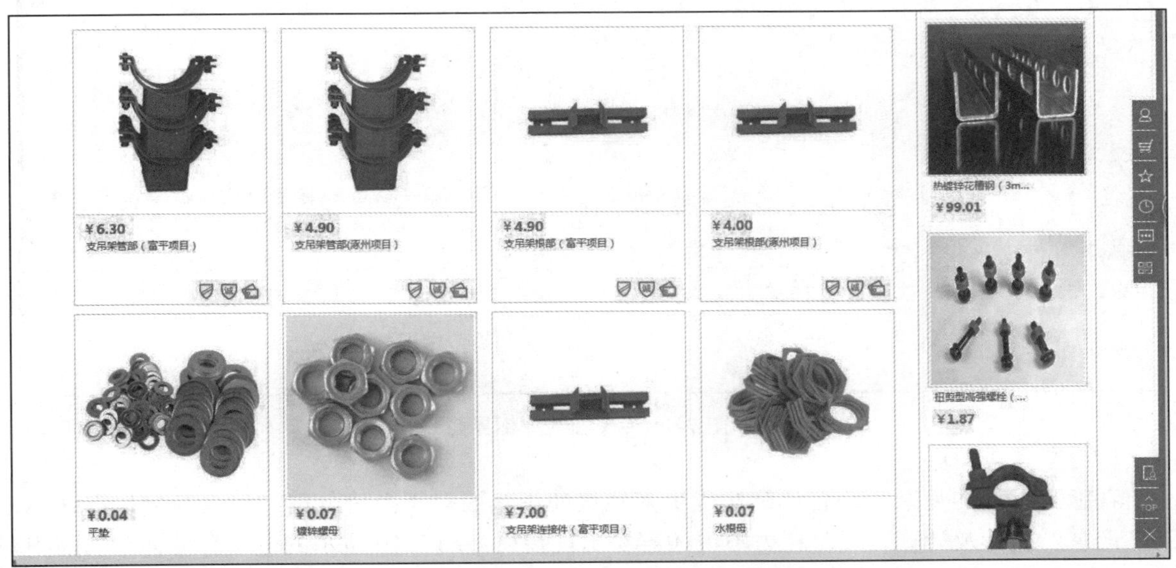

图 7-7　周转材料商城界面

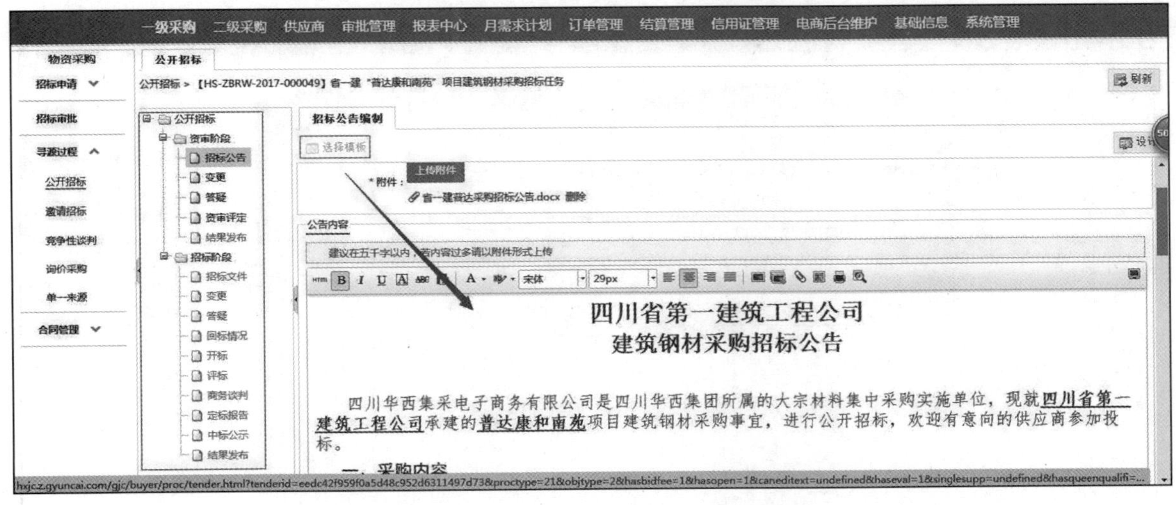

图 7-8　采购标准流程及模板选取界面

6）协同及智能化评定标

评标是采购中最复杂也是对管理及技术水平要求最高的环节，利用传统方式项目施工现场很少能达到独立进行的水平，利用信息化手段很好地实现了这点。

工地现场评标有以下几个难点，一是评标标准制定所需的专业力量薄弱。二是评标所需的专家不具备，现场评标工地又多偏僻。通过系统可以很好地解决这两个难题。第一个问题通过建立专业的评标标准库及专家库，使公司的整体资源进行高标准的统一应用。第二个问题可以通过在线远程评标的方式进行在线评标。图 7-9 所示就是远程在线评标的应用界面。

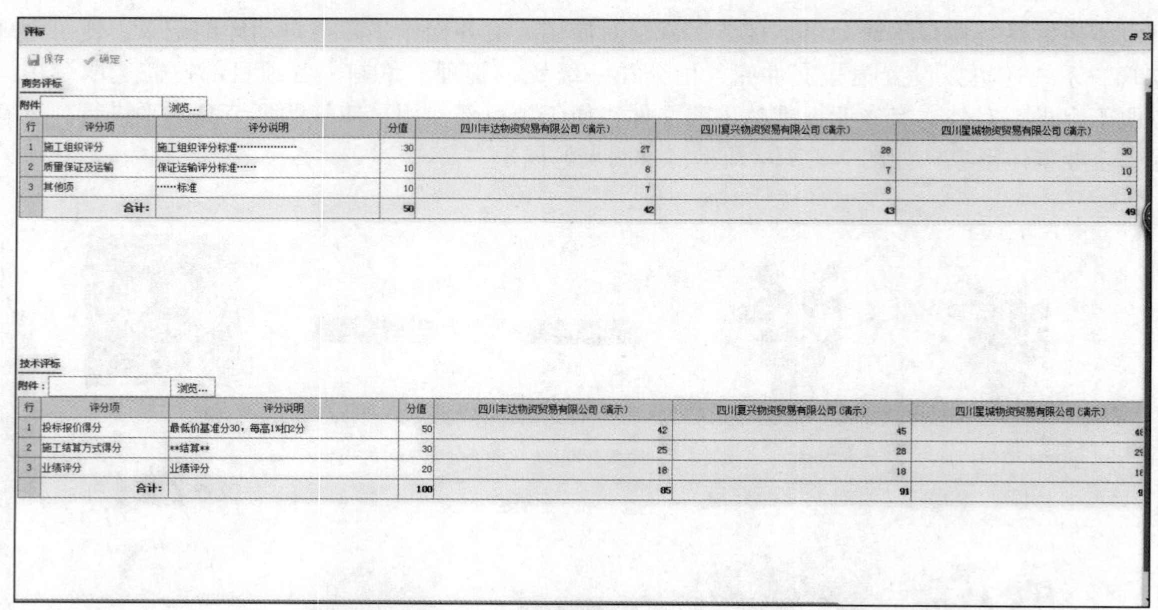

图 7-9　专家在线评标界面

随着施工工艺的复杂，综合评标法也更多地被使用。而对于报价分值的计算与分析以往总是由人工来记录、统计及计算，耗时耗力不说还容易出现错误。图 7-10 所示的电子自动评标功能很好地解决了这一问题。在评标设置中，可以选取去掉最高最低报价的选项，设置最高及最低上下限，还可以设置报价基准及步幅，然后系统就可以一键计算分值了。

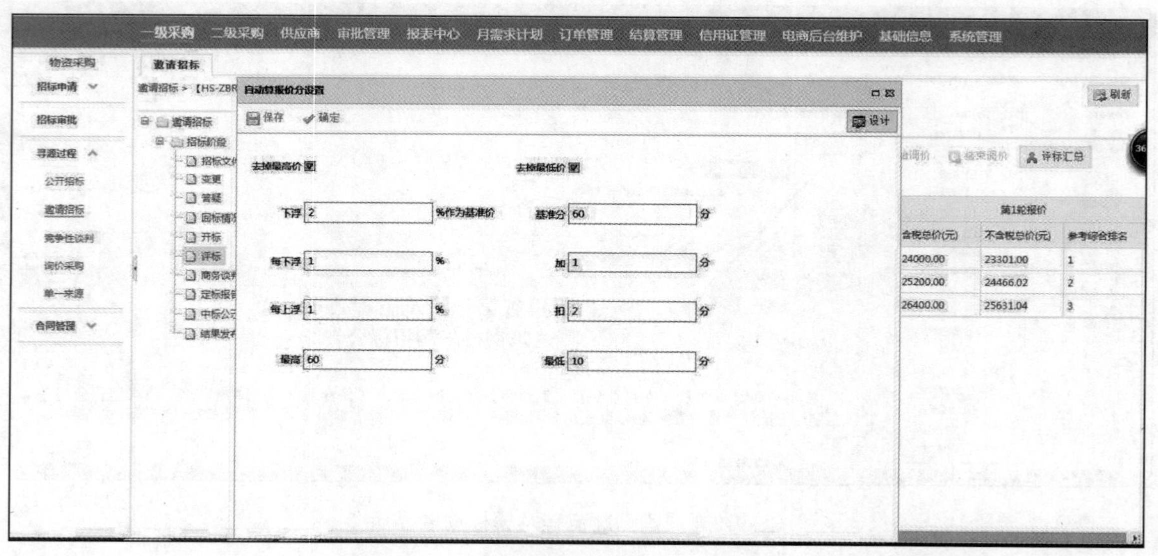

图 7-10　系统自动计算报价分设置界面

评标结束后进入定标阶段，系统对评标的结果自动汇总排名，业务人员不能对分值及排名进行修改。如图 7-11 所示，最终定标时，可以在评定前三名的供应商里选取中标，既提高了评标结果的效用及严肃性，又不失结合实际条件时的灵活，在项目层得到了很好的应用。

7）移动互联支持下的在线发验货

建筑材料受其本身特点影响，大多具有夜间运输、夜间到货的特点。在线发车及车辆跟踪，可以使项目工地快速收到发货信息做好接货准备，如图 7-12 所示。

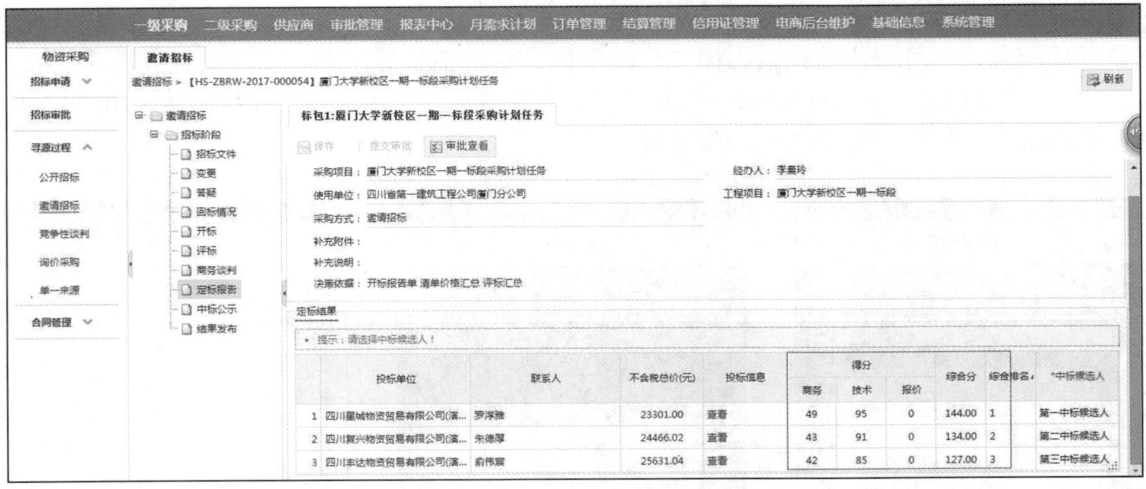

图 7-11　定标排名及推荐界面

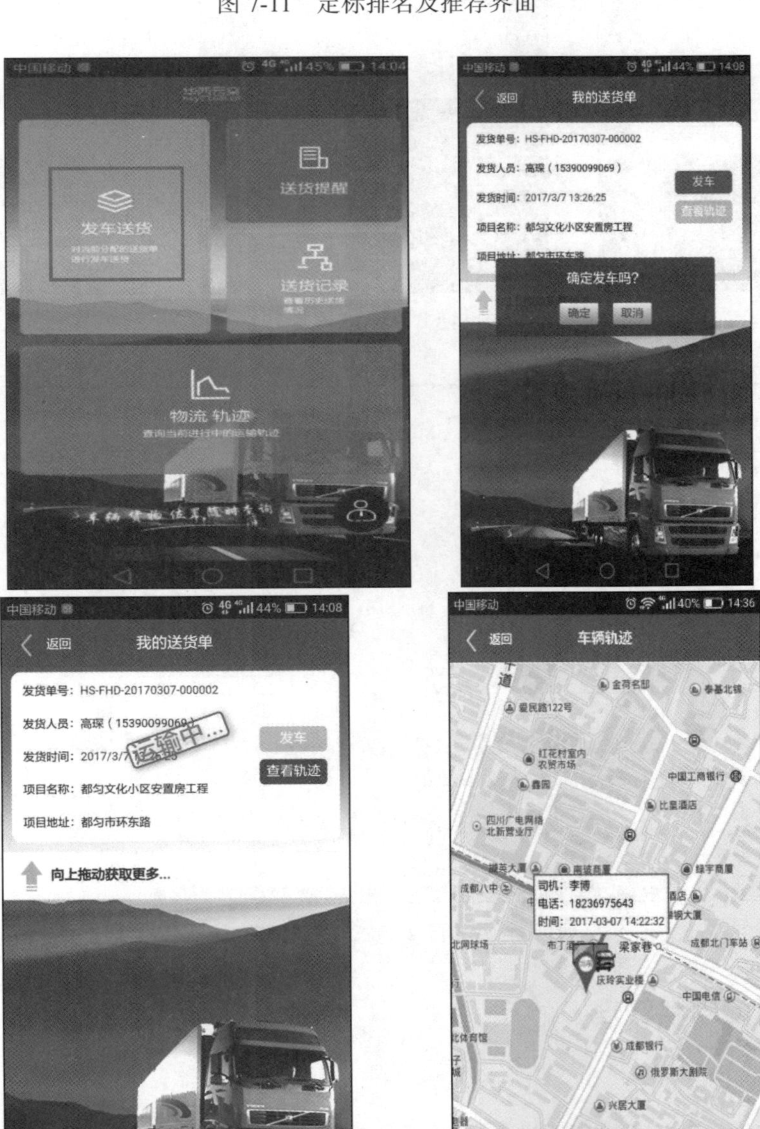

图 7-12　手机 App 在线发货及车辆跟踪

在线签收、移动验货又能够快速调取合同及订单数据，智能化对比校验，既可克服验货时录入数据错误的问题，又可解决前期数据因工作人员休息获取不易等困难，及时使各方迅速达成一致，提高了此项工作的效率。验货完成后，工地内部人员在线会签，供需双方在线确认，图 7-13 所示为手机移动端验货，图 7-14 所示为电脑端验货。

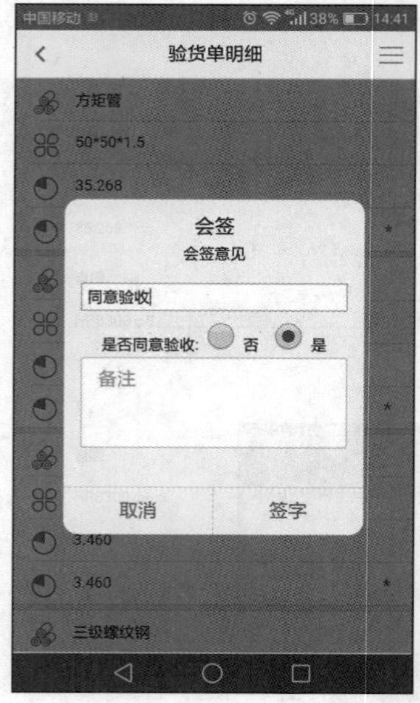

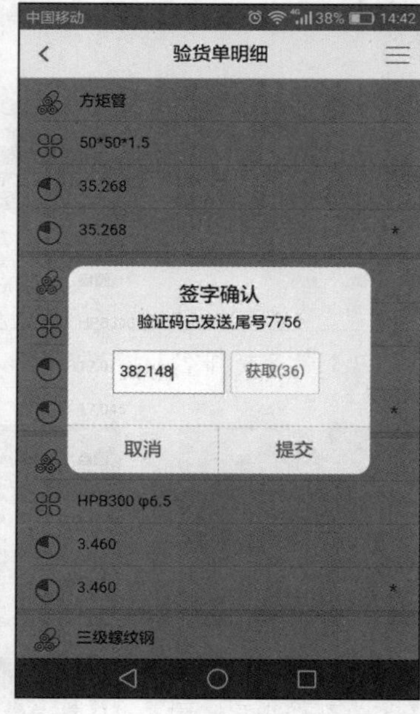

图 7-13　移动端验货界面

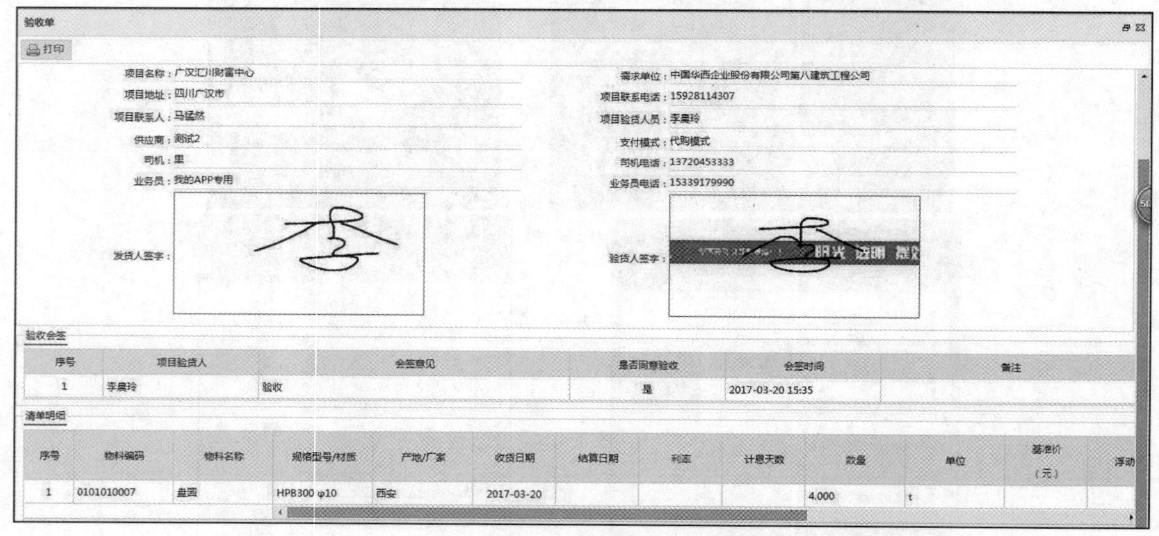

验收单

打印

项目名称：广汉汇川财富中心　　需求单位：中国华西企业股份有限公司第八建筑工程公司

项目地址：四川广汉市　　项目联系电话：15928114307

项目联系人：马猛然　　项目验货人员：李晨玲

供应商：测试2　　支付模式：代购模式

司机：里　　司机电话：13720453333

业务员：我的APP专用　　业务员电话：15339179990

发货人签字：　　验货人签字：

验收会签

序号	项目验货人	会签意见	是否同意验收	会签时间	备注
1	李晨玲	验收	是	2017-03-20 15:35	

清单明细

序号	物料编码	物料名称	规格型号/材质	产地/厂家	收货日期	结算日期	利率	计息天数	数量	单位	基准价（元）	浮动
1	0101010007	盘圆	HPB300 φ10	西安	2017-03-20				4.000	t		

图 7-14　电脑端验货界面

7.2.2　基于 BIM 的物料管理

7.2.2.1　应用背景

有效的材料管理，可以降低工程造价，减少工程浪费，实现节能减排。而现场施工中，由于信息不畅、管理手段简单低效、人员能力差异大等问题，往往导致材料管理工作无法有效进行，对项目成本、进度、质量造成很大影响。

工程项目管理的关键是信息，信息的获取、加工、分析、整合、充分利用与透明沟通贯穿于工程项目管理全过程。充分利用先进的信息化管理手段是提升工程项目材料管理效率，降低材料管理成本的重要途径。大量施工企业已经意识到借助信息化手段提升材料管理水平的重要性，并借助一些专业的材料管理软件来实现从材料采购、到货点验、入库、领用、盘点的全过程管理。

基于 BIM 的材料管理，就是指以 BIM 模型为载体，建筑施工各参与方不断从 BIM 模型中获取所需的材料信息，将产生的新信息载入 BIM 模型为各方共享使用，极大地提高了材料采购、检验试验、变更管理、收发存、材料盘点等工作效率的过程。该过程具有可视化程度高、提量准确、更新及时、复用性强等特点，如图 7-15 所示。

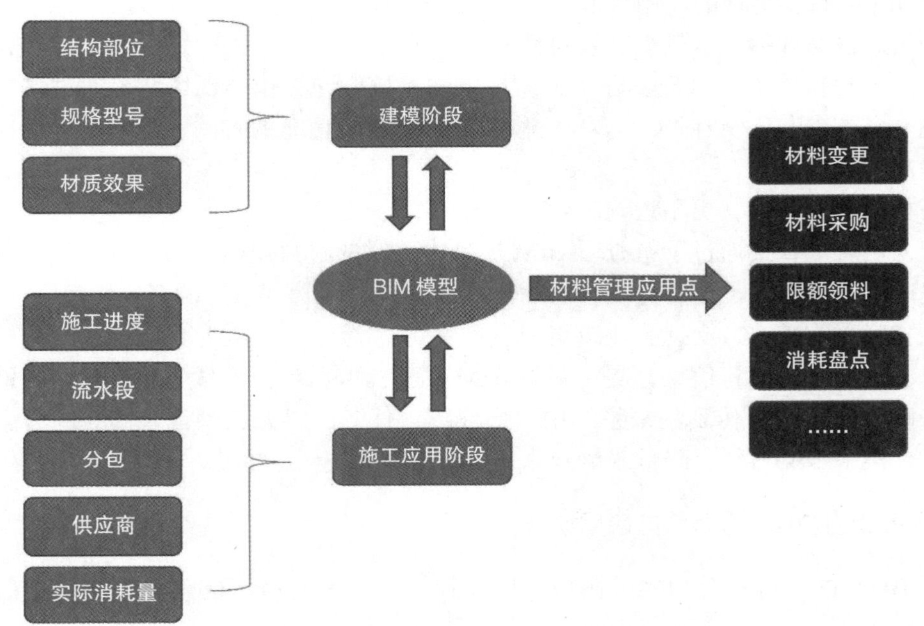

图 7-15　基于 BIM 的材料管理示意图

7.2.2.2　基于 BIM 的物料管理系统

1）基于 BIM 的物料管理系统分类

基于 BIM 的材料管理系统目前主要分为两类：

第一类是基于建模软件的材料管理系统，从建模软件中依据模型自带属性，如专业、楼层、构件类型等快速过滤材料信息，提取并生成固定格式的材料信息来辅助采购。代表产品有 Revit、MagicCAD、Tekla 等。

这些行业内的主流建模软件，已经支持在 3D 可视化模型基础上附加材料规格型号、尺寸、工程量等信息来辅助设计。对于一些主要材料如商品混凝土，也能够提供较为完整的材质库，例如，Revit 可以选取商品混凝土型号并附带材质效果。

第二类是基于现场施工的材料管理系统，将模型信息与现场进度计划、流水段划分、分包队伍管理、设计变更相结合，重新按照现场施工需要整合材料信息，并按照现场施工所需的格式输出给相关的现场管理人员，进行辅助施工。代表产品有广联达 BIM5D 模型平台、GCL、GMJ 等。

施工方可以从 BIM 模型中提取材料信息，根据现场工作的需要，自动提取材料信息生成材料采购计划、材料使用计划、材料部位限额、材料领用记录、材料消耗盘点单等表单。对于大宗物资，还可以通过基于 BIM 的企业级应用平台，实现多个项目的材料采购信息自动汇总，形成公司集采计划，更好地降低材料成本。

2）基于 BIM 的材料管理系统的典型功能

以广联达 BIM5D 模型平台为例，系统架构采用三端一云的架构协同方案，主要包括 PC 端、手机端、Web 浏览端和 BIM 云四部分。BIM 模型的数据格式支持 IFC、IGMS、E5D、3DS 等。

基于 BIM 的材料管理系统的主要功能包括：模型导入、模型导入规则设置、进度模拟、进度关联模型、构件工程量查询、资金资源曲线、报表管理、现场实测实量；该系统面向施工管理的全过程、生成材料采购、报价表单、辅助进行现场实测实量、辅助统计和生成验收结果文档。

广联达 BIM5D 模型平台已经应用于数百家施工企业，实现了紧贴施工项目一线的项目级材料管理和基于企业级平台的材料管控。

3）基于 BIM 的材料管理的应用价值

（1）提升信息沟通效率、准确性、及时性

通过多个终端支持甲方、监理、施工、设计单位人员协同工作，现场情况通过移动端实时采集并回传到云端。各方参与人员在 PC、Web、移动端都能进行信息的查阅，随时随地掌握最新情况并进行处理，提高沟通效率。

（2）提高材料管理水平，更贴近施工生产一线

一线管理人员可以直接通过手机查看 BIM 模型中关联的材料规格、型号等信息，发现问题在施工一线发起整改，结合语音、照片等多种展示方式来实现材料管理信息的有效传递。

（3）降低材料采购成本，支持企业级集中采购

模型上包含了大量的材料信息，支持基于 BIM 模型提取材料模型量和预算量，辅助形成材料采购计划。此采购计划可以上传到集采系统中，形成集采任务、寻源、签订合同。助力企业整合多项目的材料需求，集中采购材料，降低采购成本。

7.2.2.3 基于 BIM 的物料管理系统的应用场景

以广联达 BIM5D 模型平台为例，典型应用步骤为：建模→模型信息集成→模型信息应用，以下分别进行说明。

（1）建模。即通过建模软件，建立三维可视化模型，并在模型上附加材料设计属性（规格型号、材质、尺寸、工程量等）。目前多款业内主流建模软件都可以进行材料设计属性的录入。另外，通过一些施工算量软件也可以快速建模，并且还可以形成更加准确全面的材料信息并加入到模型中，如 GCL、GGJ、GMJ 等。之后可以将模型从建模软件中导出为固定格式的文件，目前行业内主要的模型文件交互格式有：IFC、IGMS、E5D、3DS 等，这些格式的文件都可以导入到 BIM5D 模型平台。例如，Revit 产品通过内置插件，可以将 Revit 模型文件导出为广联达 E5D 格式文件，再导入到广联达 BIM5D 模型平台进行基于现场施工的深度应用。如图 7-16 所示。

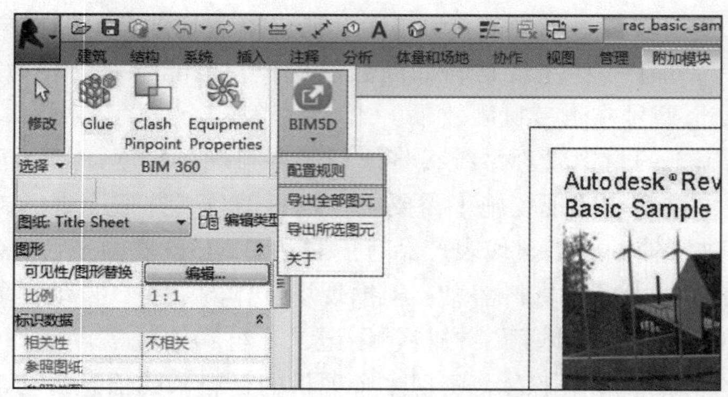

图 7-16 Revit 导出到 BIM5D 插件功能

BIM5D 模型平台提供的模型分类，主要可以分为三大类：实体模型，主要为建筑物实体结构模型；场地模型，主要为建筑物实体结构周边的场地环境模型；其他模型，主要为小型机械等有特殊动画效果要求的模型，如图 7-17 所示。

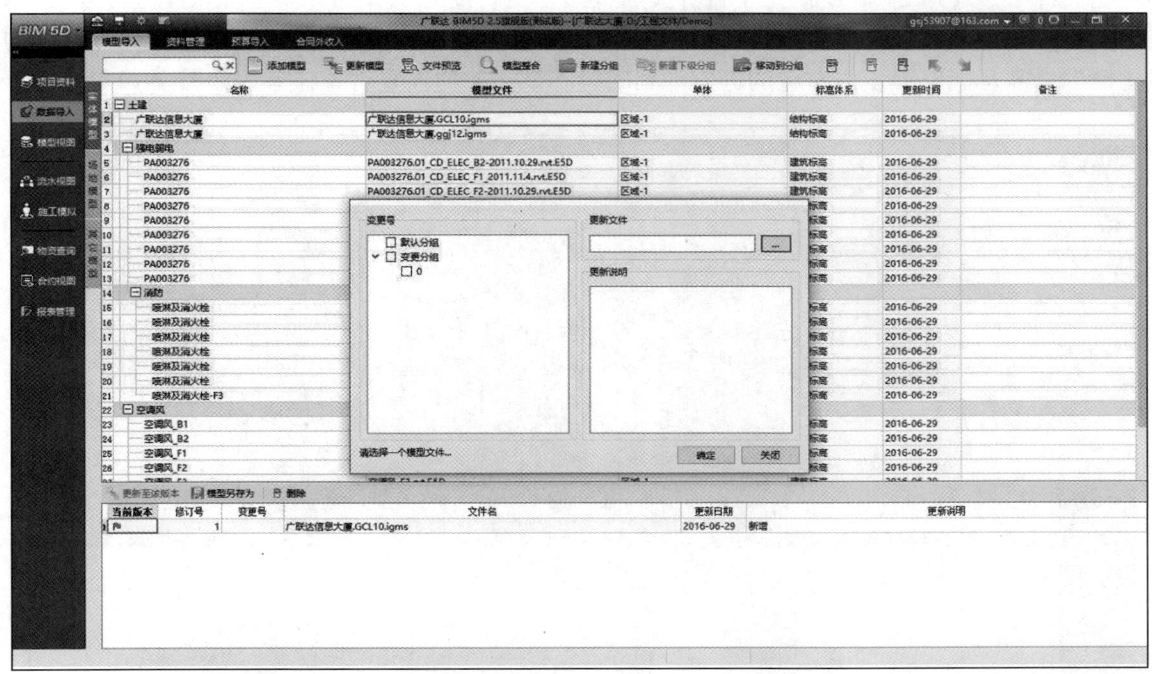

图 7-17　BIM5D 支持的模型分类功能

设计阶段经常会进行模型的更新，通过 BIM5D 模型平台的“更新模型”功能，可以快速更新模型信息，保证各环节信息的准确、及时、有效，减少沟通成本，如图 7-18 所示。

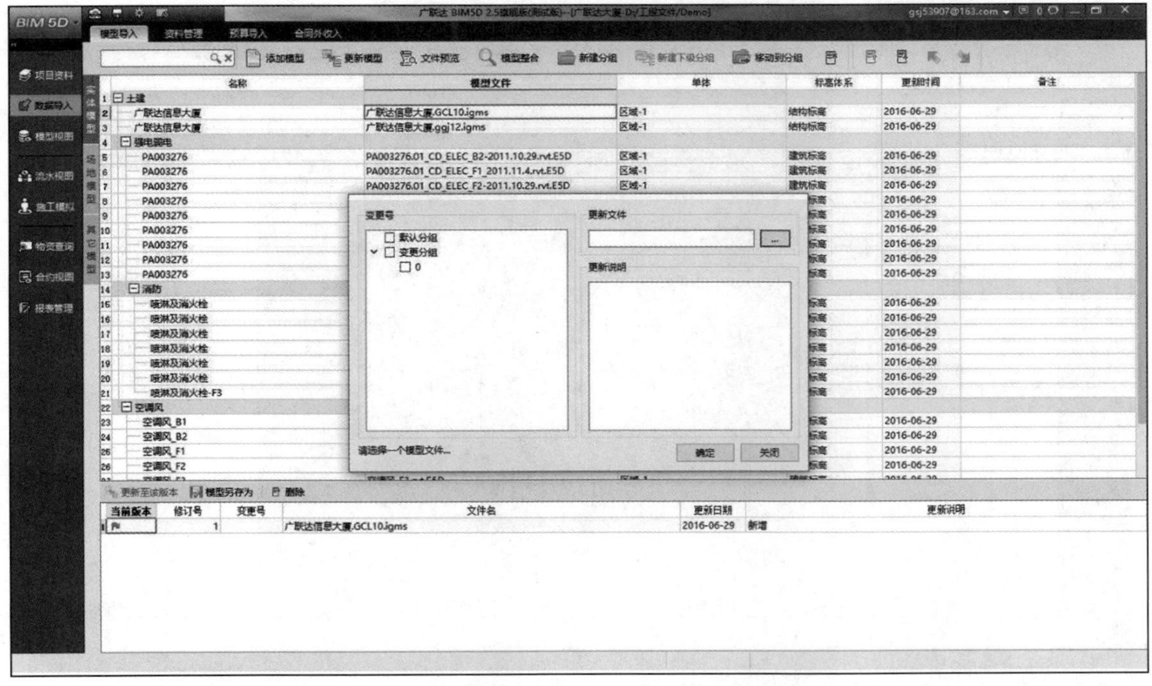

图 7-18　BIM5D 更新模型功能

（2）模型信息集成。主要是集成施工阶段相关的信息，如施工进度计划、流水段、清单预算、分包队伍等。施工项目中的各部门，将这些部门核心关注的信息录入 BIM5D 模型后，在实际施工过程中，将能够实现以进度为主线，材料信息的多维动态提取。将进度计划（微软 Project 或者斑马进度等计划文件）导入到 BIM5D 模型平台并关联模型，支持随时跳转到计划管理软件进行进度计划的调整，支持多基线管理和进度预警提示。任意时刻，通过时间轴定位，能够快速展示对应时间的 3D 可视化模型，并且能够展示出对应的进度计划内容和该任务的前置后置任务，如图 7-19 所示。

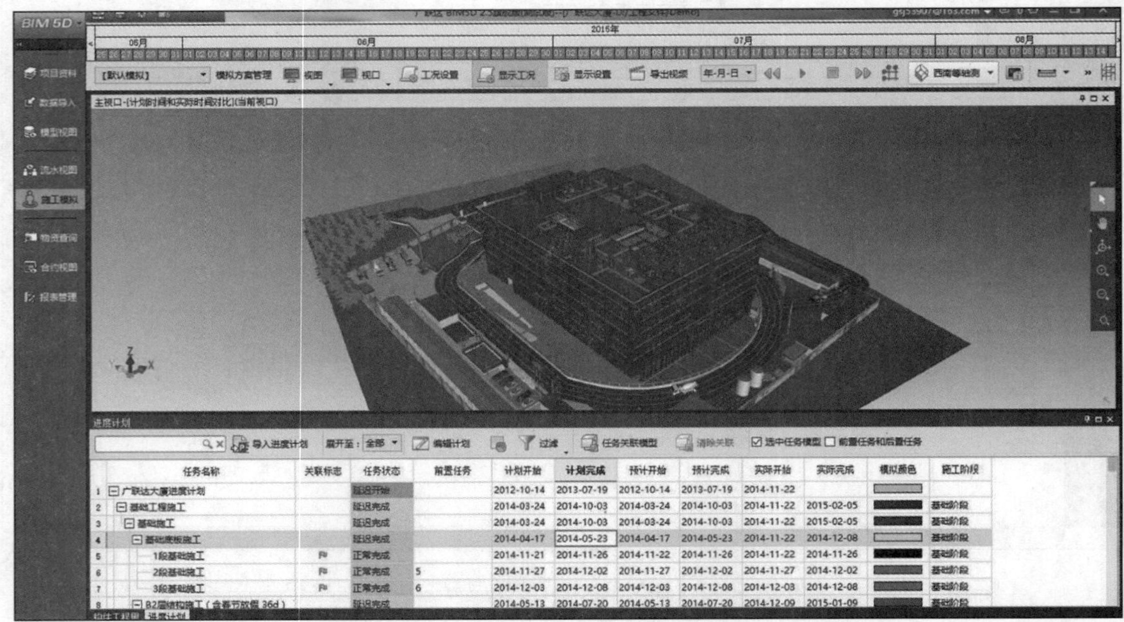

	任务名称	关联标志	任务状态	前置任务	计划开始	计划完成	预计开始	预计完成	实际开始	实际完成	模拟颜色	施工阶段
1	广联达大厦进度计划		延迟开始		2012-10-14	2013-07-19	2012-10-14	2013-07-19	2014-11-22			
2	基础工程施工		延迟完成		2014-03-24	2014-10-03	2014-03-24	2014-10-03	2014-11-22	2015-02-05		基础阶段
3	基础施工		延迟完成		2014-03-24	2014-10-03	2014-03-24	2014-10-03	2014-11-22	2015-02-05		基础阶段
4	基础底板施工		延迟完成		2014-04-17	2014-05-23	2014-04-17	2014-05-23	2014-11-22	2014-12-08		基础阶段
5	1段基础施工		正常完成		2014-11-21	2014-11-26	2014-11-22	2014-11-26	2014-11-22	2014-11-26		基础阶段
6	2段基础施工		正常完成	5	2014-11-27	2014-12-02	2014-11-27	2014-12-02	2014-11-27	2014-12-02		基础阶段
7	3段基础施工		正常完成	6	2014-12-03	2014-12-08	2014-12-03	2014-12-08	2014-12-03	2014-12-08		基础阶段
8	B2层结构施工（含养护放假 36d）		延迟完成		2014-05-13	2014-07-20	2014-05-13	2014-07-20	2014-12-09	2015-01-09		基础阶段

图 7-19　BIM5D 进度关联及应用

可以创建流水段，并且以流水段的维度对模型图元进行精细关联，对施工进度进行管理和查看形象进度，如图 7-20 所示。

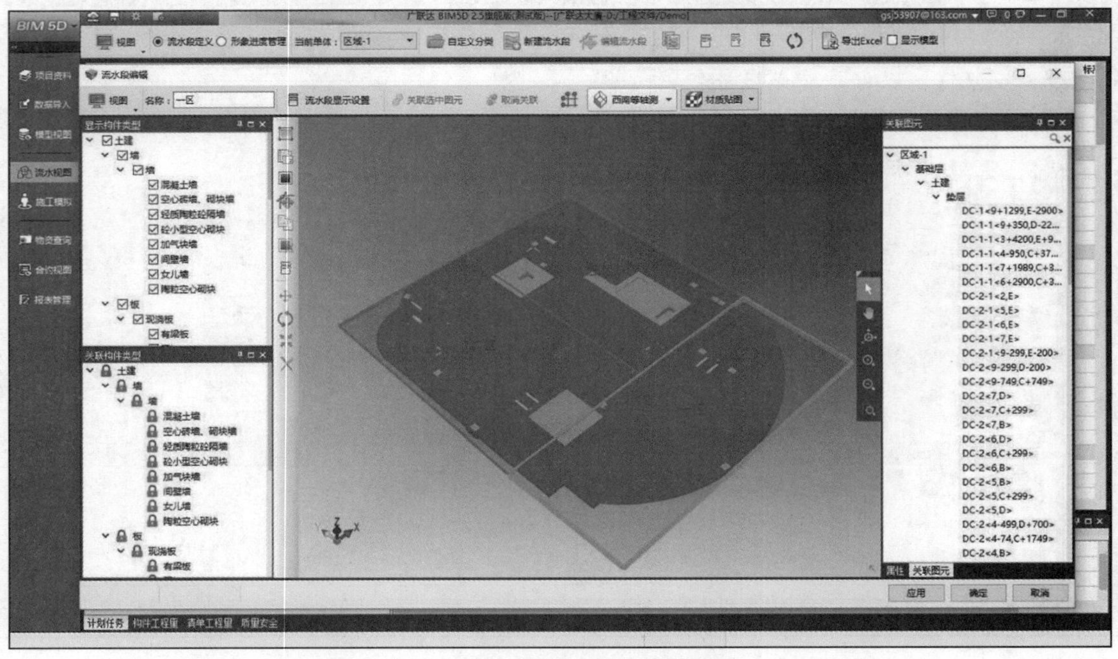

图 7-20　BIM5D 流水段划分

可进行清单关联。通过预算文件生成清单列表，用户根据清单项目特征，设置精细过滤条件，实现批量关联清单子目；点击模型或图元树实现模型关联清单预算，如图 7-21 所示。

图 7-21　BIM5D 清单关联模型

（3）模型信息应用。任意角度剖切 BIM 模型，选择构件灵活提取材料用量（模型量或者清单量）。基于模型的 3D 可视化效果，并辅以多种便捷的过滤功能（按单体、楼层、构件类型等快速过滤），使得选择构件更加准确，更能快速提取到所需的材料用量。

现场的核心是进度管控，结合现场施工的进度计划和流水段作业面安排，尤其是其背后的现场施工实际进展信息，智能提取到符合现场施工进展的下阶段材料采购计划、材料使用计划。

通过材料计划和实际用量的记录，能够结合施工进度的时间顺序，生成材料用量分析曲线。能够准确识别出计划、实际材料用量的偏差、材料用量高峰，从而辅助生产管理人员进行现场施工管理。并且辅助材料管理人员，制定符合现场实际情况、合理有效的材料采购、进场、使用方案，如图 7-22 所示。

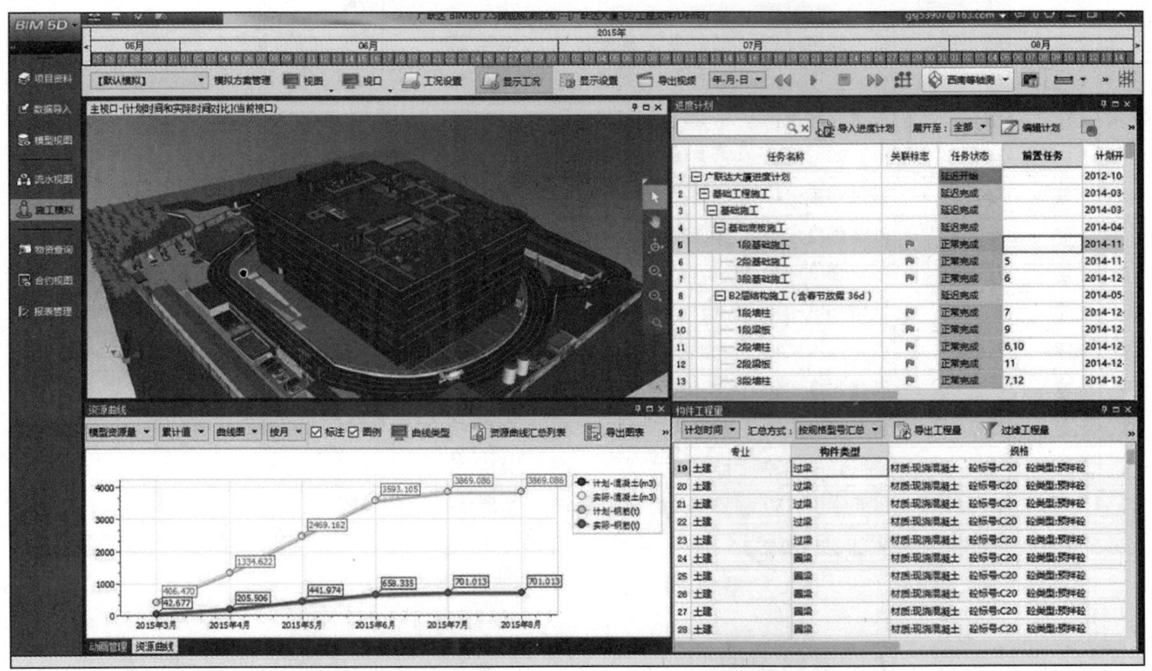

图 7-22　BIM5D 材料管理应用

材料到货后，结合 BIM 模型选取实际施工范围，实现基于模型工程量或者预算工程量的限额领料，如图 7-23 所示。

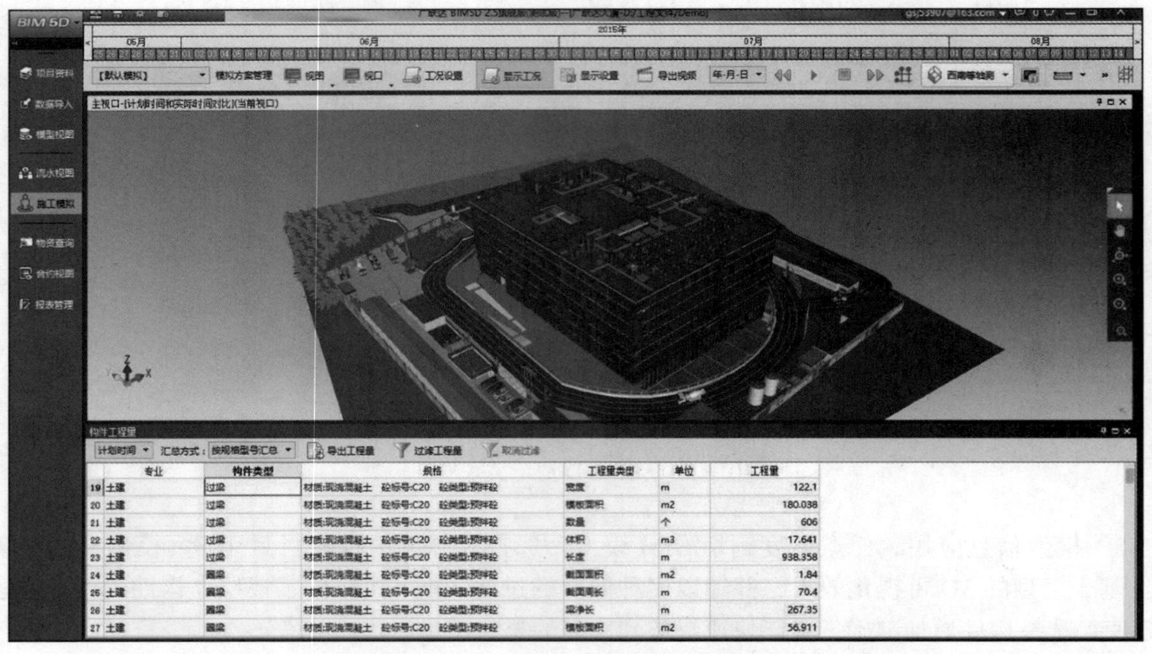

图 7-23　BIM5D 构件工程量

实际材料消耗量与 BIM 模型关联后，可实现基于模型量、实际量的材料对比分析，如图 7-24 和图 7-25 所示。

5月份实际模型工程量						
	专业	构件类型	规格	工程量类型	单位	工程量
1	土建	独立基础		数量	个	20
2	土建	墙	砂浆强度:C40　砂浆类型:现场浇注　类别:墙	体积	m^3	95.77
3	土建	墙	砂浆强度:C40　砂浆类型:现场浇注　类别:墙	体积	m^3	95.77
4	土建	墙	砂浆强度:C40　砂浆类型:现场浇注　类别:墙	体积	m^3	32.433
5	土建	墙	砂浆强度:C40　砂浆类型:现场浇注　类别:墙	体积	m^3	95.77
6	土建	墙	砂浆强度:C40　砂浆类型:现场浇注　类别:墙	体积	m^3	109.89
7	土建	墙	砂浆强度:C40　砂浆类型:现场浇注　类别:墙	体积	m^3	184.846
15	土建	现浇板	砂浆强度:C40　砼类型:现场浇注混凝土　类别:板	体积	m^3	465.778
16	土建	现浇板	砂浆强度:C40　砼类型:现场浇注混凝土　类别:板	体积	m^3	306.284
17	土建	现浇板	砂浆强度:C40　砼类型:现场浇注混凝土　类别:板	体积	m^3	406.284
18	土建	现浇板	砂浆强度:C40　砼类型:现场浇注混凝土　类别:板	体积	m^3	845.027
23	土建	柱	砂浆强度:C50　砂浆类型:现场浇注　类别:柱	体积	m^3	9.645
24	土建	柱	砂浆强度:C50　砂浆类型:现场浇注　类别:柱	体积	m^3	10.235
25	土建	柱	砂浆强度:C50　砂浆类型:现场浇注　类别:柱	体积	m^3	29.97

3月份实际模型工程量 | 4月份实际模型工程量 | 5月份实际模型工程量

图 7-24　模型工程量提取应用

若发生设计变更，在修改模型的同时，材料规格型号、工程量等信息会自动更新。保证各 BIM5D 模型平台使用者能够实时查阅最新材料信息。

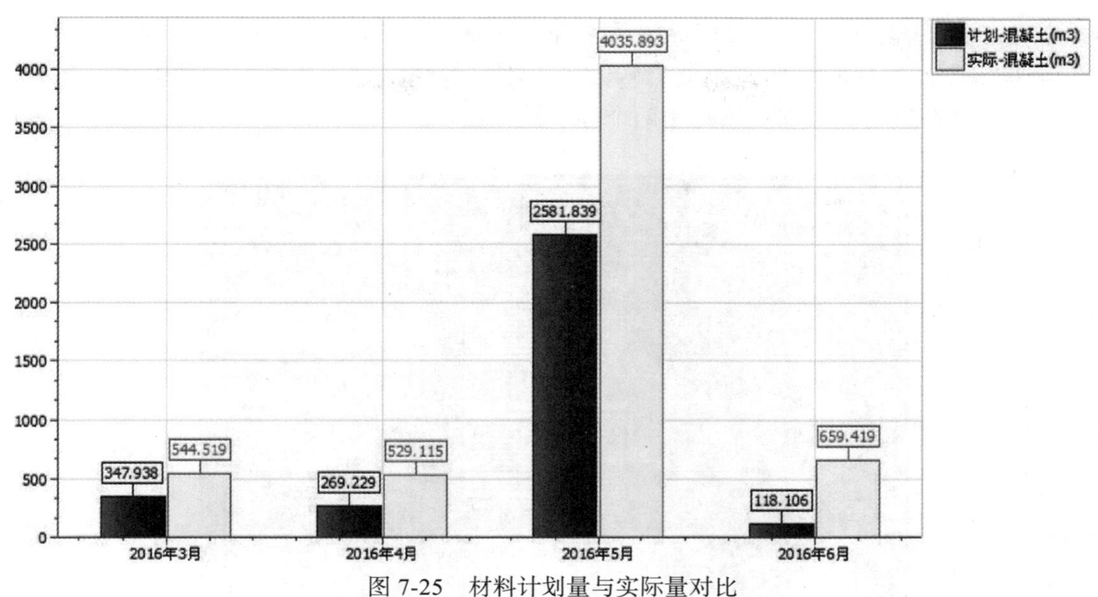

图 7-25　材料计划量与实际量对比

在 Revit 结构模型和建筑模型搭建完成后，采用 Revit 软件内置附加模块导出 BIM5D 文件，利用广联达 BIM5D 软件对样板段二次结构砌筑墙体进行精细排布，如图 7-26 和图 7-27 所示。

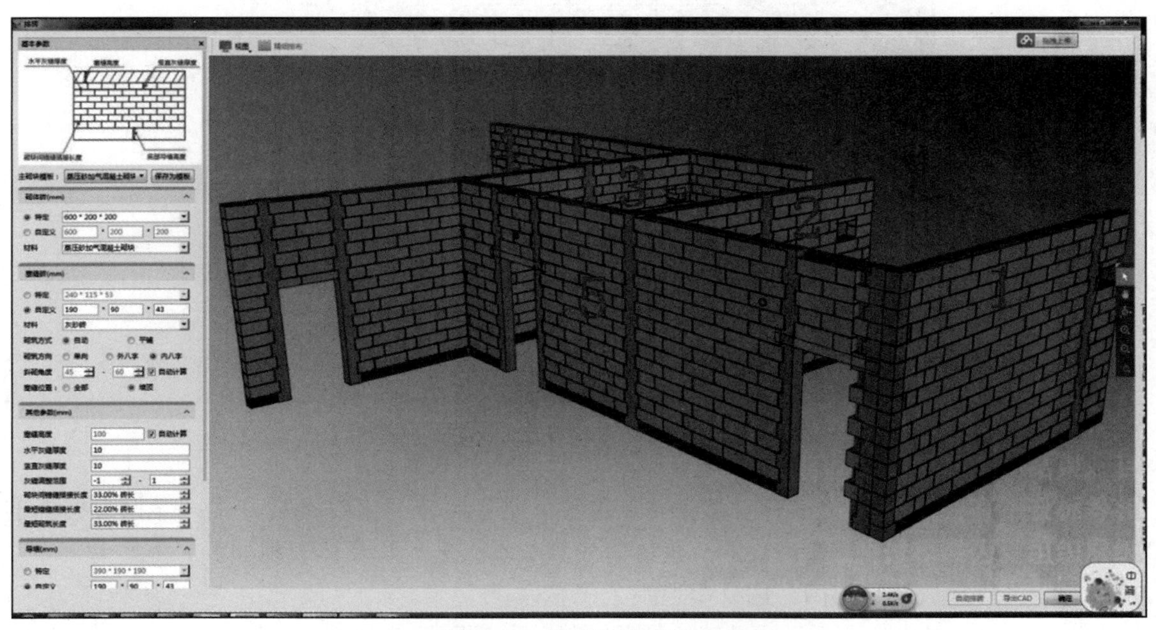

图 7-26　排砖图设计界面

大宗物资集中采购，能实现全企业资源计划分析，可以按时间、规格型号、项目快速分析全企业供应数据，也可以快速应对项目资源计划变更，保证项目部的用料计划。尤其是当项目进展情况变化比较频繁、企业要实现集中采购时，需要强大的响应能力。BIM5D 模型平台的三端一云和企业级管控架构，将很好地支持企业集中采购的应用。

7.2.3　基于物联网的物料现场验收管理

7.2.3.1　应用背景

物资材料作为建筑工程成本第一大项，是提升经济效益、加强精细化管理的重要环节。管好物料有两个核心：价和量。“价”通过招标集采、合同评审、结算审核可以得到管控，而“量”的管控存在发生频率高、过程监督弱、数据流转人为因素多等情况，一直是监管的难点。在施工过程中，物料量的管理在进场验收和现场耗用两个环节是关键。

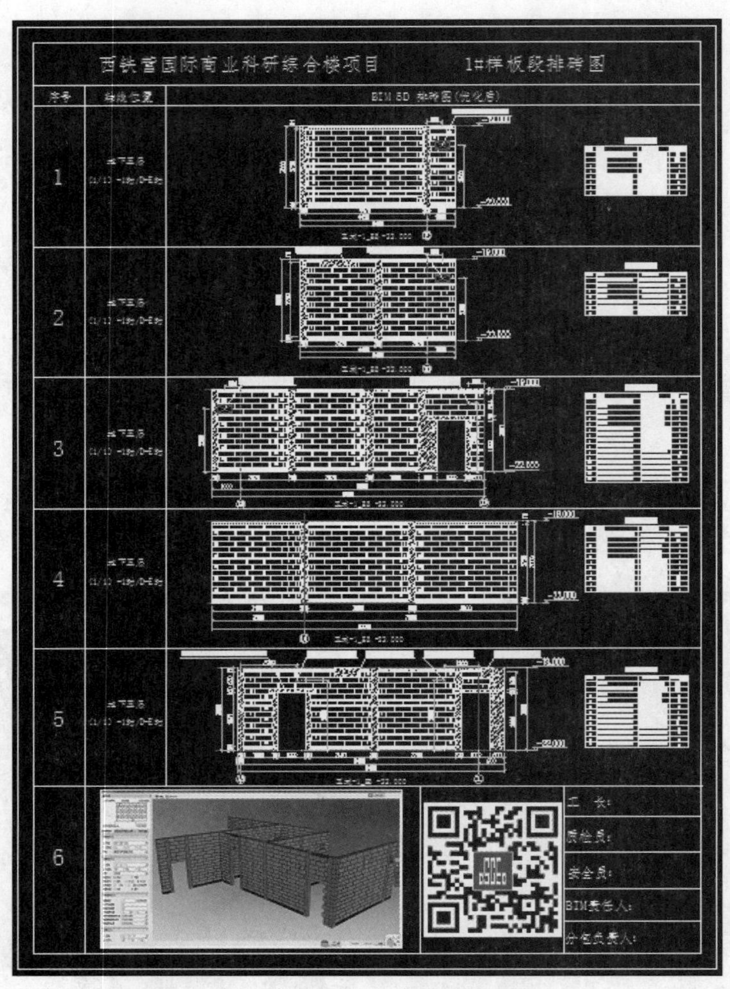

图 7-27　广联达 BIM5D 导出 CAD 后的排砖图

在传统的物料现场管理中，手工管理依旧是各个业务环节的主要执行方式，存在数据不准确、传递不及时的现象，直接影响管理决策，最终落实到成本损失上。具体表现如下。

（1）厂商供货数量缺斤短两，内外串通损公肥私。

（2）现场验收人员责任心不强，过磅校验不严谨，手工做账有误差，费时、费力、不够准确及时。

（3）数据分析量太大，只能实现阶段性结果分析，做不到过程管控甚至事前管控。

这些问题对物料管理至关重要。基于物联网的物料现场验收管理能够较好地解决这些问题。例如，通过软硬件结合，可以排除人为因素，堵塞管理漏洞，精准采集数据；通过互联网，实现数据共享，解决管理落地问题，并利用多维业务数据的实时分析结果，准确及时地支持决策，从而在很大程度上解决物料现场管控“量”的根源问题。

7.2.3.2　基于物联网的物料现场验收管理系统

1）基于物联网的物料现场验收管理系统分类

基于物联网的物料现场验收管理系统目前分为三类：单机类、称重类、综合解决方案类。

（1）单机类：例如，地磅厂家自带操作软件。这一类特点是：利用地磅校验厂商供货数量，支持单据打印，实现流水账和简单的数据汇总，也支持数据的修改。针对的是过磅员这个岗位的操作替代。

（2）称重类：例如，新中大物资验收系统、陕西梦龙称重管理系统、用友称重管理系统。它们的特点是：利用地磅校验厂商供货数量，辅以摄像头来监控现场验收实况，支持单据打印，支持数据汇总，支持将进场验收数据传输到其相关的材料管理系统或项目管理系统中。针对的是称重类材料进场环节的管理。

（3）综合解决方案类：例如，广联达物料现场验收管控系统。它的特点是，利用地磅、移动设备进行厂商供货数量的校验，辅以摄像头、红外、车牌识别、高拍仪、功放设备、工控台等硬件保障数量校验的准确度，用软件内置的业务控制规则避免不当行为，原始数据不可修改；施工现场材料耗用签收支持移动设备自动推送、过程控制量自动预警；采用云 + 端的模式实现材料和厂商编码统一标准化、数据集中管理、指标分析、风险预警、决策支持、远程监控；采用移动应用实现实时管理决策、即时业务处理；标准接口支持其他系统数据对接。管理的是从材料进场到现场实耗的各环节。

2）典型基于物联网的物料现场验收管理系统介绍

以广联达物料现场验收管控系统为例进行介绍，系统采用云 + 端的架构，包括物联网、移动终端、标准数据集成的技术；系统是通过软硬件结合、借助互联网手段，实现物料现场验收环节全方位管控，堵塞验收管理漏洞，监察供应商供货偏差情况，实现原材料核算部位核算，提升业务效率，最终达到提升企业及项目部经济效益的目的。

基于物联网的物料现场验收管控系统的主要功能有 3 点，一是智能端应用，即，以物联网为核心，旨在提高管理数据的准确性和及时性；二是云平台应用，即，以云技术为核心，旨在提升综合管理的协同效率；三是智慧数据应用，即，以大数据为核心，旨在提高科学分析和决策能力。

（1）智能端应用

对接地磅和其他硬件，直接抓取数据不可修改。具有以下特点。

①系统对接地磅和其他硬件，直接抓取数据，自动生成打印单据，不可调整。

②规范验收、签收。红外对射监控地磅两端，控制不规范上磅；车牌号自动识别车辆，排除手误及其他不当行为；移动终端指纹签收，排除代签、冒签、不签、签了不认等行为。

③过程震慑。4 个摄像头监控车前、车后、车顶、磅房，震慑过磅环节。

④过程管控。同一车辆未卸料不允许重复称重，刚性业务规则杜绝一车多称，重复结算；车辆皮重监控，发现问题车辆并及时预警。

⑤过程留证。24 小时动态视频资料留存备查；关键时点抓拍照片为附件，随料单留证备查；高拍仪留存电子版随货资料（如运单、质检材料等）为附件，留存备查。

⑥排除手工计算失误。不同数量单位与重量之间系统自动换算；自动计算并判断供货偏差情况。

⑦杜绝假单、漏单、补单、虚开料单。可自定义单据编号的规则和流水号，排除纸质单据的丢单、废单追溯问题；唯一二维码标识，确保单据真实有效。

⑧落实管理要求。不同材料允许偏差范围执行管理要求，不可随意更改。

⑨数据及时传递。接受标准化的材料、厂商编码，以及上级的管控业务规则；即时推送基层业务数据。

（2）云平台应用

①管理要求垂直落地。企业标准资源编码保障数据统一；材料名称规格编码、合格厂商名称编码，统一标准下达，可选不可改；下达业务管控规则、材料允许偏差范围、材料控制量、预警限额等。

②多部门信息共享。数据共享，保障同一来源数据在不同业务环节中口径一致。

③远程监控。实时动态视频监控、动态视频回放。

④风险预警。供货偏差预警、车辆预警、超限额预警等，PC 与 App 同步。

⑤数据集成。高兼容标准接口，与其他系统进行数据互通共享。

⑥ App 决策支持。关键数据指标、决策依据、数据分析、智能报告推送等。

（3）智慧数据应用

①支持厂家供货评价、厂家过程付款判断、招标厂家圈定。

②支持生产进度预测与校验。

③支持成本趋势预测。

该系统为一个成熟的信息化产品，目前在中建、中铁、中交、地方国企、中大型民企中有广泛应用，为应用企业和项目带来较为客观的经济效益提升。

3）基于物联网的物料现场验收管理系统的应用价值

（1）风险防范。通过软硬件结合的方式，实时监控过磅，排除人为因素，确保材料真实准确入库。例如，对接红外对射，及时预警车辆不规范上磅的作弊行为，现场人员马上纠正，保证过磅数据准确；对接即时拍，扫描运单等各种随货资料，留存原始凭证。现场情况可随时远程监控，也能掌上监控；通过远程视频可以实时查看现场验收管理全过程；通过移动 App 可以实时接收风险预警、远程视频监控，进行多维核算和数据分析。

（2）成本控制。即时监控各种材料供货偏差，避免了进场即亏损的情况发生；废旧材处置规范，废旧材车车过磅，核实材料和数量，且影像留存作为追溯依据，有效避免收益流失；结算对账精准便捷，原需数天时间作账，现系统一键生成；材料偏差情况自动分析，问题单据有原始图文追溯佐证，有力打击了个别厂商扯皮的情况。

（3）提升效率。节约人工、替代手工，提高数据精准度的同时提高了工作效率；磅房可直接通过多方位高清视频监控磅房外过磅情况，省时省力；钢筋点验通过检尺与称重相结合，快捷准确；单位换算方便，如混凝土重量自动换算成方量，出现偏差自动判断、记录并预警；系统自动提取数据生成磅单，一键打印，便捷规范；台账自动生成，报表一键生成，节约人力，保障了数据精准。

7.2.3.3　基于物联网的物料现场验收管理系统的应用场景

1）应用准备

应用准备包括两方面，即，信息化准备和管理准备。其中，信息化准备包括：

（1）导入企业标准化材料字典，确保数据可统计可分析，如图 7-28 所示。

图 7-28　材料字典

（2）设定组织层级级次偏差，保障管控要求落实到位。

①系统实施安装时全面排查地磅，排除不当因素。排查传感器、排查信号线、排查仪表，如图 7-29 所示。

材料类别	是否称重	偏差类型	正负差	编辑
+ 钢材	是	比例偏差（%）	正差：3 负差：-3	
+ 水泥	是	比例偏差（%）	正差：3 负差：-3	
− 混凝土	是	比例偏差（%）	正差：2 负差：-2	
− 商品砼	是	比例偏差（%）	正差：2 负差：-2	
普通商品混凝土	是	比例偏差（%）	正差：2 负差：-2	
沥青商品混凝土	是	比例偏差（%）	正差：2 负差：-2	
+ 自拌砼	是	比例偏差（%）	正差：2 负差：-2	
+ 混凝土掺和料	否			
+ 级配料	否			
+ 地材	是	比例偏差（%）	正差：2 负差：-2	
+ 沥青	是	比例偏差（%）	正差：0 负差：0	

编码 | 名称	规格型号 | 材质	正差	负差
普通商品混凝土 材料编码：I112.01.01.001	规格：C15 材质：	2	-2
普通商品混凝土 材料编码：I112.01.01.002	规格：C20 材质：	2	-2
普通商品混凝土 材料编码：I112.01.01.003	规格：C25 材质：	2	-2
普通商品混凝土 材料编码：I112.01.01.004	规格：C25湿喷 材质：	2	-2
普通商品混凝土 材料编码：I112.01.01.005	规格：C25干喷 材质：	2	-2
普通商品混凝土 材料编码：I112.01.01.006	规格：C30 材质：	2	-2
普通商品混凝土 材料编码：I112.01.01.007	规格：C30水下 材质：	2	-2
普通商品混凝土 材料编码：I112.01.01.008	规格：C35 材质：	2	-2
普通商品混凝土 材料编码：I112.01.01.009	规格：C40 材质：	2	-2

图 7-29　材料称重设置

②管线机柜封装，保障使用过程安全。确定最优基础方案、线路封装、工控台封装。

管理准备方面的准备包括：制定配套业务管理制度；制定配套岗位职责要求；制定配套监督考核办法。

2）现场业务管控和数据采集

（1）安装红外对射装置，防止不规范上磅，如图 7-30 所示。

（2）对接地磅，直接读取仪表数据，数据不可人为修改，如图 7-31 所示。

图 7-30　红外对射

图 7-31　地磅对接

（3）安装多个高清摄像头，监控车牌、驾驶舱、车斗、磅房，如图 7-32 所示。

图 7-32　摄像头拍照

（4）安装功放设备，语音指挥，如图 7-33 所示。

（5）开启车辆皮重监控功能，设置皮重合理波动范围，超限预警，如图 7-34 所示。

图 7-33　功放设备

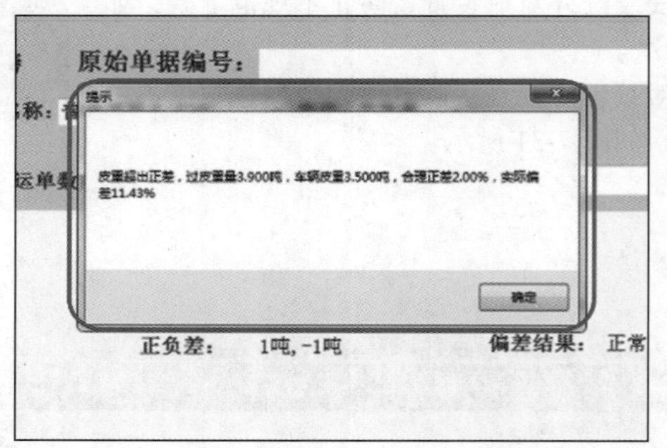

图 7-34　皮重预警

（6）选择规范信息，规范厂家和材料信息，不能手工填写或修改，如图 7-35 所示。

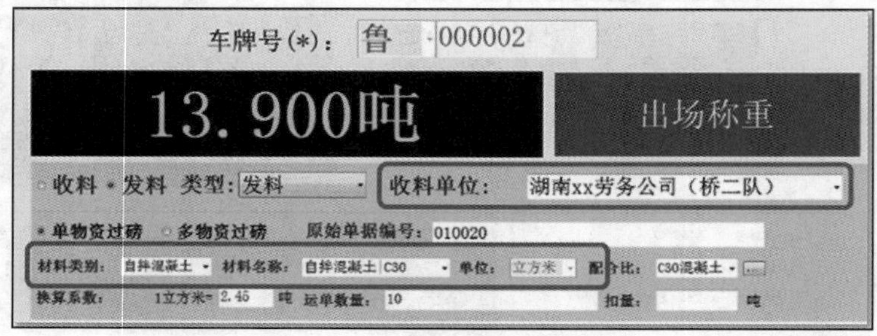

图 7-35　选择基础资源

（7）按管理要求设置单据编号规则，保证连续流水，如图 7-36 所示。

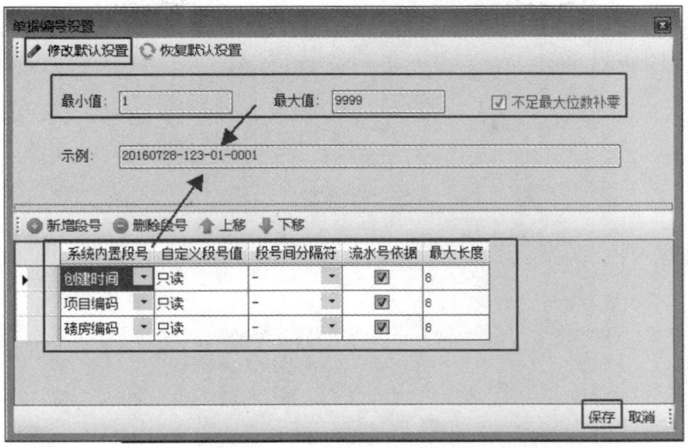

图 7-36　单据编号规则

（8）称重时，将运单放在即时拍下，自动抓拍并以附件形式上传，如图 7-37 所示。

图 7-37　即时拍

3）数据分析

（1）按时间、厂家、材料等各维度分析材料供应情况，汇总数据和流水数据，支持结算对账，如图 7-38 所示。

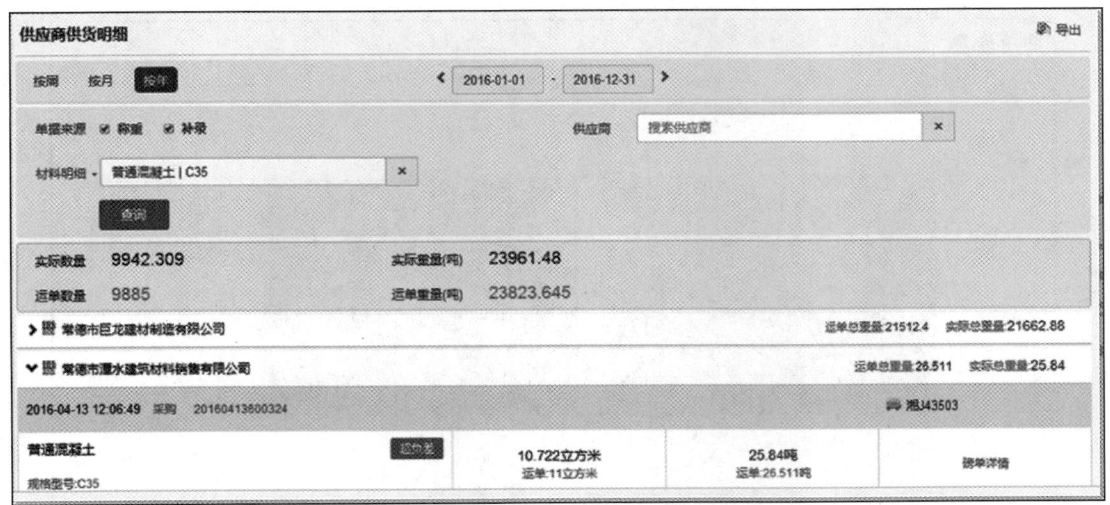

图 7-38　厂家供货分析

（2）多维度分析厂家供货信誉，如图 7-39 所示。

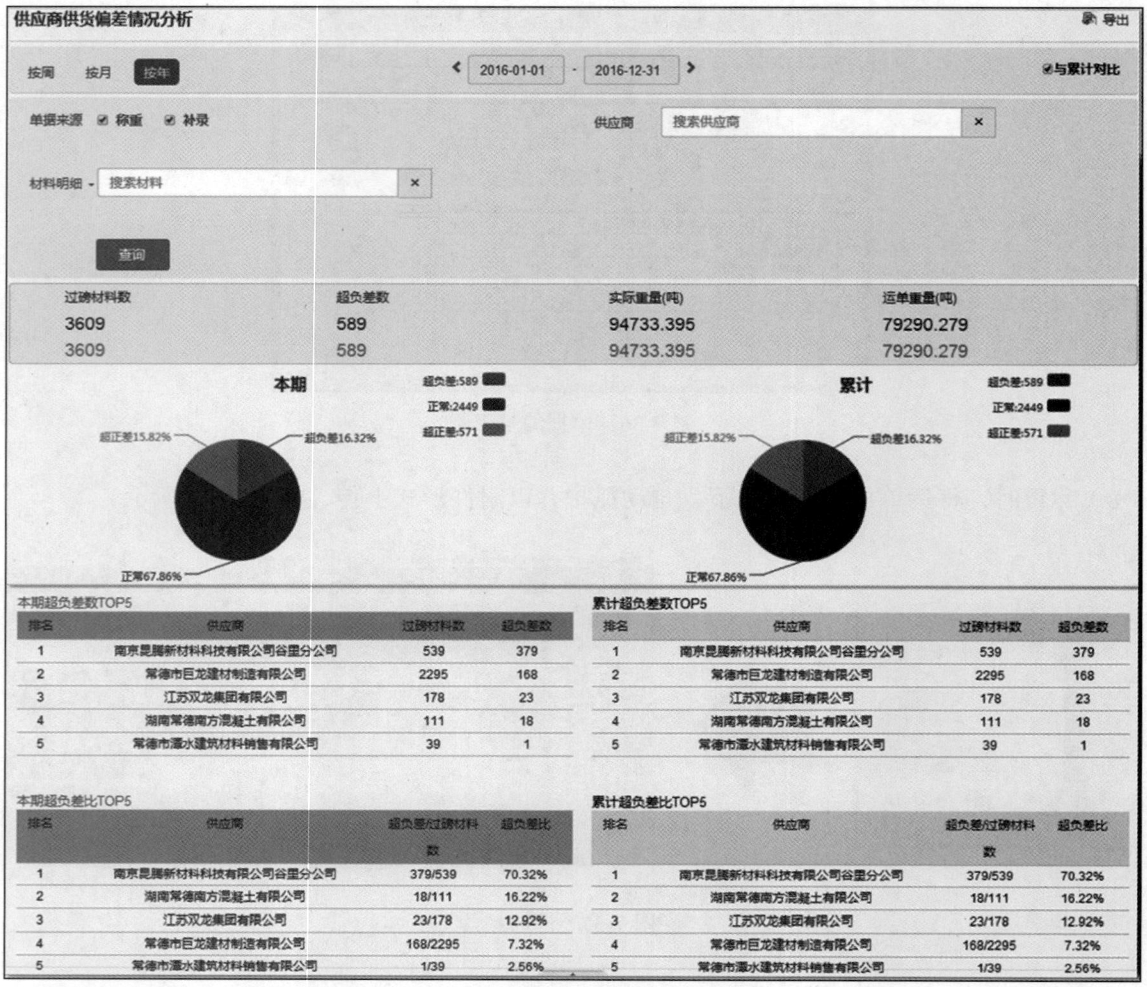

供应商供货偏差情况分析　导出

按周　按月　按年　2016-01-01 - 2016-12-31　与累计对比

单据来源　称重　补录　供应商　搜索供应商

材料明细　搜索材料

查询

过磅材料数	超负差数	实际重量(吨)	运单重量(吨)
3609	589	94733.395	79290.279
3609	589	94733.395	79290.279

本期　超负差:589　正常:2449　超正差:571

超正差15.82%　超负差16.32%　正常67.86%

累计　超负差:589　正常:2449　超正差:571

超正差15.82%　超负差16.32%　正常67.86%

本期超负差数TOP5

排名	供应商	过磅材料数	超负差数
1	南京昆腾新材料科技有限公司谷里分公司	539	379
2	常德市巨龙建材制造有限公司	2295	168
3	江苏双龙集团有限公司	178	23
4	湖南常德南方混凝土有限公司	111	18
5	常德市澧水建筑材料销售有限公司	39	1

累计超负差数TOP5

排名	供应商	过磅材料数	超负差数
1	南京昆腾新材料科技有限公司谷里分公司	539	379
2	常德市巨龙建材制造有限公司	2295	168
3	江苏双龙集团有限公司	178	23
4	湖南常德南方混凝土有限公司	111	18
5	常德市澧水建筑材料销售有限公司	39	1

本期超负差比TOP5

排名	供应商	超负差/过磅材料数	超负差比
1	南京昆腾新材料科技有限公司谷里分公司	379/539	70.32%
2	湖南常德南方混凝土有限公司	18/111	16.22%
3	江苏双龙集团有限公司	23/178	12.92%
4	常德市巨龙建材制造有限公司	168/2295	7.32%
5	常德市澧水建筑材料销售有限公司	1/39	2.56%

累计超负差比TOP5

排名	供应商	超负差/过磅材料数	超负差比
1	南京昆腾新材料科技有限公司谷里分公司	379/539	70.32%
2	湖南常德南方混凝土有限公司	18/111	16.22%
3	江苏双龙集团有限公司	23/178	12.92%
4	常德市巨龙建材制造有限公司	168/2295	7.32%
5	常德市澧水建筑材料销售有限公司	1/39	2.56%

图 7-39　商供货信誉分析

（3）扫描枪扫描辨别料单，识别无效料单及问题料单，支持对账，如图 7-40 所示。

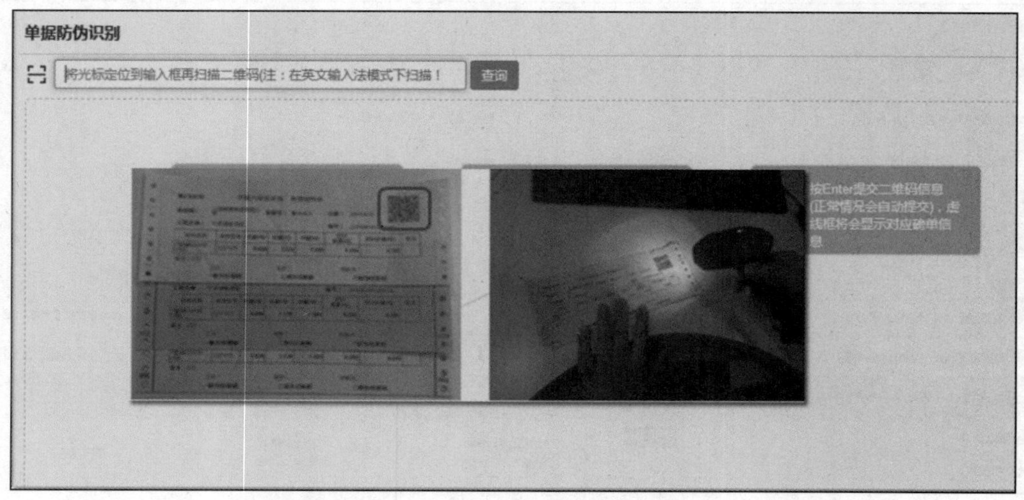

图 7-40　二维码扫描

（4）遇到问题货次时，追溯原始磅单并查找问题，如图 7-41 所示。

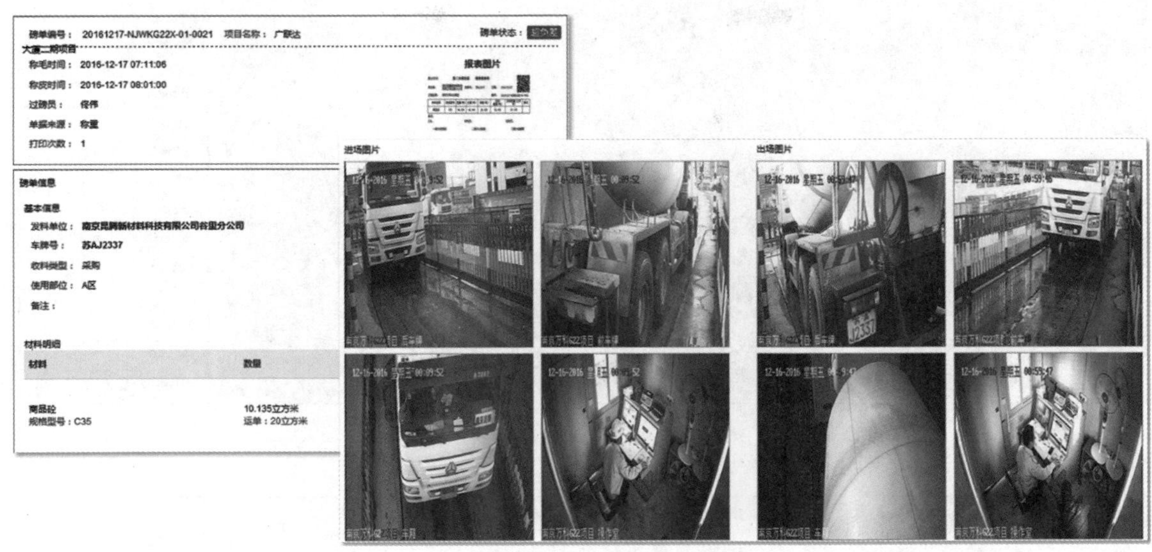

图 7-41　磅单追溯

（5）对车辆的管理，皮重是重点，用车辆皮重分析分布图来分析问题车次，如图 7-42 所示。

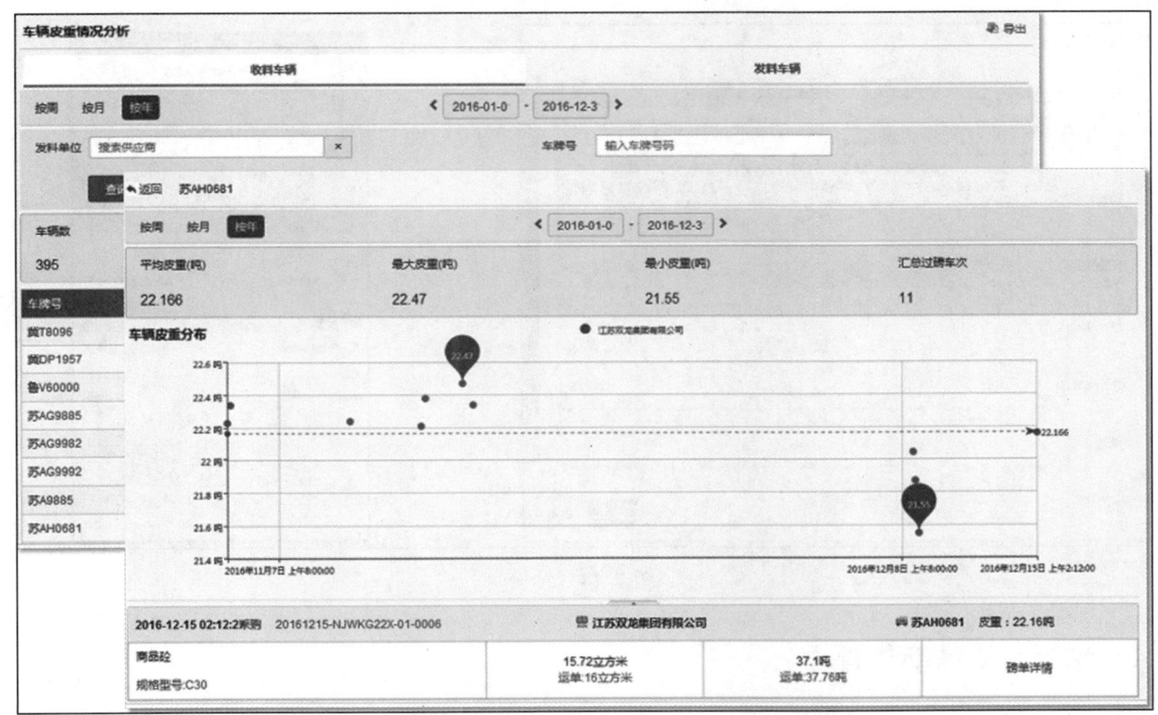

图 7-42　车辆皮重分析

（6）远程视频实时监控、动态影像追溯回放，保障验收管理制度落地、结算纠纷有据可查，如图 7-43 所示。

（7）当触及管控预警项时，实时预警，追溯原因、责任人、发生原因、处理结果，同时支持预警信息的统计分析，PC 与 App 同步，如图 7-44 所示。

图 7-43　远程视频监控

所属机构	项目部名称	本期 预警条数	本期 已处理条数	本期 未处理条数	本期 预警处理率(%)	累计 预警条数	累计 已处理条数	累计 未处理条数	累计 预警处理率(%)
第一建筑分公司	广联达大厦三期项目	187	1	186	0.53	187	1	186	0.53
第二建筑分公司	广联达大厦二期项目	409	7	402	1.71	409	7	402	1.71

图 7-44　预警

7.2.4　现场钢筋精细化管理

7.2.4.1　应用背景

在工程建设过程中，钢筋材料是占比最大的材料之一，据中国能源网《中国建筑节能技术发展现状》，我国住宅建设过程中，耗用的钢材占全国用钢量的 20%。据广联达指标网数据分析，民建工程中钢筋在土建造价中占比达 30% ~ 40%。做好钢筋分项工程的管理，直接影响项目的质量、进度及成本。

钢筋现场管理对人员能力要求较高且涉及多岗位协同，现场实际用量计算方式复杂且过程繁琐，很难精准；料单量大，呈现方式多为纸质料单，不利于数据统计分析，钢筋料单需要现场二次加工，原材料用量存在很大不确定性，控制难度较大。当前项目建设过程中，对钢筋的管控基本上是劳务以包代管，而劳务对钢筋管控方式粗管粗放，经营管控意识不足，导致浪费严重，现场的不可控性导致了钢筋成本上升。

我国作为当前世界上每年新建建筑量最大的国家，而住宅建设的物耗水平与发达国家相比，钢材消耗高出 10% ~ 25%。加上生产环节的能耗，整个建筑耗能总量占到社会总能耗的 46.7%。为降低建筑耗能，实现绿色建筑，在国家大力支持发展装配式建筑的背景下，建设过程中对钢筋的精细化管理必不可少。

7.2.4.2 现场钢筋精细化管理系统

1）现场钢筋精细化管理系统分类

现场钢筋精细化管理模式根据当前的管理方式和精细程度可以分为以下三类。

（1）劳务分包钢筋

劳务分包钢筋模式下，项目方将所有与钢筋相关的业务承包给劳务方，包括钢筋翻样、钢筋加工、钢筋绑扎等工作。劳务方分期给项目方提供钢筋用料计划，并由项目方采购所需的钢筋。劳务方大部分翻样工作由钢筋带班负责，带班人员任务重且非专业，翻样料单容易出错，造成加工出钢筋成品不可用性极大。在这种模式下，劳务方比较关注的是项目进度，而对钢筋成本管控意识淡薄，极易造成为了保证项目施工进度，而导致钢筋使用情况浪费严重，且容易造成钢筋积压。当前大部分项目都是这种管控模式。

（2）项目方自有钢筋管控中心

项目方自有管控中心的翻样工作由项目专业的翻样人员进行，定期提出钢筋采购计划，并监督现场钢筋绑扎和加工工作，对钢筋进行定期盘点。并负责最后的钢筋结算工作。在这种模式下，钢筋精细化管理比劳务分包管理模式更为精细。但也存在着各种数据整理不便、数据留存困难、各个岗位之间沟通协调难等问题。

（3）钢筋精细化管理系统

钢筋精细化管理系统包含从钢筋投标预算开始，到做施工预算，提报钢筋计划，钢筋翻样，料单审核，钢筋模拟加工生成加工方案，最后到钢筋的加工绑扎，结算的全方位管理。这种模式以“云＋端”的方式进行从钢筋进场到结算全流程的跟踪管理，做到实时监控钢筋使用进度，控制损耗，及时预警。并对过程数据进行留存，对钢筋数据进行分析汇总，从而做到钢筋精细化管理，实现钢筋的合理使用，减少了浪费及积压。

目前市场上企业钢筋精细化管理系统主要有北京易精软件有限公司的钢筋精细化管理系统、广联达工程施工事业部的企业级钢筋精细化管理系统。其中易精软件的精细化系统正在开发过程中，下面以广联达的企业级钢筋精细化管理系统作为典型案例进行分析。

2）现场钢筋精细化管理系统的典型功能

在钢筋管理过程中，从工程招投标，到现场施工、最后竣工结算等各个环节，都涉及钢筋相关管理业务。图 7-45 描述了整个钢筋管理过程。

钢筋管理主要环节如下。

（1）施工预算。施工预算由项目预算员根据工程图纸做整体预算，并根据项目进度做阶段预算。根据施工预算控制钢筋用量，做到阶段进料计划和钢筋损益监控。

（2）钢筋翻样。劳务钢筋工长或者项目钢筋管控中心成员根据图纸和钢筋平法编制钢筋下料单，以供钢筋成品加工和绑扎使用，并完成钢筋绑扎指导说明图。

（3）用料计划。钢筋工长审核下料单，并根据下料单和工程节点计划编制钢筋用料计划，并提供给物资部进行采购。

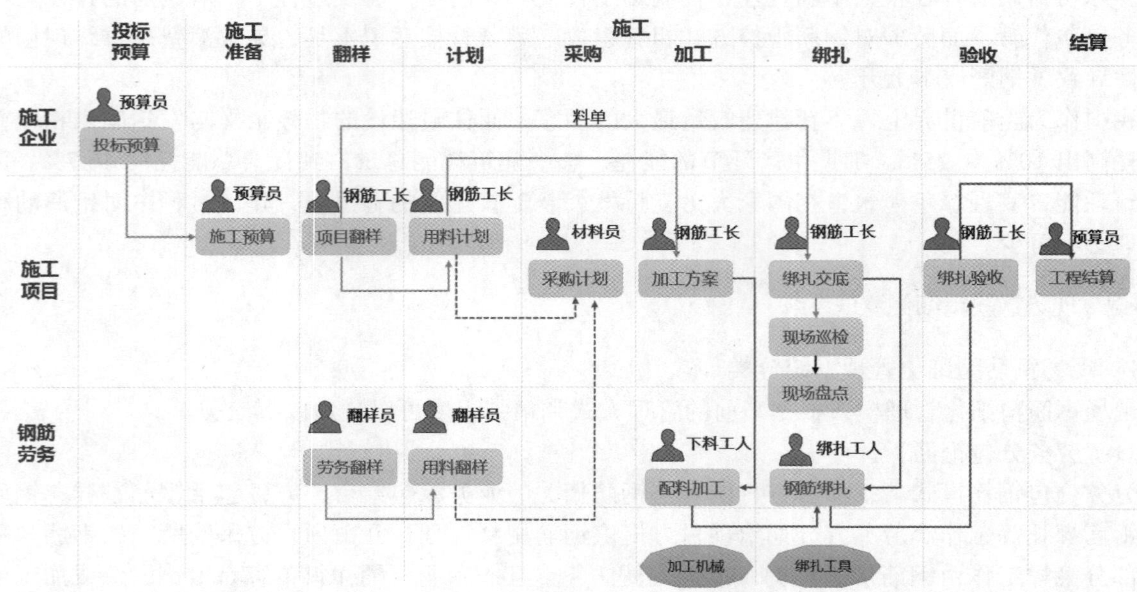

图 7-45　现场钢筋管理业务全景图

（4）原材料采购。物资部根据用料计划编制采购计划、采购钢筋原材。钢筋原材料进场后分类堆放在各个加工场地。

（5）加工绑扎。加工工人根据下料单对钢筋原材加工成品钢筋。绑扎工人根据下料单和绑扎指导说明图完成最后的绑扎工作。

（6）钢筋结算。项目预算员根据当期钢筋使用情况及工程节点，与甲方进行结算。并计算钢筋损益数据。

现场钢筋精细化管理系统采用“云＋端”的模式，端产品主要为岗位级应用，提高了工作效率，降低了出错概率。比如钢筋翻样人员可用翻样软件进行钢筋翻样，提高了翻样效率及准确度。

云端产品主要为钢筋管理过程中的数据汇总及分析，主要由项目预警、收益分析、库存分析、损耗分析、措施分析、指标分析、钢筋台账以及 BIM 模型形象展示等模块组成，做到项目钢筋数据的精细化汇总及展示。

3）现场钢筋精细化管理系统的应用价值

现场钢筋精细化管理系统的主要价值如下。

（1）精准计划。现阶段的用料计划为预算员在投标预算的基础上进行粗略的估算，特别是在分施工流水段的情况下，非常容易提量不准确，从而导致钢筋多采。现场钢筋精细化管理系统提供了在钢筋施工提量阶段，进行模拟加工，划分流水段提量的工具，使钢筋用料计划更准确更合理。

（2）准确翻样。现在大部分施工项目中的翻样工作还是由传统的手工翻样为主，手工翻样具有效率低、容易出错、料单手写模糊、不易留存、易丢失的缺点。现场钢筋精细化管理系统提供了供翻样人员在 BIM 模型基础上精准翻样的工具，实现钢筋翻样的电算化，提高了翻样人员的工作效率，解决了手工翻样固有的缺点。同时翻样人员可以根据 BIM 模型和钢筋排布图进行绑扎指导，降低了后续绑扎难度。

（3）钢筋智能加工。目前钢筋加工环节存在为了加工进度导致钢筋浪费的现象。加工工人配料行为较为随意，且现有的钢筋加工机械较为简单，加工效率和质量方面还有比较大的提升空间。现场钢筋精细化管理系统结合软件的模拟优化加工方式和智能数控加工机械完成钢筋原材的加工，节省了钢筋加工成本，提高了钢筋加工的效率。

（4）云端数据分析汇总。当前钢筋管理体系涉及岗位多，各个岗位之间协同困难，数据流转及分析复杂。现场钢筋精细化管理系统可以将钢筋各个阶段的数据，包括钢筋下料单量、进场量、送实验量、措施筋量、结算量等进行汇总分析，并将结果以图表的形式进行展示。完成钢筋使用的损耗分析、收益分析、超量预警。帮助钢筋管理人员对钢筋进行实时管控，做到过程数据透明可见，提高过程钢筋的管理水平。

7.2.4.3　现场钢筋精细化管理系统的应用场景

1）应用准备

应用准备包括两方面，即产品准备和数据准备。产品准备以广联达现场钢筋管理软件端为例，包括广联达钢筋计划控量产品、广联达钢筋现场管理产品以及云平台管理账号；数据准备包括用广联达钢筋算量软件编制的钢筋工程预算模型、工程图纸以及钢筋现场盘点数据。

2）广联达现场钢筋精细化管理系统

系统架构如图 7-46 所示。

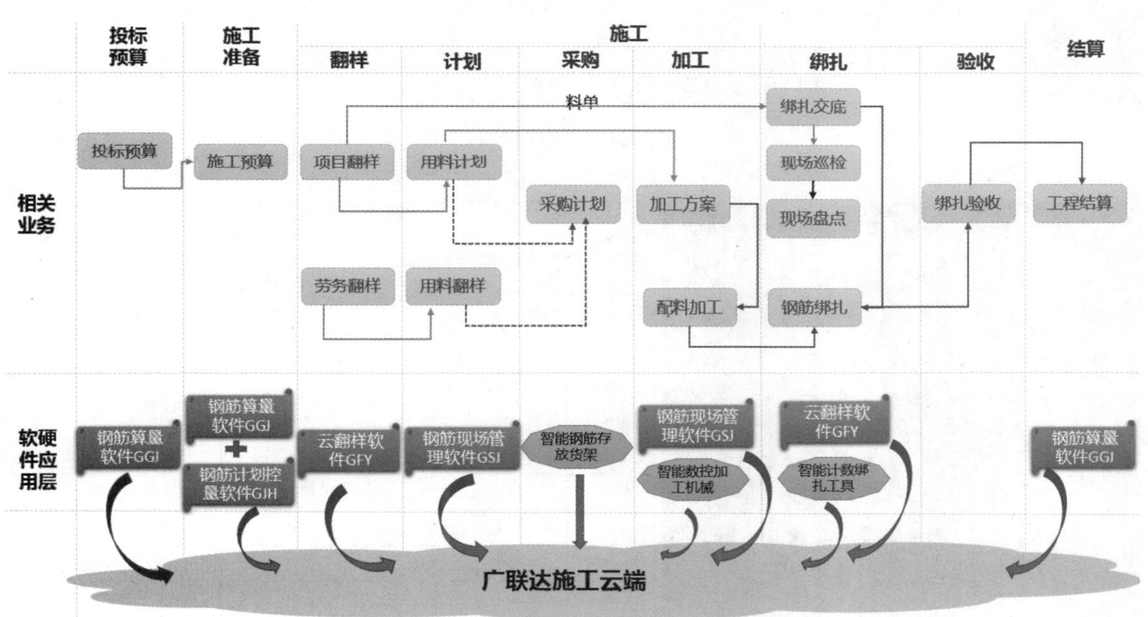

图 7-46　广联达现场钢筋精细化管理系统架构

3）应用场景

（1）施工准备阶段

在施工准备期，预算员要做好施工预算，传统的做法是根据预算量进行钢筋提量，而投标阶段的预算数据和现场实际用量有较大差异，这增加了预算员准确提取钢筋量的难度。广联达钢筋计划控量软件能够通过模拟加工，对原材进行测算，并划分流水段准确提量。原材提量如图 7-47 所示。

（2）钢筋翻样阶段

在钢筋翻样阶段，云翻样提供了多种翻样模式，用户可根据图纸进行快速翻样，提高了钢筋翻样的速度，降低了下料单出错的概率，如图 7-48 所示。

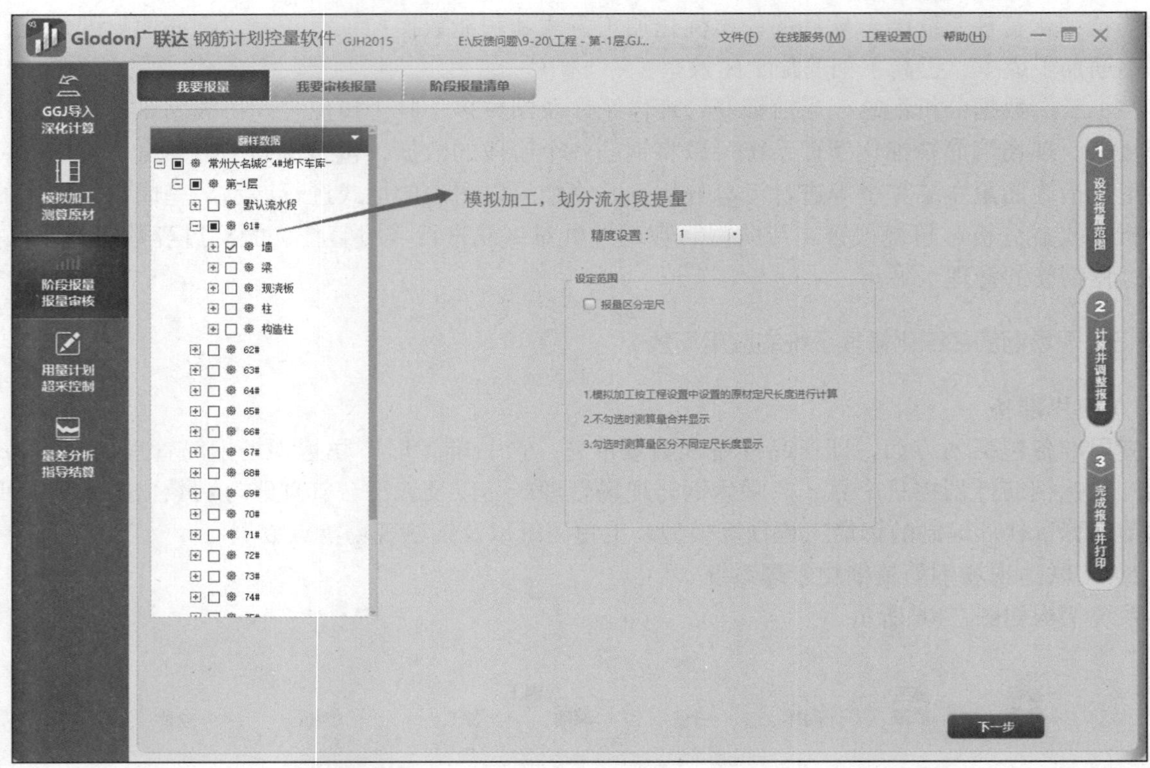

图 7-47　原材提量

钢筋翻样配料单

工程名称：爱家19#　　日期：2017-03-1

工程部位：基础层　默认流水段　墙

钢筋编号	规格	钢筋图形	断料长度mm	根数	合计根数	总重kg	备注
构件名称：1#墙-WQ2					构件数量：1		
构件位置：							
单根构件重量：408.76		总重量：408.76					
1	Φ14@200	150 1650	1800	23	23	50.094	墙身插筋
2	Φ14@200	150 2550	2700	23	23	75.141	墙身插筋
3	Φ14@200	150 1050	1200	8	8	11.616	墙身插筋
4	Φ14@200	150 1950	2100	8	8	20.328	墙身插筋
5	Φ14@200	150 1200	1350	1	1	1.634	墙身插筋
6	Φ14@200	150 2300	2450	1	1	2.965	墙身插筋
7	Φ14@200	150 1600	1750	1	1	2.118	墙身插筋
8	Φ14@200	150 Δ=450 1650~2550	Δ=450 1800~2700	3	3	8.168	墙身插筋
9	Φ14@200	150 1400	1550	1	1	1.876	墙身插筋
10	Φ14@200	150 2500	2650	1	1	3.207	墙身插筋
11	Φ14@150	5220 210	5430	6	6	39.422	墙身水平钢筋
12	Φ14@150	210 2670	2880	4	4	13.939	墙身水平钢筋
13	Φ20	5220 300	5520	3	3	40.903	压墙筋

图 7-48　钢筋翻样

（3）钢筋加工指导

钢筋加工将钢筋原材料加工为钢筋成品，此环节主要依靠钢筋加工工人进行组合配料，与加工工人的熟练程度密切相关，容易出现大量剩余废料。广联达现场钢筋管理软件提供了加工单及加工料牌，以辅助钢筋工人更方便高效地进行钢筋加工，如图 7-49 所示。

0001加工单明细表(依次加工)

日期：2017-03-13

钢筋编号	钢筋规格	钢筋图形	断料长度(mm)	根数	单构件根数
构件名称：1#墙-DWQ-3			构件数量：1		
1	Φ 20	3210	3210	19	3号筋：19根；
2	Φ 20	3700 300 45	4000	19	4号筋：19根；
3	Φ 20	4600	4600	12	1号筋：12根；
4	Φ 20	5600	5600	12	2号筋：12根；
构件名称：2#墙-DWQ-5			构件数量：1		
5	Φ 16	2480	2480	19	6号筋：19根；
6	Φ 16	2940 240 46	3180	19	5号筋：19根；
7	Φ 20	4600	4600	5	1号筋：5根；
8	Φ 20	5600	5600	5	2号筋：5根；
9	Φ 25	4600	4600	5	4号筋：5根

钢筋加工料牌　料表编号：0001　钢筋编号：1
Φ 20　3210　出厂检验 合格
墙料单--1#墙-DWQ-3　尺寸：3210　数量：19

钢筋加工料牌　料表编号：0001　钢筋编号：2
Φ 20　3700　300　45　出厂检验 合格
墙料单--1#墙-DWQ-3　尺寸：4000　数量：19

钢筋加工料牌　料表编号：0001　钢筋编号：3
Φ 20　4600　出厂检验 合格
墙料单--1#墙-DWQ-3　尺寸：4600　数量：12

钢筋加工料牌　料表编号：0001　钢筋编号：4
Φ 20　5600　出厂检验 合格
墙料单--1#墙-DWQ-3　尺寸：5600　数量：12

钢筋加工料牌　料表编号：0001　钢筋编号：5
Φ 16　2480　出厂检验 合格
墙料单--2#墙-DWQ-5　尺寸：2480　数量：19

钢筋加工料牌　料表编号：0001　钢筋编号：6
Φ 16　2940　240　46　出厂检验 合格
墙料单--2#墙-DWQ-5　尺寸：3180　数量：19

钢筋加工料牌　料表编号：0001　钢筋编号：7
Φ 20　4600　出厂检验 合格
墙料单--2#墙-DWQ-5　尺寸：4600　数量：5

钢筋加工料牌　料表编号：0001　钢筋编号：8
Φ 20　5600　出厂检验 合格
墙料单--2#墙-DWQ-5　尺寸：5600　数量：5

钢筋加工料牌　料表编号：0001　钢筋编号：9
Φ 25　4600　出厂检验 合格
墙料单--2#墙-DWQ-5　尺寸：4600　数量：5

钢筋加工料牌　料表编号：0001　钢筋编号：10
Φ 25　5600　出厂检验 合格
墙料单--2#墙-DWQ-5　尺寸：5600　数量：5

图 7-49　钢筋加工单及加工料牌

（4）钢筋过程数据收集

在施工过程中，各项数据的收集及盘点是对钢筋使用分析的根本。因此现场做好过程数据的保留并及时盘点，是钢筋成本分析必不可少的一环，如图 7-50 所示。

图 7-50　钢筋现场盘点

（5）钢筋数据分析汇总

钢筋过程数据通过不同时间上传至云端，在云端进行数据汇总分析，可实时监控各个项目的钢筋使用情况。钢筋汇总分析可以分为收益分析、库存分析、损耗分析、措施分析、指标分析等维度进行展示，如图 7-51 和图 7-52 所示。

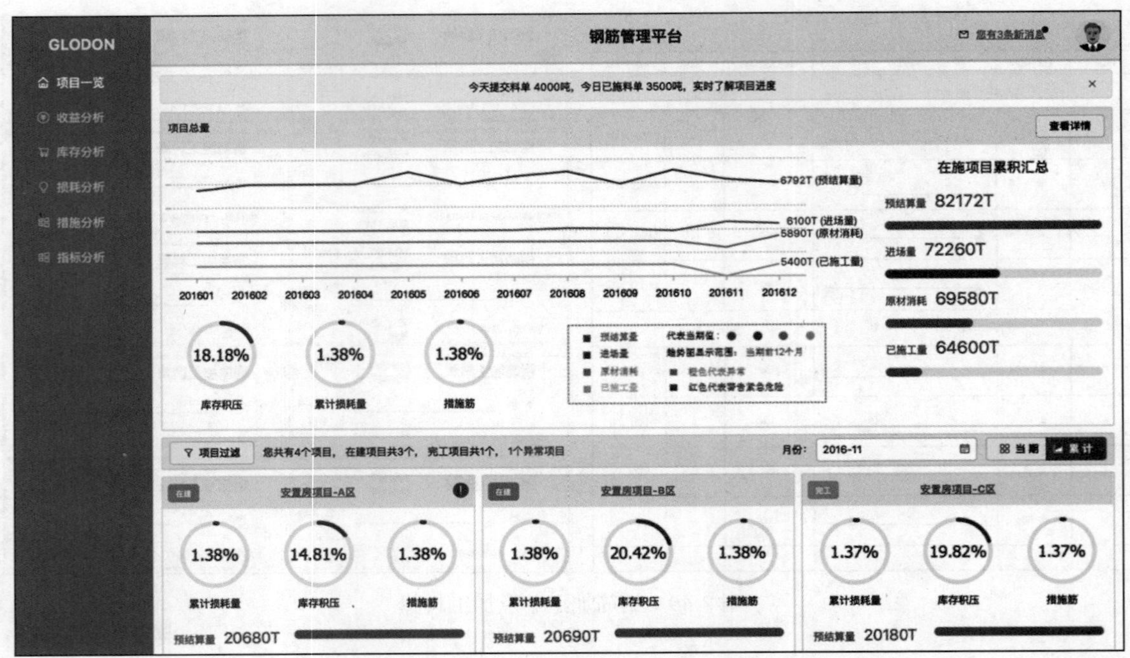

图 7-51　项目一览

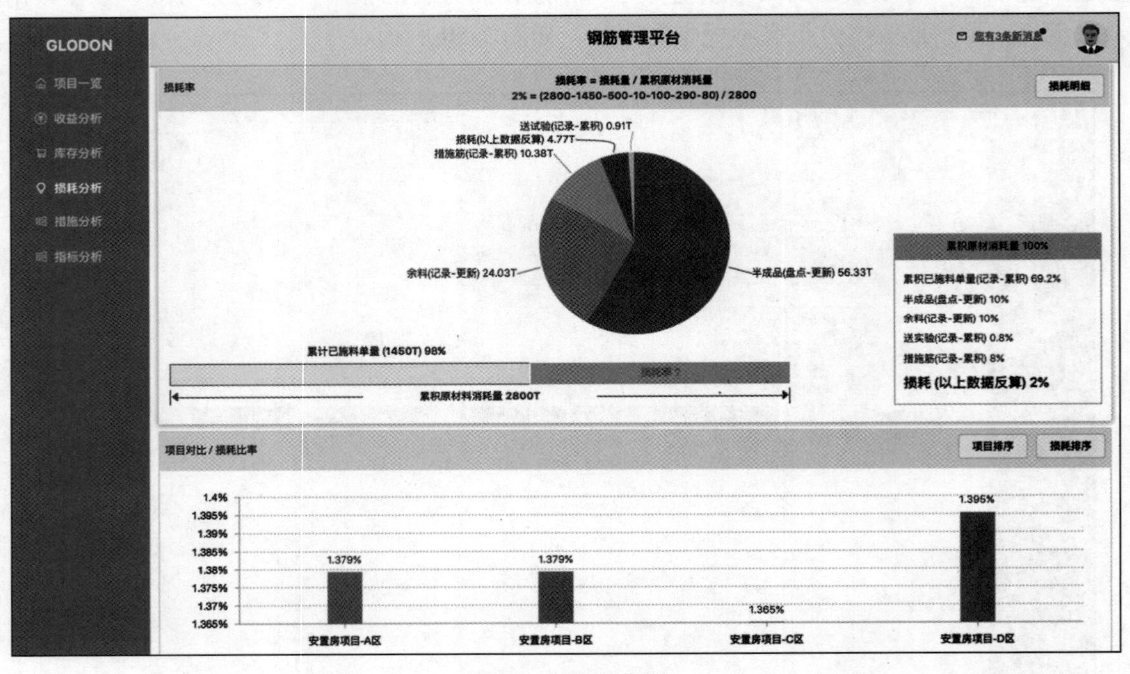

图 7-52　损耗分析

7.2.5　基于二维码的物料跟踪管理

7.2.5.1　应用背景

在工程项目施工中，业主和承包商都非常重视管理工作。对承包商来说可以降低施工成本；而对业主来说可以有效地控制工程投资，好的施工材料管理方法对降低工程造价、节约企业资源、保证工程建设质量有很大的作用。在实际施工过程中，经常存在着施工计划安排不合理，材料调配不合理，材料调配技术水平不高，施工质量、成本控制不严格的情况，为了减少这些问题出现就必须要建立完善的材料管理制度，加强各环节的管理，利用必要的信息化手段，加强施工材料使用的跟踪管理。典型的现场施工材料存放如图7-53所示。

利用二维码和RFID技术，在施工材料上粘贴或挂接电子标签来标识物资的属性，在物资进场验收、入库登记、领料使用等环节进行扫码跟踪，可实时更新仓储数据库，确保能够精确地管理物资仓库的进出与库存控制，防止物资的不明流失和损坏而无迹可寻，解决账上数据和实物情况不符等问题，提高入库、出库、盘点等管理的效率与准确性，保证仓库管理各个环节数据输入的速度和准确性，确保及时准确地掌握库存的真实数据。

图7-53 现场施工材料存放

7.2.5.2 基于二维码的物料跟踪管理系统

1）二维码物料跟踪管理系统分类

目前市面上的物料管理系统有两类，一类是基于单机版或局域网的物资管理；一类是基于B/S框架浏览器端物资管理系统。前者广泛用于仓库物资的“进销存”管理，后者则用于各部门之间的协同管理、信息共享、管理工作的信息化。随着互联网、物联网和移动数据采集设备的发展，物资供应商、物资使用情况的现场数据信息也逐渐被纳入到物资管理的范围，这就要求物资管理系统具有更加灵活的框架，更加丰富的内容。

目前市场上进销存类物料管理系统主要有北京今驰技贸有限公司的建筑工程材料管理系列软件、速达软件技术有限公司的速达系列软件等。基于B/S框架浏览器端的物资管理系统有北京广联达筑梦科技有限公司的物料通管理系统、杭州新中大软件有限公司的材料管理系统、北京城建集团的二维码物料跟踪系统等。下面以城建集团应用的基于二维码物料跟踪管理系统为例进行分析。

2）基于二维码的物料跟踪管理系统的典型功能

项目智慧建造物联网管理平台将Web端和手机App移动端两种表现形式相结合，通过视频监控、人员管理、物料管理、自动化监测等功能模块，实现现场施工管理信息高度集中化，对项目实时管控和管理历史数据进行保存与查询，为项目运维提供最真实、有效的数据，最终达到为项目建设增值的目的。其典型应用如图7-54所示。

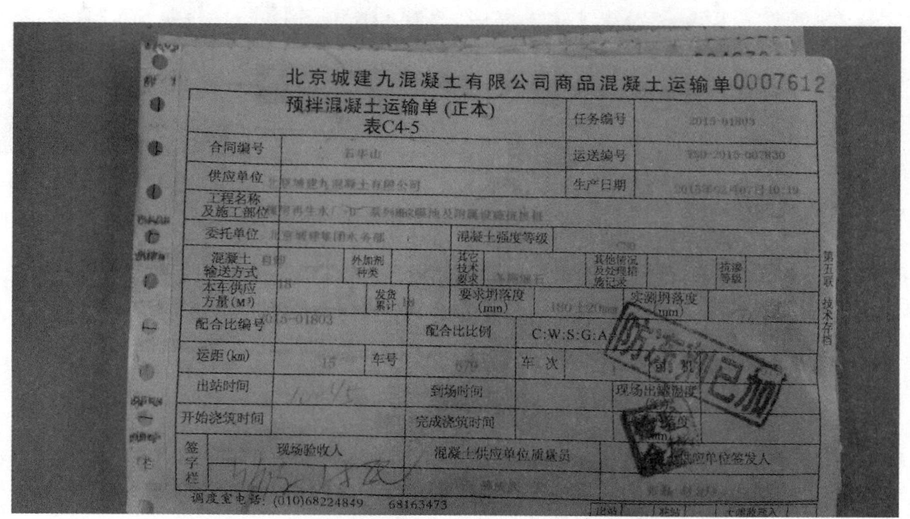

北京城建九混凝土有限公司商品混凝土运输单0007612

预拌混凝土运输单（正本）
表C4-5

任务编号
合同编号
运送编号
供应单位
生产日期
工程名称及施工部位
委托单位
混凝土强度等级
混凝土输送方式
外加剂种类
其它技术要求
其他情况及处理措施记录
抗渗等级
本车供应方量（M³）
发货累计
要求坍落度（mm）
实测坍落度（mm）
配合比编号
配合比比例 C:W:S:G:A
运距（km） 15
车号
车次
出站时间
到场时间
现场出罐温度
开始浇筑时间
完成浇筑时间
签字栏
现场验收人
混凝土供应单位质量员
混凝土供应单位签发人
调度室电话：(010)68224849 68163473
第五联 技术存档

图7-54 现场混凝土运输料单

利用二维码技术，在每车混凝土的运送料单上打印二维码，该二维码为料单编号，利用编号作为唯一标记，从混凝土搅拌站的混凝土生产信息系统中读取混凝土的运送信息，主要有强度等级、运送方量、配合比、坍落度、使用位置等，如图 7-55 所示。

运输单号	到场时间	单位名称	供应单位名称	工程名称	定
S2015-003832	2015-04-26 22:01	北京城建亚东混凝土	北京城建亚东混凝土	槐房再生水厂	2014
S2015-003832	2015-04-26 22:01	北京城建亚东混凝土	北京城建亚东混凝土	槐房再生水厂	2014
S2015-003834	2015-04-26 23:55	北京城建亚东混凝土	北京城建亚东混凝土	槐房再生水厂	2014
S2015-003834	2015-04-26 23:55	北京城建亚东混凝土	北京城建亚东混凝土	槐房再生水厂	2014
S2015-003839	2015-04-26 23:56	北京城建亚东混凝土	北京城建亚东混凝土	槐房再生水厂	2014
www.baidu.com	2015-04-29 00:45				
S2015-004648	2015-05-15 03:16	北京城建亚东混凝土	北京城建亚东混凝土	槐房再生水厂	2014
S2015-004647	2015-06-16 16:07	北京城建亚东混凝土	北京城建亚东混凝土	槐房再生水厂	2014
S2015-007482	2015-07-09 15:22	北京城建亚东混凝土	北京城建亚东混凝土	槐房再生水厂	2014
S2015-007482	2015-07-09 15:23	北京城建亚东混凝土	北京城建亚东混凝土	槐房再生水厂	2014

图 7-55　混凝土料单信息读取

当运输车将混凝土运达到施工现场时，现场管理人员利用与物料管理系统配合开发的二维码扫码 App，扫描料单上的二维码，物联网平台将自动采集混凝土运输信息。通过采集每车混凝土的运送信息来统计每区的累计浇筑实际方量。管理人员定期检查现场实际进度，将混凝土的实际完成量与计划完成量进行对比，以此检查混凝土的用量是否超标，图 7-56 和图 7-57 所示为混凝土完成量统计表。

序号	浇筑位置	总方量	剩余量	完成量	完成%
1	5区	44851.97	7557.5	37294.47	17%
2	6区	44345.11	11393.5	32951.61	26%
3	7区	44491.31	11667	32824.31	26%
4	8区	44852.17	9866	34986.17	22%
5	9区	17033	9866	7167	37.20%
6	初沉池（10、11区）	48074.49	25767.6	22306.89	54%
7	细格栅	411552	77051.36	334500.64	19%
8	粗格栅	4154.74	2383.26	1771.48	57%
9	清水池	19419.87	10147.87	9272	37.7%
10	臭氧接触池	3330.16	2112.16	1218	36.6%

图 7-56　混凝土完成量统计

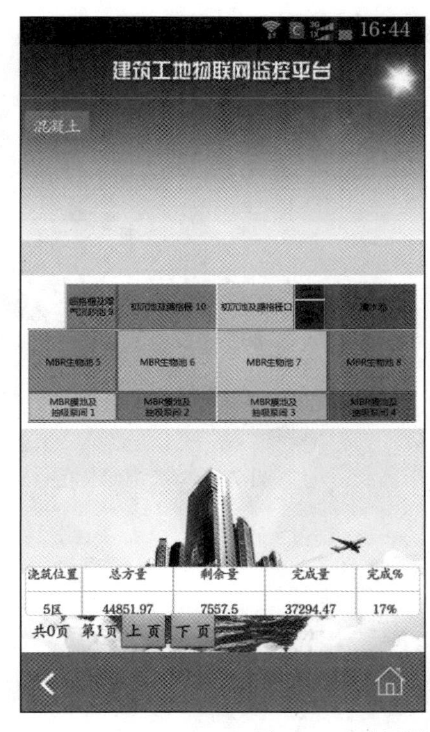

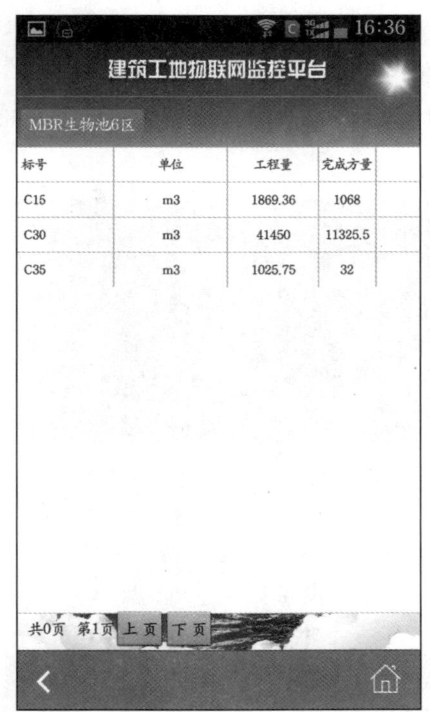

图 7-57　手机端的混凝土完成量统计模块

3）基于二维码的物料跟踪管理系统的应用价值

（1）减少了管理人员的工作量，提高了工作效率，使管理人员从繁杂的机械劳动中得到了解脱。

（2）实现混凝土浇筑信息的追溯，可查询每车混凝土运送信息。

（3）将混凝土加工信息与现场试块信息关联起来，便于问题追溯。

（4）根据混凝土实际完成量与预计完成量进行对比，可随时掌控施工成本和进度，有利于进行成本和工程进度管理。

7.2.5.3　基于二维码的物料跟踪管理系统的应用场景

基于某项目的智慧建造物联网管理平台，可实现通过 RFID 和手机扫码对建筑物料的入库、下发、转移等各种操作进行记录和处理，对仓库到货检验、入库、出库、调拨、移库移位、库存盘点等各个作业环节的数据进行自动化的数据采集；通过科学的编码，方便地对物品的批次、保质期等进行管理；利用系统的库位管理功能，更可以及时掌握所有库存物资当前所在位置，提高仓库管理的工作效率，如图 7-58 所示。

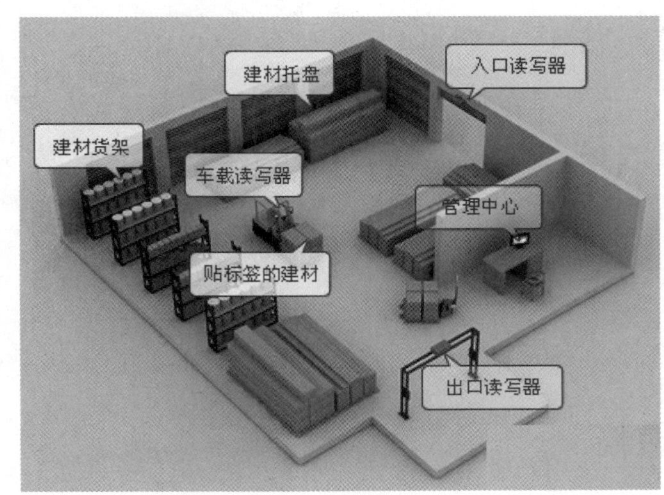

图 7-58　工作场景

1）应用准备

（1）RFID 标签

采用符合 NXP I Code 的 RFID 标签，如图 7-59 所示。该标签的技术特征为，高频抗金属标签采用抗金属吸波技术，可以粘贴在金属物表面，表层附 PVC 盖层，底面通过高强度双面胶与物资粘贴。

（2）二维码标签

二维码不干胶标签如图 7-60 所示。每张标签具有唯一编号，无需现场打印，随时可粘贴与更换。

图 7-59 RFID 标签

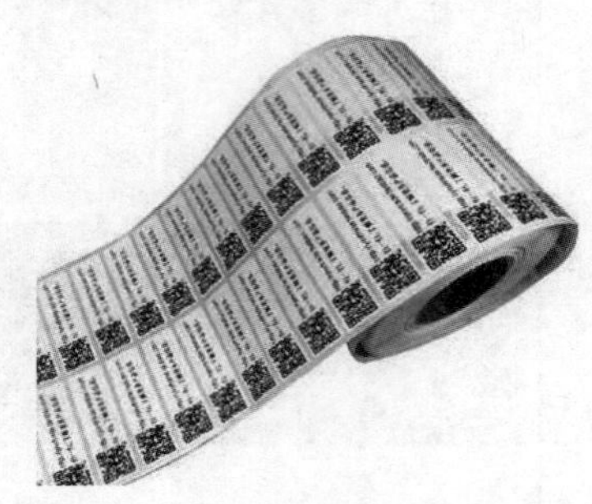
图 7-60 二维码标签

（3）管理电脑及标签读写设备

电脑及标签读写设备如图 7-61 所示。

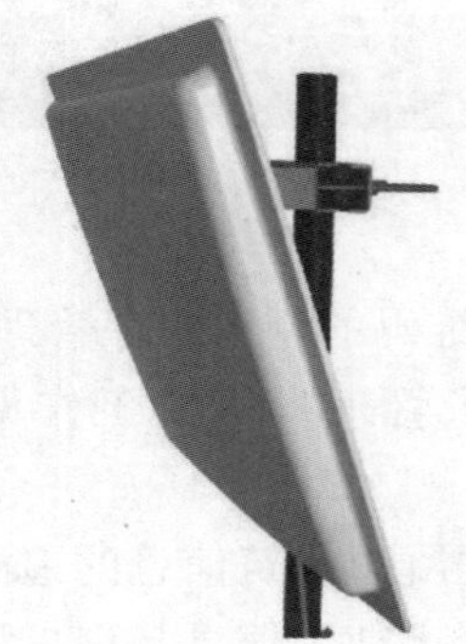
图 7-61 读写设备

①仓库出入口远距离读卡器及天线。安装于仓库出入口处，可远距离进行读卡，如图 7-62 所示。

②桌面读写卡器。连接计算机用于 RFID 发卡时基本信息的写入与读取。

③手持移动终端，如图 7-63 所示。

图 7-62 读卡器

图 7-63 手持移动终端

采用高通四核平台，支持移动、电信、联通的 4G 全网通移动通讯，支持一维 / 二维条码扫描、NFC、800 万像素高清摄像。

其技术特征为：

①标配 4000mAh 大容量聚合物锂电池，待机时间超过 250 小时，正常使用 1 ~ 2 天；小巧精致的座充，设备充电更快，拿放更加灵活自由。

②支持一维 / 二维条码功能。采用国际知名品牌的专业扫描引擎，经过优化设计，条码识别质量高、速度快，为视效率为生命的快递业增添了无限动力。支持 NFC、800 万像素高清摄像等，为快递物流行业提供全方位的数据采集功能。

③具备超强 IP65 防护等级，防摔、防水、防尘，6 面均可承受从 1.5m 高跌落至硬质地面防破损，保障在各种复杂苛刻的环境下正常工作。

2）应用流程

（1）物料入库

负责对入库的货物进行验收，以及归类建立数据库等处理。在由人工管理库存的情况下，通常采取定货定区的方法，以便于查找和避免存储差错，这种存放原则虽然简单，但是却造成了极大的库存空间浪费。每一块区域，都会确定安排存放某种物品，所以即使该位置空余，其他货品也不能占用。而将 RFID 智能终端物料管理系统引入后，可以迅速地安排货位，同时通过智能移动终端可以很方便地查找货物信息并实现精确定位。主要流程如图 7-64 所示。

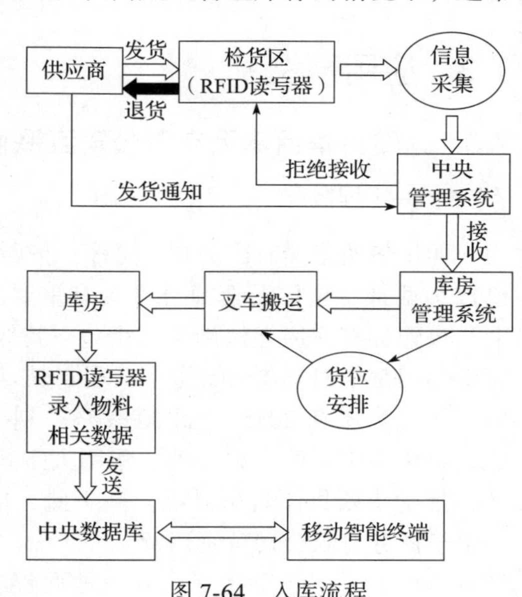

图 7-64　入库流程

（2）物料出库

根据所收到的用料通知单，对将出库的货物进行分拣处理，出库核实并进行出库管理。仓库管理员在接到出库领货单时，通过智能移动终端定位物料，同时借助手持式读写器读取物料相关信息。与传统人工方法比较，方便快捷，效率提高。物料在出仓库出口时，需通过设置在仓库出口的门式读写器读取出库物料的 RFID 标签编码，凡是经过门式读写器读记录的物料，会自动在电脑数据库里产生出库记录，并生成出库单。当物料出库时，系统库存数据实时更新。在出库口，由仓库管理员按物料出库领货单照单做最后的验货，以保证发货的准确性，以免造成难以挽回的损失。若发现错误，可及时采取补救措施纠正。其业务流程如图 7-65 所示。

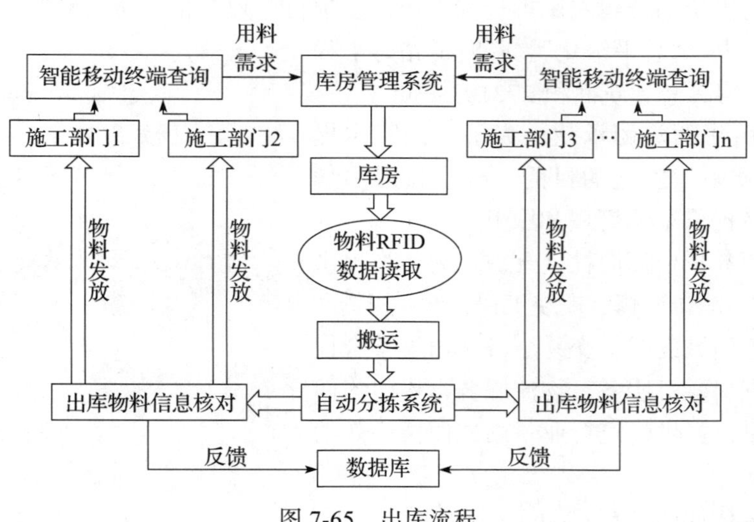

图 7-65　出库流程

（3）物资盘点

对现存的物料进行种类和数量的清点，对实际库存数量和账面数量进行核对，同时对达到阀值的物料向相关人员发出提示预警。在传统的库存管理中，货物都堆放在仓库中，盘点操作需要人工笔录信息，尤其在施工现场，常有大型物料不易移动，大大增加了清点的难度。盘点数据采集后，还需要人工录入数据，这样不仅占用了大量的人力物力资源，而且增加了人为错误的机率。并且，在盘点过程中，需要停止所盘点货物的入库、出库业务。而 RFID 智能终端物料管理系统引入后，只需几名工作人员携带手持 RFID 读写器即可在短时间内完成物料的清点，精确度极高，而且录入同时就可将实时数据传回中央处理系统，大大简化了操作。其业务流程如图 7-66 所示。

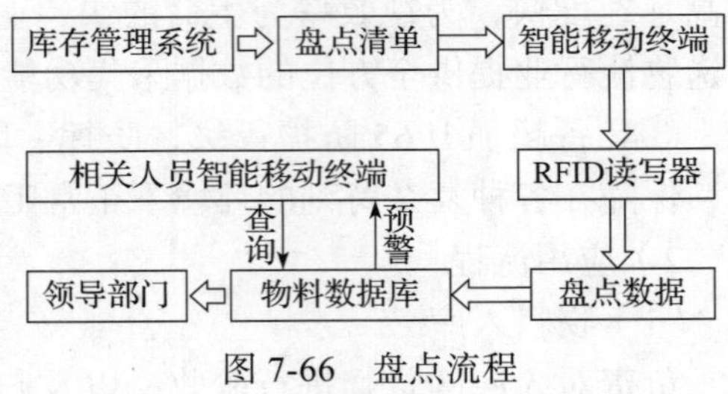

图 7-66　盘点流程

7.3　应用案例

7.3.1　四川华西集团有限公司互联网采购管理案例

7.3.1.1　工程概况

四川华西集团有限公司（简称：华西集团）始建于 1950 年 5 月，经过六十多年的发展演进，现已成为西部、全国乃至海外都具有重要影响力的大型国有建筑集团之一，是四川省属重要骨干企业。公司拥有房屋建筑施工总承包双特级资质，年营业收入 500 亿元以上。四川华西集采电子商务有限公司是华西集团的全资子公司，是以建筑大宗材料集中采购业务为主的电子商务平台公司。

华西集团在 2015 ~ 2020 战略规划中提出了“1235”战略，要求通过商业模式的创新，通过建设物资集中采购平台，建立集团大宗物资集中采购体系来强化基础管理，深化内部挖潜，降本增效，推动华西集团转型升级。基于此，华西集团建设“华西云采电子商务平台”，并由四川华西集采电子商务有限公司负责运营。

华西云采电子商务平台在龙池西锦项目中全面应用，取得采购业务流程（寻源、合同、履约）全部实现线上化，App 物流轨迹跟踪，运输过程实现透明化，节约成本约 8000 万元。

7.3.1.2　工程特点

龙池西锦项目是经四川省双流县发展和改革局以双发改投资［2015］086 号文批准建设，建设资金全部来自国家政府投资的统建农民拆迁安置小区。项目工程包括建筑与装饰、消防、电气、暖通、给排水、电梯、供配电、“总平绿化”、临时道路等工程施工图纸所有设计内容，总建筑面积 272103.43m^2。

龙池西锦项目由华西集团承建，为了达到降本提效、阳光透明、保障施工安全的目的，改项目采用华西云采电子商务平台提供采购管理和服务。

华西云采电子商务平台面向社会开放，为客户提供建筑钢材、土建工程、装饰装修、安装工程、设备租赁办公用品、劳保用品等领域的线上交易服务。通过整合优质的供应链、大数据、融资服务、物流服务，构建华西云采特有的服务体系，提供建筑行业一站式便捷高效的服务。

华西云采平台架构如图 7-67 所示。

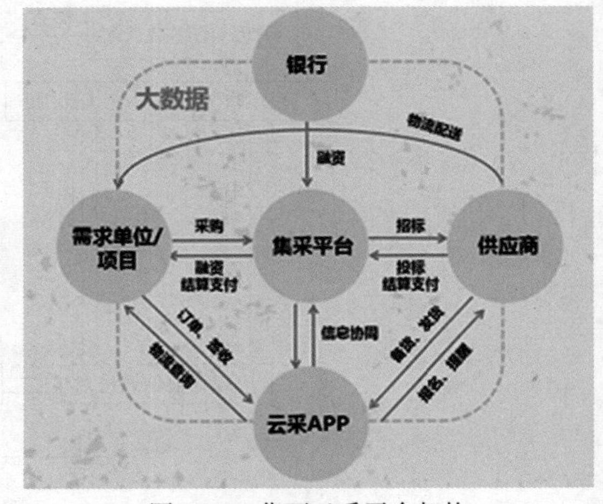

图 7-67　华西云采平台架构

您好 管理员，欢迎来到华西云采！
我的云采 | 登出 | 关于我们 | 028-83387146
华西云采
hxyc.com.cn
招标公告
请输入搜索关键字
我的购物车
首页
华西集采
云采商城
云采指数
云采金服
云采学院
云采助手
交易高效便捷
大幅优化
传统建筑物资采购流程与时间
规范报价
Hi，管理员您好
欢迎来到华西云采
进入云采
登出
中标公示
更多
招标公告
成都第一骨科医院迁建工…
2017-02-27截止
招标编号：HS-ZBRW-2017-000017
招标单位：中国华西企业股份有限公司第十二…
发布时间：2017-02-21
8 家
已报名
宝泰广场钢材招标任务
2017-02-26截止
招标编号：HS-ZBRW-2017-000020
招标单位：四川省第四建筑工程公司
发布时间：2017-02-26
7 家
已报名
广汇·御园一期项目钢材集…
2017-02-23截止
招标编号：HS-ZBRW-2017-000018
招标单位：中国华西企业股份有限公司第十二…
发布时间：2017-02-23
5 家
已报名
广汉汇川财富中心钢筋采…
2017-02-23截止
招标编号：HS-ZBRW-2017-000019
招标单位：中国华西企业股份有限公司第八建…
发布时间：2017-02-23
4 家
已报名
价格指数
三级螺纹钢
指导价（含税）
涨跌情况
3522.0
+102.0
02/23 16:24
盘圆
指导价（含税）
涨跌情况
3000.0
+3000.0
02/28 19:58
透水商品混凝土
指导价（含税）
涨跌情况
256.61
-2.72
01/25 11:08
三级盘螺
指导价（含税）
涨跌情况
4211.0
+198.61
01/25 00:00
华西云采
hxyc.sc.cn
华西云采 让采购更简单！
阳光 透明 提效
快速搜索
价格指数
云采助手
云采商城
一站式直采专区
源头好货 质量无忧
周转材专区
源头好货，质量无忧
办公耗材专区
查看详情 > >
办公家电专区
查看详情 > >
装饰材料专区
查看详情 > >
劳保用品专区
查看详情 > >
办公文具专区
查看详情 > >
办公家具专区
查看详情 > >
新闻公告
华西云采-建筑行业…
传统建筑行业拥抱互…
关于“建筑业+互联…
不谈大数据的“互联…
华西云采：建筑行业…
行业背景
专业权威
优质资源
资金保障
管控严格
关于我们 | 联系我们 | 帮助中心 | 法律声明 | 新闻中心 | 政策法规
关注我们
地址：成都市金牛区一环路北三段 100 号飞大壹号广场写字楼 1 栋 1 单元25 楼
邮编：610081
联系电话：028-83387146
©2014-2016 四川华西集采电子商务有限公司 All Rights Reserved 蜀ICP备16033894号-1
技术支持：广联达科技股份有限公司
关注华西云采微信公众号
下载华西云采App
安全认证

图 7-68　华西云采平台

华西云采在上游聚合建筑行业供应商，构建供应链；在下游聚合业主、建设单位等采购商，汇集真实可靠的采购需求。借助电子订单、大数据、云物流等高效智能管理系统，形成建筑行业生态闭环。华西云采通过信用证融资、账期支付等有效降低了需求方资金成本。通过信息流、物流、资金流、商流四流合一，有效解决了信息不对称问题，加快了交易速度和效率，保障了建筑行业健康稳定的发展。

华西云采电商平台整体架构，集“供应链管理 + 电子商务 + 供应链金融 + 移动互联网 +ERP”于一体：

（1）满足华西集团各单位一、二级采购和供应链管理需求。

（2）提供供应链金融融资方案，信用证支付方式大大降低了各单位的融资成本。

（3）提供电子商城满足零星材料采购（三级采购），方便供应。

（4）提供云采助手 App 和微信端应用，大大提升了物资采购和交易环节的效率，帮助企业提升管理，提质增效。

（5）与企业现有异构 ERP 系统融合打通，提升了企业信息化水平和管理水平。

7.3.1.3　应用工具及应用内容

华西云采平台主要包括“华西集采”、“云采商城”、“云采指数”、“云采金服”、“云采学院”等多个服务单元。首页如图 7-68 所示。

（1）华西集采。建筑行业大宗材料集中采购服务平台，为全行业提供专业的集中采购服务，包括电子化招投标、供应链管理、结算支付、物流协同等，保证物资采购全流程公开透明，为企业降本增效提供了保障，华西集采信息管理平台如图 7-69 所示。

图 7-69　华西集采信息管理平台

（2）云采商城。办公用品、劳保用品等电子商务交易平台，利用华西集团优质的供应商资源，实现办公用品、劳保用品等在线交易、结算和支付，提升企业采购效率，降低采购成本。

（3）云采指数。建筑行业大宗材料价格指数平台，实现分类商品区域性价格指数权威在线发布，提供价格趋势分析等价值数据服务。

（4）云采金服。建筑行业供应链融资、互联网金融服务平台，利用华西云采创新的供应链业务模式，提供多种供应链融资方案，有效解决了建筑行业供求双方融资难和资金周转难题。

7.3.1.4 应用效果

经过半年的上线运行，华西云采电商平台在龙池西锦项目取得了成功。

（1）移动终端实时远程运营管理

华西云采实现移动终端（包括手机、平板电脑移动设备）的延伸，移动管理与计算机管理系统相辅相成，在线下单、物流跟踪、在线验收关键数据录入实行数字化，用户可以随时随地在手机端实现对交易实时远程运营管理，如图 7-70 和图 7-71 所示。

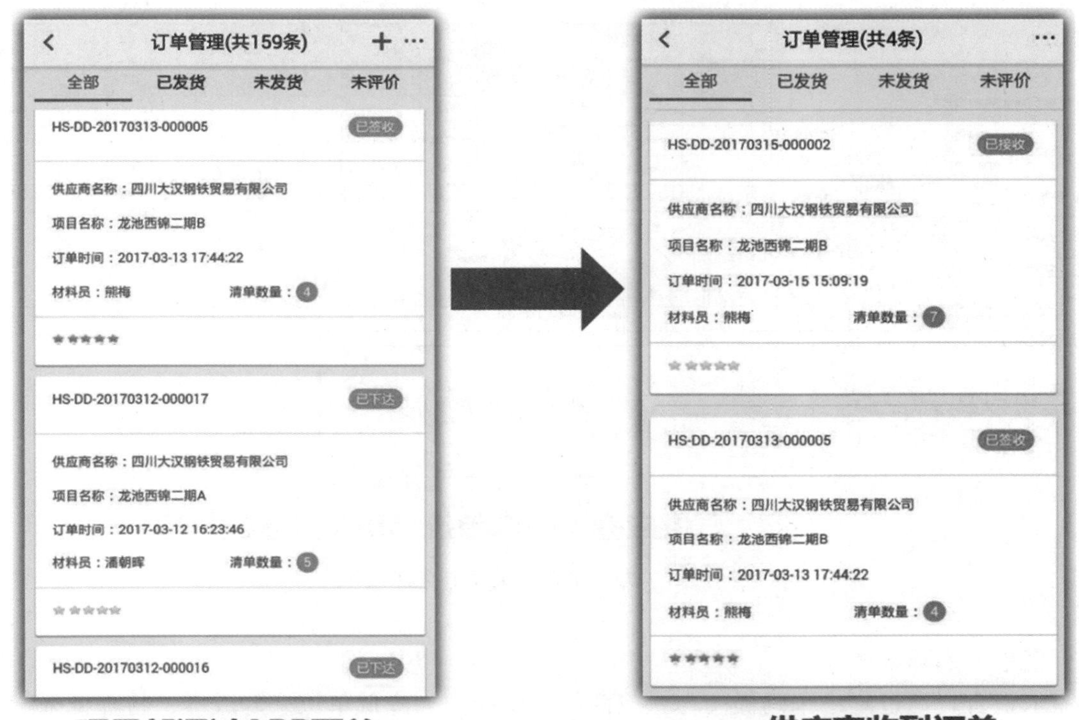

图 7-70 华西云采移动端

图 7-71 华西云采物流跟踪

（2）阳光采购助推客户成功

通过“公开、公平、公正”的互联网线上交易，从源头上为实现“阳光采购”提供有效的保障措施，如图 7-72 所示。

四川华西集采电子商务有限公司

四川华西集采电子商务有限公司结算单

项目名称：	龙池西镜二期B	需求单位：	四川华西集采电子商务有限公司	结算单号：	HS-JS-XYZ-GY-2017-000041
合同名称：	龙池西镜二期B项目钢材供应合同-供应合同	合同编号：	HS-ZBHT-2016-000020	供货单位：	四川华西集采电子商务有限公司

序号	物料编码	物料名称	规格型号/材质	产地/厂家	收货日期	信用证付款日	延期天数	数量	单位	基准价(元)	浮动价(元)	含税单价(元)	含税货款(元)	延期支付利率	延期支付费用(元)	集采公司向需求方开发票含税总金额(元)
1	0101010029	三级螺纹钢	HRB400 φ12	达钢	2017-03-15	2017-04-19	29	46.600	t	4220.00	-32.00	4188.00	195160.8	8.70	1697.90	196858.70
2	0101010034	三级螺纹钢	HRB400 φ22	川威	2017-03-15	2017-04-19	29	5.245	t	4020.00	-32.00	3988.00	20917.06	8.70	181.98	21099.04
3	0101010032	三级螺纹钢	HRB400 φ18	川威	2017-03-15	2017-04-19	29	5.210	t	4020.00	-32.00	3988.00	20777.48	8.70	180.76	20958.24
	合计						0	57.05					2368...		2060...	238915...

供应结算单备注

集采公司集采运营部确认 潘朝晖 2017年 3月 15日

集采公司财务管理部确认 年 月 日

需求单位确认 卢云霞 2017年 3月 16日

四川华西集采电子商务有限公司

四川华西

项目名称：	龙池西镜二期B	需求单位：
合同名称：	龙池西镜二期B项目钢材采购合同-采购合同	合同编号：

序号	收货日期	物料编码	物料名称	规格型
1	2017-03-15	0101010029	三级螺纹钢	HRB400 φ
2	2017-03-15	0101010034	三级螺纹钢	HRB400 φ
3	2017-03-15	0101010032	三级螺纹钢	HRB400 φ
合计				

采购结算单备注：

集采公司集采运营部确认 潘朝晖 2017年 3月 15日

供货单位确认 黄晓庆 2017年 3月 15日

图 7-72 华西云采线上交易

（3）集中采购降本增效

将需求整合，通过集中采购提高与供应商的议价能力，降低单位采购成本，将降低采购成本约 8%。借助华西云采集中采购平台为集团节约成本约 8000 万元。

7.3.2 北京住总集团承建的 X13 地块产业化住宅项目基于 BIM 的物料管理案例

7.3.2.1 工程概况

北京住总集团承建的 X13 地块产业化住宅项目，利用 BIM 信息化技术，将产业化住宅建造各环节整合在同一个可视化 BIM 5D 模型平台上。实现材料数据在设计阶段、生产加工阶段、运输阶段和现场施工阶段之间的互联互通，并实时更新，达到了对项目的质量、工期、成本的科学管控目的。

7.3.2.2 工程特点

（1）预制构件多。主体结构的大量内墙、外墙、叠合板、阳台板、楼梯板为预制构件，全部由住宅科技加工厂负责生产，之后运输到现场进行吊装。

（2）设计要求高。为了达到全过程基于 BIM 模型的管控要求，设计院在模型上的材料信息量要足够准确、全面。所有预制构件信息要进行统一标识，所有材料信息要注明对应的构件。基于此才能实现信息的有效传递和应用。

（3）新技术应用多。结合 RFID 技术的移动应用，实现数据的无线射频收发、固定接收器自动读写。结合二维码技术的移动应用，读取构件信息。结合 BIM 5D 的三端一云技术，实现 PC 端、移动端、Web 端的终端展示，基于云平台的信息互联互通。

（4）埋件量大。大量的预埋件需要在住宅科技加工厂进行准确预埋，对设计院、住宅科技加工厂、住总第三公司现场施工项目部的协调能力，联合设计模型能力提出了很高的要求。

7.3.2.3　应用工具及应用内容

（1）主要应用 Revit 软件及广联达 BIM 5D 模型平台。应用 Revit 软件建模，由住总设计院承担主要的建模工作，在模型中录入材料信息和预制构件标示信息。其中，预制构件标示信息记录到具体图元，并且与广联达 BIM 5D 模型平台建立交互规则，广联达 BIM 5D 模型平台可以基于此交互规则，将多个图元准确关联到一个预制构件上。如，Revit 模型中，一个预制外墙由保温层、保护层、混凝土层三个图元组成，设计院在这三个图元上准确标明一个预制构件编码，此编码被广联达 BIM 5D 模型平台获取后，可以识别为一个预制外墙，并基于一个预制外墙进行后续生产、运输、施工阶段的跟踪应用，如，材料用量提取等。同样，所有的钢筋信息、商品混凝土信息、埋件信息也是通过类似的方式，实现了信息归集到一个预制构件单元，从而为材料信息的准确提取奠定了基础，如图 7-73 所示。

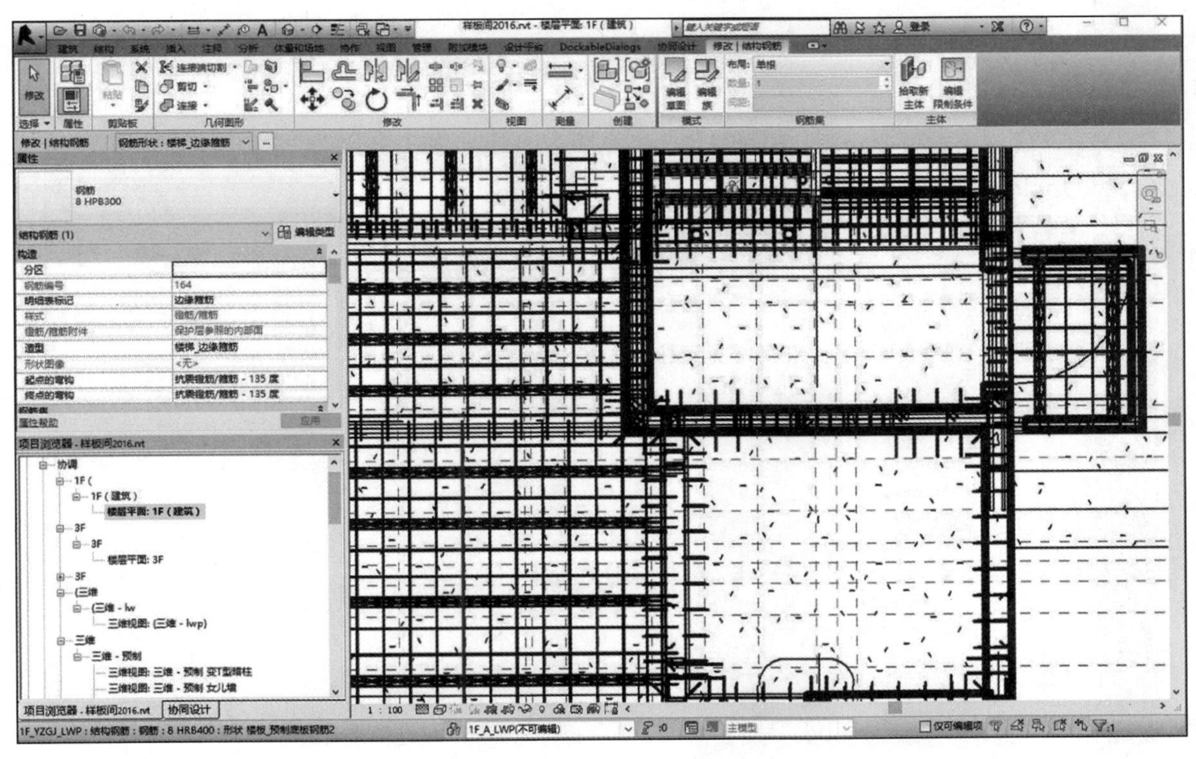

图 7-73　Revit 信息效果图

（2）应用 BIM 5D 进行基于 RFID 的加工厂物料管理（自动生成综合报价单、物料统计表、构件运至某一加工区通过固定扫描设备自动写入跟踪信息）、施工现场材料管理（自动生成材料采购计划、构件工程量表单、部位限额量表单、构件运至某一加工区通过固定扫描设备自动写入跟踪信息单，移动端现场查看构件混凝土型号等材料属性），如图 7-74 和图 7-75 所示。

现场施工项目部，查看任意预制构件的加工状态等信息，如图 7-76 所示。

支持按照单体、楼层、流水段、规格型号、构件类型等方式汇总展示材料信息，如图 7-77 所示。

工程物料统计清单——钢筋类

材料类型	材料材质	材料规格(直径mm)	长度(m)	材料数量kg	备注
通用桁架筋	HRB400(三级)_10		786	487.3200	
	HRB400(三级)_8		786	314.4000	
	HPB300(一级)_6		786	235.8000	
通用桁架筋	HRB400_10		71.4	44.2680	
	HRB400_8		71.4	28.5600	
	HPB300_6		71.4	21.4200	
通用桁架筋（11.5）	HRB400(三级)_10		2.3	1.4260	
	HRB400(三级)_8		2.3	0.9200	
	HPB300(一级)_6		2.3	0.6900	
通用桁架筋（14.5）	HRB400(三级)_10		23.2	14.3840	
	HRB400(三级)_8		23.2	9.2800	
	HPB300(一级)_6		23.2	6.9600	
通用桁架筋（16.5）	HRB400(三级)_10		59.4	36.8280	
	HRB400(三级)_8		59.4	23.7600	
	HPB300(一级)_6		59.4	17.8200	

图 7-74　材料统计表单

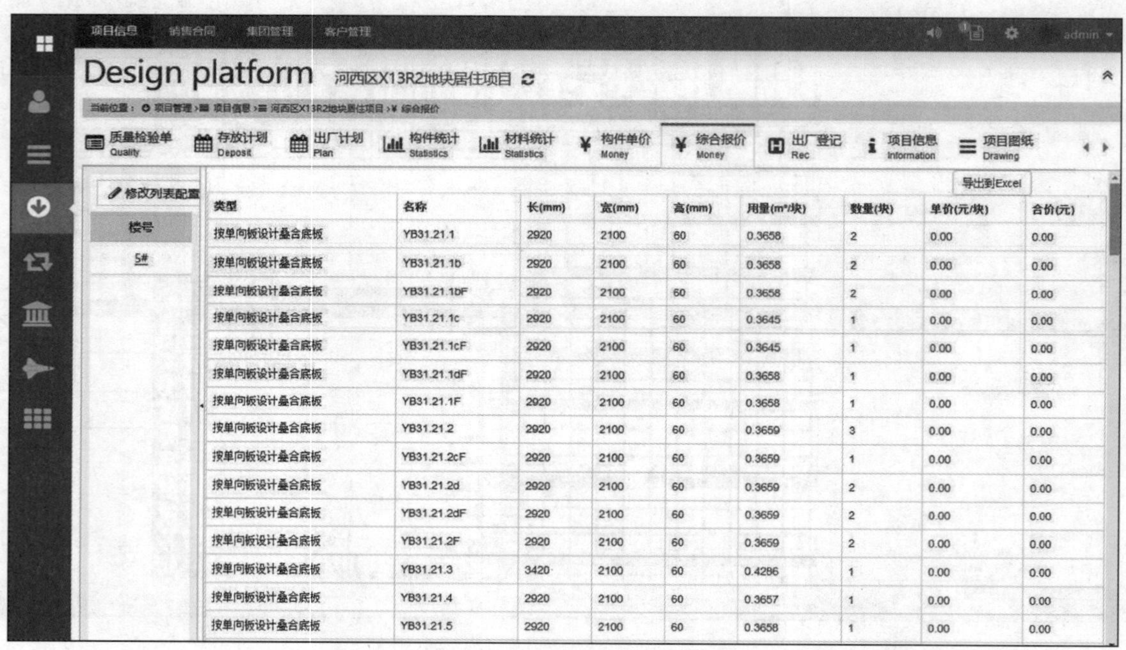

类型	名称	长(mm)	宽(mm)	高(mm)	用量(m³/块)	数量(块)	单价(元/块)	合价(元)
按单向板设计叠合底板	YB31.21.1	2920	2100	60	0.3658	2	0.00	0.00
按单向板设计叠合底板	YB31.21.1b	2920	2100	60	0.3658	2	0.00	0.00
按单向板设计叠合底板	YB31.21.1bF	2920	2100	60	0.3658	2	0.00	0.00
按单向板设计叠合底板	YB31.21.1c	2920	2100	60	0.3645	1	0.00	0.00
按单向板设计叠合底板	YB31.21.1cF	2920	2100	60	0.3645	1	0.00	0.00
按单向板设计叠合底板	YB31.21.1dF	2920	2100	60	0.3658	1	0.00	0.00
按单向板设计叠合底板	YB31.21.1F	2920	2100	60	0.3658	1	0.00	0.00
按单向板设计叠合底板	YB31.21.2	2920	2100	60	0.3659	3	0.00	0.00
按单向板设计叠合底板	YB31.21.2cF	2920	2100	60	0.3659	1	0.00	0.00
按单向板设计叠合底板	YB31.21.2d	2920	2100	60	0.3659	2	0.00	0.00
按单向板设计叠合底板	YB31.21.2dF	2920	2100	60	0.3659	2	0.00	0.00
按单向板设计叠合底板	YB31.21.2F	2920	2100	60	0.3659	2	0.00	0.00
按单向板设计叠合底板	YB31.21.3	3420	2100	60	0.4286	1	0.00	0.00
按单向板设计叠合底板	YB31.21.4	2920	2100	60	0.3657	1	0.00	0.00
按单向板设计叠合底板	YB31.21.5	2920	2100	60	0.3658	1	0.00	0.00

图 7-75　材料综合报价信息

通过移动端在现场扫描二维码，可以查阅构件的属性信息，如混凝土型号等。现场核对混凝土质量，发现问题可以在现场直接生成材料问题的质量整改单，并通过移动端跟踪整改完成情况。

7.3.2.4　应用效果

（1）材料信息能实时准确地体现设计意图，设计变更自动更新到材料表单中，如图 7-78 所示。

（2）节省加工制作、现场安装阶段的二次算量劳动，自动提取材料计划、限额量，如图 7-79 所示。

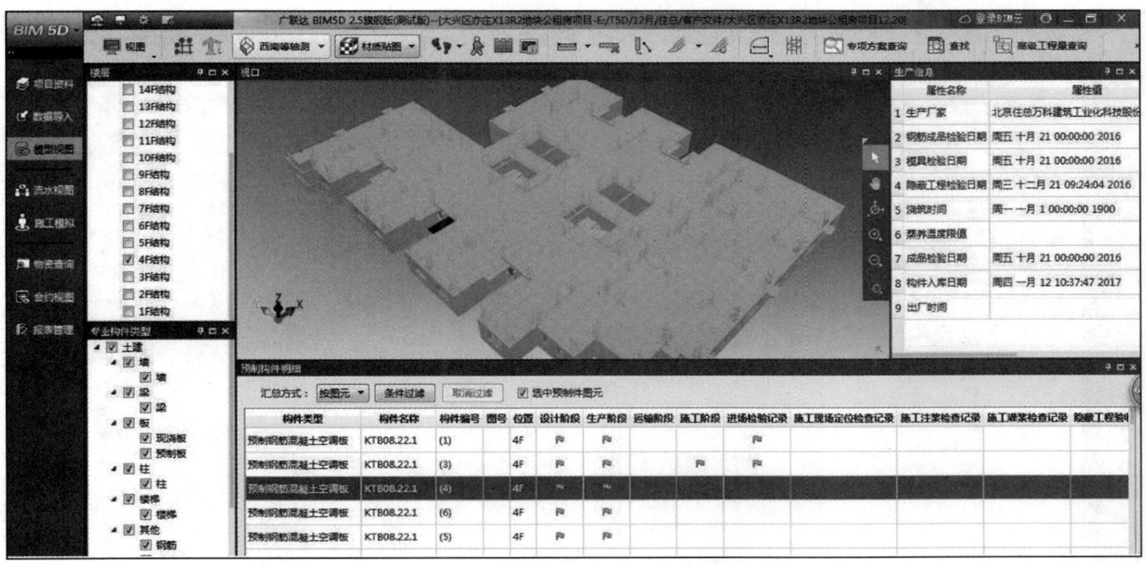

图 7-76　预制构件加工情况展示

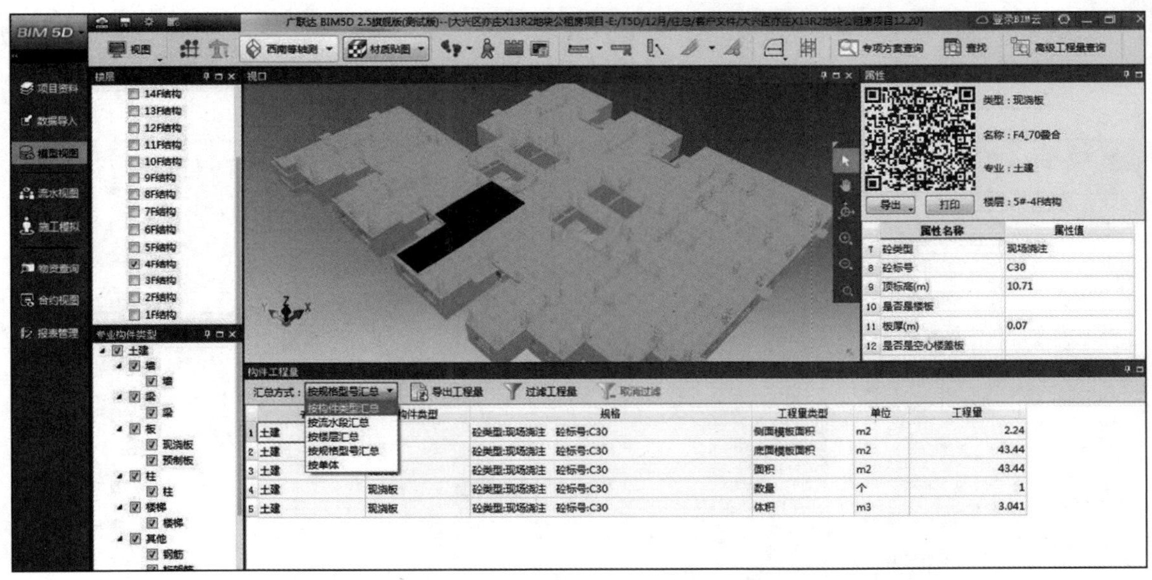

图 7-77　预制构件工程量信息

（3）符合一线施工作业方式，紧密结合一线施工进展，提取应用材料信息，如图 7-80 和图 7-81 所示。

7.3.3　常德万达项目基于物联网的物料现场验收管理案例

7.3.3.1　工程概况

常德万达项目位于常德市，建设地点为常德市武陵区皂果路市政府西北侧。地块分为首开区、住宅 B、住宅 C、住宅 D 及大商业五大区，其中东南侧大商业区由 4F 购物中心和 1 栋 36F 甲级写字楼组成，地下 2 层；首开区域由 8 栋 33 层住宅楼组成，地下 1 层；住宅 B 区由 2 栋 33 层住宅楼和 2 栋 28 层 SOHO 公寓组成，地下 1 层；住宅 C 区由 4 栋 33 层住宅楼组成，地下 1 层；住宅 D 区由 4 栋 33 层住宅楼组成，地下 1 层，如图 7-82 所示。

图 7-78　出场信息查阅

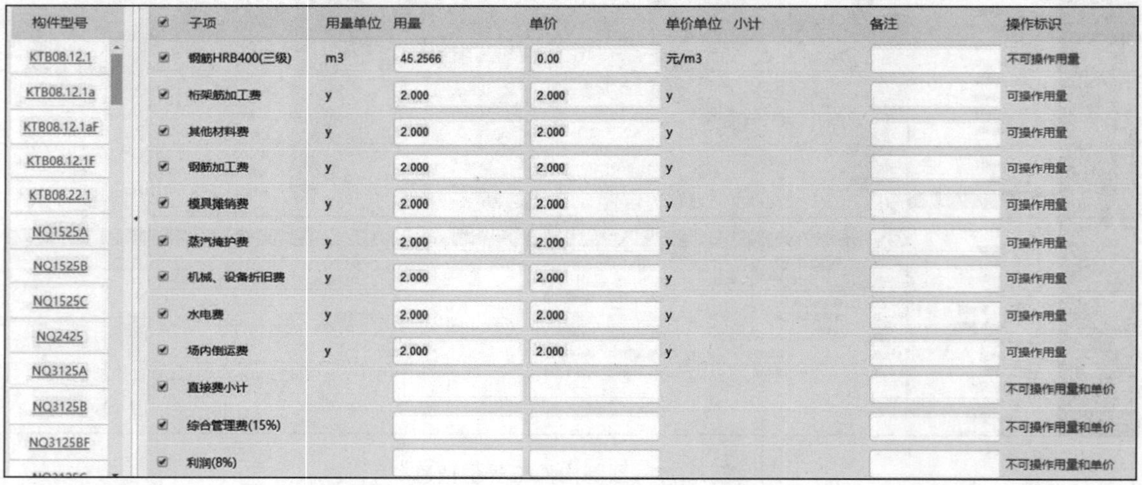

图 7-79　自动提取材料计划

项目总建筑面积为 83.48 万 m^2，其中地上建筑面积 67.44 万 m^2，地下建筑面积 16.04 万 m^2。该项目预计主材混凝土总计 460000m^3，钢筋总计 60000t，占成本比重 30%。合同工期 4 年，作为湖南省重点项目，争创“芙蓉杯”奖项。

7.3.3.2　工程特点

常德万达项目地处市委市政府规划的中央商务区所在地，是一个集商业、办公、住宅和休闲娱乐于一体的大型城市综合体项目；其中 150m 高的甲级写字楼建成后将是常德市的地标性建筑，而常德万达广场项目建成后将是常德市首个国际级城市综合体，体量庞大，环境复杂，对成本创效要求高。

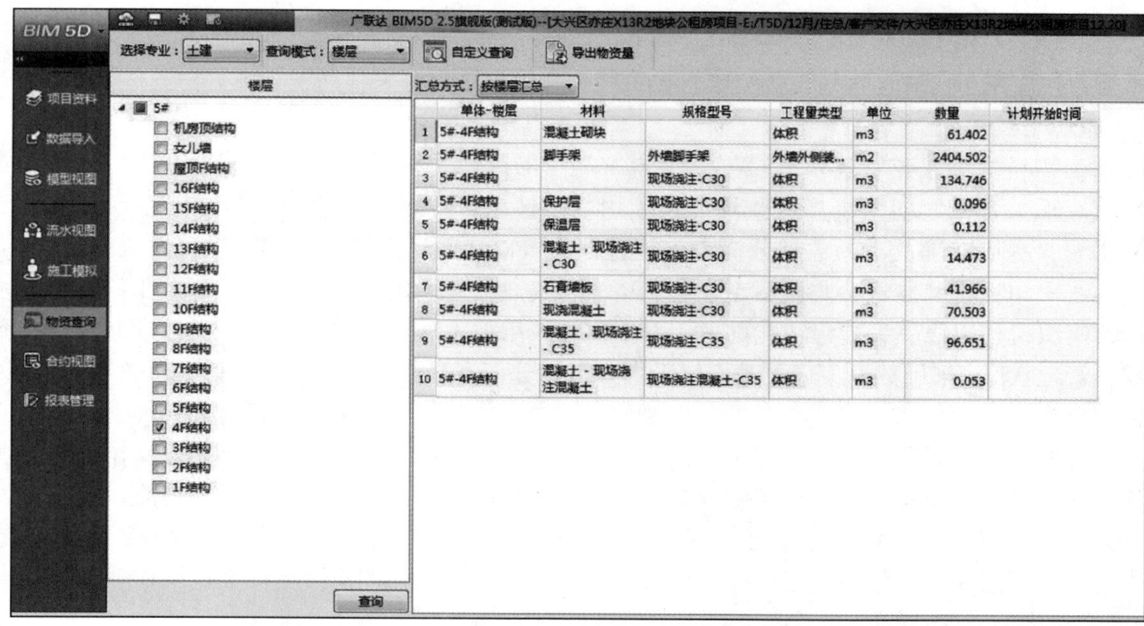

图 7-80　查看物资信息

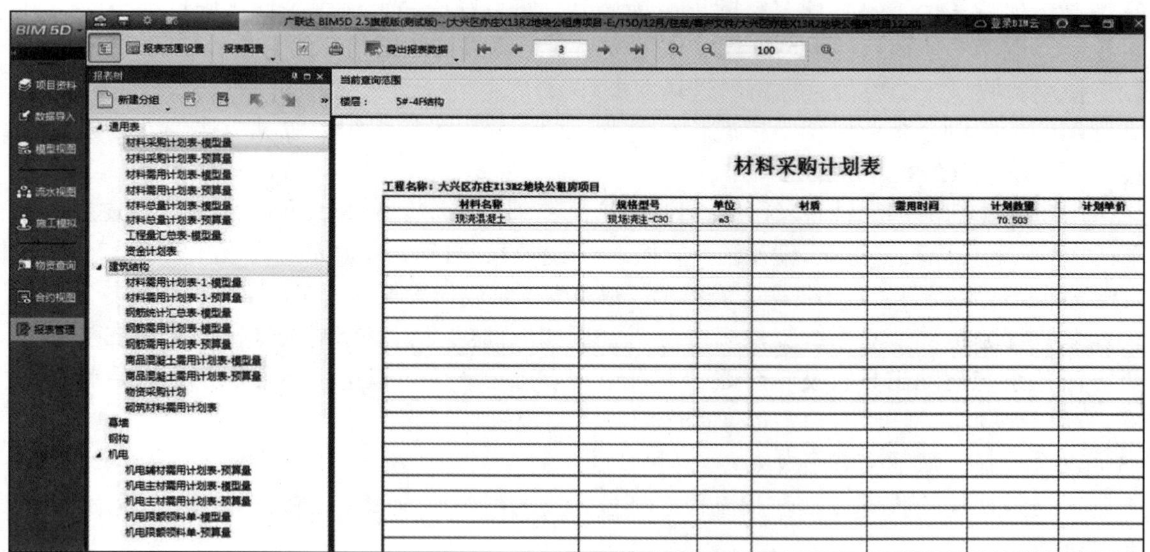

图 7-81　生成物资报表

图 7-82　常德万达广场效果图

7.3.3.3 应用工具及应用内容

常德万达应用了广联达物料现场验收管控系统作为管理工具，来辅助现场进行物资材料创效管理。

1）应用工具简介

广联达物料现场验收管控系统是一款“云＋端”的产品，针对项目物料现场“量”的管理进行管控，重点抓关键的物料进出场验收环节，利用软硬件结合，通过互联网手段，排除人为因素，堵塞管理漏洞，提供准确及时的数据分析来支持管理决策，从而达到节约成本、提升效益的目的。

该系统采用物联网技术，监控不当行为、精准采集数据；采用互联网技术、多维业务数据实时统计分析，组织机构层级决策指标智能推送；采用移动应用技术、业务移动处理、指标掌上监控，随时随地掌握管理状况；采用数据集成技术、体系内大数据分析、高兼容标准接口支持集成各类管理系统。

系统分为操作端、移动终端、云平台三部分。其中操作端对接各种硬件并内置各种管理规则，确保数据采集的真实性和及时性，同时执行云平台下达的各种管理要求，确保过程业务操作过程的规范性，该操作端可离网使用；移动终端做数据分析的可视化展示，包括远程视频监控功能，同时可以处理移动业务；云平台负责标准化基础资源及管理要求的下达，同时收集操作端和移动终端的业务数据，进行系列智能加工，作为数据统计和分析结果的展示平台，并把价值指标推送到移动终端。

2）应用内容

（1）管理范围

常德万达项目系统主要管理主材的进出场环节，重点在商品混凝土。使用硬件设备支持材料进场数量校验，地磅支持物料进出场管理，作为按小票结算或按图纸结算的数量校验。

（2）使用验收系统全方位管理材料进场业务环节

①管理准备阶段。企业要统一标准化材料及厂商编码，设定组织层级和级次偏差，保障系统实施安装全面，排查管线机柜封装。

②进出场称重环节。系统对接红外对射、地磅仪表、多个高清摄像头，可以监控车辆皮重，杜绝反复称重；并且系统规范信息输入、偏差统一管控，自动换算、自动判断偏差是否超过统一设定的的偏差，系统自定义单据流水规则，自动打印收发料单，料单有二维码作为唯一标识，即时拍摄后电子留证。

③综合数据分析环节。系统提供多维分析，例如厂商供货、信誉情况分析、车辆皮重分析；风险分析方面，系统自动出具收发料台账，并且单据有二维码，可以进行防伪识别，原始单据信息可以追溯，远程视频实时监控，动态影像追溯回放，发现风险问题及时预警。

（3）建立机制保障系统应用效果

①制定物料现场验收管理制度及流程，将过磅员的岗位职责和工作要求进行上墙公示，实现管理制度的落地。

②制定系统的使用范围和使用要求，明确需过磅的材料种类、材料过磅率要求，对发现的供应商问题及时处理。

③建立定期检查制度，会同相关部门，定期组织检查，召开现场会议，分析近一阶段系统使用过程中的问题，及时改进。

④建立标杆引领机制，组织人员到管理规范、使用效果好的项目部进行交流学习，推动系统的规范应用。

7.3.3.4 应用效果

（1）项目在没有应用物料验收系统辅助管理之前，主材管理遇到的难题主要体现在现场管理不可控上。例如，称重物资成本控制难；是否真实、准确入库监管难；商品混凝土、预拌砂浆、钢筋等偏差控制难；与厂商结算有时量不清，扯皮现象时有发生；废旧材料出场监管无法保障材料及数量正确；现场无法做到实时监控，掌握具体情况和数据难；手工填写单据易出错、效率慢，存在人为因素。

（2）项目在应用系统之后的效果如下。在风险防范方面，通过软硬件结合的方式，实时监控过磅，排除人为因素，确保材料真实准确入库。例如，通过对接红外对射，及时预警车辆不规范上磅的作弊行为，现场人员马上纠正，保证过磅数据准确；对接即时拍，扫描运单等各种随货资料，留存原始凭证。现场情况可随时远程监控，也能掌上监控。通过远程视频可以实时查看现场验收管理全过程；通过移动 App 可以实时接收风险预警、远程视频监控，进行多维核算和数据分析。

在成本控制方面，即时监控各种材料供货偏差，避免了进场即亏损的情况发生。废旧材料处置规范，现废旧材料车车过磅，核实材料和数量，且影像留存作为追溯依据，有效避免了收益流失。结算对账精准便捷，原需数天时间作账，现系统一键生成。材料偏差情况自动分析，问题单据有原始图文追溯做证，有力打击了个别厂商的扯皮情况。

在提升效率方面，节约人工、替代手工，提高数据精准度的同时提高了工作效率。磅房可直接通过多方位高清视频监控磅房外过磅情况，省时省力。钢筋点验通过检尺与称重相结合，快捷准确。单位换算方便，如混凝土质量自动换算成方量，出现偏差自动判断、记录并预警。系统自动提取数据生成磅单，一键打印，便捷规范。台账自动生成，报表一键生成，节约了人力，保障了数据精准。

常德万达项目应用系统后成本创效明显。该项目商品混凝土采用抽检方式，按抽检超负差情况对厂商进行结算扣量。系统前期使用时，各厂商供货偏差情况如表 7-1 所示。

表 7-1　各厂商供货偏差情况

供应商名称	本期				
	过磅次数	实际重量（吨）	运单重量（吨）	超负差次数	超负差比例（%）
常德市巨龙建材制造有限公司	9009	217 127.469	237 076.617	1416	15.71
湖南常德南方混凝土有限公司	5856	146 279.256	146 121.684	851	14.53
五矿钢铁成都有限公司	364	8 957.935	8 931.941	0	0
常德市金达商品砼有限责任公司	336	7 678.370	7 821.855	46	13.69
北京圣源春凯商贸有限公司	87	1 148.875	1 148.875	0	0
大连君发混凝土有限公司	71	904.780	904.780	0	0
常德市友创钢材贸易有限责任公司	61	1 433.810	1 456.954	0	0
湖南湘北水泥有限公司	27	423.915	423.915	0	0
大连金基混凝土有限公司	24	289.560	290.770	1	4.17
常德市友盟商贸有限公司	12	150.560	150.560	0	0

系统应用数月后，混凝土超差情况有了明显好转，如图 7-83 所示；经概要测算，仅商品混凝土这一项，项目创效大约 3%。

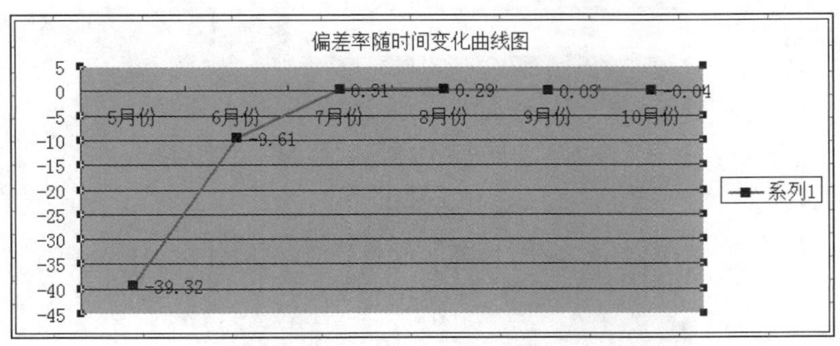

图 7-83　混凝土偏差率变化

7.3.4　中建七局总承包白沙项目现场钢筋精细化管理案例

7.3.4.1　工程概况

白沙安置区二期（永盛家园）项目位于郑东新区白沙镇，工程由七个地块组成。本工程总建设用地面积约 451 亩，总建筑面积约为 131 万 m^2，其中地上建筑面积 867361m^2，地下建筑面积为 444 310m^2，工程造价 31.67 亿元，各地块内主要建筑包括高层住宅（剪力墙结构体系），社区综合用房、商业、幼儿园及地下停车库（框架结构体系）。住宅地下 2 层，地上最高 27 层，建筑最高高度约 77.2m，如图 7-84 所示。

图 7-84　工程效果图

7.3.4.2　工程特点

本工程是河南省在建体量最大的政府安置区项目，现场分为 7 个地块，共有各类建筑 70 栋，钢筋含量 6 万余吨。地块内的主要建筑包括高层住宅、社区综合用房、商业、幼儿园及地下停车库等。

7.3.4.3　应用工具及应用内容

（1）工作准备

由公司搭建钢筋精细化管理平台，并对项目角色权限分工，对项目下达钢筋精细化管理平台数据操作要求，公司设定商务部经理作为钢筋管控专项工作负责人，并制定项目阶段考评体系，项目设定一名钢筋总负责人，负责统筹 4 个区钢筋翻样及管理工作，各个区设定一名钢筋管控专项组长、副组长，配备 3 ~ 4 名钢筋一线专项工程师，负责钢筋翻样、现场管理、阶段盘点等工作。

（2）实施过程

该工程使用广联达钢筋精细化管理系统。钢筋管控中心成员使用广联达云翻样建模法建立 BIM 模型，依据工程实际情况结合钢筋平法规范，对工程进行流水段划分，输出各个部位构件，包括基础、柱、墙、梁、板等排布图及下料单。通过整体模型的建立，便于快速查找所需构件料单，并能防止因节点复杂而遗漏构件，如图 7-85 和 7-86 所示。

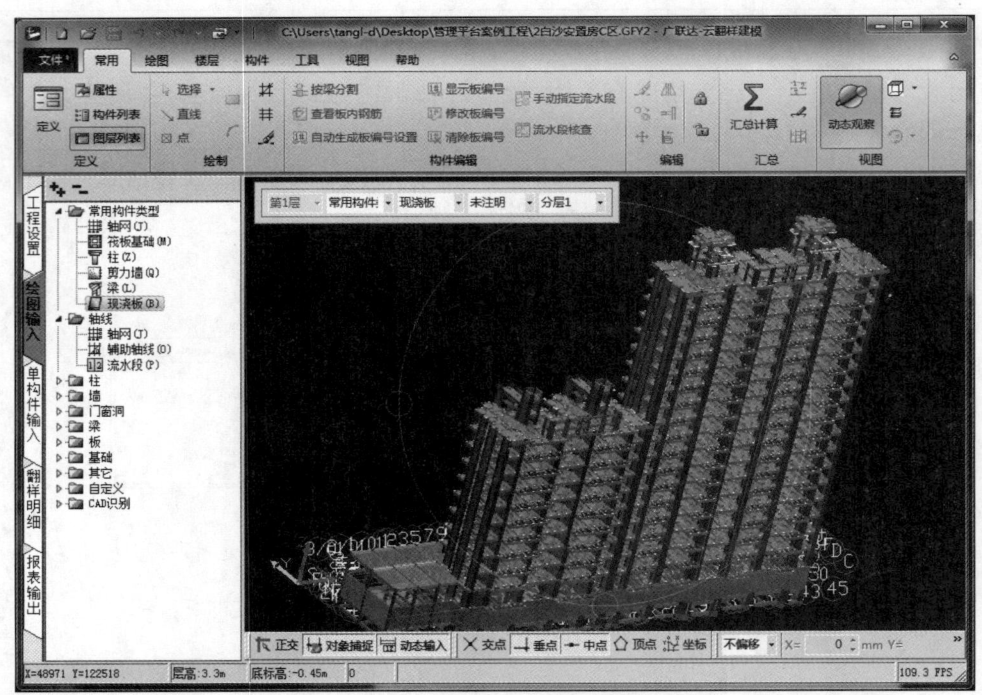

图 7-85　云翻样建模

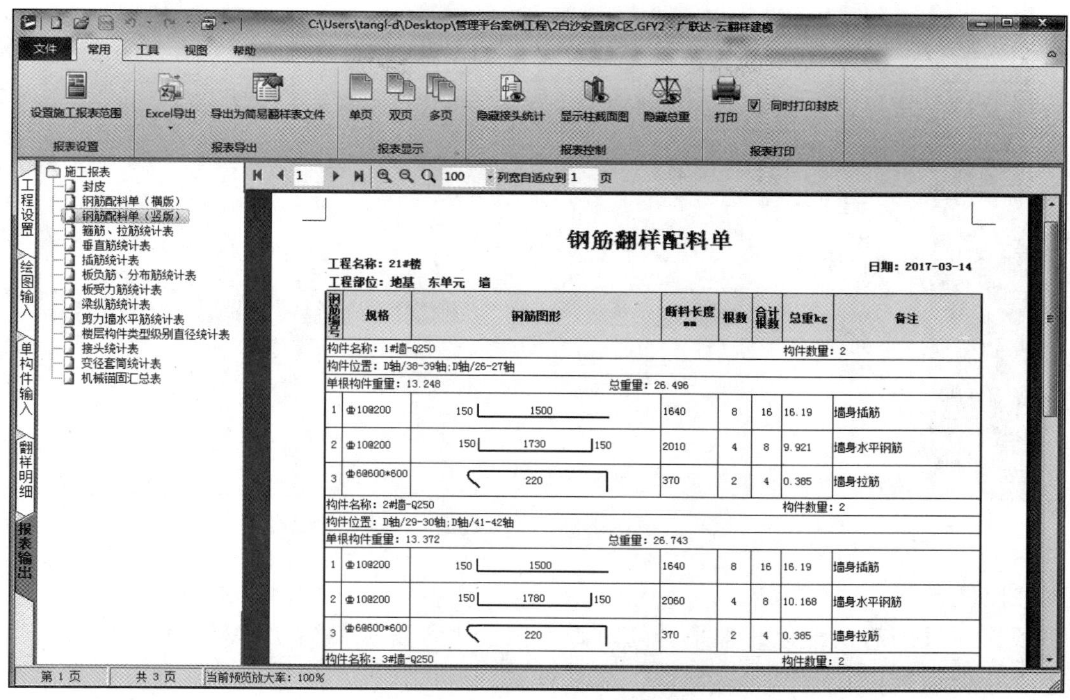

钢筋翻样配料单

工程名称：21#楼　　日期：2017-03-14

工程部位：地基　东单元　墙

钢筋编号	规格	钢筋图形	断料长度mm	根数	合计根数	总重kg	备注
构件名称：1#墙-Q250					构件数量：2		
构件位置：D轴/38-39轴;D轴/26-27轴							
单根构件重量：13.248		总重量：26.496					
1	⌀10@200	150 1500	1640	8	16	16.19	墙身插筋
2	⌀10@200	150 1730 150	2010	4	8	9.921	墙身水平钢筋
3	⌀6@600*600	220	370	2	4	0.385	墙身拉筋
构件名称：2#墙-Q250					构件数量：2		
构件位置：D轴/29-30轴;D轴/41-42轴							
单根构件重量：13.372		总重量：26.743					
1	⌀10@200	150 1500	1640	8	16	16.19	墙身插筋
2	⌀10@200	150 1780 150	2060	4	8	10.168	墙身水平钢筋
3	⌀6@600*600	220	370	2	4	0.385	墙身拉筋
构件名称：3#墙-Q250					构件数量：2		

图 7-86　云翻样下料单

运用钢筋现场管理软件对自有翻样料单进行合理性审核，将料单上传至云端进行统一的留存管理。在钢筋加工环节可通过模拟加工计算出每次加工的原材消耗量，并提供完整的优化断料加工方案，减少钢筋在加工环节产生的浪费。通过构件标示牌等功能，辅助钢筋工厂更有效地做好钢筋半成品管理工作，如图 7-87 所示。

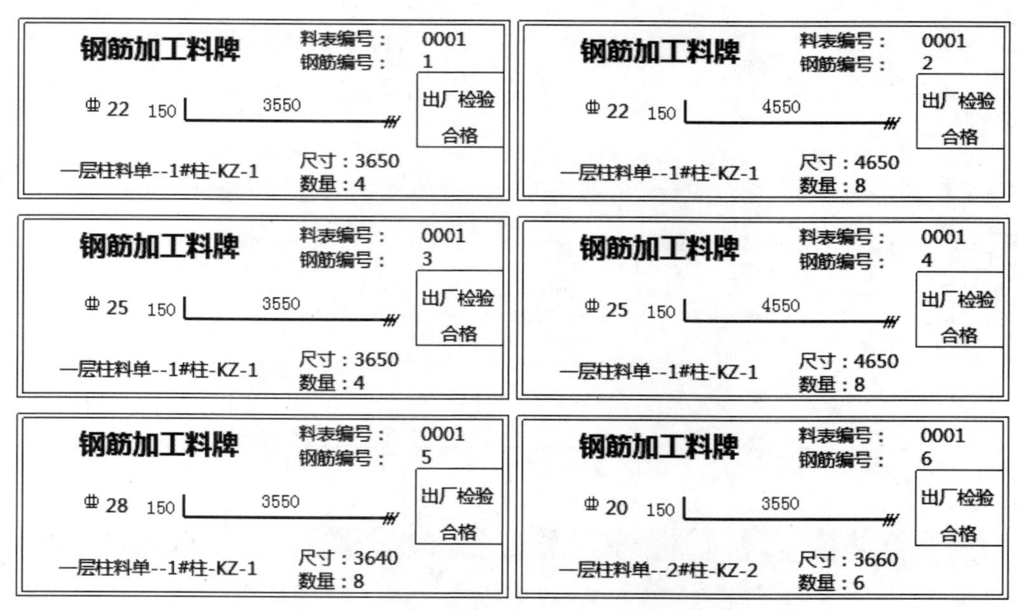

图 7-87　加工料牌

将当前阶段施工现场留存的钢筋原材、半成品、余料进行盘点统计，并将数据上传至钢筋精细管理平台，同时将当期预结算量、进场量、原材料剩余量、措施筋、送检量上传至钢筋精细管理平台，以便系统完成阶段扎账，如图 7-88 所示。

图 7-88　盘点数据

（3）过程督导

公司领导通过钢筋精细化管理平台随时查看白沙工程各项目当期及累计钢筋收益、库存、损耗、措施等管控指标，并通过项目预警，及时对项目进行管控，并对项目管理方案做出正确的指导，如图 7-89 和图 7-90 所示。

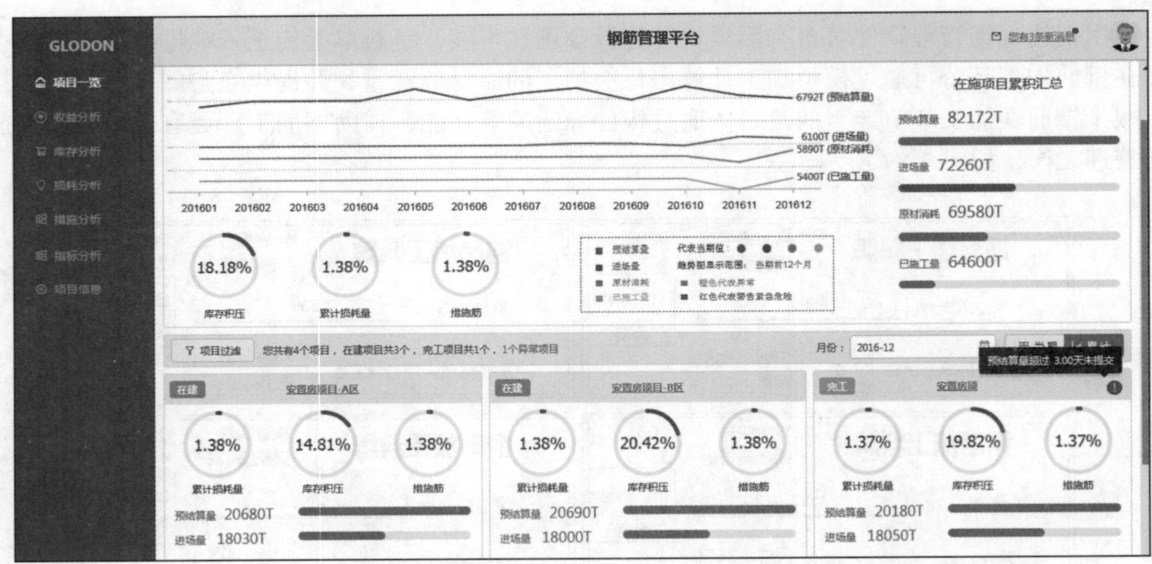

图 7-89　项目一览

3预警信息,请及时处理

库存预警				损耗预警							措施预警		
进场量	原材消耗	库存	库存率	原材消耗	已施工量	半成品	送实验	余料	措施筋	损耗率	原材消耗	措施使用	措施比率
1200T	900T	378T	31.5%	800T	698T	20T	2T	10T	10T	5%	800T	80T	10%

异常提醒	
预结算量超过 30 天未及时提交	进场量超过 30 天未及时提交
原材剩余量超过 30 天未及时提交	半成品 / 余料量超过 30 天未及时提交
翻样料单量超过 3 天未及时提交	已施料单量超过 5 天未及时提交
措施筋使用率超过 3% 超出预定值	损耗率超过 3%
库存量超过15%	送试验超过0.01%

图 7-90　过程预警

7.3.4.4　应用效果

（1）钢筋翻样从手工走向软件

中建七局目前实行自主翻样工作，大部分人员均为大学本科毕业生，通过翻样业务及软件的培训，参加考试合格后上岗。通过翻样软件的培训，现在各个项目上翻样工作都由原先的手工翻样转变为软件翻样。软件翻样具有翻样效率高、料单清晰、易于留存等优点。

钢筋管控小组成员的工作职责包括日常钢筋提量、与劳务班组料单交底、指导监督钢筋进场加工、绑扎、验收等工作，在提高项目钢筋管理水平的同时，为公司培养了一批基层管理人员，为公司人才储备打下了基础。

（2）料单管理，原材提量

使用软件对料单进行留存，并上传到服务器，在做到料单分层存储情况下，同时完成对料单数据的分析。通过软件的模拟加工算法，选择料单进行提量，能够模拟钢筋加工过程，做到钢筋提量更有依据，降低了提量的难度。

（3）钢筋过程数据管理分析

在工程施工过程中，钢筋的数据存留一直存在混乱、不准确的情况。钢筋进场数据、送实验检验的钢筋量、已施工总量、措施钢筋用量等数据都无法得到准确的数据。导致最后对钢筋数据无法分析。

通过钢筋精细管理系统的应用，对施工过程中涉及到的进场量、实验量、原材消耗量、措施筋使用量等重要数据进行上传存储到云端服务器。在云端服务器通过自动汇总对施工过程中钢筋用量进行损耗、库存等分析。可以做到施工过程中钢筋数据的持续性监测和预警，以便及时采取措施。

截止到 2016 年 12 月止，通过广联达云翻样 BIM 建模的方式，钢筋管控中心自有翻样量达到 8 万余吨，人均翻样量达到 4 千余吨，钢筋管控时间 9 个月。管理过程数据清晰、直观。

7.3.5　基于 BIM 与物联网的钢构桥梁跨平台物料管理系统

7.3.5.1　工程概况

新白沙沱特大桥位于重庆市江津区，是渝黔铁路扩能改造工程的关键控制性工程。大桥全长 5.3km，是渝黔铁路引入重庆铁路枢纽渝黔货运列车线和渝黔客车线的过江通道，同时大桥预留双线客运专线，作为重庆至长沙铁路（渝湘通道）的过江通道。该桥是世界上首座双层六线铁路钢桁梁斜拉桥，也是世界上延米载荷最大的桥梁。

钢构桥梁构件的生产、存储、安装涉及工程部、物机部、构件厂、项目部等多个参与方或部门，且各参与方或部门又分布在项目部、构件厂、拼装场等不同地点。加之桥梁构件数量庞大、类型众多，上述特点均对钢构桥梁物料管理造成一定的困难。

为解决多参与方的异地协同工作问题，在研究 BIM 技术的基础上，引入了物联网技术，实现了 CS 端、BS 端、MS 端的跨平台物料施工协同工作，以便促进 BIM 的信息传递与利用效率，提升了物料管理的质量和效率。

7.3.5.2　相关研究综述

目前，针对施工方的基于物联网的物料管理应用已经相对成熟。主流的应用方式是通过应用条形码、二维码和 RFID 技术对构件进行标识，通过便携式手持电子设备进行扫码跟踪。Sardroud 通过结合 RFID、GPS、GPRS 技术，实现了一种低成本、建议配置、易于应用的物料识别解决方案，用于自动定位和追踪物料的生产、运输和施工状态。Lee 等提出了针对物料管控的基于 RFID 的生命期信息管理（Information Lifecycle Management，简称 ILM）框架。所有物料在生产时被赋予识别标签，全生命期信息都基于上述标签实现信息集成。罗曙光按照常规做法，通过人工方式记录建立了一个基于 RFID 的钢构件施工监测系统，可以采集钢构件施工进度的实时数据，减少了数据传递环节，提高了钢构件进场验收效率。

BIM 与物联网技术结合应用是当前的研究热点之一，但应用主要集中于大型公共建筑运维管理方面。陈兴海等提出了包括工程信息共享平台、监测数据管理、三维模拟与漫游、健康诊断与安全评估和应急预警管理 5 大模块在内的城市生命线工程安全运维管控平台系统。胡振中等通过引入 BIM 和二维码技术，研发了机电设备智能管理系统（BIM-FIM 2012），实现了机电设备工程的电子化集成交付。

尽管如此，越来越多的学者开始研究基于 BIM 的物料管理技术。马智亮等针对地铁工程施工现场物料管理的需求，综合应用 Android 开发、二维码等新技术，研发了基于移动终端和既有信息系统的地铁工程施工现场物料管理系统。王春红在分析现有物流管理的理论和方法的基础上，引入 BIM 技术来解决施工过程中采购、仓储、信息管理等问题，通过 BIM 进行场地选择、运输优化等应用。BIM 与物联网应用于钢构桥梁施工的应用刚刚起步，应充分参考上述研究中的经验与思路。

7.3.5.3　桥梁物料管理 BIM

物料管理的核心是物料状态的追踪分析。对于钢构桥梁而言，在构件安装之前，物料应依次完成下料、生产、运输、进场、预拼装等步骤，才能按时吊装。施工 BIM 是桥梁物料管理的基础，而设计 BIM 是施工 BIM 的基础。在设计 BIM 的基础上，集成进度信息，形成桥梁 4D 模型。进度计划与模型可采用自动或半自动方式挂接，从而减轻进度录入的时间与成本。同时，由于构件、进度、属性信息三者相互融合，信息提取和集成都会大为简化。建立 4D 模型后，桥梁上的所有“零构件”均可索引其对应的安装进度，反之亦然。由此可以推演得到构件下料、生产、运输、进场、预拼装的时间控制节点，进而实现物料进度管控。

除此以外，桥梁物料管理的建模细度应与物料管理的细度相匹配。一般而言，大桥吊装以构件为单位，而下料生产以零件为单位。因此，设计 BIM 模型应尽量实现零件级建模。同时，也应包含“零构件”之间的组装关系。本研究建议在模型中集成施工设计中的零件级编码，同时对每个构件提供简化编码供物料追踪实际使用。

7.3.5.4　基于物联网的跨平台物料管理

构件从下料到安装涉及构件厂、物机部、工程部、项目总工等多个部门和负责人，同时也涉及构件厂、拼装场、项目部等不同地点，多参与方及其分散性布局为信息传输带来了一定困难。针对此应用难题，本研究提出了基于物联网和 BIM 的跨平台物料管理流程，如图 7-91 所示。

（1）数字化下料

物料管理 BIM 集成了进度信息与“零构件”编码，对于给定的进度计划或桥节节间，支持自动统计计算任意时间段内需要架设的物料编码及零件清单，用户可根据实际工期及现场库存情况自动下料，达到节省人工、减少错漏、提高物料生产与存储效率的目的。

（2）物料协同管理

由于桥梁物料管理涉及多参与方和多个场地，因此应将物料系统管理流程集成至系统中。系统可根据用户的部门，自动分配不同的职责权限。各部门负责人员通过浏览器即可登录 Web 端系统查看任务并执行操作。

（3）物料追踪

构件生产完成后，构件厂应打印二维码并张贴在构件上。构件发货、入库和安装前应分别进行扫码操作。扫码过程中应记录扫码人员 ID、操作时间和具体操作内容，同时应限制各扫码人员权限，避免错误扫码。例如，发货的构件既不能再次进行发货扫码，也不能提前进行安装扫码，而仅能进行入库扫码。扫码后相关信息应立即通过网络同步至中心服务器，并通过二维码中的唯一标识与构件集成。

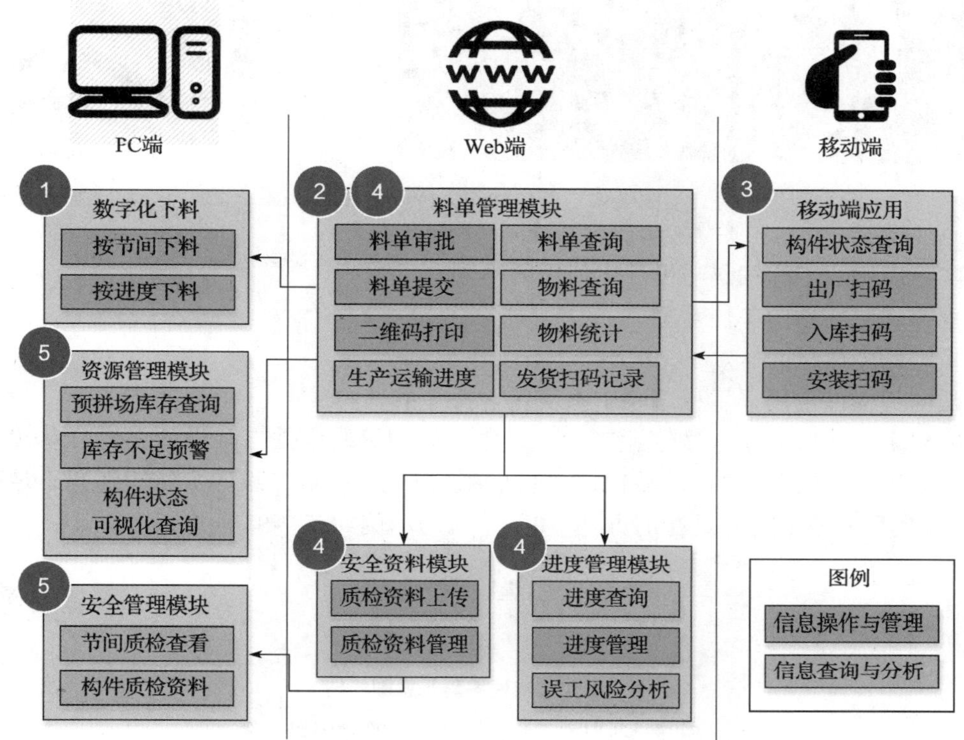

图 7-91　基于物联网的物料管理流程

（4）物料状态查询与分析

扫码信息集成至服务器后，各客户端均可实时进行物料状态的查询和分析。Web 端系统的特点是对客户端配置要求低，便于多参与方异地协同。因此，计算量少或以图表方式呈现的分析功能宜在 Web 端系统研发。例如物料状态统计、进度延误警报、库存不足预警等功能。

（5）物料状态查询与分析

与 Web 端系统相比，PC 端系统计算和显示性能更强，适于与模型相关的各类复杂分析功能。例如可视化的物料状态展示和库存不足预警等功能。

7.3.5.5　应用效果

本研究在清华大学 4D-BIM 施工管理平台上，研发了 CS 端的物料管理模块。另外，本研究还单独研发 Web 端和移动端的物料管理系统，并在数据库层面实现了各客户端系统的无缝数据集成。

本研究将上述系统应用于重庆渝黔铁路新白沙沱大桥项目中进行验证。大桥于 2012 年 12 月 31 日开工。大桥设计模型由铁二院通过 CATIA 软件建模。设计 BIM 细度达到零件级，钢梁桥节模型包含 4512 个产品文件（.CATProduct），总计 71118 个零件文件（.CATPart）。设计 BIM 通过软件接口导入清华大学 4D-BIM 施工管理平台中，并与大桥进度计划集成，形成桥梁 4D 施工模型，如

图 7-92 所示。

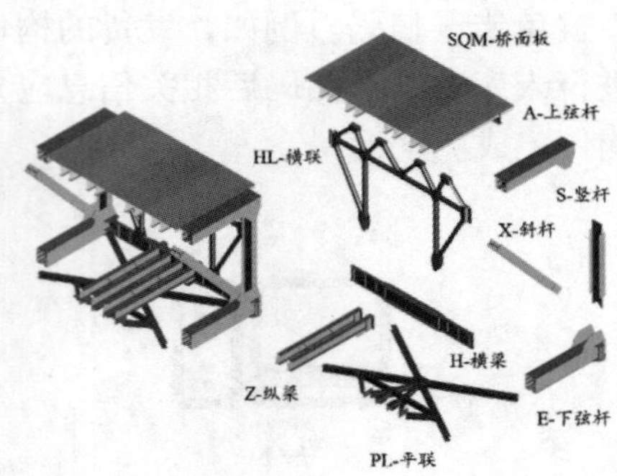

图 7-92　新白沙沱大桥设计 BIM

工程中实际应用的工程编码与设计中使用的不同：

（1）工程编码以构件为单位管理。

（2）工程编码应尽量简短。

（3）考虑同类构件重用，工程编码中不应包含桥节信息。

因此，针对上述实际要求，数字化交付过程中，模型编码由铁二院设计编码自动转换为工程编码。工程编码采用 3 段定长式书写，如图 7-93 所示，以便于生成二维码。每段编码不足则在该段末尾处补“#”,（最后一段编码不足在前方补“0”），编码示例如图 7-93 所示。

BST## HL1##### 0010

1　　2　　3

定长式构件编码示意图

图 7-93　新白沙沱长江大桥物料管理编码示例

完成进度计划和模型编码的集成后，即可开始基于物联网的跨平台物料管理。PC 端系统可根据进度计划或桥节节间自动统计计算任意时间段内需要架设的物料编码及零件清单并导出下料单，用户可根据工程实际工期及现场库存情况自动下料，如图 7-94 所示。

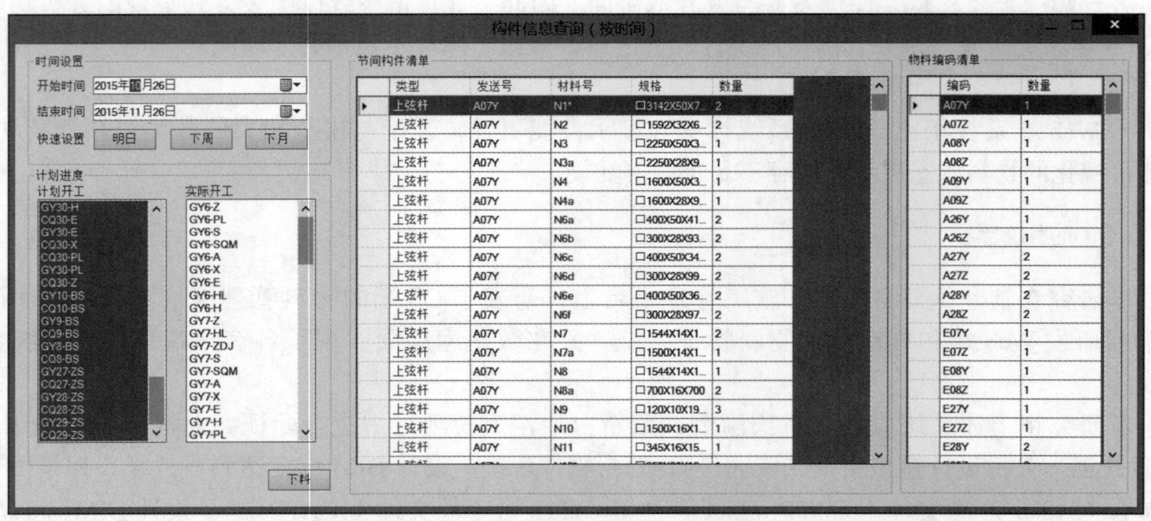

图 7-94　按进度计划进行钢构件下料

下料单

	B	C	D	E	F	G	H	I	J
2	2014/3/7	截止时间：	2014/11/9						
3	物资编码	所属料单ID	总重量	材质	存放位置	预期安装位置	实际安装位置	构件厂	计划进场时间
4	BST##A11Z#####0001	20140307	6640.16	Q370q-E	2号墩物机部	CQ12		中铁山桥	2014/11/9
5	BST##PA11-01##0001	20140307	597.86	Q370q-E	2号墩物机部	CQ12		中铁山桥	2014/11/9
6	BST##PA11-01##0002	20140307	597.86	Q370q-E	2号墩物机部	CQ12		中铁山桥	2014/11/9
7	BST##PA11-02##0001	20140307	277.58	Q370q-E	2号墩物机部	CQ12		中铁山桥	2014/11/9
8	BST##PA11-02##0002	20140307	277.58	Q370q-E	2号墩物机部	CQ12		中铁山桥	2014/11/9
9	BST##PA11-02##0003	20140307	277.58	Q370q-E	2号墩物机部	CQ12		中铁山桥	2014/11/9
10	BST##PA11-02##0004	20140307	277.58	Q370q-E	2号墩物机部	CQ12		中铁山桥	2014/11/9
11	BST##PA11-03##0001	20140307	812.42	Q370q-E	2号墩物机部	CQ12		中铁山桥	2014/11/9
12	BST##PA11-04##0001	20140307	205.98	Q370q-E	2号墩物机部	CQ12		中铁山桥	2014/11/9
13	BST##PA11-04##0002	20140307	205.98	Q370q-E	2号墩物机部	CQ12		中铁山桥	2014/11/9
14	BST##PA11-05##0001	20140307	140.46	Q370q-E	2号墩物机部	CQ12		中铁山桥	2014/11/9
15	BST##PA11-06##0001	20140307	65.31	Q370q-E	2号墩物机部	CQ12		中铁山桥	2014/11/9
16	BST##PA11-06##0002	20140307	65.31	Q370q-E	2号墩物机部	CQ12		中铁山桥	2014/11/9
17	BST##PA11-06##0003	20140307	65.31	Q370q-E	2号墩物机部	CQ12		中铁山桥	2014/11/9
18	BST##PA11-06##0004	20140307	65.31	Q370q-E	2号墩物机部	CQ12		中铁山桥	2014/11/9
19	BST##PA11-07##0001	20140307	280.9	Q370q-E	2号墩物机部	CQ12		中铁山桥	2014/11/9
20	BST##PA11-07##0002	20140307	280.9	Q370q-E	2号墩物机部	CQ12		中铁山桥	2014/11/9
21	BST##PA11-07##0003	20140307	280.9	Q370q-E	2号墩物机部	CQ12		中铁山桥	2014/11/9
22	BST##PA11-07##0004	20140307	280.9	Q370q-E	2号墩物机部	CQ12		中铁山桥	2014/11/9
23	BST##PA11-08##0001	20140307	91.94	Q370q-E	2号墩物机部	CQ12		中铁山桥	2014/11/9
24	BST##PA11-08##0002	20140307	91.94	Q370q-E	2号墩物机部	CQ12		中铁山桥	2014/11/9
25	BST##PA11-08##0003	20140307	91.94	Q370q-E	2号墩物机部	CQ12		中铁山桥	2014/11/9
26	BST##PA11-08##0004	20140307	91.94	Q370q-E	2号墩物机部	CQ12		中铁山桥	2014/11/9
27	BST##PA11-08##0005	20140307	91.94	Q370q-E	2号墩物机部	CQ12		中铁山桥	2014/11/9
28	BST##PA11-08##0006	20140307	91.94	Q370q-E	2号墩物机部	CQ12		中铁山桥	2014/11/9
29	BST##PA11-08##0007	20140307	91.94	Q370q-E	2号墩物机部	CQ12		中铁山桥	2014/11/9
30	BST##PA11-08##0008	20140307	91.94	Q370q-E	2号墩物机部	CQ12		中铁山桥	2014/11/9
31	BST##PA11-09##0001	20140307	361.73	Q370q-E	2号墩物机部	CQ12		中铁山桥	2014/11/9
32	BST##PA11-09##0002	20140307	361.73	Q370q-E	2号墩物机部	CQ12		中铁山桥	2014/11/9
33	BST##PA11-09##0003	20140307	361.73	Q370q-E	2号墩物机部	CQ12		中铁山桥	2014/11/9

图 7-94 （续）

Web 端系统集成了物料协同管理流程，会根据用户的部门，自动分配不同的职责权限：物机部负责上传料单，项目总工负责料单审核，构件厂负责接收料单并开始物料生产。

构件厂生产并张贴二维码后，物料追踪即开始。物料追踪通过移动端二维码扫码实现。构件厂首先进行发货扫码，构件到达预拼现场后物机部现场人员进行入库扫码，构件架设前工程部现场人员进行架设扫码，如图 7-95 所示。

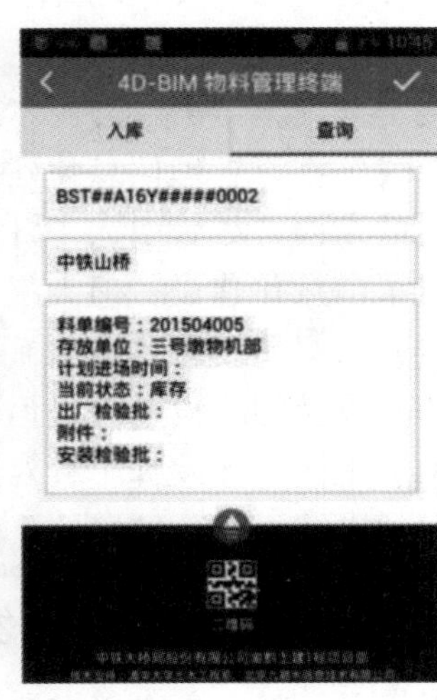

图 7-95　通过手持终端扫描二维码进行物料追踪

扫码后，物料信息变更立即同步至服务器中，PC 端、Web 端和移动端均可实时进行物料状态的查看与分析。本项目实现并应用了物料状态可视化查询、物料延误状态统计、库存不足预警等相关功能，如图 7-96 所示。

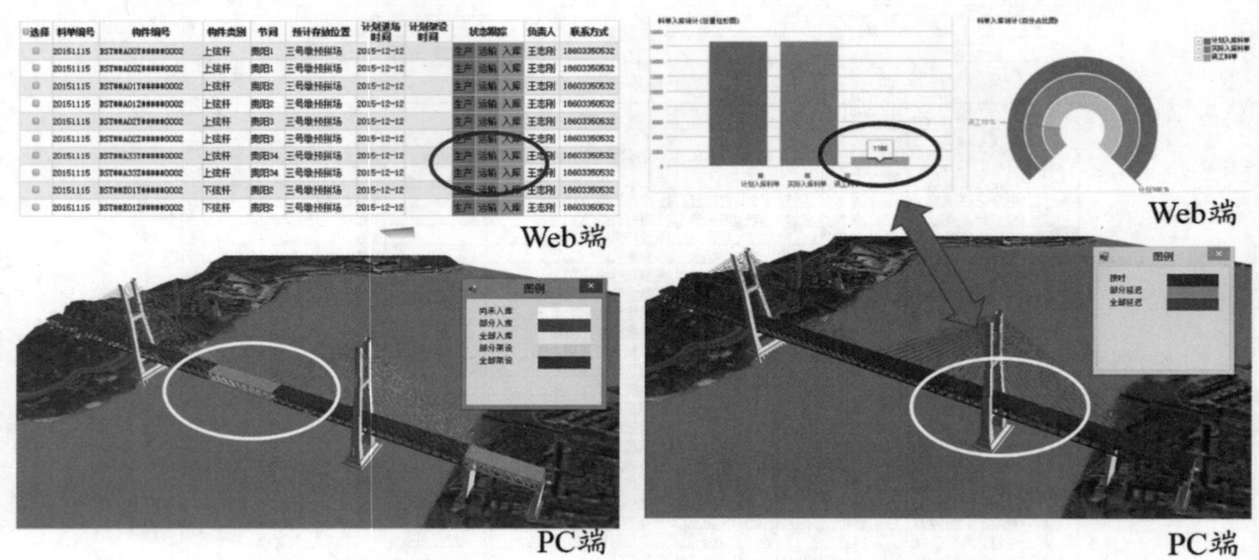

图 7-96 Web 端和 PC 端分别进行物料状态查询（左）和进度滞后预警（右）

7.4 存在的问题及发展趋势

7.4.1 物料管理存在的问题

施工企业中的物料管理，作为企业核心的利润源，已经成为现代企业经营管理的核心部分。虽然物料管理工作在企业经营生产过程中作用重大，但是目前我国的施工企业物料管理仍然不够成熟，主要存在以下问题：

（1）企业领导层对物资管理信息化的重视程度还较为有限。在企业进行物资管理信息化建设中，由于需要进行必要的资金以及人力投入，使得一些管理者认为这是“浪费资金”，因此反对进行物资管理的信息化建设。即使物资管理信息系统已经建成，一些管理者也不愿多投入精力和时间去了解和熟悉相关运作。对于这一问题，企业管理者必须从观念上改变对物资管理信息化建设的忽视，并将其置于突出位置来对待。

（2）物资人才缺乏。主要表现在缺乏既懂信息技术又懂物资管理；知识结构老化，难以接受现代化管理理念与手段的人才。

（3）物资管理信息化建设形式主义严重。一些企业在进行物资管理信息化建设中往往只注重形式化的东西，尽管引入了计算机信息系统进行物资管理工作，但实际效果不佳，有的企业尽管已经完成了信息化建设，但大量物资管理工作仍通过传统方式进行。还有的企业在物资管理信息化建设的时候，只重视硬件建设而忽视了软件建设。如有些企业为物资管理部门配备了高标准的计算机、打印机以及网络设备等，但却没有在计算机中安装一些先进的物资管理软件，从而使信息系统的管理优势无法有效发挥。针对物资管理信息化建设中的形式主义问题，必须进一步打破传统物资管理模式的束缚，充分发挥信息化建设的积极作用。

7.4.2 物料管理信息化发展的趋势

（1）物料全生命周期管理。物料管理充分利用 BIM、云计算、物联网、移动端、大数据技术满足企业物料管理方方面面的业务需求，系统纵向贯穿于从集团层级到项目层级的多组织模式，横向打通材料计划、采购、收发料、结算、支付全过程物资管控，实现标准化、精细化、集约化管理。

（2）物料信息系统操作将更加简捷。基于互联网的采购管理系统、基于BIM的物料管理系统、基于物联网的物料现场验收系统、基于二维码的物料跟踪系统等一系列软件的应用和完善将会进一步降低物资管理的复杂性，简化管理操作，将更多的人力从物资管理的繁杂劳动中解脱出来。大大简化的物资管理操作使得企业中的物资管理工作可能只需要几个人就可以完成。

（3）端到端的闭环物资管理业务流程。基于BIM的物料管理可以自动提取材料信息生成材料采购计划、材料使用计划、材料限额、材料领用记录、材料消耗盘点单。基于物联网的物料现场验收系统、二维码跟踪系统可以自动记录材料的收料、发料去向，物料管理从计划开始到采购、进场、领用形成闭环管理，提升了物料管理业务的流程的运行效率。

（4）大数据技术将越来越多地应用于物料管理业务过程。基于物料管理各系统的应用，企业会不断积累价格库、供应商库，是企业定额的重要组成部分，从集团公司层级到项目层级的角度出发，为上述决策者提供系统查询、统计数据、业务考核与设备管理决策的可靠依据。

参考文献

[1] Sardroud Javad Majrouhi. Influence of RFID technology on automated management of construction materials and components [J]. Scientia Iranica, 2012, 19 (3): 381-392.

[2] Lee Ju Hyu, Jeong Hwa Song, Kun Soo Oh 等. Information lifecycle management with RFID for material control on construction sites [J]. Advanced Engineering Informatics, 2013, 27 (1): 108-119.

[3] 罗曙光. 基于RFID的钢构件施工进度监测系统研究 [D]. 上海：同济大学，2008.

[4] 陈兴海，丁烈云. 基于物联网和BIM的城市生命线运维管理研究 [J]. 中国工程科学，2014 (10): 89-93.

[5] 胡振中，陈祥祥，王亮等. 基于BIM的机电设备智能管理系统 [J]. 土木建筑工程信息技术，2013 (1): 17-21.

[6] 马智亮，张东东，青舟等. 基于移动终端和既有信息系统的地铁工程施工现场物料管理系统 [J]. 施工技术，2012 (16): 5-9.

[7] 王红春. 基于BIM技术的建筑企业物流管理研究 [J]. 技术经济与管理研究，2014 (12): 55-58.

第 8 章　智慧成本管理

8.1　概述

随着信息技术的飞速发展，互联网、云计算、大数据技术已开始深入应用到工程建设领域，特别是对于工程成本管理，打破了以往由于信息不对称而导致的交易成本费用高、工程采购成本不真实、过程动态成本管理效率低等弊端，基于互联网技术实现成本的智慧化管理已逐渐被普遍认知和推广。

智慧成本管理是指立足于项目工程造价、企业定额等专业管理技术，充分利用 BIM 技术、云计算、大数据等信息化手段，运用基于互联网的各类成本管理系统，实现工程投资估算、设计概算、施工预算、工程结算各阶段的全过程成本管理信息化，提高工程造价的编制水平和效率、合理确定工程造价、准确预控建造成本，并对工程全过程成本进行动态管理、监督和控制，降低工程成本、提升工程价值。

智慧成本管理通过与互联网技术应用的结合，围绕工程项目管理中多参与方、多维度的采购、施工、物料等管理建立项目全员成本管控体系，实现建筑工地成本管理全闭环链路、全方位追踪、全智能成本信息共享系统；通过及时、准确地收集工程成本管理信息，支持对工程拟完成本计划和已完成本的分析，从而可以预测工程现金流向；针对工程施工期间的采购、物料和工程进度款项中异常成本现象，可以自动发出预警，并显示异常成本事项，为成本管理人员动态成本管理决策提供准确的技术支持，从而提高工程建设资金的管理安全，降低项目成本管控风险，支持项目成本的精细化管理。其应用价值可概括为：

（1）可以实现工程造价的估算、概算、预算、结算等费用的编制更加准确、高效。

（2）可以确保招投标阶段建立的工程目标成本最大限度地趋于合理水平。

（3）可以动态监控和调整工程造价的现金流量，提高资金的使用效率，保证工程资金投放的合理性和有效性，有效地将工程造价控制在目标成本之内。

（4）可以提高项目层面和组织层面的各种功能，例如风险管理、采购管理和资产管理等，实现项目信息全覆盖和优化采购。

综上所述，工程智慧成本管理应用于项目建设的全过程，从工程项目成本管理的各个环节、多个维度形成闭环成本控制。其应用包括项目建设交易阶段，基于 BIM 的工程造价编制合理确定工程造价；工程建设过程中，基于 BIM5D（基于 BIM 的 5D 模型）的成本管理控制实现项目全过程成本动态管理，实时监控项目现金流量；以及项目后期基于企业定额的项目成本分析与控制辅助项目成本核算，应用基于大数据的材价信息服务支持项目成本精细化管理等内容。

8.2　应用内容和工具

8.2.1　基于 BIM 的工程造价编制

8.2.1.1　应用背景

我国的工程造价编制经历了从建国初期的工程量手工算量、计价，发展到 20 世纪 90 年代后期手工算量、计算机辅助计价，再到本世纪初的计算软件辅助算量和计价，直到当下在工程造价领域广泛采用 BIM 技术标准，进行工程量算量和计价的发展过程。在该过程中工程造价编制工作经历了不断的创新、改进和完善，针对传统的工程造价编制工作方面存在如下问题。

1）工程量的计算效率、精度低

首先，传统的工程造价编制无论是基于二维图形平台，还是基于 AutoCAD 的三维图形平台二次开发的计算机辅助算量软件，在一定程度上减轻了预算人员的工作强度。但是，两种平台都存在两个明显不足，主要表现在：模型三维渲染粗糙；图纸需要手工二次输入建模，算量工作强度仍然很大。

其次，工程量计算精度普遍不高。由于在利用工程量辅助计算软件时，工程图纸数据输入及工程量输出时，手工操作所占比例仍然过大。以及对于较复杂的建筑构件描述困难，而且缺乏严谨的数学空间模型，计算复杂建筑物时容易出现误差。

2）工程量的计价、组价工作强度大

工程量的计价、组价基于计算机技术的发展，传统的工程预算软件得到了广泛的应用，尽管如此，目前预算人员仍需要花费大量时间来进行工程量的计价、组价工作。例如，由于构件属性信息与清单项目特征的匹配问题，在工程量计价、组价时，预算人员需要逐项、逐条地进行定额匹配。

基于 BIM 的工程造价编制可以使上述问题得到了很好解决。由于 BIM 的算量、计价软件实现了在算量模型的创建、工程量的计算和计价方面的自动、高效的数据交换功能，减少过程中的人工手动调整工作，极大地降低了算量和计价结果的误差。例如，通过与设计阶段的结合，建立具有智能化和参数化信息模型构件，实现计算机自动识别模型中的不同构件，并根据模型内嵌的几何和物理信息对各种构件的数量进行统计等工作。同时，基于 BIM 技术的工程量计算软件形成的算量模型进行工程量精确计算，并在基于 BIM 技术的统一的数据交换标准下，BIM 算量模型的工程量计算结果，可以直接导入 BIM 计价软件进行计价、组价，并通过组价结果自动与模型进行关联，最终形成预算模型，完成工程造价编制，很好地解决了传统工程造价过程的上述问题。

8.2.1.2　基于 BIM 的工程造价编制系统

工程造价编制的主要工作包括工程量计算和计价，基于 BIM 的工程造价编制系统软件主要由 BIM 算量软件和 BIM 计价软件两部分构成。

1）基于 BIM 的算量软件

应用传统的计算机辅助算量软件时，预算人员需按照设计图纸在算量软件中以绘图方式新建算量模型，完成工程量计算。基于 BIM 的算量软件在算量模型建立和工程量计算方面，能够直接地自动导入建筑、结构、钢结构、幕墙、装饰、安装等 BIM 设计模型，帮助预算人员实现对设计成果直接、全面的有效利用，不但可以快速地建立 BIM 算量模型和完成工程量计算，而且能够避免由此可能产生的工程量计算错误等弊病，节省时间。其主要功能如下。

（1）三维平台数据互动功能。提供三维图形浏览查阅功能，方便用户查阅构件与成本项目之间的关系，并支持交互式的数据修改。

（2）智能匹配功能。根据已有或设置的工程属性进行智能判断，实现构件与成本项目自动关联、定额与成本项目自动关联功能，简化用户操作，实现智能化辅助功能。

（3）设计变更自动识别处理功能。对设计变更，例如新建、删除、修改等，软件可以自动地对其识别并进行处理，从而辅助工程造价人员实现高效的设计变更处理。

（4）标准成本数据导出功能。可导出 IFC 格式的数据文件，文件包含构件几何数据、施工过程数据、成本项目数据等，方便下游软件（如施工管理软件、信息重用软件）利用。

目前，常用基于 BIM 的算量软件如表 8-1 所示。

表 8-1　基于 BIM 的算量软件

专　业	名　称
土建算量软件	广联达土建算量 GCL、鲁班土建算量 LubanAR、斯维尔三维算量 THS-3DA、神机妙算算量、广联达云检查
钢筋算量软件	广联达钢筋算量 GGJ、鲁班钢筋算量 LubanST、斯维尔三维算量 THS-3DA、神机妙算算量钢筋模块
安装算量软件	广联达安装算量 GQI、鲁班安装算量 LubanMEP、斯维尔安装算量 THS-3DM、神机妙算算量安装版
市政算量软件	广联达市政算量软件 GMA
精装算量软件	广联达精装算量 GDQ
钢结构算量软件	鲁班钢结构算量 YC、广联达 BIM 钢结构算量软件 GJG2015

2）基于 BIM 的计价软件

传统的算量软件和计价软件在实际应用中相互独立，因此，在计价工作完成后，若图纸设计发生变化，无法实现变化后的工程量增量（或减量）导入计价软件，只能人为地利用计价软件通过手工调整完成，而且系统不会记录发生任何的变化。基于 BIM 的计价软件以全业务一体化为基础，工程造价编制中若基于一致的 BIM 模型，当图纸设计发生变化时只需修改 BIM 算量模型，BIM 算量软件即可按照原算量规则自动计算调整工程量，相应的 BIM 计价软件中相关联的清单也会自动修改清单工程量，重新计算综合单价、合价。基于 BIM 的计价软件具有的主要功能包括：支持互联网和移动技术，实现多端点应用；支持云计价平台技术和大数据技术，实现智能组价；实现工程造价编制多人协同自动汇总功能。

例如，广联达云计价平台 GCCP5.0 基于互联网、云技术和大数据技术，通过概算、预算、竣工结算阶段的数据编审、积累、分析和挖掘再利用，使项目全生命周期各阶段数据零损耗流转；基于云计算的数据积累，实现企业数据有效管理、数据复用、智能组价；基于大数据的云检查通过“手机端 +PC 端”随时随地查看工程造价，并可以实现多人协同工作自动汇总。

目前，常用的计价软件有广联达公司的清单计价软件 GBQ4、广联达云计价平台 GCCP5.0、审核软件 GHS4、预算大师、神机妙算等。

8.2.1.3　基于 BIM 的工程造价编制的应用场景

1）BIM 模型创建

传统的工程造价编制过程中，工程量的精确计算是在图纸设计完成后，由预算人员依据设计图纸重新翻图建立算量模型，然后进行工程量计算。由于建立算量模型时人为误差等不确定因素的存在，使工程造价编制的成果准确性降低。基于 BIM 的模型创建对于预算人员来说，是基于 BIM 的工程造价编制的重要基础工作，通常基于 BIM 模型的创建包括以下 3 种方式：

（1）依据纸质施工图纸在 BIM 算量软件中直接绘图输入，建立 BIM 算量模型。

（2）利用 BIM 的算量软件提供的识图、转图功能，将 2D 图纸转成 BIM 算量模型。

（3）基于 BIM 的设计软件中导出国际通用数据格式（例如 IFC）的 BIM 设计模型，将其导入 BIM 算量软件中进行复用。该种方法从整个 BIM 流程来看最为合理，可以避免重新建立算量模型带来的大量手工工作和可能产生的操作错误。

目前，主流的基于 BIM 的设计软件包括 Revit、MagiCAD、Tekla 等都支持将设计模型导出为 IFC 格式。即，基于 BIM 的设计软件能够将专业 BIM 设计模型，包括建筑、结构、钢结构、幕墙、装饰等 BIM 设计模型，以 IFC 格式导出到基于 BIM 的算量软件，建立初步的 BIM 算量模型。

尽管基于 BIM 技术的模型创建为工程算量带来方便和快捷，但 BIM 算量模型创建时，针对复用 BIM 设计模型创建的 BIM 算量模型。

2）存在的问题

（1）工程设计和造价编制的相互独立性，导致模型相关信息传递断裂。例如，设计人员只关注设计信息，不考虑造价编制的需要；而预算人员不参与工程前期的设计过程，却对工程造价编制的结果负完全责任，设计和造价的相对独立性导致模型相关信息传递断裂。

（2）工程设计信息和工程造价信息不匹配，无法直接复用设计模型。例如，设计模型参数中通常仅仅包括构件的几何尺寸、材质等信息。而工程造价编制不仅仅是由工程量和价格决定，还与工程施工方法、施工工序、施工条件等约束条件有关。

因此，若 BIM 算量模型创建时直接复用设计模型，设计过程就需要综合考虑算量模型的需求，统一设计建模规范和标准。针对上述问题，目前国内的相关软件公司已针对 BIM 的设计和算量模型的数据复用技术，开发出支持 IFC 数据交换标准，并通过植入插件的方式实现模型复用。例如，广联达公司的 BIM 算量软件，支持 IFC 格式，同时基于 Revit 开发了 CFC（Glodon Foundation Class）插件，保证导入到 BIM 算量软件的 BIM 设计模型完整和准确，实现土建、结构和机电等多个专业 BIM 设计模型的成功复用。如图 8-1 所示。

3）算量模型创建

（1）BIM 的土建算量模型创建。在 Revit（土建）软件中进行设计模型及构件的信息关联设置，如楼层、材质等信息，通过导出 IFC 格式或 GFC 格式的数据文件完整导入到算量软件，实现 Revit（土建）模型和 BIM 算量模型无缝转换。

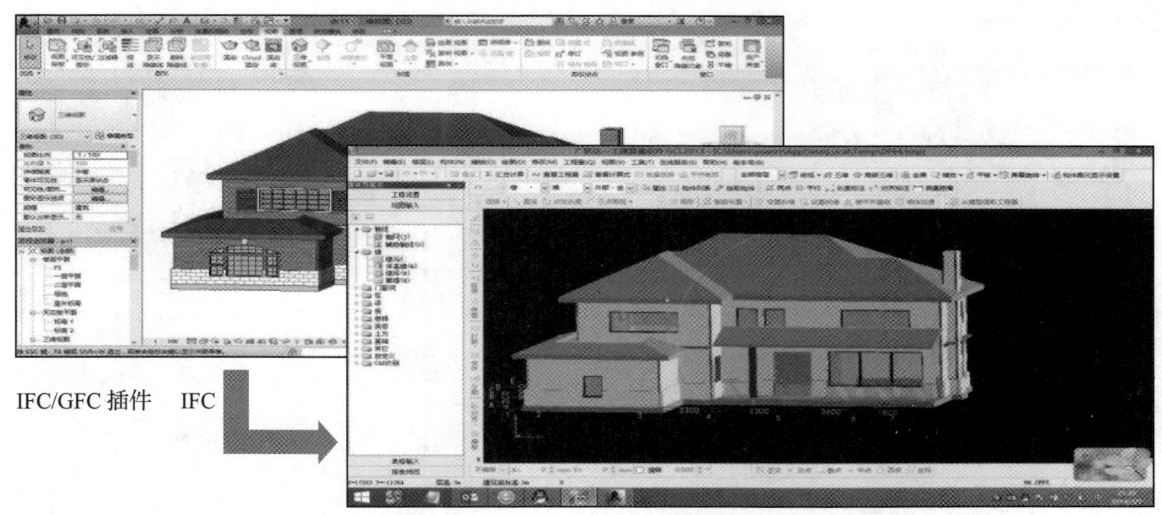

图 8-1　Revit 土建模型到基于 BIM 技术的算量软件界面

（2）BIM 的钢筋算量模型创建。IFC 文件、PKPM 或 YJK 等主流结构设计软件的文件导入到广联达结构施工图设计软件进行配筋设计，含配筋信息的结构模型导入广联达钢筋算量软件，算量结果能返回导入到 Revit，也能继续导入到下料软件进行钢筋下料设计，从而实现钢筋从设计计算、配筋设计、钢筋算量、钢筋下料的设计施工模型无缝衔接。

（3）BIM 的安装算量模型创建。广联达 BIM 安装算量软件完全支持 MagiCAD 和 Revit MEP 等主流 BIM 机电设计模型的导入。

4）基于 BIM 的工程量计算

通过建立 BIM 算量模型，基于 BIM 技术的算量软件根据内置计算规则，包括构件计算规则、扣减规则、清单及定额规则等支撑工程量计算的基础性规则，自动计算构件的实体工程量，准确进行关联构件的扣减，如图 8-2 所示。BIM 算量模型记录了关联和相交构件位置信息，基于 BIM 技术的算量软件可以得到各构件关联和相交的完整数据，根据构件关联或相交部分的尺寸和空间关系数据智能匹配计算规则，准确计算扣减工程量。

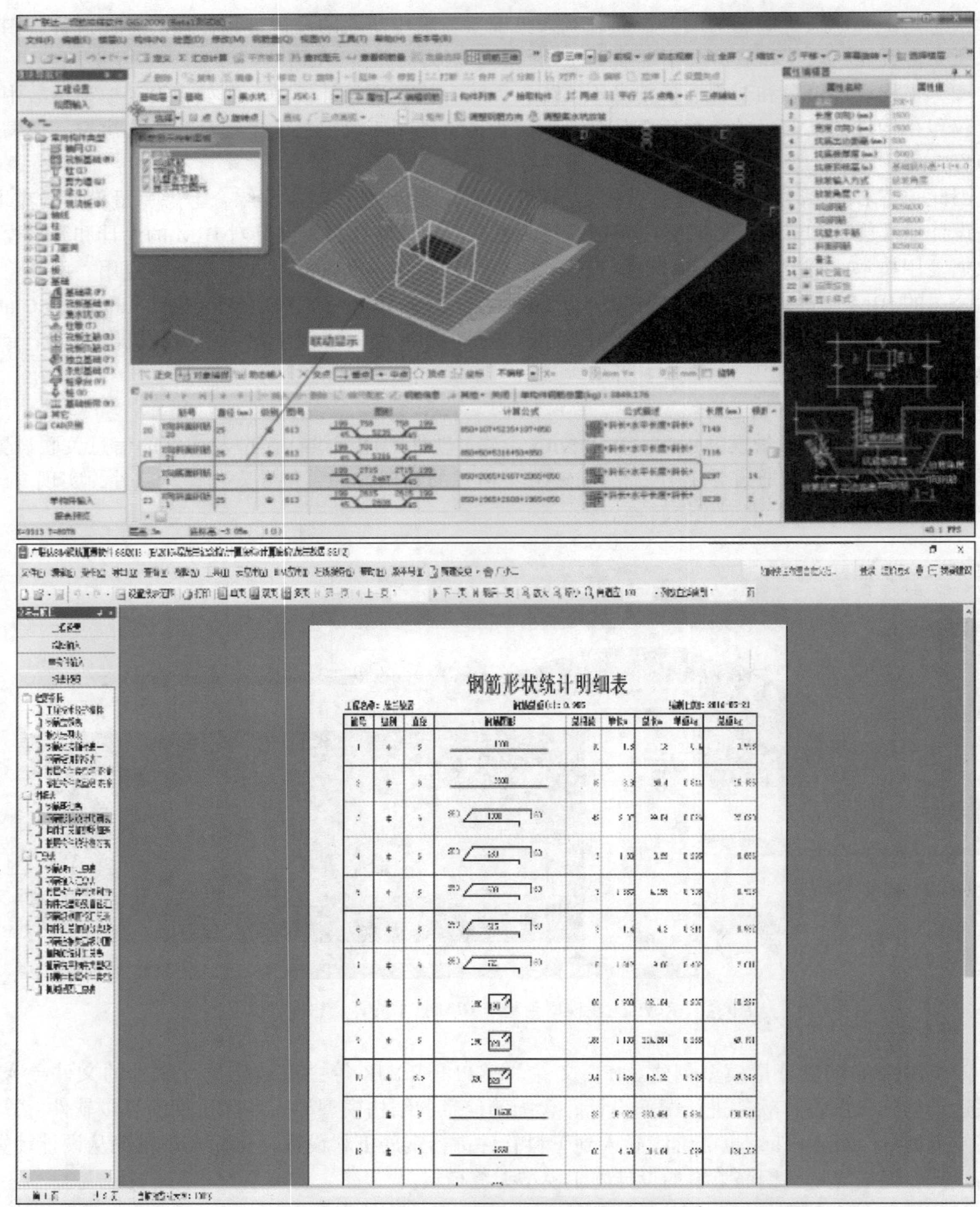

图 8-2　基于 BIM 算量模型的工程量计算界面

应用基于 BIM 的算量软件，对于异形构件可以算得更精确，如图 8-3 所示。BIM 算量模型详细记录了异形构件的几何尺寸和空间信息，通过内置的数学算法，例如布尔计算和微积分计算，能够将模型切割分块趋于最小化，确保工程量计算结果更精确，解决了传统的工程造价编制中对于异形构件工程量计算不准确的问题。

5）基于 BIM 的工程计价

基于 BIM 能够实现工程算量和工程计价一体化。BIM 算量模型除了包含计算工程量所需的信息，还集成了确定工程量清单特征及做法的大量信息。因此，基于 BIM 的算量软件通过构件上的属性信息，可以自动合并统计出工程量清单项目，实现模型与清单自动关联，并依据清单项目特征、施工组织方案等信息自动套取定额进行组价，或与历史工程中所积累的相似清单项目的综合单价进行匹配实现快速组价，完成工程造价编制工作。对比传统工程造价编制过程，预算人员进行手动清单套项和定额组价，基于 BIM 的工程造价编制中的计价效率得到极大地提高，如图 8-4 所示。

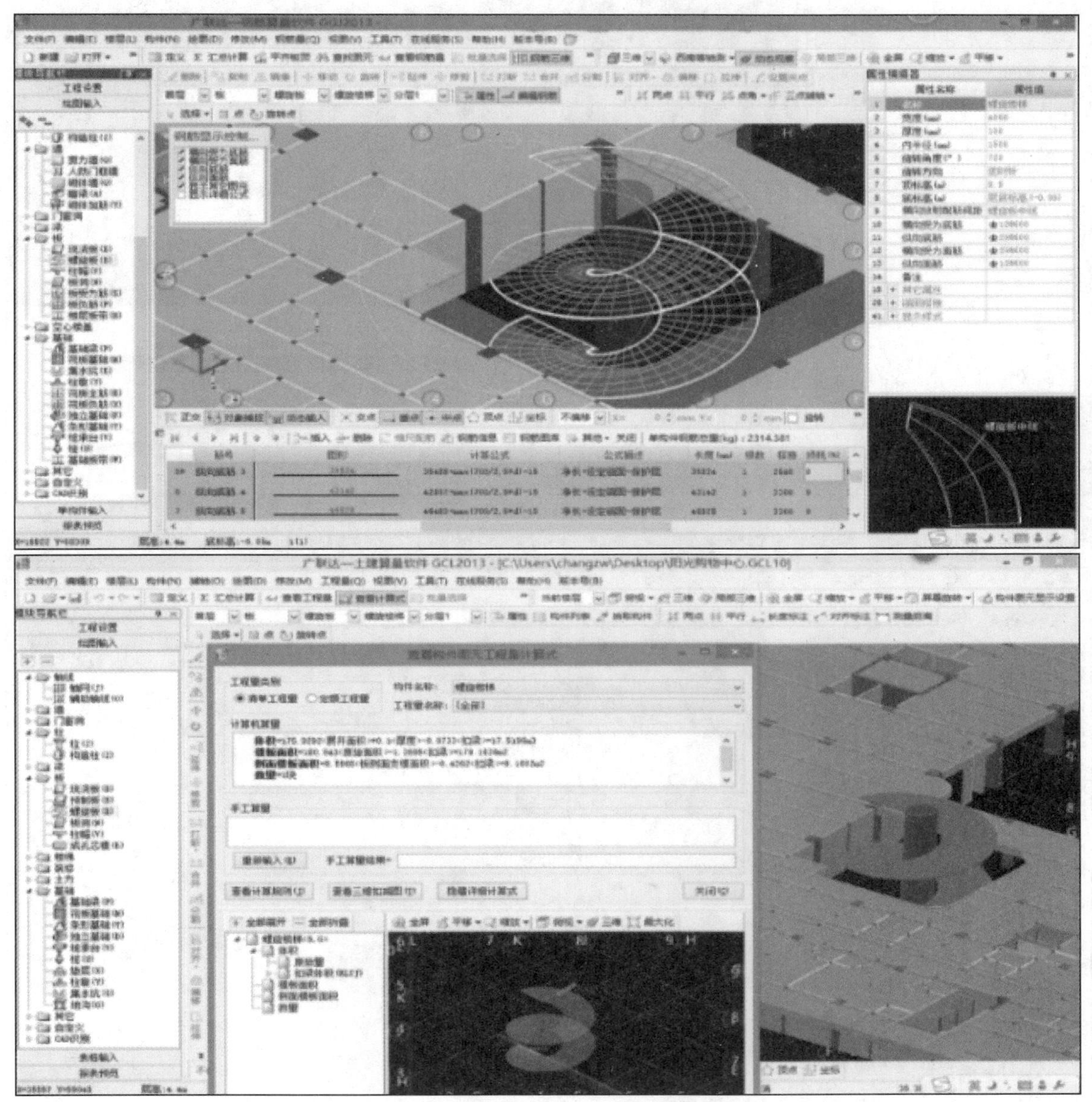

图 8-3　异形构件工程量计算界面

8.2.1.4　基于 BIM 的工程造价编制的应用价值

基于 BIM 的工程造价编制在工程量的计算、计价方面，相比传统的计算机辅助造价编制方式，计算方法得到了全面的提升和完善，针对工程算量建模、工程量计算和计价，极大地降低了预算人员的工作强度、提高了工程造价编制的工作效率。其主要应用价值表现如下。

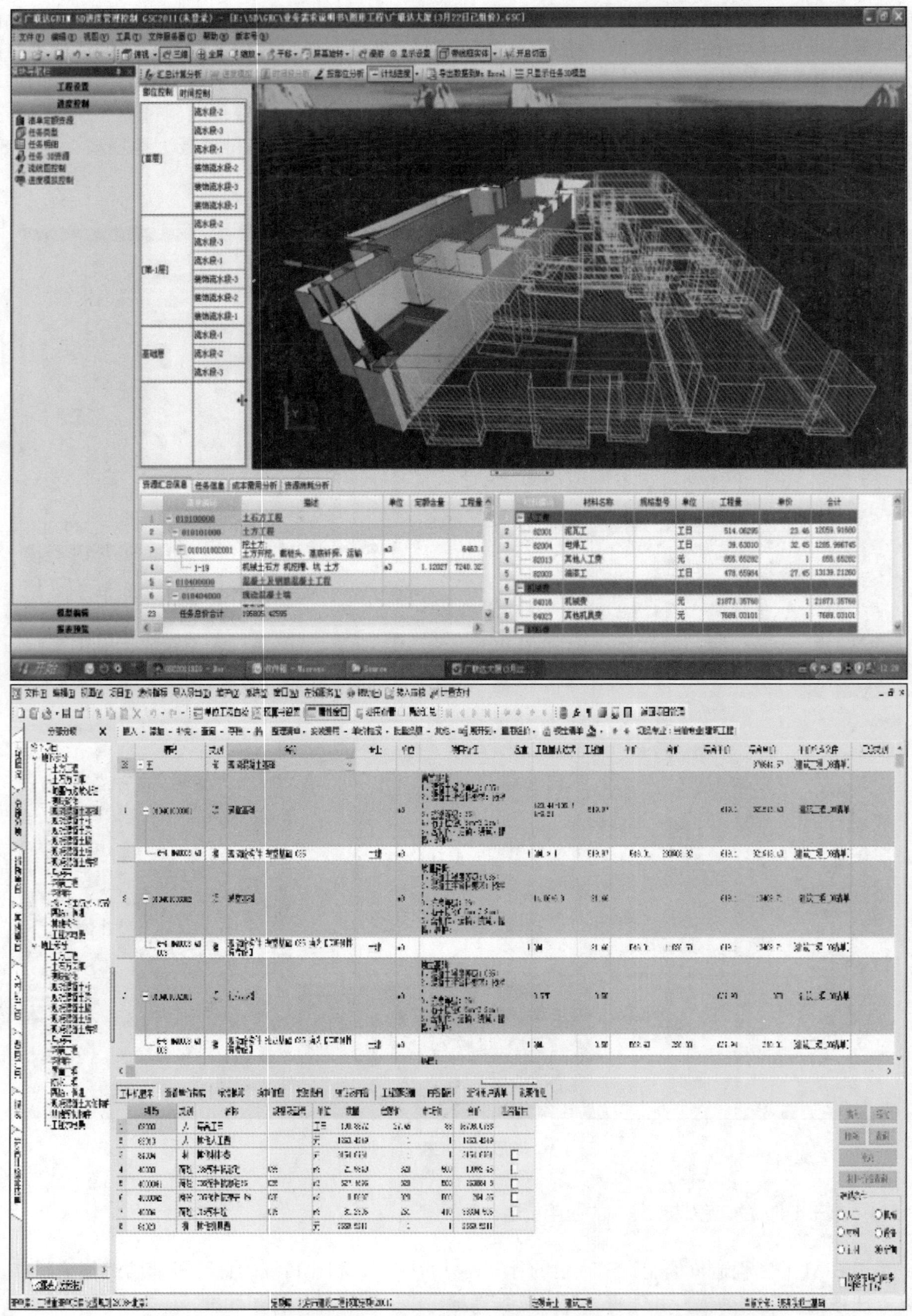

图 8-4　基于算量模型的工程计价界面

（1）基于 BIM 的造价编制极大地降低了算量建模工作的强度

当前工程造价编制工作中的工程量计算已普遍采用算量软件协助完成，极大地提高了工程造价编制的工作效率。但是，算量软件仍然需要算量人员依据图纸建立算量模型，建模时间长、工作强度大，工程量计算工作一般占造价编制工作的 50% ~ 80%，其中大部分是建模时间。基于 BIM 技术的工程量计算可以基于 IFC 标准复用 BIM 设计模型，减少重复建模的工作，建模工作强度降低的同时也极大地降低了因算量产生的建模错误，从而导致工程量计算不准确的几率。

（2）基于 BIM 的造价编制使工程量计算更准确

基于 BIM 技术的工程量计算软件内置各种算法、规则和各地定额价格信息库，对关联构件、异形构件的计算更准确。在进行基于 BIM 技术的工程预算时，模型中每一构件的构成信息和空间位置信息都精确记录，对构件交叉重叠部位的扣减和异形构件计算更科学，极大地减少了工程造价编制中的漏项和缺项。

（3）基于 BIM 的造价编制提高了工程造价编制的效率

BIM 模型是参数化的，各类构件被赋予了尺寸、型号、材料等的约束参数，模型中的每一个构件都与现实中的实际物体一一对应，其所包含的信息是可以直接用来计算的。因此，基于 BIM 技术的算量软件可在 BIM 模型中依据构件本身的属性，进行快速识别分类和工程量统计，其准确率得到很大的提高。例如，进行墙体工程量计算时，计算机可以自动识别墙体的属性，根据模型中有关该墙体的类型和组成信息统计出该段墙体的数量，并对相同的构件进行自动归类。同时，基于 BIM 技术的算量软件本身具有清单智能匹配功能，清单计价和定额计价时能自动提取信息，实现构件与清单、定额的智能匹配，快速地完成工程造价编制工作。

8.2.2　基于 BIM5D 的成本管理

8.2.2.1　应用背景

成本管理是项目管理的重要组成部分，“智慧工地”中基于 BIM5D 的成本管理旨在满足工程质量、工期的前提下，实现对项目现金流量进行准确预测、精准控制、适时投放，针对实施过程中所发生的成本费用通过计划、组织、控制和协调等活动，让工程资金投放更为合理、有效，适时融资减少资金浪费，实现项目预定的成本目标。同时，在项目的策划、过程控制和竣工交付等阶段，利用 BIM5D 技术来准确地测算项目成本、适时有效地控制成本收支和合理地降低项目成本，并促进工程价值提升的一种科学管理活动的方法。项目全过程成本管理流程及工作内容，如图 8-5 所示。

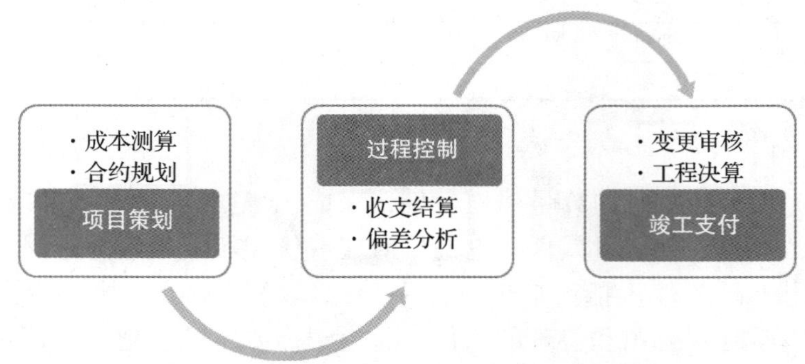

图 8-5　项目全过程成本管理流程图

1）项目策划阶段

在项目策划阶段，基于 BIM 的成本管理能够更好地完成项目招投标活动，招投标工作需完成招标控制价和投标报价的编制。该阶段的工作直接影响到项目目标成本的确定、目标成本分解和项目资金计划的编制工作。项目成本测算编制依据为招投标文件、施工图、人工、材料、机械等的市场价格，并综合考虑企业自身的管理水平。在项目策划阶段，能否合理、准确地完成项目成本测算工作的关键在于：测算工作准备的充足性，测算依据收集的完整性和测算资料分析的准确性以及测算应用软件的通用性。

2）过程控制阶段

在工程建设过程中，项目成本全过程控制结合合同约定实施动态控制，基于 BIM5D 的成本管理，按期初目标成本的资金计划控制人工、材料、机械等各类成本的收支，建设过程中进行动态成本分析和考核，针对成本分析发现的问题及时改进和调整。这一阶段的核心工作包括：工程变更、洽商和现场签证的估价，工程进度报量和进度款申请以及工程实际支出、收入与目标成本的动态监控。

3）竣工交付阶段

在工程竣工交付阶段，施工单位向建设单位移交工程、核算工程建安成本、编制竣工结算，履约结束，完成工程施工合同。在此期间，工程预算人员应用 BIM 技术对比分析目标成本，配合企业完成项目管理考核。

通过 BIM5D 技术在智慧工地中的综合应用和推广，为工程项目成本管理水平的全面提升奠定了无限的可能。通过基于 BIM 的成本测算与控制，可以实现工程项目成本测算与控制的全过程、全要素的动态管理，提高施工企业成本管理的水平和效益。

8.2.2.2 基于 BIM5D 的成本管理系统

BIM 技术应用的关键要素是软件，只有通过应用基于 BIM 技术的软件，才能充分利用 BIM 的特性、发挥 BIM 的作用、实现 BIM 的价值。智慧工地管理中，基于 BIM5D 的成本管理应用软件分为工具软件和平台软件两大类。

1）成本管理软件系统

目前，国内建筑领域成本编制和控制方面应用较为普遍的 BIM 工具软件，如表 8-2 所示。

表 8-2 BIM5D 工具软件

实施阶段	工作内容	应用软件
项目策划	成本测算	EXCEL、广联达 GCL、GGJ、GQI 和 GDQ、鲁班等算量计价
	合约规划	广联达 BIM5D，鲁班，ITWO
工程施工	工程进度报量	广联达 BIM5D，鲁班、ITWO 等
	成本偏差分析	
竣工交付	变更、洽商审核	广联达协筑云、BIM 360 等
	工程结算	

（1）项目策划阶段

项目策划阶段应用基于 BIM 的算量建模软件，完成工程估算、概算和预算的编制。该类软件在我国是最早基于 BIM 技术的算量软件，也是目前在造价领域应用最为广泛、技术最成熟的 BIM 工具软件之一。常用工具软件包括：基于自主平台的广联达公司及神机妙算公司的软件，基于 AutoCAD 平台的清华斯维尔公司和鲁班的软件等，由于需要遵循各地的定额规范，鲜有国外软件竞争。

（2）工程施工阶段

工程施工阶段应用 BIM5D 技术进行工程量审核、申报，进度款审核和申请等成本动态管理以及分析投资偏差。通过 BIM 模型信息共享，实现项目建设的各参与方实现跨专业、跨部门的成本协同管理，提高成本管控的整体效率和准确性。常用的成本管理软件，包括广联达 BIM5D 系统、RIB

ITWO 系统、鲁班 Luban 系统。

（3）竣工交付阶段

工程竣工交付阶段，需要完成工程结算的编制、审核和项目成本管理效果分析。该阶段的成本管理主要以工具软件应用为主、平台软件为辅，常用软件包括广联达土建对量软件 GSS、钢筋对量软件 GST 等；BIM 平台软件包括广联达协筑云平台、Autodesk BIM 360 等。

2）成本管理系统

智慧工地以 BIM 集成平台为核心，应用 BIM5D 技术，通过三维模型数据接口集成土建、钢结构、机电、幕墙等多个专业模型，并以 BIM 集成模型为载体，将施工过程中的进度、合同、成本、工艺、质量、安全、图纸、材料、劳动力等信息集成到同一平台。利用 BIM 模型的形象直观、可计算分析的特性，为施工过程中的进度管理、现场协调、合同成本管理、材料管理等关键过程及时提供准确的构件几何位置、工程量、资源量、计划时间等，帮助管理人员进行有效决策和精细管理，减少施工变更，缩短项目工期、控制项目成本、提升质量。广联达 BIM5D 系统如图 8-6 所示。

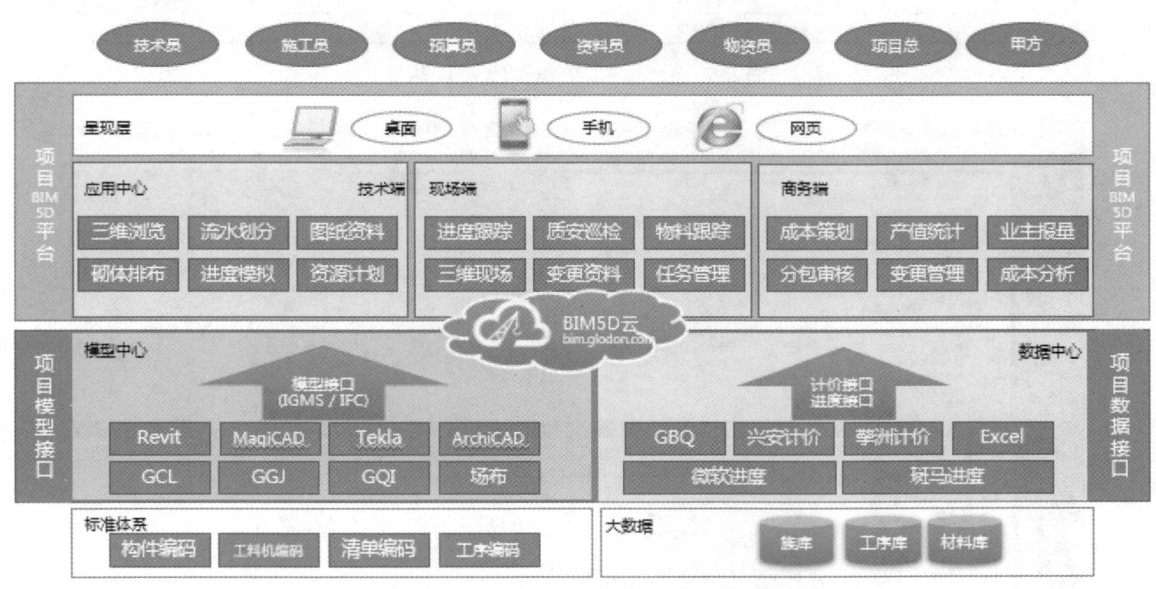

图 8-6　广联达 BIM5D 系统架构图

利用基于 BIM5D 的成本管理系统，可实现工程量的快速统计、提取，完成向业主方申报工程量和审核分包工程量的功能。工程实施过程中进度报量和审核主要涉及施工现场的工程进度完成情况确认、工程量统计和计算工作。通过基于 BIM5D 的成本管理系统中记录的工程进度完成情况确认单和现场签证单，预算人员可以快速统计已完工程的清单工程量，并在短时间内即可完成向业主方申请工程进度款和审核分包工程量的工作。

基于 BIM5D 的成本管理系统可实现构件与预算文件、分包合同、施工图纸、进度计划等相关联，支持实时按专业、楼层、进度（时间）、流水段等多维度筛选统计清单工程量、分包工程量，工程项目的各个部门和各专业人员可以实现协同工作。

（1）工程管理部门

工程师在此应用平台上，可以快速提供准确地分流水段、分楼层的材料需求计划，如图 8-7 和图 8-8 所示。

（2）材料管理部门

材料管理人员可以快速审核工程师材料计划，使审核流程高效、可靠，达到限额领料的目的，如图 8-9 所示。

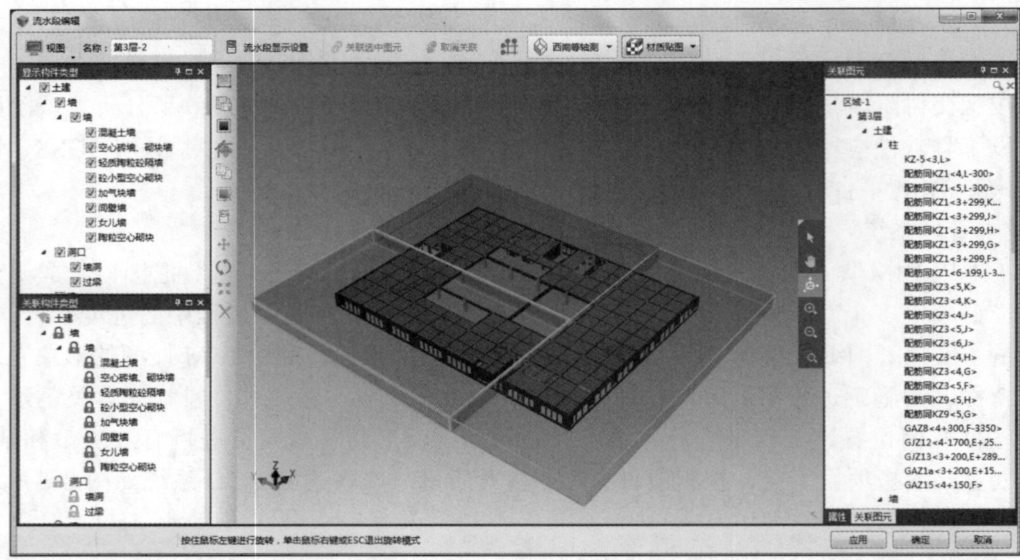

图 8-7　分楼层、分流水段划分界面

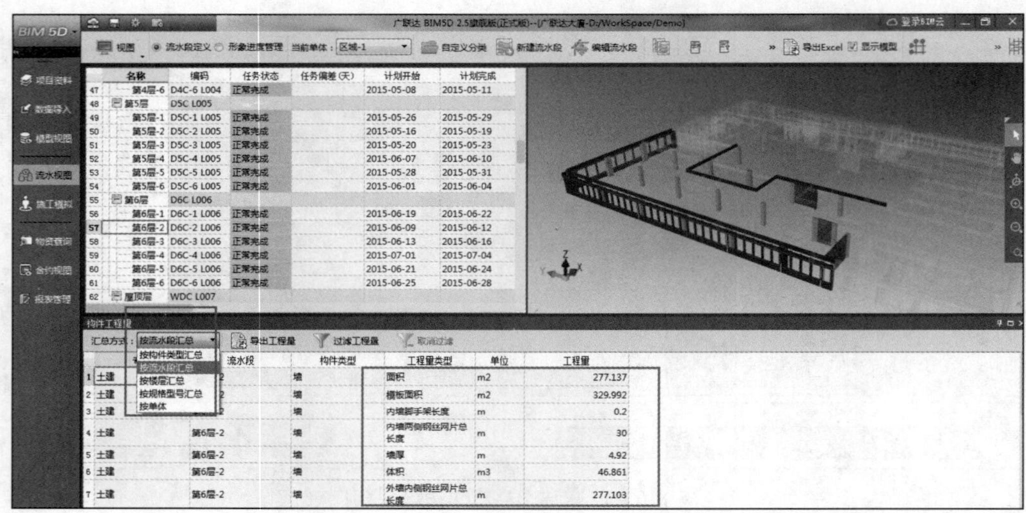

图 8-8　按照楼层、流水段提取所需材料界面

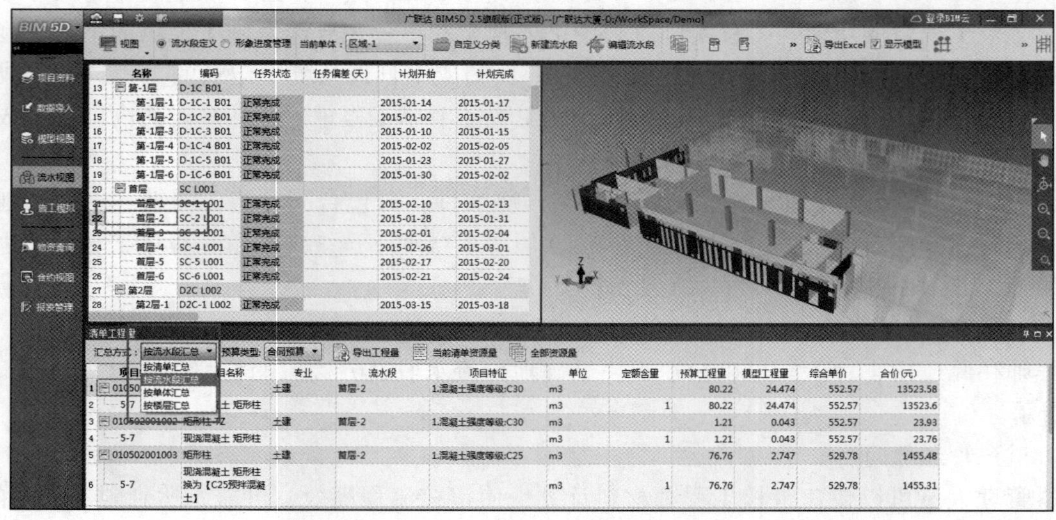

图 8-9　材料计划审核界面

（3）成本管理部门

预算人员依据模型提取数据，完成工程成本分析、成本控制、成本核算，快速完成对业主的月度工程量申报和对分包商工程量的审核工作，如图 8-10 所示。

进度报量

新增　锁定　删除　刷新

	进度报量	锁
1	2014年1月份	
2	2014年2月份	
3	2014年3月份	
4	2014年4月份	
5	2014年5月份	
6	2014年6月份	
7	2014年7月份	
8	2014年8月份	
9	2014年9月份	
10	2014年10月份	
11	2014年11月份	
12	2014年12月份	

完工量对比　物资量统计对比　清单量统计对比　形象进度对比

材料：输入查询条件　规格型号：输入查询条件　工程量类型：输入查询条件　查询　取消查询

	材料	规格型号	工程量类型	单位	计划完工量	实际完工
1		(外墙面）涂料-块料厚度0	墙面块料面积	m2	798.997	
2		(外墙面）涂料-块料厚度0	墙面抹灰面积	m2	765.367	
3		（内墙面）公共走道楼梯间-块料厚度0	墙面块料面积	m2	559.902	
4		（内墙面）公共走道楼梯间-块料厚度0	墙面抹灰面积	m2	550.765	
5		（内墙面）其他-块料厚度0	墙面块料面积	m2	1746.193	
6		（内墙面）其他-块料厚度0	墙面抹灰面积	m2	1791.537	
7		（内墙面）卫生间-块料厚度0	墙面块料面积	m2	82.66	
8		（内墙面）卫生间-块料厚度0	墙面抹灰面积	m2	80.788	
9		（踢脚线）其他-块料厚度0	踢脚块料面积	m2	3.728	

图 8-10　进度工程量统计表界面

（4）项目负责人

利用基于 BIM5D 的成本管理系统，工程项目负责人可通过成本管理系统，随时查看项目成本控制情况，从成本的收（支）、材料的采购（供应）、仓库管理等多个角度支持项目负责人的管理决策。

（5）资金计划审核

利用基于 BIM5D 的成本管理系统，项目成本管理人员可在工程实施前，先期预测项目建造过程中每月、每周所需的资金、材料、劳动力情况，如图 8-11 所示。实现预先指导施工、把控施工过程、校核施工结果、预测成本分布、实现项目成本的精细化管理，如图 8-12 所示。

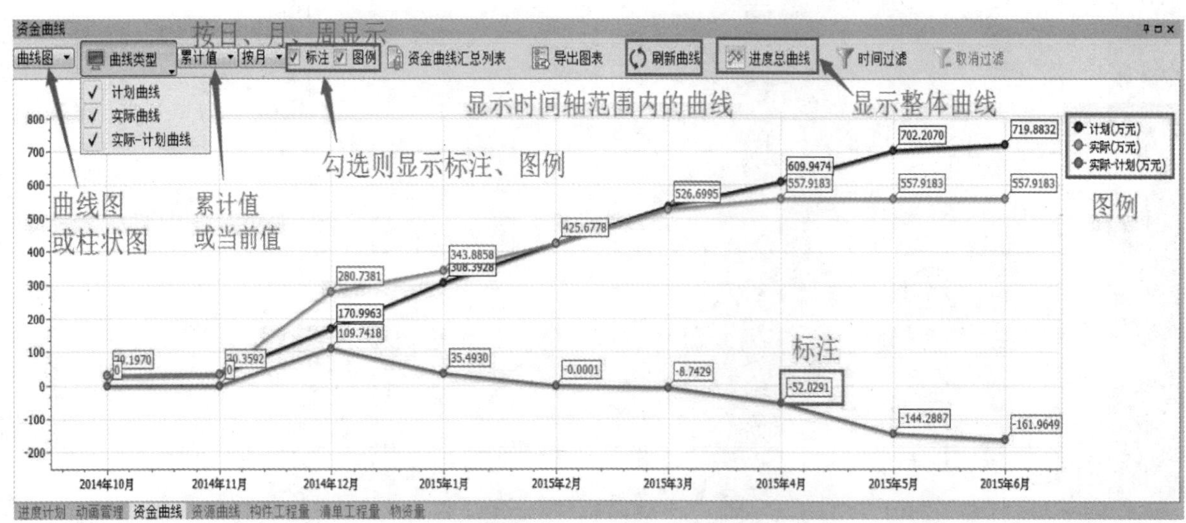

图 8-11　项目现金流量表显示界面

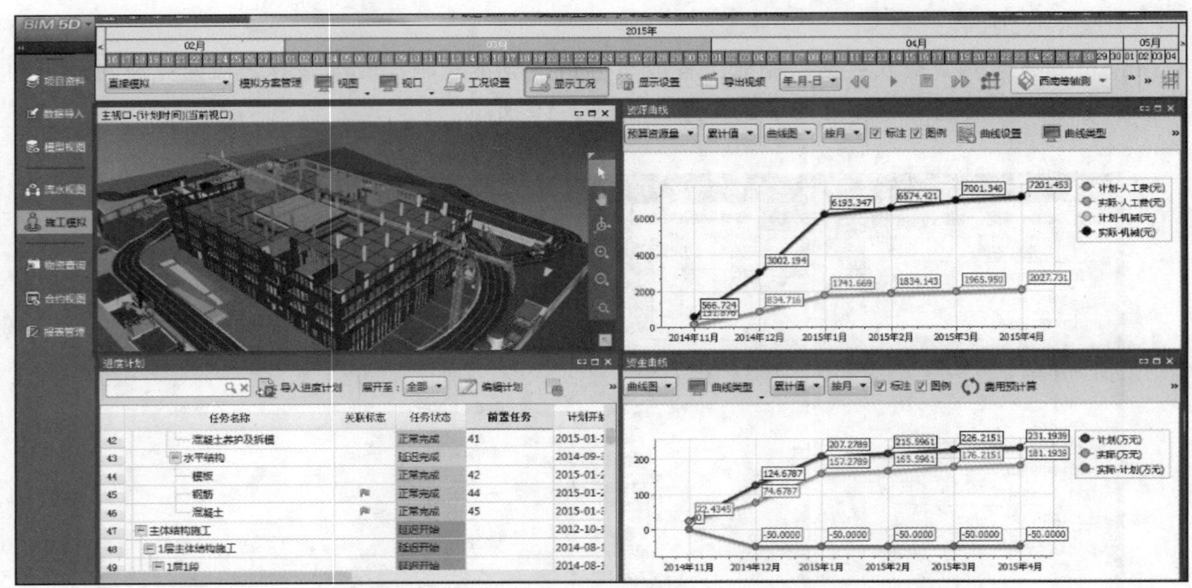

图 8-12　项目成本分布显示界面

（6）动态成本分析

在工程实施过程中利用基于 BIM5D 的成本管理系统，成本管理人员通过“三算”（目标成本、计划成本、实际成本）对比，实现多维度、实时、动态的成本分析。传统的项目成本分析方式大都以单位工程为准进行成本分析，由于所分析的单位工程成本划分的步距大、涉及专业多，所以，报表分析难以发现分项工程中存在的成本问题。例如，项目上月已完产值 500 万元，实际成本 350 万元，直观感觉成本控制总体良好，但对个别子项的成本超支情况难以发现。运用基于 BIM5D 的成本管理的“三算”对比功能，对比“三算”，从不同维度得出盈亏（收入 – 支出）和节超（计划 – 支出）值，帮助相关人员及时了解项目资金发生情况，如图 8-13 所示。

	编码	名称	施工范围	合同预算	成本预算	合同金额(万)	合同变更(万)	合同总金额(万)	预算成本金额(万)	实际成本金额(万)	备注
1	01	建筑工程				0		0	0	0	
2	0104	砌筑工程				0		0	0	0	
3	010404	垫层	区域-1-基础层	土建合同预算.GZB4	土建成本预算.GZB4	23.8049		23.8049	147.3232	147.3232	
4	0105	混凝土及钢筋…				0		0	0	0	
5	010501	现浇混凝土基础	区域-1-基础层	土建合同预算.GZB4	土建成本预算.GZB4	23.8049		23.8049	147.3232	128.9676	
6	010502	现浇混凝土柱	区域-1-第3层,区域-1-…	土建合同预算.GZB4	土建成本预算.GZB4	120.8215		120.8215	1053.6037	829.0367	
7	010503	现浇混凝土梁	区域-1-第3层,区域-1-…	土建合同预算.GZB4	土建成本预算.GZB4	83.4881		83.4881	497.9567	742.173	
8	010504	现浇混凝土墙	区域-1-第3层,区域-1-…	土建合同预算.GZB4	土建成本预算.GZB4	120.8215		120.8215	1053.6037	829.0367	

	资源类别	编码	名称	规格型号	单位	中标价			预算成本			实际成本			盈亏(收入-支出)	节超(预算-支出)
						工程量	单价	合计	工程量	单价	合计	工程量	单价	合计		
1	材							201603.66			1286192.43			1286192.43	-1084588.77	0
2	材	840028	租赁材料费		元	0	0	0	23.32	1	23.32	23.32	1	23.32	-23.32	0
3	材	030001	板方材		m3	0	0	0	0.015	2100	31.5	0.015	2100	31.5	-31.5	0
4	材	840027	摊销材料费		元	0	0	0	18.348	1	18.35	18.348	1	18.35	-18.35	0
5	材	091474	对拉螺栓	M14	m	0	0	0	0.248	10	2.48	0.248	10	2.48	-2.48	0
6	材	400066	快易收口网		m2	96.584	5	482.92	249.608	5	1248.04	249.608	5	1248.04	-765.12	0
7	材	CLFBC	材料费补差		元	0	0	0	-0.28	1	-0.28	-0.28	1	-0.28	0.28	0
8	材	840004	其他材料费		元	4457.117	1	4457.12	26873.219	1	26873.22	26873.219	1	26873.22	-22416.1	0
9	材	020001	水泥	(综合)	kg	246399.905	0.32	78847.97	18829.91	1.03	19394.81	18829.91	1.03	19394.81	59453.16	0
10	材	040025	砂子		kg	417185.024	0.07	29202.95	2542708.255	0.07	177989.58	2542708.255	0.07	177989.58	-148786.63	0
11	材	040026	石子	(综合)	kg	784829.327	0.07	54938.05	4843446.655	0.07	339041.27	4843446.655	0.07	339041.27	-284103.22	0
12	材	020001	水泥	(综合)	kg	0	0	0	1501787.063	0.32	480571.86	1501787.063	0.32	480571.86	-480571.86	0
13	材	040025	砂子		kg	0	0	0	31881.329	1.04	33156.58	31881.329	1.04	33156.58	-33156.58	0
14	材	100321	柴油		kg	0	0	0	0.881	8.98	7.91	0.881	8.98	7.91	-7.91	0
15	材	830075	复合木模板		m2	0	0	0	0.538	30	16.14	0.538	30	16.14	-16.14	0
1	合计							238048.99			1473231.57			1473231.57	-1235182.58	0

图 8-13　（目标成本、计划成本、实际成本）“三算”对比表显示界面

8.2.2.3 基于 BIM5D 的成本管理的应用场景

1）应用准备

基于 BIM 的成本管理基础是 BIM5D 模型，它是在 3D 几何模型基础上，融入“进度信息”与“成本信息”，形成由“3D 几何模型 + 进度信息 + 成本信息”5 个维度的建筑信息模型。BIM5D 模型不仅能统计工程量，还可以将建筑构件的 3D 模型与施工进度各种工作相关联，动态地模拟施工变化过程，实现对工程成本的实时监控功能。为此，需要进行如下准备工作。

（1）BIM3D 模型的创建

为实现对人工、材料、机械设备等成本进行有效的控制，需要事先收集工程的工期数据和成本数据的相关信息，并将其集成在信息模型上，形成 BIM5D 模型（即：4D 时间 + 成本），为动态成本控制提供统一的数据模型。首先需要创建 BIM3D 模型。需要依据项目自身的需求选择要创建的模型。可选的模型包括：实体模型、措施模型、钢结构模型、其他模型等，其中实体模型创建可复用设计模型。

（2）BIM 算量

复用设计的 BIM 模型导入 BIM 算量软件，完成建筑结构、安装、钢结构、精装修等工程量的快速计算工作。同时，算量模型通过关联成本信息属性生成符合算量规则的成本模型。

（3）现场管理

为将 BIM 模型用于现场管理，需集成各专业模型，如建筑、结构、机电、钢结构、幕墙等，保证建筑物信息的完整。为此，需要解决对各类模型的兼容性问题。即，需要集成不同建模工具、不同专业、不同类型的模型，并对模型版本进行管理。因此，集成模型的 BIM 平台必须有着丰富的数据接口和良好的兼容性，不仅需要提供国际通用的 IFC 格式接口，而且还需要为其他专业建模工具提供标准数据接口。

基于 BIM5D 的成本管理应用准备，如图 8-14 所示。

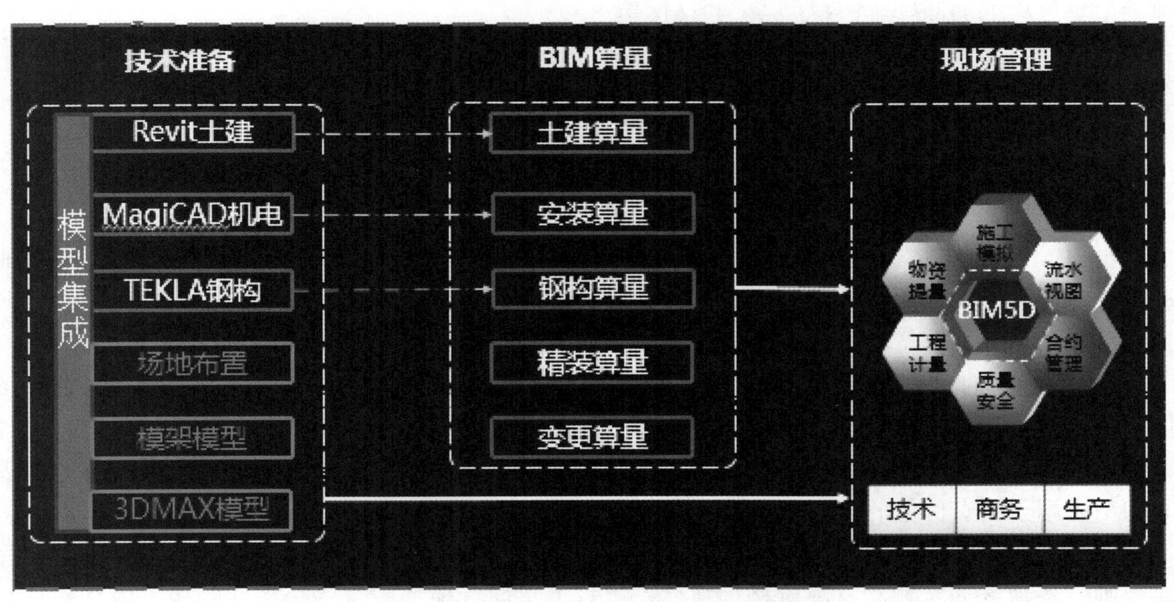

图 8-14 基于 BIM5D 的成本管理应用准备

2）应用流程

基于 BIM5D 技术的施工成本管理流程，如图 8-15 所示。

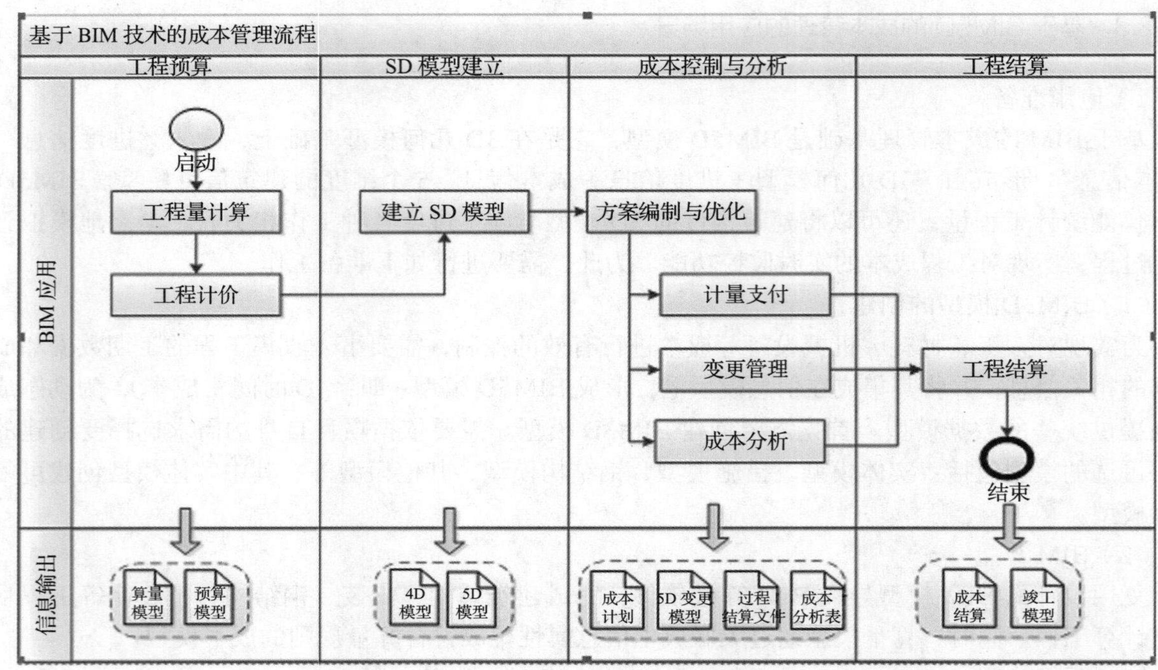

图 8-15　基于 BIM5D 技术的施工成本管理流程

基于 BIM 的成本管理流程主要分工程预算、BIM5D 模型建立、成本控制与分析、工程结算四个阶段。

（1）工程预算阶段。通过复用设计模型建立算量 BIM 模型，进行工程量计算和工程计价，形成算量 BIM 模型和预算 BIM 模型。

（2）BIM5D 模型建立阶段。该阶段主要的工作是将带有预算信息的 BIM 模型加载进度、成本等施工信息，形成面向施工阶段的 BIM5D 模型。

（3）成本控制与分析阶段。该阶段首先基于 BIM5D 模型进行成本方案编制和计划工作，形成成本计划，然后进行施工过程中的计量支付、变更管理和成本动态分析。

（4）工程结算。工程竣工后进行工程计算，形成工程成本结算和竣工模型。

8.2.2.4　基于 BIM5D 的成本管理的应用价值

基于 BIM5D 的成本管理的应用，改变了传统的工程算量、计价方法，提升了项目全过程成本的动态管理能力、项目成本的可分析能力以及数据的积累、共享能力，节约了工程成本。

（1）提高了工程算量的效率和准确性

基于 BIM5D 的成本管理使工程量计算效率更高。BIM 模型集合了建设项目的物理特性，可以提供工程量计算所需要的几何和空间信息，借助这些信息，计算机可以快速对各种构件进行统计分析，通过加载计算规则的自动化算量，可以将造价人员从繁琐的机械劳动中解放出来，节省更多的时间和精力用于更有价值的工作。

基于 BIM5D 的成本管理使工程量计算更准确。基于 BIM 技术的工程算量软件内置了各种算法、规则、各地区的定额和材料价格信息库。工程算量时，模型中每一个构件的构成信息和空间位置信息都能精确记录，对构件交叉重叠部位的扣减和异形构件计算更科学。同时，基于 BIM 的工程算量应用了 3D 模型的可视化操作，最大限度地减少了工程算量过程中的漏项、缺项情况。

（2）增强了项目全过程成本管理能力

BIM 模型除了加载了建筑物的物理、时间、成本、合约等信息外，也是建设方与参建各方协同工作的资源平台，可以说是集设计资源、施工资源、成本资源等各类信息于一体的综合性数据库。基于充分的信息资源，可以实现全方位的成本管理，更加轻松地预见施工的费用与建设的时间进度，解决了阶段割裂和专业割裂的问题，很好地避免了预算与成本控制环节脱节、设计与施工脱节、变更频繁、结算拖延等问题。

（3）增强了项目成本的动态分析能力

BIM 模型丰富的参数信息和多维度的业务信息能够在任何时点，提供详实可靠的技术经济信息，能够动态、准确地进行各时点的成本分析和控制。同时，在统一的三维模型数据库的支持下，从最开始就进行了模型、造价、流水段、工序和时间等不同维度信息的关联和绑定，在过实施程中，能够以最少的时间实时实现任意维度的统计、分析和决策，保证了多维度成本分析的高效性和精准性，以及成本控制的有效性和针对性。

（4）有助于成本数据的积累和应用

由于建设项目的独特性使得项目全过程的数据分布十分离散，BIM 模型则带来了另外一种模式，即采用统一标准建立的三维模型进行数据积累，在该模式下所产生的数据极大地方便了各个参与方的数据调用和分析，有利于实现项目全过程目标成本控制，对于数据的再次利用也有着极大的价值。

8.2.3 基于企业定额的项目成本分析与控制

8.2.3.1 应用背景

当前建筑行业，特别是施工总承包企业，所处的市场环境技术门槛不高、竞争异常激烈。例如，某地区一个标的 3000 万元的工程，有几十家施工企业竞争。激烈竞争还导致恶意竞标、压价严重，施工企业普遍面临活难接、利润低、高风险局面。

从建筑行业主管部门推进工程造价管理改革的指导意见中，可以得知改革招投标监管方式、非国有资金投资项目、建设单位自主决定是否进行招标发包等工作，已经步入常态化。行业主管部门鼓励施工企业编制自己的企业定额，行业定额、地方定额及全统定额只是作为国有资金投资建设工程的计价依据，对于社会资金投资的工程建设，定额计价的方式仅供投资方参考。

因此，随着建筑行业市场化进程的加快，国家层面制定的标准定额逐渐已经不能满足行业发展的需求，施工企业纷纷提出要求建立适合自己公司发展的企业定额，其主要目的如下。

（1）增强企业的核心竞争力。用于企业参与招投标报价，快速响应工程的招投标工作；快速完成项目成本测算。

（2）用于企业工程施工过程中的成本控制，促进企业施工成本的精细化管理。

鉴于上述需求，施工企业基于自身经验的积累及信息化技术的应用，可积极地推动项目成本管理向更科学、精益化的模式发展。

8.2.3.2 基于企业定额的项目成本分析与控制系统

1）系统分类

基于企业定额的项目成本分析与控制系统通常包括企业定额子系统和项目成本管理子系统，具体分为集成部署类、分布式部署类两类应用系统。本文以市面上常用的广联达筑梦项目成本管理系统为例，介绍工程建设施工阶段的成本分析与控制系统及其典型功能。

（1）集成部署类。广联达筑梦项目成本管理系统 V6.0（含企业定额子系统）。

（2）分布式部署类。广联达筑梦项目成本管理系统 V9.0+ 企业定额系统 V2.0。

基于企业定额的项目成本分析与控制系统的分布式部署类，其项目成本管理系统的应用如下。

项目成本管理的核心目标是通过“开源”、“节流”合理地降低工程成本，提高产品价值。项目成本管理通常包括成本策划、成本控制、成本核算、成本分析与成本数据积累。其中，成本策划包括标前成本策划与标后成本策划。其中，标前成本策划是针对投标活动过程中，对比拟投标报价与标前成本估算的差异，分析经营风险，辅助判断投标策略；标后成本策划是针对中标签约后，对比签约价格与目标成本，制定成本管控要点和管控措施。同时，依据目标成本计划，制定并控制人工、材料、机械等费用支出。

企业定额在“标前拟投标报价与成本估算对比分析”和“标后签约价格与目标成本对比分析”两个关键环节起着重要作用。中标签约后企业定额与项目成本管理系统的关系，如图 8-16 所示。

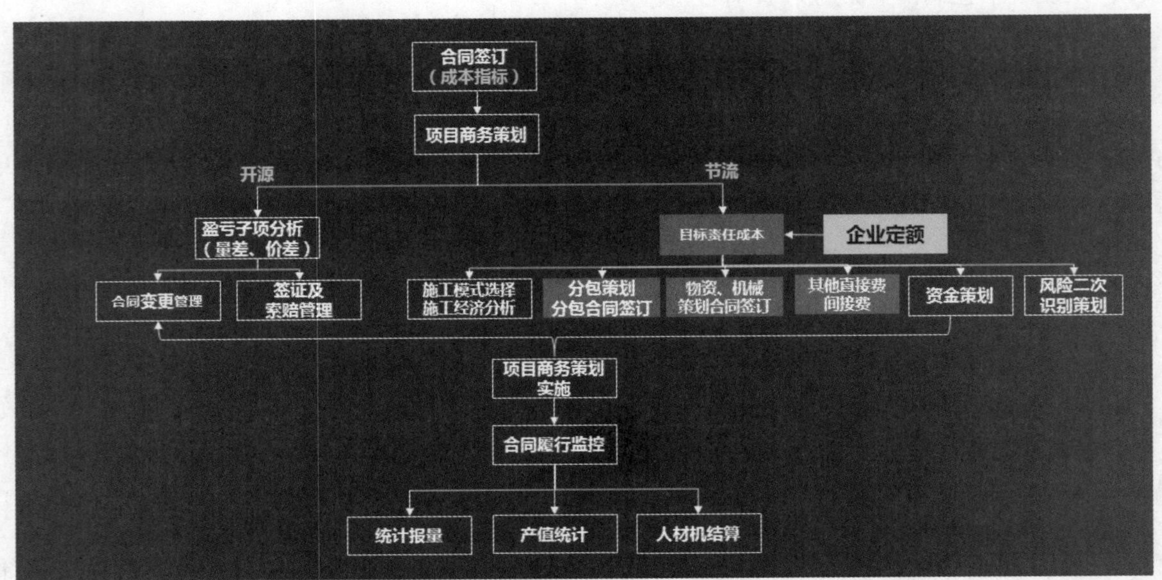

图 8-16　企业定额与项目成本管理系统

2）系统架构

基于企业定额的项目成本分析与控制系统是针对项目成本管理的组合产品。经过对客户应用场景的实践与分析，新一代基于企业定额的项目成本分析与控制系统，采用分布式部署方式，主要由运营层系统、操作层系统以及数据仓库等系统模块组成。

（1）运营层系统。指部署在企业级应用的项目成本管理系统，属于企业综合项目管理系统的子系统。

（2）操作层系统。指应用于企业定额编制的信息化工具产品。

（3）数据仓库模块。主要是指辅助企业定额编制和积累企业成本管理的核心数据，包括定额子目数据库、资源价格数据库。其中，企业定额的编制工具与定额子目和价格数据库需要整合应用，也可与项目成本管理系统集成应用，其系统架构如图 8-17 所示。

3）系统功能

（1）标前成本估算

标前成本估算是以企业内部成本定额为依据，通过对施工期间的人工、材料、机械市场价格变化趋势的预测，对拟承接的工程项目成本进行预估。同时，依据标前估算的结果，结合资源储备、企业的发展战略规划等应用产品组合方案，针对工程量、价分别进行计算和对比，确定最终有利于工程施工成本且合理的投标报价，系统功能应用如图 8-18 所示。

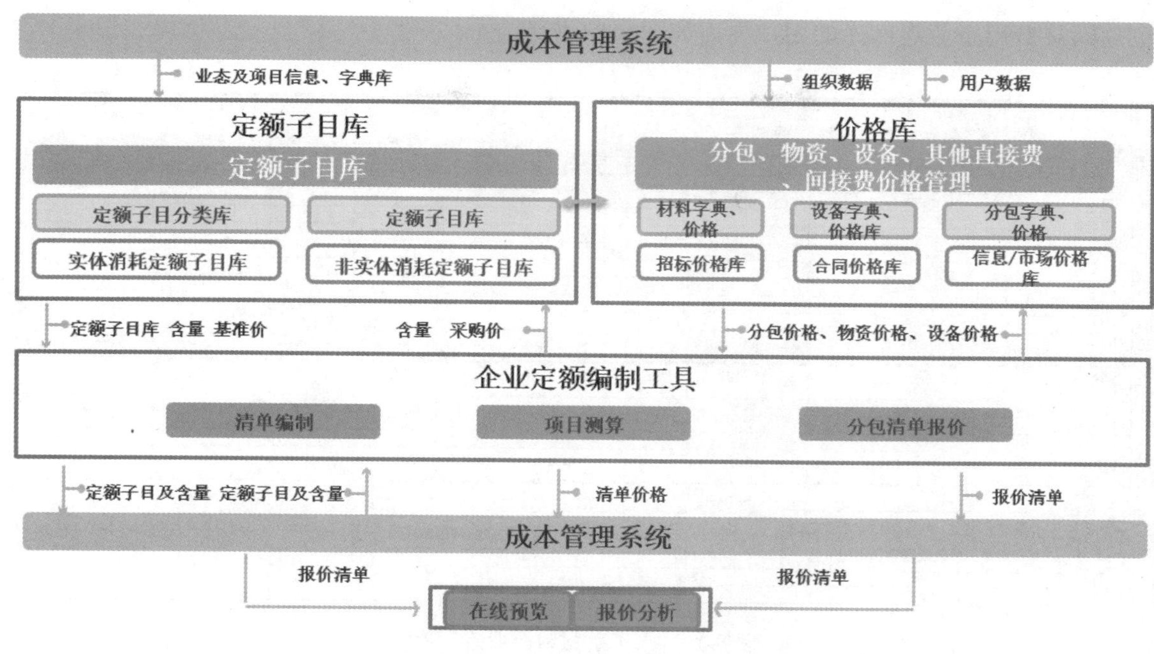

图 8-17　分布式布署系统架构

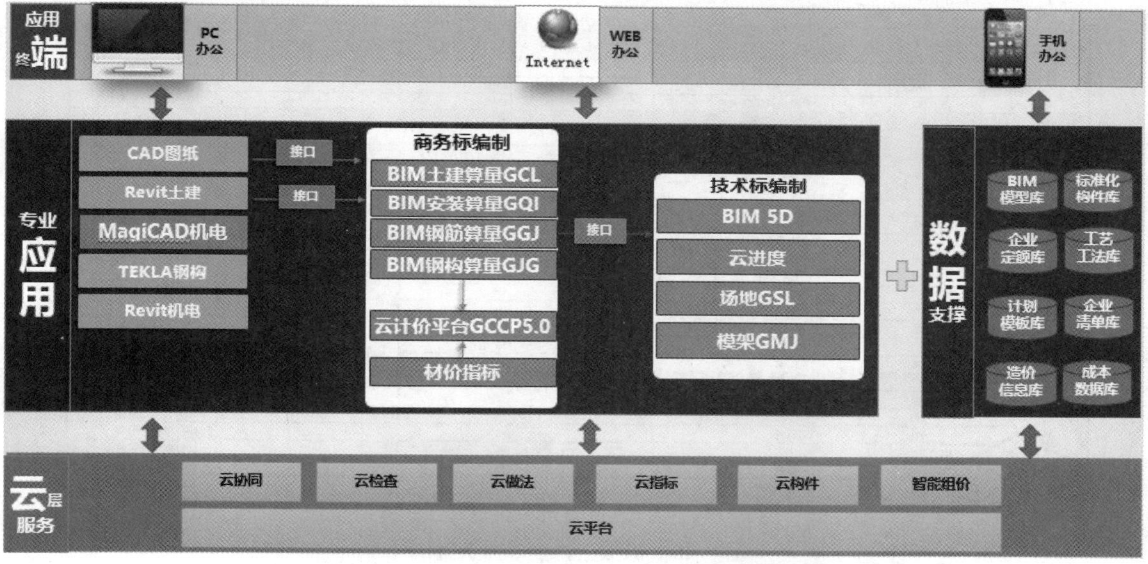

图 8-18　分布式布署类的系统功能

（2）创建企业定额数据库

基于定额创建向导，导入支持 Access 的 MDB 格式的地区定额或专业定额数据库文件，生成企业定额数据库。

首先，确定定额的框架。企业定额的框架不直接采用预算的方式，而是根据实际业务操作习惯，将整体框架分为人工费、材料费、机械费、间接费、其他直接费等五个部分。

其次，解决企业内部成本管理的横向沟通问题，全面考虑预算人员、财务人员的业务对接，设置招（投）标、施工、预算、财务核算等部门的业务接口，确保无障碍的业务交换。创建人工、材料企业定额库的用户界面如图 8-19 所示。

创建机械公摊费企业定额库的用户界面如图 8-20 所示。

创建间接费用企业定额库的用户界面如图 8-21 所示。

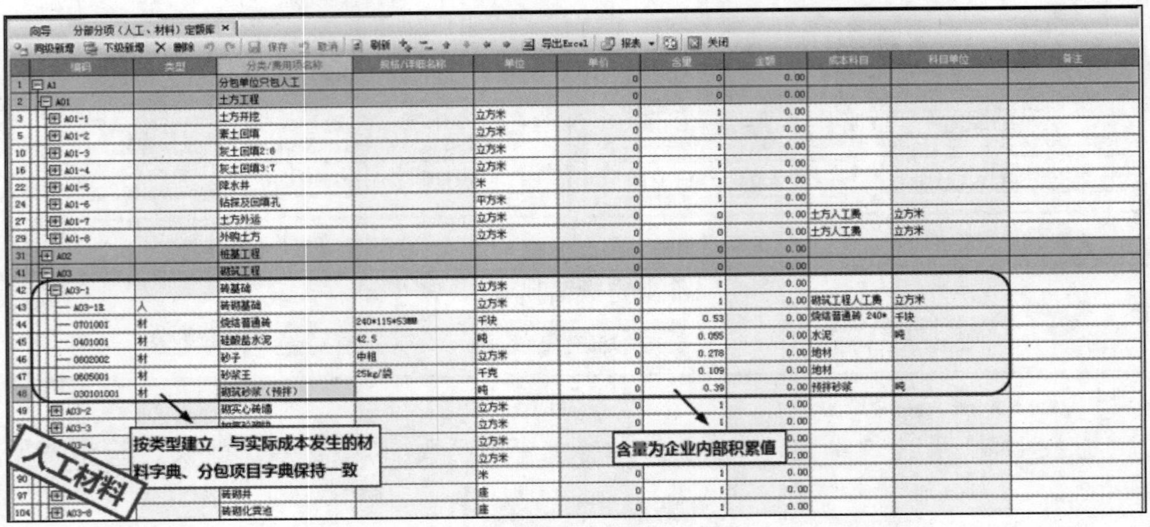

向导　分部分项（人工、材料）定额库 ×

同级新增　下级新增　删除　保存　取消　刷新　导出Excel　报表　关闭

	编码	类型	分类/费用项名称	规格/详细名称	单位	单价	含量	金额	成本科目	科目单位	备注
1	A1		分包单位只包人工			0	0	0.00			
2	A01		土方工程			0	0	0.00			
3	A01-1		土方开挖		立方米	0	1	0.00			
5	A01-2		素土回填		立方米	0	1	0.00			
10	A01-3		灰土回填2:8		立方米	0	1	0.00			
16	A01-4		灰土回填3:7		立方米	0	1	0.00			
22	A01-5		降水井		米	0	1	0.00			
24	A01-6		钻探及回填孔		平方米	0	1	0.00			
27	A01-7		土方外运		立方米	0	0	0.00	土方人工费	立方米	
29	A01-8		外购土方		立方米	0	0	0.00	土方人工费	立方米	
31	A02		桩基工程			0	0	0.00			
41	A03		砌筑工程			0	0	0.00			
42	A03-1		砖基础		立方米	0	1	0.00			
43	A03-1R	人	砖砌基础		立方米	0	1	0.00	砌筑工程人工费	立方米	
44	0701001	材	烧结普通砖	240*115*53MM	千块	0	0.53	0.00	烧结普通砖 240*	千块	
45	0401001	材	硅酸盐水泥	42.5	吨	0	0.055	0.00	水泥	吨	
46	0802002	材	砂子	中粗	立方米	0	0.278	0.00	地材		
47	0605001	材	砂浆王	25kg/袋	千克	0	0.109	0.00	地材		
48	030101001	材	砌筑砂浆（预拌）		吨	0	0.39	0.00	预拌砂浆	吨	
49	A03-2		砌实心砖墙		立方米	0	1	0.00			
	A03-3				立方米	0	1	0.00			
					立方米			0.00			
					立方米			0.00			
90					米	0	1	0.00			
97			砖砌井		座	0	1	0.00			
104	A03-8		砖砌化粪池		座	0	1	0.00			

人工材料

按类型建立，与实际成本发生的材料字典、分包项目字典保持一致

含量为企业内部积累值

图 8-19　人工、材料企业定额库

向导　机械费定额库 ×

同级新增　下级新增　删除　保存　取消　刷新　导出Excel　报表　关闭

	编码	类型	分类/费用项名称	规格型号	单位	单价	折旧率(%)	成本科目
1	01		机械使用费					机械使用费
2	0101	机	土方机械费		立方米		100	机械使用费
3	0102	机	砂石垫层机械费		台班		100	机械使用费
4	0103	机	零星机械租赁费用		台班		100	机械使用费
5	02		机械维修费					机械使用费
6	0201	机	自有械维修费		元		100	机械使用费
7	03		机械配件					机械使用费
8	0301	机	机械配件更换		元		100	机械使用费
9	04		大型机械费用					机械使用费
10	0401	机	钢筋切断机		台		35	机械使用费
11	0402	机	钢筋弯曲机		台		35	机械使用费
12	0403	机	钢筋调直机		台		35	机械使用费
13	0404	机	钢筋对焊机		台		35	机械使用费
14	0405	机	钢筋拔丝机		台		35	机械使用费
15	0406	机	钢筋新机械		台		35	机械使用费
16	0407	机	叉车		台		35	机械使用费
17	0408	机	地磅		台		35	机械使用费
18	0409	机	全站仪		台		35	机械使用费
19	0410	机	三轮车		台		35	机械使用费
20	05		小型机械费用		台			机械使用费
21	0501	机	钢筋弯箍机		台		100	机械使用费
	0502	机	振动棒		台		100	机械使用费
		机	切割机		台		100	机械使用费
		机	空压机		台		100	机械使用费
25		机	收卷机		台		100	机械使用费
26	0506	机	钢筋弯曲机		台		100	机械使用费
27	0507	机	砂浆搅拌机		台		100	机械使用费

机械公摊

图 8-20　机械公摊费企业定额库

创建其他直接费企业定额库的用户界面如图 8-22 所示。

（3）创建标后的目标成本

企业中标签约后，需编制项目目标成本。目标成本的编制采用量、价分离的方式，按单位工程的人工、材料、机械数量通过关联企业定额，可快速、高效地创建项目目标成本。其中，人工、材料、机械的消耗量含量，可以由项目根据施工方案、工艺自行调整。例如，将主体工程中混凝土工程人工消耗量的含量由 1 调整为 0.748，如图 8-23 所示。

工程量的预控。目标成本中的工程量分为图纸工程量、实际消耗工程量，其中图纸工程量为项目预算收入工程量（即：总承包商与建设单位依据施工图纸核算的工程量，该工程量为总承包商预算收入的下限标准）；实际消耗工程量为分包商向总承包商结算项目成本的上限。以此，确保每个项目的预算收入大于成本支出，降低项目成本控制风险。

	编码	类型	分类/费用项名称/岗位名称	计算说明	单位	单价/月工资标准	摊销比例(%)	成本科目
1	一、		公摊					
2	01		固定资产使用费					折旧费
3	0101	其他	投影仪		台	0	50	折旧费
4	0102	其他	电视机		台	0	50	折旧费
5	0103	其他	笔记本		台	0	50	折旧费
6	0104	其他	广联达加密锁		把	0	50	折旧费
7	0105	其他	广联达劳务实名制系统		套	0	100	折旧费
8	0106	其他	复印机		台	0	100	折旧费
9	0107	其他	广联达地磅道闸系统		套	0	100	折旧费
10	02		管理用具使用费					管理用具使用费
11	0201		桌椅类					管理用具使用费
12	020101	材	大会议桌		套	0	100	管理用具使用费
13	020102	材	会议桌椅子		把	0	100	管理用具使用费
14	020103	材	办公桌		张	0	100	管理用具使用费
15	020104	材	办公椅		张	0	100	管理用具使用费
16	020105	材	老板桌椅		套	0	100	管理用具使用费
17	020106	材	课桌椅		套	0	100	管理用具使用费
18	020107	其他	餐桌椅		套	0	100	管理用具使用费
19	020108	材	餐桌椅		套	0	100	管理用具使用费
20	020109	材	沙发五件套		套	0	100	管理用具使用费
21	0202		后勤用品					文明工地费用
45	0203		办公用					管理用具使用费
[illegible]	0204		文明工地用					文明工地费用
[illegible]	[illegible]		福利费					福利费
[illegible]	[illegible]		妇女节		个			福利费
69	[illegible]		中秋节		个			福利费
71	0303		春节		个			福利费

图 8-21　间接费用企业定额库

	编码	类型	分类/费用项名称	规格/详细名称	单位	单价	摊销比例(%)	成本科目
1	一、		公摊					
2	01		安全文明施工费					安全文明施工费
3	0101		临时设施费					临时设施费用
11	0102		安全生产专项费用		箱			安全生产专项费用
12	010202		防护刷漆					安全生产专项费用
13	01020201	其他	油漆		公斤	0	100	安全生产专项费用
14	01020202	其他	松香水		公斤	0	100	安全生产专项费用
15	010203		安全防护					安全生产专项费用
52	010204		临时用电					安全生产专项费用
65	010205		临时用水					安全生产专项费用
70	010206		照明系统					安全生产专项费用
78	010207		消防用品					安全生产专项费用
83	010208		安全通道					安全生产专项费用
87	010209		各类操作棚					安全生产专项费用
93	010210		其他					安全生产专项费用
107	0103		文明施工费		具			文明工地费用
171	0104		环保及绿色施工费					环保及绿色施工费
191	02		检验试验测量定位					
192	0201	其他	定位放线、外部检测		平方米	0	100	测量、定位、检验
193	0202	其他	试验站试验费		平方米	0	100	测量、定位、检验
194	03		冬雨季及夜间施工费					
[illegible]	0301	其他	棉毡		平方米	0	100	冬雨季及夜间施工
[illegible]	[illegible]	其他	塑料薄膜		公斤	0	100	冬雨季及夜间施工
[illegible]	[illegible]	其他	汽油桶		个	0	100	冬雨季及夜间施工
198	[illegible]	[illegible]	烟煤		公斤	0	100	冬雨季及夜间施工
199	[illegible]		彩条布		平方米	0	100	冬雨季及夜间施工
200	04		二次搬运					

图 8-22　其他直接费企业定额库

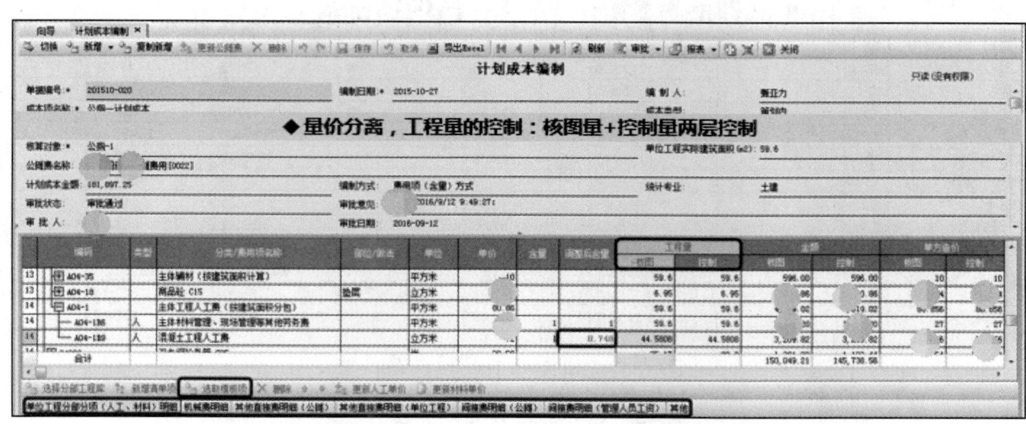

图 8-23　人工消耗量含量的调整表界面

工程量单价的预控。总承包企业关于项目的工程量单价按估算的深度划分，分为历史交易单价、市场交易单价、控制单价三类单价体系。由预算部门、项目经理部、公司采购部等相关成本控制部门，按各自的职责分工分别实施逐层级的成本控制。上述三类单价体系借助信息化系统实现自动迭代和更新，确保工程量单价能够及时、准确、动态地应用于企业在建或拟实施的工程项目，如图 8-24 所示。

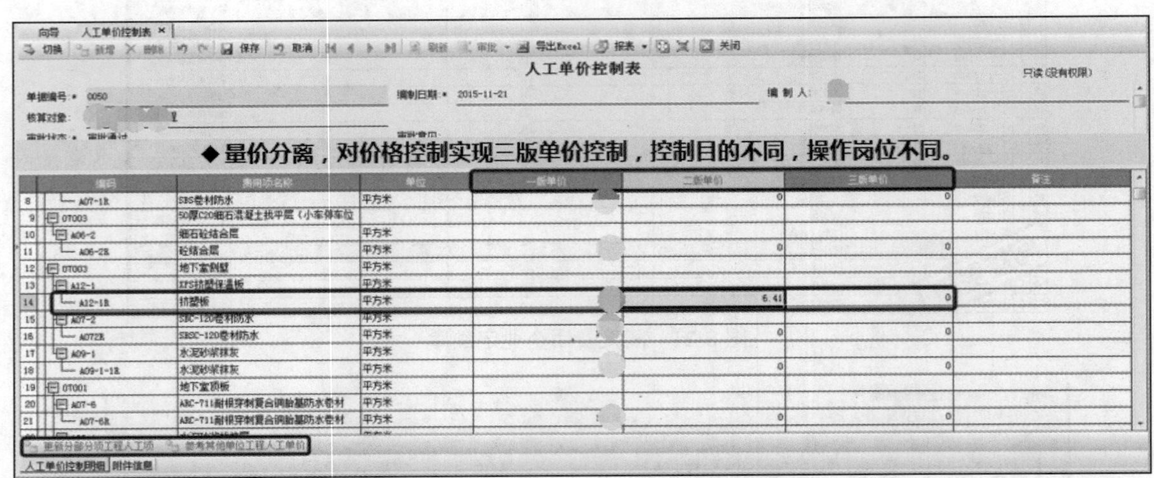

图 8-24　工程量单价的预控表显示界面

（4）施工过程的目标成本管控体系

总承包商的项目目标成本经公司内部批准后，该价格即作为总承包商的项目成本控制基准目标，形成专业分包招标控制价。潜在的分包商按分包招标工程量清单项和数量填报投标报价，形成统一的专业分包评标、定标标准，如图 8-25 所示。

劳务分包费用项结算台帐

费用项名称	单位	本期			累计		
		计划成本统计量	应结量	已结量	计划成本统计量	应结量	已结量
钢筋工程人工费	吨	1646.97746	1457.23	1457.23	1646.97746	1457.23	1457.23
雨水口安装	个	6.00001	6	6	6.00001	6	6
植筋12	根	1196	1224	1224	1196	1224	1224
植筋14	根	102	102	102	102	102	102
植筋16	根	306	306	306	306	306	306
植筋一级10	根	22	22	22	22	22	22
植筋一级6.5	根	17378	17600	17600	17378	17600	17600
植筋一级8	根	1886	1886	1886	1886	1886	1886
发泡水泥找坡	立方米	92.62761	626.63	626.63	92.62761	626.63	626.63
混凝土工程人工费	立方米	16379.48697	15966.44	15966.44	16379.48697	15966.44	15966.44
砌承重多孔砖墙	立方米	1075.22	223.51	223.51	1075.22	223.51	223.51
砌非承重多孔砖墙	立方米	612.4	1215.02	1215.02	612.4	1215.02	1215.02
砌实心砖墙	立方米	463.06	432.8	432.8	463.06	432.8	432.8
室外灰土回填3:7	立方米	463.42	87.05	87.05	463.42	87.05	87.05
[illegible]土回填	立方米	523.05	16.9	16.9	523.05	16.9	16.9
[illegible]	立方米	102636.62	21.91	21.91	102636.62	21.91	21.91
砌[illegible]	立方米	75.41	307.24	307.24	75.41	307.24	307.24
厨卫间过[illegible]	米	163.15	156.07	156.07	163.15	156.07	156.07

◆计划成本的量、价是分包招议标的基准

管控基准

图 8-25　目标成本控制表界面

确定工程单价。确定专业分包工程人工、材料消耗量指标和单价组成，确保施工过程中的施工任务单和进度结算依据的准确性，如图 8-26 所示。

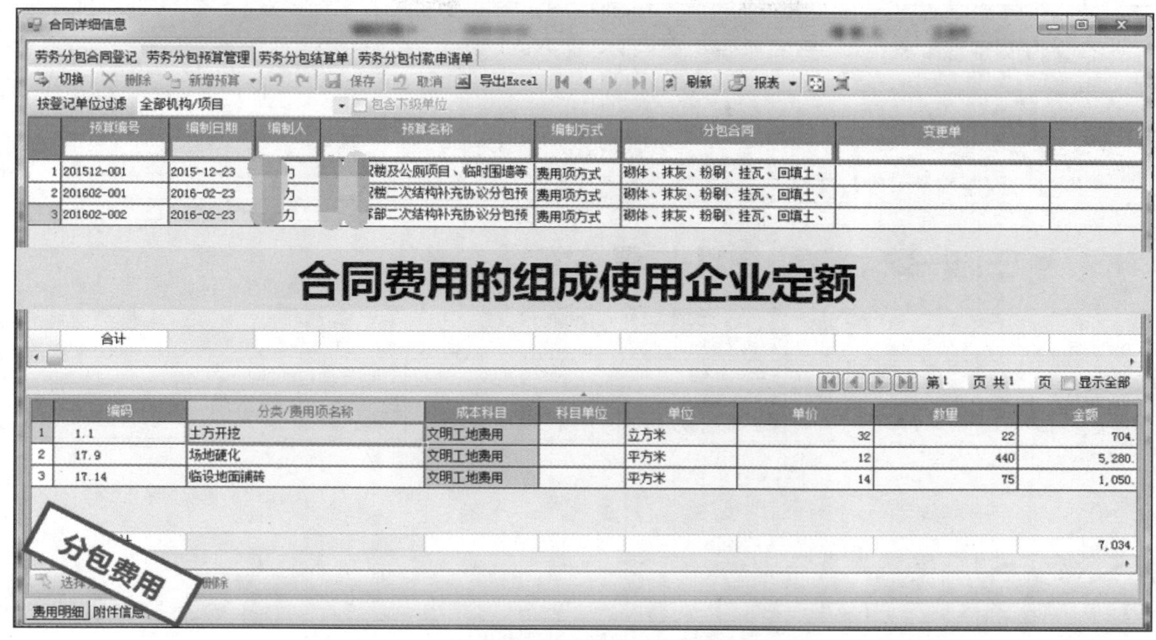

图 8-26　专业分包费用信息显示界面

工程进度结算。分包商依据合同约定，按期报送工程产值，总承包商的预算管理人员应用项目成本管理系统，自动汇总当前发生的施工任务单、奖罚单据、零星用工单等产值单据，形成当期分包进度产值结算单，实现业务数据的自动传递，有效避免重复结算现象发生，如图 8-27 所示。

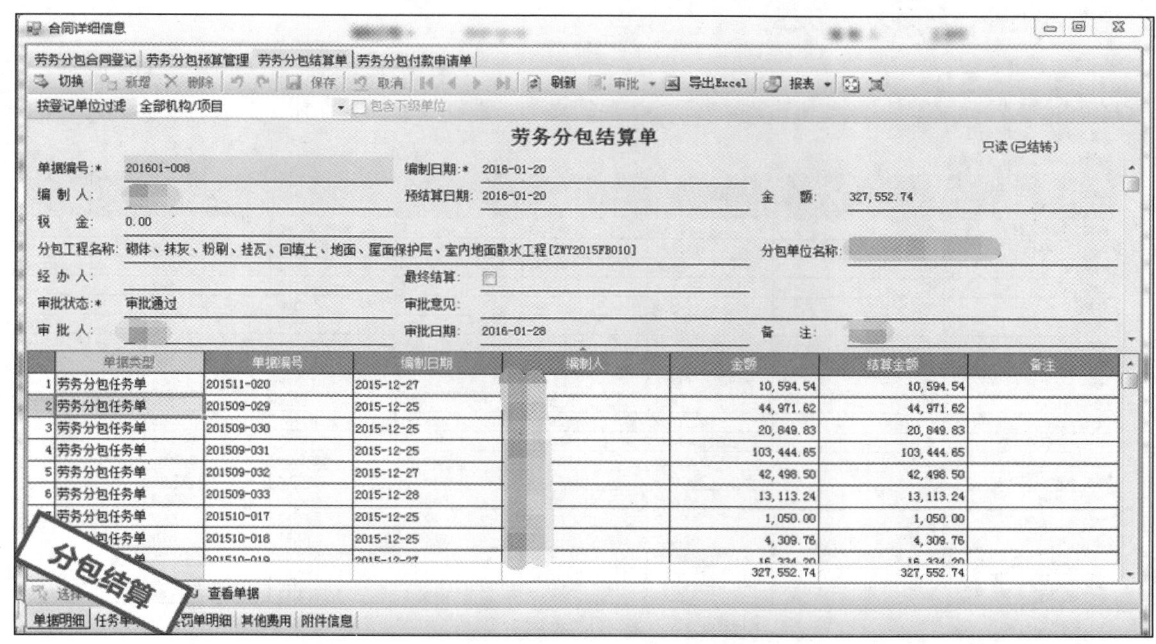

图 8-27　分包结算单界面

财务付款。通过将项目成本管理系统与财务系统相关联，财务人员可实时查看分包进度产值情况。同时，财务的付款信息通过系统传输至项目管理系统，同步分包产值和付款数据，确保财务付款数据的真实性和准确性，如图 8-28 所示。

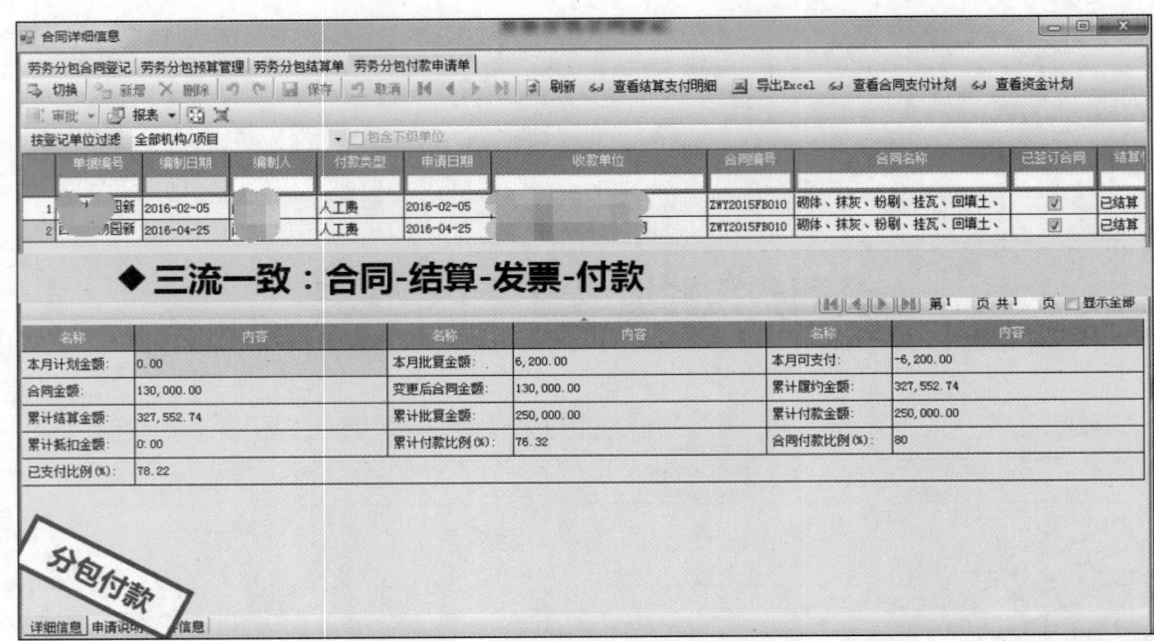

图 8-28　分包产值表界面

（5）成本核算与分析

通过企业定额的应用，可实现分包工程的成本控制由招标至付款阶段全部流通程序的无缝对接以及全过程动态成本控制。同时，基于成本管理系统，预算人员可实时查看工程计划完成产值、已完产值和已结算产值，对比产值分析建立动态成本预警机制，针对成本管控问题实时发现、实时处理，避免成本失控，如图 8-29 所示。

费用项名称	单位	本期			累计		
		计划成本统计量	应结量	已结量	计划成本统计量	应结量	已结量
钢筋工程人工费	吨	1646.97746	1457.23	1457.23	1646.97746	1457.23	1457.23
雨水口安装	个	6.00001	6	6	6.00001	6	6
植筋12	根	1196	1224	1224	1196	1224	1224
植筋14	根	102	102	102	102	102	102
植筋16	根	306	306	306	306	306	306
植筋18	根	20	20	20	20	20	20
植筋20	根	54	54	54	54	54	54
植筋一级10	根	22	22	22	22	22	22
植筋一级6.5	根	17378	17600	17600	17378	17600	17600
植筋一级8	根	1886	1886	1886	1886	1886	1886
发泡水泥找坡	立方米	92.62761	626.63	626.63	92.62761	626.63	626.63
混凝土工程人工费	立方米	16379.48697	15966.44	15966.44	16379.48697	15966.44	15966.44
砌承重多孔砖墙	立方米	1075.22	223.51	223.51	1075.22	223.51	223.51
砌非承重多孔砖墙	立方米	612.4	1215.02	1215.02	612.4	1215.02	1215.02
砌实心砖墙	立方米	463.06	432.8	432.8	463.06	432.8	432.8
外灰土回填3:7	立方米	463.42	87.05	87.05	463.42	87.05	87.05
土回填	立方米	523.05	16.9	16.9	523.05	16.9	16.9
	立方米	102636.62	21.91	21.91	102636.62	21.91	21.91
砖砌	立方米	75.41	307.24	307.24	75.41	307.24	307.24
厨卫间过	米	163.15	156.07	156.07	163.15	156.07	156.07

图 8-29　动态成本核算表界面

（6）数据积累

基于动态的成本管理系统，总承包企业除了能够将企业定额用于指导项目实施外，还可以自动生成专业分包价格平台库，自动获取分包合同价、结算价，为其他工程投标测算、合同审批等提供参考数据，如图 8-30 所示。

◆企业层形成劳务分包价格平台

编码	分包项目	计量单位	合同平均价	合同最低价	合同最高价	综合工日平均价	综合工日最低价	综合工日最高价	指导价
LW02005	砖胎膜	立方米	132.5	50	160	0	0	0	0
LW02006	砖砌基础	立方米	240	240	240	0	0	0	0
LW02007	砖砌零星砌体	立方米	230	230	230	0	0	0	0
LW03001	模板接触面积劳务费	平方米	62.75	59	64	0	0	0	0
LW03002	主体安全施工劳务费	平方米	17.6364	5	200	243.4286	234	245	0
LW03003	主体架子工程劳务费	平方米	68.2222	15	300	245	245	245	0
LW03006	主体砼浇筑劳务费	平方米	24.4286	21	45	245	245	245	0
LW03007	主体材料管理、现场管理等其他劳务费	平方米	213.5714	12	2,500	242.25	234	245	0
LW03008	主体结构建筑面积	平方米	260.7931	5	478	0	0	0	0
LW03013	过梁（现浇或预制）制作安装	m/根	21.5	15	28	0	0	0	0

价格明细　分析图表

分包商

地区	单位名称	项目	综合工日单价	分包商	联系人	联系电话	签约日期	合同价
分包商 …共8条记录)			242.25					345.75
分包商 …条记录)			0					36.8
分包商 …司(共1条记录)			0					40

图 8-30　企业层分包价格表界面

通过创建工程成本指标数据，用于其他同类工程项目的成本横向对比，可为公司的经营提供决策支持，如图 8-31 所示。

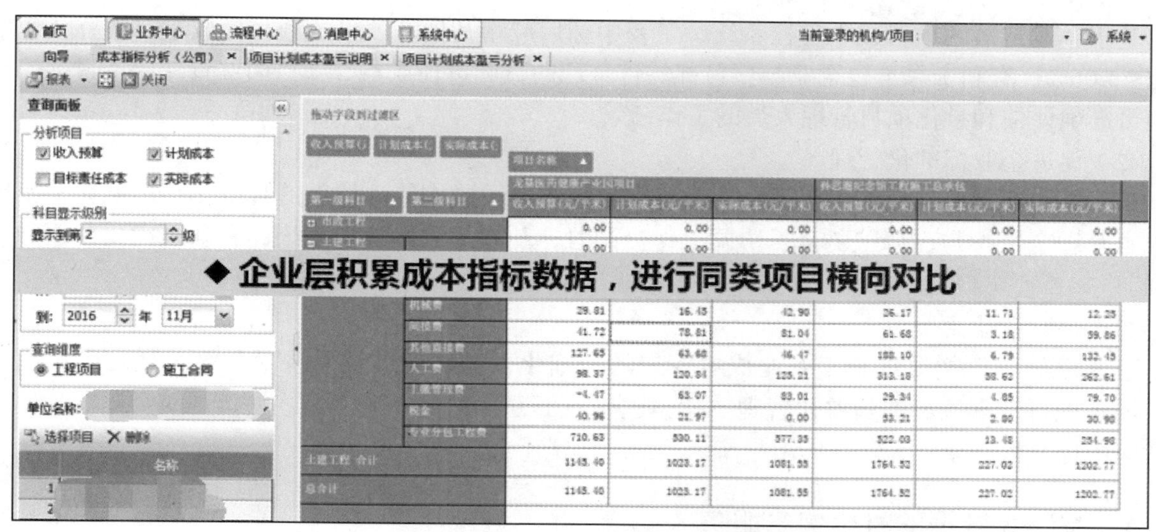

图 8-31　成本指标对比分析表界面

8.2.3.3　基于企业定额的项目成本分析与控制的应用场景

1）确定企业定额标准

基于企业定额的项目成本分析与控制系统的应用。首先，应统一基础数据的标准。标准数据的要求内容，包括工程项目分类编码、材料分类编码、机械设备分类编码、间接费用编码和成本科目编码。其次，制定适合企业自身应用特点数据格式，如依据企业工程项目类型、行业标准或借鉴行业标杆企业主数据编码等，进行企业个性化标准格式调整和编制。

2）创建企业定额库

企业依据自身业务的成本数据积累，进行数据分类整理，如按照成本支出、分包、采购等口径整理，按照企业自身定额应用的要求创建企业定额库。同时，企业定额库的创建也需要考虑项目区域属性、主流工艺工法、新技术、新材料的应用等因素，制定具有动态调整功能的定额库，以适应不断变化的建筑市场需求。

3）编制项目目标成本

企业定额数据库建立后，针对具体工程项目，总承包企业的成本管理部门与项目部的成本管理部门即可依据企业定额数据库，测算和编制项目目标成本（即：标前成本测算以及标后的目标成本）。

4）过程动态成本控制

施工过程成本控制主要集中在目标成本确定后，以目标成本作为项目成本收、支控制依据。应用于项目的人工、材料、机械的招标采购、工程损耗量控制、工程进度款支付、过程结算统计等各环节，实现项目成本动态监控功能，确保项目目标成本实时处于受控状态。

5）项目分析与总结

工程结算分析与总结是项目管理层、企业管理层对项目及时复盘的关键工作，是企业总结项目管理经验、分析查找管理不足、总结企业经营管理成果、提升企业管理水平的重要工作。同时，成本管理部门在此阶段利用基于企业息化管理工具，收集和积累不同地区、不同类型、不同施工工艺的工程成本数据，补充、完善企业定额和数据库，为企业造价数据的创新应用奠定基础。

8.2.3.4 基于企业定额的项目成本分析与控制的应用价值

（1）盈利目标成本估算更准确

基于企业定额的项目成本管控系统，工程中标后应用其估算项目盈利目标成本，结算金额估算误差≤ 0.06%；有利于总承包企业与项目部签订合理的目标责任成本、项目岗位责任成本目标控制书等，可准确评估和量化项目管理人员的工作绩效。

（2）促进企业标准化管理

基于企业定额的项目成本管控系统，可有效促进企业成本管理体系的规范化、标准化，实现项目成本管理全员参与、分工负责、协同工作。同时，动态的成本管控系统，有利于优化企业的管理流程。

（3）提升企业竞争力

企业定额不仅能促进施工企业成本管理的精细化，更能促进企业技术升级，激发企业创新意识，增强项目管理人员的精益化管理技能，优化施工方案，促进施工工艺创新，使企业在激烈的行业竞争中提升核心竞争力。

8.2.4 基于大数据的材价信息服务

8.2.4.1 应用背景

项目成本管理中的材价信息服务管理，是成本管理的核心工作，也是“智慧工地”组成的重要内容。众所周知，在工程造价的构成中材料、设备费用约占项目总造价的 70% 以上，而对于材料、设备价格信息的确认（即通常所说的材料、设备询价），约占工程预算编制时间的 25% ~ 40%，其构成分布情况如图 8-32 所示。

自工程立项之日起，材价信息应用管理已不仅仅限于工程招投标环节，而是应用在项目全寿命周期的各个阶段内（即：工程设计、招（投）标、工程施工、竣工移交和运行维护），均涉及材价信息的确认、应用和管理。材价信息管理无论是对工程的招投标交易、签约谈判，还是材料选造型、采购和造价指标形成、造价数据的积累等都至关重要，对项目成本管理的影响极其深远。

针对材价信息的管理，项目全寿命周期内的不同实施阶段、不同的项目参与方、不同的专业人员对材价信息均有着各自的重要需求，如图 8-33 所示。

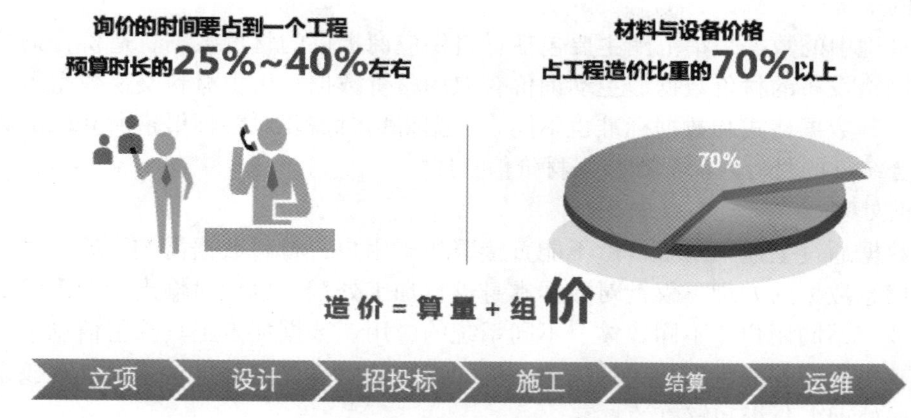

图 8-32　材料价格信息分布

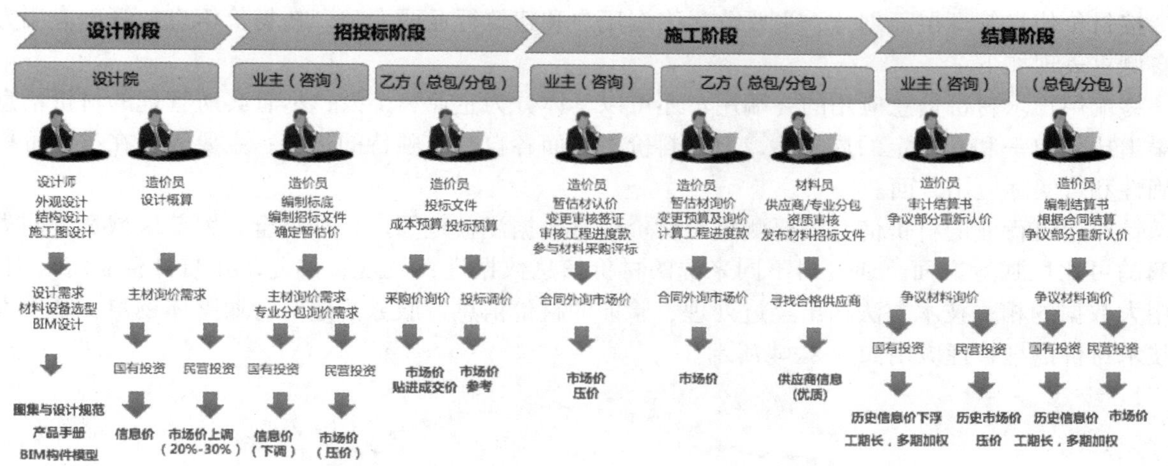

图 8-33　材价信息需求的业务场景

1）材价信息的来源

目前，在工程建设领域，造价人员常用的材价信息来源主要有以下几种形式：

（1）企业或个人日常工作中的数据积累。

（2）企业向供应商询价（主要是采购方）。

（3）基于互联网的材价信息平台查询。

（4）基于互联网的搜索引擎查找。

上述 4 类材价信息来源的对比分析，如表 8-3 所示。

表 8-3　材价信息来源分析表

信息来源	优　势	局限性
自身数据积累	经过筛选确认的数据准确性较高，短期内复用度较高	1. 材价信息的动态变化，导致自身积累的数据无法直接使用，需要结合市场变化进行持续更新 2. 管理成本较高，很多企业没有精力和资源进行材价信息管理 3. 基层工作新人较多，大部分没有积累
合作供应商	自身的合作供应商，询价难度低	1. 仍然需要多方询价来核实，且需要不定期更新供应商库 2. 对于中介咨询等非采购方，很难有合作供应商配合
材价信息网站	信息整合，数据量大，来源丰富	不同信息平台数据标准和质量差异较大，需要多方询价，互相印证
搜索引擎	信息免费	信息真实性和准确性低，筛选成本高

2）材价信息数据的采集、处理

（1）数据的采集

材价信息管理中的数据采集范围主要包括材料供应商提供的材价数据、造价咨询公司提供的材价数据、互联网络发布的材价数据、主动询价获取的材价数据、历史材料交易数据等。对应不同的材价数据来源，其数据格式和数据标准也不同，数据采集时需要对各种渠道所获取的数据进行鉴别和梳理，并结合统一的材价入库标准装入材价信息库。

（2）数据的处理

材价信息数据通过上述渠道获得后不能直接服务于用户，材料数据需按入库、输出标准进行加工处理。材价信息数据的处理不仅针对数据本身进行加工处理，也针对输出平台系统的标准进行相应的加工，以适应不同用户、不同媒体、不同系统的应用。数据加工工具除了信息平台供应商内部使用的系统外，也为行业提供了相关的应用。例如，造价站提供的信息价采编、审核系统就是为交易中心提供数据处理、分析和解决的方案。

3）材价信息的管理

按材价信息管理层面划分，主要分为终端用户和建筑行业两大类，在材价信息的管理应用方面各自侧重表现如下：

终端用户。材价信息应用的终端用户还可以具体分为企业、个人，尽管其所管理的材价信息来源渠道比较单一和有一定的局限性，但材料价格方面各自具有独特的优势，主要表现在材料价格的准确性和可实际应用方面。

针对建筑行业的材价信息主要侧重于材价信息数据涵盖范围广、种类全、覆盖区域宽、同类供应商的可比性强等方面。通过对不同来源的材价信息数据进行甄选、整合，并结合企业需求加工，应用大数据的相关技术方法输出经过处理、验证的材价信息，服务于建筑行业整体用户，基于大数据技术材价信息管理应用如图 8-34 所示。

图 8-34　基于大数据的材价信息加工过程

目前，广材 SPU 标准材料库是将市场材料进行聚合后，结合用户的使用行为，形成的符合市场流通规则的真实材料信息。各省（市）、行业之间在编制工程造价时，可直接使用的 SPU 标准材料库。同时，在工程实施过程中多部门、多岗位可以对唯一的材料进行市场询价、采购等，减少由于工程建设过程中在材料（设备）选型、定价方面存在的诸多不确定性，而浪费询价时间，实现资源共享。

8.2.4.2　基于大数据的材价信息服务系统

基于大数据的材价信息应用工具，主要针对为用户提供材价信息数据服务为基础，面向不同的应用客户、不同应用场景和不同实施阶段，其材价信息的应用工具产品和服务方式也不相同。材价信息的应用工具包括：材价信息查询平台、材价信息数据包、广材助手、人工询价系统、个人价格库等。本章主要介绍材价信息查询平台、广材助手材价信息数据包和人工询价系统 4 种应用工具的使用。

1）材价信息查询平台

材价信息查询平台是基于互联网 PC 端的网络工具，例如广材网、造价通等。广材网是广联达公司的材料价格信息查询平台，用户通过 PC、手机 App 终端设备可在线查询建筑工程造价行业的材料价格信息；通过分类检索、关键字检索的材料快捷查询功能，为用户提供全面、专业、高效的建材信息价、市场价、供应商材料搜索、查询服务。具有海量数据、覆盖全国、信息真实、价格可靠、数据标准、参数完善、材料选型和定价、BIM 构件库等功能特点，如图 8-35 所示。

图 8-35　广材网材价信息查询

（1）海量数据、覆盖全国

广材网市场价数据库中收录全国 31 个省（市）超过 3000 万条材料品牌的最新市场价、25 万家厂商的联系信息，且信息数据每个月以 1.79% 的速度增长。广材网的信息价查询覆盖了全国（除西藏以外）31 个省（直辖市）、388 个地级市、1059 个区县的造价信息数据，全国 10 年内的信息价格在广材网均能查询到。同时，平台提供信息价格的走势图，直观展示材料信息价格的多年变化走势。

（2）信息真实、价格可靠

材价信息查询平台提供的信息真实、价格可靠。首先，供应商企业信息真实。广材网针对平台供应商的企业资质、营业执照、税务登记表、产品质检报告等，在数据采集阶段进行严格的审查，确保为用户提供合格的供应商和产品。其次，材料价格合理。广材网的材料价格信息来自合格厂商的详细报价，数据采集阶段供应商按材价信息管理统一标准，提供产品详细的规格参数、税运费信息、工程折扣价等；最后，实时更新、价格可靠。材料价格数据依据供应商提供的最新信息动态更新，确保材料价格适应市场变化的需求。

（3）数据标准、参数完善

广材网在材价信息管理方面，创建了 SPU 标准材料库。如图 8-36 所示，将不同的材料价格数据来源（如信息价、市场价、综合价，以及不同的供应商报价）横向关联起来，通过多维度的参数对比、完善，确保向用户提供准确、真实、可靠、多维度的材价信息数据。

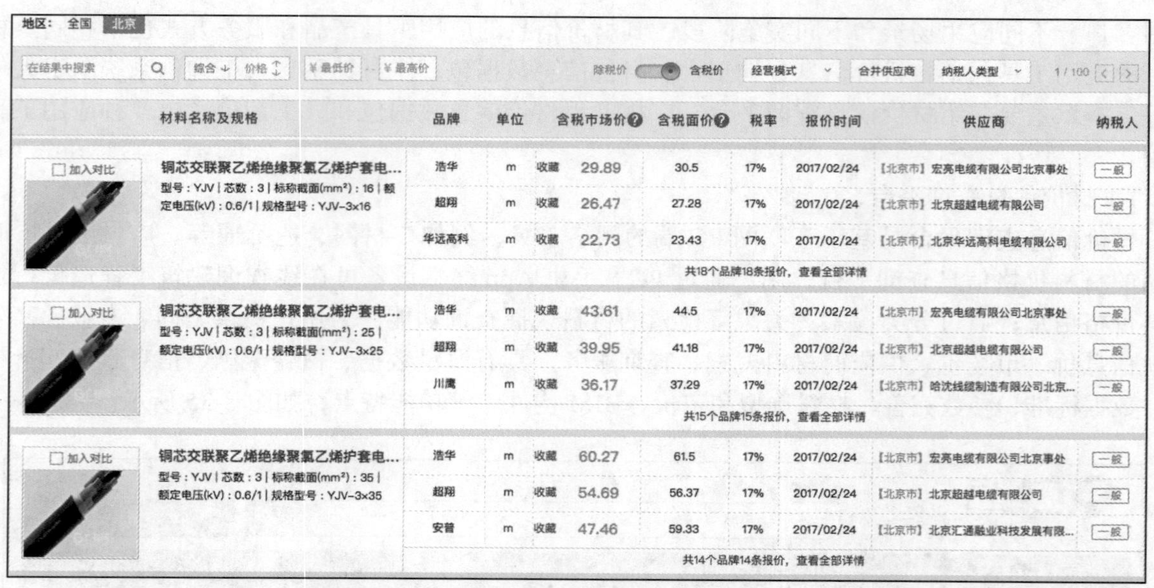

图 8-36　材料价格对比分析

同类产品、不同品牌的横向对比，材料数据信息全面直观，如图 8-37 所示，阀门数据对比包括图片、价格、规格参数、税费、运费等，清晰直观、比价方便。

图 8-37　产品价格信息横向对比分析表界面

（4）协助用户材料选型和定价

基于用户自身专业不对口考虑（如土建专业人员选购安装材料），用户在材料选型、定价的过程中，查询到相关价格信息后，由于用户自身专业知识的积累不足或者遇到新型材料，很难依靠自身的经验判断选型和材料价格的确定。网站会依据用户搜索的材料类别，精准推送相关的材料知识和数据，特别是影响价格构成的因素，提示用户影响该类价格的主要因素内容、材料的适用范围，以及不同类型的常用工程材料，进而帮助用户正确选择材料型号和确认价格，如图 8-38 所示。

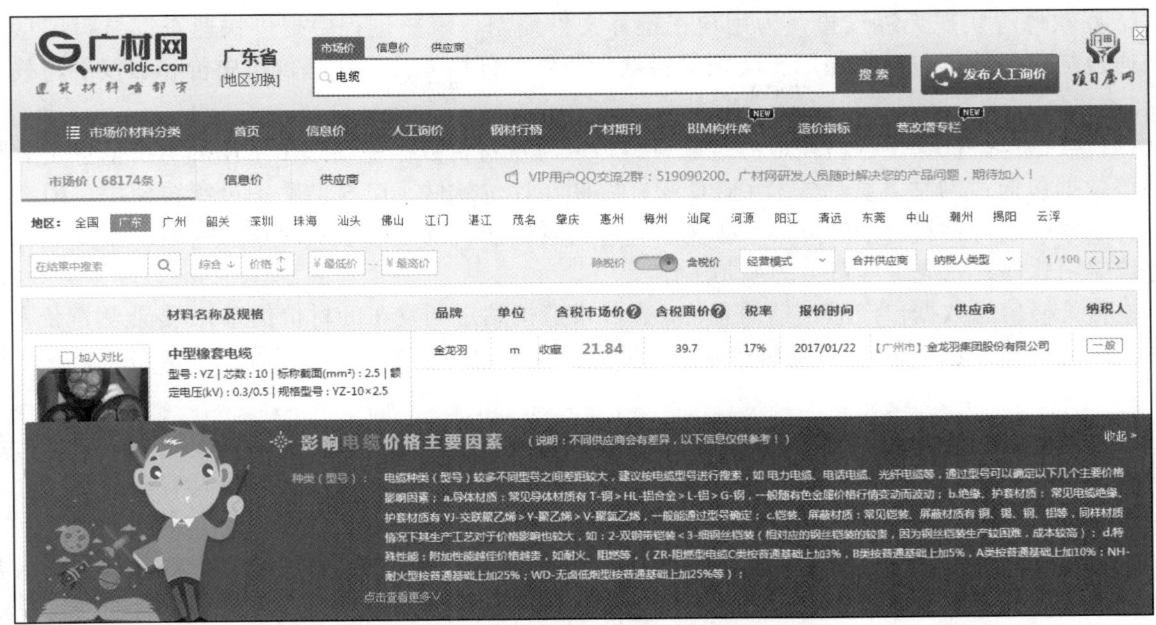

图 8-38　用户材料选型协助功能

（5）构件库服务

基于智慧工地的成本管理，广材网提供BIM构件库专栏，主要为建材供应商提供材料BIM建模及推广服务，为材料建立MagiCAD、Revit等BIM软件建模服务，便于设计人员在工程设计阶段进行材料下载和选型使用，从而促进材料供应商与设计单位、施工单位有效交互，解决材料信息不对称、材料供应、选型可视化等实际问题。同时，BIM构件库基于供应商真实产品构件，可实现从设计、施工到运维阶段的工程全寿命周期的信息化管理，如图8-39所示。

图 8-39　BIM构件库

2）广材助手

广材助手是广材信息服务基于PC端计价软件的一款应用插件，可以与计价软件、审核软件、结算软件等实现无缝连接，为用户在预算文件编制、审核过程中提供快速查询材料信息。同时，通过与广材数据包结合使用，实现材料批量载价、价格体检、信息价历史价和加权平均载入等功能。

广材数据包是依据工程所在地的定额材料，从海量材价数据中筛选出常用的材价信息生成数据包，该数据包通过网站下载后安装到 PC 端，后期在计价软件、广材助手中可离线使用。用户在工程计价过程中进行材料价格的查询和比选后，可实现快速、批量的载入到 GBQ4 和云计价 GCCP5.0 等计价应用软件，完成工程造价的编制工作。

材料价格信息数据包产品包括信息价（省、市造价站定期发布的材价信息）、专业测定价（如广联达发布的材料信息价格）、市场材价信息（供应商发布的价格信息）等三种材价信息。其具体特点如下。

（1）信息价。信息价（即省、市造价站定期发布的材价信息）是政府主管部门定期动态发布的材料价格参考信息，期刊发布形式分月度和季度。该信息价在工程造价管理中具有权威性，对当地的材料价格具有指导性。

（2）专业测定价。专业测定价是指由专业造价服务供应商提供的材料综合价格，其范围涵盖面广，包含工程所在地信息价所没有覆盖到的材料范围。材料数据是由专业人员对实时的市场价格分析后得出的材料市场综合价，价格相对合理、可靠。

（3）市场材价信息。指来自于材价信息平台价数据包中的材料价格，其价格源于供应商的真实市场报价。例如，广材网通过与供应商建立的合作关系，将获取的报价表进行审核、筛选，形成广材数据包。广材数据包获取“大数据”，加工成“深数据”到最终形成数据包供造价人员在计价软件中调用，数据包可以在离线状态使用，拓展了用户在无网络工作环境下的造价信息应用。如图 8-40 所示。

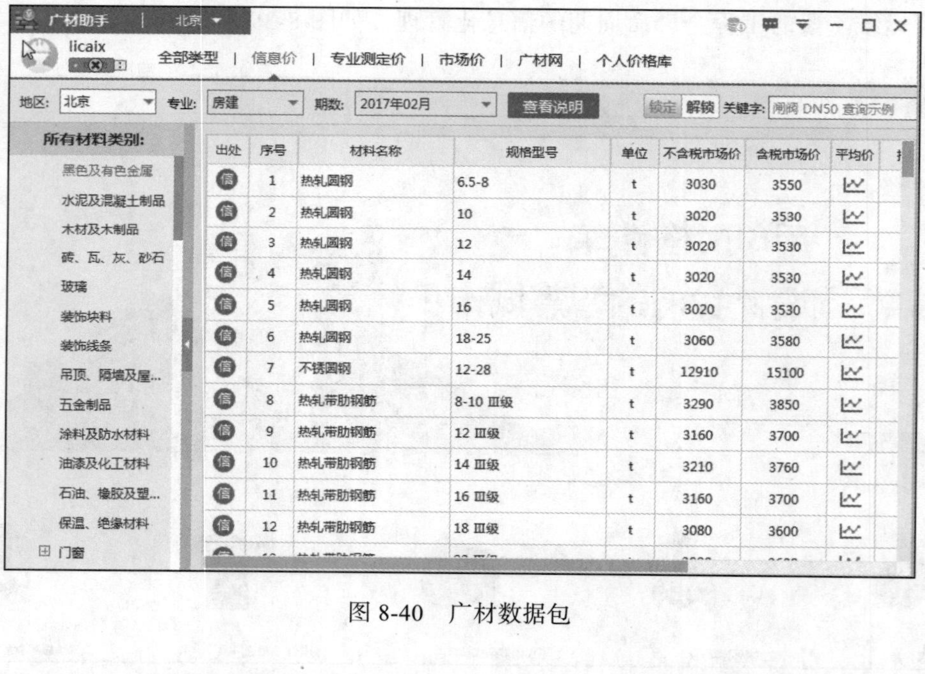

图 8-40　广材数据包

批量载价服务。广材数据包针对工程所在地的定额材料，提前关联了对应的信息价、测定价和市场价。通过广材助手，可以批量将关联的市场价载入到计价软件中，节省了用户手动查找和填写的时间。价格信息载入后，用户只需按自身的需求进行检查和调整，即可快速完成在计价应用软件中的材料调价工作，如图 8-41 所示。

批量载价

数据包选择　调整材料价格　完成

18515995682
尊贵的VIP用户，您好！~

数据包使用顺序：　优先使用 信息价　第二使用 市场价　第三使用 专业测定价　单击价格直接选用　载价条数：10/10

筛选：☑全部 ☑人工 ☑材料 ☑税率3% ☑税率13% ☑税率17% ☑免税 ☑机械 ☑主材 ☑设备 ☑苗木　未关联材料除税

序号	全选☑	占比(%)	定额材料编码	定额材料名称	定额材料规格	单位	预算价	待载价格(不含税)	待载价格(含税)	参考税率	信息价(含税)	市场价(含税)	专业测定价(含税)	我的历史价格
1	☑	14.68	R2	综合工二类工		工日	77		113.19		113.19		80.85	
2	☑	0.91	R5	综合工(二类工)		工日	77		113.19		113.19		80.85	107.42
3	☑	0.09	C00004	水		m3	7.85		7.85	3%	7.85		6.88	7.85
4	☑	0.02	C00014	阻燃防火保温...	840*760	m2	3.44		3.61	17%			3.61	3.61
5	☑	69.94	C00027	钢筋	D10以内	t	4359.62		2782.27	17%	2782.27		4577.6	2743.98
6	☑	0.97	C00029	镀锌铁丝	D0.7	kg	8.69		8.29	17%	8.29		9.12	
7	☑	7.14	C00080	预拌混凝土	AC30	m3	442.73		378	3%	378		698.81	377.5
8	☑	0.29	07001	钢筋调直机	D40	台班	34.66		40.828		40.828			40.828
9	☑	0.36	07002	钢筋切断机	D40	台班	44.62		51.304		51.304			
10	☑	0.2	07003	钢筋弯曲机	D40	台班	23.9		27.812		27.812			

调整前材料总价：5955.2

调整后材料总价：4761.26　变化率：-20.05%

上一步　下一步

图 8-41　材料批量载价表界面

价格体检服务。工程载价完成后，广材助手提供了价格体检功能，系统自动提取不同地区、不同用户近六个月的工程造价数据。通过数据分析获取材料价格信息，为用户提供被载入材料价格的历史记录，帮助用户了解该类材料近期行业平均价格水平，协助用户评估投标报价是否在合理的水平区间范围，支撑用户的投标报价决策，如图 8-42 所示。

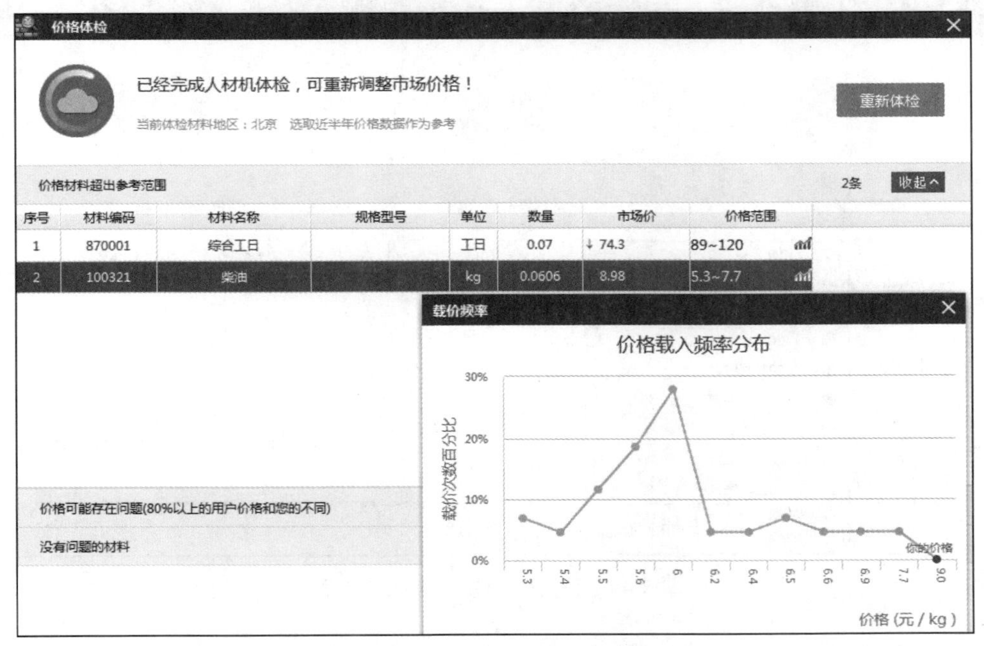

图 8-42　价格体检分析界面

历史价查询服务。运用历史价格查询功能，用户可查询近期历史价格趋势图和平均值，如

图 8-43 所示。

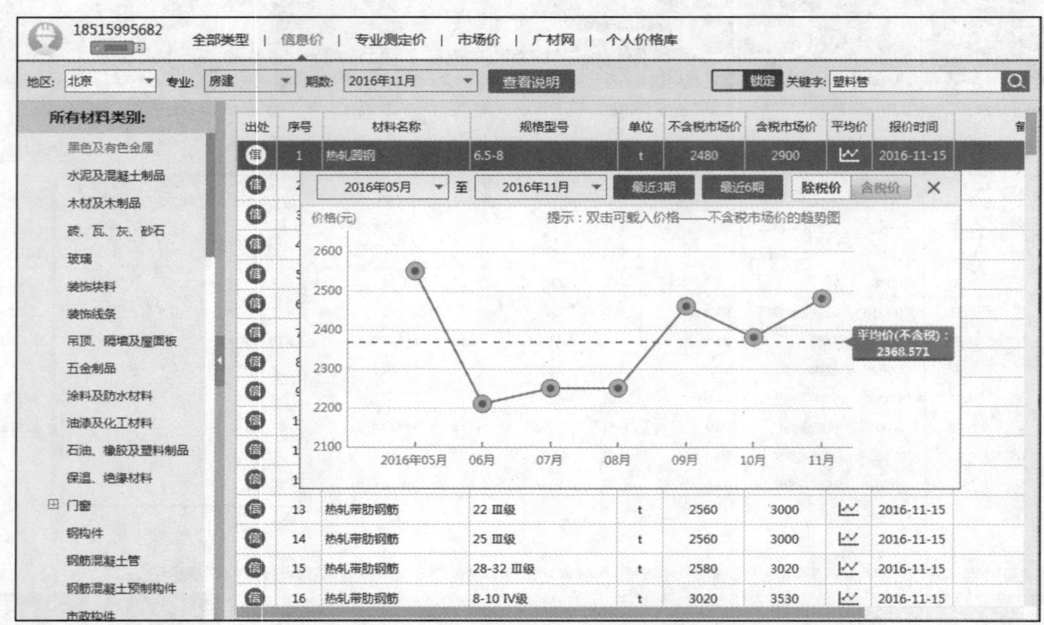

图 8-43　历史信息价格查询分析界面

信息价加权平均载价服务。工程结算审核时，由于材料阶段进场数量的不同，若按合同约定调整价格时，需要进行材料加权报价调整，广材助手可以实现工程历次材料价格的加权调整，如图 8-44 所示。

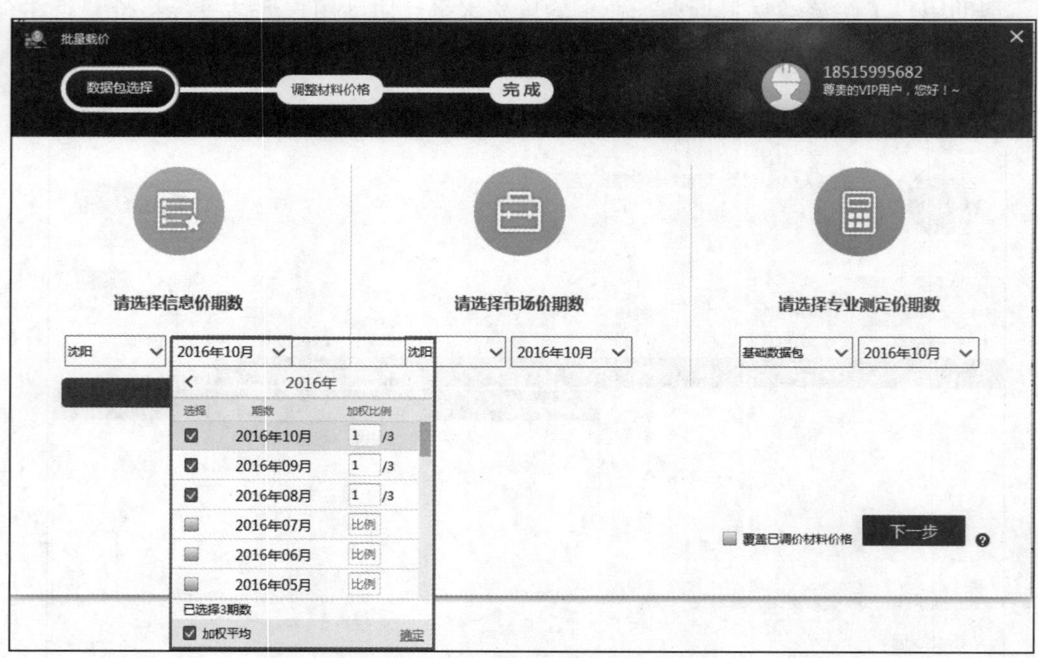

图 8-44　信息价加权平均载价界面

3）人工询价系统

人工询价是指在工程成本管控过程中，针对材料选型和定价实施一对一询价服务活动，也是材料选型、定价最常见、最有效的一种活动。广材网提供全时段在线询价服务，询价结果可以通过短信、网站、电话的形式告知用户，如图 8-45 所示。

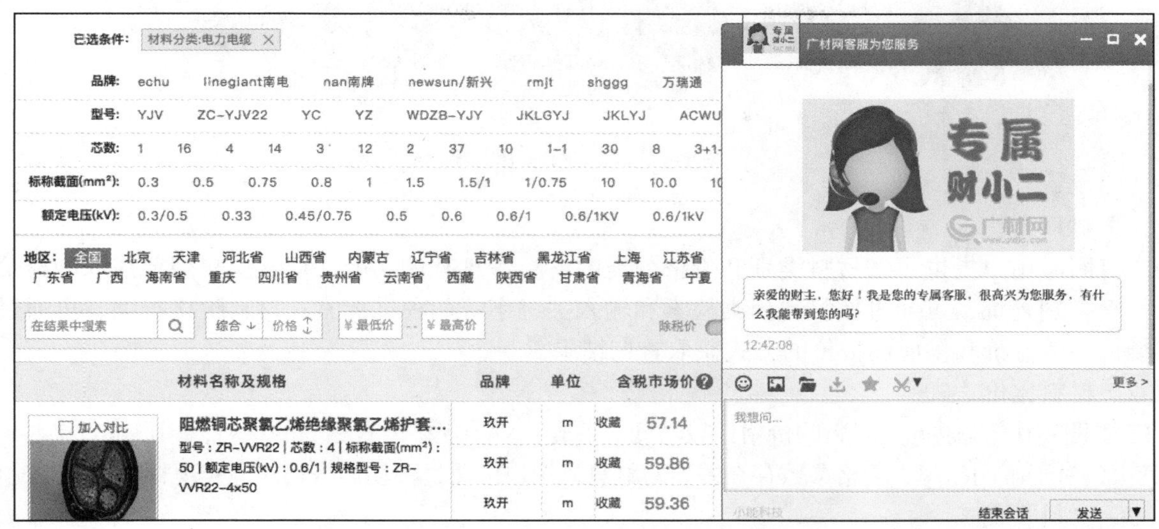

图 8-45　人工在线客服询价

8.2.4.3　基于大数据的材价信息服务的应用场景

基于智慧工地管理中大数据的材料信息管理应用，分为项目全寿命周期的整体应用、广材网应用、广材网助手 + 数据包应用和个人价格库应用，应用步骤如下。

1）整体应用

基于大数据的材价信息管理在项目全寿命周期内的各个阶段，均有不同深度的应用。工程招投标阶段材价信息的应用步骤，如图 8-46 所示。

图 8-46　招投标阶段材价信息的应用步骤

（1）材料询价。工程招投标阶段，通过招标文件获取材料表后，即可开始集中材料询价工作。基于广材网提供的覆盖全品类材料价格查询功能，应用掌中广材移动用户端，可随时随地查询材价信息。针对非标定制类材料价格信息，可通过人工询价服务方式获取材价信息。

（2）材料载价。应用计价软件在人、材、机价格汇总、调整阶段，用户可使用广材助手和数据包，针对计价材料进行批量载价，调整工程造价。

（3）材价信息管理。材价库是关联工程计价软件、广材网、用户等自有材价信息、人工询价数据的基础，通过对材价信息的管理，实现智慧工地基于互联网、物联网与终端用户连接，快速完成材料选型、认价等智慧成本管理工作。

2）广材网应用

基于广材网查询材料价格的典型应用步骤如图 8-47 所示，广材网向用户提供了查询材料、选型、比价、定价、收藏到个人价格库等功能，便于用户通过广材助手将材价数据载入计价文件，快速完成工程造价编制工作。

图 8-47 广材网应用步骤

（1）材料查找

广材网向用户提供了按材料类别和价格分类的材料信息查询功能，搜索用户想要获取的材价信息。材料类别查询，可通过按材料分类检索和输入关键字等两种试搜索；材料价格查询，可通过搜索市场价、信息价和供应商报价的方式获取查询结果。

（2）材料比价

广材网向用户提供同类材料的价格比较功能。首先，对于规格型号相同的材料，用户可直接对比价格；其次，对于不同品牌、规格参数存在差异的材料，用户可通过手动加入功能，实现材料的直观比价。

（3）材料收藏

用户对已选定的材料价格或者需要保存的数据，基于广材网的收藏功能，将需要收藏的数据保存在用户账号下的个人价格库，方便再次查找、使用和载入计价文件，应用步骤如图 8-48 所示。

图 8-48 广材网的材料收藏显示界面

3）广材助手 + 数据包的应用

基于广材助手和数据包，用户可优先使用批量载价功能，将计价定额中的未计价材料一次性载入相关联的信息价。用户根据计价需要，设置优先匹配和载入专业测定价、市场价以及用户历史价格数据，完成材料计价工作。

定额计价材料之外的未计价材料，用户可通过已收藏过的广材网市场价载入，也可载入自身积累的历史数据，完成材料计价工作。价格载入后，用户即可进行价格体验。同时，系统结合大数据价格指数，自动检查选用的价格是否在合理的范围内，将可能存在问题的材料价格单独列出，方便用户进行数据校验和修改，应用步骤如图 8-49 所示。

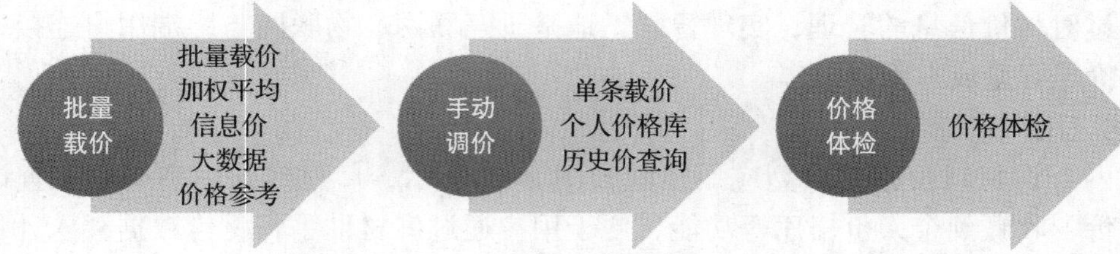

图 8-49 广材助手 + 数据包应用步骤

4）个人价格库应用

用户个人价格库的形成是基于以广材助手为核心流转媒介，结合云端存储技术，关联用户的计价文件数据、广材网数据、用户自身积累的数据、人工询价数据。各种来源的数据通过广材网或者广材助手存储在云端，数据累积在个人价格库中，方便用户进行数据调用、存储、管理、查询等数据复用，价格库的形成如图 8-50 所示。

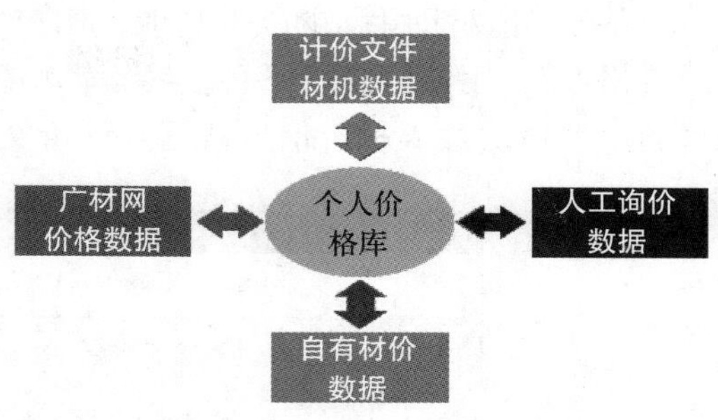

图 8-50　个人价格库的数据形成

基于大数据的材价信息管理中，由于材价数据积累的来源不同，其各自应用方式也不尽相同，针对不同来源的数据应用步骤如下

（1）广材网数据的应用

基于广材网查询平台，将市场价数据收藏到“我的价格库”，打开助手中“我的价格库”可看到已收藏的材价信息，通过双击“收藏的数据”可将数据载入到计价文件，完成材料价格的调整。应用步骤如图 8-51 ~图 8-53 所示。

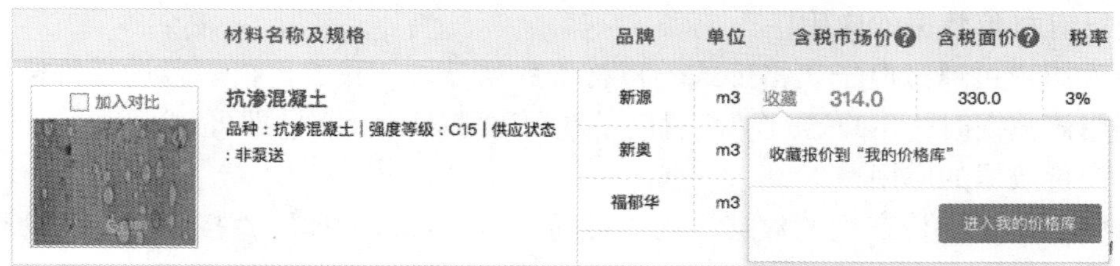

图 8-51　材价信息数据收藏

序号	材料名称	规格型号	品牌	单位	含税市场价	含税面价	税率	报价时间	供应商	备注
1	抗渗混凝土	品种：抗渗混凝土 | 强度等级：C15 | 供应状态：非泵送	新奥	m3	330.0	340.0	3.0%	2017-01-21	【北京市】北京新奥混凝土集团有限公司	含运费,北京市区免运费
2	抗渗混凝土	品种：抗渗混凝土 | 强度等级：C15 | 供应状态：非泵送	新源	m3	314.0	330.0	3.0%	2017-01-22	【北京市】北京新源混凝土有限公司	含运费,20公里内免...

图 8-52　广材网我的价格库应用界面

出处	序号	材料名称	材料类别	规格型号	单位	不含税市场价	含税市场价	税率
	1	抗渗混凝土	砼、砂浆及其...	品种：抗渗混凝...	m3	320.39	330	3 %
	2	抗渗混凝土	砼、砂浆及其...	品种：抗渗混凝...	m3	304.85	314	3 %
	3	三级盘螺	钢筋	品种：三级盘螺 |...	t	2478.63	2900	17 %
	4	闸阀	闸阀	型号：Z41W-25...	个	4615.38	5400	17 %
	5	闸阀	闸阀	型号：Z41W-25...	个	4569.23	5346	17 %
	6	GPS	周转材料及工...	品种：GPS | 型...	套	89743.59	105000	17 %
	7	热镀锌钢管	管材	品种：镀锌焊接...	m	14.79	17.31	17 %
	8	热镀锌钢管	管材	品种：镀锌焊接...	m	11.66	13.64	17 %

图 8-53　广材助手数据调整表界面

（2）计价文件人、材、机数据的应用

基于“广材助手”的软件功能，用户可将计价文件中的人、材、机材料信息存储至广材网的“我的价格库”，用户可应用平台在线编辑功能进行数据存储编辑。若有新的工程出现，用户可通过“广材助手”再次载入材价信息数据到计价文件，完成价格调整。如图 8-54 所示。

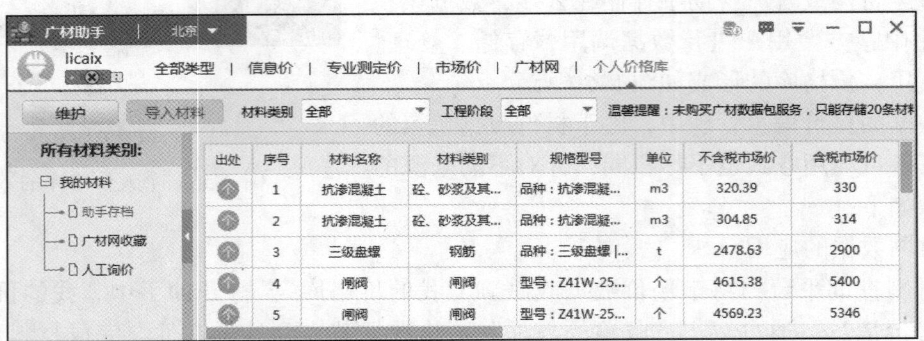

出处	序号	材料名称	材料类别	规格型号	单位	不含税市场价	含税市场价
	1	抗渗混凝土	砼、砂浆及其...	品种：抗渗混凝...	m3	320.39	330
	2	抗渗混凝土	砼、砂浆及其...	品种：抗渗混凝...	m3	304.85	314
	3	三级盘螺	钢筋	品种：三级盘螺 |...	t	2478.63	2900
	4	闸阀	闸阀	型号：Z41W-25...	个	4615.38	5400
	5	闸阀	闸阀	型号：Z41W-25...	个	4569.23	5346

图 8-54 计价文件数据存储界面

（3）用户已有材价数据的应用

企业或个人用户可通过电子表格形式，将材价数据导入“我的价格库”进行价格库维护。若其他工程需要调用该数据时，用户通过“广材助手”再次载入计价文件即可。

（4）人工询价数据的应用

基于广材网上人工询价产生的数据，用户可通过“个人价格库”直接在“广材助手”中进行展示和数据维护，方便用户直接调用数据。

（5）企业内部账号的数据应用

基于广材网提供的“个人价格库”，用户不仅能够实现个人数据的积累和复用，还可以帮助企业进行材价数据的积累、更新和共享。同时，同一家企业账号下的子账号，可以进行已有材价信息的共享应用，如图 8-55 所示。

序号	材料名称	规格型号	品牌	单位	含税市场价	含税面价	税率	报价时间	供应商	备注
1	PB管	品种：PB管 | 外径De(mm)：16 | 壁厚e(mm)：1 | 管系 ...	金牛	m	3.74	11.69	17.0%	2016-09-20	【石家庄市】武汉金牛经济发展有限公司..	含运费,石家庄市内免...
2	水磨石板	品种：楼地面用水磨石板材 | 规格(mm)：500×500 | 厚度..	新万达	m2	90.0	95.0	6.0%	2016-10-18	【重庆市】新万达石材厂	含运费,主城区免运费
3	黑板磨板石	品种：楼地面用水磨石板材 | 规格(mm)：300×300 | 厚度..	美华	m2	58.5	63.5	3.0%	2016-10-24	【西安市】西安美华石业有限公司	含运费,西安市内含
4	普线	品种：普线 | 直径(mm)：Φ8 | 牌号：Q235	国义	t	2630.0	2630.0	17.0%	2016-10-14	【天津市】天津荣鑫源钢铁贸易有限公司	不含运费,两票制
5	普线	品种：普线 | 直径(mm)：Φ6.5 | 牌号：Q235	国义	t	2630.0	2630.0	17.0%	2016-10-14	【天津市】天津荣鑫源钢铁贸易有限公司	不含运费,两票制
6	普线	品种：普线 | 直径(mm)：Φ6.5 | 牌号：Q235	九江	t	2630.0	2630.0	17.0%	2016-10-14	【天津市】天津市旺水源钢铁贸易有限公..	不含运费,两票制
7	双金屬温度计	品种：双金屬温度计 | 温度测量范围(℃)：0-150 | 尾长/插..	京源	支	16.5	22.0	17.0%	2016-10-18	【天津市】北京京源水仪器仪表有限公司	含运费,天津市（此报...

图 8-55 企业内部账号数据共享界面

8.3　典型应用案例

8.3.1　智慧成本管理——“开封新区博物馆规划馆工程”应用实践

8.3.1.1　工程概况

开封新区博物馆规划馆工程（以下简称“本工程”），采用 PPP 承发包模式建设。本工程位于河南省开封市开封新区中心商务区，总建筑面积 75441m²，总造价约 4.2 亿元，是开封市重点工程、标志性建筑之一。本工程为仿宋式建筑，主体采用框架剪力墙结构形式，此外包含大面积石材幕墙、玻璃幕墙、造型铝板、玻璃天幕及钢结构重檐屋顶等，工程设计效果如图 8-56 所示。

图 8-56　开封新区博物馆规划馆

8.3.1.2　工程特点

（1）仿古建筑与当代建筑相结合，工程主体建筑结构和钢结构的异型件多，工程造价测算难度大。

（2）建筑外立面装饰幕墙采用石材、玻璃和铝板等多种材质的组合造型，装饰造型构件种类繁多、标准模型少、算量难度大。

（3）该工程采用边设计、边施工方式，因为工程算量、计价图纸不完整，传统的手工算量、计价方式无法满足工程投资和施工的要求，工程造价编制难度大。

（4）作为政府公共性建筑，采用 PPP 承发包模式实施建设，合理、完整的工程造价是决定项目资金融资额度的关键因素。

8.3.1.3　应用内容

针对本工程特点，成本管理的难点在于应用传统预算编制方式，会造成工程算量不准确、清单子目不完整以及工程预算不合理等风险，施工过程中会导致成本控制难度增大、工程建设资金融资和投放不安全。经综合分析成本管理风险，为杜绝以上隐患的发生，本工程预算的编制采用基于 BIM5D 技术的算量和计价软件完成，主要应用软件为：

（1）算量和计价软件：广联达 GCL、GBQ、GGJ。

（2）钢结构及幕墙工程建模软件：Tekla。

（3）建筑、机电专业建模软件：广联达 Revit。

为保证本工程建设过程的沟通和协调能够高效、快捷，建设过程中的成本收支核算准确，减少人工、材料、机械的浪费，合理确定工程造价和安排工程资金的投放，将基于 BIM 的全过程造价管理应用从项目招标阶段开始至项目竣工交付止，本案例主要节选项目的招标和实施阶段为例进行介绍。

（1）模型共享

结合本工程的设计要求，预先充分评估本工程的成本控制难点，并考虑本工程建筑结构、装饰等专业中异型结构件多，建造过程中潜在大量的深化设计和变更，算量、计价难度大等因素，为减少算量建模数量，提高算量和过程报量的效率，使用技术部提供的、用 Revit 建立的 BIM 模型，以实现工程算量、计价和管理模型共享的目的。

①建模策划

统一建模规则与计价算量命名要求，为模型信息的关联奠定基础。

②模型生成

通过应用 GFC 插件，实现从设计 BIM 模型直接生成算量模型。

③工程算量

将算量模型导入 BIM5D 系统，利用流水段划分提量功能，快速提取各阶段所需工程量。

（2）模型复用

针对利用 Revit 在投标阶段创建的投标模型，在施工阶段通过对其进行的完善和修改，使之满足施工阶段的算量需求，提高了模型的重复利用率。模型复用及优化如图 8-57 所示。

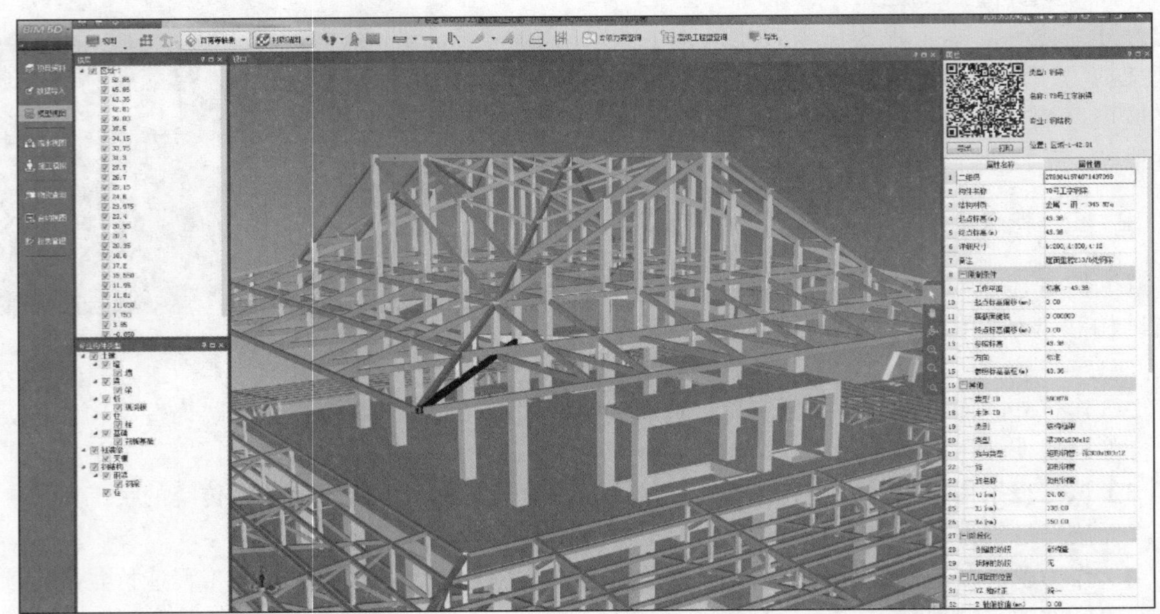

图 8-57　复杂钢构构件优化及模型复用

模型复用过程如下。

在模型创建过程中，针对建筑和机电工程，应用 Revit 软件建模，针对钢结构及幕墙工程应用 Tekla 软件建模。建筑和机电工程模型如图 8-58 和图 8-59 所示。

图 8-58　建筑工程模型

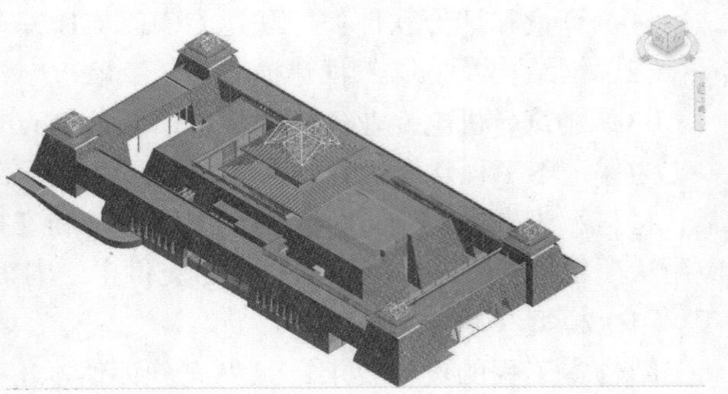

图 8-59　建筑模型整合

模拟与优化。通过将上述模型导入 Revit 软件中进行建筑模型整合，运用广联达和 Revit 模型交互规范对模型进行模拟检查和优化。

算量文件生成。利用广联达软件的 GFC 插件，将 Revit 模型按 GFC 格式导出并生成算量文件。

模型交互使用。将算量文件导入广联达 GCL、GBQ、GGJ 软件，即可进行模型交互使用，过程如图 8-60 所示。

（3）外装饰面层工程算量、计价

基于智慧成本管理的理念，应用 BIM5D 技术进行外装饰面层的工程量计算和计价。针对外装饰幕墙钢骨架采用 Tekla 软件建模，针对外装饰面层石材、铝单板、玻璃等采用 Revit 软件建模。幕墙及钢结构工程模型如图 8-61 和图 8-62 所示。

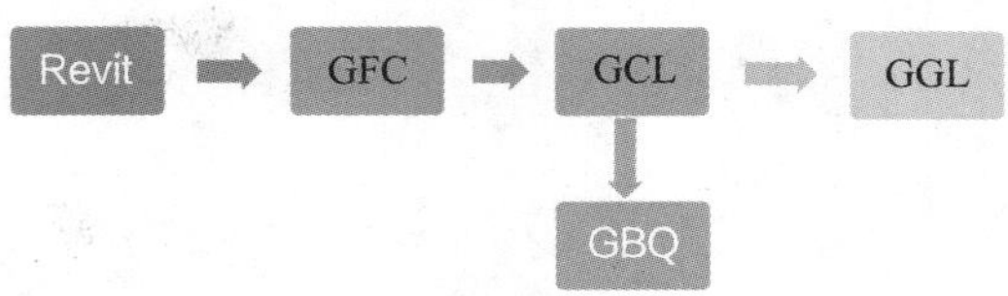

图 8-60　模型交互过程

<幕墙嵌板明细表>

A	B	C	D	E
标记	名称	a	b	c
1	铝板幕墙	1181	860	1208
2	铝板幕墙	1181	860	1208
3	铝板幕墙	1181	860	1208
4	铝板幕墙	1181	860	1208
5	铝板幕墙	1181	860	1208
6	铝板幕墙	1181	860	1208
7	铝板幕墙	1181	860	1208
8	铝板幕墙	1181	860	1208
9	铝板幕墙	1181	860	1208
10	铝板幕墙	1181	860	1208
11	铝板幕墙	1149	860	1180
12	铝板幕墙	1149	860	1180
13	铝板幕墙	1149	860	1180
14	铝板幕墙	1149	860	1180
15	铝板幕墙	1149	860	1180
16	铝板幕墙	1149	860	1180
17	铝板幕墙	1149	860	1180
18	铝板幕墙	1149	860	1180
19	铝板幕墙	1149	860	1180
20	铝板幕墙	1149	860	1180
21	铝板幕墙	1113	860	1148

图 8-61　幕墙面层模型及工程量提取

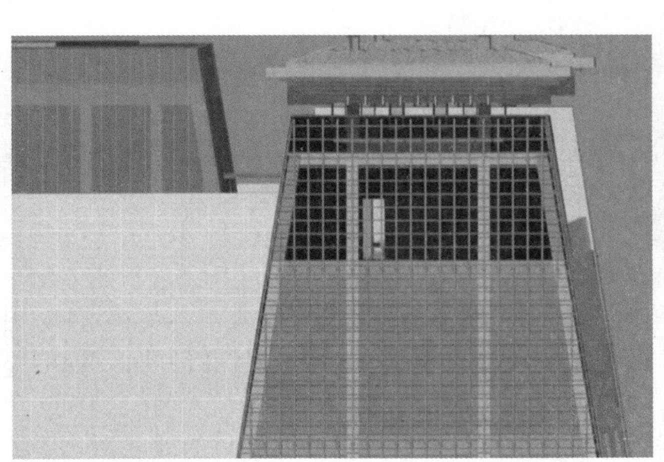

<幕墙系统明细表>

A	B	C	D	E	F	G	H
族	型号	壁厚	米重	长度	重量	合计	制造商
铝型材公立柱	LXC0314D-01	3.0	2.68 kg/m	1565	4.19 kg	1	广州伟业铝厂
铝型材公立柱	LXC0314D-01	3.0	2.68 kg/m	1565	4.19 kg	1	广州伟业铝厂
铝型材公立柱	LXC0314D-01	3.0	2.68 kg/m	1565	4.19 kg	1	广州伟业铝厂
铝型材公立柱	LXC0314D-01	3.0	2.68 kg/m	1565	4.19 kg	1	广州伟业铝厂
铝型材公立柱	LXC0314D-01	3.0	2.68 kg/m	1565	4.19 kg	1	广州伟业铝厂
铝型材公立柱	LXC0314D-01	3.0	2.68 kg/m	1565	4.19 kg	1	广州伟业铝厂
LXC0314D-01: 6				9390	25.12 kg	6	
铝型材母立柱	LXC0314D-02	3.0	2.67 kg/m	1565	4.18 kg	1	广州伟业铝厂
铝型材母立柱	LXC0314D-02	3.0	2.67 kg/m	1565	4.18 kg	1	广州伟业铝厂
铝型材母立柱	LXC0314D-02	3.0	2.67 kg/m	1565	4.18 kg	1	广州伟业铝厂
铝型材母立柱	LXC0314D-02	3.0	2.67 kg/m	1565	4.18 kg	1	广州伟业铝厂
铝型材母立柱	LXC0314D-02	3.0	2.67 kg/m	1565	4.18 kg	1	广州伟业铝厂
铝型材母立柱	LXC0314D-02	3.0	2.67 kg/m	1565	4.18 kg	1	广州伟业铝厂
LXC0314D-02: 6				9390	25.09 kg	6	
铝型材上横梁	LXC0314D-03	2.5	2.54 kg/m	1184	3.00 kg	1	广东伟业铝厂
铝型材上横梁	LXC0314D-03	2.5	2.54 kg/m	1184	3.00 kg	1	广东伟业铝厂
铝型材上横梁	LXC0314D-03	2.5	2.54 kg/m	1184	3.00 kg	1	广东伟业铝厂
铝型材上横梁	LXC0314D-03	2.5	2.54 kg/m	1184	3.00 kg	1	广东伟业铝厂
铝型材上横梁	LXC0314D-03	2.5	2.54 kg/m	1063	2.69 kg	1	广东伟业铝厂
铝型材上横梁	LXC0314D-03	2.5	2.54 kg/m	1101	2.79 kg	1	广东伟业铝厂
铝型材上横梁	LXC0314D-03	2.5	2.54 kg/m	1063	2.69 kg	1	广东伟业铝厂
铝型材上横梁	LXC0314D-03	2.5	2.54 kg/m	1101	2.79 kg	1	广东伟业铝厂
LXC0314D-03: 8				9064	22.98 kg	8	
铝型材下横梁	LXC0314D-04	2.5	2.42 kg/m	1120	2.71 kg	1	广东伟业铝厂
铝型材下横梁	LXC0314D-04	2.5	2.42 kg/m	1120	2.71 kg	1	广东伟业铝厂
铝型材下横梁	LXC0314D-04	2.5	2.42 kg/m	1120	2.71 kg	1	广东伟业铝厂
铝型材下横梁	LXC0314D-04	2.5	2.42 kg/m	1120	2.71 kg	1	广东伟业铝厂
铝型材下横梁	LXC0314D-04	2.5	2.42 kg/m	999	2.42 kg	1	广东伟业铝厂
铝型材下横梁	LXC0314D-04	2.5	2.42 kg/m	1037	2.51 kg	1	广东伟业铝厂
铝型材下横梁	LXC0314D-04	2.5	2.42 kg/m	999	2.42 kg	1	广东伟业铝厂
铝型材下横梁	LXC0314D-04	2.5	2.42 kg/m	1037	2.51 kg	1	广东伟业铝厂
LXC0314D-04: 8				8552	20.73 kg	8	

图 8-62　幕墙骨架模型及工程量提取

利用 Revit 软件进行多类型装饰面层构件的模型信息关联，实施外立面装饰模拟检查和优化。通过模型信息关联、模拟检查和优化，快捷提取钢骨架立柱、横梁、面层（石材、铝单板、玻璃）等工程量，并利用广联达 GBQ 计价软件快速完成外装饰工程的计价工作。

通过运用 BIM5D 技术，成功地在规定时间内准确完成了异型和多类饰面外装的工程量计算、计价工作，如图 8-63 所示。

如果采用传统算量模式，则外装饰面中幕墙与多种类饰面模型无法创建，算量工作也停留在 2D 图纸上，更无从谈起批量生成各类报表等高效率的工作。

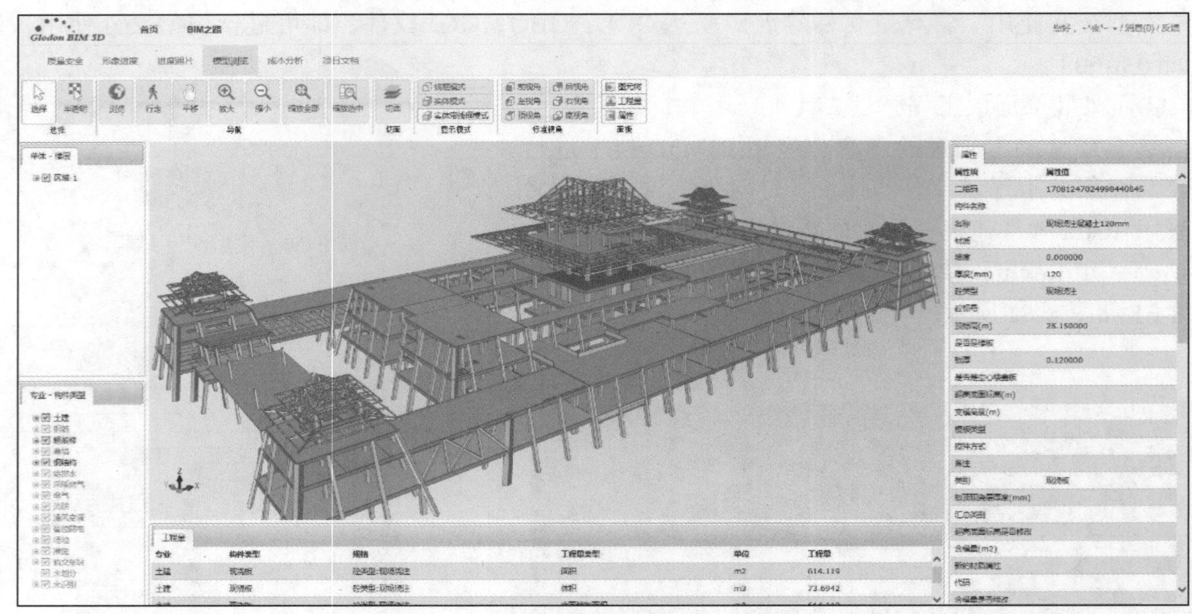

图 8-63 BIM5D 工程量快速多维度提取

（4）利用经济指标优化建筑设计，降低工程造价

众所周知，钢结构工程的造价高低取决于用钢量。针对本工程核心区（60.00m×60.00m 重檐角楼）钢结构，运用 BIM 设计的 3D 模型与工程造价相结合的方式，进行技术经济指标分析，优化钢结构工程设计，大幅度降低了钢结构工程的造价。具体如下。

优化柱间距，减少屋面檩条用钢量。通过经济指标数据分析，将等柱距设计优化至 4.5m，缩小不等柱距的端柱与中间柱的距间，减少端跨屋面檩条钢材使用量。

优化跨度，节省单位用钢量。工程设计结合成本提供的经济指标，依据建筑设计高度进行结构跨度的优化。在柱高、荷载一定时加大跨度，确定合理、经济的跨度。

本工程建筑高度 53.30m、檐高 7.00m、柱距 4.50m、跨度优化至 9.00m，在保证实现外观造型和节省钢结构用钢量的基础上，大幅度增加有效空间，降低建筑基础的平米指标造价。

（5）施工过程的成本控制

调整清单工程量和施工合同价格。鉴于工程的特点，本工程招标阶段的钢结构工程预算编制存有一定的缺陷。因此，在工程的施工阶段，运用上述技术经济活动分析结果，应用 Tekla 软件对钢结构 BIM 模型进行二次深化，优化细部节点。运用 BIM 技术调整工程造价，弥补了中标亏损的单项工程。

准确核算工程量，降低造价误差。本工程采用仿古造型设计，约有 60000m^2 的外立面幕墙工程，钢材用量采用 BIM 模型算量，提高了算量和计价精度。通过从 BIM 模型中提取钢材及面层等主材物料与现场实际工程量对比，其准确率达到 100%（损耗量 2%）；胶等辅材的提取量与现场实际工程量对比，其准确率达 97%（损耗量 8%）。

（6）利用 BIM5D 系统动态监控现金流

运用智慧成本管理的理念，充分利用 BIM5D 技术在工程现金流管理中的优势。开工前，将项目估算成本、合同预算书与模型进行关联；施工过程中，利用 BIM5D 系统对工程已完成量进行偏差分析，针对工程中标价、预算成本、实际成本进行“三算”对比，获取工程成本的盈亏分析报表。通过盈亏分析报表来协助项目管控资金，确保施工成本能够得到合理、有效的控制，实现项目目标成本，如图 8-64 所示。

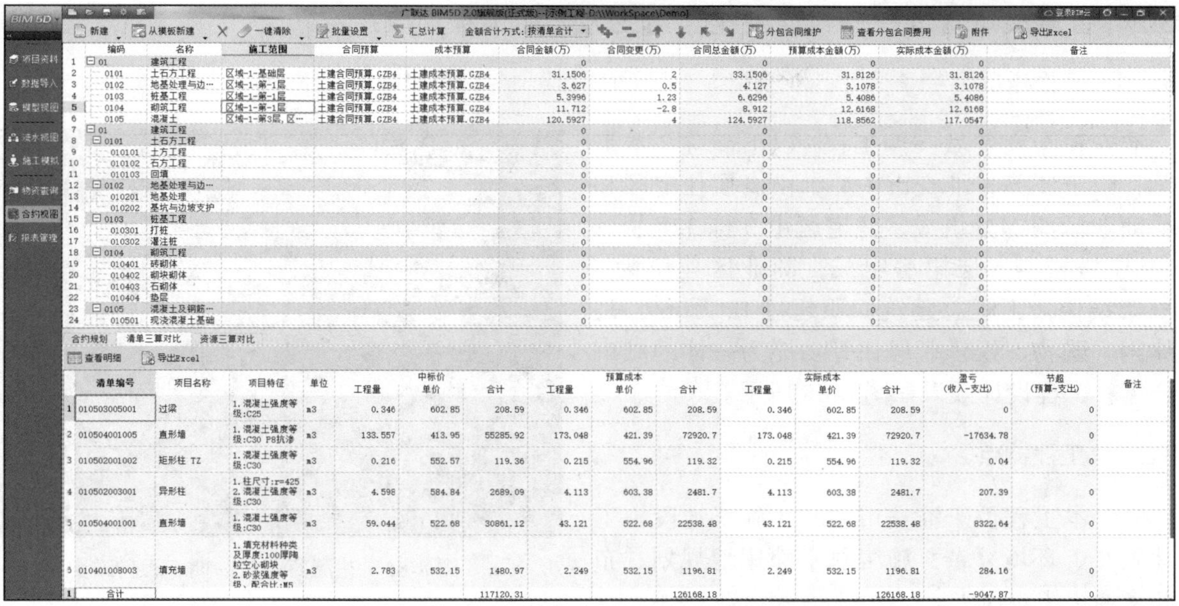

图 8-64　项目盈亏分析界面

（7）制定月度项目资金需求计划，合理安排项目资金。

本工程的装饰和设备安装工程造价约 3 亿元，占总造价的 70%。通过创建全专业的 BIM 模型，应用 BIM5D 系统协同工作，将模型与进度、成本相关联，全面掌控重要施工节点，提升了项目成本管理的精细化水平。同时，应用 BIM5D 系统查询构件及资源用，制定物料消耗量计划，生成月度项目资金需求计划，准确判定工程的资金流向和资金投放节点。

模型对施工过程控制的精确度，决定了整个项目对资金流向判定的准确度。自开工至今，装饰及安装的资金投入共节约了 1500 万元，按 15‰利息计算，当年创造了直接效益 270 万元。

8.3.1.4　应用效果

通过在智慧工地中引入智慧成本管理的理念，使工程管理水平提升到一个新高度，工程算量与计价工作效率得到大幅度提高，取得的经济效益如下。

（1）通过 BIM 技术的模型共享，工程算量工作对比传统的单独建模、提量等方式，效率提高了 5 倍。

（2）采用 BIM 模型复用技术，模拟优化过程中消除了二次建模工作。同时，解决了算量建模中欠缺的建筑、幕墙工程等异型件无法创建的问题，以及由于建模人员、建模规则和建模习惯的不同而造成算量、计价的差异问题。

（3）运用 BIM 技术，以成本数据为指导优化钢结构跨度。单位用钢量由 41.44kg/m^2 优化至 29.6kg/m^2，单位面积用钢量节省 40%；单位造价降低约每平方米 100 元。

（4）运用 BIM 技术调整清单工程量和施工合同价格。其中，型钢的中标工程量清单数量由 1600t 上调至 2100t；平方米造价上调了 200 元 /t，合同总价调增 425 万元。

（5）算量精确度高。通过运用 BIM 技术，对比招标工程量清单工程量（准确率不高于 70%）与实际用量，钢构件材料量、面层材料量的准确率达 100%。

（6）应用 BIM5D 技术进行智慧成本管理，提高了资金管理的精细化水平。本工程自开工之日起至目前，装饰、安装工程的资金投入合计节省约 1500 万元，若融资利息按 15‰计算，一年的利息节省约 270 万元；两项合计节省的工程成本约 1770 万元。

8.3.2 智慧成本管理——“淮安花漾商业城一期工程”应用实践

8.3.2.1 工程概况

淮安花漾商业城一期工程（以下简称“本工程”），位于江苏省淮安市中心，由高层住宅区和多层商业区两部分组成，住宅区由3栋32层、1栋29层塔楼与5层裙房组成，商业区建筑为5层框架结构，工程总建筑面积超过12万m^2，是集休闲、购物、娱乐、居住等功能为一体的城市综合体，工程设计效果如图8-65所示。

图8-65 花漾商业城一期工程鸟瞰图

8.3.2.2 工程特点

（1）本工程位于淮安市中心，施工地段施工场地狭小、环境复杂，施工总平面用地规划、布置和交通组织难度大。

（2）工程质量要求高，在质量要求合格前提下，建设单位要求必须创江苏省“扬子杯”，创国优奖。

（3）工期紧张，建设单位要求工期需提前合同约定30天竣工。

（4）本工程二次结构由劳务分包。其中，二次搬运费用、建筑垃圾搬运费由分包单位自行承担，总包负责供料、砌筑质量和废料监管。

（5）二次结构断砖方式要求为机械切割。本工程二次砌筑要求分包单位采用机械切割替代传统的刀锯切割砌块。

（6）本工程建设过程中的难点如下。首先，二次结构砌筑工程工期紧，工人无法预先进行二次结构砌块的精细排布。由于施工场地狭小、砌块堆场有限，总包单位事先无法对要进场的砌块材料总用量进行准确算量，施工过程中砌块材料的用量无法准确控制，可能会造成材料的潜在浪费以及材料倒运难度大。其次，砌筑工程专业配合不协调，质量控制难度大。二次砌筑工程的供料工人和砌筑工人工资与砌块数量挂钩，使得供料工追求供料数量，砌筑工追求砌筑速度，导致砌筑工程的施工质量、人工和材料的使用成本控制难度大。

8.3.2.3 应用内容

针对本工程二次结构砌筑的特点和本工程成本管理的难点，为确保工期、质量和建安成本，在项目实施前充分预估了本阶段工作实施中潜在的各类风险。因此，在项目管理策划中，采用BIM5D技术完成本阶段的工程算量、计价和砌筑平台模拟工作，其主要应用软件为：

（1）土建算量采用广联达GCL软件

应用GCL软件创建土建模型，完成砌块排砖工作。首先，解决土建模型导入到广联达BIM5D系统中才能进行下一步的精细化排砖问题；其次，采用GCL计算砌块工程量，可实现BIM排砖量与GCL算量对比分析，精确计算BIM5D排砖量与GCL的节省比率。

（2）用AutoCAD2014进行优化和调整

BIM5D系统最终导出的排砖图格式是DWG文件格式，采用该格式导出的排砖图纸可在AutoCAD2014软件中进行调整、优化。

（3）用Microsoft Office Excel进行数据统计

运用从BIM5D系统中导出的数据，在Excel表格中进行加、减、乘、除运算操作，可节省统计时间和提高统计准确率。

（4）采用广联达 BIM5D 系统作为应用平台

基于 BIM5D 系统中的自动排砖模块功能，完成砌筑工程的灰缝、构造柱、圈梁等构件规格、尺寸等参数设置。

（5）采用“协筑”（广联云）软件进行现场协调

利用“协筑”软件规划劳务分包每日、每周的工作内容。在施工过程中，通过劳务单位上传的砌筑进度照片，总承包单位及时了解二次结构砌筑的进度，及时督促进度落后的班组加快施工进度，从而更好地协调现场班组作业，如图 8-66 所示。

图 8-66　“协筑”管理平台

在实施过程中，为确保项目二次结构砌筑过程的沟通和协调高效、顺畅，减少人工、材料、机械的浪费，合理确定工程造价和节约工程成本，针对砌筑工程的全过程，采用基于 BIM5D 的成本管理。

（1）策划阶段

①策划阶段重点解决二次结构砌筑时的固有问题，如图纸设计描述不清晰。在施工图纸中，针对二次结构的描述多处采用文字叙述方式，例如，“构造柱设置于转角处、端部、墙厚变化处，且不大于 4.00m 设置 1 个构造柱。门口设置抱框，门口上方设置过梁，层高超过 4.00m 设置圈梁……”，技术交底不彻底。运用 BIM 排砖则可直观显示各构件关系，清晰明了。

CAD 深化图过于局限的问题。基于 BIM 软件排砖和深化施工图纸，准确描述构造柱定位、圈梁过梁位置，在满足图纸规范要求的同时，相对于采用 CAD 软件深化图纸又节省了大量的时间。

预留洞口难调整问题。管线综合涉及管道、桥架的调整，留置洞口十分麻烦，而后期填补、封堵又会造成扯皮和高额费用。若不统筹考虑则会造成二次结构后期拆改，或迟迟不交付的工作局面，进而造成经济损失和进度拖延。

基于 BIM5D 技术的应用，在精确考虑洞口预留的同时进行砌块排布，避免重复工作。砌筑工程施工策划如图 8-67 所示。

图 8-67　BIM 排砖方案策划

工程量统计难、分包价格高的问题。二次结构通常是项目施工的亏损项，工程投入大、收入低。该工程二次结构施工层高高、构造柱量大、植筋数量多，由于总包方缺少准确依据，价格谈判一直处于被动状态。应用 BIM 排砖功能，准确掌握了砌筑工程所需的砌块、砂浆等材料的数据，在与分包单位的谈判中占据主动，有效降低了分包合同价格。

② BIM 排砖流程及改良

实现了砌筑工程高效、快捷的排砖和优化功能。通过将 IGMS 模型或导入 BIM5D 系统中，设置砌块规格、灰缝尺寸、圈梁、构造柱尺寸位置，软件自动生成排砖图、优化调整排砖方案，在满足规范的前提下减少碎砖数量，可准确统计每面墙所需砌块的规格和数量，还保证了墙体美观。BIM 排砖流程如图 8-68 所示。

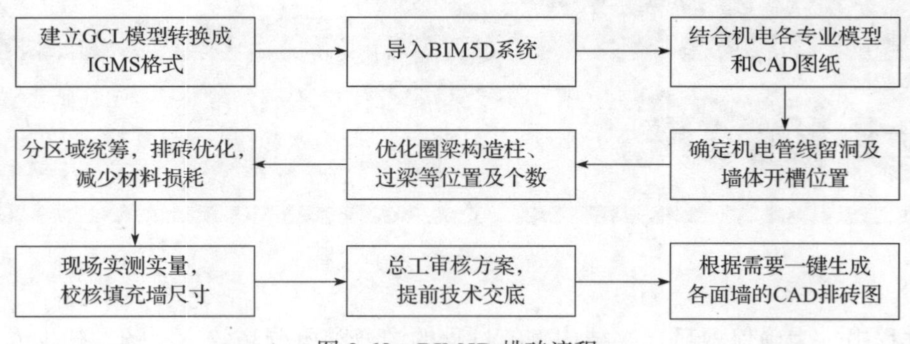

图 8-68　BIM5D 排砖流程

排砖效果如图 8-69 ~ 图 8-71 所示。

实现分区统筹、改切为搬，缩短工期。工程实施过程中，通过现场 BIM 技术员的信息反馈，单面墙的排砖难以改变材料浪费的现状，继而提出了分区统筹的计划。最终，BIM 技术部将标准层分为 16 个区，砖的规格细分成 6 种，各区域内断砖相互统筹，最大程度上减少了断砖次数。这一方法充分利用了现场小工改断为搬，既减少了每面墙产生的废料，又节约了砌筑时间，如图 8-72 所示。

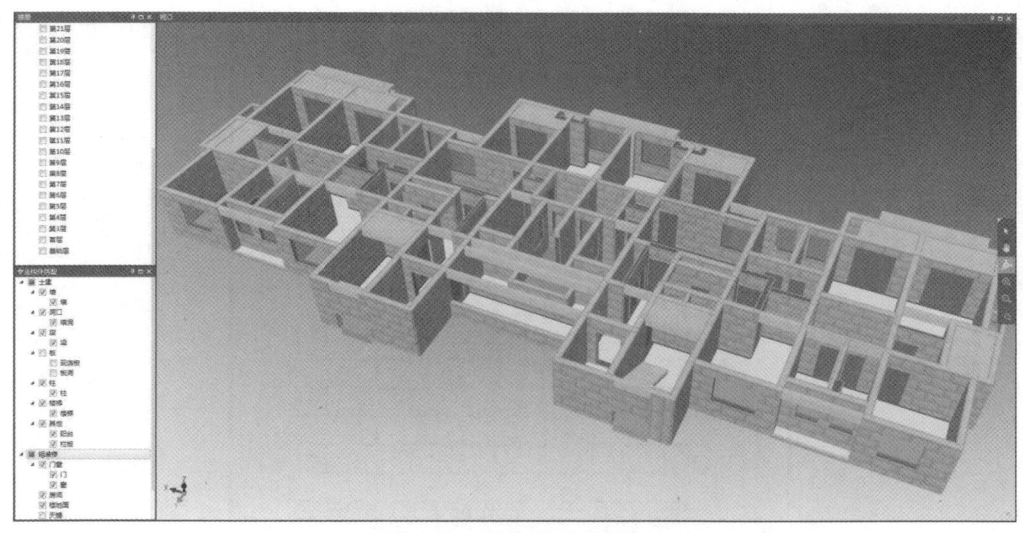
图 8-69　整体排砖效果图

图 8-70　整体排砖效果图

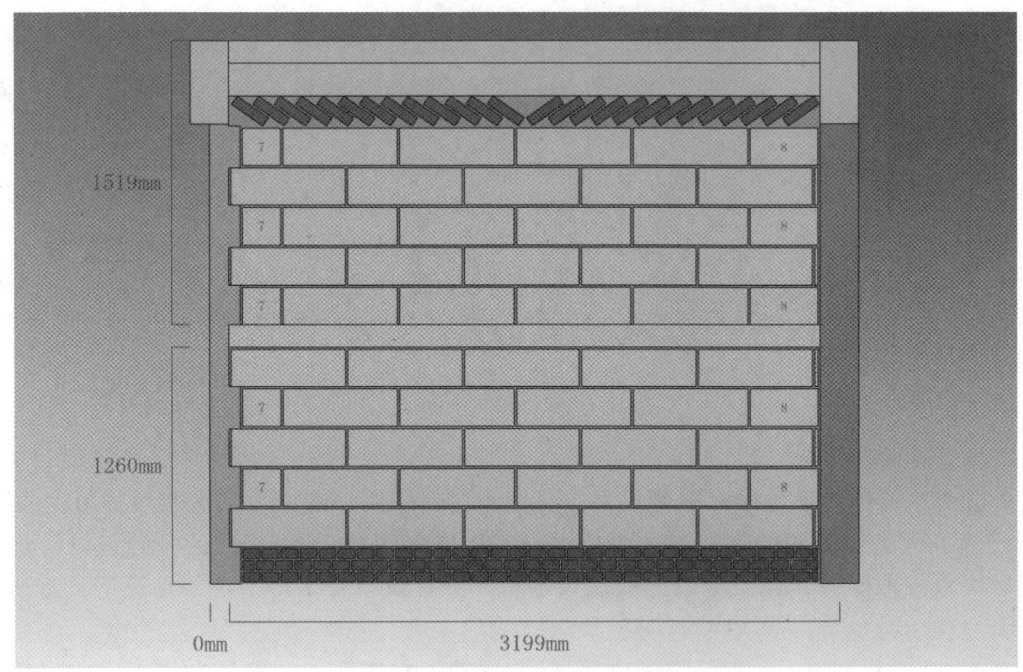

图 8-71　单独墙体排砖图

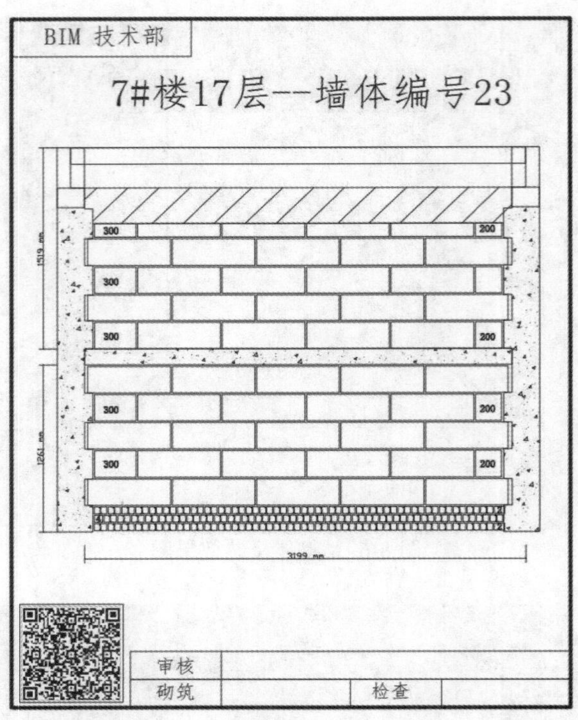

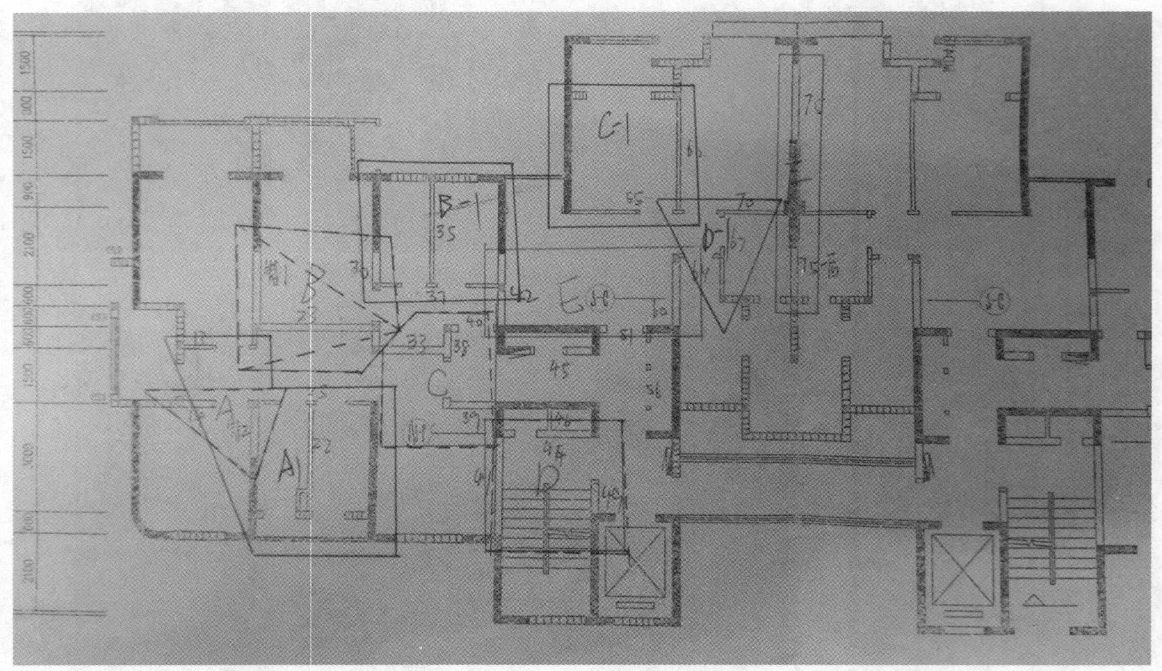

图 8-72　标准层统筹分区图

（2）现场管理阶段

建立全员成本管控体系，限时限额供料，降低了材料费用，减少了二次搬运费用。运用 BIM 排砖方案前，该工程砌筑阶段的供料方式为“供料工预估 + 砌筑工要料”，劳务分包的计价方式为供料工按供料块数收取酬劳，砌筑工以上墙块数收取酬劳。供料工乐得多供，砌筑工只重速度，导致几乎每面墙都有断料剩余，造成大量浪费。

运用 BIM5D 系统排砖后，项目部限制了标准层的上料定额，在保证砌筑工完成砌筑工作的同时，减少因余料过多引起的二次搬运工作和费用的发生，杜绝废料过多引发成本激增问题发生。

实现了材料定点投放、施工进度加快、施工成本降低，确保了施工现场有序作业。现场管理人员通过排砖统计，结合砌筑工的砌筑习惯绘制了供料图，供料工依据供料图在指定位置投放砌块。针对砌筑工程中需用的不同规格砌块要求分别码放、整齐划一、方便砌筑工找砌块，提高砌筑工作效率，节约了砌筑时间，节约了工程成本。

管理人员和技术人员深入作业现场指导施工，强化技术交底，增强工人规范作业意识。在 BIM 排砖方案实行之初，派遣 1 名 BIM 技术人员驻场，如图 8-73 所示。监督工人砌筑，针对排砖图错误进行实时反馈或现场微调。通过这一措施，确保了砌筑工彻底掌握二次结构技术交底的内容。在实施过程中严格规范作业，避免工程出现返工而导致工期延误和成本增加。

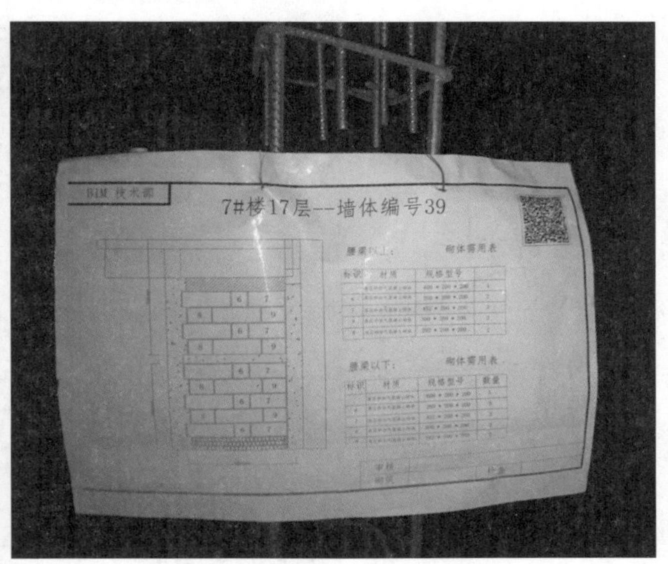

图 8-73　现场施工图纸交底

同时，经过第 1 天指导砌筑后，第 2、3 天的砌筑速度明显加快，原本需要 24 个工日方可完成的砌筑任务，最终只用了 22 个工日，后期最终减少 20 个工日。

建立闭环监管和追责制度，提升砌筑质量。为避免砌筑工人因躲避废料处罚，不按规范砌筑，导致整体砌筑质量下滑的现象，施工现场建立了闭环监管和追责制度。在 BIM 排砖过程中，管理人员将排砖图和砌筑责任落实到个人，如图 8-74 所示，形成“审核、砌筑、检查”的闭环式质量管理过程，加强现场对分包工程的监管力度，提升质量管理效率。同时，通过 BIM 排砖，完全消除了不满足规范要求的砌块，使墙体错缝更工整、美观。

图 8-74　砌筑工程会签

推广二维码技术、提升信息化管理水平，提高验收效率。现场人员利用二维码技术加速信息传递效率，现场作业人员将砌筑墙体所含的材料信息、时间信息、责任人信息录入二维码，使工程质量验收更简便、更有效率。

8.3.2.4　应用效果

（1）精细化材料管理效果明显

砌筑工程完工后，通过对标准层墙体随机取样，对比运用 BIM 技术排砖量和 GCL 预算模型数量，BIM 排砖量比 GCL 预算数量少 7.73%，如图 8-75 所示。通过应用 BIM 技术进行材料用量计算，使砌块材料的消耗量更加准确，工程材料的精细化管理水平提升明显。

GCL砌体工程量和BIM5D排砖量对比表

序号	GCL模型量	GCL优化量	百分比	BIM5D模型量	BIM5D优化量	百分比	GCL:BIM5D	平均值
1	8.484	8.909	5.00%	7.346	7.680	4.55%	13.79%	
2	7.438	7.810	5.00%	6.892	7.370	6.94%	5.63%	
3	9.405	9.875	5.00%	8.286	8.952	8.04%	9.35%	
4	7.843	8.235	5.00%	7.248	7.536	3.98%	8.49%	
5	10.213	10.723	5.00%	9.180	9.924	8.10%	7.45%	
6	7.556	7.933	5.00%	6.829	7.008	2.62%	11.66%	
7	6.011	6.312	5.00%	5.333	5.520	3.50%	12.54%	
8	6.594	6.924	5.00%	5.713	6.300	10.27%	9.01%	
9	3.029	3.180	5.00%	2.640	3.024	14.55%	4.91%	
10	2.483	2.607	5.00%	2.192	2.412	10.04%	7.47%	
11	5.460	5.733	5.00%	4.591	4.860	5.86%	15.23%	
12	6.626	6.958	5.00%	5.913	6.408	8.38%	7.90%	
13	2.484	2.608	5.00%	2.258	2.400	6.28%	7.98%	
14	8.897	9.342	5.00%	7.982	8.544	7.05%	8.54%	
15	7.065	7.403	4.78%	6.111	6.312	3.29%	14.73%	
16	3.119	3.274	5.00%	2.721	3.024	11.13%	7.65%	
17	3.784	3.973	5.00%	3.450	3.996	15.84%	-0.57%	
18	3.249	3.407	4.87%	2.917	3.228	10.67%	5.25%	
19	5.764	6.052	5.00%	5.099	5.424	6.38%	10.38%	
20	2.535	2.662	5.01%	2.276	2.472	8.61%	7.14%	
21	2.531	2.657	4.98%	2.195	2.472	12.62%	6.96%	
22	9.031	9.482	4.99%	8.453	9.048	7.04%	4.58%	7.73%
23	5.957	6.255	5.00%	5.330	5.928	11.22%	5.23%	
24	4.886	5.130	4.99%	4.582	5.148	12.35%	-0.35%	
25	6.544	6.871	5.00%	6.050	6.264	3.53%	8.83%	

图 8-75　GCL 砌体量和 BIM5D 排砖量对比分析表显示界面

（2）建安成本节省显著

二次结构的砌筑工程通过采用 BIM 技术进行成本控制后，工程成本节省非常明显，砌筑工程建安工程直接费节约总额为 513489.44 元。其中：7 号楼 10 ~ 16 层平均每层预算砌块工程量大砌块（600 × 200 × 200）640 块、小砌块（600 × 100 × 200）620 块；应用 BIM 技术进行优化调整后，7 号楼 17 层以上的标准层砌块实际消耗量大砌块 611 块、小砌块 587 块；节省大砌块 29 块、小砌块 33 块，淮安市的砌块材料指导价大砌块 5.50 元 / 块、小砌块 2.70 元 / 块计算。

7 号楼 10 ~ 16 层预算砌筑人工消耗量 24 工日 / 层，基于 BIM 技术的排砖实际消耗量 22 工日 / 层，节省人工工日 2 个，砌筑工人工资 220 元 / 工日。

节省直接费计算如下。

（1）材料费：$29 \times 5.50+33 \times 2.70 = 248.60$ 元 / 层

$$\frac{248.60}{29 \times (0.6 \times 0.2 \times 0.2)+33 \times (0.6 \times 0.1 \times 0.2)} = 227.66 \text{ 元 /m}^3$$

（2）人工费：$2 \times 220.00 = 440.00$ 元 / 层

$$\frac{440}{29 \times (0.6 \times 0.2 \times 0.2)+33 \times (0.6 \times 0.1 \times 0.2)} = 402.93 \text{ 元 /m}^3$$

（3）材料节约率：$\dfrac{29 + 33 \div 2}{640 + 620 \div 2} = 4.79\%$

（4）建安工程直接费：17 000 × 4.79% × (227.66 + 402.93) = 513489.44 元

8.4　存在的问题及发展趋势

8.4.1　智慧成本管理中存在的问题

当前，伴随智慧工地管理理念的普及和应用推广，基于 BIM 的成本管理软件技术已趋于成熟，当下最为影响智慧成本管理应用的主要因素包含基于 BIM+ 技术平台的相关交换标准、应用软件和应用模式。

（1）基于 BIM 平台的智慧成本管理应用模式

BIM 技术的应用模式直接决定着 BIM 技术的应用效果，以及为企业和工程带来的效益。目前，建筑行业信息化管理和应用发展非常迅速，且无论是互联网、物联网，还是造价 BIM5D 建模、大数据等先进技术，都是基于 BIM 的单项、集成和协同应用模式。信息技术的快速发展，将促使工程造价管理的能力大幅提升，执行效率更高，成本管理细度更加精确。

通过造价管理信息化技术的应用，实现项目成本管理水平的提升、生产成本的降低，让建筑产品更具价值。如何统一地建立与市场经济相适应的工程计价体系和工程管理应用模式是制约 BIM 技术推广的最大问题。目前，工程造价企业和预算从业人员在如何利用大数据、BIM 等先进技术方面仍缺乏明确和有力的指引，无法很好地把先进技术运用到工程造价管理中去。

（2）基于 BIM 平台的工程成本数据交换标准

首先，不同 BIM 软件之间的数据传输与交换标准，无法实现有效互通、互联。特别是针对造价管理的工程量计算，BIM 模型复用难在造价管理方面是普遍存在的问题，尤其是针对设计阶段的 BIM 模型的导入和复用。基于建筑领域的专业分工不同，设计人员与造价人员的专业关注点也不同，由此造成设计建模很难被预算管理人员复用算量。即便基于 BIM 技术的算量软件能够导入 CAD 或 3D 模型，若要实现精准的工程量和合理的工程造价，预算人员依然需要进行大量的修改和整合工作。

其次，在智慧成本管理中，制约智慧成本管理推广的另一个因素也包含管理型的人才。由于建筑行业市场化进程加强，企业资质的重要性会慢慢弱化，能够找到既懂传统造价，又懂设计、施工、采购，以及新技术、信息、市场的综合性成本管理人才，是基于 BIM 技术平台的智慧成本管理得以快速发展和应用的重点。

8.4.2　智慧成本管理的发展趋势

BIM 技术在我国工程建设领域得到了快速发展，从基础技术研究到标准的制定，再到工程实践，BIM 技术经历了从概念到快速发展乃至广泛应用的过程。从 BIM 技术应用实践中可以看出，单项 BIM 技术的应用越来越少，更多的是将 BIM 技术与其他专业技术、通用信息化技术、管理系统等集成应用，以期发挥更大的综合价值。从应用趋势上也逐步向 BIM 标准统一化、BIM 应用集成化方向发展，BIM 技术的应用呈现出“BIM+”的应用特点。

（1）建立统一成本数据交换标准和数据分类体系

随着 BIM 技术的快速应用，基于 BIM 技术平台的不同造价管理应用软件需要实现互联、互通的协同工作的功能，建立统一的造价管理软件应用交换标准越发重要。目前，国内大多数 BIM 软件已经开始支持 IFC 的数据标准、IDM（Information Delivery Manual 信息交付手册，缩写 IDM）标准、MVD（ModelView Definition 模型视图定义，缩写 MVD）标准、IFD（International Framework for Dictionaries 国际字典框架库，缩写 IFD）标准等。随着交换标准和数据分类的完善，智慧成本管理数据将会进一步对项目全寿命周期的数据信息管理起到积极的推动作用。

同时，在成本数据的应用交换过程中为了支持数据信息的再加工和再利用，则需要将所有的交换信息进行标准化（即：建立标准化的编码体系），为每种资源创建具有唯一的身份标识，确保在大量的 BIM 数据应用和交换过程中，关于成本数据的这些资源数据和信息能够被准确地识别；用户不会因为应用的软件不同、所从事的专业不同和操作系统的语言不同，引发数据转换错误问题的发生；在项目实施的不同阶段、不同参与方和不同软件之间实现数据的稳定和准确的交换。

（2）工程成本管控由单点管控向全员化管控转变

针对项目建设过程中基于 BIM 的应用，大多数项目还仅限于通过使用单独的 BIM 软件来解决项目建设过程中的单点业务问题，这也是建筑行业内目前 BIM 技术应用较为普遍的现象。未来，BIM 技术不再是单一的技术应用，它将深入到项目管理的各个方面，包括成本管理与项目管理集成应用成为 BIM 应用发展方向的一个趋势。通过 BIM 技术的集成应用，可确保不同业务板块之间在施工过程中能够协同工作。

按照智慧工地的项目管理理念，工程建设过程涉及业主、承包商、设计单位、咨询顾问公司、供应商等诸多参与方的协同运作。与此同时，不同参与方对 BIM 技术的应用也存有不同需求和使用、管理等的方式、方法。若要实现项目精细化管理、智慧化成本管控，使各参建方均能够在基于 BIM 的模型、资料、管理等多方协同工作，则建立 BIM 技术与项目管理系统集成应用、BIM 与企业数据管理（DM）集成应用、BIM 技术与云技术的结合应用、BIM 技术与移动技术的结合应用是未来 BIM 技术发展的必然趋势。

（3）聚焦基于 BIM 平台的智慧成本管理和应用

总之，在过去的几年时间里，基于 BIM 技术平台的工程成本管控模式，在我国工程建设领域得到了快速发展，实现了从无到有、从基础研究到工程实践，智慧成本管理经历了从概念到快速发展和应用的过程。目前，从基于 BIM 技术平台的智慧成本管理实践中可以看出，单一基于 BIM 技术成本管理的应用会越来越少，更多的应用将是基于 BIM 平台的智慧成本管理与其他工程专业技术、信息化技术、管理系统等集成应用，以期发挥更大的综合价值。聚焦基于 BIM 平台的智慧成本管理应用呈现出以下特点：

①多阶段应用：即从聚焦设计阶段应用向施工阶段深化应用延伸。

②集成化应用：即从单业务应用向多业务集成应用转变。

③多角度应用：从单纯技术应用向与项目管理集成应用转化。

④协同化应用：即从单机应用向基于网络的多方协同应用转变。

⑤普及化应用：即从标志性项目应用向一般项目应用延伸。

随着 BIM 技术在工程造价管理中的不断深入应用，必然会带来工程成本管理的历史性革命，其创新式应用和发展也将对造价管理工作方式带来根本性的改变。基于智慧成本管理的未来考量，工程成本管理会更趋于精细化、低成本、高效率的管理模式。

第9章　智慧质量安全管理

9.1　概述

工程质量安全事关人民群众切身利益、国民经济投资效益和建筑业可持续发展。《建设工程质量管理条例》和《建设工程安全生产管理条例》明确规定了施工单位作为责任主体之一对建设工程的施工质量和安全负责。

工程施工普遍存在施工周期长、参建实体多、工艺方法复杂、现场要素多、人员流动大、露天高空作业多等特点，不同于以生产流水线为核心的现代工业，其管理难度非常大。我国建筑业自改革开放以来吸纳了大量农村转移劳动力，更大大增加了施工现场的管理难度，这是造成我国建筑业大而不强，质量安全事故时有发生的重要原因。据住房城乡建设部统计，2016年前三季度发生的较大事故中，模板支撑体系坍塌事故7起，死亡27人，占较大事故总数的33.33%；起重机械发生事故7起，死亡26人，占较大事故总数的33.33%；基坑等坍塌事故5起，死亡16人，占较大事故总数的23.81%。

工程施工质量和安全管控贯穿于施工全过程的所有工序。由于整个施工过程中的工序较多，各分部、分项工程的各工序都具有不同的技术要求和工艺要求，并且由不同的班组操作和实施，传统的验收交接和技术交底都由人工操作和手工记录，疏漏和人为偏差在所难免，从而容易形成质量安全隐患，甚至酿成质量安全事故。因此，国务院和住房和城乡建设部多次发文要求督促工程各方参建主体严格落实工程质量安全生产主体责任，强化施工现场管理，特别要强化对深基坑、高支模、起重机械等危险性较大的分部分项工程的管理，推进工程质量安全管理标准化，推进信息化技术应用。

以BIM和物联网技术为特征的智慧工地将彻底改变工程建设管理模式。利用信息技术将施工过程中涉及到的人、机、料、法、环等全部要素相关信息采集并整合在一个工作平台上，形成一个虚拟的、智能化的生产流水线，使生产（施工作业）的全过程都处于受控制状态，从而大幅提升施工全过程管控的有效性，提高施工质量和安全管理水平。

智慧质量安全管理能有效解决工程施工质量和安全管控难点问题。BIM把建筑数字化、模型化，是建筑实体的虚拟再现，可用于详细记录工程从设计到施工以及“运维”过程中的主要信息，直观查看建筑的三维模型，模拟各工序的操作，规范各工序的验收交接和技术交底，有效避免疏漏和偏差，及时发现质量安全隐患并予以警示；而物联网技术则是用RFID、二维码标识各工序所涉及的建筑材料、建筑构配件、机械设备及作业人员等要素，并利用传感、测控等技术自动采集各要素的质量安全动态信息。如材料的质量检测数据、起重机械的运行安全数据、工序验收的实测实量数据等，利用移动互联和大数据、云计算等技术实时上传、汇总，并利用数据挖掘和分析技术对质量安全数据进行智能分析处理，构成实时、完整、准确反映工程施工全过程质量安全动态的虚拟施工生产流水线，及时发现工程质量安全隐患，并予以警示，跟踪处理过程并形成管理闭环，从而确保生产（施工作业）的全过程质量安全的有效管控。

9.2 质量管理应用内容和工具

9.2.1 基于 BIM 的质量管理

9.2.1.1 应用背景

施工过程作为建筑实现的重要过程，是决定建筑质量的关键环节，需要进行严格的管理。在施工过程中传统的建筑质量管理方法是，对建筑工程的单位工程、分部分项工程以及各检验批，首先由施工方进行自检，然后由监理方进行复验，并根据相关标准以书面形式对工程质量合格与否做出确认，最后形成验收资料。验收资料主要以纸质文档和照片的形式保存。

针对传统的施工质量管理，虽然已有一些用于存储验收资料的管理软件，但在记录数据和各方沟通时主要采用的还是纸质文件。在这种情况下，质量管理效率不高、执行力度不足、规范落实不到位等问题依然广泛存在，具体表现如下：

（1）质量检查信息不直观。质量检查的结果主要依靠纸质表格中的原始数据记录和手写标注表达，后续查阅时需要相关人员自行识别检查结果与构件之间的关系、判断检验批的验收进度。同时，由于不同单位的记录习惯可能不同，也妨碍了各方之间的沟通。

（2）检查条目易错漏。由于规范中的规定检查条目繁多，现场携带和查阅规范十分不便，而部分验收人员的知识和经验不足，在现场检查的过程中对规范条目记忆不清、遗漏等情况时有发生，带来了施工质量的隐患。

（3）原始记录需二次录入到计算机。由于传统的纸质验收记录表不易保留和查阅，许多单位会采用人工录入的方式，将纸质表格中记录的内容二次输入到电脑管理软件中，以便长期保存。这一过程效率低，且耗费大量的人力。

（4）对弄虚作假的行为难以监管。各参与方验收人员的专业素质参差不齐，纸质验收表的填写过于形式化，甚至存在部分人员编造原始数据，或是在二次录入时篡改数据等现象，很难对施工质量进行监督和管理。

上述问题直接关系到施工质量管理的效率和水平，对建筑工程质量有着至关重要的影响。

9.2.1.2 基于 BIM 的施工质量管理系统

基于 BIM 的建筑工程施工质量管理可以解决传统施工质量管理中存在的问题。利用 BIM 技术，可直观查看建筑的三维模型，并操作具有属性信息的三维构件。这些属性信息可涵盖或关联建筑工程全生命期各阶段，包括施工质量管理涉及的验收内容、规范要求、验收数据等信息。利用这些信息，通过开发和应用基于 BIM 的施工质量管理系统可以达到相应目的。

1）基于 BIM 的施工质量管理系统分类

基于 BIM 的施工质量管理系统目前可分为两类："图钉"式施工质量管理系统和综合施工质量管理系统。"图钉"是指 BIM 模型中的一种标记，用户根据在施工现场发现的质量问题，可在 BIM 模型中选择存在质量问题的构件，在上面插入"图钉"，然后填写详细的问题信息、上传照片等。目前市场上的 BIM360、广联云均为"图钉"式施工质量管理系统，清华大学张建平课题组研发的 4D-BIM 系统中也包含了"图钉"式施工质量管理功能。综合施工质量管理系统则覆盖了施工质量管理的全过程，包括制定验收任务、现场验收和生成验收资料等环节，例如清华大学马智亮课题组研发的基于 BIM 的施工质量管理系统。

2）基于 BIM 的施工质量管理系统的典型功能

下面以清华大学马智亮课题组研发的基于 BIM 的施工质量管理系统为例进行介绍。

系统采用基于 Web 的 B/S 架构，可跨平台使用。在服务器上部署系统后，用户可通过电脑、手机、平板等设备，在浏览器中输入网址进行访问。现场验收人员可在手机、平板电脑等移动设备上进行数据记录、拍照等，其他相关人员则可在电脑上查看验收的具体情况。

该系统支持 IFC（Industry Foundation Classes）标准的 BIM 数据。IFC 是关于 BIM 数据交换的主流国际标准，以面向对象的方法表达 BIM 数据。对于梁、柱、板等实体元素，IFC 标准提供了一系列对象类型、对象属性的声明以及对象之间关系的定义。系统将 IFC 数据与施工质量验收信息相关联，即将施工质量验收属性关联到三维实体元素上，方便用户直观地查看构件的验收属性，如验收状态、验收项目、所属的检验批等，并对构件进行验收操作。

系统集成了室内移动定位技术，可实时显示验收人员的位置，辅助验收人员确定自身位置，并记录验收人员的移动轨迹。该技术采用 Wi-Fi 信号辅助地磁指纹匹配定位技术，在验收前，首先利用移动终端自带的地磁传感器收集人员活动空间环境的地磁场信息及其特征，建立地磁指纹库；当验收人员进行现场检查时，系统自动将当前地磁特征量与指纹库中的数据进行比较，得到当前的位置坐标，并显示在 BIM 模型上，显示精度约为 2m。

该系统面向施工质量管理的全过程，主要功能包括：

（1）辅助生成施工质量验收任务。系统基于国家规范和标准，利用 BIM 数据自动生成检验批和检查项目，并针对规范要求的抽查方案自动生成检查点，标注在 BIM 模型上。用户可进行查看，并做适当调整。

（2）辅助现场验收。在 BIM 模型中，用不同的颜色标注构件的检查状态。验收人员在现场可持移动设备进行查看，并根据系统提示的待检查点和检查项目，录入相应的验收信息。用户的位置将实时显示在 BIM 模型上，帮助验收人员判断自身位置、构件位置与 BIM 模型的对应关系。

（3）辅助统计和生成验收结果文档。现场录入的验收信息将自动转换为规范规定的检验批质量验收记录表，供用户查阅或打印。系统实时统计各检验批、检查项目和检查点的检查状态和进度，用户在验收过程中可随时查看。

该系统目前已在实际项目中进行试用，并得到用户的好评。

3）基于 BIM 的施工质量管理系统的应用价值

应用基于 BIM 的施工质量管理系统可以解决建筑工程施工质量方面的多数问题，体现在以下 3 个方面。

（1）提高验收工作效率

基于 BIM 的施工质量管理系统能自动提示待检查的构件和项目，验收人员只需根据提示进行记录，不必携带和查阅规范；验收人员在现场即可将检查数据记录在移动设备中，由系统自动整理，不必二次输入到电脑，从而减轻了验收人员负担，提高了验收工作效率。

（2）提升施工质量管理水平

基于 BIM 的施工质量管理系统基于规范进行流程设计，验收人员的操作须按系统规定的流程进行，从而形成规范化的操作；系统记录了原始验收数据，便于长期保存和查询；相关负责人可在电脑中实时查看验收记录，方便管理。

（3）保障施工质量

基于 BIM 的施工质量管理系统涵盖了规范要求的各类检查项目，并自动提示待检查的位置和具体检查内容，可有效避免检查中的遗漏。同时，室内定位功能可记录验收人员的行走轨迹，避免弄虚作假的现象发生，从而更好地保障施工质量。

9.2.1.3 基于 BIM 的施工质量管理系统的应用场景

下面以清华大学马智亮课题组研发的基于 BIM 的施工质量管理系统为例进行介绍。

1）应用准备

将系统部署在服务器上，服务器程序启动后，用户可通过电脑或移动设备上的浏览器访问系统。

项目开始前，用户首先新建项目并导入 IFC 数据文件。新建项目时需输入项目的基本信息，如项目名称、建设单位、施工单位、监理单位及相应的主要负责人等。然后选择导入项目的 IFC 文件，系统将自动完成 IFC 文件的上传和解析。新建完成后，用户可查看和修改项目信息，并进行三维模型的浏览和交互操作。

2）典型检查流程

生成检查任务。用户在电脑上点击按钮进行生成后，系统按照规范要求自动生成检验批、检查项目和检查点。检验批与检查项目的层级关系以树状图显示，检查点则以圆球标志附在对应的构件上，如图 9-1 所示。在左侧树状图中点选某一检验批的某个检查项目，右侧模型中将显示该项目对应的检查点。用户也可在表格中查看检验批与检查项目的详细信息，如图 9-2 所示。

图 9-1　检验批、检查项目树状图与检查点的模型显示

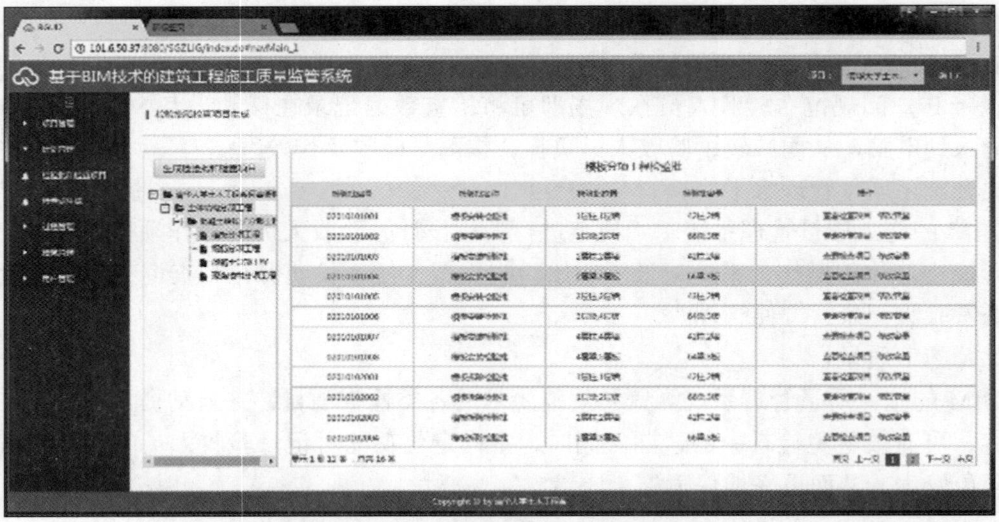

图 9-2　检验批与检查项目列表

施工方自检录入。生成检查任务后，施工方可手持移动设备进行现场自检验收。用户在树状图中选择检验批和检查项目，并在模型视图中选择检查点。为实现移动定位功能，用户需在首次验收前利用移动设备完成地磁与 Wi-Fi 指纹的收集。在验收过程中，如图 9-3 所示，BIM 模型上将实时

显示用户的位置。用户根据自身位置选中检查点后，模型区域上方将显示一排功能按钮，点击表格图标按钮，可按提示录入验收的数据，如图 9-4 所示。同时，可点击相机图标按钮，进行检查点对应部位的拍摄，拍摄完成后，可点击眼睛图标按钮进行照片查看。

图 9-3　现场验收检查点选择（移动设备）

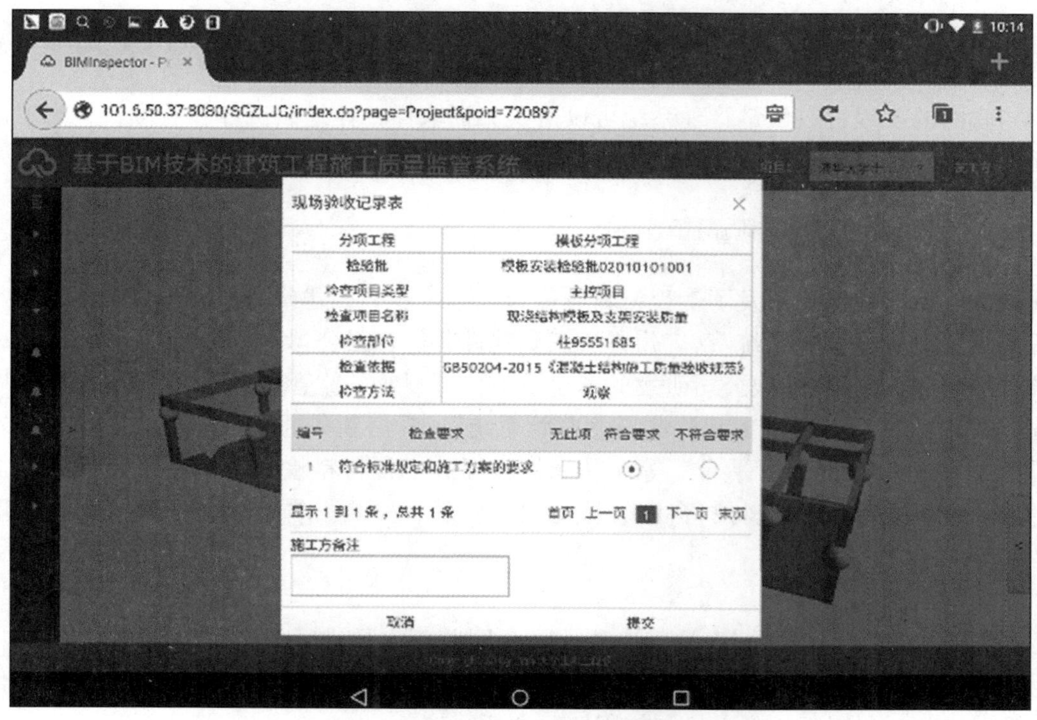

图 9-4　现场验收填表（移动设备）

监理方复验审核。施工方完成自检后，将由监理方进行复验。复验的操作与施工方自检类似，验收人员根据系统的提示填写表格和拍照即可。由于施工方自检时已在系统中建立了地磁与 Wi-Fi 指纹，监理方无需重复操作，验收时可直接显示用户位置。

3）特殊检查流程

监理方复验时若发现不合格点，在填表记录后可向施工方发送整改通知。施工方收到通知后，对相应位置进行整改。施工方整改完成，并再次自检填表后，系统将提示监理方进行整改审核，直至通过检验。

4）验收资料生成

在现场验收的同时，系统自动将现场原始记录表转换为符合规范要求的、可直接打印的检验批质量验收记录表，并统计各检验批的检查进度，以饼图的形式进行呈现。现场验收的原始记录和照片将长期保存在系统中，可供随时查阅。

9.2.2 基于物联网的工程材料质量管理

9.2.2.1 应用背景

合格的建筑材料是工程质量的基本保证。《建设工程质量管理条例》中有多项条款涉及工程材料的质量管控，如“施工单位必须按照工程设计图纸和施工技术标准施工，不得擅自修改工程设计，不得偷工减料”、“必须按照工程设计要求、施工技术标准和合同约定，对建筑材料、建筑构配件、设备和商品混凝土进行检验”、“对涉及结构安全的试块、试件以及有关材料，应当在建设单位或者工程监理单位监督下现场取样，并送具有相应资质等级的质量检测单位进行检测。未经检验或者检验不合格的，不得使用”等。虽然已经有了这些明确规定和要求，但在实际施工过程中，由于各种因素影响导致相关规定落实不到位，在材料使用方面偷工减料、以次充好的现象屡禁不止，具体表现在如下几个方面：

（1）不按设计要求和技术标准规定对建筑材料和构配件、设备进行检验；

（2）建设单位或者工程监理单位现场见证取样流于形式，假试件横行；

（3）滥用虚假检验报告。

基于物联网的工程材料质量管理系统可以落实见证取样，杜绝假试件和假报告，为建设单位和其他责任主体单位提供真实的材料质量检测数据，确保使用质量合格的工程材料。

9.2.2.2 基于物联网的工程材料质量管理系统

目前国内多家软件公司开发了工程材料质量管理系统。例如建研科技股份有限公司的“PKPM 建筑工程质量检测信息管理系统”，广州粤建三和软件股份有限公司研发的“3H 建设工程材料质量管理系统”，浙江志诚软件有限公司研发的“建设工程检测业务监管信息平台”，福州中润电子科技有限公司研发的“福建省建设工程检测信息监管系统”，珠海新华通软件股份有限公司研发的“建设工程质量检测机构联网监管平台”等。基于物联网的工程材料检测管理系统实现建设工程材料检测全过程的管控，包括工程材料台账、见证取样管理、检测报告核验、不合格材料管理等主要模块。

（1）工程材料台账

工程材料进入施工现场后，由施工单位人员会同监理人员进行材料进场验收，对材料的数量、规格型号、外观质量、出厂质量证明文件等进行核验，并对验收情况进行拍照、记录，上传至系统形成材料台账，可对材料后续的送检和使用情况进行跟踪。

（2）见证取样管理

工程材料进入施工现场后，在见证人员见证下按照相关技术规程要求进行取样，对于混凝土或砂浆等需现场制模样品则植入 RFID 电子标签，对于其他材料样品则用带有二维码标识的一次性绑扎带进行绑扎，然后通过智能手机客户端读取 RFID 电子标签或二维码标识，并进行 GPS 定位和对样品与取样人员进行拍照，上传至系统中形成见证取样台账，以防止样品在送达第三方检测机构的运输过程中被调包，确保送检样品的真实性。

（3）检测报告核验

建设行政主管部门、建设单位和监理单位等相关质量管理人员检查工地现场时，可扫描检测报告上的二维码，核查检测报告的真伪。

（4）不合格材料管理

进场验收不合格或检测结果不合格的材料，自动形成不合格材料台账，并自动给相关人员发送预警短信，以确保进行相关退货处理，并及时登记批次编码、规格型号、生产厂家（供应商）、退货时间、退货处理人员等信息。

9.2.2.3　基于物联网的工程材料质量管理系统的应用场景

下面以广州粤建三和软件股份有限公司开发的“3H 建设工程材料质量管理系统”为例进行介绍。

“3H 建设工程材料质量管理系统”是企业在施工现场对进场材料质量实施有效管理的工具，需要与行业主管部门建立并用于行业监管的“工程质量检测监管信息系统”（以下简称检测监管系统）配套使用，以确保能够通过数据接口上传见证取样信息至各检测机构，并可通过读取检测报告上的二维码连通检测监管系统来验证报告真伪。系统由后台数据台账和前端 App 两部分组成。下面以各管理界面为例进行介绍。

（1）工程材料台账。材料进场后对材料进行进场验收并登记材料相关信息，形成台账，并对进场验收不合格和见证取样检测结果不合格的材料进行退货处理，如图 9-5 所示。

材料进场查询　　查看

混凝土单位 全部　材料名称 全部　材料批次号　进货日期 2017－01－17 至 2017－03－17　查询

全选

材料批次号	混凝土生产单位	材料类型	品种	规格	进货数量（t）	进货日期	船号/车牌号	存放罐号	状态
Y1604130002	南昌测试混凝土生产单位		河砂	中沙		2017-04-13			
Y1604130003	南昌测试混凝土生产单位		普通硅酸盐水泥	P·Ⅰ 32.5R		2017-04-13			
Y1604130004	南昌测试混凝土生产单位		自来水			2017-04-13			
Y1609220001	三和测试生产单位		碎石	5-16mm		2017-09-22			
Y1609220004	三和测试生产单位		河砂	1		2017-09-22			
Y1609220005	三和测试生产单位		自来水	1		2017-09-22			
Y1609220002	三和测试生产单位		硅酸盐水泥	P·Ⅱ 32.5		2017-09-22			
Y1609220006	三和测试生产单位		F类	Ⅱ级		2017-09-22			
Y1609220007	三和测试生产单位		高效减水剂	早强型		2017-09-22			
Y1609220003	三和测试生产单位		粒化高炉矿粉	S95		2017-09-22			

第1页，共2页（33条）　首页　上一页　下一页　尾页　1　跳转

图 9-5　材料进场台账查询界面

（2）见证取样管理。见证人员应用“见证取样客户端”读取样品二维码或 RFID 芯片，并进行现场定位、拍照，上传至系统中形成见证取样台账，点击台账中的任何一组试件，均可看到该组试件完整的现场见证取样信息，如图 9-6 所示。

图 9-6 查看有见证信息的委托单

（3）检测报告核验。相关人员检查工地现场时，可扫描检测报告上的二维码，核查检测报告的真伪，确保不使用检测结果不合格的材料，如图 9-7 所示。

（4）不合格材料管理。系统自动对进场验收不合格和检测结果不合格的材料进行归档，并发送预警提示，跟踪其处理情况，如图 9-8 所示。

图 9-7 检测报告查验 App 界面图

9.2.3 基于物联网的工程实测实量管理系统

9.2.3.1 应用背景

精准、稳定的施工工艺是确保工程质量的重要条件。《建设工程质量管理条例》要求"施工单位必须按照工程设计图纸和施工技术标准施工，不得擅自修改工程设计，不得偷工减料"。由于施工工艺复杂多样，施工人员流动性大，施工效果与设计的任何偏差都可能影响工程质量。对此，万科集团于 2009 年 2 月推出了以实测实量为核心内容的《产品质量评估管理办法》，开创了以实测实量为基础的项目质量评估体系。

建设工程实测实量是指依据《混凝土结构工程施工质量验收规范》《砌体结构工程施工质量验收规范》《建筑装饰装修工程施工质量验收规范》等相关质量验收规范，应用测量工具，通过现场测试、丈量而得到能真实反映施工质量的数据。进行实测实量的目的，是在施工过程中实时获取数据并分析，实时优化和调整方案和质量控制措施的过程，是将建筑工程施工质量控制提升到用数据反映质量的层次，并辅以相关施工方案和工艺方法做指导，从根本上保证工程的施工质量。

不合格检测数据列表

	样品编号	报告编号	报告日期	试验时间	采集时间	检测机构	试验项目
1	YE2017 (38)200563-4	E2017 (38)202631440100362	2017-03-17	2017-03-15 14:55		广东省建设工程质量安全监督检测总站	钢筋
2	YE2017 (36)300001	E2017 (36)350007440100018	2017-03-16			广东省建设工程质量安全监督检测总站	混凝
3	YE2017 (36)300002	E2017 (36)350008440100019	2017-03-16			广东省建设工程质量安全监督检测总站	混凝
4	YE2017 (38)800010	E2017 (38)800042440100314	2017-03-09	2017-03-08 14:39		广东省建设工程质量安全监督检测总站	钢筋
5	YE2017 (38)200459	E2017 (38)202201440100281	2017-03-08	2017-03-06 08:45		广东省建设工程质量安全监督检测总站	钢筋
6	YE2017 (38)200427-1	E2017 (38)202058440100276	2017-03-08	2017-03-07 11:05		广东省建设工程质量安全监督检测总站	钢筋
7	YE2017 (38)200427-2	E2017 (38)202058440100276	2017-03-08	2017-03-07 11:07		广东省建设工程质量安全监督检测总站	钢筋
8	YE2017 (38)200427-3	E2017 (38)202058440100276	2017-03-08	2017-03-07 11:12		广东省建设工程质量安全监督检测总站	钢筋
9	YE2017 (38)200427-4	E2017 (38)202058440100276	2017-03-08	2017-03-07 11:19		广东省建设工程质量安全监督检测总站	钢筋
10	YE2017 (38)200427-5	E2017 (38)202058440100276	2017-03-08	2017-03-07 11:21		广东省建设工程质量安全监督检测总站	钢筋
11	YE2017 (38)200442	E2017 (38)202127440100279	2017-03-06	2017-03-01 15:35		广东省建设工程质量安全监督检测总站	钢筋
12	YE2017 (38)200428-2	E2017 (38)202061440100277	2017-03-06	2017-03-02 09:11		广东省建设工程质量安全监督检测总站	钢筋
13	YE2017 (38)800004	E2017 (38)800028440100273	2017-03-06	2017-03-02 09:29		广东省建设工程质量安全监督检测总站	钢筋
14	YB2017 (35)00224-5	B2017 (35)00224440100024	2017-03-03	2017-02-28 16:38		广东省建设工程质量安全监督检测总站	钻芯
15	YB2017 (35)00224-6	B2017 (35)00224440100024	2017-03-03	2017-02-28 16:41		广东省建设工程质量安全监督检测总站	钻芯
16	YB2017 (35)00224-9	B2017 (35)00224440100024	2017-03-03	2017-02-28 16:51		广东省建设工程质量安全监督检测总站	钻芯

第 1 页 共 4 页　　当前显示 1 - 20 条记录，共 68 条记录

图 9-8　不合格检测数据列表

目前，现场人员进行实测实量时，是将测量结果数据记录在纸质表格上，等到所有数据都记录完毕后，再回到办公室将数据输入到电脑中转换为电子版。这种模式效率低下，具体体现在以下几个方面：

（1）实测实量的检查项目繁多，工作量大，耗时长。比如主体结构工程的实测实量检查，其检查项目就包括小截面尺寸，大截面尺寸，内墙平整度、垂直度，顶板水平度，楼板厚度，钢筋保护层厚度、方正性等，且每个检查项目需要测量十几到几十个检测点，工作量繁重。

（2）实测实量数据统计分析效率低下，不便有效开展质量检查。人工统计分析需耗费大量时间，且时常不能有效地利用采集得来的大量数据。

（3）部分企业还存在数据造假的情况。

因此，基于物联网的工程实测实量管理系统可以大大提高工作效率，方便各相关方人员快速获得质量控制数据，高效开展质量检查，落实施工优化和质量控制，成为智慧质量管理的重要组成部分。

9.2.3.2　基于物联网的工程实测实量管理系统

工程实测实量管理系统能够支持建设、监理、施工以及第三方质量检查单位，并进行数据结果比对，支持“爆点”整改，支持多项目多标段横向对比，及时对工程施工质量做出客观评估、分析，有效管控工程质量。目前广州铁克司雷网络科技有限公司研发的智检工程管理协作云平台提供了“实测实量 App”，广州粤建三和软件股份有限公司研发了“3H 建设工程实测实量管理系统”。

实测实量管理系统的流程如图 9-9 所示。

该系统主要功能如下：

（1）规划测区

在测量开始前，用户设置好抽取条件，系统通过随机抽取，预先在图纸上规划好测区与测点，当然也支持现场规划测区，这样施工单位的测量就变成了可以监督的规定动作了。

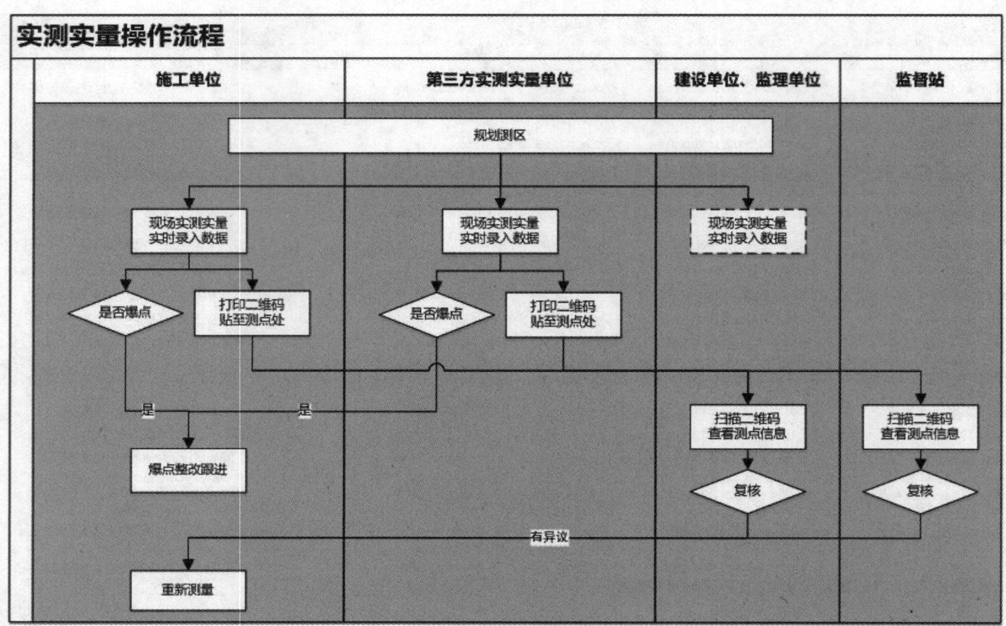

图 9-9　实测实量操作流程

（2）数据采集

通过手机 App 实时录入测点数据，并在图纸上进行标识，哪些已测哪些未测一目了然，如图 9-10 和图 9-11 所示。为解决工地现场网络信号不稳定、上传数据慢的问题，App 支持将测点数据保存在本地，待网络信号稳定时再将数据自动上传至系统平台。同时，系统区分施工人员、监理工程师、甲方工程师等不同用户，同时也记录各方测量数量。

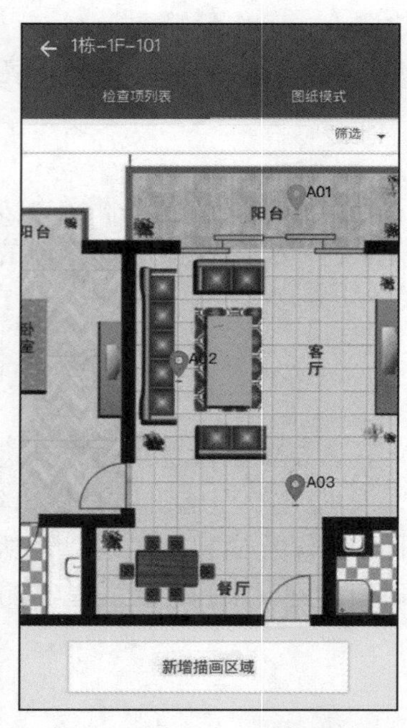

图 9-10　待测区域与已测区域标识

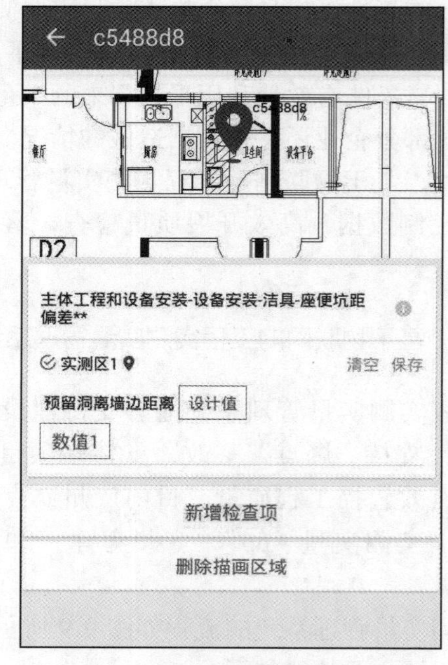

图 9-11　测量数据录入

通过数据接口，直接将激光测距仪、超声波测厚仪等电子仪器测量的距离、厚度等数据实时传输到系统，保证数据的真实性。对于手动输入的数据，系统将比对多方的测量结果，从而对数据的一致性做出判断，如数据差异非常大，可以判断出测量是不准确的，需要重新测量；在多方总体的测量数据一致性较好的情况下，系统可以更加精细化地分析每组指标的合格率的一致性，甚至追踪每个测点的数据一致性，因为相同的测区、相同的测量方法，测量数值应该保持较高的一致性。

（3）二维码标识

施工单位或第三方实测实量单位人员通过手机 App 录入测点数据后，系统自动生成二维码，可直接打印，贴至测点处，以备监理工程师、业主工程师、监督员等监督检查。监理工程师、业主工程师、监督员等进行监督检查时，可通过微信或手机 App 扫描二维码，查看测点实测信息，包括分部工程、检测项目、允许偏差、实测值等，对测点进行复核时可与之核对。

（4）"爆点"整改

在平面图上可以清晰查看超标测点（俗称"爆点"），专门针对"爆点"进行更精细化的分析，结合部位、定位，安排整改工作，采取纠正措施，进一步提高项目的实测质量，如图 9-12 所示。

（5）统计分析

借助计算机的超级计算能力，对所采集的测量数据进行统计分析，支持数据的纵横向对比。从项目部的角度看，可以查看不同检测项目的实测合格率情况，分析出项目部在质量控制方面的强弱项，从而采取针对性措施对质量进行管控。从企业的角度看，可以按月、按周甚至按天查看各项目、标段甚至楼栋在各个阶段甚至各个指标的实测合格率情况，横向对比各项目部的实测数据，实现差异化管理。可根据不同的筛选条件输出相应的统计图表，智能生成分析报告。

9.2.3.3　基于物联网的工程实测实量管理系统应用场景

下面以广州粤建三和软件股份有限公司开发的"3H 建设工程实测实量管理系统"为例进行介绍。

3H 建设工程实测实量管理系统是为施工企业打造的一款实测实量实用工具，可借助物联网技术，实现测量仪器与信息系统的对接，实时传输实测实量数据，并直接打印出二维码张贴标识，大大提高了工作效率。该系统主要由后台数据管理平台和前端 App 两部分组成。

（1）前端 App。利用 App 在现场实时录入测量数据，省去传统做法由纸质版到电子版的转化环节，通过 App 对已测区域进行标识，测量状态一目了然，避免了施工人员重复测量，大大提高了工作效率，如图 9-13 所示。

图 9-12　"爆点"整改跟进

图 9-13　二维码现场查验

（2）后台数据管理平台。接收智能测量仪器采集并上传实测实量数据，建立测区测点台账，对所采集的测量数据进行统计分析，形成各种统计报表，帮助提高施工质量管控水平，如图 9-14 所示。

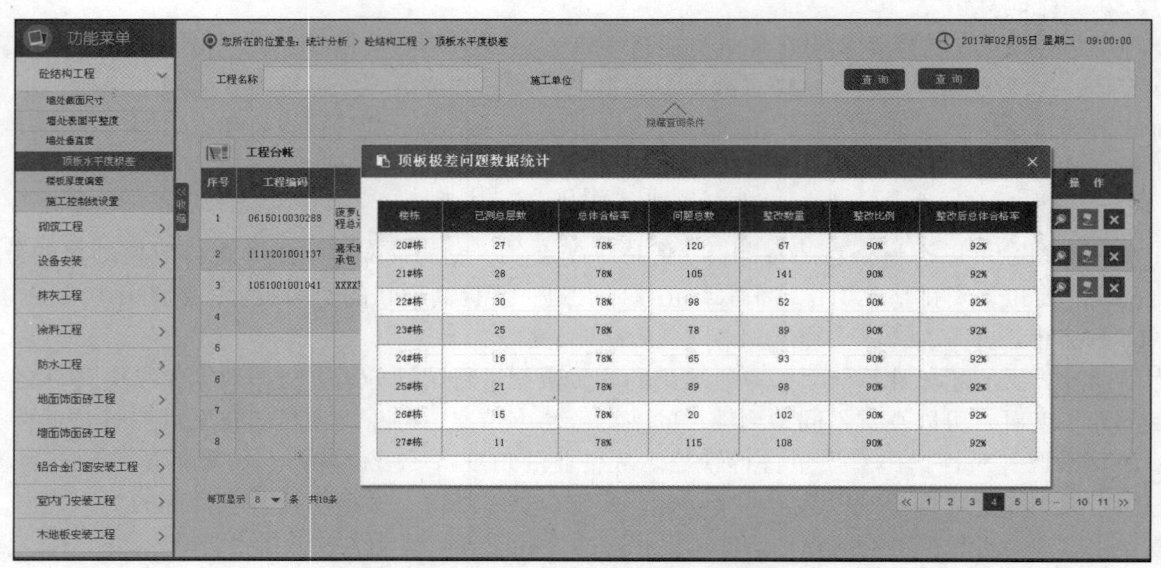

图 9-14　实测实量数据统计分析界面

采用二维码对测点进行标识，扫描二维码即可查看实测数据，将建筑工程施工质量控制提升到用数据反映质量的层次，方便监督员、管理人员等了解、掌握现场施工质量。借助大数据分析、云计算等技术，对所采集到的测量数据进行统计分析，并智能生成分析报告，与传统的人工分析相比，节约了大量时间，省时省力。且不会因人为操作失误而出现数据分析结果大相径庭的现象，分析结果更准确。

9.3　安全管理应用内容和工具

9.3.1　基于 BIM 的可视化安全管理

9.3.1.1　应用背景

施工安全直接关系到施工从业人员的生命和财产安全，也会影响建筑业可持续的良性健康发展。然而，长期以来施工安全事故频发，给行业发展造成了巨大困扰。因此，加强施工安全管理十分必要。

尽管传统的施工安全管理不断融合新的方法和技术，但面对动态复杂的施工现场环境仍存在很多不足，具体概括如下：

（1）难以实时追踪施工现场的不安全环境因素；

（2）难以实时追踪现场作业人员的不安全作业行为；

（3）难以预测设计本身存在的不安全因素；

（4）现场不安全信息无法直观表达，不利于各方有效沟通；

（5）难以实现安全事故的实时预警。

基于 BIM 的可视化安全管理方法和技术可以解决这些问题。例如，在设计阶段，通过构建设计安全规则，以 BIM 模型为基础实现不安全设计因素的自动识别，可以帮助设计师和工程师在施工前自动完成对设计不安全因素的识别，并在系统中呈现直观的可视化表达；在施工阶段，通过集成BIM 与定位技术，实现在施工过程中对作业人员和不安全环境因素的动态追踪与安全预警。辅助施工安全管理，减少施工现场安全事故的发生。

9.3.1.2 基于 BIM 的可视化安全管理系统

1）系统分类

根据 BIM 辅助施工安全管理的方式，将基于 BIM 的可视化安全管理系统分为三类，具体如下：

（1）安全培训系统。采用 BIM 和游戏技术辅助施工现场人员操作安全培训。代表性系统如香港理工大学李恒课题组研发的多用户安全培训虚拟平台，华中科技大学工程管理研究所研发的基于BIM 的情境模拟安全培训系统等。

（2）不安全设计识别系统。结合 BIM 技术辅助检测建筑工程设计关联的施工安全问题。代表性系统如清华大学张建平课题组研发的 4D 时变结构安全分析系统，清华大学郭红领课题组研发的基于 BIM 的建筑工程施工设计安全智能检测系统，佐治亚理工学院施工安全与技术实验室研发的基于BIM 的高空坠落危险识别与预防系统等。

（3）事故预警系统。结合 BIM 和定位技术辅助施工现场安全预警与管理。代表性系统如清华大学郭红领课题组研发的基于 BIM 的现场工人安全预警系统以及香港理工大学李恒课题组研发的主动式施工管理系统等。

2）典型系统介绍

以清华大学郭红领课题组研发的基于 BIM 的现场工人安全预警系统为例，介绍相关系统架构与功能。

（1）系统总体思路与架构

系统总体思路是以 BIM 模型为基础搭建虚拟施工现场场景，然后结合定位技术实时采集施工现场工人的位置信息和不安全环境信息，并实时可视化呈现于虚拟施工场景中，进而进行施工现场工人安全环境监测与预警，如图 9-15 所示。

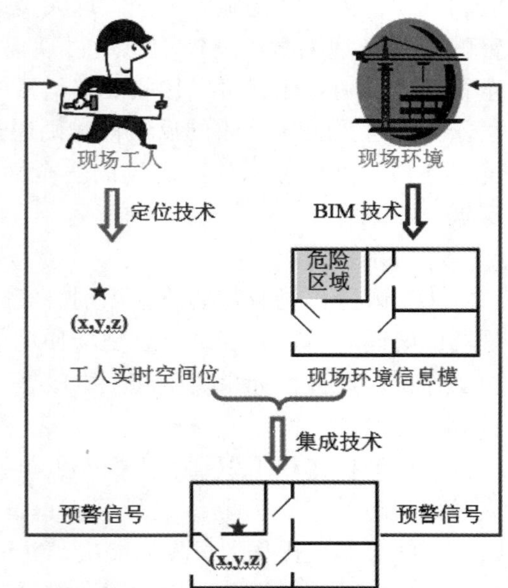

图 9-15 现场工人安全预警系统总体思路

该系统总体架构如图 9-16 所示，共分为 4 个模块：信息收集模块、输入模块、运算模块和输出模块。

①信息收集模块。主要完成施工现场所有与本建设项目安全事故预警相关的信息收集工作。需要收集的信息包括：建筑模型、施工方案、作业人员、机械设备、安全计算规则等。施工方案由施工人员提供，通过数据接口导入；作业人员和机械设备信息包含了作业人员和机械设备的属性、定位坐标等信息，由传感器网络传输到系统；安全计算规则是系统进行安全性计算的理论依据，由系统集成开发实现。

②输入模块。主要完成输入信息的初步处理工作，并向后续的运算模块输送处理后的、可进行分析和计算的数据。根据收集到的建筑模型和施工方案，经过虚拟仿真建模，形成项目施工方案模拟模型，可以基本反映建设项目的实际进度和建设情况；根据收集到的作业人员数据信息、机械设备数据信息等，通过信息的分析、筛选和初步处理，分别提取出作业人员和机械设备等的属性信息、空间位置信息，以及作业人员安全装备的佩戴情况等信息；结合安全计算规则，通过在建筑模型中进行扫描和识别，可以识别出施

工现场已建构件中有可能导致施工安全事故的不安全因素，并对其进行属性的定义和坐标位置的判定。

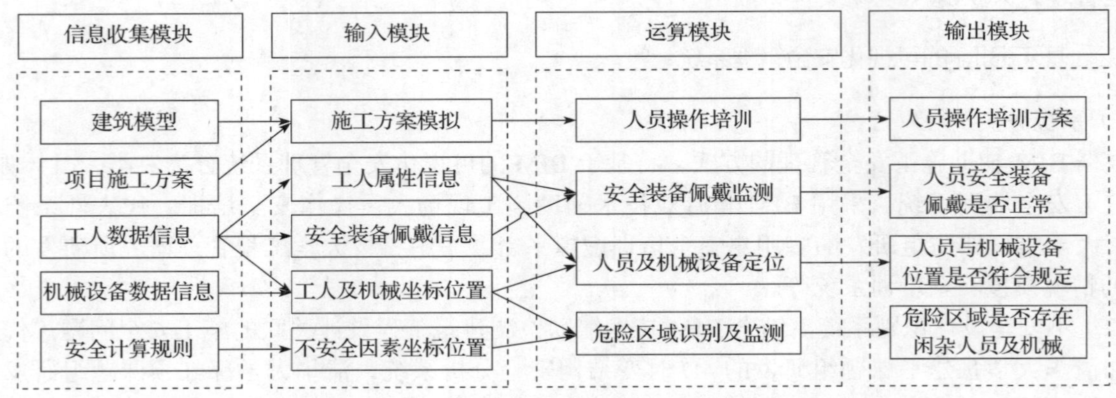

图 9-16　现场工人安全预警系统总体架构

③运算模块。主要对输入模块初步处理过的数据信息进行更为深入地分析。根据获得的作业人员属性信息和安全装备佩戴情况等信息，计算作业人员是否佩戴了符合其工作性质要求的安全装备，例如不同工种的作业人员需要佩戴的安全装备是不同的，特殊岗位作业人员佩戴的安全装备比普通作业人员要求高；根据作业人员和机械设备等现场坐标位置信息，将作业人员和机械设备在虚拟现场中的相对位置计算出来，并将其反映到虚拟的建筑模型中。同时，运算模块还对模拟的施工方案进行更深入处理，生成面向作业人员的重要施工环节操作培训以及相关的安全培训等。

④输出模块。主要对运算模块分析和计算的结果进行必要的反馈。输出模块中数据信息输出的对象包括两类：一类是施工现场一线作业人员，其自身的安全性需要靠运算模块的计算结果进行判断和反馈；另一类是施工安全管理人员，包括位于施工现场进行监督的安全管理人员和进行远程监督的安全管理人员。反馈信息通过现场的传感器网络进行传输，该系统有一线作业人员和现场安全管理人员随身佩戴可以接收反馈信号的接收芯片，以便让他们能随时接收反馈或者报警信号。远程安全管理人员所接收的反馈信号则通过 PC 端的界面显示，一方面实时显示施工现场的施工进度情况，另一方面显示施工现场的安全性判定情况。通常反馈信号会以视觉或听觉以及震感的方式实现。

（2）系统功能

①工人进出场及行动路径识别。实时收集工作时间内工人的位置信息，可以判断工人进出施工现场的时间和行动路径，结合现场环境信息判断工人是否处于安全区内，并可计算工人的工作时间及工作量。此外，如果发生施工事故，可以了解施工事故现场人员数量，方便进行搜救、自救和互救等。

②机械操作权限识别。当操作人员操作机械设备时，系统同时接收机械设备的属性信息和操作人员的属性信息，判断该人员是否具备操作该机械设备的权限。如出现无权限人员操作机械设备时，系统会对该操作人员发出警报，并记录该操作人员的违规行为。

③工人及机械设备碰撞预防。结合工人和机械设备的实时位置信息，判断工人和机械设备的位置是否恰当，并及时报警。例如，系统可以划分出塔吊的运转范围及危险区域，工人或其他车辆等进入该区域时，系统即刻向工人以及塔吊操作人员发出警报等。

④安全装备佩戴识别。结合佩戴在工人身上的标签以及装配在安全装备上的标签，通过识别工人的属性，判断工人是否具备进入该施工现场的权限，判断该工人需要佩戴的安全装备，并判别出该工人是否按照规定佩戴了符合要求的安全装备。

⑤重要施工过程安全培训。通过虚拟仿真等技术，对工人进行一系列的安全培训，使工人在开工之前明确自己工作的操作要求、程序、步骤、注意事项，以及可能发生的危险等。

（3）系统应用现状

该系统主要功能目前已完成测试，即将在实际工程项目中试用。

3）基于 BIM 的可视化安全管理的应用价值

（1）提高安全管理水平与成效；

（2）辅助施工现场人员管理。

9.3.1.3　基于 BIM 的可视化安全管理系统应用场景

以清华大学郭红领课题组“基于 BIM 的现场工人安全预警系统”为例，介绍相关主要应用场景。按照预警系统的工作机制，系统应用涉及施工现场建模、不安全环境因素识别、不安全区域划分、作业人员位置监测及安全识别、施工安全事故预警等。

1）施工现场建模

结合预警系统搭建施工现场虚拟场景，包括场地、建筑、施工机械、临时设施等。图 9-17 展示了某项目正在进行施工和已经完工的主体结构部分模型，以及相关机械和施工设备模型，如图 9-17 中的吊车及混凝土车等。

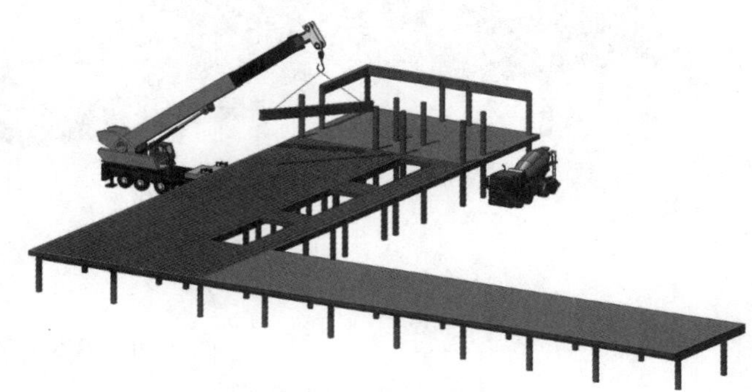

图 9-17　施工现场虚拟模型

2）不安全环境因素识别

结合不安全环境因素识别机制，对施工现场（模型）中存在的可能导致施工安全事故发生的不安全环境因素（如基坑、洞口、临边、机械设备等）进行识别，并在系统界面中可视化显现。图 9-18 展示了针对某项目正在施工中的主体结构以及一台吊车和一台混凝土车，识别并提取出的不安全环境因素，如包括洞口、临边、吊车在内的不安全环境因素。

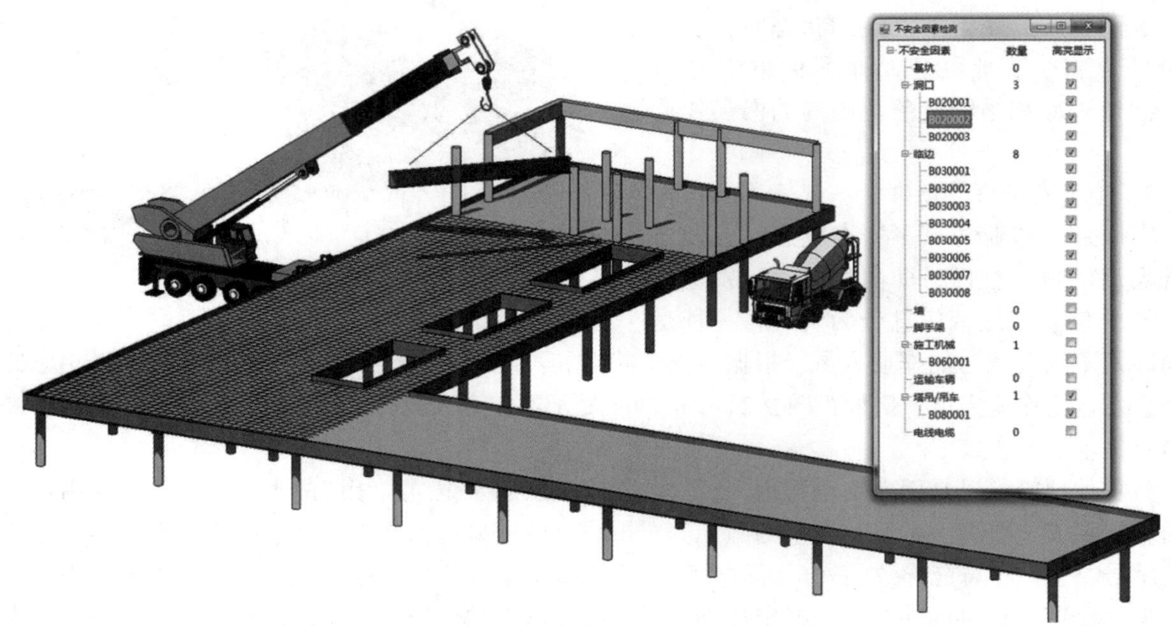

图 9-18　不安全环境因素识别

3）不安全区域划分

针对识别出的不安全环境因素，系统结合不安全区域的划分规则，对不安全环境因素导致的不安全区域进行范围的计算和界定，并根据用户需要在用户界面中显示。图 9-19 展示了系统计算出的洞口、临边和吊车的不安全区域，并在用户界面中显示出来。

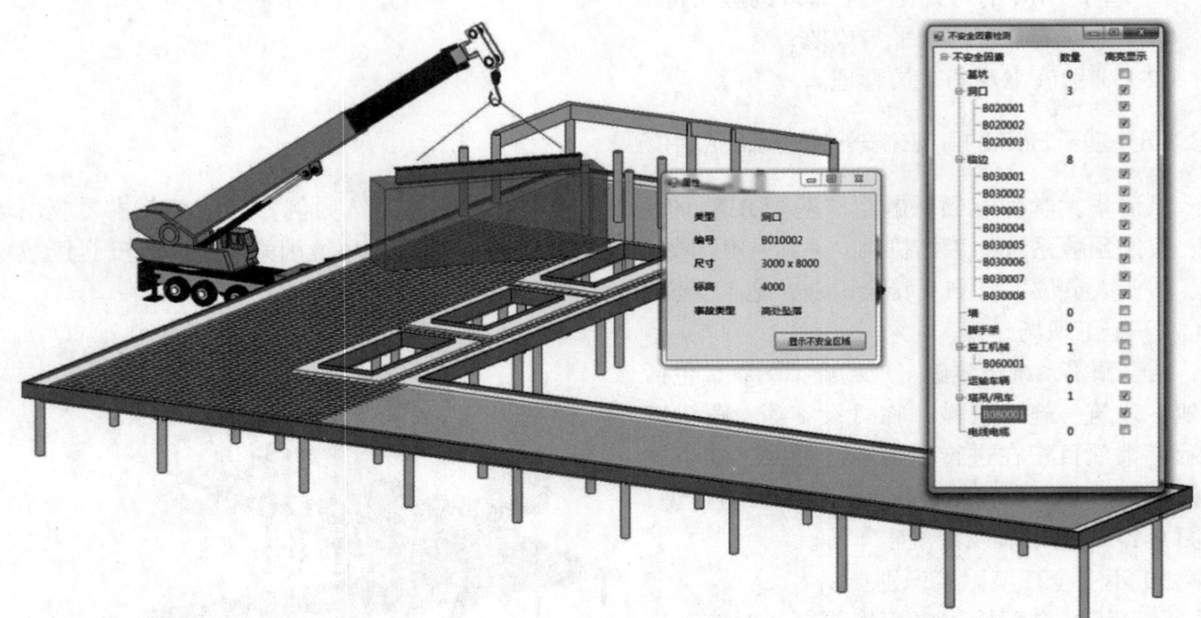

图 9-19　不安全区域范围界定

4）作业人员位置监测及安全识别

系统通过外部接口与定位系统相连，获取定位系统所提供的作业人员空间坐标等（见图 9-20 中的点），并利用这些坐标信息和不安全区域的范围进行人员位置的安全性计算。

当作业人员处于不安全的状态时，表示人员的点将会变成红色，如图 9-20 中分别位于洞口边缘和吊物坠落范围内的两名作业人员。

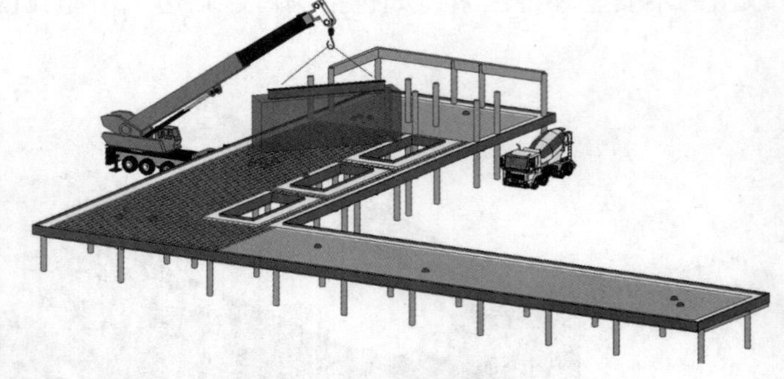

图 9-20　作业人员位置显示

5）施工安全事故预警

当识别出作业人员不安全状态时，预警系统会启动报警程序，即向相关人员发送相应的预警信息。预警信息分为两种，一种是面向涉及不安全状态的作业人员。根据不安全状态和可能发生的施工安全事故的差异，将相应的预警信息发送给作业人员。例如，图 9-21 中的两名处于不安全区域的工作人员将会分别收到震动提示和语音提示。

另一种预警信息是面向安全管理人员。当不安全状态发生时，相应的报警窗口将会在用户界面弹出，提示安全管理人员可能发生的施工安全事故。该窗口包括施工安全事故可能涉及到的作业人员的编号、属性，可能导致的安全事故类型以及事故危险等级。图 9-22 展示了施工安全管理人员可以根据报警窗口提供的功能，选择定位到处于不安全状态的该作业人员，以便进一步对该工作人员进行更具体和详细的监控，也可以选择启动更高级的报警程序。

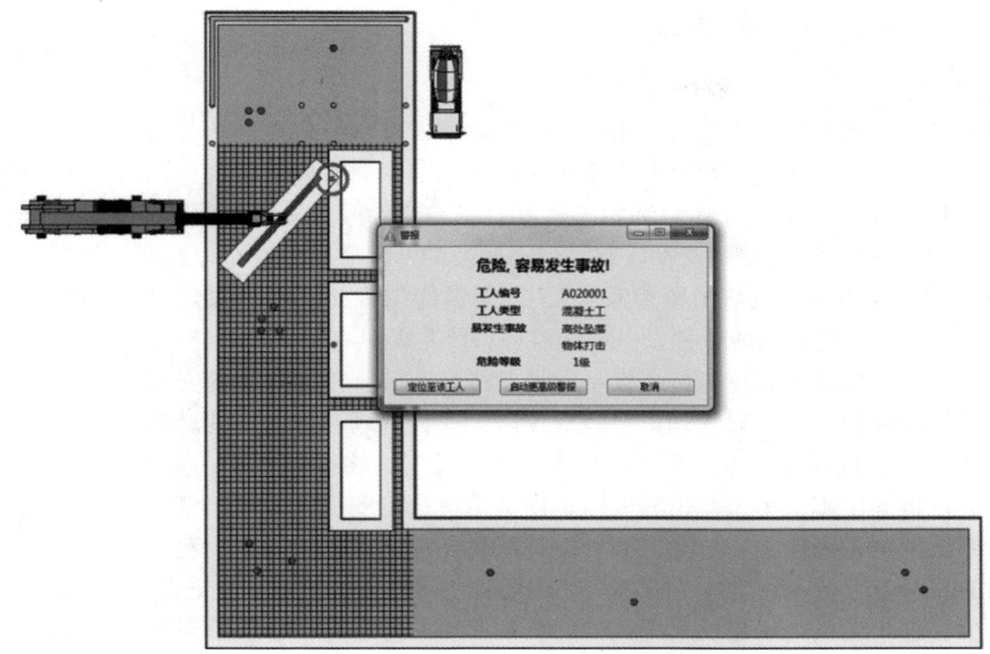

图 9-21　施工安全事故预警（作业人员）

9.3.2　机械设备的安全管理

9.3.2.1　应用背景

施工机械设备具有高速、大型、连续和自动化的特点，使用设备一方面促进了施工技术的进步，极大地提高了劳动生产率和减轻了劳动强度，另一方面也使得大量不安全因素进入了施工生产过程，使安全事故发生的频率增加，容易造成巨大损失。显然，机械设备的使用安全不仅关系到从业人员、工程附近居民的生命与财产安全，也关系到企业的经营风险。当前机械设备安全管理面临以下问题：

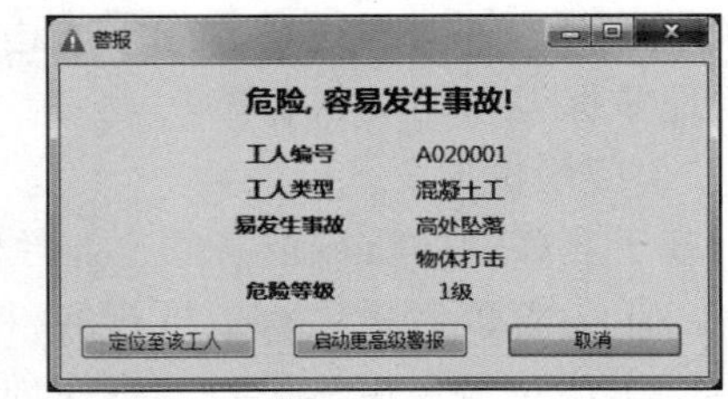

图 9-22　施工安全事故预警窗口（管理人员）

（1）项目施工点分散，专业设备管理人员、维修人员短缺，设备管理难度大；

（2）部分项目没有专业设备管理人员，存在管不到、管不住、无法管的问题，设备管理存在真空区；

（3）设备使用量大，品种、规格多，设备维修难，设备状态难以把握，存在安全隐患；

（4）分包队伍自带设备多，设备进场状况、管理及操作安全不可控因素增加，设备安全隐患增加；

（5）设备使用外聘人员多。如果外聘人员对设备操作、维护保养的责任心不强或人员不稳定，会增加设备事故的可能性；

（6）项目存在赶工期现象，造成设备不能按计划维修、保养，有设备存在失修或带病作业的情况；

（7）特种设备、大型设备监管困难，其运行安全状况以操作人员经验为主，缺乏科学、有效的监控措施，无法准确掌控设备运行情况，一旦发生安全事故，其后果极其严重。

实施机械设备安全管理就是要在机械使用过程中，采取各种技术措施和组织措施，防止和消除一切使机械遭到损坏、使人身受到伤害的因素和现象，避免机械事故的发生，实现施工机械的安全运行。

9.3.2.2　基于物联网的机械设备安全监控系统

1）典型系统介绍

随着物联网技术的发展与成熟，应用信息技术实现对机械设备安全相关因素的信息化控制，实现对机械设备的安全管理对施工企业具有重要作用。当前国内有些软件公司推出了相关的信息系统以实现对特种机械设备的安全管理。例如广州粤建三和软件股份有限公司研发的“3H 建筑起重机械安全监控系统”，黑龙江共友科技发展有限公司研发的“起重机械安全监控系统”，温州朗派科技有限公司研发的“太阳能无线塔吊监控系统”，郑州恺德尔科技发展有限公司研发的“塔机安全监控管理系统”等。基于物联网的特种设备安全监控系统主要具有如下功能：

（1）设备管理。对建筑起重机械从设备的最初进场安装、检测设备的安全性、设备的日常使用环节及退场拆卸全过程的一体化管理，有效地预防了人为管理漏洞的出现。系统实现了机械设备的基本信息管理，主要包括设备生产厂家、生产日期、型号、主要参数等；实现了设备的安拆管理，设备进场安装或拆卸由施工单位交付有安装资质的单位进行安拆，系统记录安拆过程；实现了设备检测管理，系统登记检测单位、检测时间、检测结果及检测人等信息；实现了设备的使用管理，特种设备使用前需由施工企业到当地主管部门办理设备使用登记号，系统登记设备使用信息。

（2）人员管理。施工现场建筑起重机械的日常使用需持有特种作业上岗证书的人员方可进行作业，对特种作业人员进行身份（人脸、卡信息）信息管理，可以远程下发人员注册信息到终端设备上进行身份验证，只有通过特种设备监管部门授权发卡或注册人脸信息的司机才可以正常使用特种设备，从而可防止无操作证的司机进行特种设备操作，从而达到人员的规范化管理目的。

（3）设备运行监控。通过在机械设备上安装设备运行参数监控客户端（俗称“黑匣子“），并通过无线网络将监控数据传输至监管系统，系统对监控数据进行分析处理，实现对机械设备运行情况的实时监控。并对运行参数超限或违规操作的情况进行声光报警和文字提示，使机械操作人员全面直观地掌握设备的工作状态。

2）应用价值

基于互联网的机械设备安全监控管理系统的应用具有重要意义。

（1）为管理者提供有效可行的科技手段。建筑起重机械使用分散，管理不便。应用相关应用工具后，实现对每台机械设备的工作地点，安装、拆卸、使用时间以及运行全过程的记录，使管理者可随时查阅相关信息，从而使管理多台设备变得轻松自如。为管理部门评价操作者的技能、工作效率、有无违章记录等内容提供有效数据，使管理工作落到实处。

（2）抓住事故源头，防止事故发生。系统可实时向操作者显示起重机械当前的工作参数，使操作人员心中有数，改变以往靠操作人员个人经验的盲目性操作；同时通过系统设置相关参数，在设备运行参数接近限值时向操作人员发出警报提醒，在设备运行参数超限时，系统自动切断危险设备工作电源，强迫终止违章操作。

（3）为处理事故提供有效证据。一直以来追溯特种设备事故的起因是一件非常复杂且艰难的工作。此类工具可连续存储设备半年以上的工作过程数据，一旦发生事故，系统可提供准确的历史数据，避免事故的误判和错判。

此类工具的应用，将从根本上改变机械设备的安全管理方式，做到事先预防事故，变行政管理为科技手段管理，变被动管理为主动管理，最终达到减少乃至消灭机械设备的安全事故隐患

9.3.2.3　基于物联网的起重机械安全监控工具应用场景

下面以广州粤建三和软件股份有限公司开发的“3H 建筑起重机械安全监控系统”为例进行介绍。

该系统实现了对建筑起重机械的统一管理，通过对设备的登记、应用告知、运行记载和统计，

实现对塔吊整个生命过程的实时记录和运行情况的实时监控，对监控终端所采集的起重机械异常运行数据及时向各责任主体发出预警，对超出安全运行极限的数据同时向各责任主体发出报警，以保障起重机械的安全运行，确保起重机械的安全施工。

1）设备进场登记

对进场设备进行统一登记管理，记录设备监控终端编号、产权备案编号、安装告知编号及操作人员名单等信息，确保进场设备处于监控中，如图 9-23 所示。

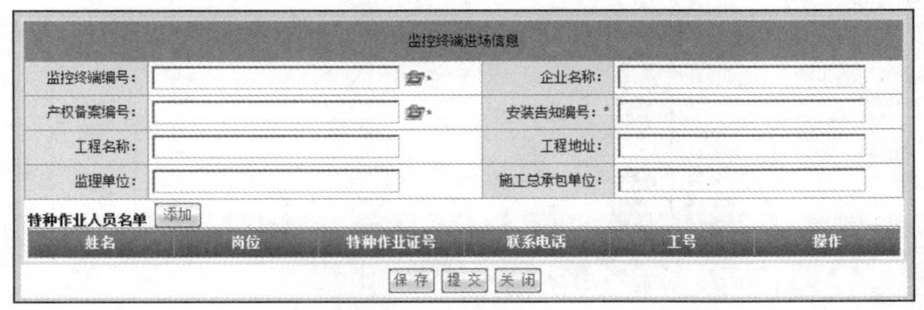

图 9-23　设备进场登记界面

2）设备运行监控

实现起重机械安全运行相关参数的实时获取，如设备运行时的重量、高度、角度、风速、倾角等信息，并对运行参数进行解算，并应用 Flash 动画直观模拟现场起重机械运行情况，确保设备状态处于安全阈值之内，对超限信息进行预警报警，让管理人员实时掌握设备运行情况，如图 9-24 所示。

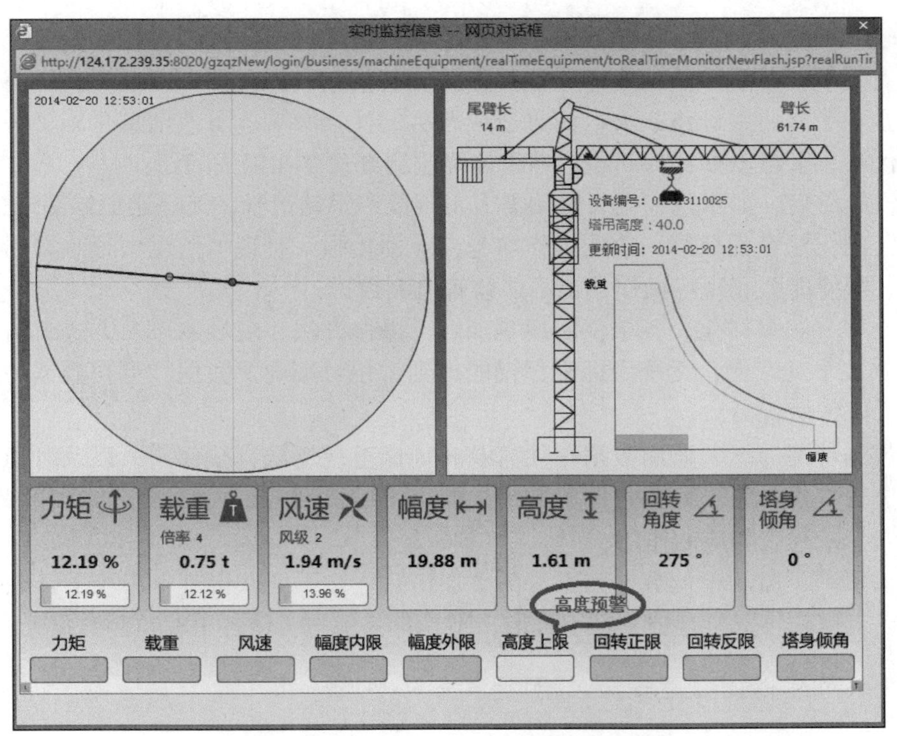

图 9-24　起重机械运行模拟监控界面

3）设备报警统计

实现报警数据的分类查询统计，并可实现历史信息的动画回放，如图 9-25 所示。方便分析起重机械运行过程，并可在起重机械故障或者出现事故时，追溯和还原起重机械的工作状态，协助进行事故分析。

当前位置：实时监控 >> 实时运行数据 >> 报警信息

总条数: 778　　报警信息列表

序号	工地自编号	监控终端编号	日期	时间	角度	幅度	吊钩高度	吊重	力矩百分比	倾斜角度	风速	吊绳倍率	报警状态
1	1#	012016040431	2017-04-04	20:42:39	17.70	11.67	3.77	0.125	1.56	0.00	0.00	2	高度限位报警
2	1#	012016040431	2017-04-04	20:42:29	30.80	6.74	3.77	0.125	1.56	0.00	0.00	2	高度限位报警
3	1#	012016040431	2017-04-04	20:42:18	42.40	4.16	3.77	0.093	1.17	0.00	0.00	2	高度限位报警
4	1#	012016040431	2017-04-04	20:41:17	46.00	4.16	3.77	0.093	1.17	0.00	0.00	2	高度限位报警
5	1#	012016040431	2017-04-04	20:40:17	46.00	4.16	3.77	0.093	1.17	0.00	0.00	2	高度限位报警
6	1#	012016040431	2017-04-04	20:39:16	46.00	4.16	3.77	0.093	1.17	0.00	0.00	2	高度限位报警
7	1#	012016040431	2017-04-04	20:38:15	46.00	4.16	3.77	0.093	1.17	0.00	0.00	2	高度限位报警
8	1#	012016040431	2017-04-04	20:37:15	46.00	4.16	3.77	0.093	1.17	0.00	0.00	2	高度限位报警
9	1#	012016040431	2017-04-04	20:36:15	46.00	4.16	3.77	0.093	1.17	0.00	0.00	2	高度限位报警
10	1#	012016040431	2017-04-04	20:35:14	46.00	4.16	3.77	0.093	1.17	0.00	0.00	2	高度限位报警
11	1#	012016040431	2017-04-04	20:34:13	46.00	4.16	3.77	0.093	1.17	0.00	0.00	2	高度限位报警
12	1#	012016040431	2017-04-04	20:33:13	46.00	4.16	3.77	0.093	1.17	0.00	0.00	2	高度限位报警
13	1#	012016040431	2017-04-04	20:32:12	46.00	4.16	3.77	0.093	1.17	0.00	0.00	2	高度限位报警
14	1#	012016040431	2017-04-04	20:31:12	46.00	4.16	3.77	0.093	1.17	0.00	0.00	2	高度限位报警
15	1#	012016040431	2017-04-04	20:30:11	46.00	4.16	3.77	0.093	1.17	0.00	0.00	2	高度限位报警

共778条　每页15条　第1页　共52页　首页 上一页 下一页 尾页　跳转到　Go

图 9-25　设备报警统计界面

9.3.3　深基坑工程的安全管理

9.3.3.1　应用背景

深基坑施工是一个技术综合性比较强、施工周期比较长的一个临时性工程，与此同时，还是一个涉及基础工程、水文地质、工程结构、结构力学，还有施工技术等专业的系统工程。基坑开挖本身是综合程度较高的复杂工程，由于基坑工程地质、周边环境及开挖工序的千变万化，近年来基坑安全事故仍时有发生。基坑事故的发生往往伴随着人员伤亡、工程停工以及周边道路塌陷、管线断裂等，不仅给企业带来直接经济损失，而且造成恶劣的社会影响。虽然信息化施工一直被提倡，但由于基坑监测仪器、管理上存在的问题，导致传统监测方式存在以下问题：

（1）监测设施滞后，如水位、应力监测需人工测读、手动记录，无法避免错漏或造假行为；

（2）现场监测无法全面监管，监测工作本身专业性较强，且现场监测中很难判断监测工作是否符合规范要求，即使能监测现场操作，也不能监管监测数据；

（3）数据处理方式多样化，各单位因规范理解、操作方法、现场测点及方式、监测元件不同等导致数据处理方式千变万化，无统一标准，仅能得到“相对准确”数据，且在数据的处理中无法监管，容易出现弄虚作假行为；

（4）监测数据传递滞缓，监测数据往往需及时传递至现场或行政部门，以及时指导下一步施工或给行政部门监管提供参考，而经过监测部门层层审批后得到的正式监测报告往往一周甚至半个月才能传递至各方，未起到相应的作用；

（5）经验积累差，监测单位数据因本身的“加工”往往不能获得其他单位的认同，仅仅作为本单位内部资料或工程验收资料存档，难于查询，不具备公信力，使各工程监测数据无法传播与积累。

9.3.3.2　基于物联网的深基坑工程安全监测预警系统

随着行业对深基坑工程安全管理的重视，以及物联网技术的成熟，部分软件公司研发了基于物联网的深基坑工程安全监测管理系统，以帮助用户实现深基坑工程的安全管理。目前国内多家软件公司先后发布了深基坑监测系统以实现地下工程和深基坑工程安全自动化监测。例如广州粤建三和软件股份有限公司研发的“地下工程和深基坑安全监测预警系统”，北京交通大学土木建筑工程学院研发的“隧道监测信息管理与预警系统”，江西飞尚科技有限公司研发的“基坑在线监测系统”，北京浩坤科技有限公司研发的“隧道监测预警系统”等。基于物联网的深基坑工程安全监测预警系统由两部分组成。

1）安全监测客户端

通过改造安全监测设备，实现现场监测数据通过无线 GPRS 连接到 PC，实时将监测数据传输至系统平台解算中心，进行实时解算，若监测数据不符合规范要求（操作方法或测试精度），则系统自动通过短信提示现场监测人员重新测量，若符合要求，则对外实时发布监测结果。通过监测数据的“不落地”传输、统一解算，杜绝监测数据修改、伪造等弊端。

2）安全监测软件平台

软件平台主要实现工程及安全监测信息的管理，主要功能包括：

（1）工程管理。实现工程基本信息登记及工程平面图导入、安全监测点设置等功能。是实现工程安全监测管理的基础。

（2）监测管理。该模块一般包含数据解算、异常判定、数据展示、报警提示等多个功能子模块，该模块全面展示工程开挖施工进度、监测数据图表、工程安全状态，管理部门可通过该模块有针对性地开展安全工作管理。

（3）实时监控。该模块对在监工地进行按报警类型予以分类统计，以图形化形式显示各类报警工程信息。系统根据监测值的情况标示为绿灯、黄灯、红灯和黑灯，进行亮灯报警。管理者可通过管理系统直接查询、调用在建或已建工地现场的监测数据，实时掌握监测情况，直观分析监测数据。

9.3.3.3　基于物联网的深基坑工程安全管理工具应用场景

下面以广州粤建三和软件股份有限公司开发的“地下工程和深基坑安全监测预警系统”为例进行介绍。

1）硬件改造

通过改造土压力盒、锚杆应力计、孔蹲水压计、静力水准仪、埋入式钢筋计、裂缝计、埋入式应变计等安全监测设备如图 9-26 所示，实现现场监测数据通过无线 GPRS 连接到 PC，实时将监测数据传输至软件平台。

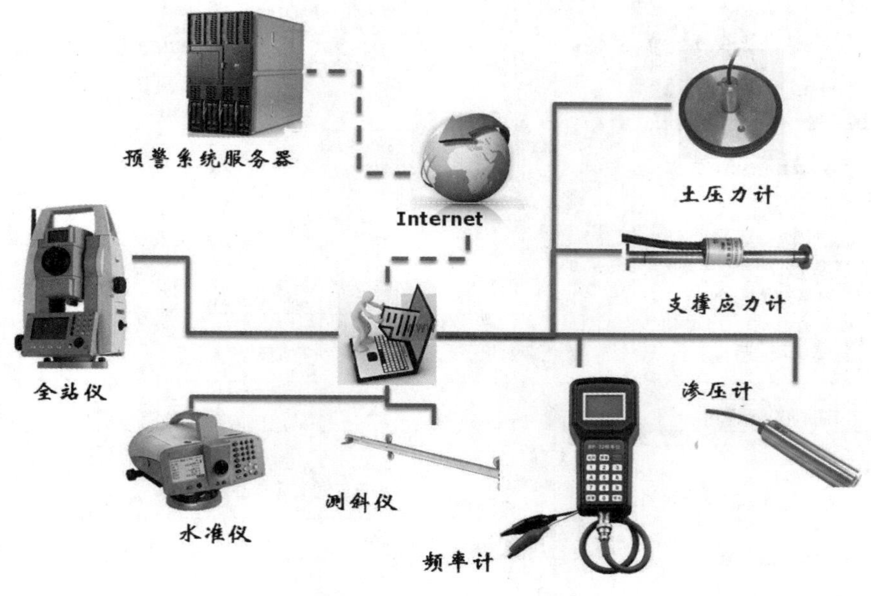

图 9-26　基坑监测工具改造

2）工程登记

登记工程基本信息，导入 CAD 工程结构图，设置工程监测点，设计工程监测方案，如图 9-27 所示。

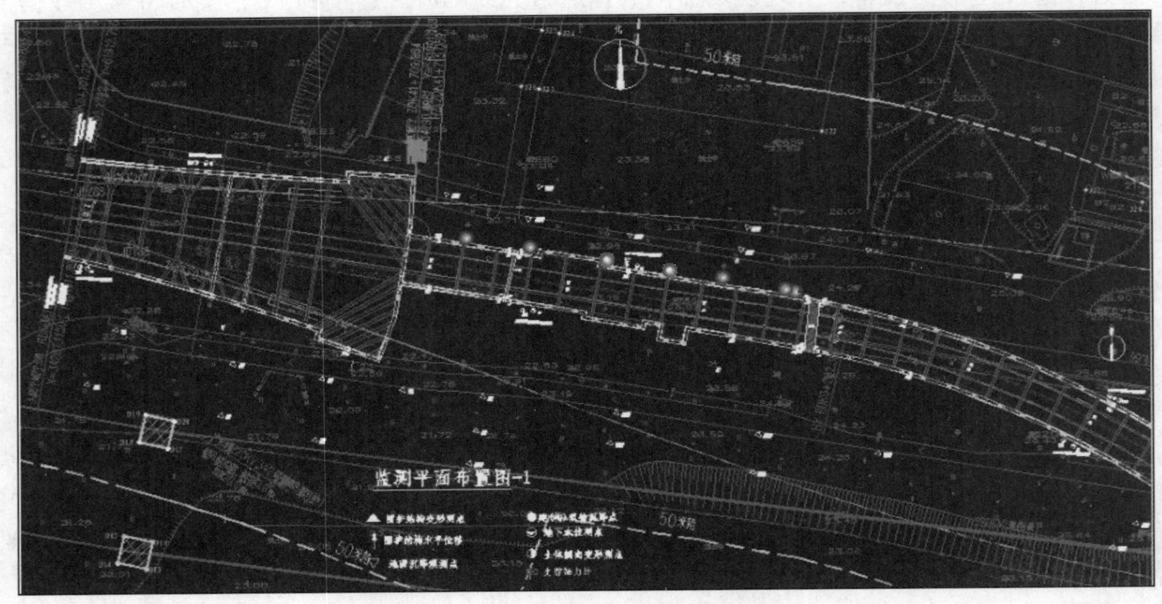

图 9-27　基坑工程安全监测平面

3）监测情况

全面展示深基坑工程安全监测信息，主要包括基坑监测平面图、现场照片、最新监测信息汇总表以及本次监测分析建议等内容，并可以通过监测项目查看其监测数据详情，如图 9-28 所示。

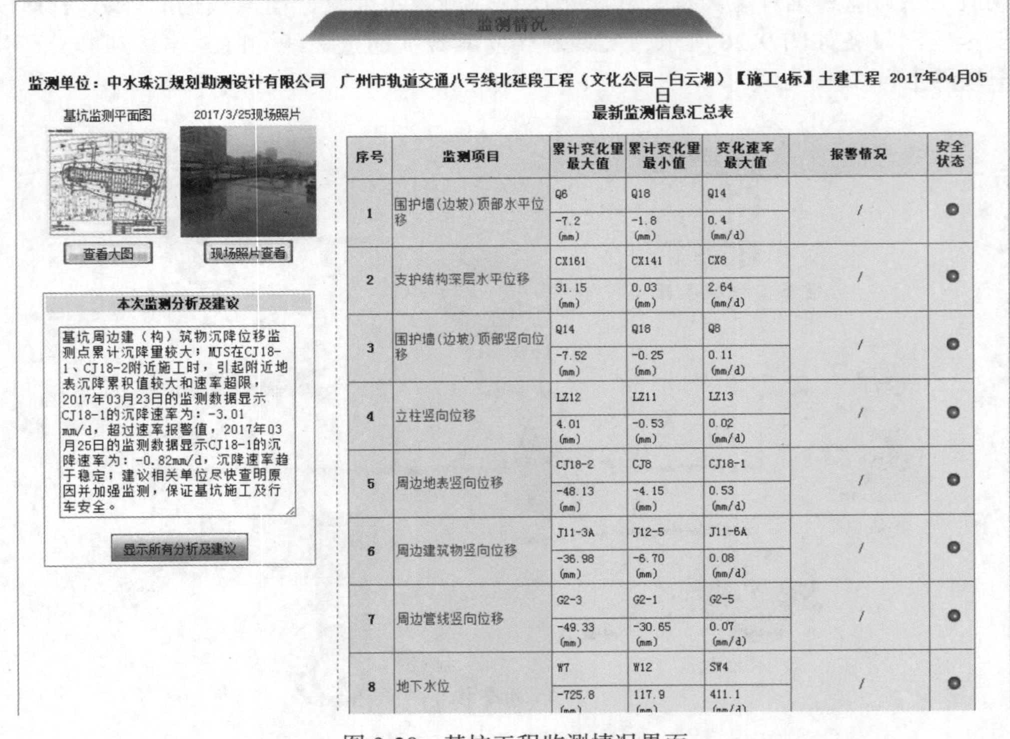

最新监测信息汇总表

序号	监测项目	累计变化量最大值	累计变化量最小值	变化速率最大值	报警情况	安全状态
1	围护墙(边坡)顶部水平位移	Q6 -7.2 (mm)	Q18 -1.8 (mm)	Q14 0.4 (mm/d)	/	●
2	支护结构深层水平位移	CX161 31.15 (mm)	CX141 0.03 (mm)	CX8 2.64 (mm/d)	/	●
3	围护墙(边坡)顶部竖向位移	Q14 -7.52 (mm)	Q18 -0.25 (mm)	Q8 0.11 (mm/d)	/	●
4	立柱竖向位移	LZ12 4.01 (mm)	LZ11 -0.53 (mm)	LZ13 0.02 (mm/d)	/	●
5	周边地表竖向位移	CJ18-2 -48.13 (mm)	CJ8 -4.15 (mm)	CJ18-1 0.53 (mm/d)	/	●
6	周边建筑物竖向位移	J11-3A -36.98 (mm)	J12-5 -6.70 (mm)	J11-6A 0.08 (mm/d)	/	●
7	周边管线竖向位移	G2-3 -49.33 (mm)	G2-1 -30.65 (mm)	G2-5 0.07 (mm/d)	/	●
8	地下水位	W7 -725.8 (mm)	W12 117.9 (mm)	SW4 411.1 (mm/d)	/	●

图 9-28　基坑工程监测情况界面

9.3.4　高支模工程的安全管理

9.3.4.1　应用背景

随着经济社会的持续快速发展和建筑科学技术的日益进步，各种商业建筑、住宅工程的规模、空间和体量均呈逐步增长趋势；建筑物的平面布局、结构类型更加复杂多样；大跨度、大截面梁及高空间的建筑物层出不穷，与此同时要求建筑物的支撑体系更高大、更复杂，因此，高大支模的应用越来越普遍，安全风险也越来越高。高支模坍塌事故的发生往往具有突发性，安全事故发生时间普遍很短，从出现危险征兆到事故发生通常只有数分钟乃至几十秒的时间。现场往往来不及进行安全排查，事故即告发生。加上高支模本身具有的高空间、大跨度等特点，导致高支模安全事故一旦发生，往往造成重大人员伤亡和巨大的经济损失。模板坍塌事故是建筑施工中极易引发群体伤亡的危险源之一。近几年来，模板坍塌事故发生频率之高、数量之多、影响之大，给国家和人民群众的生命财产造成了极大的损失。建筑施工企业的安全管理工作已将模板坍塌作为重大危险源进行识别和控制。

近年来高支模体系自动化实时监测技术已在全国各地推广，利用信息化手段加强对施工现场高支模作业过程中实时监控管理，对危险性较大的高支模进行预压监测和混凝土浇筑关键部位进行监测，而且强调积极采用自动化实时监测措施。

9.3.4.2　基于物联网的高支模工程安全监测应用工具

1）典型系统介绍

随着物联网技术的成熟，基于物联网的高支模安全监测系统作为智慧工地的重要组成部分得到了广泛应用。目前国内多家软件公司对此提出了自己的解决方案并研发了相关的软件产品，比如广州粤建三和软件股份有限公司研发了“高支模变形监测系统”，北京智博联科技股份有限公司研发了“ZBL-D1000 无线高支模实时监测系统”。一般地高支模变形监测系统由采集系统、软件平台和报警装置三部分组成。

（1）采集系统

采集系统通过对高支模安全监测设备的改造，实现监测数据的实时传输。主要改造硬件设备，包括数字压力计、数字倾角计、容栅数字位移计等设备。

（2）软件平台

软件平台主要实现高支模安全监测信息的管理，主要功能包括：

①工程管理。实现工程基本信息登记，以及监测方案的管理。

②实时监测。实现监测数据实时展示，通过可视化图直观显示传感器状态并通过多窗口实时显示监测时程曲线。

③监测管理。当监测结果超过安全阈值时系统自动报警，并记录报警信息以及报警信息的跟踪处理过程，让安全隐患在萌芽阶段就得到解决。同时系统提供历史监测过程信息的分类查询统计，以及在出现问题时能追踪历史记录，分析事故原因。

（3）报警装置

当监测值超过阈值时系统自动报警，支持现场声光报警、语音报警、短信远程报警等多种报警方式。报警装置如图 9-29 所示，海康威视、博康、天成等多家厂商有各类优质产品。

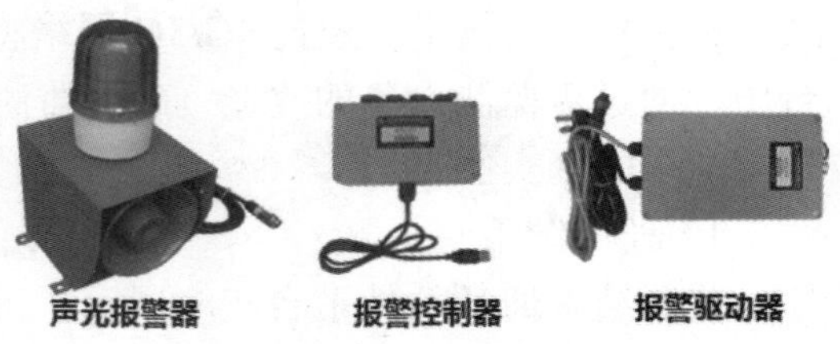

图 9-29　报警装置

2）应用价值

基于物联网的自动化高支模安全监测应用，实现监测数据自动采集，并将采集的数据通过网络自动传入控制主机，主机对所采集的数据进行分析处理，输出变形点的变形及相关信息。该应用具有自动化程度高，监测结果准确，减少人为误差，可实施动态设计、动态施工等优点，具体体现在以下三点：

（1）自动化监测提高了监测效率，实现了自动观测、数据实时传输、变形趋势全自动化分析展示，数据采集频率高、周期长，可进行 24 小时不间断测量，并且能够远程控制采集频率，高支模变形监测的及时性得以保证。而采用人工监测，效率低，按监测频率需长时间测量，且用人较多，数据记录较慢，无法进行 24 小时不间断测量。

（2）自动化监测提高了监测精度。自动化监测精度小于 1mm，满足规范及设计要求。而传统测量方法，用全站仪人员监测高程时误差较大，采用吊线法测量高程则对环境使用要求较高，常规监测方法较难满足监测要求。

（3）自动化监测可以提供安全保障。通过远程控制可以保证人员远离危险区域，进一步排除影响安全的不利因素，可保障作业人员的人身安全。

显然，自动化监测工具的应用便于有关人员及时掌握变形情况，为安全施工提供了依据，为高支模理论和设计方法的研究提供参考依据，为评价高支模施工及其使用过程中的稳定性做出有关预测预报，为业主、施工单位及监理单位提供预报数据，并跟踪和控制施工过程，合理采用和调整有关施工工艺和步骤，为工程项目取得最佳的经济效益做出贡献。

9.3.4.3 基于物联网的高支模工程安全监测工具的应用场景

下面以广州粤建三和软件股份有限公司开发的“高支模变形监测系统”为例进行介绍。

1）监测内容

高支模变形监测系统在研究分析高支模的破坏机理上，对地面沉降、扣件失效、顶杆失效、整体倾覆等内容进行监测，以确保高支模安全，如图 9-30 所示。

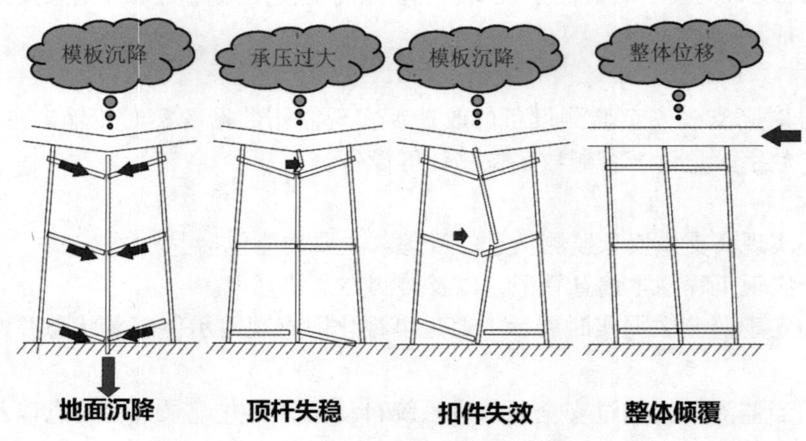

图 9-30 高支模监测原理

2）监测方式

利用物联网技术，通过 4G/3G 网络将高支模监测仪器连接起来，把监测数据实时传输到软件平台中。通过对监测设备的改造，确保监测数据不落地，避免监测结果丢失、数据篡改等问题，确保监测结果的真实性。

3）监测结果

监测结果通过软件平台实时展示。系统通过曲线图直观展示监测结果，并配套标准预警 / 报警界限，帮助用户直观了解监测内容安全状况，如图 9-31 所示。

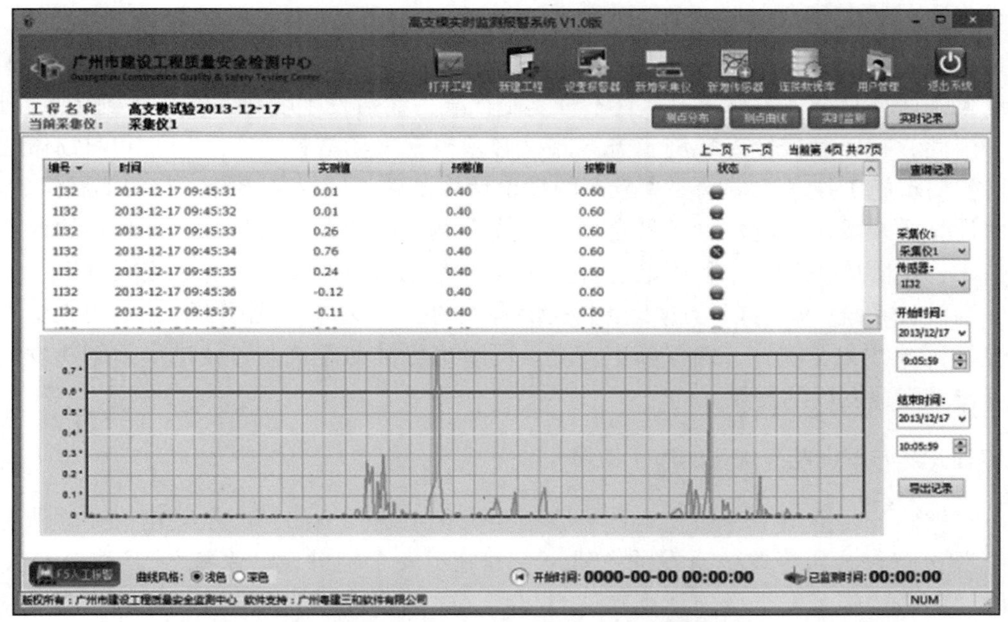

图 9-31　高支模设备监测结果界面

9.3.5　专项安全方案的编制及优化

9.3.5.1　应用背景

建设工程施工安全管理事关广大人民群众的切身利益，加强对建设工程项目施工安全的管理是稳定社会秩序、确保社会和谐发展的大事。建设施工安全专项方案是施工准备的一项重要工作，是指导项目施工的技术经济文件，对于加强建设工程安全生产管理、指导施工现场的安全文明施工、预防重大安全事故的发生具有重要的指导作用。

《建设工程安全生产管理条例》第二十六条规定，施工单位应当在施工组织设计中编制安全技术措施和施工现场临时用电方案，对基坑支护与降水工程、土方开挖工程、模板工程、起重吊装工程、脚手架工程、拆除与爆破工程等达到一定规模的危险性较大的分部分项工程编制专项施工方案，并附具安全验算结果。《危险性较大的分部分项工程安全管理办法》（建质［2009］87 号）中对危险性较大的分部分项工程范围及超过一定规模的危险性较大的分部分项工程范围进行了明确界定，主要有基坑支护、降水工程；土方开挖工程；模板工程及支撑体系；起重吊装及安装拆卸工程；脚手架工程；拆除、爆破工程和其他，且第七条规定专项方案编制应当包括工程概况、编制依据、施工计划、施工工艺技术、施工安全保证措施、劳动力计划、计算书及相关图纸等内容。可见，建设施工安全专项方案的计算是安全专项方案的重要组成部分，是确保施工安全的一项基础性技术工作。

建设施工安全是一门综合性科学，而施工计算是一门复杂的、多学科的技术，其特点是使用周期短、随机性大、计算边界条件复杂，其安全和可操作性要求高、实用性强。同时，施工计算不同于一般建筑结构的设计计算，而是一种纯粹为施工安全控制和管理必需的计算，与一般结构计算相比较，其计算随各地区施工条件、已有材料和习惯做法不同而变化，计算对象千变万化，与其他专业学科有着密切联系，故计算难度相对较大。

然而，目前我国建设工程的安全专项施工方案的安全计算尚存在编写不规范、内容不齐全、无针对性等问题，具体体现为设计选取的公式或数据有误、套用类似工程的原有方案、无基本的设计计算、无基本的施工安装及节点详图等，对现场施工起不到应有的指导作用，一些重大的安全事故也频频发生，阻滞了国民经济的发展。且部分技术人员还停留在手工、半手工计算状态，有些是用Word编写、有些用Excel编写、有些用半自动的程序实现，但大多都不能绘制图形，手工修改和验算的工作量大，计算复杂，容易出错；且不可复制，某一参数发生变化，需从头到尾重新计算一遍，效率低下。因此，在编制安全专项施工方案时，必须根据现场材料的实际尺寸和习惯做法来确定计算模型，这就要求施工技术人员既要有较高的理论计算基础，同时又要有一定的实践经验。

而借助计算机技术，通过建立各种合理的计算模型并以计算机软件来完成复杂的计算，同时利用数据库技术将实际施工过程中积累的各种施工安全专项方案及实际经验集成数据库，这种施工安全计算机辅助设计系统，就可以给施工企业提供有力的技术支持，提高其所编制的安全专项施工方案的针对性、科学性和合理性，确保施工安全。同时也可推动建筑业科技进步、创新发展，适应现代建筑施工技术飞速发展的需要。

9.3.5.2　专项安全方案编制及优化的应用工具

国内多家软件公司推出了专项安全方案编制及优化系统。例如，广州粤建三和软件有限公司联合广州建筑股份有限公司等单位研发的“建筑工程施工安全辅助设计系统”，广联达科技股份有限公司研发的“广联达施工安全设施计算软件GAQ”，中国建筑科学研究院研发的“施工设施安全计算软件SGJS”，杭州品茗科技有限公司研发的“品茗施工安全设施计算软件”等。

当前国内专项安全方案编制及优化工具主要是安全计算软件。软件将施工安全技术和计算机科学有机地结合起来，针对施工现场的特点和要求，依靠有关国家规范和地方规程，为施工技术人员编审安全专项施工方案和安全技术管理提供便捷工具。当前国内主要安全计算软件一般包括脚手架、模板、塔式起重机、临时用电用水、降排水、钢筋支架、混凝土、结构吊装、基坑、垂直运输设施、爆破、冬期施工、顶管施工等模块。主要功能包括：

（1）专项方案设计与计算

根据设计要求输入基本参数，系统智能生成图文并茂的计算书。系统同时提供设施计算评估，具备快速计算及提供优化意见的功能。

（2）生成专项方案

在优化的计算书基础上，系统提供安全专项施工方案书快速生成功能。系统同时提供专业绘图工具，可绘制各种节点详图，直接写入方案书；提供各种构造措施，可灵活补充删减，可直接写入方案书。

（3）应急预案编制

系统提供应急预案范例和素材，收编了大量应急预案的法律法规、教材和专业文章供参考。

（4）生成报审表

系统智能生成专项方案报审表，选取计算要点供专家、总工程师和监理工程师等审核。同时智能提取设计计算参数并生成参数报表，使技术参数一览无余。

（5）生成施工技术交底

在专项方案的基础上，智能生成施工技术交底，系统提供齐全的检查管理用表，以及提供大量施工节点的现场图片，直接写入技术交底。真正实现专项方案指导施工。

9.3.5.3　专项安全方案编制及优化工具的应用场景

下面以广州粤建三和软件股份有限公司开发的“建设工程施工安全辅助设计系统”为例进行介绍。

应用建设工程施工安全辅助设计系统，生成安全专项施工方案，仅需输入相关的计算参数，即可自动生成内容丰富的安全专项施工方案并附带计算书，对输入的参数进行分析计算和过程验算。一般安全专项施工方案的编制流程如图9-32所示。

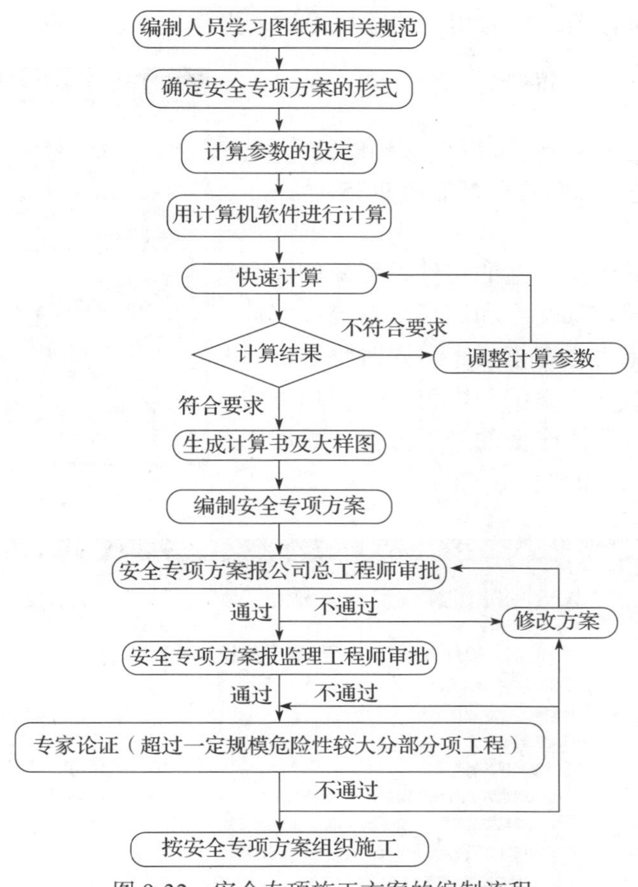

图 9-32　安全专项施工方案的编制流程

1）方案编制

（1）计算模型选择

根据所要编制的方案类型，选择相应方案类型的设计计算模型，输入计算参数，系统自动进行计算，如图 9-33 所示。

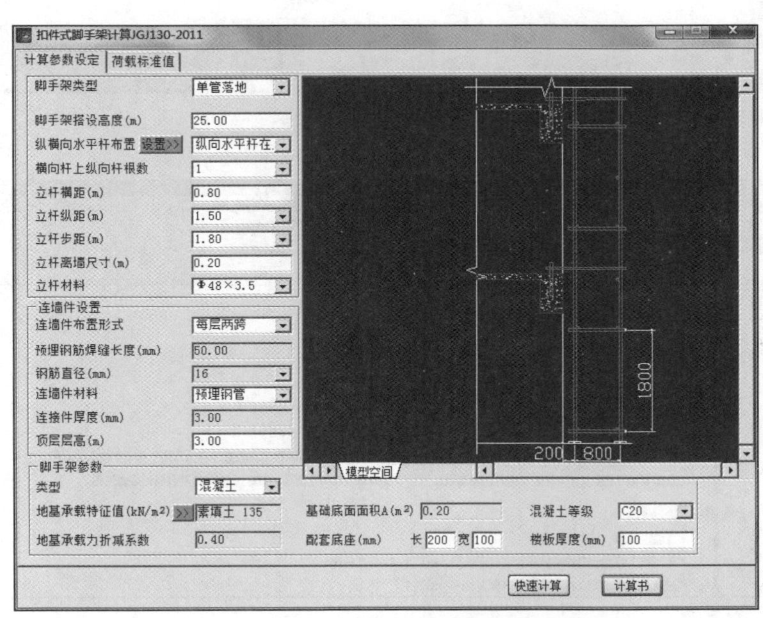

图 9-33　计算参数设置

同时，系统提供参考数值，还为相关的数据提供了操作选择，方便、简化使用过程，可直接查看相关的参数信息，如图 9-34 所示。

（2）生成计算书

系统计算完成后，生成 Word 和 PDF 文档的计算书，可以直接修改和调整，进行保存打印，如图 9-35 所示。

（3）生成施工方案

施工方案是全面指导施工实施的文件，可操作性和针对性强，需按项目不同增加文字和图形，系统根据计算书内容，调取对应的施工方案模板，可同时将多份计算书合成在同一方案中。在方案编制窗口中，用户可增减文字，或增加图形，以形成全面的施工方案，最后生成 Word 格式的施工方案，如图 9-36 所示。

风压高度变化系数

地面粗糙度可分为A、B、C、D以下四类：

－A类指近海海面和海岛、海岸、湖岸及沙漠地区；

－B类指田野、乡村、丛林、丘陵以及房屋比较稀疏的乡镇和城市郊区；及沙漠地区；

－C类指有密集建筑群的城市市区；

－D类指有密集建筑群且房屋较高的城市市区；

操作说明：请双击所选择的风压系数或选择后按“确定”

离地面或海平面高度（m）	A类	B类	C类	D类
5	1.09	1.00	0.65	0.51
10	1.28	1.00	0.65	0.51
15	1.42	1.13	0.65	0.51
20	1.52	1.23	0.74	0.51
30	1.67	1.39	0.88	0.51
40	1.79	1.52	1.00	0.60
50	1.89	1.62	1.10	0.69
60	1.97	1.71	1.20	0.77

确定　取消

图 9-34　相关参数信息

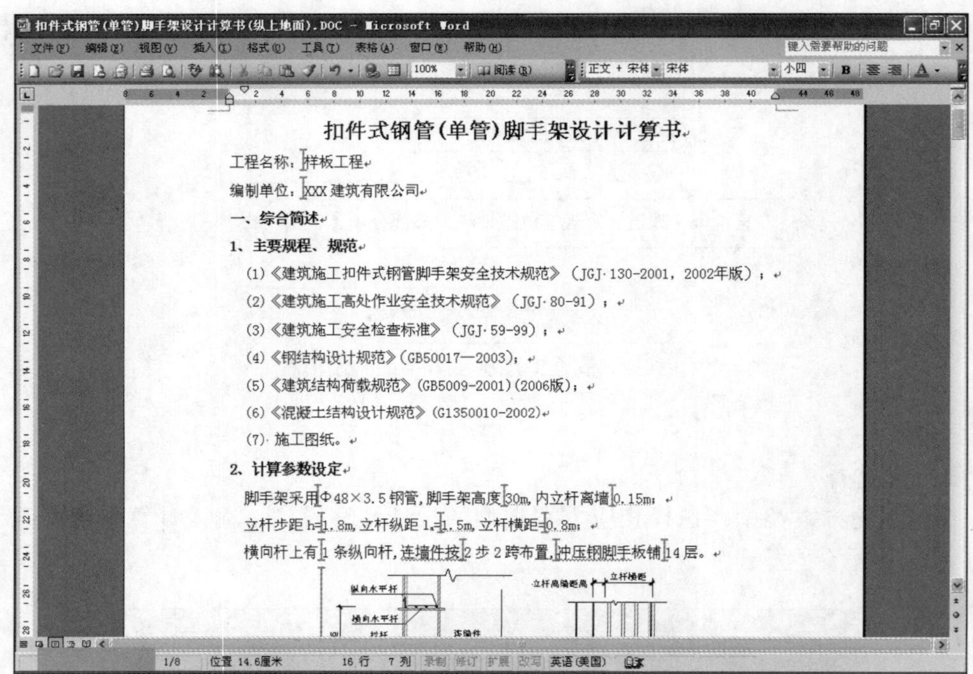

扣件式钢管(单管)脚手架设计计算书(纵上地面).DOC - Microsoft Word

扣件式钢管(单管)脚手架设计计算书

工程名称：样板工程

编制单位：XXX 建筑有限公司

一、综合简述

1、主要规程、规范

(1)《建筑施工扣件式钢管脚手架安全技术规范》（JGJ·130-2001，2002年版）；

(2)《建筑施工高处作业安全技术规范》（JGJ·80-91）；

(3)《建筑施工安全检查标准》（JGJ·59-99）；

(4)《钢结构设计规范》(GB50017—2003)；

(5)《建筑结构荷载规范》(GB5009-2001)(2006版)；

(6)《混凝土结构设计规范》(G1350010-2002)

(7) 施工图纸。

2、计算参数设定

脚手架采用Φ48×3.5 钢管，脚手架高度 30m，内立杆离墙 0.15m；

立杆步距 h=1.8m，立杆纵距 l=1.5m，立杆横距=0.8m；

横向杆上有 1 条纵向杆，连墙件按 2 步 2 跨布置，冲压钢脚手板铺 14 层。

图 9-35　计算书文档

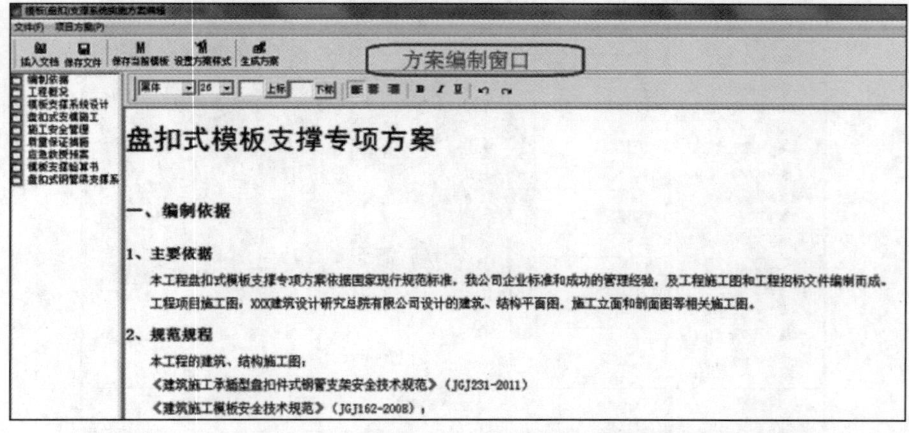

盘扣式模板支撑专项方案

一、编制依据

1、主要依据

本工程盘扣式模板支撑专项方案依据国家现行规范标准，我公司企业标准和成功的管理经验，及工程施工图和工程招标文件编制而成。

工程项目施工图，XXX建筑设计研究总院有限公司设计的建筑、结构平面图，施工立面和剖面图等相关施工图。

2、规范规程

本工程的建筑、结构施工图；

《建筑施工承插型盘扣件式钢管支架安全技术规范》（JGJ231-2011）

《建筑施工模板安全技术规范》（JGJ162-2008），

图 9-36　方案编制窗口

2）方案优化

系统严格按现行施工及结构设计规范，通过“快速计算”功能，可以对所填写的数据进行审核，检查填写的数据是否符合规范要求，进行快速计算，计算结果如图 9-37 所示。

对于不符合规范要求的计算结果，系统自动用红色的警示字体显示，并智能提示产生不合格数据的可能原因，用户可按提示进行数据修改，直到全部计算结果符合要求，达到优化设计方案的目的，如图 9-38 所示。

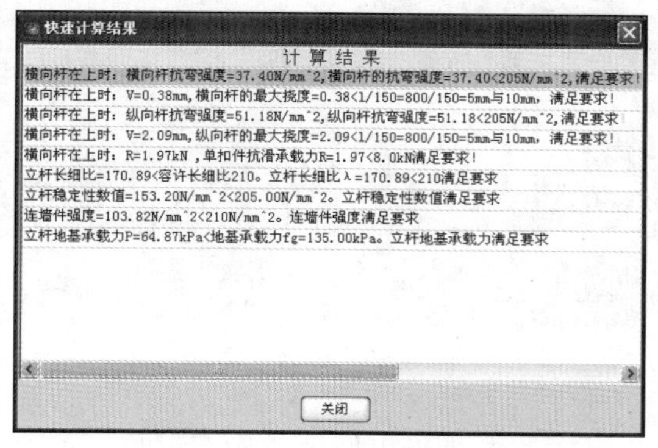

图 9-37　快速计算结果

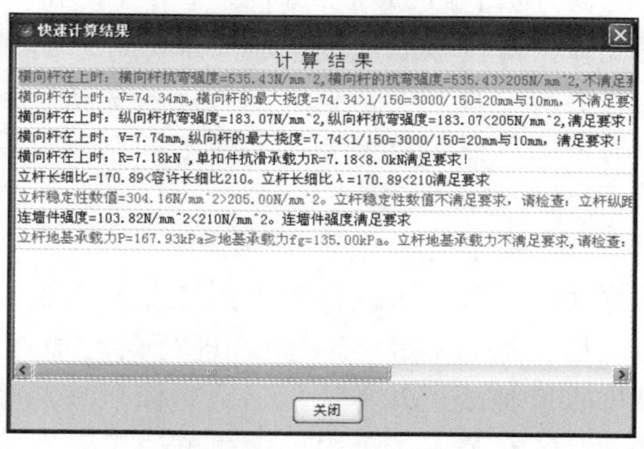

图 9-38　不满足要求时的快速计算结果

9.4　应用案例

9.4.1　基于 BIM 的质量管理应用——西铁国际商业科研综合楼项目

1）工程概况

丰台区西铁国际商业科研综合楼整个项目用地位于北京市丰台区凉水河南侧，经开东路以东。总用地面积 124 400m^2，其中地上建筑面积 70 000m^2（办公 15 000m^2，商业 55 000m^2），地下建筑面积 54 400m^2。主体为框架剪力墙结构，基础形式为独立基础加防水板加筏板基础。

2）工程特点

本工程为总包交钥匙工程，为完成业主对于质量和安全文明施工的严格要求，项目工作人员以 BIM 技术为基础，通过“项目信息化集成管理平台”的“BIM 总发包管理模式”对主体结构、二次结构、精装、幕墙等分项工程的质量进行严格管理。作为中建二局三公司天津分公司的第一个 BIM 试点项目，公司相关领导也为本工程制定了高远的目标，通过该项目，探索“BIM 总发包管理模式”下的质量安全管理方法。

项目本身结构复杂，造型样式多，机电管线众多，错综复杂，施工难度大。同时，施工高峰期劳务分包较多，共 8 家分包公司，同一时间在工作面作业人数多达 800 人，劳务流动量大，质量把控难度进一步加大。

3）应用内容

西铁营国际商业科研楼项目在实施过程中采用 Autodesk Revit、Navisworks、广联达 BIM 5D 模型平台进行技术方案交底以及质量安全管理。项目前期，通过三维交底文档与二维码结合，实现小前端大后端的管理手段，通过 BIM 5D 模型平台，技术员可随时在后端对布局现场的二维码内容进行调整，便于现场人员进行查看，有助于提高工程质量。在施工管理过程中，采用手机端和网页端进行质量问题数据录入和分析，提升了管理力度，有效地缩短了解决问题的时间，避免了重大问题的发生。

（1）前期交底

工程施工初期，项目技术部对复杂工艺工法进行了 BIM 方案编制，通过模型在 Navisworks 和广联达 BIM 5D 模型平台中模拟施工过程，形象、直观地展现出关键节点，并将交底视频通过 BIM 5D 模型平台与节点模型挂接，关联到二维码中，在现场进行粘贴。现场人员直接扫描二维码读取相关文档信息，一方面方便了施工人员对施工过程中关键步骤的理解，另一方面提高了交底效率，保障了施工质量。如图 9-39 所示，现场人员直接扫描二维码，查看铝模拼装交底视频，对模板间嵌缝措施、加固和快拆体系等有更清晰直观的认识，有效地避免了搭建过程出现的截面位移偏差过大、竖向结构标高不符等问题，提高了施工质量。

图 9-39　模型展示

（2）过程管控

①以往项目管理人员发现施工中存在的质量问题后，通过电话与责任人进行问题描述，或编写质量整改通知单，然后通过资料室将整改单下发到有关人员手中，这样单纯靠语言描述和照片组成的整改单，使质量检查信息不够直观，阻碍了各施工队伍之间的交流和沟通。

现在利用广联达 BIM 5D 模型平台手机移动端，项目质量员可通过手机端直接记录问题照片的发生时间、位置，并指定劳务分包责任人，责任人接到信息后便可立刻安排工人进行整改，相比以往开会进行问题阐述更加明白、沟通更加方便，极大地减少了质检员和资料员的工作量，解决了信息共享难、容易疏漏的问题，如图 9-40 所示。

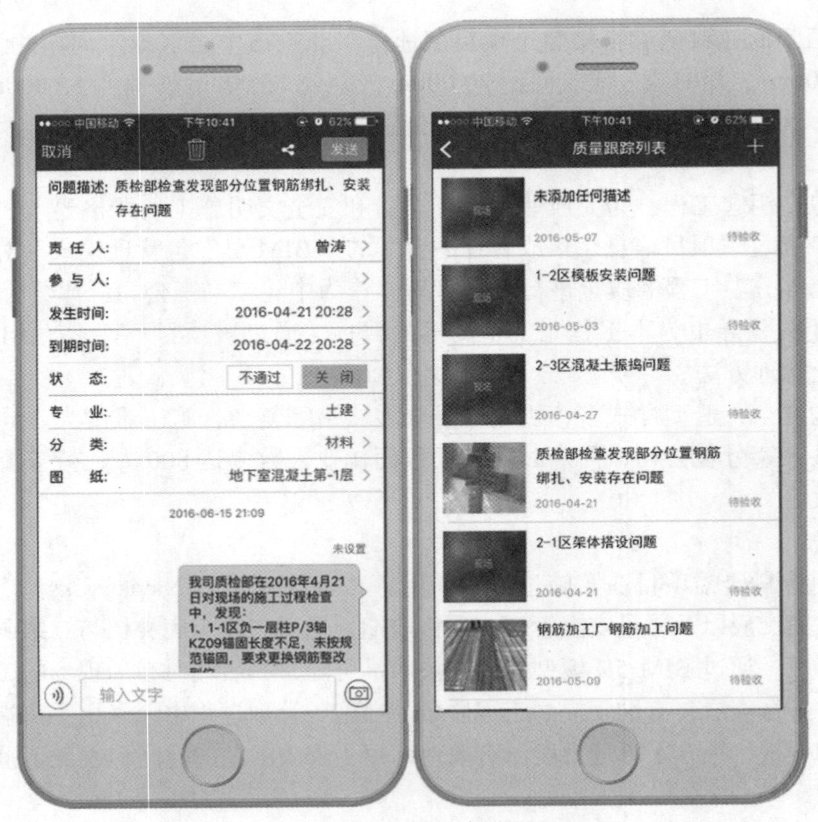

图 9-40　移动端质量问题录入

②项目施工中质量管理是动态的，有些问题因得不到及时的记录容易遗漏，还有一些问题由于管理人员的岗位调整和调离而丢失，而通过 BIM+ 云技术，将所有信息自动留存在云端便可解决该问题。手机记录好的问题，可直接上传到云端，很大程度地避免了质量问题的遗漏和丢失，也为后期竣工资料的整理提供了便利，如图 9-41、图 9-42 所示。

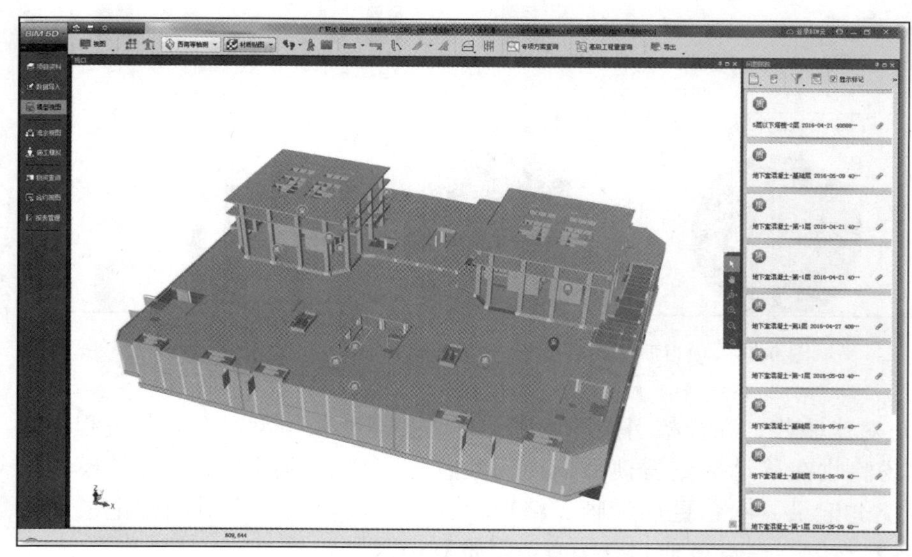

图 9-41　项目质量问题关联模型

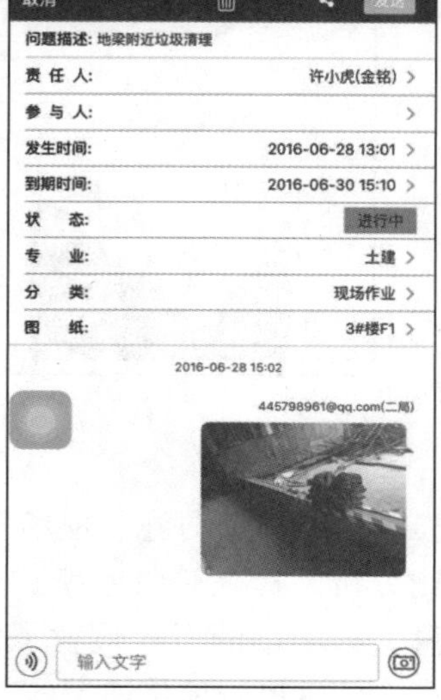

图 9-42　质量问题检索

（3）事后分析

加强过程跟踪、整改问题的同时，也可通过 BIM 5D 模型平台项目驾驶舱所留存质量问题处理痕迹进行综合分析，网页驾驶舱中可直接分析本周发生质量问题的数量、专业、问题分类、整改完成数量等必要信息。项目管理人员按照处理时间对质量问题进行逐条排序，避免了原始记录的二次录入，减少了质检员和资料员的工作量。管理层可通过查看网页端，实时了解项目质量管理情况。对于集中、通病的质量问题，可从管理平台中提取质量问题数据召开针对性专题会议进行处理，加强项目对分包的管理，如图 9-43、图 9-44 所示。

图 9-43　西铁营项目质量会议

4）应用效果

BIM 技术在质量安全方面相比较传统的处理方式，在处理时间和处理流程方面具有优势。质量问题得到了及时处理，明确了责任人和问题的具体位置，使问题的传达和处理流程得以简化，加强了对分包的约束力，问题发生的数量得到明显下降。

（1）提高验收效率

之前验收需要监理、工长和质检员到现场进行验收，验收前他们对现场施工的效果并不清楚，利用 BIM 5D 模型平台手机移动端后，分包劳务人员将需要验收的部位拍照上传，这样监理和质检就会收到信息，方便验收人员之间的交流，所有的验收步骤都可在云端留下痕迹，也减轻了验收人员的工作量，不需将验收数据二次输入到电脑。验收不合格的部位，分包劳务队整改后再通过手机移动端将整改后的部位上传，一些细小的问题，就不需要验收人员到现场进行查验，很大程度地提高了验收效率。

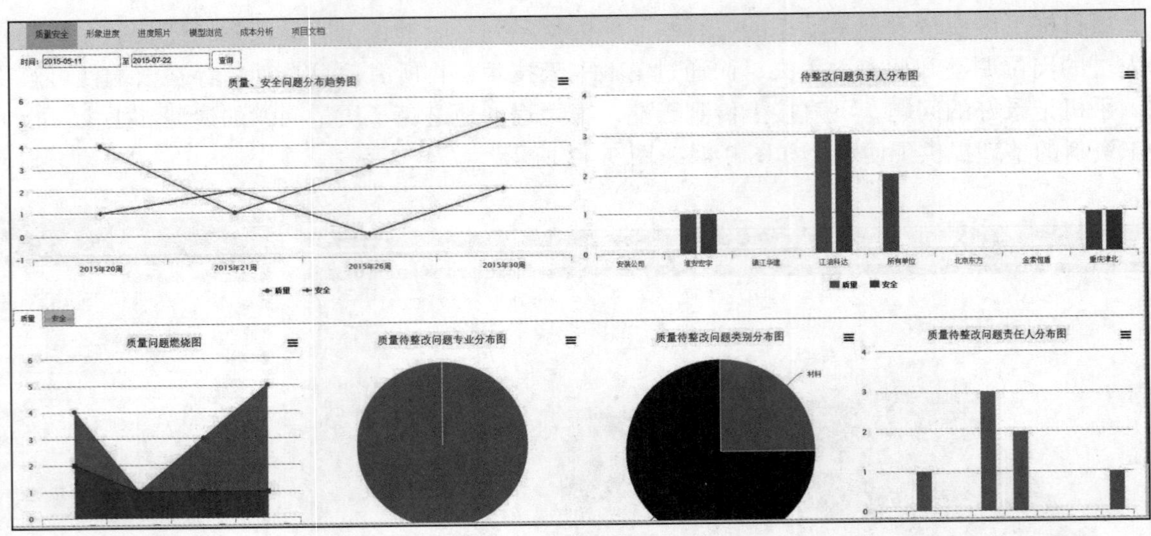

图 9-44　项目质量问题分析汇总

三维模型与施工现场质量对比验收，在样板引入的基础上优先搭建样板模型，在验收过程中对比分析，提高验收效率。现场验收在移动端查看模型，现场验收施工质量的同时也验收了模型质量。移动端的引入代替了传统笔记录，问题更加清晰、精准，提高了巡检过程中对问题记录的效率。信息更好地传递至施工各参与方，信息得到共享，避免了重复沟通。

（2）提升管理水平

有效地规范了施工流程，及时避免了施工过程中的错误。这种方式相比传统的文档记录，更加适用于现场施工，不仅摆脱了文字的抽象，还促进了质量问题协调工作的开展，使所有的原始记录可溯可查。同时将 BIM 技术与现代化新技术相结合，进一步优化了质量管理体系。

清晰的流程跟踪，使问题可以得到第一时间的反馈与整改，隐患问题一经发现，全部自动备份至云端，难以躲藏。无形中增加了对分包的约束力，增强了管理力度，降低了问题发生的频度。地下主体结构分包结算时，不仅问题数目在逐步减少，所有整改通知单等相关数据在云端一应俱全，为分包结算带来了极大的便利，达到了项目精细化管理的目的。

质量问题关联模型后，项目班子可在 PC 端直接查看项目质量问题集中的位置以及出现的质量问题较多的时间段，辅助项目班子决策。项目可针对性地召开相关质量问题专题会议，加强现场管理。以数据为支撑，可对项目的质量问题了然于胸。

（3）保障施工质量

当现场发生质量问题后，管理人员利用手机对质量问题进行拍照、录音和文字记录，并关联模型，再通过广联云自动实现手机与电脑数据同步，避免了检查问题的遗漏，防止了资料的弄虚作假，提高了建筑物的质量性能，保障了工期，降低了施工成本。

9.4.2　智慧工地质量安全管理——广晟万博城项目

1）工程概况

万博中央商务区数码产业总部商业楼项目（简称广晟万博城项目）位于广州市番禺区南村镇里仁洞迎宾路东侧，总用地面积为 40878.9m^2，总建筑面积为 377061m^2。本项目主要功能分为商业裙楼、办公及酒店塔楼，如图 9-45 所示。包括自编号 A# 塔楼 70 层（包括 9 层裙楼，高 320m）、B# 塔楼 26 层（高 140m）、C# 塔楼 31 层（高 150m），商业街（包括 1# 裙楼 4 层、2# 裙楼 4 层、3# 裙楼 4 层、4# 裙楼 4 层、5# 裙楼 1 层）。地下部分共 4 层，除地下 1 层部分为商业区及地下 2 层部分为商业及酒店后勤外，其余均为车库和设备用房。

2）工程特点

本项目设计理念先进，A# 塔楼建筑顶部钻石塔冠优雅的收分造型设计，为钢结构倒三角钻石体，打造一个魅力无限的“番禺之最”，与番禺区特色珠宝产业交相辉映。A# 塔楼塔冠高度约 28m，共包含 5 层结构，呈倒三角钻石体。外框由 12 根截面为 1100mm × 35mm 的圆管柱组成，中心处主要由 3 层十字伸臂箱型桁架构成，并在桁架顶层处设置停机坪。塔冠总吨位达 1254t，被称为“万博之光”。

B#、C# 两座塔楼为连体结构，在 25 ~ 26F、标高 114.25 ~ 123.25m 处设有钢结构空中连廊，连廊总高度 9m，跨度达 38.7m，总重约 1000t，将采用液压整体提升技术提升至设计标高，届时将成为广州市单体建筑连廊提升高度之最，为番禺最高的空中会所。

图 9-45 广晟万博城项目效果图

3）应用内容

广晟万博城智慧工地示范项目是由中国建筑第二工程局有限公司负责承建、广州粤建三和软件股份有限公司负责具体研发实施的项目，该项目按照住房城乡建设部《建筑工程施工现场监管信息系统技术规程》统筹规划建设，项目内容包括：

①一个综合平台。实现智慧工地现场所有信息的一体化展示与管理。

②三类终端展示。以 PC 端、移动端和工地电子显示屏展示工地管理信息。

③十大应用系统。具体包括广州粤建三和软件股份有限公司的“3H 混凝土质量追踪及动态监管系统”、“3H 建设工程检测管理系统”、“3H 建设工程实测实量管理系统”、“地下工程和深基坑安全监测预警系统”、“3H 建筑起重机械安全监控系统”、“高支模变形监测系统”、“扬尘噪声实时监控系统”、“工地视频监控系统”、“3H 劳务实名制管理系统”和“3H 工程项目管理系统”。

该项目具有规模大、起点高、技术新、体验好、应用广的特点，主要管理内容介绍如下。

（1）混凝土质量管理

当混凝土进场后，项目部经理会在现场制作的混凝土试块中植入唯一编码的芯片，并将植入芯片的混凝土试块送入标准养护室养护，待 28 天龄期一到便运往检测站检测。通过手持终端对芯片写入见证相关信息，对试块取样过程进行 GPS 定位、拍照，记录试块信息，从而形成混凝土试块的唯一性标识。芯片包含 GPS 定位功能和照片上传功能，能在网上定位到试块制作的位置。将芯片信息扫描上传到广州市混凝土质量追踪及动态监管系统，准确反映试块制作到检测试压的全过程。同时，混凝土生产数据实时采集上传，通过数据采集技术对每一槽、每一车混凝土进行实时监控，确保混凝土生产质量。

（2）工程检测

材料送检后，可对材料检测报告的状态进行查询，出具材料检测报告后，可在平台中在线查看检测结果。

（3）实测实量

项目在进行实测实量时，通过手机 App 将实测数据传输到智慧工地综合管理信息平台中，并生成二维码，将二维码粘贴于工程部位上，只要拿出手机扫一扫，就能知道相关信息。

（4）深基坑监测

项目前期进行基坑工程施工时，通过设置在基坑周边的传感器，24 小时不间断地采集数据，实时监测基坑变形情况，超出限值时自动报警，通知现场人员采取相应措施。

（5）起重机械

项目通过智慧工地综合管理信息平台对起重机械从其进场安装、检测设备的安全性、设备的日常使用环节及退场拆卸全过程实施一体化管理，对设备及操作人员进行备案管理。操作人员需进行人脸或指纹识别进行身份验证，才能上机操作。同时，在起重机械上安装部署了风速报警、防倾斜、制动控制、黑匣子等装置，对起重机械进行实时监控，了解设备运行状态，出现异常时平台会自动报警。

（6）高支模监测

项目进行混凝土模板支撑工程施工时，在模板及钢管上布设传感器，通过传感器可实时测量高支模支撑体系的支架变形、倾斜、立杆轴力以及模板沉降，进而对施工现场的高支模实现连续的实时监测，当监测值超过阈值时自动进行声光报警，告知施工人员撤离。

（7）扬尘噪声

通过在现场安装扬尘噪声监测设备，对施工现场扬尘及噪声排放情况进行监测，扬尘及噪声超出限值时就会预警，通知施工人员及时采取措施降尘降噪。

（8）视频监控

通过在工地大门、材料堆场、高空作业设备等前端监控点安装球形或枪形摄像头，全天 24 小时在线实时、不间断地将施工现场实时监控信息传输到平台上。视频监控平台支持多画面切换、定时录像、视频抓拍等功能，实时查看工地视频了解现场情况。提供录像取证方式，为项目部管理现场施工人员提供有力证据与依据。发生事故时，可调取历史视频对事故进行调查取证。

（9）劳务实名制考勤

工地大门安装四台人脸识别闸机，工人每天上下班只需在进出口的人脸识别考勤机前站一下，系统就会自动识别“人脸”并记录到云平台，人员信息可实时显示在工地门口的大屏幕公示牌和综合管理信息平台上。项目管理人员可通过手机 App 实时掌控项目施工现场劳务用工情况，劳务人员可在手机上查询考勤记录和工资发放、接受安全教育等信息。

4）应用效果

（1）通过混凝土试块植入芯片管理，确保了混凝土试块真实性和唯一性，防止在取样过程中发生替换或者其他造假的现象，数据放在平台上，会永远保存在数据库里面。利用信息和网络技术加强监管，使混凝土质量管理流程信息化、精确化、规范化。

（2）实测实量采用二维码对工程部位进行标识，扫描二维码即可查看实测数据，将建设工程施工质量控制提升到用数据反映质量的层次，方便监督员、管理人员等了解、掌握现场施工质量，为制定整改措施作支撑。

（3）通过传感设备对深基坑、起重机械、高支模三大危险源进行实时监测，并智能预警，使安全管理做到事前预防，变被动管理为主动管理。

（4）通过施工现场视频监控平台，提供实时在线监控、无人值守监控、全方位立体监控，全面提高项目管理人员工作效率，节约人力资源。

（5）通过人脸识别，保证考勤真实有效，杜绝代打考勤，实现工地现场的信息化门禁管理。借助人脸识别考勤系统，工地可以实时掌握人员上班情况，工人能够随时查阅工资考勤情况，既能防范恶意欠薪，又能防止恶意讨薪，大大提升了项目工地的劳务管理质量。

9.5　存在的问题及发展趋势

随着大数据、云计算、物联网、BIM 等信息技术的飞速发展及智慧工地的出现，施工现场质量安全管理逐渐由人工方式转变为信息化、智能化管理，这极大提高了工程质量安全管理效率，解决了部分工程质量安全管理难题，显著提升了工程质量安全管理效果，大大节省了工程质量安全管理成本。当前智慧工地的推广应用，对工程质量安全管理具有重要作用。但智能化管理不是工程管理的终点，应用 BIM 与物联网技术，实现 BIM 技术与物联网二者的结合，将质量安全智能管理提升为智慧管理是工程管理的重要发展方向。

物联网与 BIM 技术的融合通过 BIM 信息化模型和物联网的 RFID 等电子芯片及传感器来实现。BIM 技术实现上层信息集成、交互、展示和管理的功能，而物联网技术实现底层信息感知、采集、传递、监控的功能，二者集成实现虚拟信息化管理与实体环境硬件之间的有机融合。在施工过程中，施工安全隐患无处不在，通过应用基于 BIM 技术的物联网应用可以提高施工现场安全管理能力。例如：使用无线射频识别标识在临边洞口、出入口防护棚等防护设施上，并在标签芯片中载入对应编号、防护等级、报警装置等与管理中心的 BIM 系统相对应，达到实时监控效果；也可以对高空作业人员的安全帽、安全带、身份识别牌进行相应的无线射频识别，同样在 BIM 系统中精确定位。如操作作业不符合相关规定，身份识别牌和 BIM 系统中相关定位会同时报警，使管理人员精确定位隐患位置，从而采取措施避免安全事故的发生。

基于 BIM 的物联网应用可以有效提高质量管理水平。例如：在施工过程中经常需要对隐蔽工程进行抽样检验以确保工程质量，其检测不可能全面，同时隐蔽工程的检测通常采用破坏性检测，对建设工程质量本身造成较大影响，利用物联网技术对隐蔽工程部位放置反映质量参数的感应器，再结合 BIM 系统的三维信息技术可以精准定位到每个隐蔽工程的关键部位，从而检测建设程质量状况是否达到设计要求；同时，通过在一些关键部位设置感应器采集系统加上基于 BIM 技术的报警系统，可以使工程技术人员及时获取质量问题的精确部位，及时采取措施，将工程质量的损失降到最低。

参考文献

[1] 李亚东，郎灏川，吴天华. 基于 BIM 实施的工程质量管理 [J]. 施工技术，2013, 42 (15): 20-112.

[2] 基于 BIM 技术的施工阶段整体解决方案 [J]. 土木建筑工程信息技术，2015, 7 (3): 28-29.

[3] 任江，钟崇光，郭娜. 基于物联网技术的施工现场管理深度应用研究 [J]. 土木建筑工程信息技术，2013, 5 (5): 40-44.

[4] http://www.lhzw.com.cn/jjfa/483799.shtml.

[5] 董大旻，冯凯梁. 物联网技术在建筑施工安全管理中的应用 [J]. 建筑，2010, (19): 21-23.

[6] 基于物联网的建筑施工安全管理系统解决方案. https://wenku.baidu.com/view/1d0b451ba300a6c30c229f6f.html.

[7] 张发雨. 浅谈基于 BIM 的技术在施工项目管理中的应用. https://wenku.baidu.com/view/8210794b27d3240c8447ef91.html.

第 10 章　智慧绿色施工管理

10.1　概述

建筑业是一个资源消耗大、污染排放集中、覆盖面和影响面广的行业。一方面，施工过程是建筑产品的生成阶段，需要消耗大量的水泥、钢材、木材、玻璃等各种材料，同时需要各类施工机具、运输设备的投入配套；另一方面，在给整个城市带来巨大改观的同时，在施工过程中释放大量的扬尘、噪声、废水、固体废弃物等污染，也影响现场及其周围公众的生产生活，造成了负面的环境影响。

绿色施工是指工程建设中，在保证质量、安全等基本要求的前提下，通过科学管理和技术进步，最大限度地节约资源与减少对环境负面影响的施工活动，实现“四节一环保”（节能、节地、节水、节材和环境保护）。建筑业实行绿色施工对我国节能减排、环境保护工作的意义十分重大，绿色施工是建筑业实施可持续发展战略的重要措施之一。住房和城乡建设部先后颁布了《建筑工程绿色施工评价标准》（GB/T50640-2010）和《建筑工程绿色施工规范》（GB/T50905-2014），目前全国越来越多的建筑企业对绿色施工的意义已经达成了共识，绿色施工在近几年得到了突飞猛进的发展。

智慧绿色施工管理即指在绿色施工过程中，利用现代通讯技术、物联网、移动互联网、大数据等前沿技术，对施工现场节能、节材、节水、节地及环境保护方面进行控制、管理与评价，以期达到资源节约与环境保护目的的过程。智慧绿色施工管理不仅体现对人的体力劳动的解放，而且体现施工过程中的资源节约与环境保护。

10.2　应用内容和工具

10.2.1　基于物联网的节水管理

10.2.1.1　应用背景

节水与水资源高效利用是绿色施工的重要内容，建筑施工用水主要包括施工生产用水、生活用水和消防用水。由于施工现场用水量大、用水点多，如果没有有效的管理及技术措施，很容易造成建筑施工用水的严重浪费。例如，在基坑降排水工程中，大量优质地下水直接排入市政管网；无有效利用设施，致使大量雨水白白流失；模板清洗、湿润、混凝土养护、材料设备清洗等施工用水无章可循，随意性大；管理及操作人员责任心差，施工现场、生活区随处可见水龙头、生产供水等设施滴水、漏水、长流水现象。

随着绿色施工的推进，节水与水资源高效利用逐渐受到施工单位重视，目前，项目大多采取以下措施来达到节水目的：

（1）施工生产用水和生活用水分开，在不同施工阶段分别制定用水计划，办公区、生活区采用节水器具，如节水龙头。

（2）施工现场进出大门口设置冲洗设施，并在附近设置洗车废水收集池及沉淀池，通过沉淀后的水用于降尘洒水及绿化灌溉。

（3）在生活区设置雨水收集池，利用场地高差将雨水收集至雨水池中，通过沉淀后用于降尘洒水及绿化灌溉。

（4）混凝土定时喷淋养护。

上述措施对节水起到了一定的作用，但生活用水"跑冒滴漏"的现象仍然屡见不鲜，因此，基于物联网的一体化水控系统得到越来越多项目的青睐。

10.2.1.2　基于物联网的水控系统

基于物联网的一卡通水控系统在一定程度上可以很好地解决项目现场水资源的浪费问题。利用智能化水控系统，可以对项目现场的生活用水、生产用水进行分类，实施限量控制，并实现与相关物联网设施联动，在一定程度上实现全自动控制用水。

1）基于物联网的水控系统分类

基于物联网的水控系统目前可分为两类："一卡通"式的水控系统和基于传感器数据联动控制的水控系统。前者是指对施工现场工人淋浴房、开水房、洗衣房等公共用水场所统一安装一体化水控器，通常采用"先买水、后用水"模式，以经济的手段达到控制用水、节约用水的目的。目前市场上的兴日智能、新开普、圣恩智能等均为"一卡通"式的水控系统。后者一般用在项目生产环节，比如施工现场的喷淋降尘、混凝土的定时养护等，实现粉尘监测传感数据、温度监测数据与用水控制阀门之间的联动，实现全自动的用水管理。

2）基于物联网的水控系统的典型功能

下面以新开普智能一体化水控系统为例进行介绍。

系统采用全密封防水设计。安装更加简单、使用更加安全、性能更加节能、外观更加时尚。其典型的功能如下：

（1）远程抄控。系统对于部署在项目前端的一些控制设施，能够实现远程控制与管理，比如抄表、流量管理等。

（2）智能管理。通过上位机管理软件实现购水、补水、退水、查询用水量、剩余水量等管理。

（3）防磁攻击。当受到磁攻击时，报告上位机管理软件，提示受到磁攻击。

（4）计费管理。对用户用水时采取计用量、计时等方式，实现用水扣费的自动管理。

（5）信息同步。上位机管理软件可随时同步相关控制器的用水量、水表状态等信息。

该系统目前已在实际项目中进行试用，并得到用户的好评。

10.2.1.3　基于物联网的水控系统应用场景

在通常条件下，工地部署基于物联网的水控系统主要过程分为以下几步：

（1）根据施工技术方案对工地现场进行全面分析，统一部署水控系统。

（2）制作水卡。工地管理方统一配置和管理水卡，根据需要可以设置人员是免费领取水卡还是付费购买。

（3）领取水卡。用户领取内设水量的水卡。

（4）水卡充值。用户可以根据用水的实际情况，对水卡进行充值操作。

（5）用水。将水卡插置在水控一体机上相应位置，有水从出水口流出供用户使用，如水控系统启用红外控制，用手遮挡水控器液晶显示窗，即有水流出，再次用手遮挡显示窗，水则停止流出，如图 10-1 所示。

（6）结束用水。用完水后，拔卡即可结束整个过程。

10.2.2　基于 BIM 的钢筋自动加工

10.2.2.1　应用背景

图 10-1　工地现场洗浴用水安装

钢筋加工是工程建设必不可少的重要环节。传统的钢筋加工制作方式是，先由钢筋翻样人员按照施工图纸进行翻样，制作钢筋加工表，加工人员将钢筋加工表与设计图复核，检查下料表是否有错误和遗漏，对每种钢筋要按下料表检查是否达到要求。然后，再按下料表放样，试制合格后方可成批制作。在这个过程中，所有的工序操作需要凭借工人手动去完成，不同的工人对于钢筋尺寸的把握、操作的熟练程度、对工作的责任心等方面的差异，导致钢筋加工成品质量良莠不齐，整体上存在着效率低、质量差、浪费多、管理混乱等现象，一定程度上还会影响到项目整体的质量、工期。

基于 BIM 的钢筋自动加工则可以很好地解决这一难题。该模式通过 3D 建模，将二维平面图转化成立体结构图，同时利用数字化钢筋翻样，确定钢筋的数量、角度、型号等参数，可以让钢筋加工机床照料下单、数控加工，不但尺寸、弯曲度等比人工加工更精准，而且还大大减少了钢筋损耗，从而达到节约钢筋用量的目的。例如，武汉天河机场项目钢筋总用量 1506t，利用基于 BIM 的钢筋自动加工过程只产生了 8.9t 废料，整体利用率为 99.41%，而传统方法加工钢筋，损耗率约为 3%，显然对于材料的节约较之传统有了大幅的提高。

10.2.2.2　基于 BIM 的钢筋自动加工系统

1）基于 BIM 的钢筋自动加工系统分类

基于 BIM 的钢筋自动加工系统可分为三类：钢筋自动翻样类、半自动加工应用类以及全自动加工应用类。目前市场上广联达云翻样软件、中建三局自主研发的基于 BIM 的钢筋自动加工系统均属于钢筋翻样类软件。半自动加工类应用主要是购置初级的钢筋加工机床，需要定制，工人根据技术人员交底及相关文档，利用机械设备对钢筋进行加工。全自动加工类应用主要是购置固特（GUTE）、中鑫等机械厂家生产的全自动钢筋加工设备，结合翻样软件数据等，利用全自动加工设备对钢筋进行加工。

2）基于 BIM 的钢筋自动加工系统的典型功能

下面以中建三局自主研发的基于 BIM 的钢筋自动加工系统为例进行介绍。该类系统主要由软件、硬件两部分构成，其典型功能如下：

（1）建模翻样。利用该软件对需要使用钢筋的工程部位进行建模，并自动产生料单。

（2）任务分配。将料单上传到云管理系统，云管理系统给工人下发任务，任务完成后自动跳转到下一任务，同时记录时间，统计工效。

（3）数控加工。将钢筋成品的参数要求输入数控设备控制台，设备即可进行标准化钢筋剪切、车丝、弯曲、调直加工。

（4）半成品分拣。根据不同构件分区，分型号打包分拣。

10.2.2.3　基于 BIM 的钢筋自动加工应用场景

以中建三局自主研发的基于 BIM 的钢筋自动加工系统为例，一般分为以下几步展开应用。

（1）BIM 翻样。以独立基础的 BIM 翻样为例。在电脑软件中打开 BIM 模型，选中一个独立基础，输入混凝土保护层厚度、纵筋和底筋型号、钢筋间距数值等关键参数，点击“确定”，钢筋分布自动显现，如图 10-2 所示。

图 10-2　钢筋翻样排布示意图

（2）生成原始料单。选择自定的料单模板文件，点击“导出”，一份料单立即生成。

（3）生成加工料单。将原始料单使用自主开发的“料单处理程序”进行优化调整与工位分配，使切割钢筋长短搭配科学，实现套料最优、废料最少，生成各工位加工料单和分拣料单，如图 10-3 所示。

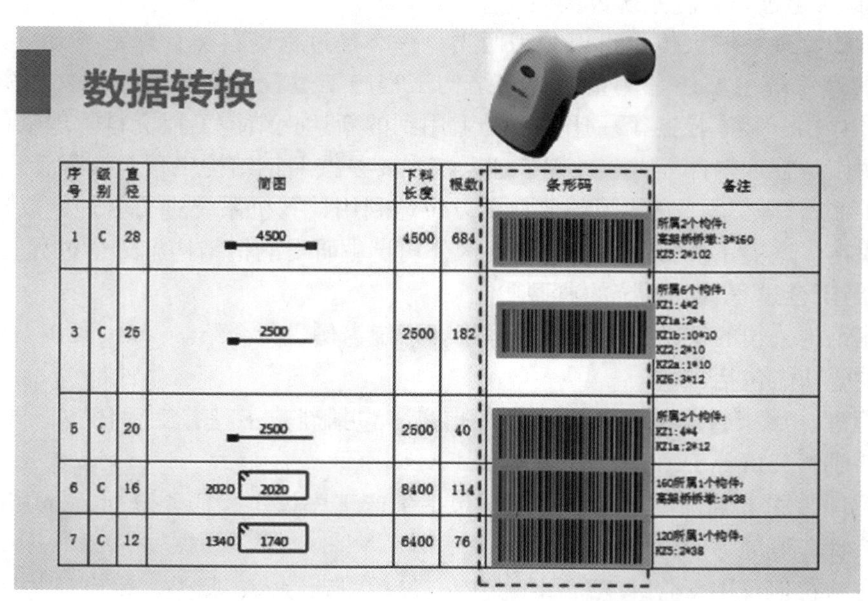

序号	级别	直径	简图	下料长度	根数	条形码	备注
1	C	28	4500	4500	684		所属2个构件： 高架桥桥墩：3*160 KZ5：2*102
3	C	25	2500	2500	182		所属6个构件： KZ1：4*2 KZ1a：2*4 KZ1b：10*10 KZ2：2*10 KZ2a：1*10 KZ6：3*12
5	C	20	2500	2500	40		所属2个构件： KZ1：4*4 KZ1a：2*12
6	C	16	2020 2020	8400	114		160所属1个构件： 高架桥桥墩：3*38
7	C	12	1340 1740	6400	76		120所属1个构件： KZ5：2*38

图 10-3　钢筋加工料单图

（4）通过网络将料单发送给工人。通过基于 BIM 的钢筋加工系统将加工任务料单发送至各工位的操作工人。

（5）工人扫码将任务导入数控设备。工人拿起与数控设备相连的扫码器，对着加工料牌上的条形码轻轻一扫，数控设备屏幕上将按顺序逐一显现相应的加工任务，如图 10-4 所示。

（6）数控钢筋加工。“盘螺”原材经过调直、弯曲，复制出一个个圆形箍筋，落入半成品料槽中。整个过程中工人只需站在操作台前监控，彻底告别“手挑肩扛”的工作方式。

图 10-4　工人加工料单图

10.2.3　钢结构施工全过程管理

10.2.3.1　应用背景

在传统的钢结构施工工艺中，信息交流主要依靠二维平面图纸，图纸表达的准确与否与绘图人有密切的关系，同时绘图者与读图者对于信息的理解方面也存在差异，因理解差异造成信息不对称，造成返工、误工等导致工期延误的严重后果，不仅影响工程质量，而且容易给项目造成成本浪费。

当前，在项目现场绿色施工过程中，仍然有相当多的项目涉及钢结构施工过程，为了加强钢结构施工全过程智慧管理，减少传统方式下钢结构施工从设计、下料、制作、现场安装等过程管理信息传递与控制的误差，确保优质高效地完成施工，有的企业已经开始构建了钢结构全过程管理系统。

10.2.3.2　钢结构施工全过程管理系统

钢结构全过程管理系统是指利用现代先进互联网技术、网络传输技术等对钢结构施工过程进行全程跟踪管理，包括钢结构工程的设计、评审、材料采购、下料、制作、质检、安装、维护整个生命周期的一个现代管理体系，通过该体系可以提升钢结构施工的工作效率，使钢结构施工各项工艺的衔接更为有效及时，各项工作的开展有条不紊，从本质上提升工程品质。

1）钢结构施工全过程管理系统分类

钢结构全过程管理系统大体上可以分为两类：一类是过程资料类管理系统，一类是全过程管理系统。资料类管理系统主要还是侧重于对钢结构工程施工过程中产生的系列文档资料进行有效管理，包括起草、存档、版本控制等。比如市场上用到的新达钢结构工程资料管理软件，杭州品茗公司的施工资料制作与管理软件等；全过程管理系统主要是按照钢结构工程全过程管理思路，从设计、材料采购、加工制作、运输、安装等环节，全方位地利用计算机系统进行管理，以提高整体管理效率，降低管理成本。这类系统目前只有中建钢构公司自主研发的钢结构施工全过程管理系统。

2）钢结构施工全过程管理系统的典型功能

下面以中建钢构公司的钢结构施工全过程管理系统为例进行介绍。

该系统的主要功能包括：

（1）工程管理。用于管理工程各批次任务信息，包括新建工程、工程任务，导入零构件清单，进行工程预算、成本分析等。

（2）生产管理。用于管理生产施工过程，包括生产工序设定、任务分配、排版套料、工位路线指定、生产施工状态追溯等。

（3）图纸文档管理。用于管理工程图纸文档，包括图纸导入、归类、传输、共享等。

（4）采购管理。用于管理与工程材料采购相关的业务，包括新建供应商、新建采购订单、接收订单、采购退回等。

（5）库存管理。用于管理材料库存信息，包括新建材质、材料入库、位置转移、库存盘点等。

（6）综合信息。用于建立工程构件或材料的销售记录，包括建立销售订单、记录等。

（7）工程计量。用于工程量估算，包括添加客户信息、进行工程估算、添加工程查询信息等。

10.2.3.3　钢结构施工全过程管理系统应用场景

以中建钢构公司的钢结构施工全过程管理系统为例，其应用分为以下几步：

（1）建立项目的信息编码体系。系统部署完成后，首先需要在系统中建立项目的有关初始信息，并合理地划分出施工阶段、不同专业的施工工序，进行统一编码。编码的例子如图 10-5 所示。在施工阶段进行工序编码的基础上，建立项目员工、物资设备及零配件等编码。编码的例子如图 10-6 所示。

工序编码	描述	工序编码	描述
1001	深化建模	2001	材料计划编制
1002	图纸送审	2002	材料采购
……	……	……	……
3001	下料	4001	配套吊运
3002	3002	4002	装车
3003	组立	4003	现场验收
3004	产品入库	4004	安装完成
……	……	……	……

图 10-5　施工工序划分示意图

构件（构件的主零件）名称	名称代码
钢柱	GZ
钢框柱	GKZ
暗柱	AZ
钢梁	GZ
钢框梁	GKL
连梁	LL
暗梁	AL
边梁	BL
吊车梁	DCL
钢板墙	GBQ
钢桁架	HJ
伸臂桁架	SHJ
环形桁架	HHJ
钢屋架	WJ
钢檩条	LT
钢支撑	ZC
楼梯	T

图 10-6　零配件编码示意图

（2）在系统中导入模型数据，形成初始施工数据。需要导入的数据如图 10-7 所示。

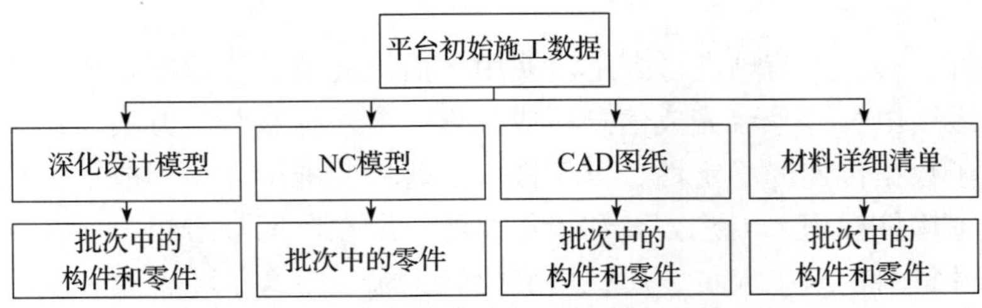

图 10-7　系统模型数据分类导入

（3）从结构特点和生产管理的角度进行相应的结构分批和生产分班，如图 10-8 所示。

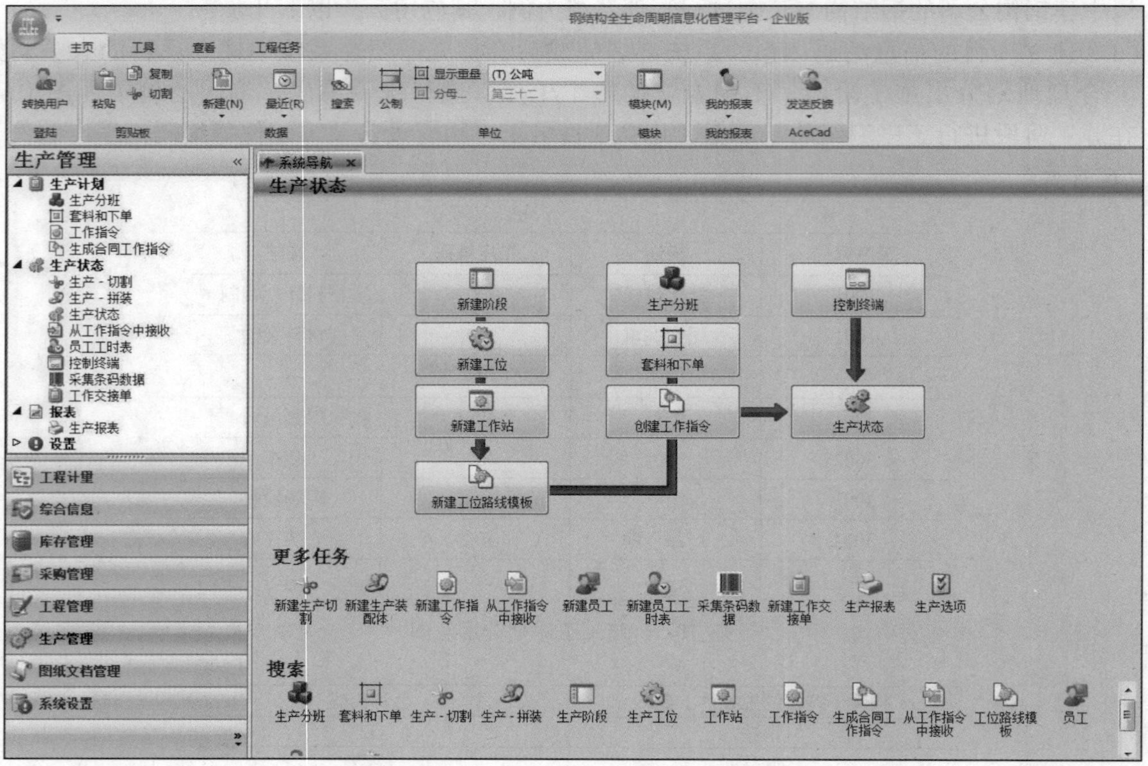

图 10-8　结构分批与生产分班显示

（4）对分批（班）次的零构件创建工序指令，所有工序按照一定的顺序排列，构成了零构件施工的工位路线。

（5）自动生成与施工工序配套的工艺文件，包括电子标签（员工标签、工序标签、零构件标签）、工序配套表、工位路线卡、工序任务清单、工序交接单等，如图 10-9 所示。

（6）质检员进行工序质量验收，进行工序扫描，由此形成工序管理数据。

（7）业务部门通过平台可视化功能（BIM 模型、数据报表等）进行施工全过程管理。

通过使用钢结构施工全过程管理系统，主要取得以下几个方面的应用效果：

（1）可视化

钢结构全过程管理系统以三维深化设计模型和 NC 模型为信息载体，实现了工程可视化。系统中各类数据是相互关联的，可以在施工各个阶段关联地查看模型数据。通过选中模型构件，可方便查询构件的施工过程信息。各类数据的有机结合，突破了传统信息交流模式中信息沟通的障碍，以更为直观的方式向管理人员展示了工程进度、成本等施工信息，为全生命期管理建立了模型基础。

（2）可追溯

通过对“人、机、料”等信息进行绑定，使用扫描枪终端进行数据采集，通过多种网络传输途径进行数据传送，最终由管理平台完成信息集成处理。电子标签解决方案简化了人工繁复的数据采集工作，大幅提高了数据传递的稳定性、可靠性、及时性、准确性，形成了信息化工程管理的数据传递体系，通过从零构件标识、工艺方案和工位路线、所在车间和班组、所在项目现场工段、设备和辅助设施、零构件材料、施工人员、质检员、检验记录、不合格项整改和复检信息、以及物流信息等多个方面信息整合，建立了施工全过程追溯体系，实现了全方位追溯管理。

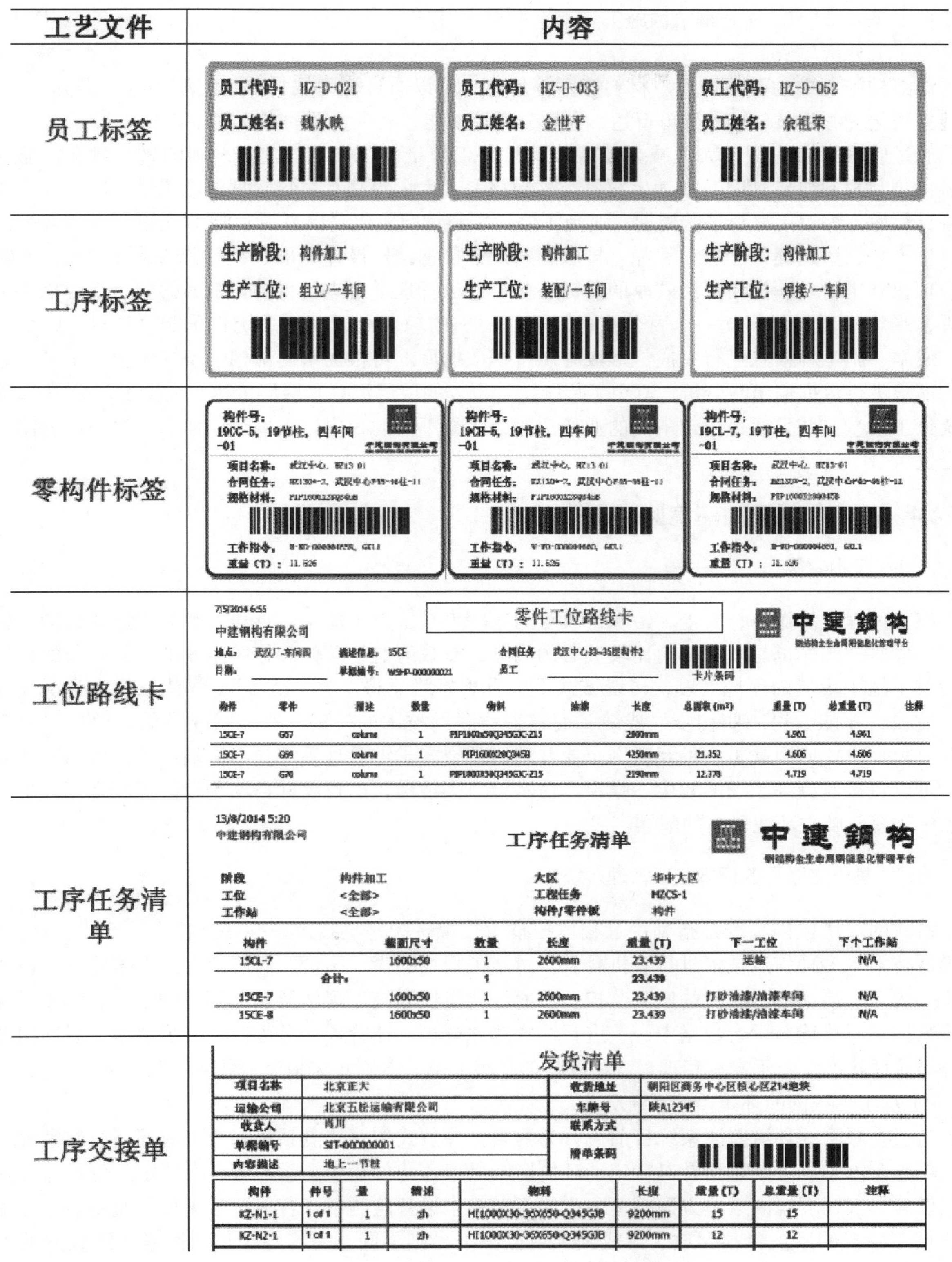

工艺文件	内容
员工标签	员工代码：HZ-D-021　员工姓名：魏永映 员工代码：HZ-D-033　员工姓名：金世平 员工代码：HZ-D-052　员工姓名：余祖荣
工序标签	生产阶段：构件加工　生产工位：组立/一车间 生产阶段：构件加工　生产工位：装配/一车间 生产阶段：构件加工　生产工位：焊接/一车间
零构件标签	构件号：19CG-5，19节柱，四车间-01　项目名称：武汉中心　重量（T）：11.626 构件号：19CH-5，19节柱，四车间-01　项目名称：武汉中心　重量（T）：11.626 构件号：19CL-7，19节柱，四车间-01　项目名称：武汉中心
工位路线卡	见下表（零件工位路线卡）
工序任务清单	见下表（工序任务清单）
工序交接单	见下表（发货清单）

7/5/2014 6:55
中建钢构有限公司
零件工位路线卡
中建鋼构
地点：武汉厂-车间四　描述信息：15CE　合同任务　武汉中心33~35层构件2
日期：　单据编号：WSHP-000000021　员工
卡片条码

构件	零件	描述	数量	物料	油漆	长度	总面积(m²)	重量(T)	总重量(T)	注释
15CE-7	G67	column	1	PIP1800x50Q345GJC-Z15		2800mm		4.961	4.961	
15CE-7	G69	column	1	PIP1600X28Q345B		4250mm	21.352	4.606	4.606	
15CE-7	G70	column	1	PIP1800X50Q345GJC-Z15		2190mm	12.378	4.719	4.719	

13/8/2014 5:20
中建钢构有限公司
工序任务清单
中建鋼构
钢结构全生命周期信息化管理平台

阶段	构件加工	大区	华中大区
工位	<全部>	工程任务	HZCS-1
工作站	<全部>	构件/零件板	构件

构件	截面尺寸	数量	长度	重量(T)	下一工位	下个工作站
15CL-7	1600x50	1	2600mm	23.439	运输	N/A
合计：		1		23.439		
15CE-7	1600x50	1	2600mm	23.439	打砂油漆/油漆车间	N/A
15CE-8	1600x50	1	2600mm	23.439	打砂油漆/油漆车间	N/A

发货清单

项目名称	北京正大	收货地址	朝阳区商务中心区核心区Z14地块
运输公司	北京五松运输有限公司	车牌号	陕A12345
收货人	肖川	联系方式	
单据编号	SIT-000000001	清单条码	
内容描述	地上一节柱		

构件	件号	量	描述	物料	长度	重量(T)	总重量(T)	注释
KZ-N1-1	1 of 1	1	zh	HI1000X30-36X650-Q345GJB	9200mm	15	15	
KZ-N2-1	1 of 1	1	zh	HI1000X30-36X650-Q345GJB	9200mm	12	12	

图 10-9　工序工艺文件示意图

通过全方位追溯管理，实时获取施工过程信息，与对应的计划体系相互对照，通过颜色变化等可视化手段提醒管理人员进行及时纠偏，建立工期预警和过程纠偏机制，转变传统的结果管控为过程管控。施工数据可以从平台中以管理报表的方式生成，直接用于指导过程管理（如可自动生成生产任务书等），起到了提升钢结构施工管理水平的作用。

（3）可分析

钢结构施工中的资源需求、材料库存等信息，可以通过模型按材质、类型等进行筛分、汇总，实现集约化资源需求分析、订单下达、存量分析等功能，实现资源的有效管控。

通过管理平台应用，大大减少了人工统计的工作量，可实现快速、准确的材料盘点，缩减了90%的项目材料盘点耗时，自动生成各类材料报表，大大提高了材料管理的准确性和时效性。建立常备材料库，缩短了材料采购周期，避免了停工等料情况发生，提高了40%以上的库存周转率，为项目生产顺利履约提供了有力保障。排版套料是连接钢结构设计、采购、制造的重要步骤，同时也是合理化利用材料、提高生产效率的关键环节。通过管理平台进行自动识别、拆分、组合相关项目零件，平均降低材料损耗一个百分点，提高了材料的综合利用率。系统将采购、材料、图纸、生产、成本、施工等信息进行集成，形成施工过程数据库。可根据不同部门、不同阶段、不同业务系统的需求进行数据输出与分析，避免了传统统计报表的层层汇总和层层传达，减少了至少70%的人工统计工作量。并且通过指定不同的业务角色，赋予不同的权限，查看相应信息，提高数据使用的安全性。

10.2.4　基于物联网的环境监测与控制

10.2.4.1　应用背景

施工过程中的噪声、粉尘、污水排放等问题一直是施工工地与附近居民容易引起纠纷的主要问题，环境监控同样也是政府部门比较关心的问题，是政府监管单位和相关企业的社会责任的具体表现。对于施工现场的环境问题，传统方式下的管理始终显得“力不从心”，只能依靠人为反复的检查、监督，才能取得一些初步的成效，而随着物联网技术的发展，这一状况目前在项目层面有望得到改观。主要原因就是一批互联网企业开始研发智慧工地管理系统，与前端终端设备的传感器相连，可以直接监测到现场的粉尘、噪声、污水排放等情况，出现超标自动预警，提醒施工方采取控制措施，有效解决环境影响的问题。

10.2.4.2　基于物联网的环境监测管理系统

物联网环境监测系统是指利用远程监控技术、视音频采集技术、互联网技术、智能芯片技术、传感器技术等多种信息技术进行有机融合，对施工现场噪声、扬尘、温湿度、污水排放等一切和施工相关的工艺活动进行实时的监测监控，从而构建出控制施工现场及周围环境的系统。该类系统通过将数据实时传输至后台数据中心，进行综合对比分析，让管理人员可以及时了解施工现场的现场环境与管理状态，便于掌握管理过程中存在的环境问题，及时地采取有效措施进行应对。

1）基于物联网的环境监测系统分类

基于物联网的环境监测系统目前可分为两类：分散式传感监测系统和集成式环境监测平台。分散式传感监测系统主要是指针对特定的环境影响因素，比如粉尘、噪声等，在特定的位置通过安装传感设施，实行环境因素单方面管理。比如仅对粉尘进行监测，或者仅对噪声进行监测等，环境监测数据在各自的系统单独存放。集成式环境监测平台则不同，是将各类环境因素监测数据纳入统一的平台进行管理，并且实现数据的联动，过程中还会采取一些自动化控制措施来达到改善现场环境的目的。比如湖北恒信国通、北京联合众为、阿里云等，他们各自在市场上推出的“智慧工地平台”，均属于此种类型。

2）基于物联网的环境监测系统的典型功能

下面以北京腾讯总部大楼项目所使用的环境监测系统为例，该类系统的主要功能包括：

（1）噪声监测。通过设置户外噪声监测装置，在工地周边监测噪声分贝值，所有数据均传输到云服务器进行云计算处理并根据相关部门资料进行自动报警优化。针对噪声在设定时间段内，超标次数超过规定的允许次数时，即刻向监控中心以及通过手机短信方式向相关负责人报警，并形成数据统计表，让监管单位有据可查，有证可依。

（2）粉尘监测。通过设置户外粉尘监测装置，在工地周边监测粉尘浓度，所有浓度值均传输到云服务器进行云计算处理并根据气象部门资料进行自动报警优化。

（3）温湿度监测。可以实时检测工地的温度、湿度情况，根据读写设备识别到的信号内容，来确认工地的温湿度现状，出现温湿度异常时，系统会快速报警，并提示隐患区域。

（4）污水排放监测。由 COD 在线分析仪、浊度分析仪、数字 pH 计、无线数据传输模块、PC 监控软件等系统组成，用于实现对企业废水和现场污水的自动采样、流量的在线监测和主要污染因子的在线监测。

（5）大体积混凝土无线测温。由温度传感器、无线温度采集器、无线中继器和管理软件组成，主要用于高层建筑的大体积混凝土浇筑过程中温度变化的自动监测，确保施工安全。

（6）能耗监测。用于实时测量建设工程施工现场的工程机械和电器，以及工地人员工作、生活区域基础设施的电、水等能源消耗，并利用测得的数据对工地所消耗的能源进行统计分析并可视化展现，进而帮助管理人员优化工地能耗管理。

10.2.4.3　基于物联网的环境监测管理系统应用场景

以北京腾讯总部大楼项目所使用的环境监测系统为例，通常分为以下几步展开应用：

（1）建立项目物联网硬件网络。首先，结合项目现场的环境监测管理要求，构建相关硬件设施网络，为环境监测数据平台的部署安装打下基础，如图 10-10 所示。

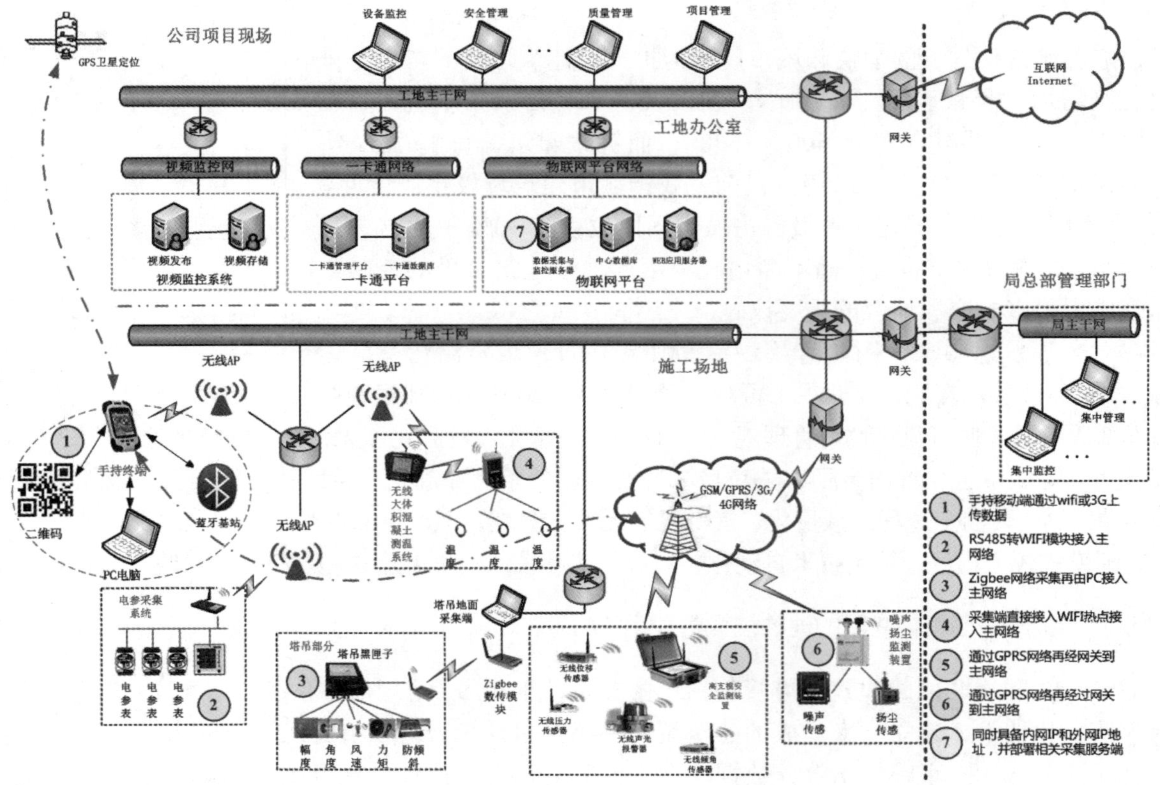

图 10-10　项目现场网络结构

（2）安装调测软件平台。结合现场用户及分工、相关硬件设施布置情况等，对集成式的环境监测平台进行安装调试，以检验各项传感器设施配置的合理性与工作的正常性，如图 10-11 所示。

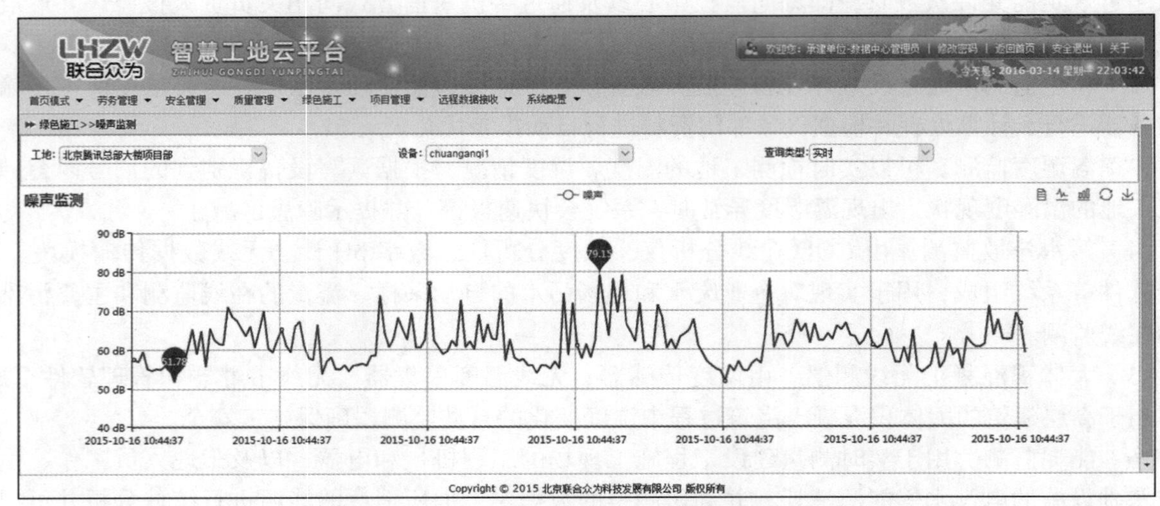

图 10-11　项目现场噪声监测显示

（3）利用平台数据进行日常管理。项目现场管理人员可以通过手机 App 等接通到平台数据中心，利用传感设施数据以及设定的报警阈值，及时发现项目现场存在的环境问题，并采取措施进行处理，如图 10-12 所示。

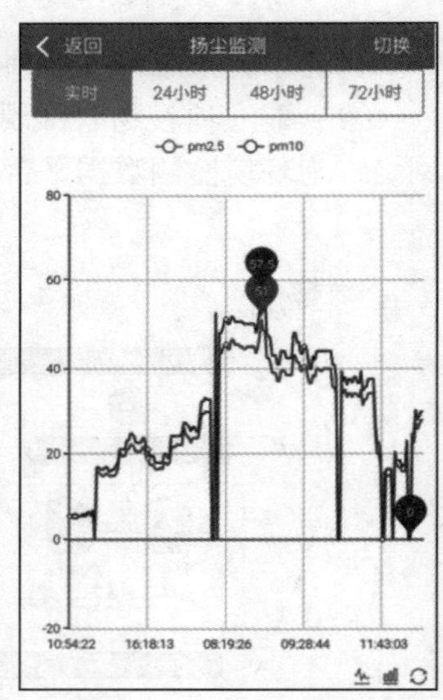

图 10-12　App 扬尘监测显示

10.2.5　基于 GIS 和物联网的建筑垃圾管理

10.2.5.1　应用背景

伴随着城市化进程的加快和城市规模的扩大，建筑垃圾的产生与排放也急剧增加。资料显示，“砖混”、“全现浇”和“框架”结构建筑施工，每 1 万 m^3 产生建筑垃圾 500 ~ 600t；而拆毁建筑，每 1 万 m^3 所产生的建筑垃圾约 1.0 ~ 1.2 万 t。目前，我国城市建筑垃圾年产量近 3 亿 t，许多国家和地区的建筑垃圾已占城市固体垃圾的 30% ~ 40%，且其产生量仍在随 GDP 的增长而不断增长，因此加强建筑垃圾的控制与管理已成为很多国家和地区的重要议题。

在欧洲等发达国家，例如荷兰，在 2001 年建筑垃圾资源化率已达 95%，既显著改善了环境，又获得了可观的经济效益。2005 年原住房和城乡建设部颁布了《城市建筑垃圾管理规定》，提出“减量化、资源化、无害化”的垃圾处理原则。深圳、重庆、武汉等城市也相继出台了有关垃圾减排及利用的条例和规划。虽然我国的建筑垃圾控制正逐步从 " 末端控制 " 转向全过程的减量化、资源化、无害化管理，但政策法规尚不够健全，发展速度相对缓慢，管理模式较为粗放，控制技术自动化、集成化程度较低，急需建立一套高效的建筑垃圾管理系统。

10.2.5.2　基于 GIS 和物联网的建筑垃圾管理系统

基于 GIS 和物联网的建筑垃圾管理系统主要是基于 GIS（地理信息系统）、MAN（城域网）和物联网等信息化技术，建立高度集成的建筑垃圾中央控制系统，对项目建筑垃圾的出场申报、分类识别、自动计量、动态跟踪、结算、数据统计查询等进行实时监控，规范施工现场建筑垃圾处理，力争做到建筑垃圾减量化、资源化、无害化，实现节能减排目标，促进绿色施工。

1）基于GIS和物联网的建筑垃圾管理系统分类

基于GIS和物联网的建筑垃圾管理系统通常分为两类：一类是仅围绕GPS定位技术开发应用的垃圾管理系统；另一类则是结合GPS和物联网技术、传感技术等，开发的综合集成的建筑垃圾管理系统。依托GPS技术构筑的系统一般由车载监控终端、GPS定位、GPRS通信传输系统、监控中心、信息管理系统、网络信息平台等组成。比如中源物联网建筑垃圾GPS监管系统。综合集成的建筑垃圾管理系统目前也已有产品开始使用，比如中建八局在上海明发商业广场项目、嘉定保利凯悦酒店等项目应用的综合集成建筑垃圾管理系统，就属于此类应用。

2）基于GIS和物联网的建筑垃圾管理系统的典型功能

下面以中建八局应用的综合集成建筑垃圾管理系统为例进行介绍，其主要功能包括：

（1）垃圾分类识别管理。利用RFID（射频识别）技术，采用RFID有源识别卡及阅读器，对建筑垃圾进行分类识别管理。

（2）车辆自动识别管理。通过在车辆前进端安装车牌抓拍单元（摄像机、采集卡、补光灯等），获取高清像素的车牌号照片，进行车牌定位、字符分割及字符识别，并最终还原车牌信息，并通过系统软件实现车牌甄别，数据存储于网络硬盘录像机中。

（3）数据分析与处理。利用GPS技术和云计算技术，对收集的信息数据进行分析处理，探索构建一个由工程项目、处理中心、企业及政府主管单位共同组成的网络化管理体系及工作机制，其涉及建筑垃圾的招投标、申报、识别、计量、运输、处置、结算、统计分析等各环节。

（4）建筑垃圾产生量控制。充分利用历年各项目历史数据的优势，逐步统计分析，形成控制工程建设中垃圾产生的控制指标，并以此指标为基准，通过标准化、信息化管理，降低各项目建筑垃圾产生量，同时提高资源化利用程度。

10.2.5.3　基于GIS和物联网的建筑垃圾管理系统应用场景

以中建八局应用的综合集成的建筑垃圾管理系统为例，其典型应用步骤如下：

（1）信息初始化。登录垃圾管理系统，进入功能页面，对项目的基本情况、建设单位、监理单位、施工单位、项目整体效果、项目概述的信息进行录入。

（2）招投标管理。首次建筑垃圾处理前60天将建筑垃圾处理招标文件进行发布，系统通过移动短信及移动App软件同步通知辖区处理中心，在规定时间内完成招标评标工作。处理中心通过系统下载招标文件，在规定时间内完成投标文件，并上传系统。系统及时通知中标单位，并签署合同和办理相关手续。

（3）垃圾申报及通知单确认。填写项目建筑垃圾处理申请表，对相应项目进行新增、修改、删除等操作，可按照项目名称、地点进行检索。

（4）利用RFID技术进行垃圾分类识别。在工程项目和处理中心采用RFID技术进行垃圾分类识别，条件允许时可采用基于 γ 射线的密度检测进行垃圾分类识别。

（5）违规行为提醒与积分管理。对于已经出场的建筑垃圾车辆采用GPS跟踪对车辆行驶进行路线管理，处理中心将车辆规划作业路线输入系统，根据无线通信传输数据判断作业路线是否正常，并对违规行为进行及时提醒和积分管理。

（6）统计分析。对项目建筑垃圾的管理情况进行分析，提取有效数据信息。

通过应用GIS和物联网的建筑垃圾管理系统，主要取得以下几个方面的应用效果：

（1）实现垃圾分类及处理一体化。对于建筑施工现场产生的垃圾，利用系统进行科学的分类并自动识别，可以有效监测到现场产生的垃圾数量，分析产生的原因，从而采取有效的控制措施。

（2）有助于提升现场垃圾回收利用率。利用系统建立的垃圾分类处理机制，通过一体化处理，可以有效降低现场垃圾的数量，提升垃圾回收利用效率。

10.2.6　绿色施工在线监测评价

10.2.6.1　应用背景

随着国家可持续发展战略的实施，绿色施工逐渐成为建筑施工企业社会责任的体现，越来越多的工程项目参与到绿色施工的行列当中，及时、客观地进行项目各项运行指标的收集分析，成为绿色施工管理工作的瓶颈。

传统管理过程中，对施工管理水平我们通常从生产进度、安全管理、质量管理、劳务管理等各个方面进行评价，不同人员、不同机构、不同业务系统等由于站在不同角度对同一个施工项目的评价，缺乏客观的、标准的、整体的分析。因此，结合绿色施工的相关内容和要求，开发应用自动评价系统，对建筑施工项目绿色施工指标进行收集、分析，提高工作效率，对项目绿色施工管理情况准确及时地实施反馈，指导项目持续改进绿色施工管理具有重大意义。

10.2.6.2　绿色施工在线监测评价系统

绿色施工在线监测评价系统是指围绕绿色施工“四节一环保”核心评价体系，通过在施工现场安装智能仪表并借助通讯设备和计算机软件技术，随时随地以数字化的方式对绿色施工诸如能耗、水耗、施工噪声、施工扬尘、大型施工设备安全运行状况等各项指标数据进行分析汇总，然后根据相关的标准和规范，对该施工过程的绿色度进行评价的系统，目标在于用得到的数据评价绿色施工的程度，再根据评价结果对绿色施工方案和绿色施工技术进行改进、优化，降低对周围环境的影响。

1）绿色施工在线监测评价系统分类

目前，绿色施工在线监测评价系统通常包含如下 4 类：

（1）环境保护评价系统。主要对施工现场的粉尘、噪声、建筑垃圾、污水排放、风向风速等环境管理水平的评价统计。

（2）水资源利用评价系统。对用水量的控制、废水排放、水资源重复高效利用分析评价。

（3）材料资源利用评价系统。对材料的进场、用量、存放、质量情况进行分析评价。

（4）能源利用评价系统。对机械设备、工地用电、新能源利用情况进行分析评价。

2）绿色施工在线监测评价系统的典型功能

主要功能一般包括：

（1）能耗、水耗在线监测评价。利用无线数据传输技术为通讯手段，通过现场安装的传感器设备对能耗、水耗利用进行监测。

（2）施工噪声、扬尘监测评价。现场安装智能传感器设备，对施工噪声、扬尘进行无缝监测，并将数据回传数据中心。

（3）大型施工设备安全运行监测评价。通过安装在大型施工设备（塔吊、起重设备等）的传感器，可以将施工设备的受力、偏移度、连续工作时间、设备自身的系统信息传回至数据中心，进行综合分析，达到监控大型施工设备安全状况的目的。

（4）数据分析处理。数据中心负责接收数据和进行初步的处理、存储，然后将初步处理的数据进行量化评价。

（5）绿色施工技术优化措施可行性分析。用采集到的数据评价绿色施工的程度，再根据评价结果对绿色施工方案和绿色施工技术进行分析，得出改进、优化报告，从而降低对周围环境的影响。

10.2.6.3　绿色施工在线监测评价系统应用场景

基于《建筑工程绿色施工评价标准》，对绿色施工管理评价系统进行初始化工作，建立相关评价基础指标库，具体评价步骤如下：

（1）部署传感器设备。对施工现场进行总体分析，在各施工部门部署安置相关智能传感器设备及通讯处理器。

（2）数据回传。施工过程中，各传感器将相关数据以网络通信的形式回传至数据中心及数据分析处理子系统。

（3）数据处理。数据处理子系统接收相关数据后，对抓取的各类型数据进行分析，并与评价指标库中的标准指标进行对比，分析差异原因。

（4）通过数据分析形成评价报告。最终通过系统自动生成考核评价报告。

10.3　应用案例

10.3.1　基于物联网的环境监测与控制——武汉绿地中心项目

10.3.1.1　工程概况

武汉绿地中心项目总建筑面积 72.8 万 m^2，由 1 栋超高层塔楼、1 栋办公辅楼、1 栋 SOHO 辅楼及地上裙楼组成。其中超高层主楼地下室 6 层，基坑最深为 33.93m，地上 125 层，建筑高度为 636m，混凝土结构高度为 585.7m，为巨柱核芯筒伸臂桁架结构；办公辅楼地上 39 层，建筑高度为 184.8m，为框架核芯筒结构；SOHO 辅楼地上 31 层，建筑高度为 135.6m，为框架核芯筒结构；裙楼地上 8 层，建筑高度为 45.01m，裙楼地下室 5 层，基坑最深为 30.3m，为框架剪力墙结构。

10.3.1.2　应用内容

本项目基于物联网的环境监测与应用内容包括噪声监测、粉尘监测、污水排放监测等，项目现场人员以及企业人员均可以通过统一的智慧工地平台对施工现场状况清晰掌控，目的是解决现场环境管理“落地难”的问题。本项目主要运用北京联合众为公司的智慧工地系统，辅助解决现场管理的有关问题。

（1）噪声监测

项目部通过在工地现场周围安装噪声监测设备，如图 10-13 所示，实时地监控现场作业活动产生的噪声，同时在系统中设置噪声超标的限值，一旦现场某项作业活动产生超过限值的情况，即对有关管理人员报警，如图 10-14 所示。及时协调当事者处理，如果遇到工艺本身原因，则要求必须采取降噪处理措施。

图 10-13　噪声监测设备安装示意图

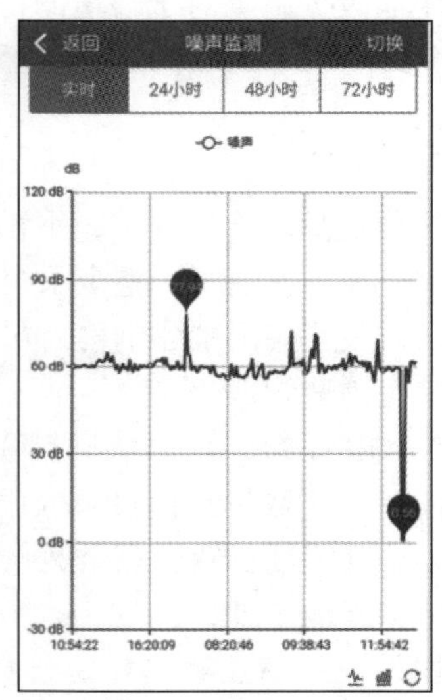

图 10-14　App 噪声监控显示

（2）粉尘监测

项目部通过在工地现场周围安装粉尘监测设备，实时监控现场作业活动产生的粉尘，同时在系统中设置粉尘超标限值，一旦超过阈值，则自动触发喷淋系统，实现降尘控制，如图 10-15 所示。

图 10-15　喷雾降尘示意图

10.3.1.3　应用效果

（1）通过在项目现场安装噪声监测设备，较好地解决了施工过程中的噪声污染、噪声扰民问题，有效降低了对工地周围环境的负面影响，为安全文明施工提供了措施保障。

（2）通过在项目现场安装粉尘监测设备，很好地控制了现场以及周围由于施工产生的扬尘污染、对人们的日常生活环境起到了很好的保护作用，也为企业树立了良好的文明施工形象。

10.3.2　钢结构施工全过程管理——腾讯北京总部大厦项目

10.3.2.1　工程概况

腾讯北京总部大厦坐落于北京中关村软件园二期西北旺路东南交界处。这是一座单层面积为 2.8 万 m^2 的 7 层正方形建筑，单层能够容纳 2300 人一起办公，预计在此办公的员工人数接近 8000 人。落成后，它将会是全球范围内占地面积最大的写字楼之一，本工程最大特点是三个角部最长达 81m 切角形大悬挑钢结构，其节点连接复杂，构件尺寸质量大（悬挑段节点最重 46t），安装难度大。为了最大限度地减少施工对于环境的污染以及提高绿色施工智慧管理水平，项目部结合智慧绿色施工的要求，全面应用了钢结构全过程管理系统。

10.3.2.2　应用内容

本项目结合自身的管理要求，钢结构全过程管理应用的内容覆盖原料采购、构件生产、构件运输、质量验收、现场安装等，整个系统以动态二维码为纽带，是由 BIM 模型、后台服务器和移动终端组成。本项目主要应用中建钢构公司自主研发的钢结构全过程管理系统，其主要内容如下：

（1）钢结构制造管理

通过 BIM-QR 系统，可以从材料管理、构件制造两方面辅助钢结构的加工制作管理。材料进场时，将材料的尺寸、数量、信息录入服务器系统，在钢结构构件制造过程中，将制造信息和材料信息关联，自动统计不同材料的剩余数量，达到控制材料使用的目的。

（2）钢结构运输管理

在出厂构件上粘贴二维码并安装 GPS 定位器，即可通过 GPS 定位系统获得构件的即时位置信息，进而可确定构件进场的准确时间，从而及时安排人员准备卸车。其次，可以通过定位信息及时了解运输车在运输过程中的异常状况，及时确定应对方案。

（3）钢结构质量管理

在各个环节实施过程中，使用移动终端扫描二维码即可获得构件的详细信息，然后直接通过移动终端简便快捷地填写验收信息，并将信息同步至后台服务器中，便于管理人员查询。

（4）钢结构商务管理

BIM-QR 系统可在后台服务器统计的构件信息中，提取不同状态构件的工程量信息，自动生成工程量统计表格，方便快捷，精确度高，可大幅降低商务人员的工作强度。

10.3.2.3　应用效果

（1）通过在前期将模型信息与材料信息等有效关联，并且实现与制造过程的联动，极大地提高了钢结构构件加工的效率和准确度，同时，很好地控制了材料的损耗。

（2）通过对构件运输过程的全过程跟踪，有效地掌握了整体运输的进度，为项目工期的实现提供了保障。同时，由于对钢构件均采用的统一标识码，也为质量的全过程管理提供了有力支撑。

（3）通过系统实时记录各钢构件加工、生产、运输、安装等信息，极大地提高了商务人员核算成本的效率。

10.4　存在的问题及发展趋势

10.4.1　存在的问题

尽管智慧绿色施工管理逐步呈现应用扩大的趋势，但是从整体上来讲，仍然处于政府引导为主的阶段，大家对于智慧绿色施工的意义、作用、认识还比较模糊，存在的问题主要有：

（1）智慧绿色施工本身的技术还有待完善

智慧绿色施工作为一种绿色、环保、智能的施工管理应用技术，应用前景非常广阔，在当前，关于智慧绿色施工单个点位的应用比较多，各方面技术也在不断发展，我们需要思考如何把各种单个应用点位有机统一起来，在具体施工项目中深入开展应用，辅助项目日常管理。

由于国内智能化硬件设备的发展还没有达到发达水平，一体化智慧绿色施工管理平台建设目前在国内还没有真正起步，仍然有很长的路要走。从技术层面来讲，相关智能化设备之间数据通信技术标准还需完善，软硬件厂商还需要进一步加强合作，提供统一开放的数据采集与利用接口。

（2）相关法律法规和激励机制有待建立健全

施工活动牵涉到政府、建设单位、设计、监理和施工等各相关方，仅靠施工方单方面的努力是难以实现智慧绿色施工的。智慧绿色施工的推行，需要政府的引导监管，建设单位的资源和资金支撑，设计单位的技术支持，监理单位的现场监督，同时，还需要立法予以保障，建立激励机制，营造良好的环境和氛围，促进相关建设单位切实履行法律责任，全力推进智慧绿色施工的实施。

10.4.2　发展趋势

从智慧绿色施工管理发展趋势来讲，主要包括以下几个特点：

（1）自动化。随着各种智能化设备与绿色施工工艺的结合，很多原来管理上需要人工干预进行的工作，正逐步借助相关设备处理数据，实现控制过程的自动化。

（2）集成化。项目点位离散方式的应用，作为实施推进过程中客观存在的过程，积累了很多应用经验和现实问题，从发展趋势来看，正朝着集成化的方向逐步推进。

（3）可视化。借助现在移动互联网技术的快速发展，现场智慧绿色施工管理数据将通过高效的分析处理平台，实时地呈现在管理者的办公屏幕上，体现出管理可视化的发展方向。

第 11 章　智慧项目协同管理

11.1　概述

项目协同管理的基本理论来源于协同学及项目管理，将协同学理论应用于工程项目管理中，就形成了项目协同管理。即应用协同学原理，通过建立协同运行机制，将项目各参与方、各要素组织形成一个新体系，保证各相关方、多个项目间紧密合作，充分利用资源，共同实现项目管理统一目标，使得系统效益达到“1+1 ＞ 2”的过程。

项目协同管理有多种分类方式，从协同范围来看，项目协同管理分为组织内协同管理与组织间协同管理；从实现方式来看，分为基于服务器的项目协同管理、基于私有云的项目协同管理以及基于公有云的项目协同管理。

在传统模式下，项目建设采用按工程阶段、按专业分工的方式，各参与方项目管理追求的目标不一致，上下游间缺乏有效沟通与协同，往往导致管理不连续，项目投资、进度难以管控，项目管理处于粗放式状态。因此，通过建立系统性项目协同管理方法，降低项目内部损耗，提高项目整体效益，可以在一定程度上解决传统建造方式的弊端。

随着工程项目日益复杂、在多参与方、管理复杂的超大型工程中，更加离不开先进的项目协同管理模式。项目协同管理的实现关键在于两方面：第一是建立与项目协同管理匹配的项目管理方式；第二是搭建满足各方协同要求的项目协同管理平台。

随着智慧建筑、绿色建筑的理念越加深入人心，BIM、移动通讯、物联网、云技术、大数据等信息化技术在建筑行业的应用发展迅速。在智慧建造环境下，项目协同管理方法和工具发生了很多变化，产生了智慧项目协同管理模式。所谓智慧项目协同管理，即是在智慧建造环境下，以协同管理思想为指导，以信息化技术为手段，在无人或少量人为干预条件下，完成项目协同管理的过程。依托智慧项目协同管理平台，可以快速地将现场海量数据及时感知、采集、传输，并在项目协同管理平台上集成；将最新的现场数据在一定权限范围内与平台内所有成员共享；通过对数据的自动分析、预警，根据项目管理要求输出结果、辅助决策；将工程信息传递给相关管理人员，辅助完成项目协同管理工作。利用智慧项目协同管理平台，大量数据采集、分析、处理工作通过信息化手段自动完成，减少了人为干预，最大程度确保了项目信息的即时性及可靠性，增强了项目中各要素协同程度，降低了人力劳动，提高了项目决策效率，提升了项目协同管理价值。

近年来，建筑业信息化处于快速发展过程中，以 BIM 技术为核心的智慧项目协同管理方式在行业内的应用已初步显现。例如以欧特克、广联达、斯维尔等为代表的软件开发企业在智慧协同管理平台方面的开发取得了较好成果。以上海建工、中建公司为代表的建筑施工企业将智慧项目协同管理付诸实践，国内涌现了一大批典型的智慧协同管理工程项目。如，北京国家体育场（鸟巢）工程、上海世博场馆建设工程、上海迪士尼工程、上海中心、广州东塔、中国尊等。目前，智慧项目协同管理的应用主要体现在基于云平台的图档协同及基于 BIM 和移动端的综合项目协同管理，本章将就相关应用进行介绍。

11.2 应用内容和工具

11.2.1 基于云平台的图档协同

11.2.1.1 应用背景

工程项目的参与方众多，持续时间长，期间会产生大量不同版本的文件和图档。传统方式下，工程图档和文件散落存储在不同组织项目成员的工作电脑上，在项目成员之间进行协同工作时，存在如下诸多问题：

（1）图档版本多、数据一致性难保证，容易导致错图设计、施工，后续频繁返工，最终导致项目工期延误、成本上升。

（2）数据查找难。传统的图档存储方式以文件夹和文件的方式，查找数据时只能按文件名查找，无法做到全文检索，而且传统的图档存储方式难索引，导致查找效率低下。

（3）基于图档数据的共享混乱，沟通效率低，管理难度大。在工程项目多方参与的情况下，产生的图档数量多、版本多，而且图档之间又会交叉参照引用。项目成员在通过 QQ 或邮件等传统方式共享文件时，经常会出现错发、参照丢失、向不同人员重复发送等现象。而且，基于此类共享图档的沟通方式低效、重复、不透明，沟通过程信息不可回溯，导致设计修改频繁、项目各方易发生纠纷。

（4）对图档的审核、反馈、批注等过程缺乏有效管理工具，图档问题难追踪。一方面因为缺少方便地浏览图档和模型的手段，需要安装多种复杂难用的专业软件，购买和学习成本高；另一方面也缺少将图档问题记录与修改图档的专业软件相贯通的通道，导致图档问题的修改落地难。此外，来自多人的批注分布在多个不同文件中，需要逐个查阅审核文件，修改效率低，容易出现漏改现象。

（5）项目图档无集中统一的存档和管理手段，导致项目进行过程中对图档的管理不受控、存档不规范。项目完工后，项目资料归档不完整、不准确。而且大多数工程项目的图档以纸质方式沉睡在档案室，很难为后续的建筑运维提供服务。

基于信息化协同管理方式能够有效解决工程图档管理存在的问题，特别是基于云技术的图档协同管理平台为工程图档管理提供了高效手段。云技术在建筑行业的应用对建筑行业低效的协同方式产生了巨大变革，有效解决了项目中图档协同管理面临的诸多难题。云端为项目图档提供了集中存储空间，各参与方通过账号登录可快捷读取、编辑图档并将最新信息实时同步，实现图档资料共享，有利于项目图档规范化管理；同时，图档协同云平台提供图档查看、审阅工具，有效减少了使用多种文件格式导致的软件种类数量，降低了多种软件间切换带来的负担；通过云计算可实现对文件、图元乃至数据信息的深层次挖掘，提高图档协同效率。

采用云平台进行项目的图档协同后，由于所有的项目图档都集中存储在云端，对图档的版本修改、访问、传递、审阅、批复过程均可记录在案；云平台可以对过程数据进行深入分析和挖掘，即可梳理出人与人的协同关系、数据与数据的链接关系、人与数据的交互关系，而基于对上述关系的深度理解，协同平台可以更加高效智能地辅助完成对数据问题的处理、数据的管理。例如，当协同云平台中的任何人变更了任何图档时，平台智能辅助功能可以自动通知到受变更影响的相关人员，并智能展示、分析变更内容，从而辅助做出及时响应，快速处理解决问题。当此类关系数据和实践过程数据积累到一定量时，可以进行云平台的人工智能决策模型的训练，最终实现从工程问题出现后的补救处理演化到自动预防相关问题的发生。

11.2.1.2 基于云平台的图档协同系统

1）基于云平台的图档协同系统分类

目前，基于云平台的图档协同系统种类较多，一般可以按协同的数据粒度、技术架构、协同目标等进行分类。

（1）按协同的数据粒度分类

①文件级。实现文件的版本自动管理，按照文件名进行检索，以文件为单位进行修改、移交和分享。典型的成熟软件有 Bentley ProjectWise、Autodesk Vault、亿方云、Box、DropBox 等。

②内容级。实现文件的内容管理，比文件级管理难度更高，但应用价值更高，更利于实现项目的精细化管理。典型的应用软件有 Plangrid，Procore，Aconex、Viewpoint、Autodesk BIM360 等。

（2）按技术架构方式分类

①基于网络的点对点式文档传输软件。例如，腾讯 QQ、公共邮箱。

②基于公有云架构的分布式云文档存储和分享软件。例如，Box、Dropbox、亿方云。

③基于私有云架构的专业图档协作软件。例如，Autodesk Vault、Autodesk Buzzsaw、Bentley ProjectWise。

（3）按协同目标可分类

①数据协同。该类协同平台的目标主要是保证所有项目参与方访问到完全一致的文件版本，以达到数据一致性。例如，亿方云、Box、DropBox、Bentley ProjectWise 等。

②业务协同。该类协同平台的目标则是侧重于跨合作方的业务协同，图档的协同则更多地服务于业务。因此该类平台往往除了进行图档的协同之外，还会包括项目管理的内容。例如，变更管理、提资管理、会议管理、招投标管理等。由于增加了管理协同的内容，所以平台更为复杂，但综合价值更高。例如，Aconex、Procore 和 ViewPoint。

2）基于云平台的典型图档协同系统介绍

（1）基于云平台的图档协同原理

进行图档协同的三个关键要素是数据、流程和人，如图 11-1 所示，所以如何利用信息技术让人高效地管理数据并按照一定的流程流转数据就成为高效图档协同管理的核心问题。

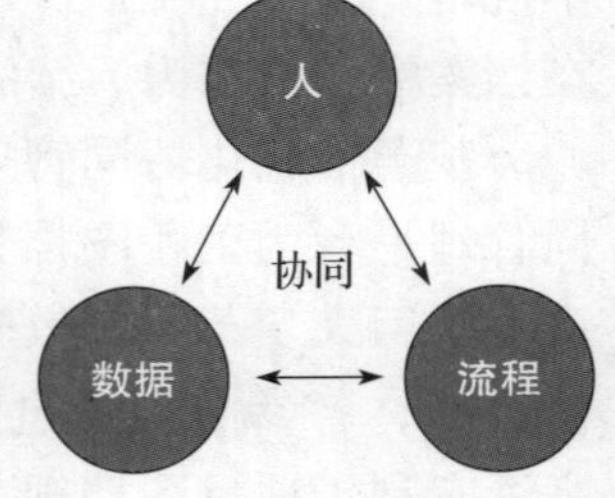

图 11-1 项目协同三要素

对于“人”要素，需要梳理参与到图档协同过程中的具体人员角色及其对于文档协同的关注点，基于人员画像设计图档协同的具体场景，进而转化为图档协同平台的软件功能。图 11-2 描述了典型的项目图档协同过程的各参与方，而各方在参与到图档协同过程时，其关注点可能是完全不同的，进而影响到软件功能设计。例如，业主方更加关注图档协同中关键节点的控制与交付成果的质量，而施工方在图档协同过程中则更加关注问题的沟通、解决效率。

对于“流程”要素，应针对不同的协同应用场景定义不同的流程阶段、流转条件和流转顺序，并且具有适当的灵活性，以适应工程项目的实际情况。流程的流转状态与相关联的图档进行深度集成，即流转状态与图档的权限状态相互匹配，以避免在流程审批过程中，图档被意外修改，造成审批的图档与最终提交的图档数据不一致；同时，流程的参与者可以方便地查看流程集成的图档并批复意见，尽量避免再切换到其他平台查看图档数据。

对于“数据”要素，又分成两类：动态数据（例如沟通交流、操作过程记录等）和图档文件数据。在图档协同的过程中既要记录下人与人的沟通交流数据、人对数据的操作过程等动态数据，做到数据留痕可回溯；同时对图档数据自动进行版本管理、访问权限管控、不同版本的数据比对、全文检索、可视化批注等。因此，图档文件不能采用传统的文件存储方式，而要采用结构化和非结构化（按对象存储）的分布式存储方式，并对图档的内容进行解析和索引，最终存放到数据库中。图档协同平台中的数据分类及流向如图 11-3 所示。

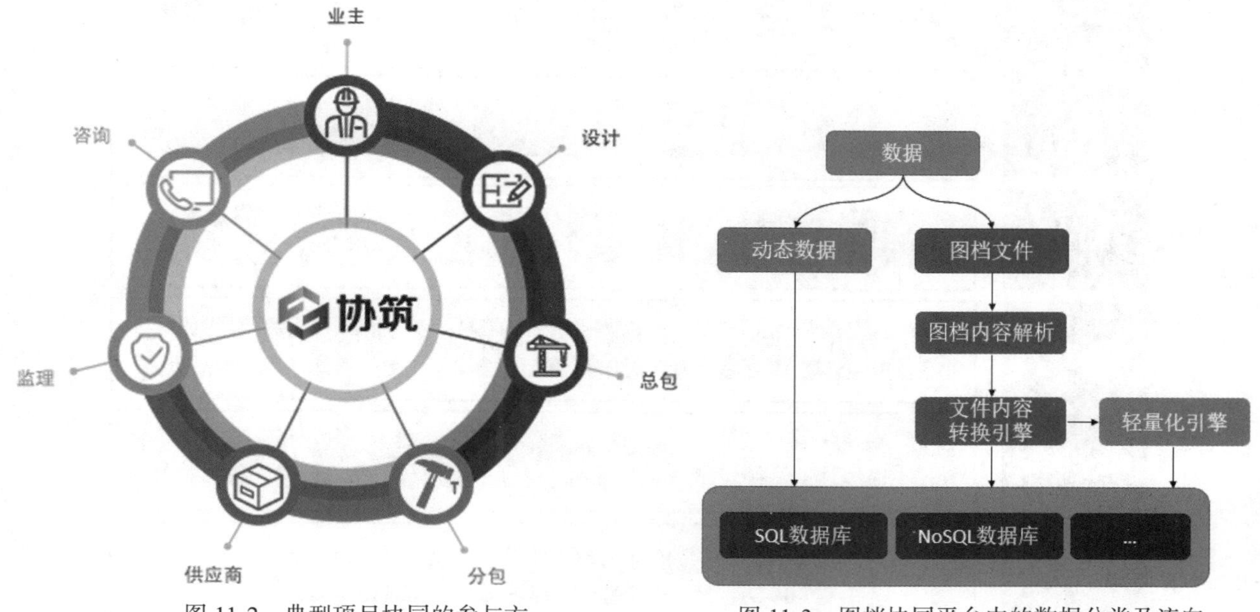

图 11-2　典型项目协同的参与方

图 11-3　图档协同平台中的数据分类及流向

另外，在图档协同过程中，需要专门的模块来负责记录并学习人与人的协同关系，人与数据的协同关系，数据与数据的协同关系。在足够的数据沉淀之后，可以用数据来训练图档协同平台的智能机器人模型。协同平台就可以根据学习到的人与人、人与数据、数据与数据的协同关系自动完成图档协同，从而大幅提高项目团队的图档协同效率。

（2）基于云平台图档协同系统框架及功能

基于云平台的图档和模型协同系统的系统架构包括访问层、应用层、图形引擎层、数据引擎层和文件引擎层等层级，如图 11-4 所示。最底层的文档数据存储服务，一般采用国内成熟的云平台，例如阿里云。基于阿里云成熟的 OSS 文档存储框架进行数据存储，文档可以多重自动备份，能有效避免磁盘损坏等意外情况导致的数据损坏。另外，阿里云先进的安全管理系统可以有效防止云文档被恶意窃取或破坏。其他系统框架的功能介绍如下：

①文件引擎层提供基础的文件上传、下载服务，以及权限管理和版本管理等，实现图档可控地分享和唯一数据源。

②数据引擎层负责将模型和图档进行轻量化和结构化处理，并对海量数据实现分布式存储。

③图形引擎层提供用户通过浏览器和移动端可视化地查看各种工程图档和模型的功能。

④应用层包括工程项目管理、组织架构设计、项目成员管理、任务关联、消息通知以及项目动态展示。

⑤访问层面向终端用户，提供给用户 Web 端、移动端和桌面端的访问入口，并要提供用户认证、单点登录、权限控制等功能。

基于云平台的图档和模型协同系统的技术架构，主要考虑从技术实现层面对系统进行模块划分，以及模块之间的交互协作关系。在进行技术架构设计时，以现在流行的微服务理念将复杂的系统拆分为独立的、易维护的、可扩展的微服务。例如，对于文档协同系统可拆分为权限管控模块（gws）、预览模块（preview）、批注模块（markup）、评论模块（comment）、动态模块（activity）。在将文档数据存入到数据库之前由文档存取管理模块（gdoc、storage）来协调文档直接存入数据库或发送到数据转换服务平台进行文档转换处理，如图 11-5 所示。

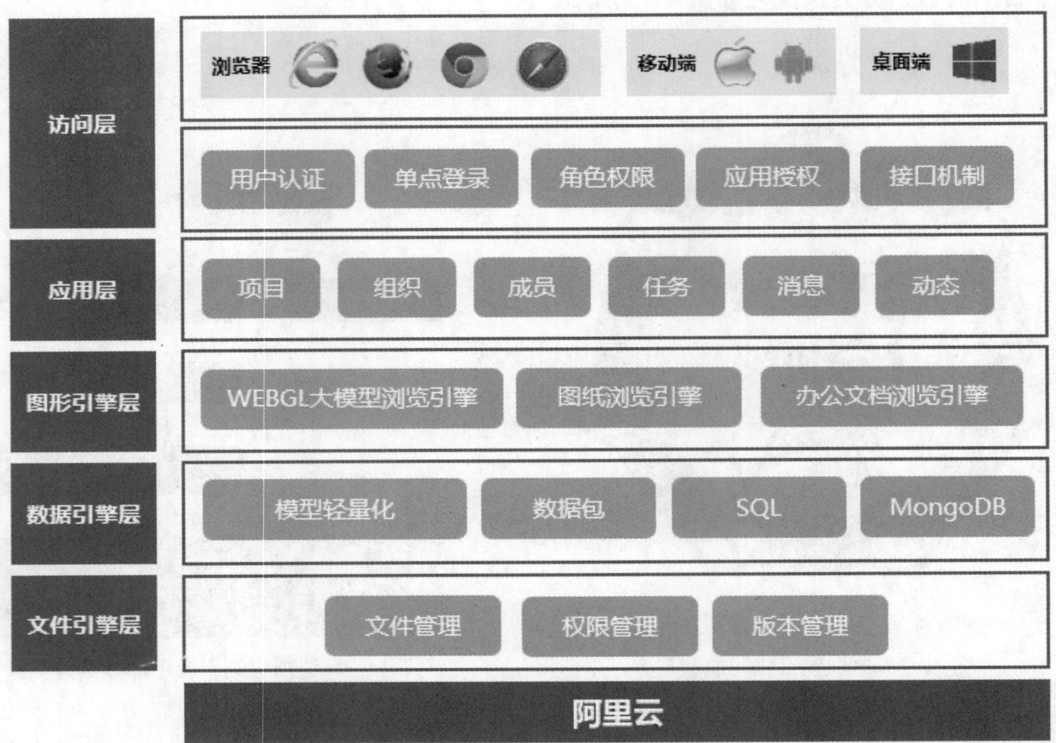

图 11-4　基于云平台的图档和模型协同系统的系统架构

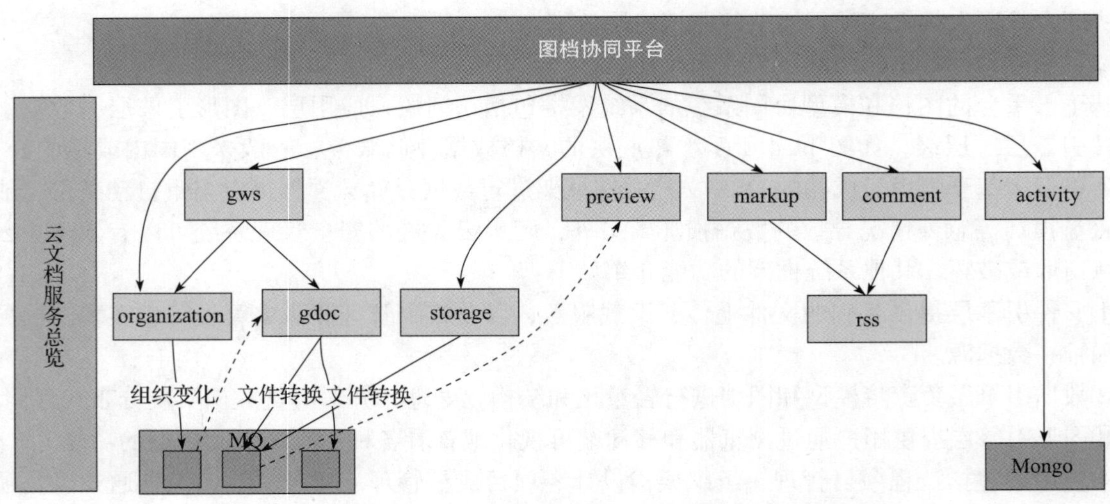

图 11-5　基于云平台的图档和模型协同系统的技术架构

下面以广联达协筑云平台为例，介绍典型基于云的协同管理平台的功能。协筑是一个基于上述软件架构实现的，基于公有云的工程项目多方协同平台。云协同系统在云端为每个工程项目提供一个协同空间，基于该协同空间组建虚拟项目协同团队，实现上传图档到云空间并可控地与团队分享、在线浏览图档、红线批注问题、即时沟通讨论以及按照指定的流程新建任务等功能；可以在线拼装项目 BIM 模型，自由浏览、剖切、漫游和批注，并基于 BIM 模型关联项目图档，实现项目图档的集中管理与交付。

①云文档管理模块

云文档管理模块可以让项目各参与方在统一的云空间下集中存储和共享项目全生命周期的所有文档。由项目管理员根据各方需求分门别类地建立多级文档目录，不同的组织部门可以对不同的文档目录按组织进行预览、下载、创建、修改、删除和授权等精细的权限管控，如图 11-6 所示。

图 11-6 云文档管理模块

项目实施过程中的文档被上传到云空间后会自动生成新的版本并记录所有旧版本。默认情况下项目的参与者在云空间中会始终获取最新的版本，也可通过历史版本入口查看任意指定的历史版本。所有对文档的操作痕迹都会记录在云空间中，便于数据追溯。

在云空间内可以不用安装第三方软件即可借助浏览器方便地浏览多种文件格式，例如 Revit 模型文件、Navisworks 模型文件、IFC 模型文件、Tekla 模型文件、CATIA 模型文件、Bentley Microstation 模型文件、Office 办公文件、PDF 文件、DWG 文件、DXF 文件、DWF 文件、图片文件及其他各种常见的三维模型文件，如图 11-7 ~ 图 11-9 所示。

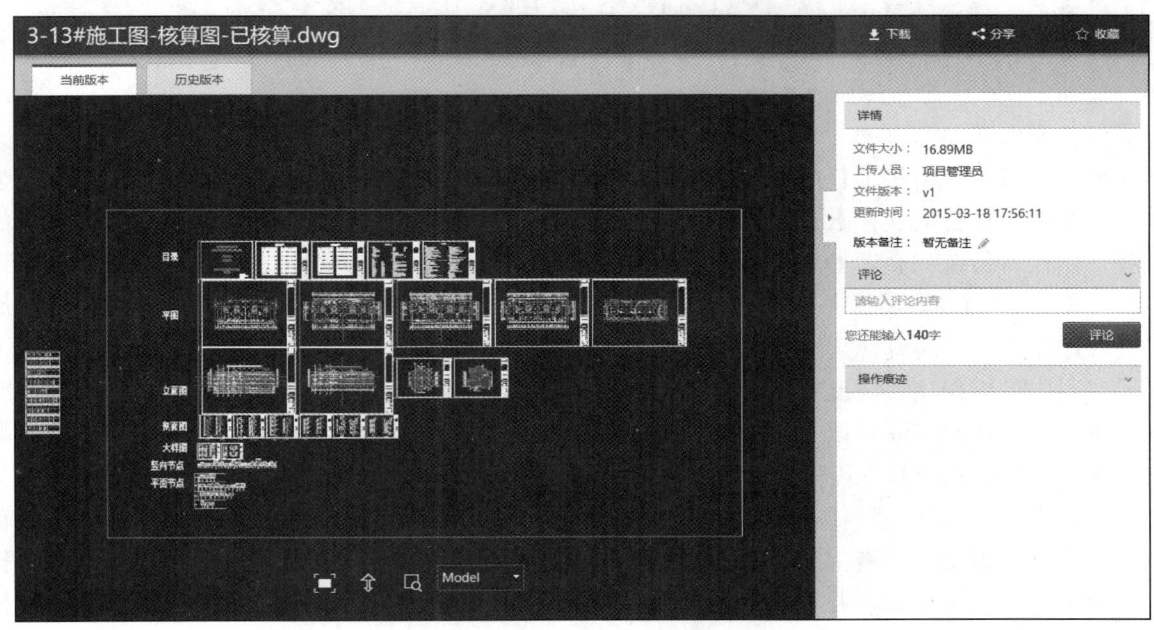

图 11-7 DWG 文件预览

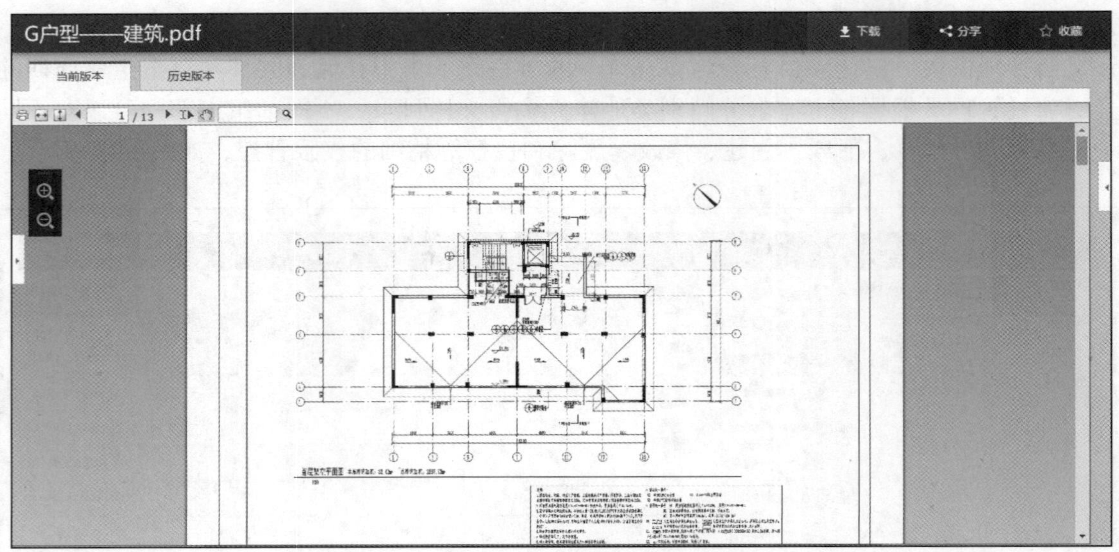

图 11-8　PDF 文件预览

图 11-9　RVT 文件预览

②任务流程管理模块

在大型项目中，由于项目的参与方众多，而且各方参与的时间和阶段不同，相互之间有较强的时序依赖关系。项目的文档数据在不同项目参与方之间进行流转时，必须遵从一定的多方参与的审批流程。然而，传统的企业 OA 流程审批系统并不适合进行跨公司协作，基于协筑项目协同平台可以较好地解决此问题。将云平台账号加入到相关的项目空间，即可参与到跨组织的多方审批流程中，高效地在多方之间流转文件。

云空间中可根据项目情况自定义审批流程模板。基于某个流程模板可发起流程任务来实现跨组织的多方审批，审批进展可以一目了然地展示给所有任务的参与者，相关管理人员可以清楚地了解审批的进展情况并及时督促工作开展。

任务流程模块对在流程任务中流转的文件做了明确的权限管控和版本记录，保证文件在流转过程中所有的流程审批参与者都基于同一文档版本进行审批。文件通过审批流程后可以及时地进行归档，归档的文件会锁定版本并记录流转过程中的所有操作痕迹和审批意见，便于管理者进行过程追溯。云平台的流程管理、任务流程流转阶段查看以及任务流程审批分别如图 11-10 ~ 图 11-12 所示。

图 11-10 云平台流程管理

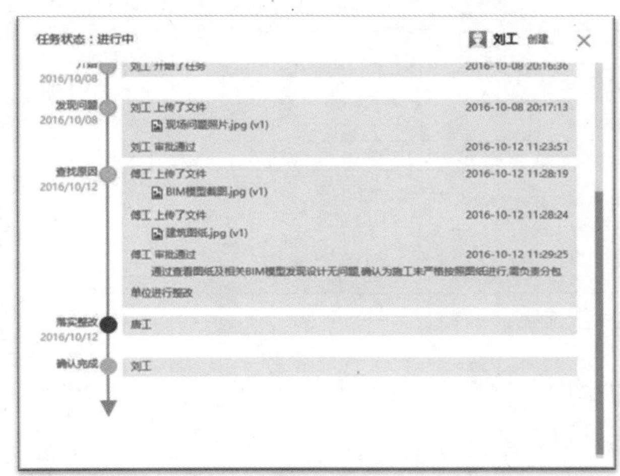

图 11-11 任务流程流转阶段查看

图 11-12 流程任务审批

③消息通知模块

在大型工程项目中，由于参与方众多、项目持续周期长、交换数据量大以及边设计边施工的工程现状，会让项目成员疲于查找、共享和更新项目数据。而项目参与人员往往会因为文档有更新而没有得到及时通知，导致基于旧版本工作而造成返工，甚至造成设计、施工错误和变更频发，最终导致工程建设延期和成本超支。

协筑云空间将消息通知功能和文档模块、任务流程模块进行了深度集成。当文档有版本更新和任务流程有状态变化时，相关的项目参与者会及时收到消息提醒（短信、私信、邮件），如图 11-13 ~ 图 11-15 所示。登录到云空间可即时获取到最新的项目数据。

④ BIM 协同模块

基于云平台的图档协同系统还具备 BIM 协同功能。在大型项目中，来自不同合作方的海量 BIM 数据之间具有较强的依赖关系。例如，BIM 模型若基于二维图纸创建，对其进行碰撞或空间优化修改后，也需要对应的二维图纸及时更新。模型和图纸的关联更新如果仅靠人工管理，容易疏漏修改，导致项目图纸和模型数据的不一致，最终造成返工或项目变更，延误工期，增加成本。

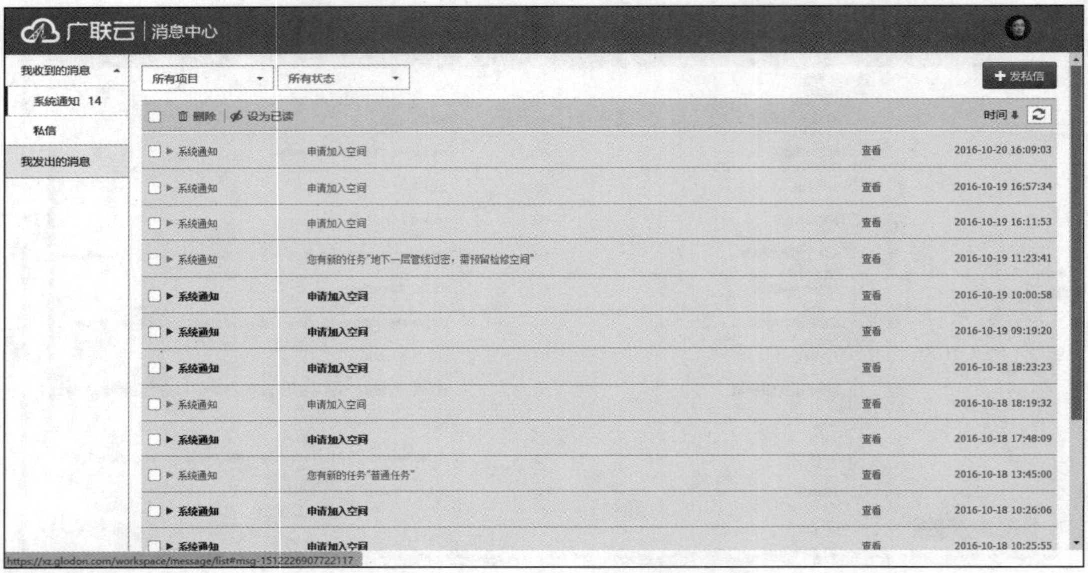

图 11-13　已发送消息列表

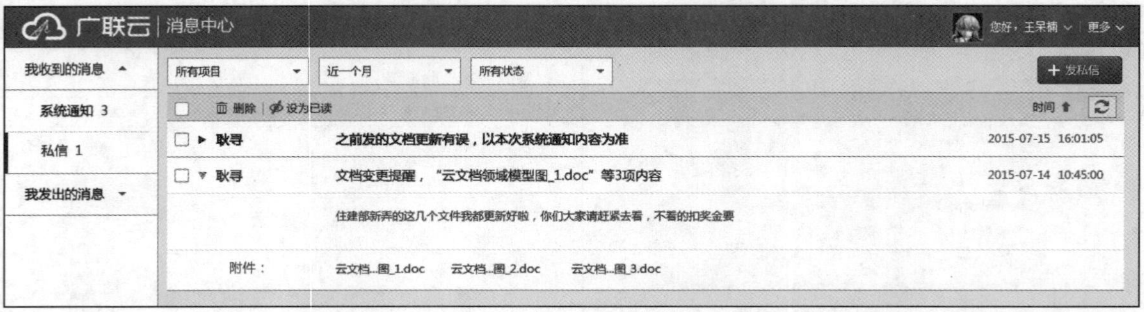

图 11-14　私信查看

利用云平台中 BIM 协同模块和云文档模块可以集中存储和可视化浏览项目全生命周期的图纸和模型文件，并且可在文件与文件、文件与 BIM 模型、文件与任务流程、构件与批注等之间建立关联关系。之后，便可以基于一个文件快速地找到相关联的模型、构件、批注、任务流程等。文件、数据中任何一项被修改更新后，相关联的其他数据的关注者即可收到邮件或信息提醒，从而可以及时地根据相应的数据变更更新相关的图纸和模型，最终解决由于项目数据不一致带来的施工返工、项目变更、工期延误和资源浪费。

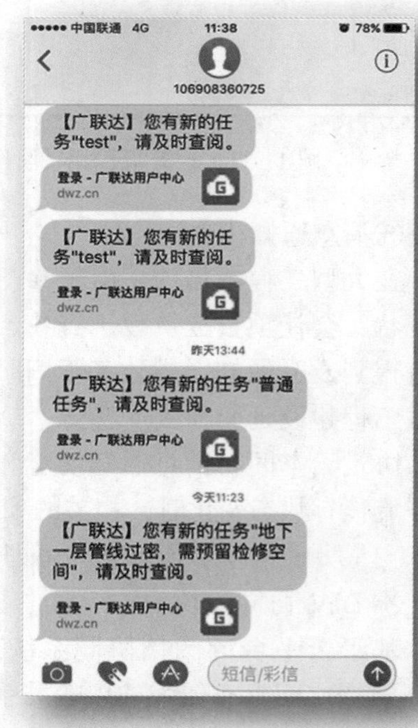

图 11-15　手机短信推送

BIM 协同模块可实现多楼层、多专业、多模型的在线模型拼装，模型合成后可按楼层、专业、构件类型、构件规格分级浏览，如图 11-16、图 11-17 所示。在模型结构树中灵活控制某些构件的可见性，再辅以隔离、剖切和小地图导航功能，便于进行在线三维模型浏览，从而及时发现 BIM 模型中存在的问题，然后通过创建批注来记录 BIM 模型中存在的问题，如图 11-18 ~ 图 11-20 所示。相关方的协调人可基于批注发起任务，将问题责任主体落实并进行跟踪解决，如图 11-21 所示。

图 11-16　按楼层浏览模型

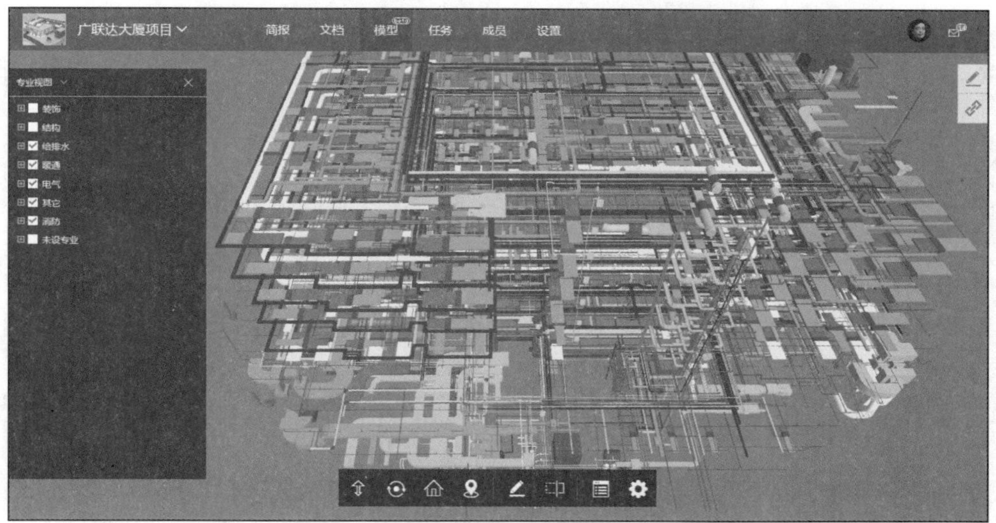

图 11-17　按专业浏览模型

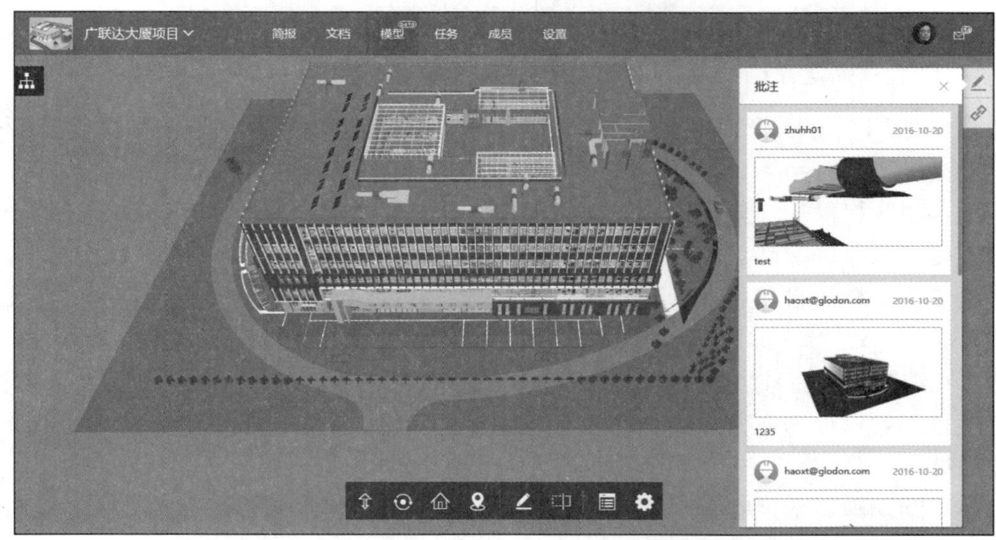

图 11-18　模型批注管理

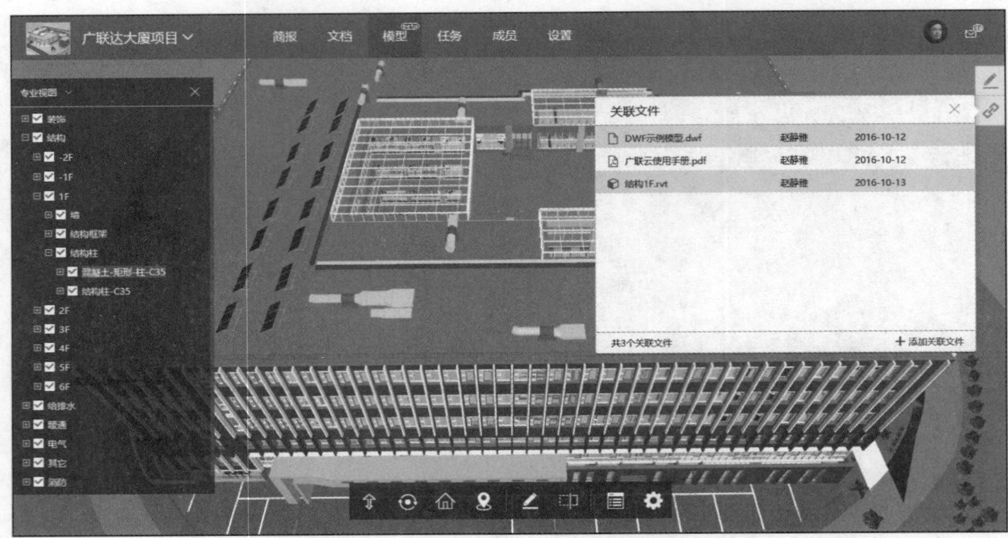

图 11-19　模型文件关联管理

图 11-20　按小地图定位查看模型

3）基于云平台的图档协同应用价值

基于云技术的图档协同管理平台所具有的多方面优势能够为项目文件、数据管理带来显著价值，主要表现在以下方面：

（1）为项目团队提供一个集中统一的文档存储空间，便于对项目的所有文档集中统一管理，方便与项目团队可控地分享项目文档，避免网状传递、重复传递等问题。

（2）实现项目文档的自动版本管理，每个成员始终可以访问到最新的版本，从而保证各数据的一致性。

（3）直接在线预览和批注各种工程文件而无需安装复杂的专业软件，降低了成本。

（4）将项目问题销项与文件集成，便于直观地描述问题，问题的批复者可在集成的环境下查看文件并完成审批。

（5）实现移动端随时随地查看、批注、评论并回复文件，实现高效的移动办公，及时的消息提醒，避免错过重要文件的审批时间节点。

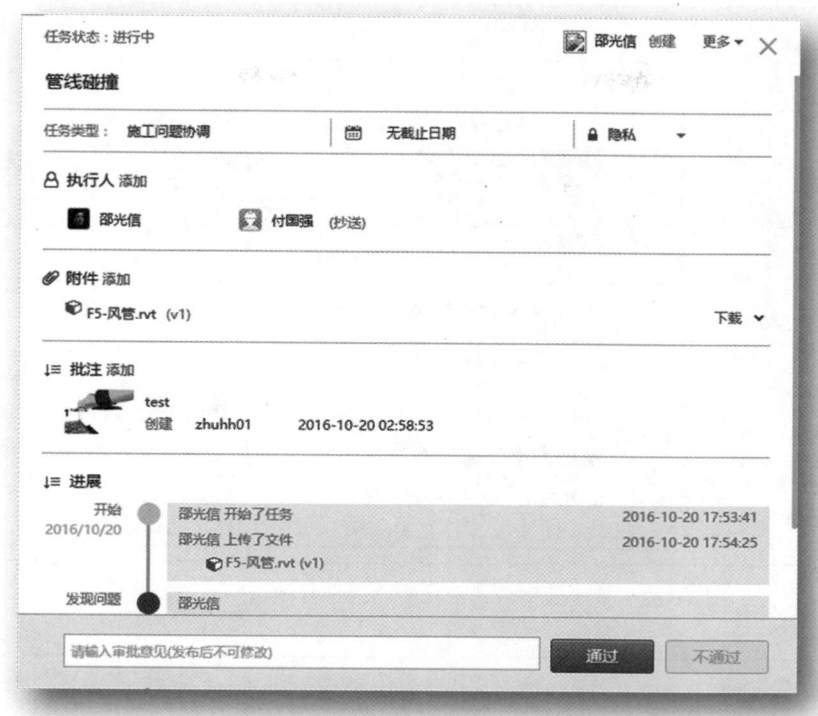

图 11-21　基于模型批注发起任务

（6）协同平台可基于协同的过程数据的挖掘，深度理解人与人、人与数据、数据与数据的关系，当数据发生变化、状态有更新时，可以更加高效智能地对数据变化进行响应处理、管理和消费，从而使得工作更加高效。

（7）可利用工程数据训练协同平台的人工智能模型，从而最终达到让平台自动识别图档中的数据不一致问题，识别多方协同过程中的瓶颈，以及项目进行过程中可能发生的风险，并给出建议或自动进行优化，从而降低项目风险，保证项目质量和进度。

11.2.1.3　基于云平台的图档协同系统的应用场景

基于云平台的图档协同管理系统的典型实施流程如图 11-22 所示，主要涉及创建项目空间、组织管理、权限管理、任务管理等内容。

（1）创建项目空间

云空间无需配置高要求的软件和硬件。获取空间授权后，在云空间内创建一个项目空间，创建者拥有对整个空间最大的权限，项目可根据实际情况指定空间创建者。通常可由项目经理、技术总工、BIM 负责人、信息化部门负责人等相关岗位负责人担任。

（2）建立组织机构并组建项目团队

根据项目的实际情况确定云平台的使用范围，一般项目协同范围可分为由业主驱动的设计、咨询、监理、总包等各方之间的协同；由总包驱动和分包之间的协同；由设计驱动的业主、设计之间的协同以及由各方驱动的内部各部门之间的协同。确定组织机构后邀请各方加入项目空间，组建基于云平台的项目协同团队。

（3）创建文档目录架构

根据项目参与方及项目生命周期的文件类型进行文档目录结构的规划，并设置各参与方及相关部门或人员的权限，如图 11-23 所示。

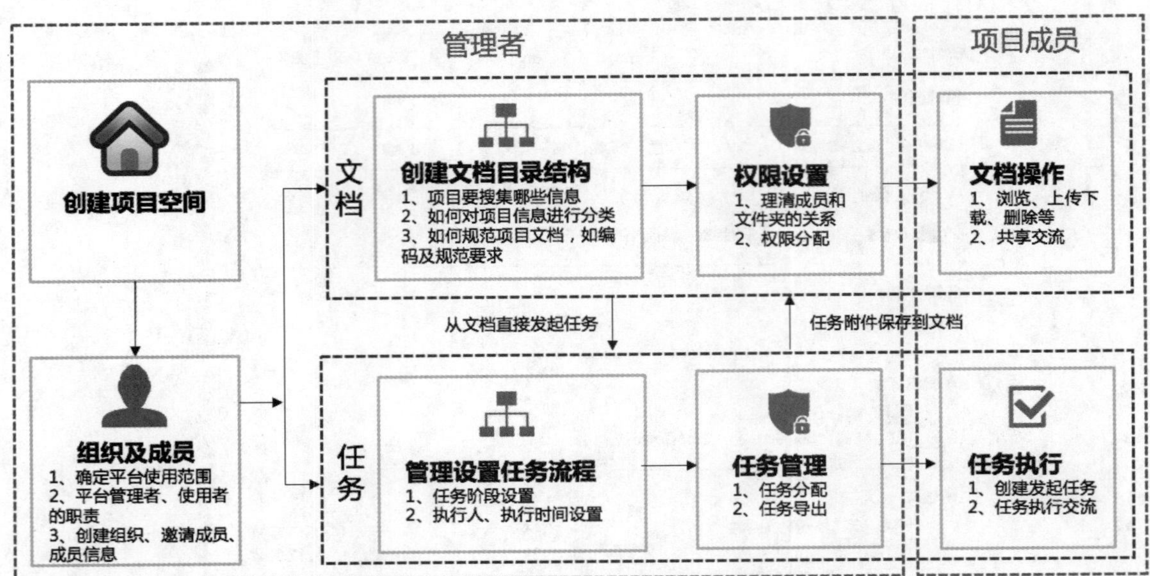

图 11-22　基于云平台的图档协同云平台的典型实施流程

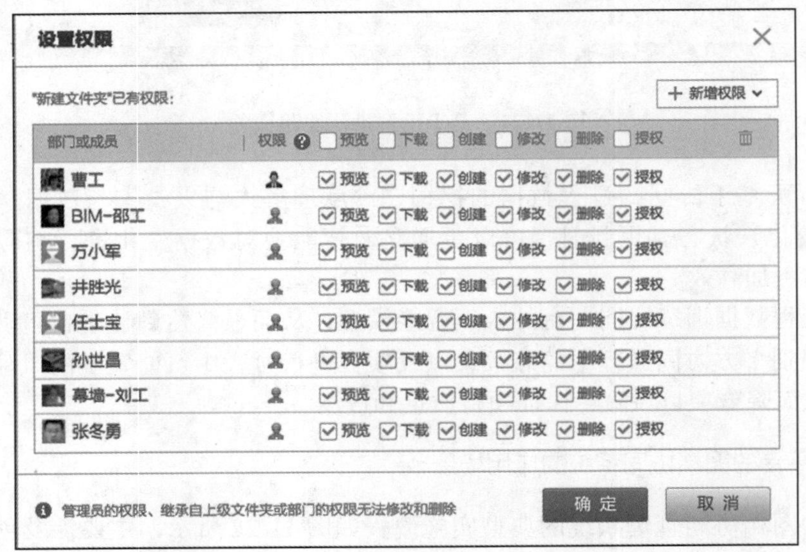

图 11-23　设置文档的访问权限

（4）上传图档到云空间

批量上传图档文件到云空间的文件目录中，并设置访问权限，利用文件夹或图档标签对项目的图档进行分类管理，如图 11-24 所示。

（5）进行文档查看、分享和批注

项目成员登录到云平台即可在线查看多种格式的图档文件，可方便地分享和批注图档问题，如图 11-25 所示。

（6）建立任务流程进行问题追踪

平台用户可以基于批注的问题创建任务，指定任务的执行人、截止时间和遵循的流程。平台管理者根据项目特点创建任务流程，范围包括文件签收、图纸审核、变更处理、现场问题处理等。针对每一流程，指定负责人，明确职责，保障项目实施过程中各方协作的有序开展。任务追踪管理如图 11-26 所示。

图 11-24　项目文档组织结构

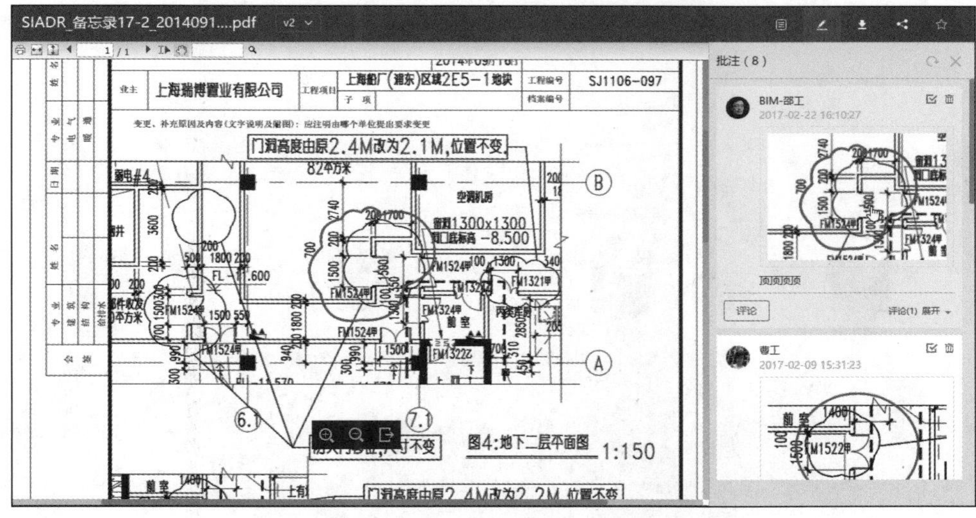

图 11-25　在线浏览及文件批注

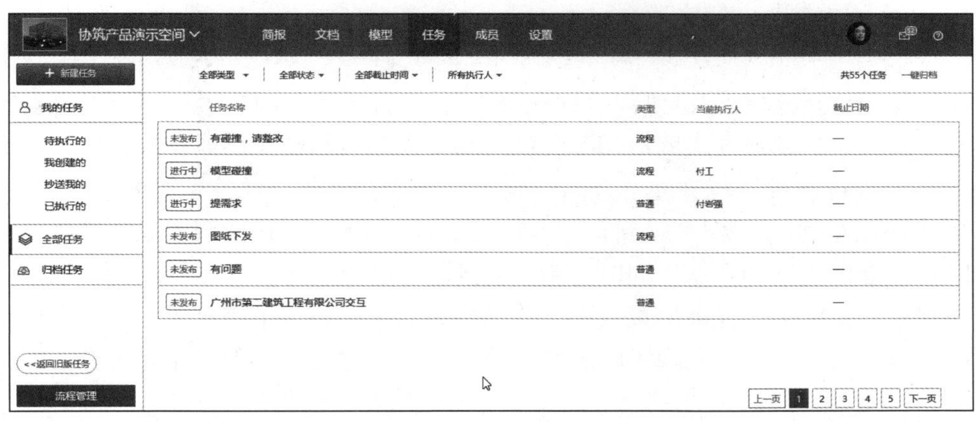

图 11-26　任务追踪管理

11.2.2 基于 BIM 和移动端的综合项目协同管理

11.2.2.1 应用背景

近年来，建筑行业信息化快速发展，很多企业应用了传统的信息化系统。在一定时期，信息化系统助推了企业管理升级，从手工操作到信息汇总分析，从人为因素主导到制度流程规范化操作，信息化系统起到了关键的作用。但是，随着云技术和移动互联网技术的飞速发展，以及建筑行业 BIM 技术的深入应用，传统的管理系统已经不能适应新的管理模式。尽管传统的管理系统在企业内部管理和企业对项目的监控管理上起到了一定的作用，但信息始终滞留在管理主体的内部。然而，现在众多项目管理过程复杂，项目参与方的沟通协同则变得尤为重要，直接影响到项目目标的达成。所以，项目管理的发展由传统的内部管理进一步向项目参与方协同管理转变，要求信息化系统能借助互联网和移动设备、云平台、大数据等技术手段支持项目管理模式的转变。

同时，建筑行业 BIM 技术的应用已经不再仅限于设计阶段，正逐步延伸到建造阶段和运维阶段。BIM 模型也不仅仅是建筑物 3D 数据的表达，还是一个共享资源的平台，是可服务于建筑全生命周期的信息平台。所以，项目管理新诉求是搭建一个基于 BIM 和移动应用的项目协同管理平台，组织参建各方基于项目模型，建立良好的沟通机制，打通业务关联关系，建立一个统一的协同工作方式，打破部门或总分包之间的管理隔阂，提升项目管理能力。基于 BIM 技术的创新管理模式与传统管理模式比对如图 11-27 所示。

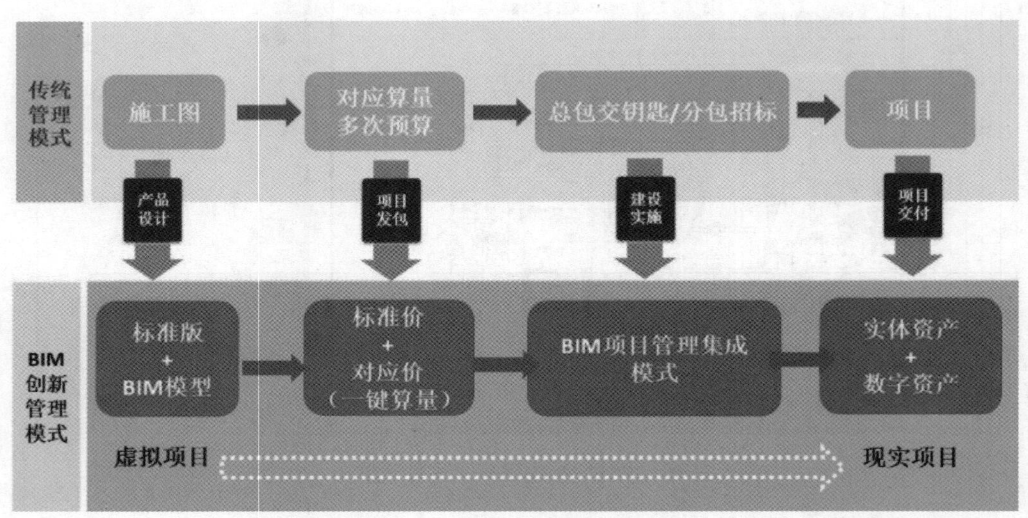

图 11-27 BIM 创新管理模式与传统管理模式比对

基于 BIM 和移动端的综合项目协同管理充分发挥了 BIM 模型的三维可视化、自身工程数据集成以及跨时空、跨组织的移动互联网应用等特征，为实现项目精细化高效管理提供了有力手段。通过将模型导入平台进行集成，与进度、合同、成本、工艺、图纸、材料等相关业务信息进行关联，然后利用模型的直观性及可计算性等特性，为项目的进度管理、现场协调、成本管理、材料管理等关键过程及时提供准确的基础数据。同时，基于协同平台的自动分析、预警功能，依据项目各业务管理要求直观展示分析结果，提高决策效率。移动端集成应用拓展了信息采集、消息通知、任务流程协作、现场管理等技术手段，实现了跨时空、跨组织的实时协同管理，显著提升了多方协同管理效率。

11.2.2.2　基于 BIM 和移动端的协同管理系统

1）基于 BIM 和移动端协同管理系统分类

目前，众多建筑企业正在积极探索基于 BIM 与移动端的协同应用，相应地产生了多种协同管理平台，基于 BIM 和移动端协同管理系统按使用范围可分为项目级协同管理系统及企业级协同管理系统；按存储架构可分为基于服务器、基于私有云以及基于公有云的项目协同管理系统。

基于 BIM 与移动端的协同管理系统种类较多，例如，国外 Autodesk 的 BIM360，Bentley 的 EADOC，RIB 的 ITWO；国内的广联达 BIM5D、广联达 BIM+PM 协同管理平台，以及斯维尔 BIM 项目管理系统、鲁班 BIM 系统平台等。

对于一些大型的特殊要求的项目来说，使用协同管理平台已经成为必然选择。例如，北京国家体育场（鸟巢）工程应用管理信息系统、ePIMS+ 协同工作平台、4D 施工管理系统和视频监控等信息化管理技术，提高了管理水平，实现了精细化管理，保证了工程的顺利建设。北京 CBD 核心区 Z15 地块项目“中国尊”在设计和施工管理过程中深度应用了 BIM、综合协同管理平台等技术，软件系统包括 Autodesk Revit、Autodesk Navisworks、Autodesk Ecotect、RIB ITWO 管理平台等。

万达集团作为商业地产的龙头，在 2016 年进行了一次历史性的改革，创建了 BIM 总发包管理模式，为未来万达商业地产的轻资产化以及快速建设提供了有力的支撑。万达集团与广联达公司联合开发了 BIM 总发包管理平台，支持万达 BIM 总发包管理模式的落地。

2）典型基于 BIM 和移动端协同管理系统介绍

以广联达 BIM+PM 协同管理平台为例，介绍典型的基于 BIM 和移动端协同管理系统。

（1）基于 BIM 和移动端协同管理系统原理

BIM 协同管理平台是一个以 BIM 协同为手段，以计划管理为主线，以成本控制为核心，贯穿工程项目全生命周期的管理平台。以项目管理者的视角，明确参建各方的职责，设定管理目标，将管理前置，让参建各方快速沟通，同时应用移动设备，快捷完成工作。BIM 协同管理平台在设计阶段，可以直观展示设计理念和设计效果，提高设计成果会审的效率，可以形象交底，快速沟通。通过前期的设计沟通，可大大减少施工阶段的变更和返工，从而缩短项目工期，降低项目成本。在招投标阶段，可以快速计算工程量，计算建安成本。施工阶段可以比选施工方案，模拟施工过程，进行变更跟踪以及辅助质量检查和验收，借助移动设备 App 或者 VR 等设备，实现工程智慧建造。设计模型在工程建造过程中不断地深化和添加信息，最终形成竣工模型，为项目后期运维提供精准的、智能化运维模型。

（2）基于 BIM 和移动端协同管理系统架构及功能

BIM 协同管理平台是以 BIM 为支撑，结合移动智能设备，围绕项目全过程，为项目管理提供有效支撑，为企业积累数据，并支持智能分析。BIM 协同管理平台一般分为数据平台和工作平台两个层面，数据平台的工作主要是积累企业和项目的数据，建立数据模型，支持企业决策；而工作平台则是支持用户业务处理，完成协同管理的工作内容。同时，工作平台还需要建模软件、算量工具、计价软件等一系列工具软件的支撑。数据平台基于项目管理业务的过程和结果，利用互联网和大数据等技术为项目和企业积累数据，支持智能分析。基于 BIM 和移动端协同管理系统框架如图 11-28 所示。

项目建设过程中，项目的模型和图纸会有多次调整，从施工图发布到深化设计、再到工程施工过程的变更，项目模型和图纸多次变化导致了参建各方的图纸版本不一致、沟通不顺畅。BIM 协同管理平台基于模型协作加强了项目施工图和模型的管理。每个版本经过严格的管理流程，经审核发布后，让所有人使用同一个版本的图纸和模型。参建各方可以基于同一个版本的项目模型在平台

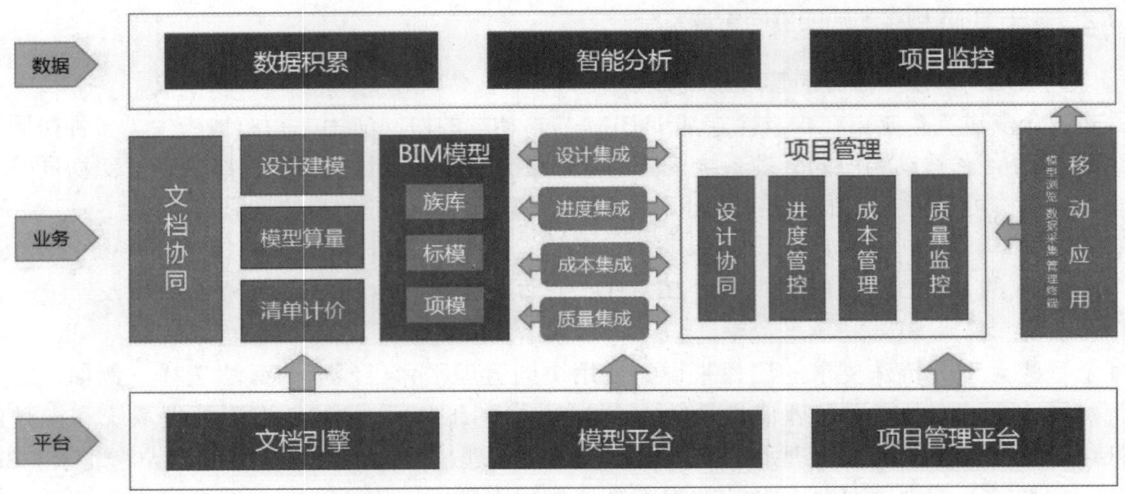

图 11-28　基于 BIM 和移动端协同管理系统框架

上进行充分的讨论沟通，交换各方意见，并且快速调整，以达到在项目前期充分暴露设计问题的目标，从而形成更能满足施工要求的设计模型。平台还支持各专业模型的碰撞检查，在工程前期解决各专业之间的问题，从而减少施工过程中的返工和变更，大大节省了项目的时间，节约了项目的成本。

项目业务协同是将 BIM 模型与项目管理的计划、成本、质量业务打通，充分发挥 BIM 协同的优势，解决项目管理的问题。

①项目计划管理。将项目计划中的任务与项目模型的构件进行关联，在模型上通过模拟建造，可以清晰地看到项目建造的过程以及对应的资源变化。随着工程的施工进展，项目的完成情况以及项目实际进度与计划的偏差都可以通过模型形象地展示出来，项目参建各方都可以随时关注到项目的进展。在工作现场，作业人员可以通过移动 App，直接浏览模型，检查、反馈现场情况。

②项目成本管理。当模型的建模标准达到一定程度的时候，可以支持使用算量工具快速算量，使用计价软件计算项目造价，快速完成项目计价算量的工作。在平台上，模型构件和计价信息相互联动，详细的成本管理数据提升了项目成本管理水平。

③项目质量管理。将项目质量检查标准和质量检查内容预设在项目模型中，项目管理人员和参建方通过移动 App 直接查阅检查要求、检查标准，同时将检查结果上传，第一时间将项目的质量隐患反馈，施工方快速整改，将整改结果上传，简化了质量问题沟通的步骤，同时通过预设的质量管理要求，参建各方工作人员明确自己的工作要求，通过 BIM 和移动 App 方便快捷地完成工作，通过云平台共享工作结果，达到项目质量管理的目标。

（3）BIM 平台与移动设备综合协同管理应用

BIM 协同管理平台在应用过程中，与移动终端配合使用，在施工现场可直接浏览模型，快捷查询模型细节，支持现场办公。在质量管理中可直接通过移动 App 查看质量检查标准和预设检查项，让工作人员在现场明确工作内容，快速填写现场检查结果。进度管理中也支持现场移动 App 的使用，查阅工程进展，并可直接在现场完成报告。使用移动终端，无论是施工现场还是异地办公，都能体现出互联网和移动设备的便捷。管理人员手持移动设备进入工作现场，项目和企业领导可异地审批，快速查阅正逐渐成为工作的常态。

3）基于 BIM 和移动端综合协同管理应用价值

基于移动端的协同管理平台，是建设工程各参与方之间的协同工具，可促进沟通，提升现场的工作效率，如图 11-29 所示。平台移动端的工程管理，内置了样板管理、关键工序、变更签证等功能模块，可以将项目的管理动作细化到项目的日常工作中，提升了项目的精细化管理能力。真实、实时的项目记录实现了零距离透明化的管理模式，时刻如亲临项目现场。

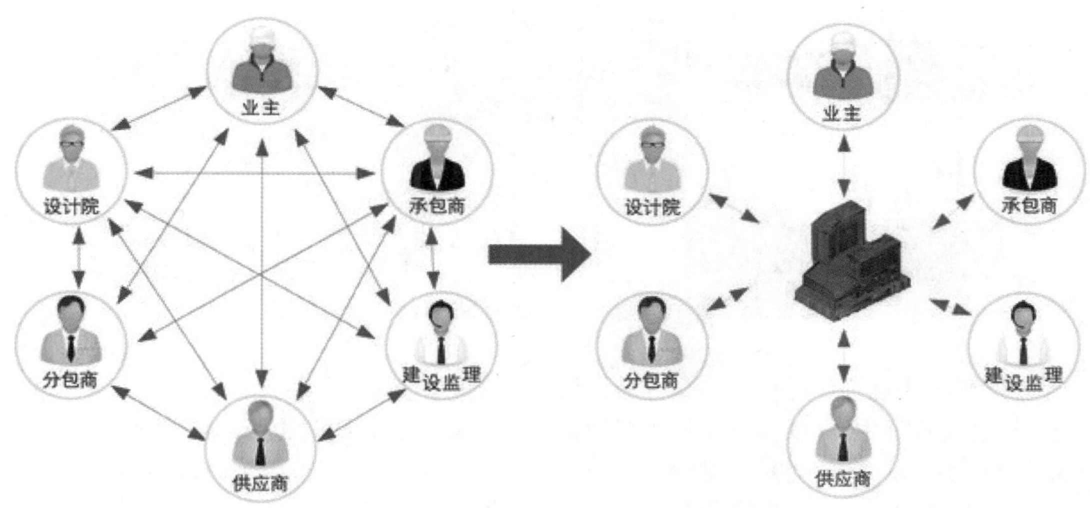

图 11-29 传统点对点协同向基于 BIM 的协同模式转变

基于 BIM 和移动端的系统应用将实现以下价值：

（1）项目参建各方形成了一个核心团队，为项目管理奠定良好的基础。

（2）基于模型，建立了良好的沟通机制，从而提升了工作效率。

（3）项目预设了项目管理标准，明确了参建方的工作内容和方法。

（4）将模型与业务集成，加强业务管理能力，从而节省了项目时间，降低了项目成本。

11.2.2.3 基于 BIM 和移动端的协同管理系统应用场景

BIM 协同管理平台既可支持单个项目管理，也可支持多项目管控，为企业积累数据。BIM 协同管理平台支持独立项目应用，也可以统一部署。目前行业内有针对建设方管理需求的平台，也有为施工企业服务的系统。

企业在建设 BIM 协同管理平台时，需要首先进行 BIM 建设的总体规划，明确 BIM 应用的目标和路径。同时，企业和项目应在组织、制度和人员能力上建立相应的体系，用以保障 BIM 建设目标的达成和 BIM 协同管理平台的使用。企业和项目需要根据自身管理需求，建立适合于本企业（项目）的 BIM 标准和规范。

在 BIM 协同管理平台应用时，首先需要使用设计工具建立项目模型，如果企业已经建立了自己的构件库，则使用企业构件库建模。满足建模标准要求的模型经过审核上传至平台，平台对图纸和模型文件进行分类管理，同时对多专业模型进行综合，管理人员可以通过浏览器或移动 App 直接浏览模型。

由协同管理平台下载受控的模型文件，通过算量工具和计价软件计算工程造价。工程造价信息再进入管理平台，在平台中建立模型构件与计价清单的关联关系。同时，模型构件在平台上与计划节点、质量检查点等信息建立关联关系，形成了 6D 管理模型，如图 11-30 所示。在项目管理过程中，6D 管理模型将作为参建人员共同的协作平台，在项目管理过程中，是项目开展流程协同管理、进度协同管理、成本协同管理、质量安全协同管理等一系列协同管理的标准和基础，支持由参建各方共同组成的新型项目团队顺利达成项目目标。

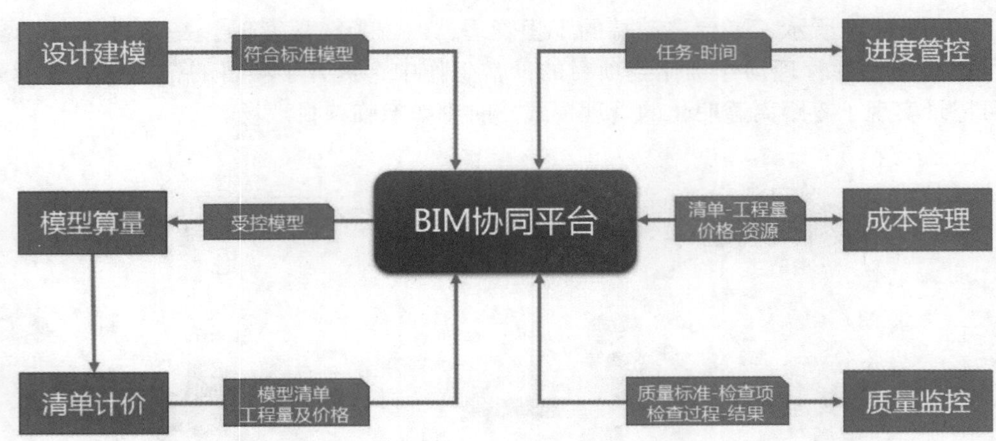

图 11-30　基于 BIM 和移动端综合协同系统应用场景

6D 管理模型在项目管理过程中，是开展协同管理工作的依据，同时也是工作完成情况的检验标准。例如，在进度管理中，6D 模型支持现场模拟工程建设过程，同时也可以将计划与实际对比，及时反馈施工进度偏差，分析进度延误原因，从而进一步制定新的调整措施。成本管理中，利用 6D 模型按照构件和实体范围进行工程量统计，完成快速报量和审批，通过施工项目快速准确地计算材料用量，分析各个时间段资源需求，对不同时间段资源需求做出预判，支持施工现场采购；通过不同种类资源量统计，精确掌握不同构件的工程量，精确把控现场资源；此外，通过对不同时间段资金实际使用情况与计划情况的比对，减少资金风险，实现成本的精确把控；质量管理中，模型中预设的检查点以及质量检验标准都是质量检查和验收工作的标准，要求项目协作方严格执行；将模型与现场情况比对，及时追踪、处理发现的质量问题；同时，对过程中发现的质量安全问题进行统计分析，有利于企业或项目管理方掌握常见的质量安全问题，在管理方面做出相应强化，做到防微杜渐。因此，6D 模型作为项目管理的基础，在新型的项目协同管理模式中发挥了非常重要的作用。

11.3　应用案例

11.3.1　基于云平台的图档协同案例——嘉定 F04-2 地块项目

11.3.1.1　工程概况

F04-2 地块位于上海市嘉定新城，总占地面积 58949.40m^2，总建筑面积约 16 万 m^2，总投资 204275 万元人民币，包含高层住宅、办公、酒店、商业等多种业态，如图 11-31 所示。工程内所有建筑采用预制装配式技术，总体 PC 率大于 15%，自方案设计阶段起全过程应用 BIM 技术进行协同管理。

图 11-31　项目鸟瞰全景

11.3.1.2　工程特点

本项目是由高层住宅、办公、酒店、商业等多种不同建筑类型组成的综合体。地下室面积大，地上建筑功能多，对各专业配合度要求高，给设计和施工组织带来巨大挑战。在设计阶段，建设方要求 BIM 设计与施工图设计交叉进行，在有限的设计周期内同步完成，在设计协调和进度安排上要求很高。施工阶段，要求项目各区域同时施工，尽可能缩短工期；项目进行过程中包含大量的设计图纸文件、合同、来往函件、会议纪要、电子邮件、多媒体资料、电子文档等信息资料，实现项目图档的高效协同工作显得尤为重要。如何对图档资料进行统一集中管理，实现文档授权访问、访问记录跟踪、全功能检索、以及版本管理等，提高团队工作效率、节约成本是一个迫切需要解决的问题。

11.3.1.3　应用工具及应用内容

针对项目的难点，在初期即着手策划运用 BIM 技术，搭建 BIM 管理平台，要求设计、施工和运维管理全过程都在同一管理平台上协同工作。业主依托协同平台组建协同团队，通过分配管理权限来完成项目图档管理、模型浏览、文件管理、流程管理等多方协作，达到项目高效管理的目的。

根据项目需求，经过对多个主流平台的调研对比，最终选择广联达公司的协筑平台作为本项目协作管理平台。在平台使用之初，项目各参与方难以适应使用平台后工作方式的改变，各参与方对自身的身份转换还有不少疑问，经多次协商、调解，逐步将项目的信息和进展进行及时沟通传递，达到了平台建设之初的各项要求，项目云平台应用情况如下所述。

1）协同平台组织架构

由于该项目图档量巨大，参与建设单位众多，BIM 技术使用周期较长，建设方提出使用协同工作平台的工作模式，由建设方委托专业咨询公司的专人管理。如图 11-32 所示，项目业主单位、咨询单位、各设计单位、施工单位、施工分包单位、监理单位共同参与组成平台内虚拟组织，在同一个平台内协同工作，各方各指派专门人员负责协同平台对接工作。另外，在施工图设计和各单项设计中，施工图总体设计各专业及其他单项设计均设置一名专员，负责协同平台的对接工作，做到协同平台在项目中的全面覆盖，实现对项目的扁平化管理。

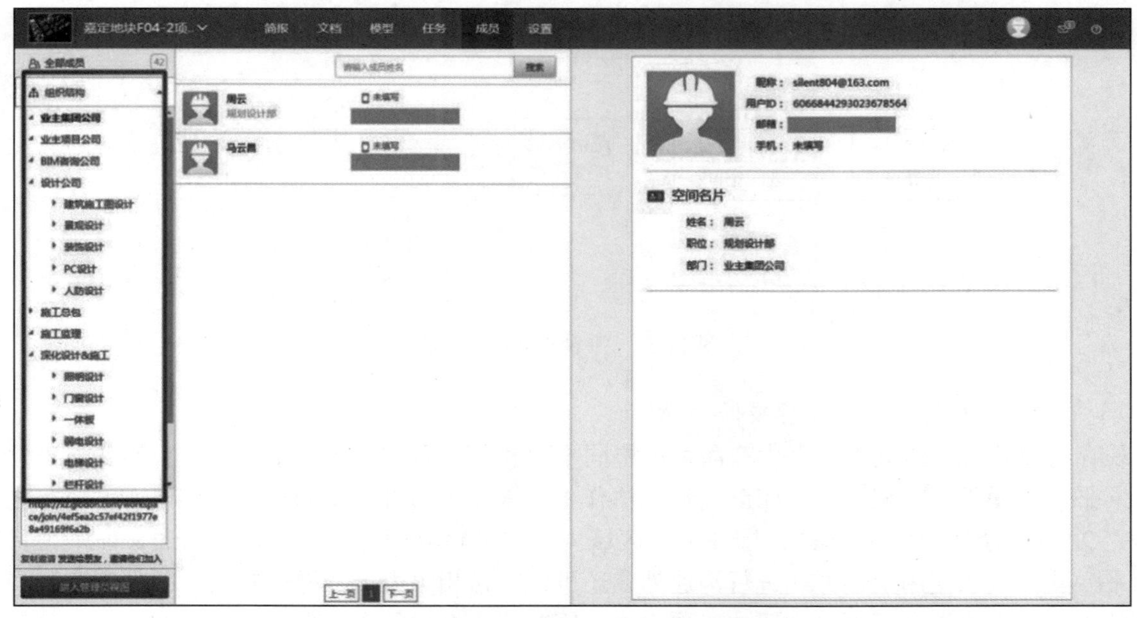

图 11-32　协同平台组织架构

2）平台图档管理及数据同步

本项目的信息量巨大且繁杂，为了更好地梳理图档信息文件，做到项目各项信息、资料的安全可控，在协同平台中基于整体构架，创建对应单项设计单位的文件夹，由建设方统一管理分配使用权限。各单项设计单位管理员可自行创建二级文件夹，二级文件夹中对内资料与对外资料分开设置，确保满足与其他单位协同的同时满足内部协同管理需要，如图 11-33 所示。为了方便协同平台的使用，在管理员授权下，各单位成员可创建个人账户，在相应空间内创建文件夹并完成相应设置，然后上传图档文件到指定的文件夹或发起任务协作，做到数据的有效同步。在协同平台试用阶段，开发人员根据项目现场反馈，陆续添加基于云技术的分享、断点续传、模糊搜索和多点备份等多项功能的支持，更加有效地提高了平台效率，更好地发挥了协同工作的价值。平台空间创建流程如图 11-34 所示。

图 11-33　协同平台文件夹设置

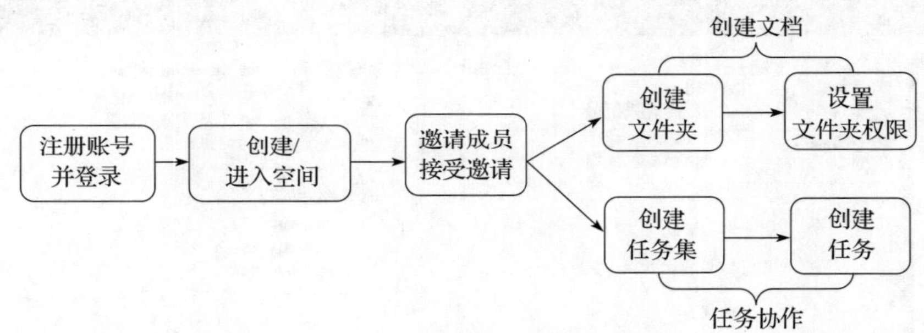

图 11-34　平台空间创建流程

3）平台团队沟通协调和流程及任务管理

现存的建筑施工协同平台多由产品生产协同平台和基于万维网的云平台的结合演变而来，本项目协同平台采用类似的架构。在团队沟通和协作中，采用类似办公室 OA 的操作模式。但与之不同的是，OA 大多数采用闭源形式，即在一定区域内通过平台界面进行团队范围沟通，而本项目所采用的平台除了可以使用上述方式进行沟通外，还可以抄送相关人员，通过短信、邮件等通知与项目有关的人，极大地提高了项目沟通的工作效率，同时防止发生信息错误、遗漏。此外，平台还拥有“空间”功能，即创建一个虚拟会议室，与任务相关的人员均可加入专项讨论，不同岗位、地点的项目人员可随时随地进行有效沟通，减少了传统项目沟通存在的繁琐流程。

基于平台的团队沟通协调可随时跟踪工作任务的发布、执行、完成情况，实现团队与团队间工作的顺利传递，如图 11-35 所示。除此以外，项目平台有效工作的时效性、相关性，防止了传统项目中相互推诿、互相扯皮的情况出现。

图 11-35　协同平台任务列表

云协同管理平台通过工作紧急程度设置，以责任、任务集的形式约束项目参与者。在每个阶段指定任务执行人，设置操作和任务流转的规则，实现任务自动流转处理。通过上下级关联，可通过实时联动查看任务状态等方式全方位监督、管控项目的整体推进程度。在出现如图档信息修改、实际情况与图纸不符等情况时，项目各方可在同一个任务流中相互沟通，明确相关人员的责任制、监督制，如图 11-36 所示。在云协同管理平台中，以建设方为核心，设计方、施工方、监理方、咨询方都能理顺自身在相关任务流中的角色，从而实现项目的顺利推进。

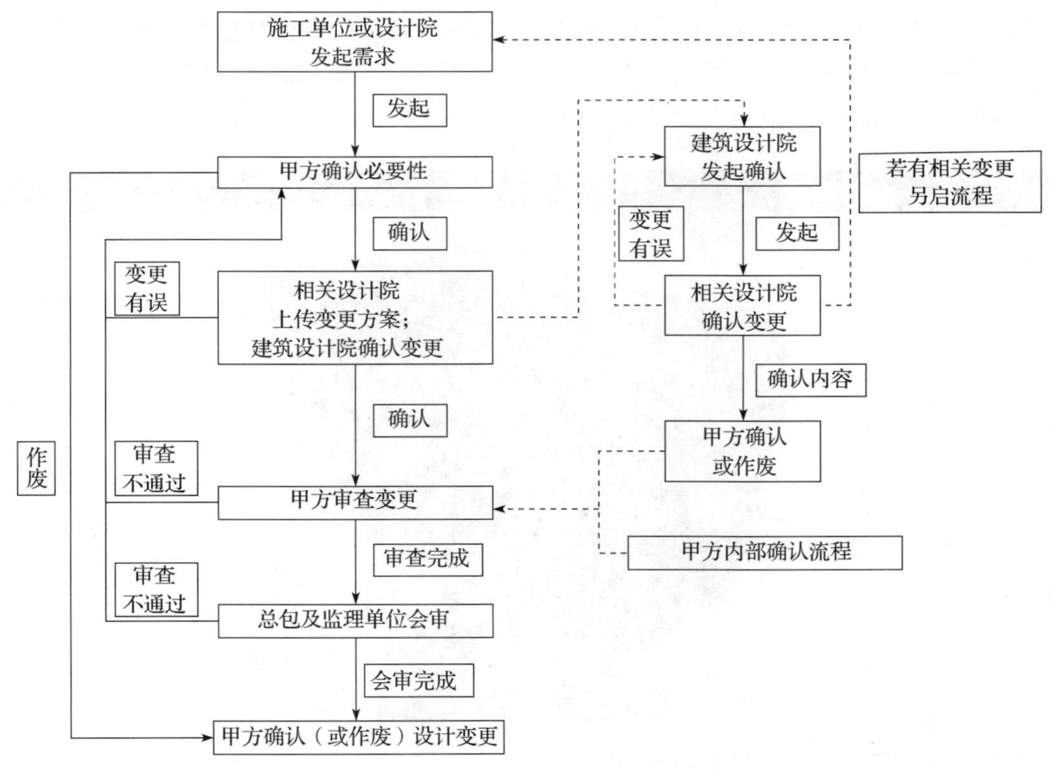

图 11-36　云平台变更管理流程

4）多专业 BIM 模型可控化共享

建设方在项目初期通过 BIM 技术和工作协同平台解决项目协同管理的诸多问题。因此，项目协同平台也在项目准备阶段将 BIM 技术考虑在内，要求在支持通过界面平台查看传统的 CAD 图纸的同时，能实现如 Autodesk Revit 模型等不同格式的 BIM 模型文件的在线查看。BIM 模型建立后，将 BIM 模型上传至协同平台云空间，可在线实现可控的多专业、单专业、项目局部单体模型浏览。模型文件存放在云平台中，可作为阶段性模型的图档交付凭据，根据项目要求，专业咨询公司对模型定期进行管理和更新，方便项目各方进行查阅，如图 11-37 所示。

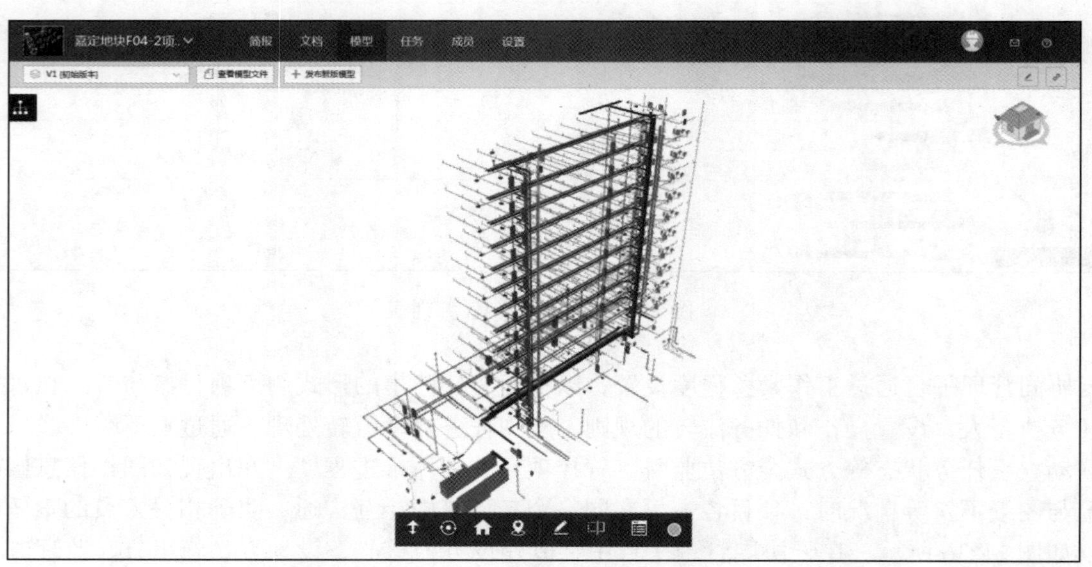

图 11-37　浏览机电 BIM 模型

项目各方不仅仅可以对项目模型进行查看，更可在平台中对模型进行过滤、筛选、自由剖切模型，查看构件属性信息，虚拟行走，在线可以对项目细节和信息进行立体化、多系统查看，如图 11-38 和图 11-39 所示。

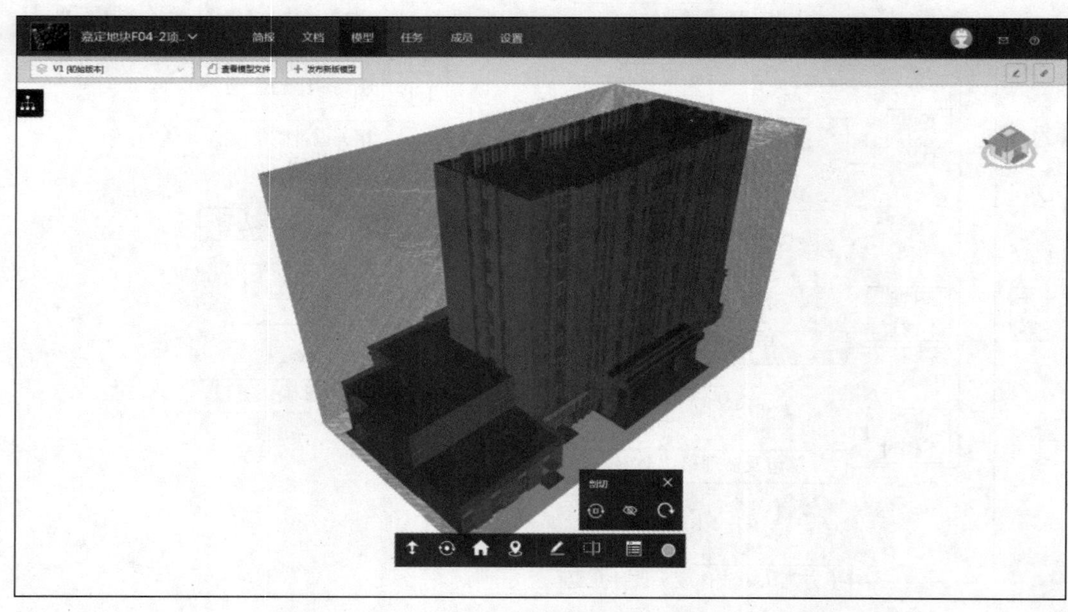

图 11-38　在线可控查看 BIM 模型

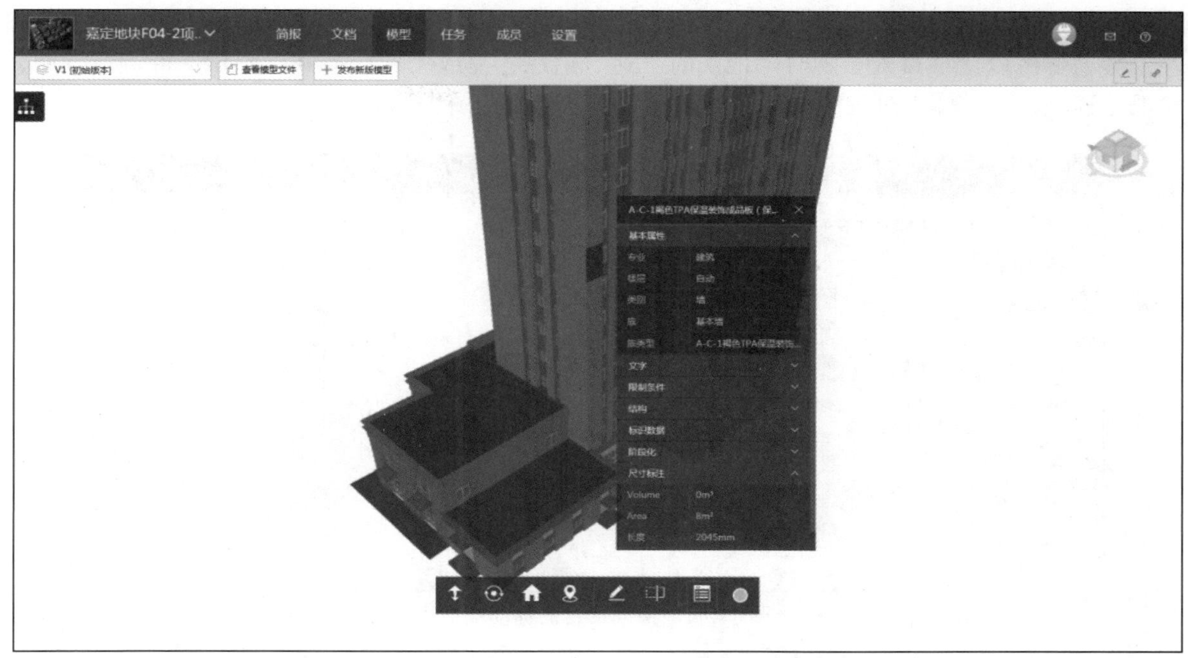

图 11-39　自由剖切模型及构件信息查询

协同平台在实时浏览项目模型文件的同时，支持在可控的情况下在线添加批注，自动生成截图并保存成报告，结合前文提到的团队沟通和工作任务流等工作模式，可及时发现各专业问题，减少施工过程错误，如图 11-40 所示。

图 11-40　模型文件在线批注

5）基于移动端、PC 端、云端协同工作

与传统的产品生产协同平台或是办公室 OA 不同，F04-2 项目信息协同平台采取移动端、PC 端、云端等不同客户端的同步共享方式，让不同地域、岗位的项目人员可以更好地参与到项目管控中，如图 11-41 所示。例如，项目经理在施工现场利用手持移动端设备对施工质量或安全问题进行拍照，针对问题进行描述后同时上传至云端，同时发送给各参与方，有效地对项目质量进行了管控。除此以外，移动端可以让项目人员随时随地实时下达、追踪、完成工作任务并对图档文件进行查阅，及时发现并解决设计、施工过程中的各种问题，如图 11-42 ～图 11-44 所示。

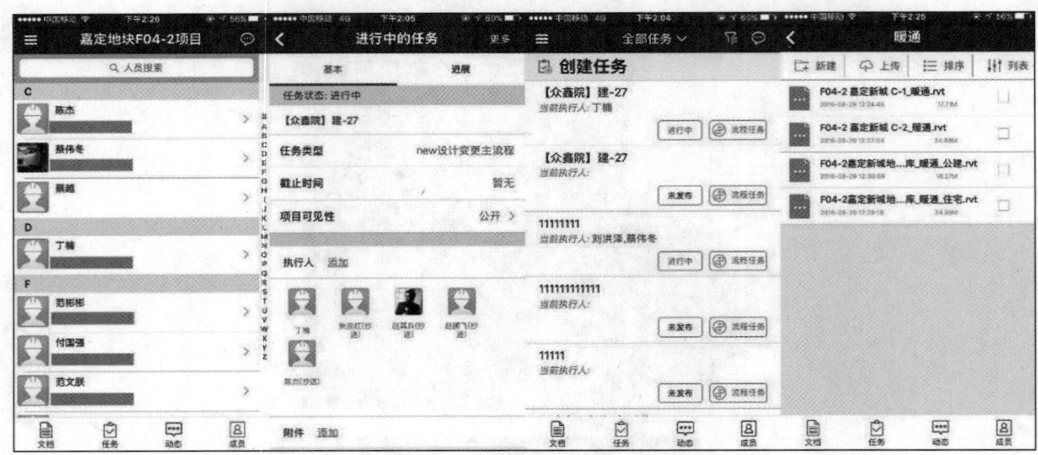

图 11-41　协同平台的移动端应用

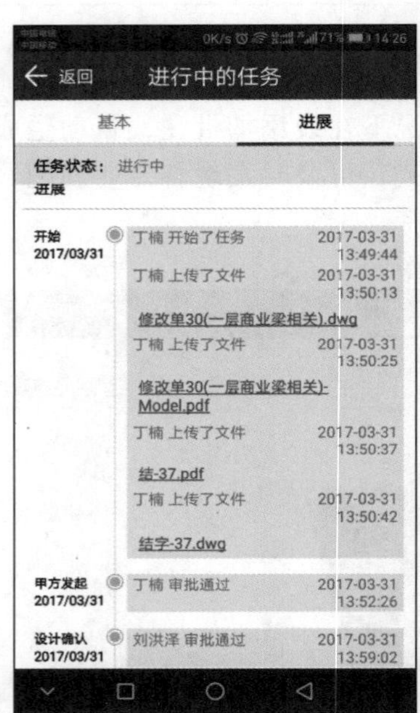

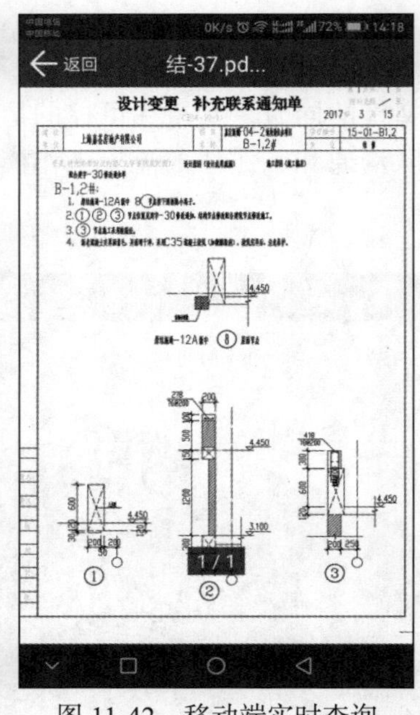

图 11-42　移动端实时查询

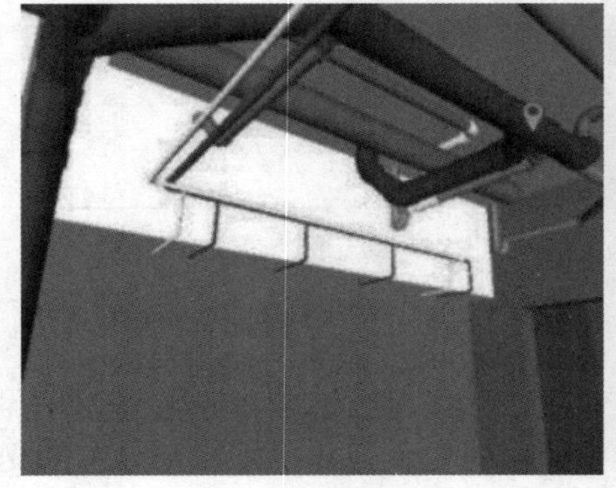

图 11-43　移动端视点与现场实时对照巡检

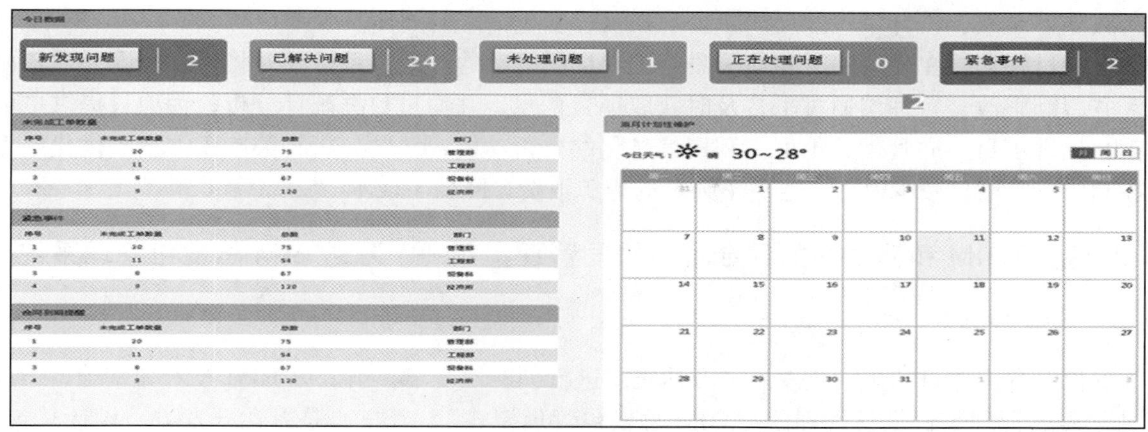

图 11-44　问题统计分析图

6）动态留痕

基于云平台动态留痕功能，可实时记录日常工作任务、人员分配和调动、交接班等信息，实现图档信息在平台进行可控的实时发布，随时更新项目进展，有效防止传统项目管理中的责任划分不清晰等情况的出现，如图 11-45 所示。在体量大、参建单位多、项目中人员流动性大的项目中，可尽可能地降低上述因素对工程管理带来的风险。

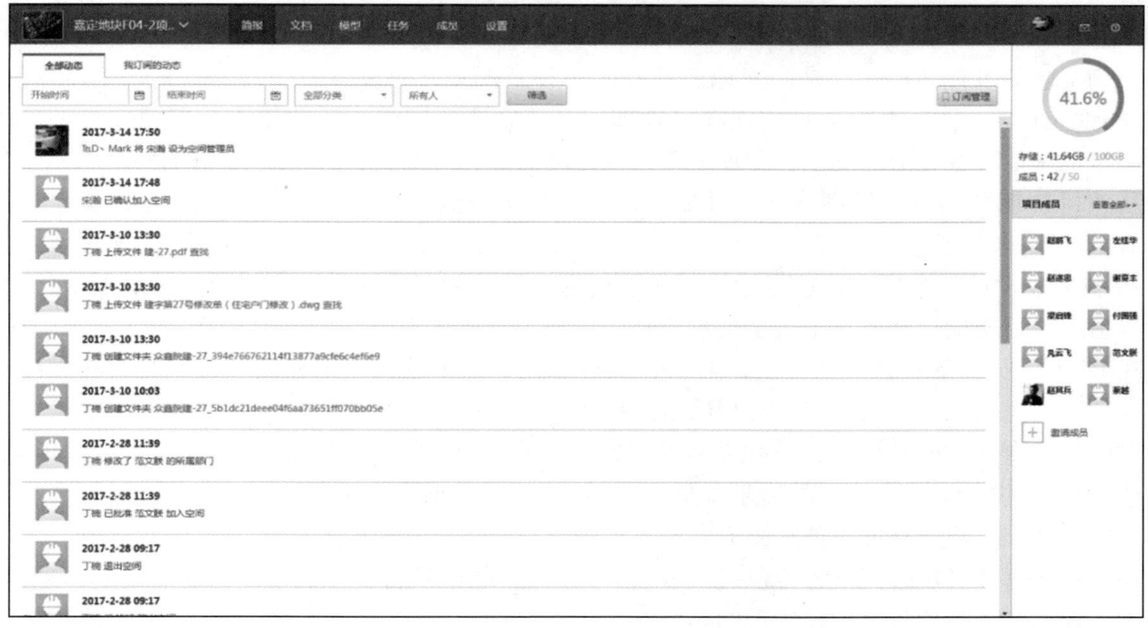

图 11-45　项目实时动态信息发布

11.3.1.4　应用效果

（1）本项目存在大量的复杂信息需要在众多的参与方之间传递、沟通和修改，平台确保了项目信息在各方之间传递的准确性和实效性，极大地提升了信息的获取、分发、沟通效率，为项目各参与建造方节省了累计近千工时。

（2）平台可有效地梳理和优化跨组织之间的流程，解决复杂的信息在各个部门之间的传递过程，避免了很多传统线下处理模式时间长、滞后等问题。从目前应用来看，相比传统模式，文件处理时间减少了 50%，设计审核的周期减少了 65%，变更请求的周期减少了 70%。

（3）通过移动端在现场随时随地采集施工现场问题，通过消息系统及时将信息分配并通知相关责任人并跟踪整改，管理层通过平台及时获取项目信息，并通过数据统计分析，为项目提供更可靠的决策，提升项目协同管理的价值。利用信息化的分析功能，辅助分析相关施工方案，优化施工流程、控制施工进度、减少返工，避免了大量的资源浪费，降低了成本。

11.3.2　基于 BIM 和移动端的综合项目协同管理案例——万达 BIM 总发包管理系统

11.3.2.1　系统概况

为确保轻资产项目的规模化发展，万达集团进行创新性变革，引入以 BIM 技术为基础、通过项目信息化集成管理平台进行管理的“BIM 总发包管理模式”。其核心是万达开发方、设计总包方、工程总包方、工程监理方在同一平台上对项目实现“管理前置、协调同步、模式统一”的创新性管理模式。BIM 总发包管理模式首要任务是标准化，将全套图纸和 BIM 模型一次性移交，总价包干合同签订后开工，总包单位具有更大的现场管理权力和责任。基于该种管理模式，万达集团和广联达公司共同研发了 BIM 总发包管理平台。万达管理人员和设计总包、监理单位、施工总包共同在管理平台上工作，在设计阶段就将管理要求和管控点预设在 BIM 模型中，基于 BIM 模型开展各项沟通和工作，让项目管理要求更明确，让项目沟通更便捷，从而缩短了项目周期、降低了项目成本、保证了项目质量。

11.3.2.2　系统特点

“BIM 总发包管理模式”是商业地产开发的一种新模式，建设方、设计总包方、工程总包方、工程监理方在同一平台上对项目实现项目管理，管理系统采用混合云的模式，兼顾了云平台的优势，同时也保证了企业信息安全，管理平台具有管理前置、协调同步、模式统一的特点。

从项目初期开始，将模型标准、计划控制节点、工程成本以及质量验收标准等管理要求和信息整合到在 BIM 模型及平台中，建立了项目 6D（3D 模型 + 计划 + 成本 + 质量）管理模型。通过 BIM 模型集成设计、开发、建造、运维等多重信息，可前置完成算量、模拟开发计划可视化管理、可前置植入项目质量管理要点，自动提示检查，实现了管理前置。

在 BIM 总发包集成管理平台上，业主、设计总包、施工总包、工程监理可及时获取设计、成本、计划、质量信息及控制要点，进行项目全程控制，实现了项目管理多方协调同步。

对企业原有项目分项管理信息化系统升级，项目建设方、设计方、监理方和施工总包方等参建各方依据统一的模型平台进行项目的沟通和管理，步调一致地完成项目管理工作。通过平台将管理标准、执行计划、质量标准等信息多方共享，形成统一的项目管理模式。

通过 BIM 总发包管理平台，统一协调项目参建方，基于项目统一的模型，通过设定管理标准，统一工作模式，达到项目总发包管理的目标。

11.3.2.3　应用工具及应用内容

BIM 总发包管理平台是企业级管理平台，企业建立了统一的标准和规范，同时建立业务系统协同工作的管理制度。万达针对 BIM 总发包模式建立了统一的建模规范和管理制度，并要求相关部门和人员严格执行。

系统由 BIM 总发包管理平台和工具插件、项目管理业务系统共同组成。如图 11-46 所示，系统中模型检查插件保证进入平台的模型满足建模规范的要求，编码插件处理了模型与业务系统的对应关系。进入系统的模型在算量插件中进行一键算量，满足了成本管理的系统要求。同时管理平台也是一个集成平台，将模型平台与计划管理、成本管理和质量管理系统集成。BIM 总发包管理平台是 BIM 总发包管理系统的入口和核心，将模型与业务过程紧密结合，提升了项目管理水平。

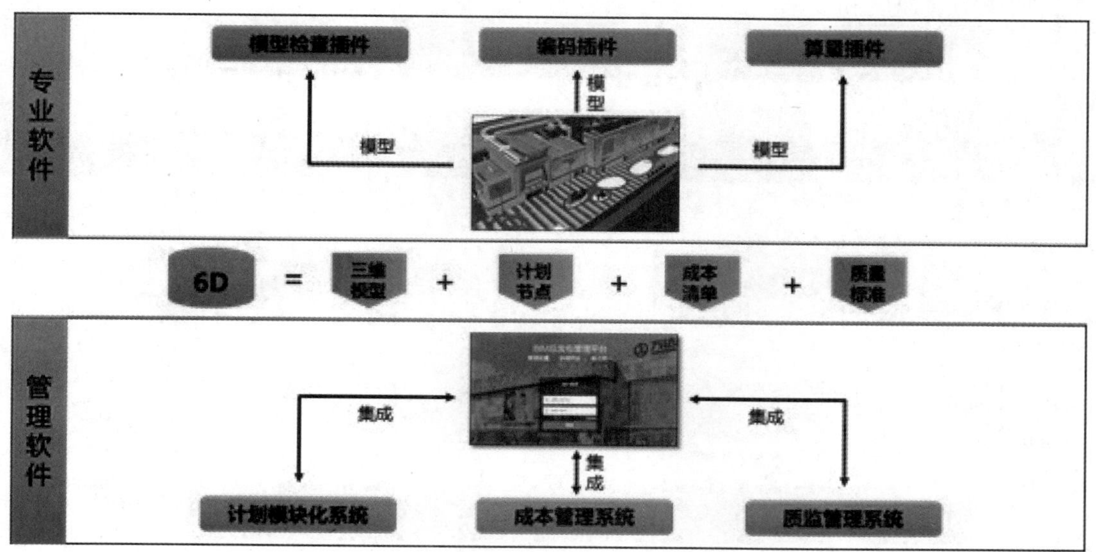

图 11-46　BIM 信息化集成平台总体架构

BIM 总发包管理平台让万达、设计总包、监理和施工总承包方在平台上共同工作，建立了一种新的管理模式，如图 11-47 所示，这种管理模式对项目的设计管理、计划管理、成本管理和质量管理等主要业务都提出了新的管理要求。

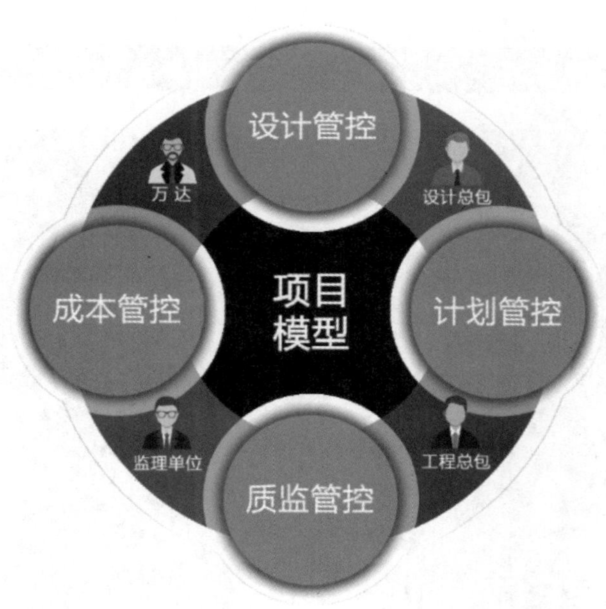

图 11-47　BIM 信息化集成平台业务范围

设计管理要求设计部门从标准化开始，建立标准的构件库和标准模型，同时从标准版的族库和模型研发，以及项目模型建立移交，到项目按图施工的所有管理流程都有严格的管理流程。对于设计文档，实现了基于云端的文件管理，对文件和目录进行规范化管理，如图 11-48 所示。在管理平台上，建设方、监理方、设计方及总包方可以实时沟通，同时通过模型的批注，各方基于同一个视角进行问题的讨论，让沟通更有效，如图 11-49 所示。任何一方发现模型的问题，都通过标注后对问题进行详细说明，同时通知责任人以及问题相关人员，被通知的人会收到信息，同时定位到标注位置，锁定问题，加快沟通速度和效率。

图 11-48　文档目录规范化管理

图 11-49　基于模型的批注

万达集团对计划管控非常严格，通过模块化系统与平台的模型构件进行关联，实现计划的可视化管理，对现场计划完成情况进行动态模拟和跟踪，如图 11-50 和图 11-51 所示。选定节点，可以直接查看对应的计划任务。选中任务，也可以直接查阅模型和图纸信息。

图 11-50　BIM 总发包平台进度可视化管理图

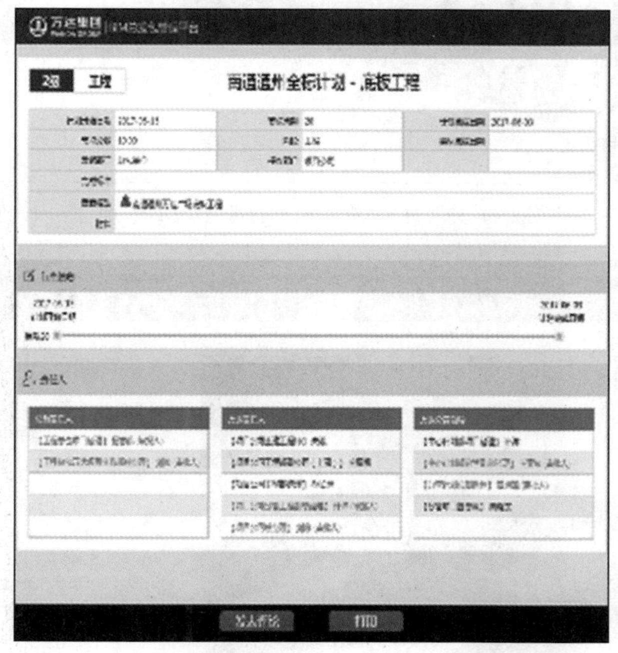

图 11-51　节点进度计划

成本管理中，项目发包分两阶段实施。第一阶段：每年第四季度，万达与各总包单位，根据万达年度发展计划、总包项目履约评估情况（含综合评价）签订《总承包年度合作协议》，协议明确年度合作项目数量，依据标准化图纸（含对应的材料设备品牌库、封样等）确定年度基准价。第二阶段：项目全套施工图纸（含 BIM 设计模型）完成后一个月内，依据《总承包年度合作协议》签订具体项目的《总承包单项合同》。合同根据项目所在地地质、政府规定、地材市场（地下四大块、钢筋、混凝土等），确定合同总价，约定总价包干。自 2017 年 1 月 1 日起，新开工建设的商业广场全面实施“BIM 总发包模式”，真正实现“包工期”、“包成本”、“包质量”。这就要求项目能进行快速算量，所以 BIM 总发包平台提供基于模型的一键算量，将清单与模型构件进行关联，清单和构件的联动让成本管控更加精细化，项目每一次变更都需要经历变更指令确认、模型变更、差异算量、模型移交等过程，如图 11-52 所示。严格的管理过程让成本更精确，也让项目成本更受控。管理平台针对每一次的变更都可以通过 BIM 模型对比变更前后的变化，形象地说明变更的情况。BIM 总发包平台变更工程量比对如图 11-53 所示，变化构件所对应的清单信息同样可以直接查阅。

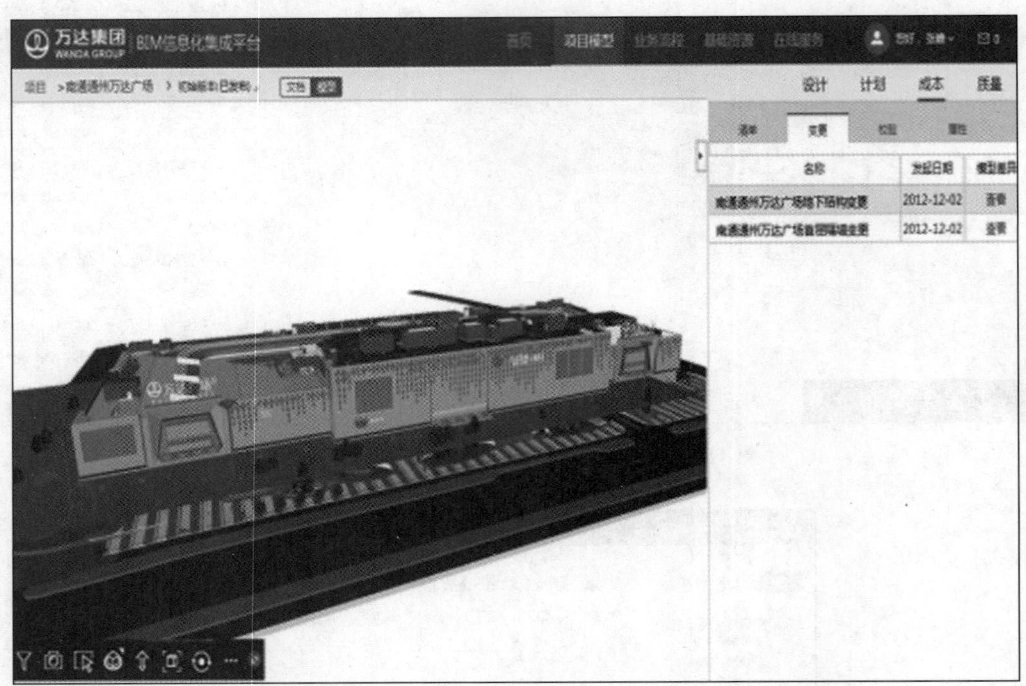

图 11-52　BIM 总发包平台模型版本管理

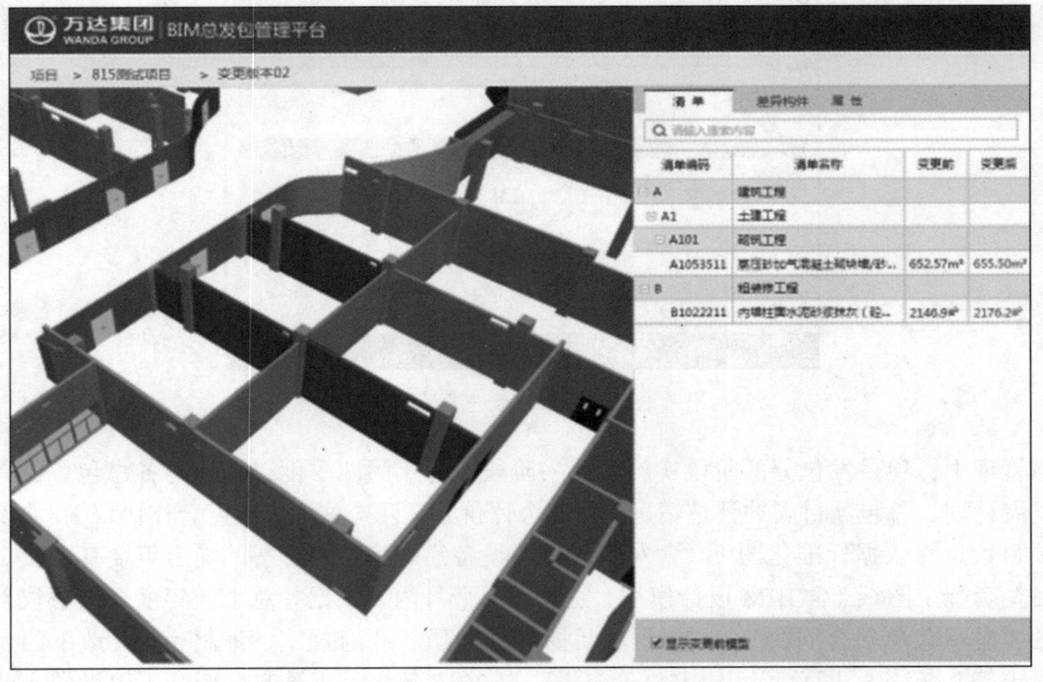

图 11-53　BIM 总发包平台变更工程量比对

质量管理方面，系统预设 26 类检查项，平台自动在模型中生成预设检查点。并且，模型中内置质量检查标准，项目人员进行现场检查，通过移动 App 直接查看模型信息，查阅检查标准，并将质量隐患直接标注在模型上，在管理平台上显示。平台质量管理如图 11-54 所示，现场检查的结果在模型中直接通过小红旗标注，尤其是隐患信息，能在模型中直接定位，同时可以跟踪隐患的处理情况。

图 11-54　BIM 总发包平台质量管理

11.3.2.4　应用效果

万达 BIM 总发包管理平台目前已上线使用，作为企业级项目协同管理系统，其应用效果主要包括以下方面：

（1）BIM 模型直观，信息全面，高度集成，简单易用。

（2）图纸模型一次移交，全新计流程及前所未有效率提升。

（3）沟通协调方式的改变，带来管理方法的改变。

基于 BIM 总发包平台，建设方与设计总包、施工总包、监理等 200 余家供方沟通协作，同时应用于在建的百余座万达广场，借助于 216 个模块化节点、4000 余项成本清单、175 个质量检查标准、2000 余类材料设备验收实现项目进度、成本的综合管理，成功协调了平均每个万达广场 500 多个模型文件、2000 多份图纸文件、1000G 以上的数据量，BIM 管理平台就像是一部作业指导书，所有工作在平台操作，留痕可追溯，极大提升了企业项目协同管理水平。

11.4　存在的问题及发展趋势

11.4.1　存在的问题

智慧协同是未来协同管理的发展趋势，目前在相关方面已有一定程度的应用，但是在技术、管理方法上还存在较多的问题。如智慧协同管理技术不成熟、协同范围有待加大、协同管理模式需要转变、协同平台数据安全性还需加强等。

1）智慧协同管理实现技术不够成熟

智慧协同管理的实现依赖于强大的数据采集能力和分析决策能力。现有技术条件下，协同管理工具可实现快速的数据采集，并通过分析做出预警，辅助现场管理人员决策。但是，系统功能较为单一，系统间数据交互难以实现，现场采集系统与协同管理系统集成度不高，对于多来源数据的综合分析能力有待加强。数据挖掘分析以及自主分析决策方面功能不足，很多工作仍需人工完成，距离真正的智慧协同管理的要求尚远。

2）协同范围有待加大

目前，项目协同管理局限性较大。多数情况下是由施工总包主导建立协同管理平台，实现施工总包内部，总包与分包，总包与业主、设计、监理间的协同工作，一般仅实现单向协同，参与方有限。实现范围以施工建造阶段为主，不同阶段间信息延续、复用、共享程度低，无法实现在项目全生命周期内的协同管理，难以达到协同管理效益最大化。

3）协同管理模式需要转变

项目协同管理深刻影响了项目管理方式，使得项目从串行式、以目的为导向的单位作业模式转变为并行式、以集成共享为导向的协同作业模式。协同管理模式下各方的权责、项目管理流程、分配机制相比传统方式均有所不同，需要与之相配套的项目管理机制以适应新型的智慧项目协同管理的发展。

4）协同数据安全性有待加强

智慧项目协同管理通过数据共享实现项目整体效益大于各方独立工作时效益的累加，协同过程中海量数据信息的传递共享多采用信息化平台完成，数据存储于云端或服务器，这对平台稳定性、数据安全、数据可靠传递提出了更高要求。目前，数据安全是互联网技术应用中普遍关注的问题，互联网数据安全保护相关技术还不成熟，缺少数据安全保护相关的法律法规。项目协同管理过程中，如何在互联互通的同时保障数据安全，确保协同数据不受到污染、窃取或破坏，是项目协同管理亟待解决的难题。

在建筑行业改革背景下，各方均致力于加强协同合作，实现行业的节能增效、改革升级，在各方的积极推动下，以上问题将逐步得到解决。

11.4.2　发展趋势

新技术、新方法的出现将促进项目协同管理的发展，智慧项目协同管理将呈现以下趋势：

1）基于 BIM 的智慧项目协同管理长足发展

BIM 的出现为智慧项目协同管理的实现提供了有效的方法和工具。依托 BIM 技术可将包括项目规划、设计、施工、运维各阶段的信息集成，通过搭建全生命周期的项目协同管理平台，不仅仅是单目标管理，而是实现从进度、安全、质量、成本等各个方面的全面集成化管理。BIM 技术的特点有效契合了项目协同管理对信息化和项目管理两个方面的要求，将在智慧项目协同管理中应用越来越广泛。

2）新型管理模式下的智慧项目协同管理

项目协同管理的发展除了工具的完善，还包括项目管理方法的进步。在新型管理模式下，工程建造不再是对各个参与方围绕各自的工作目标形成成果的线性拼接，而是各方人力、资金、技术、信息高度协同下追求工程全生命周期共同目标的集成。例如，近年来，EPC（Engineering Procurement Construction，设计 - 采购 - 施工）管理模式在建筑行业蓬勃发展，EPC 模式下，建设方与总承包方签订总承包合同，将项目设计、采购、施工、调试和试运行全部委托给一个主体单位，由总承包商协调各分包方共同完成工程建设，实现"交钥匙"。该模式下，总承包可系统考虑，整合项目资源，实现项目成本、质量、进度等各个项目目标的综合协同。在新兴的 IPD（Integrated Project Delivery，集成项目交付）模式下，各参与方在项目早期建立合作，发挥各自资源优势，共同参与项目决策，共同承担责任，共同追求项目整体效益最大化，有效降低了成本，缩短了工期。协同管理是 IPD 模式的基础，而 IPD 模式是目前实现项目协同管理的最佳方式，是项目协同管理的发展方向。通过管理模式的创新，加深项目协同深度及广度，降低项目内耗，加强各方资源互补的溢出效益。

3）多项目、跨地域、多组织综合协同

社会不断发展背景下，工程体量不断增大，功能、构造、要求趋于复杂。在大型复杂项目中，建设团队往往由来自全球各地的多个组织组成，除了地域的阻隔，管理方式、建设规范不同，文化也存在差异，如何高质量、低成本地顺利完成项目成为重要的问题。随着智慧项目信息化平台趋于完善，信息化技术不断深入应用，虚拟化、云技术的发展，管理方式的进步，使得项目管理能够突破地域、组织的限制，实现各方参与的远程综合协同管理。同时，工程建设不再是单个项目的建设任务，多个项目间资源可相互补充，相互支持，提高资源整体利用效率。

4）产业间协同不断加深

建筑行业项目协同管理起步较晚，传统建设过程分割为规划、设计、施工多个分阶段，项目管理独立进行，行业与行业间存在"信息孤岛"现象，严重阻碍了行业效率持续提升。升级产业结构，打破行业间壁垒，理顺建设流程，建立标准体系，不断加强上下游产业合作，打通行业与行业间流程及信息流，是未来的发展方向。例如，在预制装配式建筑建设过程中，设计、生产、物流、装配、施工全过程在共同的技术、管理体系下协同工作，通过信息化协同平台实现全过程流程与信息的共享，协同方法和效率将得到根本性提升。

5）智慧项目协同管理与智慧建筑深度融合

基于信息化技术的智慧建造是工程建设领域的总体发展趋势。智慧协同管理将与智慧建筑深度融合，项目管理依托于高度协同的方法和工具来实现，项目阶段与阶段间信息互用性及共享性大大提高，协同程度不断加深。例如，基于物联网技术的智能传感器将人员、设备、材料、环境、进度、成本、质量等现场信息自动采集、传输，并通过协同管理平台集成，自动分析优化并预警，及时将分析结果反馈至项目管理层，辅助项目决策。此外，行业级、企业级大数据平台将为智慧项目协同的实现提供数据支持。在智慧建筑环境下，协同范围从单纯的人与人协同转变为人、设备、终端间广泛协同，整个协同管理过程将在少量人为干预情况下实现，提升协同管理的智慧化水平。

参考文献

[1] 曹成，钟建国，严达，等. BIM 云平台在工程项目的五大应用［J］. 工程质量，2016, 34 (4): 81-85.

[2] 崔晓强. 智慧建造的系统构建和设计［J］. 建筑施工，2013, 35 (2): 146-150.

[3] 李久林，王勇. 大型建筑工程的数字化建造［J］. 施工技术，2015, 44 (12): 93-96.

[4] Zhiliang Ma, Jiankun Ma.Formulating the Application Functional Requirements of a BIM-based Collaboration Platform to Support IPD Projects［J］. KSCE Journal of Civil Engineering, 2016, (0000) 00 (0): 1-16.

[5] 马智亮，张东东，马健坤等. 基于 BIM 的 IPD 协同工作模型与信息利用框架［J］. 同济大学学报（自然科学版），2014, 42 (9): 1325-1332.

[6] 万达集团. 万达 BIM 总发包管理模式［EB/OL］.（2016-04）［2017-04］. http://www.wanda.cn.

[7] 余芳强，高尚，曹强. 城市高架工业化建造全过程信息化精益管理系统架构研究［C］. 第二届全国 BIM 学术会议论文集，2016, 24-28.

第 12 章　智慧工地集成管理

12.1　概述

目前，我国的智慧工地建设正在进入一个更加深入、更加扎实的新阶段，但是智慧工地建设仍然面临如下问题。

（1）智慧工地涉及单项多，开发量较大，缺少统一管理平台，呈现碎片化。

（2）建筑项目各方处于相对割裂的状态，缺少相互联动和融合。

（3）各应用之间缺少沟通桥梁，缺少协同互动，无法将作用发挥到最大，数据需要更深层次的挖掘与交互。

为了解决这些问题，需要建立以 BIM 三维可视化为基础，以物联网、大数据、云计算为支撑，整合工地现场碎片化应用系统，结合行业管理制度、行业标准以及行业规范的集成平台，实现工地的信息化、精细化、智能化管控，项目管理目标执行情况跟踪，目标实现的预测与趋势分析以及实时项目管理风险预警与提醒，为工地建设过程中的安全、进度、质量、成本等管理构成赋予智慧感知能力。其中，物联网主要通过射频识别（RFID）、红外感应器、全球定位系统、激光扫描器等信息传感设备，并严格按照工程项目之前设置、规划好的协议将其中各项要素、物品进行连接，在互联网云计算运用环境下实现最终的信息交换、资源共享、以及数字化通信；BIM 为项目建造提供了可视化、轻量化的支撑工具和手段；平台则搭建起连接专业 BIM 应用与实际工程管理的桥梁，使实现施工策划、虚拟施工模拟、可视化交底、进度成本管理、土建工程自动提量、质量安全问题动态追溯等 BIM 轻量化管理应用成为可能。

智慧工地集成管理平台不是已有系统功能简单的物理集成，而是通过各个系统模块进行有效整合。其中，原本不相关的各模块之间相互串联起来，实现模块间的协同与共享，将智慧工地集成管理平台的价值发挥到最大。

智慧工地集成管理平台主要功能应覆盖以下几方面：施工策划、进度管理、人员管理、机械设备管理、成本管理、质量安全管理、绿色施工管理、项目协同管理。智慧工地集成管理平台定位于工地整体信息化系统的共享与协同。即，通过集成 BIM 和物联网、制定数据接口、建立管理规范，在各级子系统充分覆盖基层业务的基础上，实现各信息化子系统的“数据共享”与“协同工作”，将现有各个松散的业务应用系统进行集中化管理、标准化管理，实现智慧工地各业务应用系统的统一部署、统一维护、统一运行监控、统一接口技术标准、统一用户管理、统一集成展现等。

12.2　智慧工地集成管理平台

12.2.1　应用背景

智慧工地的碎片化使应用系统无法单独准确地了解各类业务数据的变动情况与变动影响程度，

无法通过分析识别出哪些是关键因素，因此，必须将各系统相互串联，实现数据的协同功效，构建智慧工地集成管理平台。

12.2.2　平台系统

智慧工地集成管理平台是根据相关标准，结合施工现场的实际情况，依托物联网、云计算、BIM 等创新型技术手段，整合工地信息化行业优质资源，旨在为政府职能部门提供信息化监管手段，为施工企业提供信息化管理支撑。其结构如图 12-1 所示。智慧工地集成管理平台通过一个 BIM 可视化平台，集成多个业务应用子系统，借助于多种应用终端，最终实现施工信息化、管理智能化、监测自动化和决策可视化。

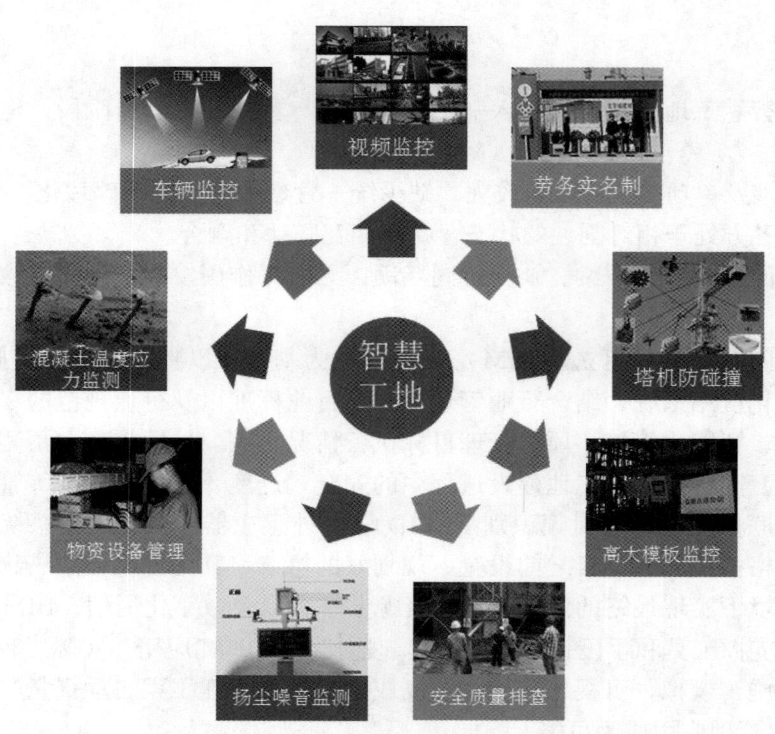

图 12-1　智慧工地综合集成平台结构

目前市面上有多类工地信息化管理系统，例如，由清华大学研发、北京云建信科技有限公司进行产品化开发和商业化推广的"基于 BIM 的工程项目 4D 动态管理系统"。该系统通过将 BIM 与 4D 技术有机结合，建立基于 IFC 标准的 4D-BIM 模型，实现了基于 BIM 的施工进度、资源与成本、安全与质量、场地与设施的 4D 集成管理、实时控制和动态模拟，支持多参与方、多终端协同工作。又如，由广联达科技股份有限公司研发的"广联达筑梦智慧工地项目管理平台"定位于项目层级，以项目生产管理为主线，以基于 BIM 的项目技术管理为基础，以基于工程项目成本管理为中心，通过集成智慧工地现场的碎片化应用工具，实现工程项目管理的业务数据整合，实现项目管理目标执行情况跟踪，目标实现的预测与趋势分析以及项目管理实时风险预警与提醒。由北京城建集团研发的智慧工地集成管理平台，则以 GIS-BIM 作为数据动态可视化展示的技术支撑，运用计算机图形学和图像处理技术，将 GIS 环境信息、各类物联网信息等多源数据充分结合，依托现有管理体系和技术支撑，梳理工地管理关键业务需求，建立智慧工地管理体系和技术标准，形成"采集融合→动态展示→分析预警→决策反馈"闭环业务流，以信息化手段支撑工地现场管理。

下面以北京城建集团智慧工地集成管理平台为例，对平台系统的架构、接口、数据集成方法及功能等进行说明。

12.2.2.1　平台架构

该平台基于 BIM 技术，利用移动宽带互联网、物联网、云计算、大数据等先进技术，融合 BIM 数据、GIS 数据以及物联网数据，实现智慧工地相关业务应用系统，提供智慧工地应用。其总体架构如图 12-2 所示。

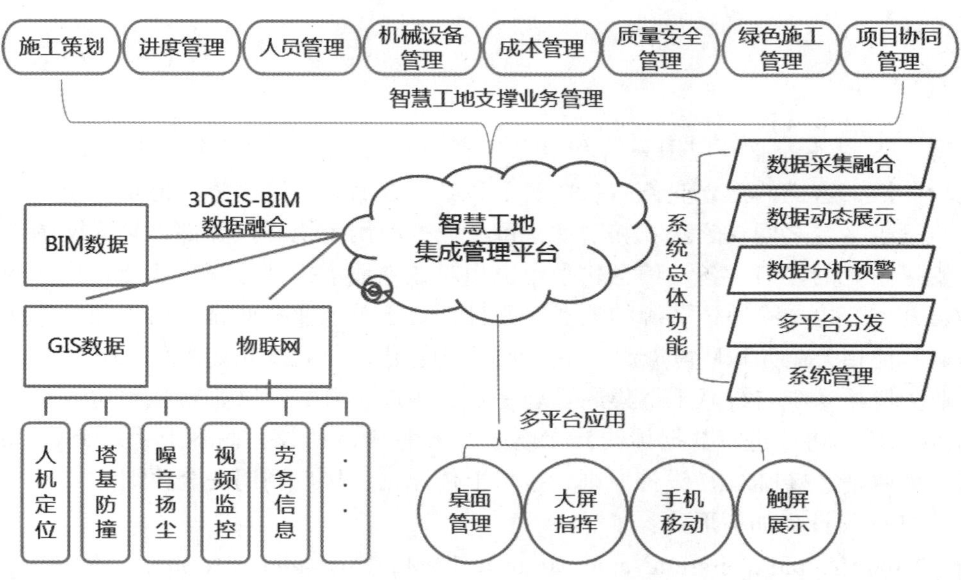

图 12-2　智慧工地集成管理平台总体架构

该平台是以 BIM 技术为核心技术思想的智慧建造物联网管理信息平台，采用 JAVA EE 及基于 OSG 的 GIS 引擎的开发平台，面向对象的构架及客户端的技术方法，具有良好的系统稳定性、环境适应性、安全可靠性和高效的数据交换能力。该平台采用 4 层架构设计，分别为应用表现层、业务逻辑层、资源访问层和硬件层，架构设计如图 12-3 所示。

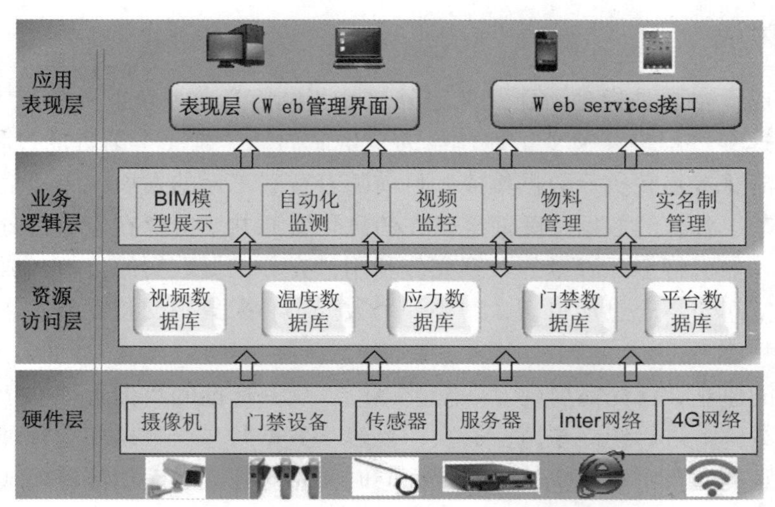

图 12-3　智慧工地集成管理平台架构设计

应用表现层处于平台架构的最顶层，负责提供外部访问接口。使外部程序（浏览器和手机端）能够访问系统业务逻辑功能，应用表现层的所有业务功能均通过调用业务逻辑层接口来实现。

业务逻辑层主要负责进行 BIM 模型展示、自动化监测、视频监控、物料管理等业务逻辑的计算和处理，以实现具体的业务管理逻辑功能，进行事务控制等操作，并对上层提供完整的业务功能接口。

资源访问层主要负责从底层获取虚拟化的资源，从特定数据库获取数据，并将数据转换为易于处理的内部对象，供上层更加方便地进行处理，同时实现对网络资源的访问和控制管理。

硬件层代表系统平台运行所需的硬件支撑，包括计算机网络、硬件平台、传感器设备、通信设施等基础设施。

12.2.2.2　平台接口

目前智慧工地中各种业务应用系统和信息化管理平台往往仍处于独立状态，相互之间没有交集，相对比较零散，这样的独立业务体系在安全和隐私方面有一定优势，但是各个单独的业务应用系统或信息化管理平台之间缺乏交互和联动，每个业务应用系统不仅要部署物联网硬件设备，还要部署相应的支撑系统的接口设备，信息化平台也相对独立地承担部分管理职能。这样的情况既不利于业务的整合开发，也导致整体资源的浪费。而且，对于单个业务而言，由于独立的业务应用系统无法便捷获取其他相关业务和环境资源，单个业务的应用价值无法实现更大提升。

为实现业务应用系统与智慧工地集成管理平台的集成，首先定义平台接口协议，平台接口设计主要采用 Http+JSON 协议进行数据传输，在连接上采用 Http 协议，内容上采用 JSON 的编码方式。其次要遵循三个原则，接口 URI 设计原则、接口上传原则、接口调用安全原则。

（1）接口 URI 设计为如下形式：

http://ip:port/api/Appid/operationName/paramrter1/value1/parameter2/value2，其中 http:// 是指采用的协议是 HTTP 协议，ip:port 表明服务器地址和端口号，api 说明在这之后都是接口服务，Appid 表示调用的接口来源，operationName 表明当前执行的具体操作，parameter 和 value 是参数和参数值。

（2）工地中各种业务应用系统和信息化管理平台必须对智慧工地集成管理平台开放接口，按照统一的规范标准，智慧工地集成管理平台能够获取相应的数据。

（3）所有对平台接口的调用都需要进行授权，保证接口调用的安全性。

12.2.2.3　数据集成方法

平台的数据集成，主要是指基于建筑工地分散的各类信息化系统的业务数据进行集中、综合、统一管理的过程，这个过程贯穿整个工地建设的全生命周期，是一个渐进的过程，一旦产生新的、有差异的数据，就需要按步骤执行数据集成。目前随着智慧工地的发展，工地信息化建设也越来越多样化，杂乱、复杂、各异的数据接踵而至，在信息化资源共享上存在着数据分散、标准各异、难以集成共享的问题，如何将多源海量的数据充分利用，充分挖掘数据的价值，成为当前亟待解决的问题。数据集成的空间与需求更加迫切，需要一个数据中心来集中交换、分发、调度、管理企业基础数据。

对于数据中心的建立，首先需要建立一套严谨的、统一标准的数据管理框架，从数据项目、数据属性、数据交互结构上进行统一规范；其次，要建立数据共享与数据安全管理机制，通过严格的权限分配实现对信息的共享，对多机构、多层面同时又相对独立的应用部署模式的整体规划，实现对数据流向的统一管理；再次，在以上基础上建立数据统一管理、信息集成实现机制，从源头对数据集成共享进行管理，建立灵活的集成传输模式。

12.2.2.4　平台功能

该平台以项目工地实际的业务为依托，集成项目工地各个业务环节，为相关人员提供一站式、全方位的服务。其从功能角度说，智慧工地集成管理平台包括数个模块，涵盖了施工策划、进度管理、人员管理、机械设备管理、成本管理、质量安全管理、绿色施工管理、项目协同管理等各个环节，满足项目工地实现对人员、设备、流程等环节的管理，保证项目平稳有序的开展。

（1）施工组织策划功能

应用 BIM 技术对现场平面布置、施工道路、材料堆场、垂直运输设备建立模型及设备参数，通过可视化模拟的方式辅助处理标段间及标段内的场地布置问题。例如，标段间的平面协调问题（如航站楼核心区标段与指廊标段、综合服务楼标段之间的场地协调问题），标段内的平面协调问题（如航站楼核心区内的场内运输、大型设备的进场及调运，钢构件进场及拼装场地等各专业协调问题）。

通过 BIM 可视化协调做到现场平面管理的合理运行，减少场内搬迁等问题。根据不同阶段的变化、专业插入等情况，动态合理有效地进行平面布置与管理，避免因施工场地的问题导致施工阻滞。

在该平台中，可以利用虚拟构件表达工作面模型，实现工作面与进度计划对应层级的映射关系，以及工作面与进度计划的自动关联。综合进度信息及工作面布置信息动态显示工作面的管理分配计划，实现工作面布置与进度计划的关联。同时，系统支持对公共资源冲突的预警功能，从而解决多家分包同时使用施工资源、工作面冲突的问题。

（2）施工进度管理

在进度管理过程中，将 BIM 模型与施工进度计划进行关联，通过可视化的 BIM 模拟，可分析与优化建筑、钢结构、机电、屋面及其他专业协同施工安排，并可通过 BIM 模型展示形象进度。

（3）人员管理

人员管理包含两个方面内容，劳务实名制管理和人员定位。

劳务实名制系统主要用于对施工现场实行全封闭管理，对劳务人员实施实名制管理。在出入口安装门禁闸机设备，所有劳务人员实名制刷卡进出现场，避免因非法外来人员进入施工现场而带来的麻烦。劳务实名制管理功能模块包括：人员信息管理、闸机门禁管理、劳务考核管理、入场教育管理、统计分析等。

人员定位主要是通过无线网络和物联网标签，实现工地劳务施工人员考勤、区域定位、安全预警、灾后急救、日常管理等功能，使管理人员能够随时掌握施工现场人员的分布状况和每个人员和设备的运动轨迹，便于进行更加合理的调度管理以及安全监控管理。人员定位系统主要实现施工现场的人员、机械设备的实时定位、轨迹追踪、紧急报警以及查询统计。功能模块包括：标签管理、实时定位、轨迹回放、电子围栏、紧急求助等 5 大功能模块。

（4）机械设备管理

综合利用信息管理系统、电子标签（RFID）、卫星定位终端（北斗 /GPS）和手持终端设备（App）实现工地各类机械设备的备案、查询、出入库、巡检、定位等管理功能，包含如下模块：机械设备台账、机械设备巡检、机械设备监控、机械设备领用和综合查询统计。

（5）成本管理

在项目成本管理过程中，BIM 模型为项目管理人员提供按进度、按流水段等多维度工程量统计功能，为施工过程的商务管理提供可靠数据支撑，也为项目的施工作业人员安排、材料采购进场安排等提供高效的分析手段，避免劳动力和施工材料等浪费问题。

（6）质量安全管理

在质量管理过程中，通过移动应用和 BIM 信息集成平台，建立施工质量问题过程管控平台，实现对施工过程质量问题点的跟踪和监控。同时，应用 BIM 模型展示关键的施工方案及质量控制措施，通过可视化的方式，准确、清晰地向施工人员展示及传递技术质量信息，帮助施工人员理解、熟悉施工工艺和流程，避免由于理解偏差造成质量问题。另外，BIM 可为钢结构、屋面、幕墙等预制构件的加工提供准确的加工数据，提升加工构件的质量。

安全文明施工中将重要的安全防护措施进行建模，应用 BIM 模型安全漫游、BIM 动画等技术进行安全技术交底。通过基于三维模型的浏览，在施工过程中动态地识别危险源，加强安全策划工作，减少施工中不安全行为的发生。基于 BIM 模型建立应急方案模拟，动态地分析优化应急处理方案。

（7）绿色施工管理

绿色文明施工管理包括对施工区域噪声、粉尘、污水排放的监控及生活区用电综合管理。

工地施工范围大，为避免彻夜加班赶工噪声过大、扬尘四起，可利用现代科技、优化监控手段，实现实时的、全过程的、不间断的监督。例如，可在每个施工点放置一台噪声、扬尘监测仪器，该仪器通过 GPRS/3G 网络与机场智慧工地管理平台进行数据交换，该仪器实时获得数据围绕建筑工地实施周围环境的影响监测。当粉尘、噪声超过定值后就会实时提醒管理人员对施工情况进行处理，逾期不处理即将报警数据上传到管理平台。可以根据传感器获取的数据进行实时数据分析，并绘制专题图。

系统主要以常见施工工地情况为基础，采用污水排放监测终端获取污水数据，利用 COD 在线分析仪进行实时监测，将监测数据通过网络实时传输到 3D GIS-BIM 云管理平台，通过管理平台进行数据分析。最终实现生活区流量、污染值实时显示，污水池库容量实时显示，流量、污染、容量超限报警，水闸控制。

一方面本着以人为本的原则，为提高工人生活待遇和水平，允许核定范围内的空调、电热设备、电脑等进入生活区；另一方面，这必然导致生活区用电越来越多。传统的用电管理模式受到挑战，这就需要在一定程度上控制工人生活区用量避免发生灾情隐患。但是，传统的机械式电表、IC 卡电表都是针对单个用电对象，为针对有一定特殊要求的群体用电对象实现商品负载（比如电炉子、热的快、电热杯等严重存在安全隐患的用电器）识别，可以通过工地管理平台对用电管理公寓柜进行管理、控制，实现用户过载保护，调换房间数据交换等一系列管理功能。

（8）项目协同管理

工程文档协同管理是工程项目管理的重要组成部分。结合云技术，采用云文档管理系统对本项目的各类工程文档进行协同管理，解决工程文档资料存储分散、版本管理难、文件丢失、检索查询费时费力等难题。利用统一的云端服务器，对项目的海量信息、资料、文档进行综合管理，并针对项目的不同参与单位或个人，设置不同的访问权限，实现信息的安全存储、集中管理、快速分发和多方共享协同；通过网页端、移动端等各类终端，可以随时访问工程项目文件，了解项目进展，辅助项目决策。

在平台或者移动端，利用虚拟构件表达工作面模型，从而实现工作面与进度计划对应层级的映射关系，实现工作面与进度计划的自动关联。同时综合进度信息及工作面布置信息，动态显示工作面的管理分配计划，实现工作面布置与进度计划的关联。移动端系统支持对公共资源冲突的预警功能，从而解决多家分包同时使用施工资源、工作面的冲突问题。

基于 BIM 技术，综合时间维度，可以进行虚拟施工模拟，以实现 BIM 的协同应用。随时随地直观快速地将施工计划与实际进展进行对比，同时进行有效协同，施工方、监理方、甚至非工程行业出身的业主都对工程项目的各种问题和情况了如指掌。这样通过 BIM 技术结合施工方案、施工模拟和现场视频监测，大大减少建筑质量问题、安全问题，减少返工和整改。

12.2.3　应用场景

下面以广联达科技股份有限公司开发的“广联达筑梦智慧工地项目管理平台”为例进行介绍。

广联达筑梦智慧工地项目管理平台（以下简称智慧工地平台）以项目生产管理为主线，以基于BIM 的项目技术管理为基础，以基于工程项目成本管理为中心，通过混合云 + 浏览器端应用访问的应用模式，集成工地碎片化应用工具，整合项目管理的业务数据，具有更好的业务数据整合能力、更高扩展性，更容易满足用户的特性和个性化需求。该平台由通过项目现场网关层与工程项目现场感知层的终端应用进行系统集成和数据采集，通过平台层进行数据存储、处理以及提取，在平台的应用层实现网页（端）应用和移动（端）应用。

（1）工程项目现场感知层应用。所谓感知层应用，即通过软件 + 硬件的终端应用系统 / 工具，对工程项目现场发生的用于工程项目管理的数据信息进行应用与采集。工程项目现场在建设智慧工地平台阶段很可能已经实现一些有关智慧工地的终端应用，例如劳务实名制或门禁系统、视频监控系统等。同时，通过智慧工地平台建设的需求梳理和方案设计，还会新增加一些必要的终端应用。因此智慧工地平台建设也是工程项目现场规划和设计智慧工地整体方案的过程。

（2）智慧工地平台的应用集成。由于应用终端（感知层）形式多样，系统 / 工具提供的厂商众多，对利用数据达到项目管理应用的目标带来很多困难。同时，数据的收集、处理、提取是工程现场数据驱动的项目管理的前提。因此，必须通过工程项目现场的网管层解决数据采集的问题，将离线数据转变为在线数据，再通过智慧工地平台的数据仓库技术 / 服务、应用服务、组织、用户、权限服务、消息、流程、报表、日志以及前端 BI 工具、搜索引擎等，将采集来的数据信息进行处理、提取和应用（消费）以达到项目管理的在线化、数据化以及智能化。目前，广联达筑梦智慧工地项目管理平台，已经可实现广联达内外部系统的相关集成与数据整合。例如，项目生产管理相关的广联达斑马进度管理工具、广联达劳务实名制管理系统、广联达物料验收管理工具、品茗塔吊防碰撞系统、海康视屏监控系统、欧禄森环境监测系统等；项目质量管理相关的广联达质量管理系统、PKPM 试验管理系统；项目安全管理相关的广联达安全管理系统、博晟安全教育培训箱等；项目经营管理系统相关的广联达项目成本管理系统；项目智慧（BIM）建造相关的广联达 BIM5D 系统，广联达 BIMFACE 等。

（3）智慧工地平台应用层网页端。智慧工地平台借助感知层（终端应用）采集数据，通过平台的数据仓库对数据进行处理、提取及实现数据应用。对项目层级用户，如项目经理、项目书记、项目生产经理、项目总工、商务经理等项目班子成员，可借助智慧工地平台对数据进行实时处理与提取，在每天或定期的项目例会上进行项目管理阶段目标执行偏差分析等。对企业级用户，如工程管理部、质量管理部、安全管理部以及商务管理部门，可随时或定期进行多项目间数据横向比对及其分析。另外，当项目部的外部单位，如业主、兄弟单位等进行项目管理观摩和经验交流时，也可借助智慧工地平台，在电视墙或投影上展示与演示。其主要功能包括：项目概况、项目生产管理、项目质量安全管理、项目经营管理、BIM 智慧建造；平台将工地的碎片化系统信息集成整合，为项目部的决策层、项目班子、管理层提供项目整体状态信息，监控项目关键目标执行情况及预期情况，如图 12-4 所示。

（4）智慧平台应用层移动端。无论对于项目层还是企业层用户，都可借助智慧工地平台的移动端，满足用户随时随地查阅、监控项目执行状态及收到主动推送的信息提示 / 预警等。同时，移动端应用也会改进和优化项目管理每项管理职能 PDCA 循环的效率和效果。例如，在施工现场的混凝土作业面进行混凝土的浇筑作业，通过终端（感知）的硬件设备“大体积混凝土测温仪器”监控混凝土的实时温度，通过智慧工地与终端系统集成，将现场数据实时收集的同时，后台进行数据处理与提取，当温度超过质量要求时将信息推送至现场质量旁站人员的手机端，以便及时发现与整改，实现更加智能的质量管理。其移动端主要功能包括：项目概况、信息推送 / 预警以及系统设置等，如图 12-5 所示。

智慧工地平台
项目
安全施工 288天 16时 56分 03秒
2017年4月1日 12:07 星期三
多云 17℃
AQI指数 216
PM2.5 253
风速 7.2m/s
气压 1021hpa
湿度 7%
噪音 83分贝
16.71 建筑面积
648 合同工期
5.36 工程造价
框架 结构形式
合格 质量标准
项目负责人
4 安全等级
正常 施工质量
5.36 施工进度
-10 施工成本
90 工程款回收
项目概况
党建管理
生产管理
质量管理
安全管理
经营管理
BIM建造
实时监控
5.36 施工进度
295 实时作业人数
明天 4/2 多云 微风
后天 4/3 晴 微风
周六 4/4 阴 微风
周日 4/5 雷雨 3~4级
周一 4/6 多云 微风
周二 4/7 晴 微风
空气质量较差，AQI已超标，请开启喷淋装置
智慧建造
86 所有问题
12 未整改问题
5 超期未整改问题
最近14天问题趋势
未整改问题
待整改外部问题
2
3
0

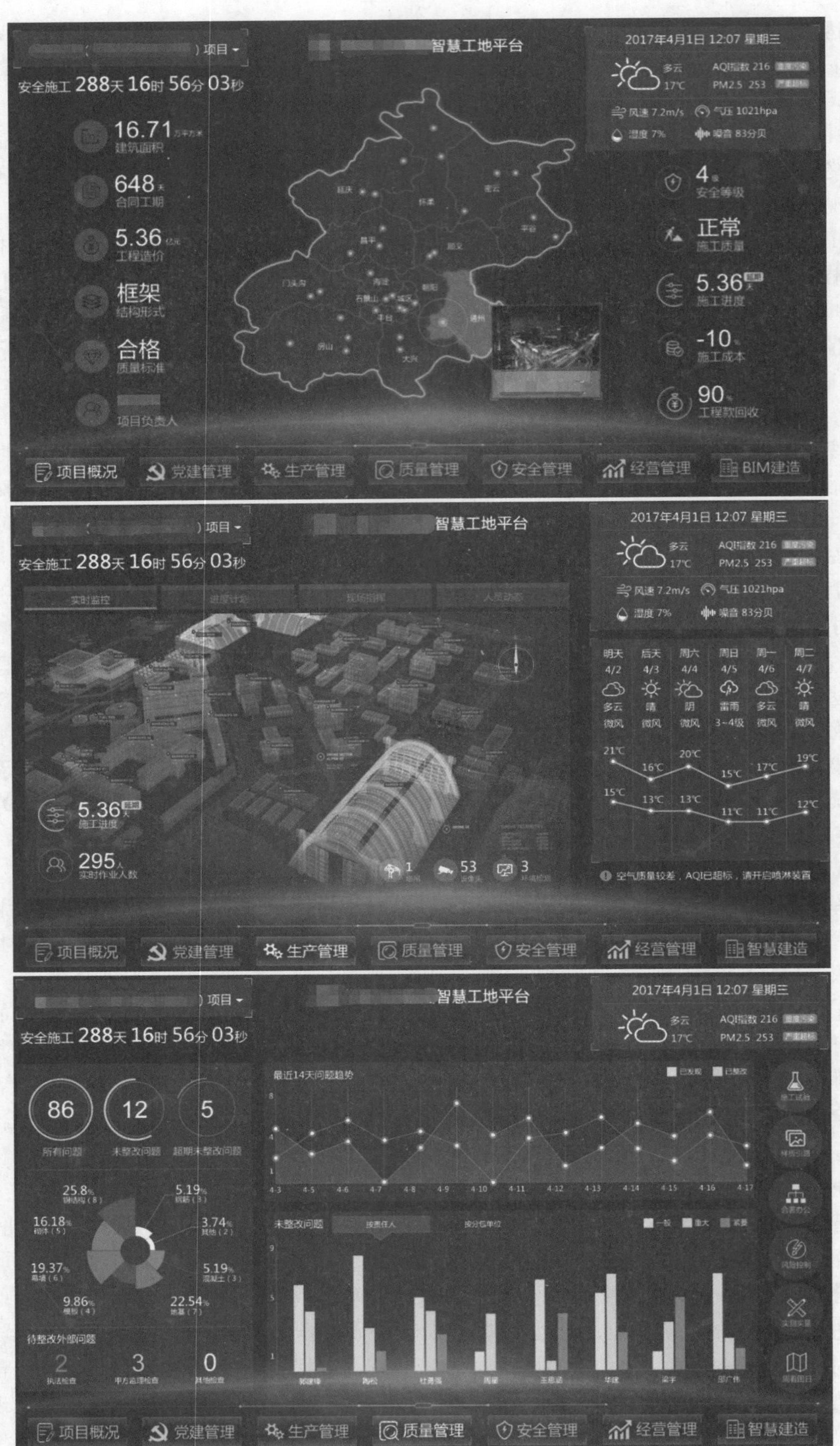

图 12-4 平台网页应用

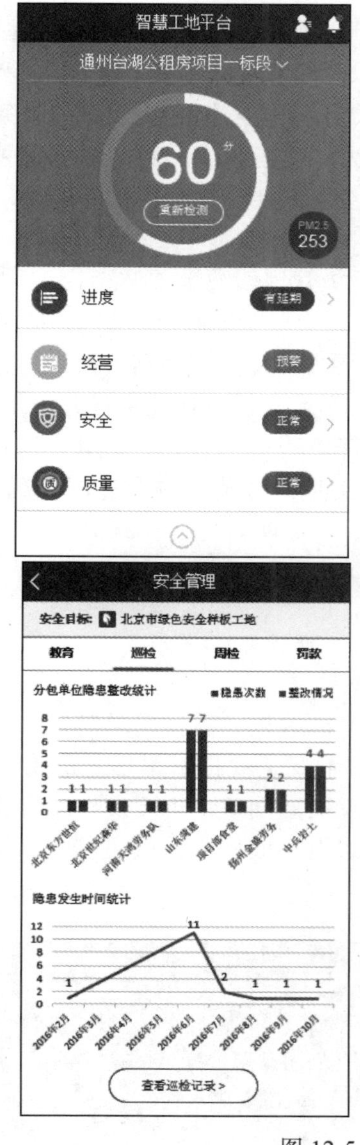

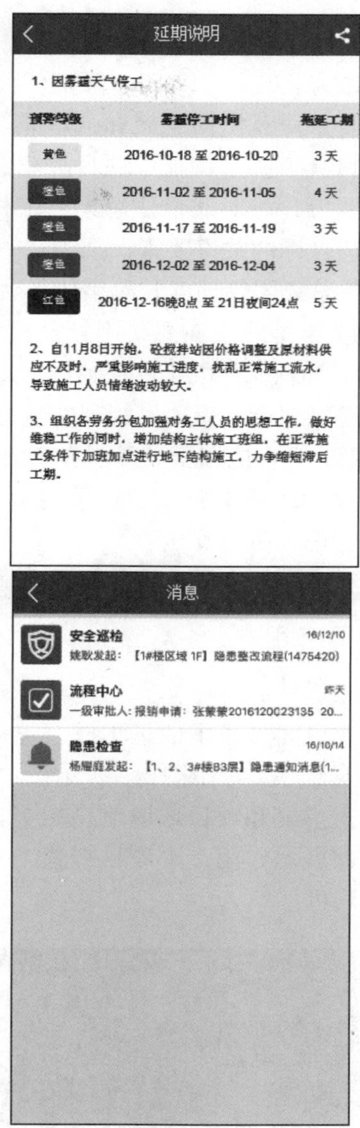

图 12-5　平台移动应用

12.3　应用案例

12.3.1　北京住总集团通州口岸项目智慧工地管理驾驶舱

12.3.1.1　工程概况

通州口岸（YZ00-0606-0015 地块）项目位于北京东南京津塘高速与北京城市六环路的交汇处，南为六环北辅路，西为通州物流园八号路，东为通州物流园九号路，北为规划路。该工程总建筑面积 167059.35m^2，结构类型为框剪结构，抗震烈度为 8 度；耐火等级为一级，建筑抗震设防类别为标准设防类，建筑安全等级为二级，建筑使用年限 50 年，如图 12-6 所示。

图 12-6　工程概况示意图

12.3.1.2　工程特点

通州口岸项目作为北京住总集团有限责任公司（以下简称“北京住总集团”）和北京通州区的重点建设项目，承载着京津冀协同发展和疏解非首都功能，主要发挥高端板块和服务北京市民的业务功能与定位。该项目具备如下特征：项目战略意义重大，建造难度一般，但项目管理要求高，质量高标准、工期任务紧等，是对北京住总集团工程项目管理标准化、精益化的挑战，借助信息化技术手段是实现项目管理目标的关键要素。

本项目是北京住总集团管理驾驶舱整体平台的项目级管理驾驶舱（智慧工地项目管理平台）试点应用项目之一。2017 年是北京住总集团精益建设年，从广义上讲就是要将精益思想融入企业投资、建设、运营、服务全产业链，贯穿于企业生产、安全、质量、经营管理各个环节，为适应集团新常态发展的需求，迫切需要进行工程项目管理的转型升级。平台建设是在北京住总集团层面的统一部署，各项目部分布式应用，平台应用服务部署在集团，数据仓库集中存储、梳理和提取各项目终端数据。

针对工程信息化管理要求较多，且已使用的智慧工地碎片化工具众多的情况，例如视频监控、劳务实名制、生产管理、质量安全管理、智能安全帽、塔吊防碰撞、视频监控、BIM 智慧建造以及经营管理系统等，项目采用广联达筑梦智慧工地项目管理平台。

12.3.1.3　应用工具及应用内容

1）项目概况

项目概要的集成界面具备了信息集成，包括项目管理看板、项目概况信息、环境监测实时动态信息以及智慧工地导航等，如图 12-7 所示。项目概况不仅是项目基本信息的形象化展示，更是项目管理目标整体执行情况和项目环境信息的实时动态反馈。同时，也要发挥项目管理其他内容导航及项目观摩的首页面展示作用。本项目智慧工地平台建设完成后，为业主进行了初步观摩与汇报演示，得到了业主方认可。

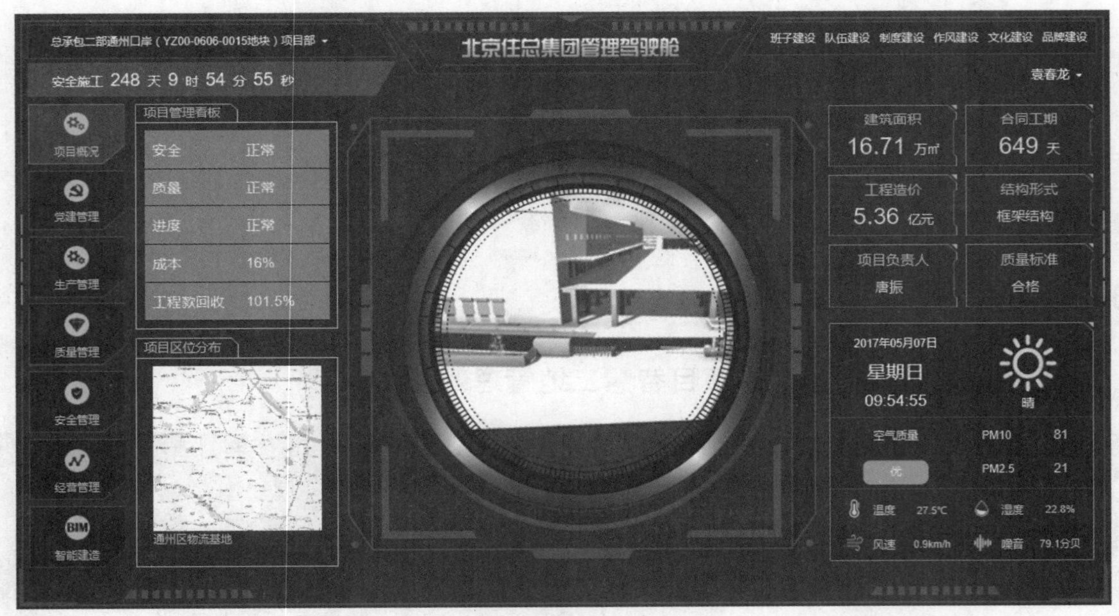

图 12-7　系统主页面

智慧工地代表着项目部的项目总包管理能力与信息化建设的水平，尽管平台建设看似短期行为，但其背后沉淀了企业和项目部基础管理的深厚功底。北京住总集团从 2009 年起与广联达科技股份有限公司合作开发综合项目管理信息系统（PMS），通过多年的努力与坚持，PMS 系统不仅规范和落地了项目管理标准化，更增强了北京住总集团全员的信息化意识，为今天的智慧工地平台建设打下坚实基础。

2）项目党建管理

项目党建管理，是本次智慧工地建设的个性化要求。基层党建工作作为北京住总集团管理驾驶舱——大党建，智慧党建的项目层落地执行，符合集团整体党建管理要求，同时使用信息化手段实现党建管理在线化、数据化、智能化。本项目关注项目部级的党建管理，包括组织机构和党员分布，“三会一课”制度、两学一做专题教育、支部主题实践活动、综合新闻宣传报道等，如图 12-8 和图 12-9 所示。

图 12-8　项目党建管理——组织机构党员分布

图 12-9　项目党建管理——“三会一课”制度

3）项目生产管理

生产管理是工程项目管理的主线，其思路是，以进度计划关联生产要素，串联整个现场生产。

通过广联达斑马进度管理工具打通进度计划编制、执行监控及趋势预测、预警。通过广联达劳务实名制管理工具，可打通劳务作业人员实名制登记、安全教育培训记录、进出场考勤及其人员信息的统计分析，从而可识别劳务作业人员生产要素对工程进度的影响（如实施作业人员分析、日进场人数分析、项目持卡数分析等），及时进行纠偏与整改。通过广联达工程项目管理——项目物资管理系统，将物资采购进场、发放领用等信息与工程 WBS 关联，可分析其对工程进度的影响。通过塔吊防碰撞等智能工具，在确保现场机械设备安全运转的基础上，通过定位技术，在施工平面图上可监控机械设备对施工作业以及工程进度影响。通过广联达视频监控系统，形象化、智能化监控整体工程现场，将工程形象进度实时反馈，将现场关键部位节点的影像信息实时记录，再通过与 BIM 虚拟建造模型比对，可及时发现实际进度与计划进度偏差，并采取预防和整改措施保证工程进度。通过环境监测管理工具，监控工程现场噪声和扬尘等可能影响现场生产的环境要素以及工程施工对环境的影响，可及时采取有效措施降低不利影响。如图 12-10 ~图 12-12 所示。

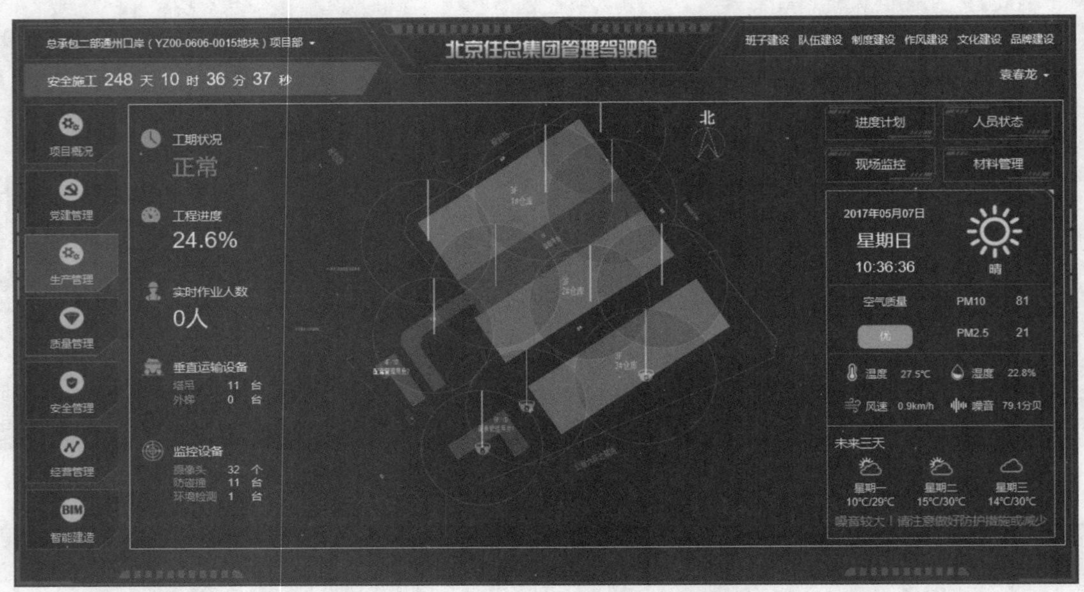

图 12-10 项目生产管理

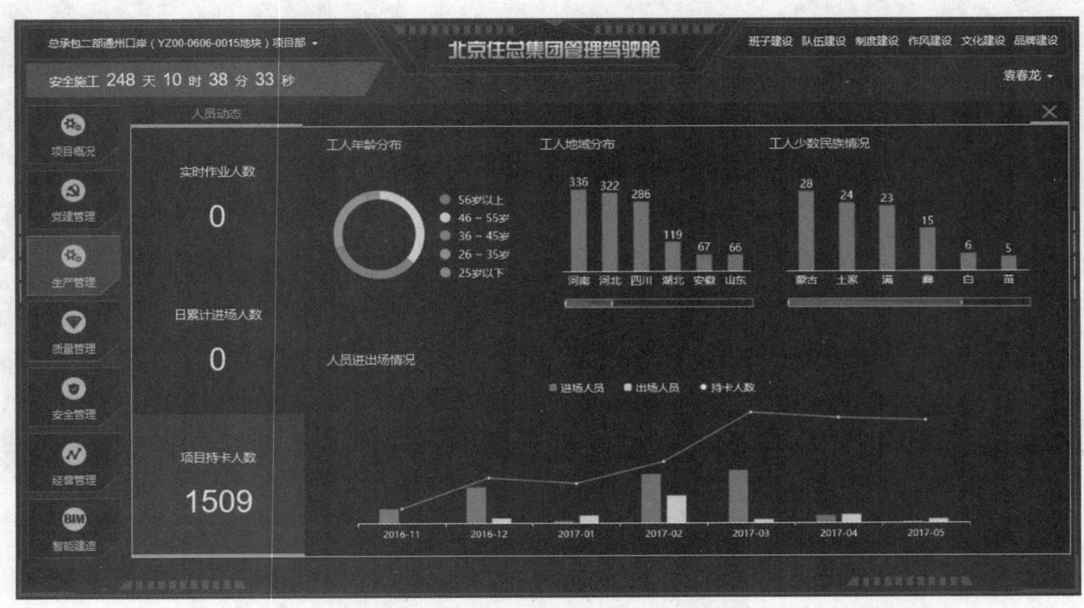

图 12-11 项目生产管理——人员状态

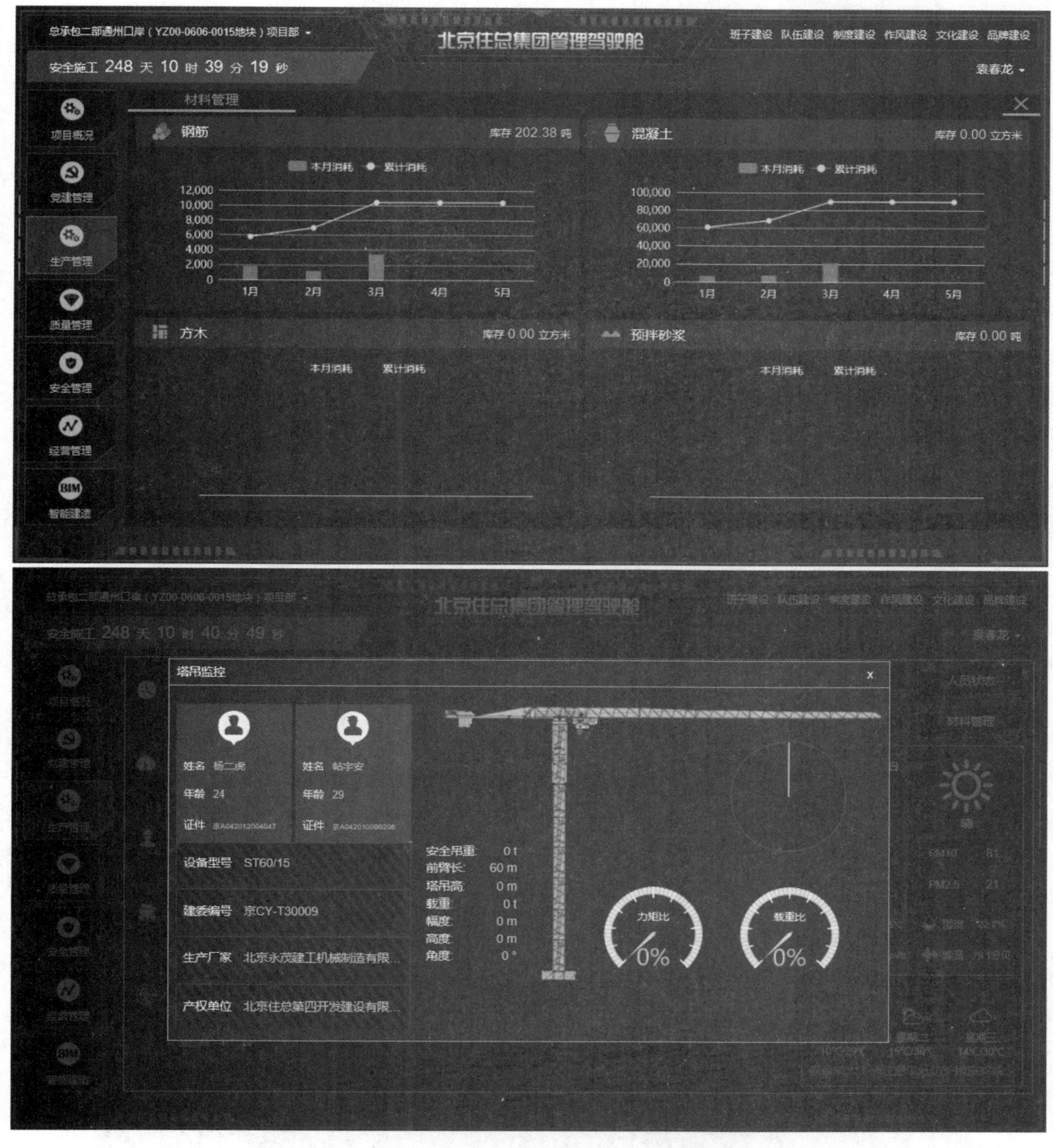

图 12-12　项目生产管理——材料、机械设备管理

4）项目质量安全管理

本项目质量安全管理是智慧工地以及集成平台建设的重点内容之一。通过广联达质量管理系统，在 App 端实现现场质量巡检工作在线完成检查、整改与复查循环，同时数据可以自动同步至 Web 端进行综合分析。对于未整改问题、待整改外部检查、甲方监理检查等预警提示，促进整改进程。通过问题类型分布、未整改问题（按责任人和按分包单位）及最近 7 天问题趋势等统计分析，进行大工程风险控制、施工试验、实测实量、样板引路、周看图日及合署办公等，可实时监控工程质量状态。项目安全管理，通过安全隐患巡检系统，App 端在线完成现场安全巡检工作的检查、整改与复查循环，同时数据可以自动同步至 Web 端进行综合分析。借助未销项隐患、本月整改情况、隐患级别 / 类别分布及最近 7 天隐患趋势等数据分析，可监控工程安全管理状态，确保降低和避免安全风险的不利影响。质量安全管理如图 12-13 ～图 12-17 所示。

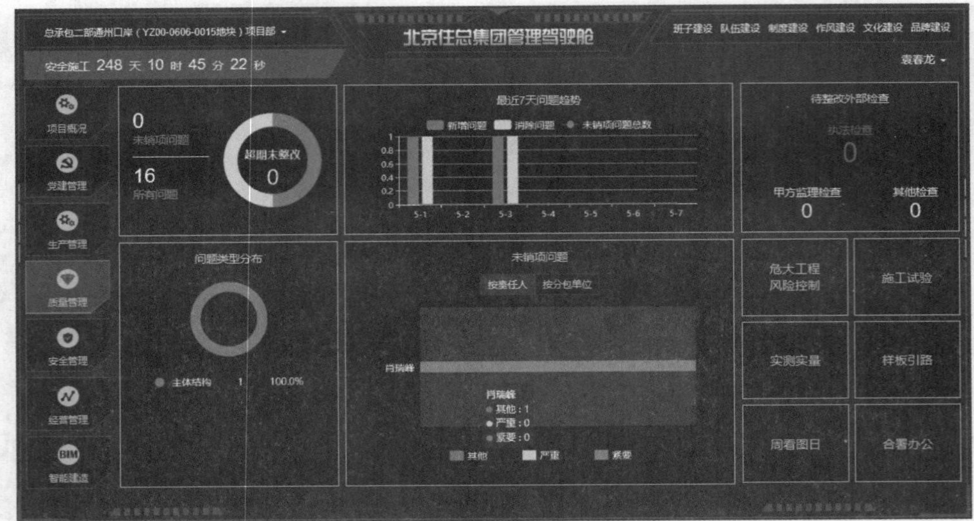

图 12-13　质量管理

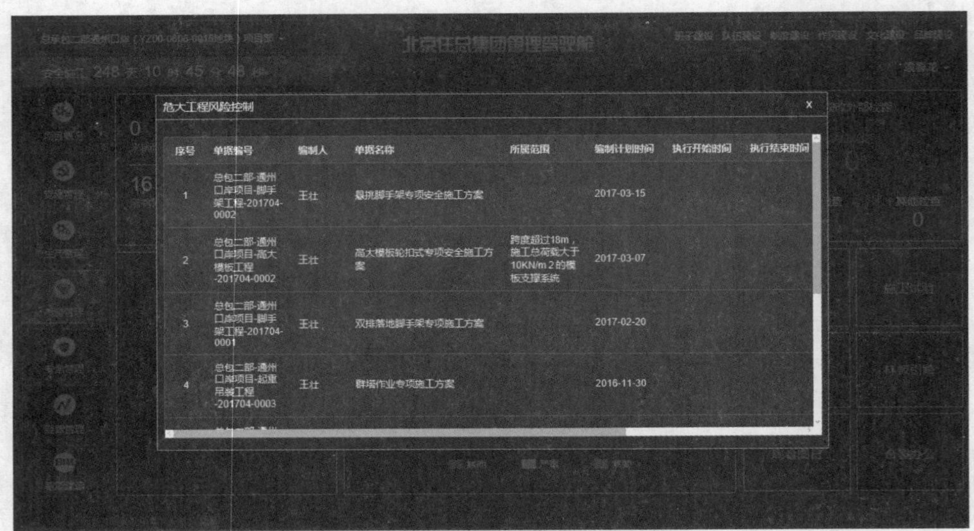

序号	单据编号	编制人	单据名称	所属范围	编制计划时间	执行开始时间	执行结束时间
1	总包二部-通州口岸项目-脚手架工程-201704-0002	王壮	悬挑脚手架专项安全施工方案		2017-03-15		
2	总包二部-通州口岸项目-高大模板工程-201704-0002	王壮	高大模板轮扣式专项安全施工方案	跨度超过18m，施工总荷载大于10KN/m 2的模板支撑系统	2017-03-07		
3	总包二部-通州口岸项目-脚手架工程-201704-0001	王壮	双排落地脚手架专项施工方案		2017-02-20		
4	总包二部-通州口岸项目-起重吊装工程-201704-0003	王壮	群塔作业专项施工方案		2016-11-30		

图 12-14　项目质量管理——危大工程风险

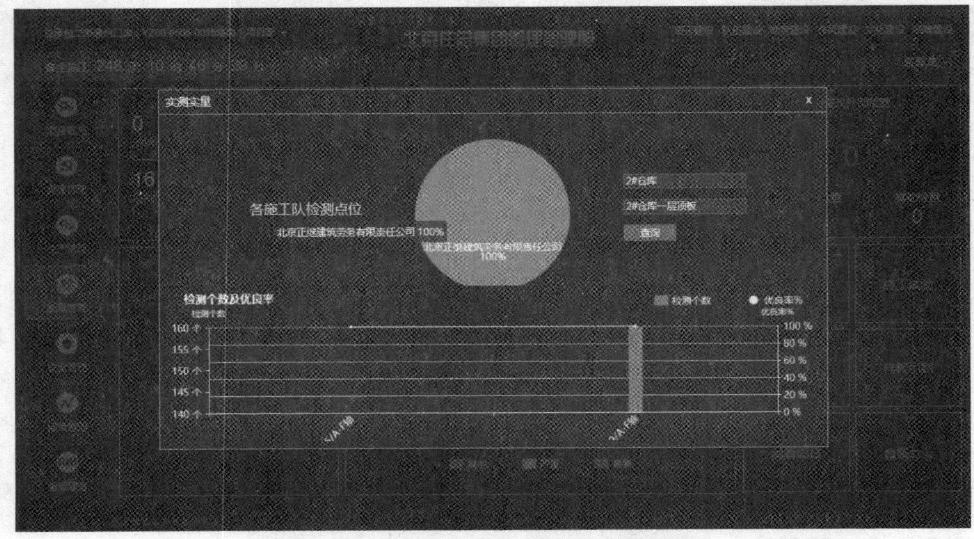

图 12-15　项目质量管理——实测实量

图 12-16　项目质量管理——合署办公

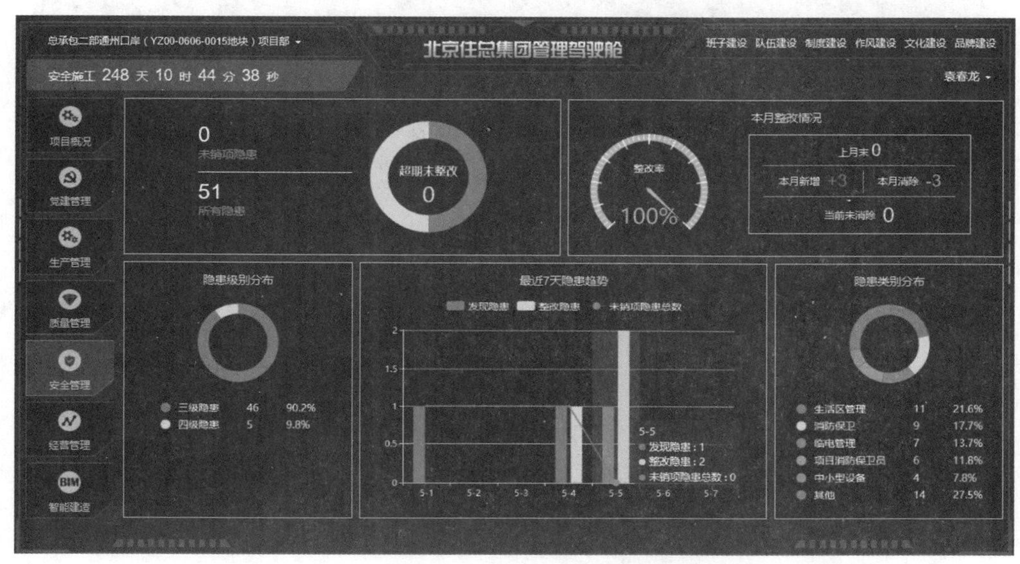

图 12-17　项目安全管理

5）项目经营管理

经营管理是工程项目管理的中心，其主要管理要素为合同、成本、资金。借助北京住总集团成功运行多年的核心业务系统 PMS（工程项目管理系统），将已替代手工单据的信息系统抓取至项目级管理驾驶舱，从而实现高质量的数据采集。进而能够在管理驾驶舱中，实时了解某个具体项目的施工合同履约（合同内 / 外）以及经营动态（工程款回收情况、产值完成情况、成本盈亏情况、以收定支执行情况及二级支出合同履约情况等），确保工程项目成本 / 经营管理目标与其他目标有效平衡。本项目经营管理，有别于简单的系统集成与指标提取，项目经营的特点是基础数据仅能反映自身业务情况，如合同（履约结算）、成本（收支盈亏）、资金（收付款），但项目经营 / 商务的管理要求是将数据关联分析，以便识别问题所在。因此，通过智慧工地平台 – 经营管理的设计，构建了分析模型，将工程回款与监理批量、监理批量与完成产值、实际成本与完成产值、实付金额与工程回款、实付金额与应付金额等进行对比分析，以便能有效识别以收定支、实际回款率、支出合同履约率、项目盈利程度等关键管控目标的执行情况及变化趋势，如图 12-18 ~ 图 12-20 所示。

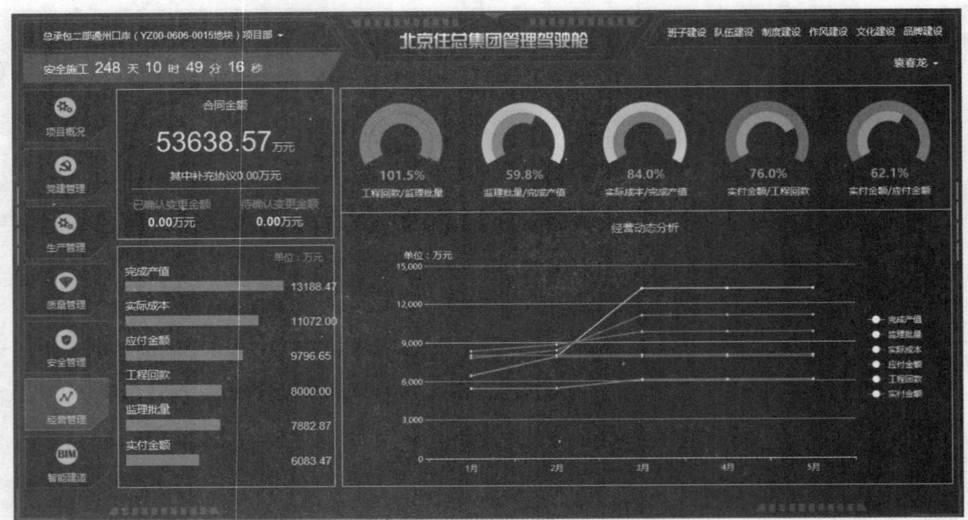

图 12-18　项目经营管理

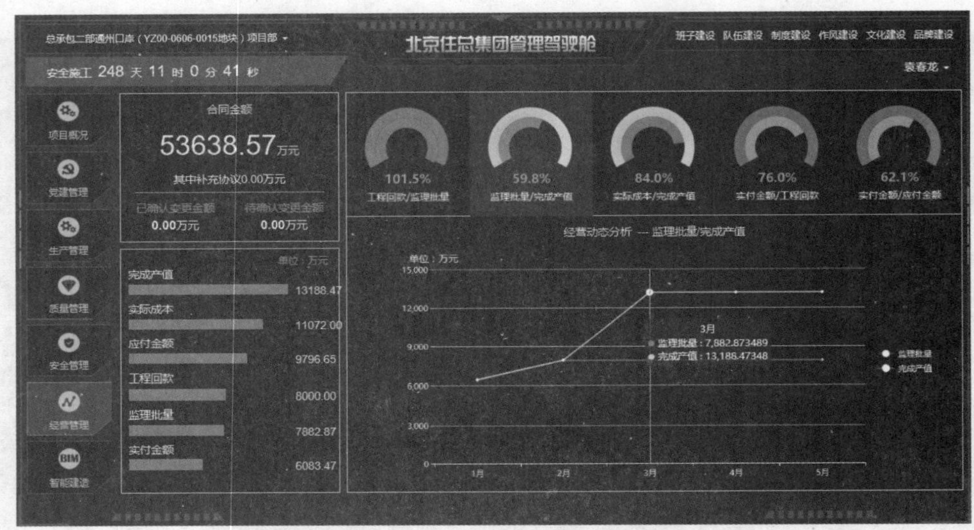

图 12-19　项目经营管理——监理批量 / 完成产值

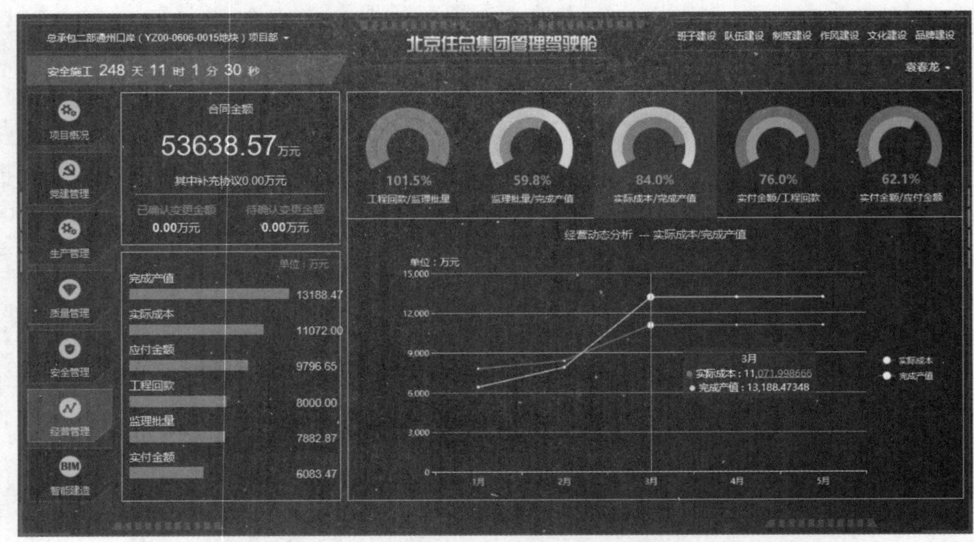

图 12-20　项目经营管理——实际成本 / 完成产值

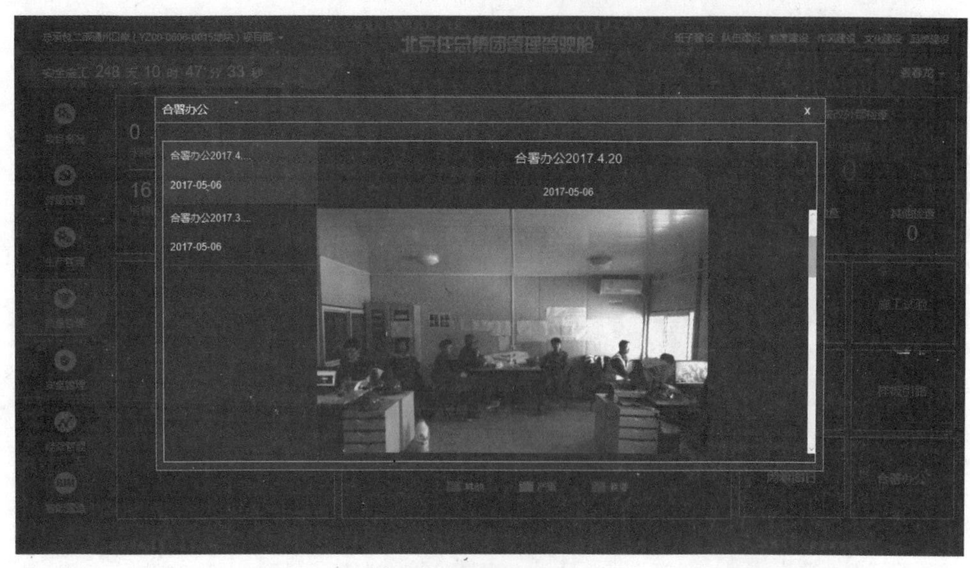

图 12-16　项目质量管理——合署办公

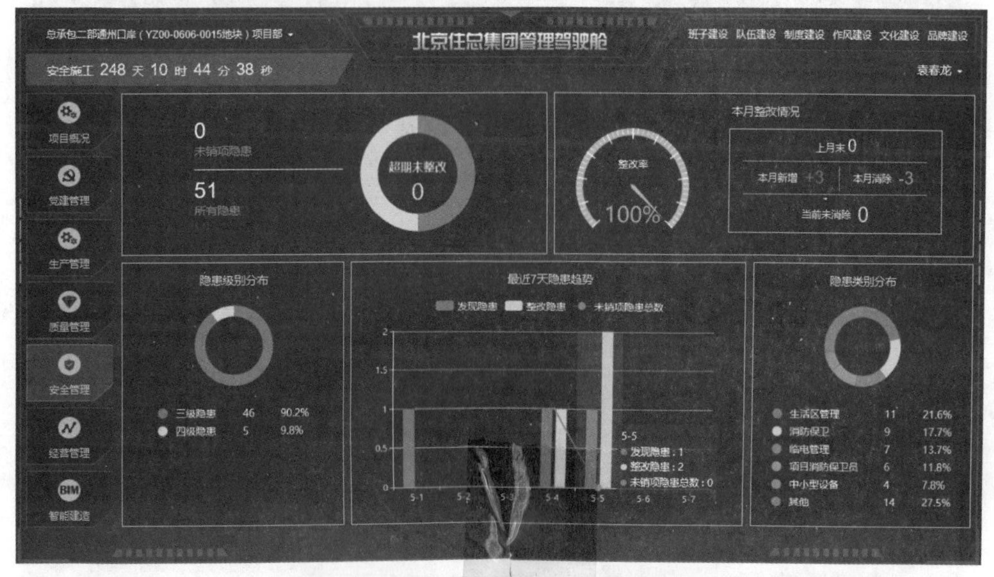

图 12-17　项目安全管理

5）项目经营管理

经营管理是工程项目管理的中心，其主要管理要素为合同、成本、资金。借助北京住总集团成功运行多年的核心业务系统 PMS（工程项目管理系统），将已替代手工单据的信息系统抓取至项目级管理驾驶舱，从而实现高质量的数据采集。进而能够在管理驾驶舱中，实时了解某个具体项目的施工合同履约（合同内 / 外）以及经营动态（工程回收情况、产值完成情况、成本盈亏情况、以收定支执行情况及二级支出合同履约情况等），确保工程项目成本 / 经营管理目标与其他目标有效平衡。本项目经营管理，有别于简单的系统集成与指标提取，项目经营的特点是基础数据仅能反映自身业务情况，如合同（履约结算）、成本（收支盈亏）、资金（收付款），但项目经营 / 商务的管理要求是将数据关联分析，以便识别问题所在。因此，通过智慧工地平台－经营管理的设计，构建了分析模型，将工程回款与监理批量、监理批量与完成产值、实际成本与完成产值、实付金额与工程回款、实付金额与应付金额等进行对比分析，以便能有效识别以收定支、实际回款率、支出合同履约率、项目盈利程度等关键管控目标的执行情况及变化趋势，如图 12-18 ～图 12-20 所示。

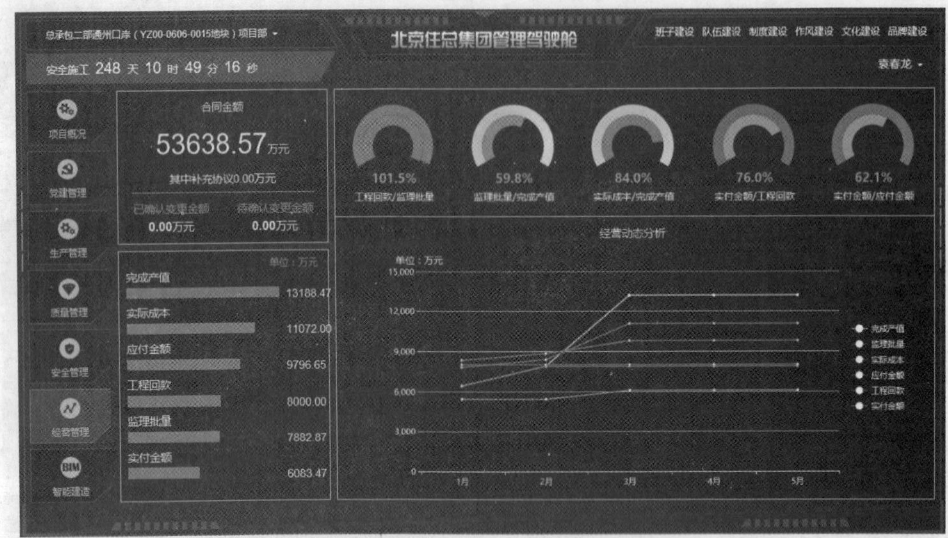

图 12-18 项目经营管理

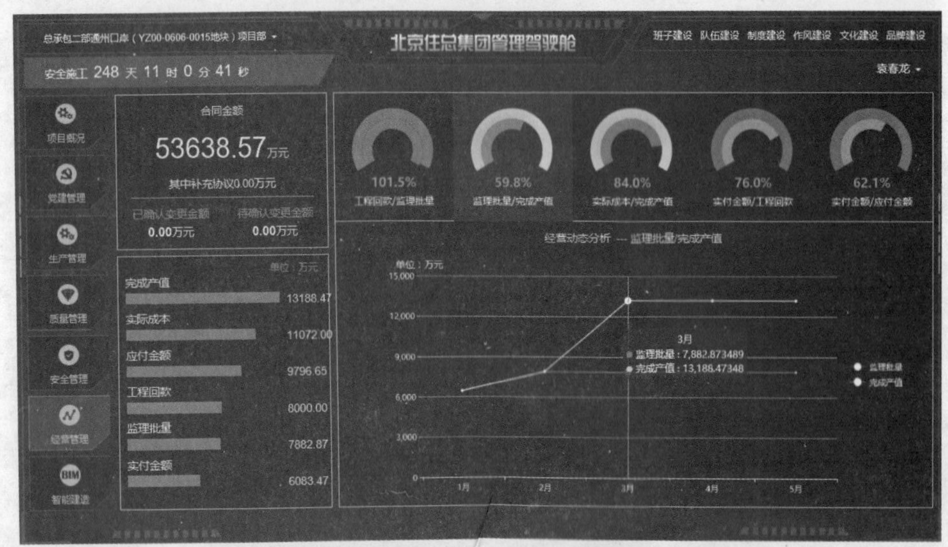

图 12-19 项目经营管理——监理批量 / 完成产值

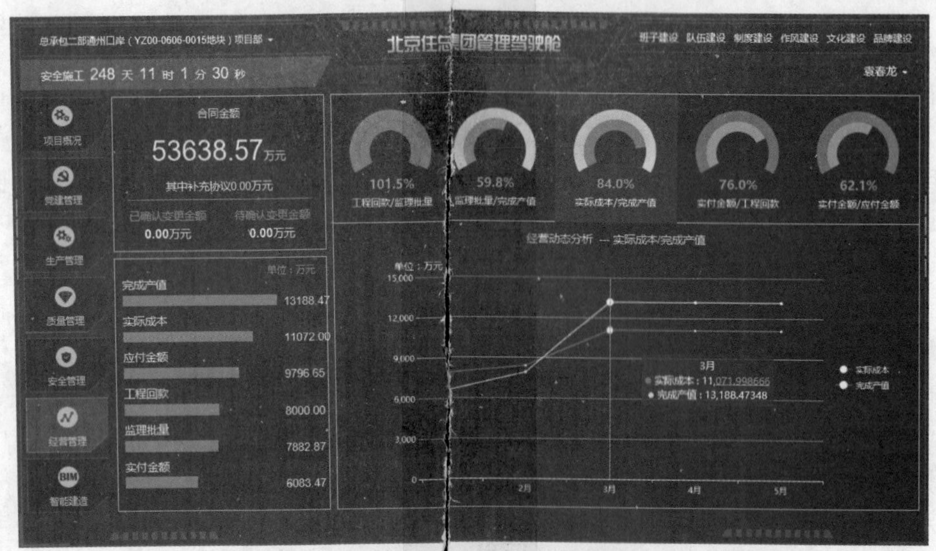

图 12-20 项目经营管理——实际成本 / 完成产值

6）BIM 智慧建造

围绕 BIM 模型，通过广联达 BIMFACE 专业技术，实现 BIM 模型轻量化应用，Web 端浏览模型、模型构件信息查询等。通过广联达 BIM5D 专业工具，实现了模拟建造、可视化交底、管线综合以及 BIM 模型信息存储与共享等。

本项目的 BIM 智慧建造的特点在于使用广联达自主研发且开放的 BIMFACE 技术，将 Revit 模型导入平台即可实现平台 Web 端对模型的轻量化浏览和数据服务。同时使用广联达 BIM5D 工具实现模拟建造、管线综合以及项目策划后的可视化交底等信息化应用。为此项目的精益化管理提供支撑，同时也符合业主方对于总包方的以 BIM 为手段的项目管理要求，如图 12-21 所示。

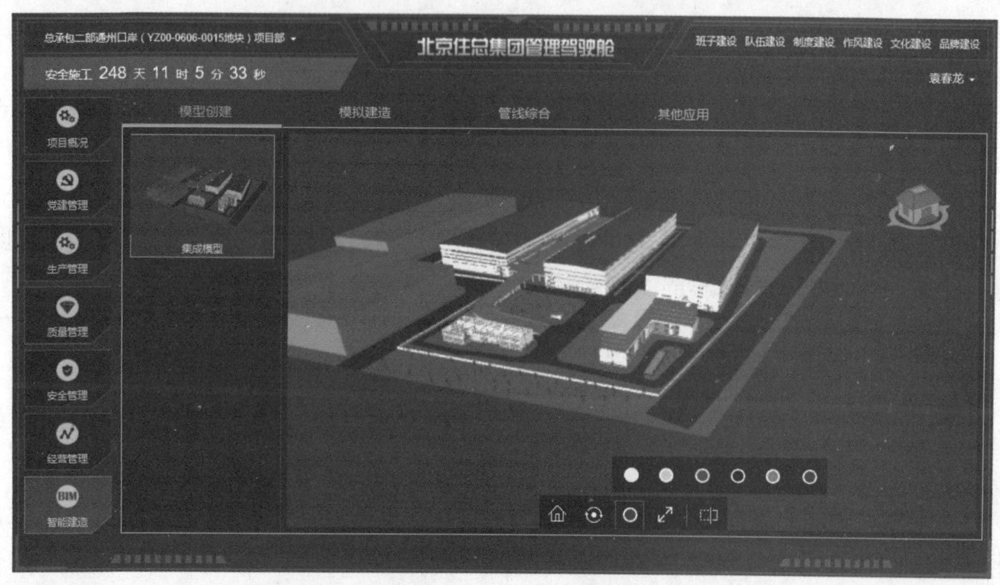

图 12-21　BIM 智慧建造

7）平台移动端应用

针对本项目的管理需求，智慧工地集成平台同时开发了手机端 App 移动应用，集成了各碎片化智慧工地工具手机端入口，形成项目直观的健康状况及预警信息的自动提醒，如图 12-22 所示。

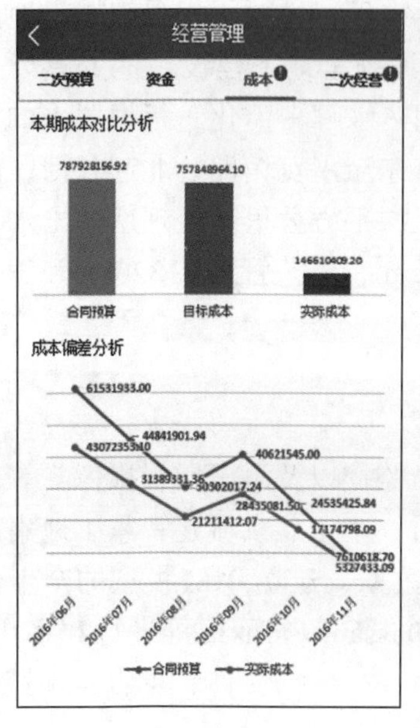

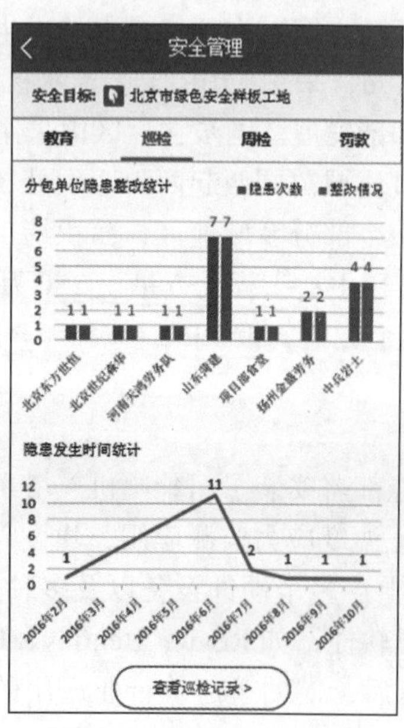

图 12-22　移动端 App 应用

12.3.1.4 应用效果

（1）有助于实时掌握项目全局。本项目作为公司总部以及北京通州区的重点项目之一，项目智能化管理作为项目管理能力提升的重要手段，同时，经过了众多的碎片化工具使用，项目全局性目标执行监控就需要集成平台的承载，同时还能反向促进碎片化工具的持续良好应用。

（2）有助于主动预警和社交沟通。主动管理能够发现的问题有限，同时局部问题对于整体目标的影响就更难判断，通过智慧工地集成平台，对各项数据整合集中，通过移动端以及平台预警功能，做到预警系统主动及时推送，整体目标受到的影响也显而易见。

（3）有助于发现问题并及时追溯。通过智慧工地集成平台，将日常例会、手工总结、整理的零散信息，进行自动轨迹追踪，能够提升信息获取及实时应用的工作效率，并且通过平台的专业钻取技术还能进行反向追溯，进而准确分析问题的根本原因，利于项目管理的持续改进。

（4）有助人才培养和施工方品牌提升。智慧工地平台建设过程本身就是一项技术与管理相结合的系统工程，信息化工作者必须培养个人的系统思维能力，能够站在系统工程角度，理解管理目标、业务功能和技术实现的可行性，使三者有机融合。同时，智慧工地平台将充分利用新一代信息技术来改变施工项目现场参建各方的交互方式、工作方式和管理模式，并且持续推进应用，全面实现互联网＋建造，体现出北京住总的品牌竞争力。

12.3.2 槐房水厂智慧工地集成管理

12.3.2.1 工程概况

槐房再生水厂是根据北京市政府《加快污水处理和再生水利用设施建设三年行动方案（2013～2015年）》的要求所确定的缓解城南地区污水处理压力，改善地区水环境质量的工程。槐房再生水厂位于北京市区的西南部，厂址西侧为马家堡西路，东侧为槐房路，北侧为南环铁路，南侧为通久路，拟建厂区占地31.36ha。槐房再生水厂污水处理工艺采用MBR工艺，污泥处理采用热水解＋厌氧消化＋干化工艺。为更好地进行智能化施工、运维管理，结合槐房再生水厂项目，北京城建集团建立了一套自主产权的三维物联网施工集成管控平台并进行了应用。

12.3.2.2 工程特点

槐房再生水厂是市政府“三年行动方案”中新建最大的再生水厂，主要承担缓解城南地区污水处理压力的任务。水厂规模60万m^3/d，采用MBR工艺，水区设施全地下建设，地上建设人工湿地保护区，实现环境治理与保护的和谐发展。同步在厂区内采用热水解＋消化＋板框脱水的污泥处理工艺，实现污泥的无害化处置。其流域范围西起西山八大处，东至展览馆路，北起长河，南至丰台，并包括花乡、卢沟桥乡、石景山乡部分乡域地区，面积约137平方公里。处理后的出水主要用于景观环境用水、城市杂用水和工业用水；工程土方量为220万m^3，工艺管线共320km，工艺设备总量为1万5千台、曝气头共7.4万个，电气柜1452台套。

12.3.2.3 应用工具及应用内容

在管控平台建设前，项目部已经部署安装了门禁闸机、塔吊监控以及海康威视摄像头等硬件设备、并且采用了中冶研究院的混凝土温度应力监测应用，建设时，基于北京城建智慧工地集成管控平台，结合开源GIS引擎，集成了上述多个硬件设备以及多种数据，建立BIM模型的全生命周期服务体系。当采用不同的BIM建模软件，如Revit、Bentley、Dassault、Takla等进行数字化设计，完成创建BIM模型和加入属性信息后，借助于建筑行业通用的IFC数据文件，可直接加载到GIS引擎中，并且做到属性信息不丢失。

1）系统登录

登录系统后，首先会展示三维展示子系统，同时界面的左上角会提示当前登录用户的名称和退出系统操作按钮，方便用户的相关操作。主体界面分为标题信息栏、业务导航栏、功能操作栏。如图 12-23 所示。

图 12-23　系统主界面

（1）标题信息栏。显示登录的用户名称和退出按钮。

（2）业务导航栏。左侧为业务导航栏，主要包括三维展示子系统、温度监控子系统、应力监控子系统、视频监控子系统、物料管理子系统和门禁子系统。同时系统还包括权限管理模块。

（3）功能操作栏。当选定业务导航栏相应的菜单后，右侧就会展示菜单对应的操作界面，用户可以操作对应菜单的功能。

2）三维 GIS 场景

三维展示子系统是槐房水厂监控平台的核心模块，用户可以直观地看到水厂建筑的三维模型，为了能够表达得更为清晰，模块设计了一些操作功能，用户利用工具箱中的工具既可以对三维模型中的兴趣点进行标注，也可以对场景中的三维模型调整。用户可以在 GIS 场景中和三维模型中的任意区域漫游，调整场景的视角方位，操作环绕中心旋转视点，也可以显示和隐藏。考虑到水厂的大部分在地下，因此也可以通过操作面板将场景切换到地下模式。如图 12-24 所示。

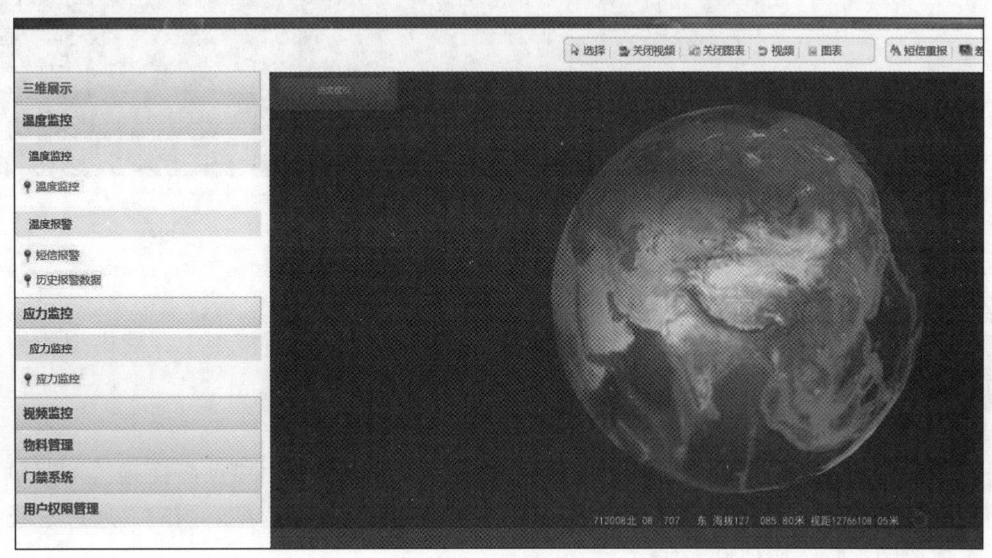

图 12-24　3DGIS 界面

3）水厂模型

当进入系统后，系统首先加载整个地球数据，然后转向水厂模型，如图 12-25 和图 12-26 所示。

图 12-25　水厂模型界面

图 12-26　水厂工地 BIM 场景

4）会议场景模拟

加载 BIM 模型后，能够对模型进行缩放漫游，可以进入到 BIM 模型中，对模拟的情景进行预览和查询，能够查询构件或者实体的相关属性信息。如图 12-27 所示。

5）现场视频监控

根据现场部署的视频监控设备，通过万维网集成到本系统，当用户点击视频监控菜单，列出水厂部署的视屏监控列表，点击相应的列表，则显示当下的视屏监控信息。同时，通过三维模型也可以获取基于位置的视频监控信息。如图 12-28 所示。

图 12-27　会议场景模拟

图 12-28　现场视频监控功能模块

6）监测设备位置示意图

槐房水厂有三层隔板，分别是上层板、中层板和下层板，在三层板中事先预埋了一些温度检测设备，对现场的温度进行检测，本模块设计的思路是，根据温度检测设备检测回传的数据，显示检测温度曲线和检测差值曲线，并以图表的方式进行展示，并在图表中绘制了预警线，直观展示检测点的温度变化情况。如图 12-29 所示。

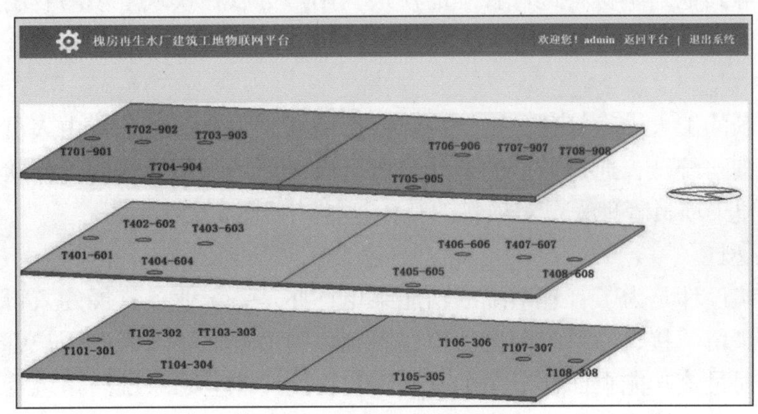

图 12-29　监测设备位置图

在检测差值曲线中标会出黄色预警线和红色预警线，当超过预警线的时候可以短信的方式通知相关人员。如图 12-30 和图 12-31 所示。

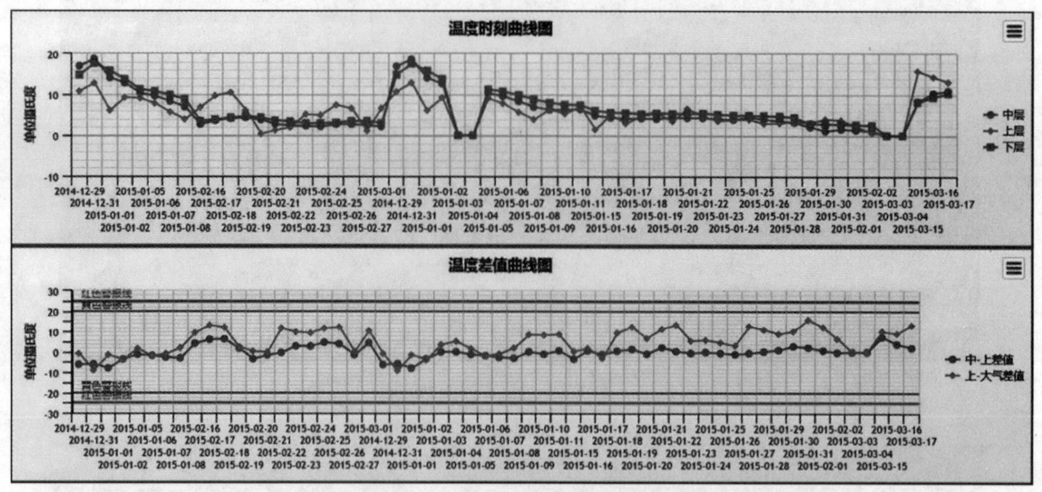

图 12-30　温度检测曲线绘制图

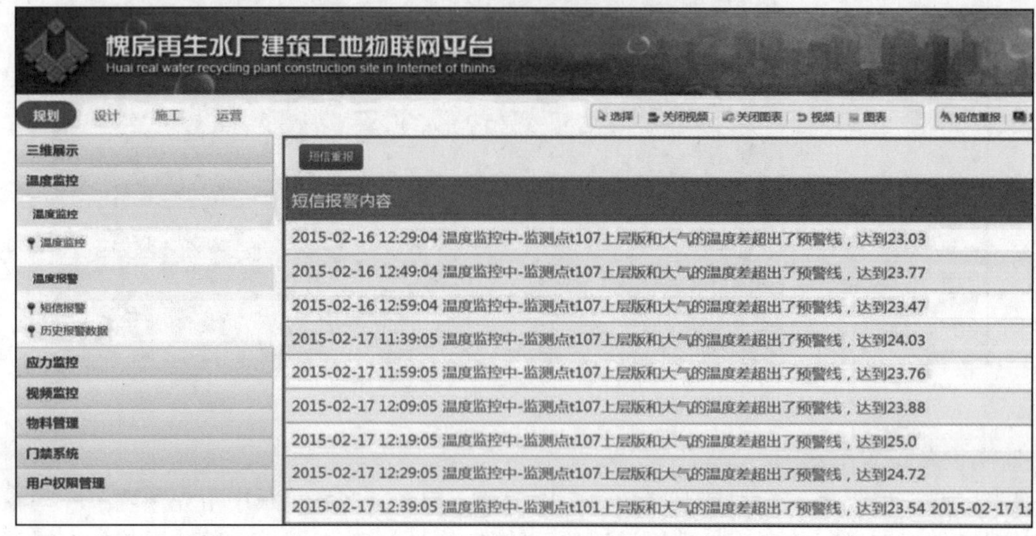

图 12-31　历史报警数据曲线

7）物料管理

对现场的钢筋等其他建筑材料进行管理的模块，用户可以在模块上填写物料申请单，并且报上级审批，用户可以通过申请人查询物料申请单。如图 12-32 所示。

8）门禁系统

对施工工地现场的工人进行管理，统计关键数据信息，主要包括基坑内人员的实时统计，以及工人工作时长的查询与统计，通过数据的统计分析可以对现场工作人员的工作状况进行掌控，获取人员出勤数据等，便于项目管理人员对项目的整体把控，如图 12-33 所示。

9）角色界面原型

系统管理子系统设计是为了管理系统的功能菜单，亦是系统业务扩展的入口，也为满足槐房水厂不断发展的业务预留了接口。系统会把用户在系统内的痕迹保存下来，用户管理是管理员给系统添加用户的入口，通过该功能页面便于添加系统用户，用户能登录系统。角色管理是提供管理员分类角色为系统用户赋予不同或相同的功能权限，把不同的角色赋予不同用户或相同用户，登录系统的用户就能根据系统管理分配的功能来使用系统功能，保证了用户使用的方便性、安全性，同时也保证了系统数据的安全性和保密性，如图 12-34 所示。

序号	项目名称	申请部门	申请人	表单编号	采购对象	操作
1	槐房再生水厂		123	12234d	电辅料	详情
2	槐房再生水厂		wada	de33142	机械配件	详情
3	槐房再生水厂		er	we1234	机械配件	详情
4	槐房再生水厂		df	sdfg12345	机械配件	详情

图 12-32　物料管理模块

考勤表

当前基坑的人数:

姓名:　所属生产队: 北京京秦　起始时间: 2014-07-28　结束时间: 2015-04-06　查询

卡号	姓名	所属部门	计划出勤天数	实出勤天数	工作时长
14678324	齐中信	北京京秦	253	8	80
14678325	王立波	北京京秦	253	8	80
14678326	陈兴明	北京京秦	253	8	80
14678327	李昌均	北京京秦	253	8	80
14678328	陈川	北京京秦	253	8	80
14678329	万军	北京京秦	253	8	80
14678330	吴光林	北京京秦	253	8	80
14678331	王绍敏	北京京秦	253	8	80

图 12-33　门禁系统模块

槐房再生水厂建筑工地物联网平台　欢迎您！admin　返回平台 | 退出系统

角色ID	角色名称	角色中文名称	角色描述	操作
1	ROLE_SUPER_ADMIN	平台管理员	系统内置，超级管理员权限。	查看 编辑 删除
2	ROLE_GENERAL_ADMIN	普通管理员	普通管理员	查看 编辑 删除
3	ROLE_PLAT_BUSI	平台业务人员	管理员创建的平台业务人员	查看 编辑 删除
4	ROLE_GENERAL_USER	普通用户	普通用户	查看 编辑 删除
5	ROLE_ACCESS_LIMITED	受限制用户	受限制用户	查看 编辑 删除
12	ROLE_PLAT_WUZI	物资经理	物资经理对物资采购进行审核	查看 编辑 删除
11	ROLE_PLAT_SHENGCHAN	生产经理	生产经理对物资采购进行审核	查看 编辑 删除
10	ROLE_PLAT_SHENHE	审核人	对物资采购进行审核	查看 编辑 删除
13	ROLE_PLAT_ZONGGONG	项目总工	总工对物资采购进行审核	查看 编辑 删除
14	ROLE_PLAT_ZHIXING	执行经理	执行经理对物资采购进行审核	查看 编辑 删除

第1 共2页　显示1到10 共12记录.

创建新角色　角色资源授权

图 12-34　角色界面原型图

10）手机 App

该管控系统支持通过 App 手机终端，便于施工管理人员在现场进行信息处理。如图 12-35 所示。

图 12-35　手机 App

12.3.2.4　应用效果

通过网络系统，利用三维 GIS 技术，将现场视频、人员管理、数据监测、物料管理等集成在物联网平台中，实现 PC 端和手机端网络远程访问，提高了管理人员对现场的远程管控能力。主要实现了以下效果：

（1）实时掌握项目生产情况

实现了对建筑施工现场的实时监控，项目决策层和管理人员能够随时掌握建筑工地施工现场的施工进度、安全情况、人员情况，远程监控现场生产操作过程，远程监控现场人身和财产的安全。

（2）对项目实现有效管控

管控平台将工地各个物联网子系统集成起来，消除了工地的碎片化现状，收集施工过程中各个业务应用系统的数据，对数据进行了处理分析，从一定程度上促进了项目管理的提升，实现了对项目的有效管控。

（3）控制项目成本，提高生产效率

实现了对项目生产过程中的人员、材料、物资等的集中统一管理，使项目管理人员能够及时掌控项目生产的各个方面，从源头控制项目成本，把控人员情况，合理分配项目生产资源，提高了项目的生产效率。

12.4　存在的问题及发展趋势

12.4.1　存在的问题

“智慧工地”概念从 2015 年提出以来，各地建设智慧工地热情不断高涨，智慧工地得到快速发展，在 BIM 基础上，结合物联网、大数据、云计算等概念进行智慧工地集成平台的建设，由于工地具有空间地域属性，公司具有差异性需求，所以客观上来讲智慧工地集成平台的建设存在以下几个方面的问题：

（1）智慧工地集成平台建设中集成的子系统在内容和数量上存在差异，没有统一的建设标准，并且平台接口需要能够兼容不同物联网系统、信息化系统，集成的数据源多样化，包含物联网数据、BIM 数据、信息化数据、GIS 数据等，各数据之间融合协同的标准不统一，并且数据的呈现方式及价值的挖掘不够充分，对数据的集成应用深度有待提高。

（2）工程建设过程中需要监管层、集团层、公司层、项目层等多个层面的协同工作，各层面对建设过程中的关注点及需求不同，智慧工地集成平台面向满足各层面的使用需求，面向不同用户的使用目的。

（3）工地建设环境复杂，网络环境恶劣，物联网设备对数据的传输具有一定的局限性，从客观条件角度说极大地影响了平台使用的稳定性。

（4）平台集成商的水平良莠不齐，智慧工地市场主要在建筑领域要有针对性地开发，满足工程各种要求，如何发挥智慧工地的最大价值，要有设计、规划、施工、监理、验收一整套的流程，在这当中，与平台集成商的水平相关，需要平台集成商与建筑领域相关部门很好配合。

12.4.2　发展趋势

根据上述问题，智慧工地集成平台的主要发展趋势主要有以下几个方面：

（1）智慧工地集成平台趋向通用性。随着工地的标准化和统一化，智慧工地平台能够适用于大多数工地实际情况，平台建设逐步实现轻量化、低耦合，能够移植并适用于各种终端；另外智慧工地的平台接口和数据接口实现统一的标准化和可扩张性。

（2）平台建设的过程和使用目的逐步贯穿工程建设的整个全生命周期。从开始规划设计到后期竣工验收阶段，实现应用全生命周期化。

（3）平台实现大数据积累和分析应用。通过集成工地物联网、大数据的基础上利用云计算等先进技术手段进行数据的深层挖掘，对大数据进行应用分析，与更多的信息化系统或物联网系统进行融合，最终在平台实现数据的集成和应用的集成。

参考文献

[1] 曾凝霜，刘琰，徐波等. 基于 BIM 的智慧工地管理体系框架研究［J］. 施工技术，2015, 44 (10): 96-100.

[2] 陈晓. 基于 BIM 的校园运维管理系统研究［D］. 西南交通大学，2016.

[3] 陈兴海，丁烈云. 基于物联网和 BIM 的城市生命线运维管理研究［J］. 中国工程科学，2014 (10): 89-93.

[4] 沈琳. 基于 BIM 技术的建设项目全生命周期环境影响评价研究［D］. 南京林业大学，2015.

[5] 李明瑞. 基于 BIM 技术的建筑工程项目集成管理模式研究［D］. 南京林业大学，2015.

[6] 李霞、吴跃明. 物联网 + 下的智慧工地项目发展探索［J］. 建筑安全，2017 (02): 35-39.

[7] 朱伯忠. 基于物联网技术的智慧工地构建［J］. 四川水泥，2016 (03): 328.

[8] 陈济宇，王如心. 基于物联网的信息系统集成技术在建筑工地安全监督管理中的应用［J］. 智能建统，2013 (09): 67-70.

第 13 章　智慧工地行业监管

13.1　概述

《建筑法》明确提出对建筑行业的监督管理主要包括“建筑市场秩序”和“工程质量和安全”两个方面的内容，《建设工程质量管理条例》和《建设工程安全生产管理条例》更是明确规定了县级以上地方人民政府建设行政主管部门负责对本行政区域内的建设工程质量和建设工程安全生产工作实施监督管理。

我国自 20 世纪 80 年代起开始实行建设工程监督管理制度，并在全国逐步建立起了省、市、县三级完整建制的质量安全监督机构和监督管理体系，依法对建设工程质量和施工安全进行监管，为保障建设工程质量和施工安全发挥了重大作用。随着我国城镇化进程的加快，工程建设规模越来越大，对施工现场（工地）的监管难度也越来越大。据统计，目前全国工程监督领域人均监督面积已超过 20 万 m^2，不少一二线城市的人均工程监督面积甚至已超过 100 万 m^2，监督力量明显不足，而传统的以人工现场检查为主的监督管理模式更使得监督工作陷于被动，监督工作往往变成了质量安全事故处理工作，监督效率低下。

智慧工地建设将给建筑行业监管带来巨大的变化。利用物联网技术可以及时采集施工过程所涉及建筑材料、建筑构配件、机械设备、工地环境及作业人员等要素的动态信息，并利用移动互联和大数据、云计算等技术实时上传、汇总并挖掘和分析海量数据，从而构成实时、动态、完整、准确反映施工现场质量安全状况和各参建方行为的行业监管信息平台，变事后监管为事中监管和事前预防，变运动式的例行检查为常态化的差异监管，可提高监管效能，提升行业监管水平。

13.2　应用内容和工具

13.2.1　基于物联网的建设工程质量检测监管

13.2.1.1　应用背景

工程质量检测是检查工程质量的重要手段，工程质量检测数据是评定工程质量的重要依据，如何及时掌握工程有关检测数据以及规范各检测机构的检测行为是有效控制工程质量的关键因素，因此加强建设工程质量检测管理，规范建设工程质量检测行为是工程质量监管的重要内容。

随着住房和城建设部 141 号令的出台，质量检测逐步向社会化和市场化转型。检测机构数量不断增加，检测机构的检测能力、检测人员的水平参差不齐，导致一些诚信度较差的检测单位在检测工作中存在违法、违规等行为。检测市场的竞争激烈，导致不按规范要求送检及检测、弄虚作假、捏造虚假检测数据等违规行为屡见不鲜。目前建设工程质量检测市场存在的主要问题如下：

（1）低价恶性竞争引起虚假报告问题

由于市场竞争激烈，部分检测机构采用低价方式承接检测业务，有些检测机构甚至直接委托中间机构承接业务，在利润和低价面前选择少做试验或不做试验，直接出据虚假报告。

（2）检测报告不能如实反映检测结果问题

送检单位直接要求检测机构不能出具不合格报告，否则不再继续在该检测机构做试验，或者直接向多个检测机构送样，谁给合格报告就给谁钱，在这种情况下修改报告的现象时有发生。

（3）送检不及时及补报告问题

原材料未及时送检，但为了应付检查，直接要求检测机构先出报告，更有甚者在工程完工后发现少了检测报告，直接要求检测机构补报告的现象时有发生。

（4）超资质检测问题

部分检测机构漠视检测资质要求，盲目承接检测项目，超越自身资质范围从事检测业务或由不具备检测上岗资格的人员做试验的情况时有发生。

（5）试样真实性问题

实际使用的原材料与送检用的原材料不一致，购买方在购买原材料时直接要求生产单位另外提供能保证送检合格的原材料，或者直接向第三方购买能保证送检合格的原材料。

（6）试验环境及仪器设备不能满足检测要求问题

部分检测机构对设备场地等硬件和技术的投入较少，长期停滞在低水平重复发展、技术水平不高的状况。部分检测单位试验场所各类人员随便出入，原始记录、检测报告随意抽撤、涂改，混凝土试块层层堆放，已到期的试块由于堆放混乱，不能及时试压。甚至仪器设备不及时送检标定，超期的仪器设备照样运行等。

这些问题给工程质量留下了巨大隐患，是工程质量监管需要破解的痼疾。

13.2.1.2　基于物联网的建设工程质量检测监管系统

为了进一步推进检测监管精细化、标准化、信息化工作，规范检测单位的质量行为，确保检测的科学性、真实性和公正性，基于物联网的建设工程质量检测监管信息系统应运而生，并且取得了良好的应用效果。例如，广州粤建三和软件股份有限公司研发的“建设工程检测监管信息平台”、浙江志诚软件有限公司研发的“建设工程检测业务监管信息平台”、珠海新华通软件股份有限公司研发的“建设工程质量检测机构联网监管平台”等。

1）系统功能

这里以广州粤建三和软件股份有限公司研发的建设工程检测监管信息平台为例，介绍基于物联网的建设工程质量检测监管系统功能。

系统覆盖检测市场管理（如机构资质、人员资格、设备备案等）和检测业务及行为监管（如检测合同、检测数据、异常记录等），实现了工程质量检测数据和报告的在线监管、自动采集、实时上传、电子标记、分类归档等功能。

（1）检测机构监管。包括以下内容：

①资质监管。各检测机构应将相关检测项目在系统中备案，检测数据和检测报告统一纳入管理系统，如图 13-1 所示。

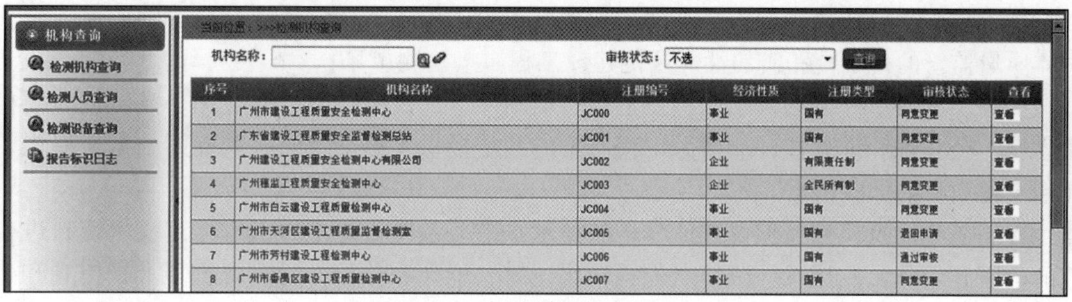
机构查询
检测机构查询
检测人员查询
检测设备查询
报告标识日志
机构名称：
审核状态：不选
查询
序号 机构名称 注册编号 经济性质 注册类型 审核状态 查看
1 广州市建设工程质量安全检测中心 JC000 事业 国有 同意变更 查看
2 广东省建设工程质量安全监督检测总站 JC001 事业 国有 同意变更 查看
3 广州建设工程质量安全检测中心有限公司 JC002 企业 有限责任制 同意变更 查看
4 广州穗监工程质量安全检测中心 JC003 企业 全民所有制 同意变更 查看
5 广州市白云建设工程质量检测中心 JC004 事业 国有 同意变更 查看
6 广州市天河区建设工程质量监督检测室 JC005 事业 国有 退回申请 查看
7 广州市芳村建设工程检测中心 JC006 事业 国有 通过审核 查看
8 广州市番禺区建设工程质量检测中心 JC007 事业 国有 同意变更 查看

图 13-1　检测机构监管界面

②人员监管。检测人员必须在系统中登记，杜绝同一检测员在不同检测机构挂名的现象。

③设备监管。检测设备必须在系统中登记，确保设备处于计量检定的周期，若超出检定周期，系统将亮红灯进行提示。

（2）检测单位行为监管。对检测机构的检测数据上传及时性、数据修改、不合格率等行为进行监管。

（3）检测数据的自动采集和实时上传。记录具体的试验数据采集时间，并上传到服务器，并甄别数据是否自动采集。

（4）检测数据修改监管。利用检测数据和检测报告的两次上传比对，判定检测结果是否存在修改行为并进行标识。

（5）数据采集规范性监管。利用荷载值与持荷时间的比对，判定加荷速率是否符合规范要求。

（6）检测报告监管。当检测报告数据传输到监管平台，系统自动进行电子标识，在检测单位终端打印报告时，系统会反馈报告标识号和水印给检测报告，实现在线打印和监管。

（7）不合格检测报告监管。系统从海量的检测数据中筛选出不合格数据，自动归档于工程项目，从而及时、高效地跟踪和处理质量问题，建委、监督站等相关行业主管部门能及时获得各建设工程项目的质量检测数据，尤其是检测结果的不合格数据。

（8）见证取样监管。建筑材料和构配件在见证取样送检时应使用见证取样二维码信息防伪技术，确保送检样品和进场材料一致。主要内容包括：

①取样。在送检样品上粘贴二维码标识，记录送检样品的相关信息并形成唯一性标识。现场通过“见证取样 App”获取取样现场的地理位置信息以保证获取样品地点的正确性，并通过现场拍照对样品、人员和环境进行及时记录，如图 13-2 所示。

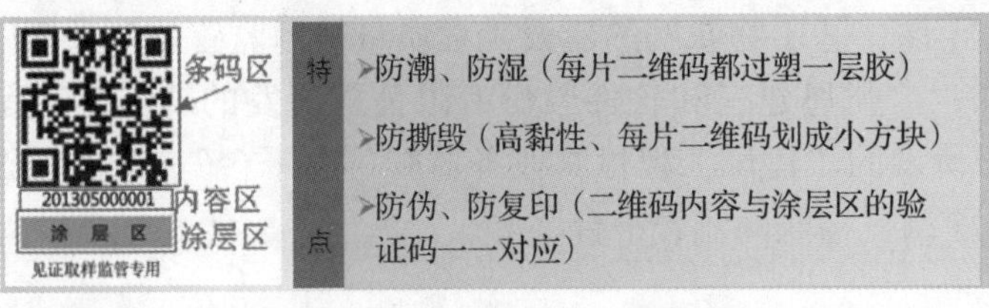

图 13-2　见证取样专用二维码说明

②收样。检测机构收样时通过检测监管信息系统调阅和核对样品取样以及运输过程中的信息，实现对见证送验全过程跟踪，确保被检样品的真实性。

（9）数据处理分析。利用数学建模技术实现对系统内海量数据的统计分析，建立了钢筋、水泥和混凝土等主材检测数据的质量态势演变分析，提高对工程质量监督管理的决策支持。

2）应用价值

（1）提高监管水平和效率。主管部门能够及时、全面地掌握相关检测数据，为判断工程项目的质量状况和解决质量问题提供了可靠依据，提高了工程质量监管工作水平和工作效率。

（2）规范检测单位的质量行为。有助于加大对工程建设各责任主体质量行为的监管力度，强化工程实体质量监管的科学性和实效性，规范建设工程质量检测市场。

（3）提高工程质量评判的科学性、公正性、准确性。通过监管系统的应用，显著提高了检测结果的科学性、公正性和准确性，从而为工程质量的判定提供了更加及时、准确的依据，提供了检测结果评判工程质量的重要依据。

（4）提高工程质量检测管理及统计分析的技术水平。系统将海量的工程检测技术资料进行了统一规范的电子化管理，实现对检测信息的自动化比对、统计和分析，为监督管理水平提升和建设各方的运营管理提供技术支持。

13.2.1.3　基于物联网的建设工程质量检测监管系统应用场景

以工程材料检测报告监管为例，用户通过应用“建设工程质量检测监管系统”实现检测报告监管。系统根据用户权限信息通过“数据监管”模块提供相关检测报告的统计分析功能，如“上传数据统计”监管功能实现按检测单位统计检测报告份数、报告数据修改份数、报告数据自动采集份数和报告上传不及时份数，用户根据统计数据信息，针对报告修改份数较多、报告数据自动采集份数较少的单位实施重点监督，防止其有造假行为，如图 13-3 所示。

当前位置>>> 上传数据监管

检测单位：　　上传时间：2017-02 --- 2017-03　查询

上传数据监管

	检测单位	检测份数	修改份数	采集份数	不及时份数
1	广州市建设工程质量安全检测中心	3932	45	3290	0
2	广东省建设工程质量安全监督检测总站	3875	9	3425	0
3	广州建设工程质量安全检测中心有限公司	2365	69	1983	0
4	广州市白云建设工程质量检测中心	1348	34	1234	0
5	广州市天河区建设工程质量监督检测室	2769	14	2648	0
6	广州市番禺区建设工程质量检测中心	1281	0	1229	0
7	广州市建筑材料工业研究所有限公司	3002	69	2345	0
8	广东有色工程勘察设计院	43	0	43	0
9	广州市誉衡工程与材料检测有限公司	361	9	315	0
10	广州冠建工程质量检测有限公司	970	5	841	0
11	广州市科杰建筑材料检测有限公司	63	0	63	0
12	广州港湾工程质量检测有限公司	91	1	91	0
13	广东省有色金属工业建筑工程质量检测站	618	12	550	0
14	广州市从化区建设工程质量安全检测中心	18	5	0	0
15	广州市从化区建筑工程质量监督检测室	1646	50	1569	0
16	广州市海珠区建设工程质量检测室	1128	3	1042	0

第 1 页 共 3 页

图 13-3　检测单位上传数据监管界面

“不合格数据”监管功能，包括按照检测机构统计检测报告份数、合格报告份数、不合格报告份数、其他情况报告份数、不合格率及不合格率全市占比，如图 13-4 所示。用户根据其统计信息，针对不合格率极低或极高的检测单位实施重点监督，因为不合格率过高可能存在检测仪器有问题，过低可能存在检测单位造假情况；同时需要对不合格报告所属工程进行重要监督。

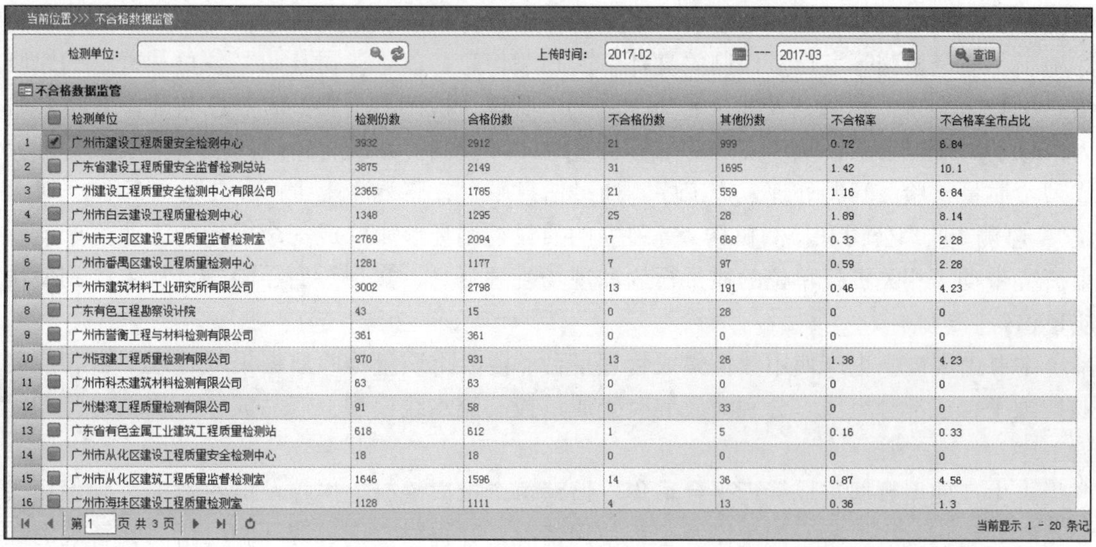

当前位置>>> 不合格数据监管

检测单位：　　上传时间：2017-02 --- 2017-03　查询

不合格数据监管

	检测单位	检测份数	合格份数	不合格份数	其他份数	不合格率	不合格率全市占比
1	广州市建设工程质量安全检测中心	3932	2912	21	999	0.72	6.84
2	广东省建设工程质量安全监督检测总站	3875	2149	31	1695	1.42	10.1
3	广州建设工程质量安全检测中心有限公司	2365	1785	21	559	1.16	6.84
4	广州市白云建设工程质量检测中心	1348	1295	25	28	1.89	8.14
5	广州市天河区建设工程质量监督检测室	2769	2094	7	668	0.33	2.28
6	广州市番禺区建设工程质量检测中心	1281	1177	7	97	0.59	2.28
7	广州市建筑材料工业研究所有限公司	3002	2798	13	191	0.46	4.23
8	广东有色工程勘察设计院	43	15	0	28	0	0
9	广州市誉衡工程与材料检测有限公司	361	361	0	0	0	0
10	广州冠建工程质量检测有限公司	970	931	13	26	1.38	4.23
11	广州市科杰建筑材料检测有限公司	63	63	0	0	0	0
12	广州港湾工程质量检测有限公司	91	58	0	33	0	0
13	广东省有色金属工业建筑工程质量检测站	618	612	1	5	0.16	0.33
14	广州市从化区建设工程质量安全检测中心	18	18	0	0	0	0
15	广州市从化区建筑工程质量监督检测室	1646	1596	14	36	0.87	4.56
16	广州市海珠区建设工程质量检测室	1128	1111	4	13	0.36	1.3

第 1 页 共 3 页　当前显示 1 - 20 条记

图 13-4　不合格数监管界面

13.2.2 基于物联网的混凝土质量监管

13.2.2.1 应用背景

混凝土作为主要的建筑结构材料之一，其质量直接影响到建筑工程的质量、使用寿命以及人民生命、财产的安全。混凝土质量经过生产、运输、浇筑、养护等多个环节，其中任何环节的失控都会导致严重的结构安全事故。伴随着经济的迅猛发展，我国预拌混凝土行业也得到了飞速发展。

目前对混凝土质量的控制主要是依靠混凝土生产企业内部质量控制和通过检测机构进行第三方检验来实现，而混凝土从生产、出厂、运输、泵送到浇筑经过多个环节，这些环节若得不到有效控制，则混凝土的最终质量是很难得到保证的，同时应用越来越广的混凝土外加剂和参差不齐的从业人员素质等因素均对混凝土质量的稳定性造成了一定影响。近年来，全国各级建设行政主管部门都加大了对混凝土生产质量及相关责任主体质量行为的监管力度，但监管模式大都以资质审查和现场监督检查为主，基本上是一种静态模式，针对性和实效性不强。同时由于预拌混凝土生产企业生产地点分散，大多分布在边远郊区，非常不利于现场的监督检查工作，往往花费大量的人力、物力和精力却收不到实际的效果，至于运输、泵送到浇筑等使用过程更是监管盲点。这些问题成为当前工程材料监管的难点，亟待解决。

13.2.2.2 基于物联网的混凝土质量监管系统

传统的管理手段难以有效地监管混凝土质量，因而利用信息化手段、引入物联网技术实现对混凝土质量的动态有效监管已成为必然选择。利用物联网技术实现混凝土全生命周期过程的追踪管理，确保混凝土质量的关键节点信息准确，可实现混凝土质量的有效监管。

国内多家软件公司或机构先后研发并推出了各类混凝土质量监管系统，例如广州粤建三和软件股份有限公司研发的“3H 混凝土质量追踪及动态监管系统”、天津市建设工程质量安全监督管理总队研发的“天津市预拌混凝土质量监管信息系统”、福州中润电子科技有限公司研发的“福建省预拌商品混凝土质量动态远程监管平台”等。这些产品在市场上都拥有一定数量的用户，为监督机构实施工程质量监督、保障混凝土质量发挥了积极的作用。

1）系统功能

下面以广州粤建三和软件股份有限公司研发的混凝土质量追踪及动态监管系统为例，介绍系统的主要功能。

系统将工业领域流水线管理思想引入建筑生产质量管理领域，及时采集并汇总从建筑材料供应到现场施工、质量检测等各质量控制关键环节的相关信息，以“各司其职、各负其责”的原则在统一的信息平台上实现工程参建及相关各方（施工、监理、检测、材料）的信息共享，并将异常质量及行为信息及时予以警示，从而实现对工程质量的闭环控制。系统将传统的混凝土质量管理分解成产品成型、质量检验、问题处理三道工序，通过信息平台，将混凝土生产（混凝土企业）、使用（施工单位）、监测（监理公司和检测机构）等孤立的质量控制环节串联成一个虚拟的工业生产流程，通过这个流程带动了相关责任单位的质量行为和现场管理信息，实现对商品混凝土从生产到使用全过程的质量追踪管理。

系统主要由混凝土生产使用数据集成管理平台、混凝土质量检验数据集成管理平台和混凝土质量问题处理平台三部分组成，分别对应混凝土质量控制流水线模型上产品成型、质量检验和问题处理三道工序。

混凝土生产使用数据集成管理平台采集、追踪每个批次混凝土搅拌及浇筑数据，确保相关责任主体能及时获得每批次混凝土的生产及工程使用情况，并提供查询、统计和分析。其管理的数据主要包括：混凝土配合比，混凝土生产时间、生产数量，混凝土浇筑计划、浇筑时间、浇筑部位、浇筑数量，是否雨天浇筑，现场进度等。

混凝土质量检验数据集成管理平台采集、追踪每批次混凝土质量检验数据，相关责任主体能及时掌握每批次混凝土实际质量状况，并提供查询、统计和分析。其管理的数据主要包括：混凝土试件强度检测数据（自检和第三方）、混凝土坍落度数据和混凝土外观质量数据。

混凝土质量问题处理平台实时处理混凝土生产过程中的各种异常并报警，准确引导各相关责任主体跟踪处理；通过对相关数据的数字化统计分析，及时预测潜在问题单位、问题工程，实现差异化管理；对比各责任主体所对应工程的质量状况和对问题项目的处理情况，实现量化考核。

系统对监督、建设、监理、施工、检测和混凝土生产等各责任主体的权利和义务进行了科学的分析，为各方设计了对应的工作平台。各方登录系统后，在简单、统一的界面里集中完成在产品成型、质量检验和质量督察平台里所对应的工作，从而方便了用户的使用。

2）应用效果

（1）采集真实的混凝土生产配合比，杜绝偷工减料

系统通过在混凝土生产线上的控制计算机上加装数字监控装置，实现数据采集、无线通信和在线监控三项主要功能，如图 13-5 所示。在混凝土生产线的生产过程中，该装置在混凝土生产线上实时采集每槽、每车混凝土的真实生产配合比，并通过稳定、可靠的无线传输通道传递给系统。该装置定时上报装置工作状况，一旦装置被非正常关闭，系统将予以记载并报警，从而确保采集工作的正常开展。

（2）植入 RFID 芯片，根治假试件

由于施工、混凝土生产单位串通作假，监理单位疏于管理，工地现场提供虚假的混凝土试件送检已成为普遍现象。系统引入物联网技术，将混凝土试件进行防伪的数字编码管理。具体措施是：监理、施工、混凝土生产单位共同见证混凝土试件的取样，监理单位通过系统制作带有唯一身份识别码的 RFID 芯片并植入试件，确保取样的可靠性；检测单位在收件时必须读取芯片，确认试件身份，防止在现场养护和送检过程的掉包行为；检测单位在对试件进行压力试验的时候，需再次读取芯片，确保受检试件的真实性，如图 13-6 所示。

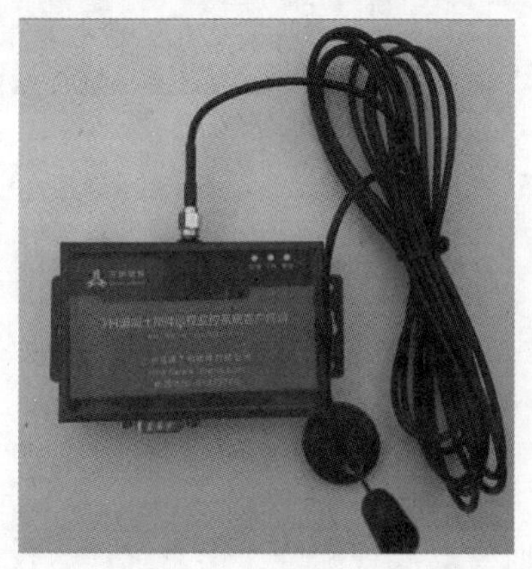

图 13-5　混凝土搅拌远程监控黑匣子

图 13-6　混凝土试件芯片植入

（3）连通检测监管平台，获取真实的第三方检测数据

系统通过云共享技术与检测监管平台进行了无缝集成，直接从检测监管平台中获取混凝土的第三方检测数据，如图 13-7 所示。当混凝土试件在第三方检测机构进行压力试验时，检测平台直接在进行压力试验的压力机上读取原始的试验结果，并将结果通过云共享接口传递给该系统。由于系统的第三方检测数据为压力机上的原始数据，且试验不可重复，数据的真实性完全有保障。

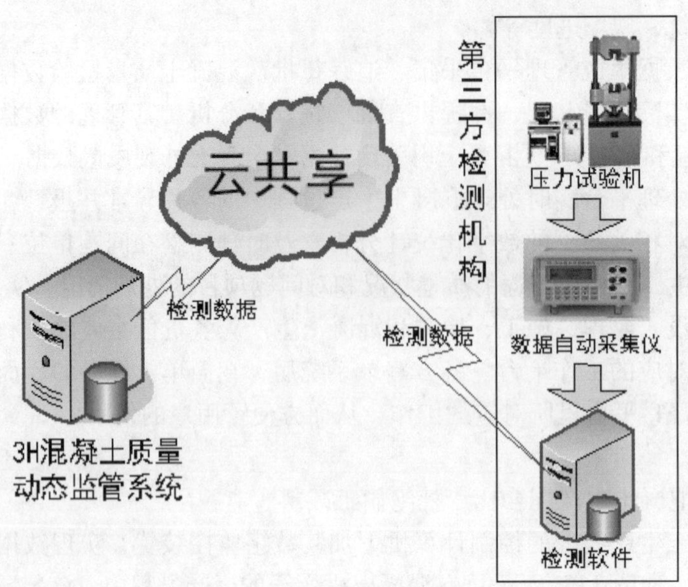

图 13-7 混凝土监管数据流向图

13.2.2.3 基于物联网的混凝土质量监管系统应用场景

1）原材料自检监管

各搅拌站试验室建立检测管理信息系统并实现试验机自动采集，收集并汇总搅拌站各种原材料自检信息，如图 13-8 所示，方便行业主管部门掌握全省原材料的质量状况，为混凝土与砂浆试配、生产质量控制提供依据。

菜单 《
原材料监督抽检
监督检验委托登记
原材料数据监控
原材料进场台帐查询
原材料检测数据查询
原材料检测不合格查询
原材料用量异常预警
原材料使用去向

当前位置>>原材料检测数据查询

材料名称： 材料批次号： 查询
检验日期： 至 报告编号：
生产单位： 选择 清除

序号	材料名称	材料批次号	进货日期	最新报告编号	最新检验日期	操作
1	砂	SZH0313070502	2013/7/1	S130424	2013/4/24	查看检测记录
2	粉煤灰	FMH0313070502	2013/7/1	F130414	2013/4/14	查看检测记录
3	砂	SZTHZ13090901	2013/9/9	14-13-00001	2013/9/10	查看检测记录
4		SSTHZ13090901	2013/9/9	15-13-00001	2013/9/10	查看检测记录
5	粉煤灰	FMTHZ13090901	2013/9/9	23-13-00001	2013/9/10	查看检测记录
6	外加剂	WJTHZ13090901	2013/9/9	201309-001	2013/9/10	查看检测记录
7	水泥	SNTHZ13090901	2013/9/9	09-13-00001	2013/9/26	查看检测记录
8	水泥	SNTHZ13090601	2013/9/6	09-13-00006	2013/10/12	查看检测记录
9	砂	SZTHZ14022603	2014/1/1	14-14-00001	2014/2/26	查看检测记录
10	石	SSSYX13111401		15-13-00001	2013/11/14	查看检测记录

查询结果共：154 笔数据 当前第1页 共16页 第一页 上一页 1 2 3 4 5 6 7 8 9 10 … 下一页 最后一页

图 13-8 原材料检测数据查询界面

2）混凝土生产监管

通过塔楼投料数据自动采集系统实时上传的数据进行监管。实现配合比信息管理、投料实时数据监管、生产在线监控、投料异常预警等功能，方便行业主管部门掌握实际生产的相关数据，达到对各搅拌站行为进行监管的目的，如图 13-9 所示。

3）检测数据监管

通过数据接口自动实时获取原材料监督抽检信息、成品监督抽检信息及其他混凝土、砂浆检测信息，可查询到每批次、每车混凝土、砂浆取样第三方检测结果及检测机构情况，不合格信息自动报警，并汇总不合格检测数据台账、检测结果修改痕迹台账等，并统计各搅拌站生产合格率等信息，如图 13-10 所示。

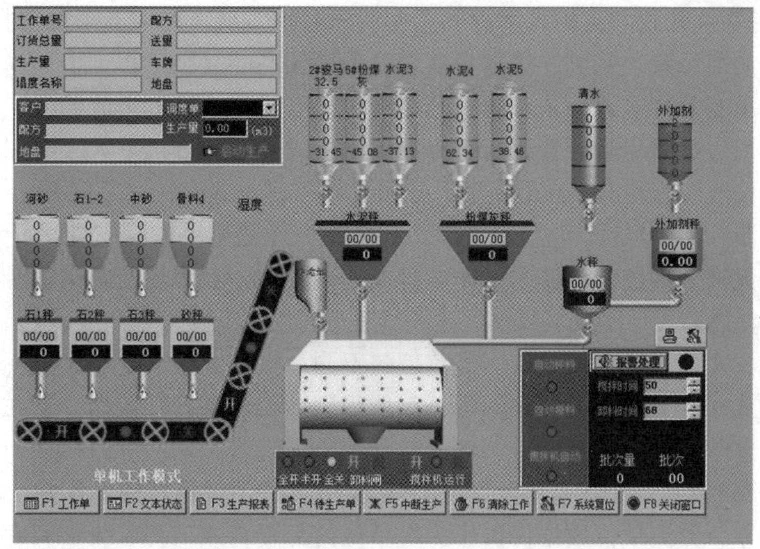

图 13-9　搅拌站生产数据监控界面

菜单
芯片植入管理
自检数据查询
第三方检测数据查询
异常数据预警
成品数据对比查询
原材料数据对比

当前位置>>混凝土自检信息查询

混凝土试件编号：　　混凝土生产流水号
上传日期：　　至　　检测结果：　　查询
生产单位：　　选择　清除

混凝土试件编号	混凝土生产流水号	单位名称	工程名称	设计强度等级	检验日期	检测结果	上传日期	操作
01-14112520	SYX1411240002	穗业混凝土有限公司	萝岗中心城区（一期）保障性住房项目（规划路东侧）施工总承包（标段七）	C15	2014-12-22	合格数据	2015-01-09	查看 查看报告
01-14112519	SYX1411220001	穗业混凝土有限公司	商业、办公楼工程（自编荷创商业项目）	C30	2014-12-21	合格数据	2015-01-09	查看 查看报告
01-14112518	SYX1411220001	穗业混凝土有限公司	商业、办公楼工程（自编荷创商业项目）	C30	2014-12-21	合格数据	2015-01-09	查看 查看报告
01-14112517	SYX1411230001	穗业混凝土有限公司	萝岗中心城区（一期）保障性住房项目（规划路东侧）施工总承包（标段十）	C30	2014-12-21	合格数据	2015-01-09	查看 查看报告
01-14112516	SYX1411230002	穗业混凝土有限公司	萝岗中心城区（一期）保障性住房项目（规划路东侧）施工总承包（标段七）	C15	2014-12-21	合格数据	2015-01-09	查看 查看报告

图 13-10　混凝土自检信息查询界面

系统自动收集和汇总搅拌站混凝土与砂浆自检、第三方检测不合格信息，自动预警，并通过短信平台通知相关人员，方便行业主管部门督促相关责任单位进行处理。系统自动对各搅拌站检测数据进行统计分析，并形成相关离散图，方便行业主管部门对各搅拌站行为进行监管。

4）搅拌车运输监管

实现与各混凝土运输车辆 GPS 和视频监控系统数据接口对接，自动收集每车混凝土、砂浆出厂时间及到达工地时间；对超出标准规定时间要求的，系统给予预警，防止因运输途中延误造成超出规定浇筑时间进行浇筑的事情发生；实现搅拌车运输历史轨迹回放。

13.2.3　基于物联网的深基坑工程安全监督管理

13.2.3.1　应用背景

地下工程和深基坑的施工，除对建筑物本身造成影响，对周边环境的破坏亦不能忽视。地下工程和深基坑的施工若不当，可能造成其周边道路开裂或塌陷、周围地下管网线路因位移过大而破坏、相邻周边建筑因不均匀沉降等原因而开裂甚至倒塌等，危及广大市民的生命及财产安全。因此，对地下工程和深基坑建设过程的实时监测显得尤为重要。

近20年来，深基坑开挖与支护技术得到了前所未有的发展。在地下工程取得快速发展的同时，也伴随着开挖过程的高风险。基坑开挖本身是综合程度较高的复杂工程，由于基坑工程地质、周边环境及开挖工序的千变万化，近年来基坑安全事故仍时有发生。基坑事故的发生往往伴随着人员伤亡、工程停工以及周边道路塌陷、管线断裂等发生，造成一系列直接重大经济损失及恶劣的社会影响。由于基坑监测仪器、管理上存在的问题，导致传统监测方式存在以下问题：

（1）监测设施滞后，如水位、应力监测需人工测读，无法避免错漏或造假行为。

（2）现场检测无法全面监管，监测工作本身专业性较强，且现场监测中很难判断监测工作是否符合规范要求，即使能监控监测现场操作，也不能监管监测数据。

（3）数据处理方式多样化，各单位因规范理解不同，操作方法、现场测点不同，监测元件不同等导致数据处理方式千变万化，无统一标准，仅能得到“相对准确”数据，且在数据的处理中无法监管，容易出现弄虚作假行为。

（4）监测数据传递滞延，正式监测报告往往一周甚至半个月才能传递至各方，未起到相应的作用。

（5）经验积累差，监测单位数据仅仅作为本单位内部资料或工程验收资料存档，难于查询，不具备公信力，使各工程监测数据无法传播与积累。

13.2.3.2　基于物联网的深基坑安全监测系统

目前深基坑工程传统监测模式不能满足现有深基坑工程项目发展要求，基于物联网的深基坑工程安全监测通过使用新型监测设备，应用新型监测技术、无线传输技术，以及研发先进的标准计算模块实现深基坑工程安全监测数据的实时采集、实时传输、实时计算，达到科学预警、智能报警、协同管理的目标。目前国内多家软件公司先后发布了深基坑监测系统以实现地下工程和深基坑工程安全自动化监测。例如广州粤建三和软件股份有限公司研发的“地下工程和深基坑安全监测预警系统”、北京交通大学土木建筑工程学院研发的“隧道监测信息管理与预警系统”、江西飞尚科技有限公司研发的“基坑在线监测系统”、北京浩坤科技有限公司研发的“隧道监测预警系统”等。

1）系统功能介绍

以广州粤建三和软件股份有限公司研发的“地下工程和深基坑安全监测预警系统”为例，介绍基于物联网的深基坑安全监测系统功能。

（1）采集客户端。现场监测数据通过无线GPRS连接PC，实时将监测数据传输至系统平台解算中心，进行实时解算，若监测数据不符合规范要求（操作方法或测试精度），则系统自动通过短信提示现场监测人员重新测量；若符合要求，则对外实时发布监测结果。通过监测数据的“不落地”传输、统一解算，杜绝监测数据修改、伪造等现象发生。

（2）机构管理。各监测单位通过自有登录账号登记单位信息，包含机构性质、规模、人员架构、资质概况、仪器设备及检定证书，如图13-11所示。通过该模块，管理部门可全面掌握各监测单位详细信息，便于行政管理，也便于各建设单位择优选取优质服务单位。

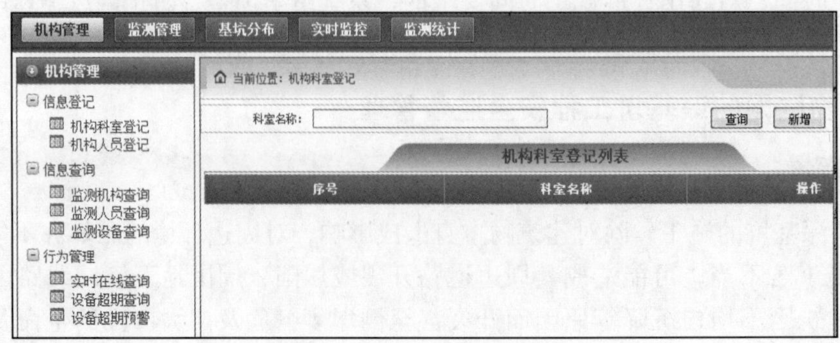

图13-11　机构管理界面

（3）监测管理。该模块包含数据解算、异常判定、数据展示、报警提示等多个功能子模块，该模块全面展示了工程开挖施工进度、监测数据图表、工程安全状态，管理部门可通过该模块查询有针对性地开展安全工作管理。

（4）实时监控。该模块对在建工地按照报警类型予以分类统计，以图形化形式显示各类报警工程信息。系统根据监测值的情况标示为绿灯、黄灯、红灯和黑灯，进行亮灯报警。正常为绿灯、超过预警值为黄灯、超过报警值为红灯、超过控制值为黑灯。政府主管部门或相关单位，即可通过管理系统直接查询、调用在建或已建工地现场的监测数据，实时掌握监测情况，直观地分析监测数据。

对于达到黄灯、红灯、黑灯状态的基坑监测信息，管理系统将自动以短信形式预警或报警，通知各责任主体单位、安全监督机构或建设行政主管部门；亦可通过登录管理系统调取监测原始数据及图线，详细了解监测数据，会同相关单位及时提出整改措施，消除工程隐患，如图 13-12 和图 13-13 所示。

图 13-12　监测管理界面

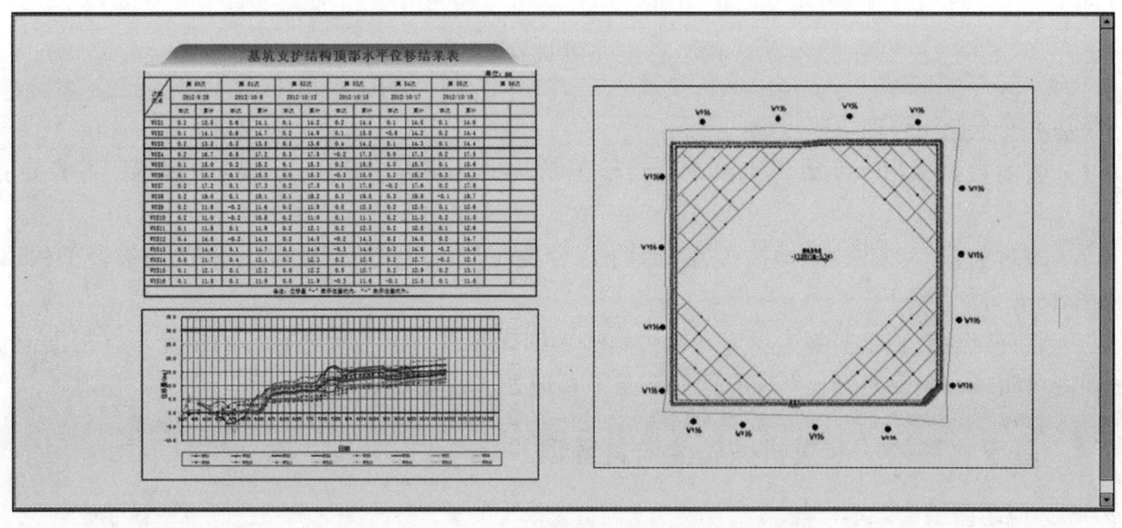

图 13-13　监测数据图表

（5）监督管理。该模块为监督管理部门网络操作平台，针对各监督人员个性化设置，对各工地实施精细化管理，在工程有警情的情况下做到责权明晰、条理清晰、有理有据、有条不紊地将安全事故消灭在萌芽状态。同时根据报警等级不同，做到层次明确，防止事故处理“一窝蜂”的现象，提高了工作效率，降低了行政成本，实现了安全管理扁平化。

2）应用价值

（1）实现深基坑工程安全预警报警，并追踪有关监测报警处理情况，使监测结果反馈更具时效性，以便及时采取相应措施，达到防灾减灾的目的。

（2）系统的应用改变了建设工程行政和安全监督部门的管理模式，提高了政府的管理效率，节约了行政成本。

13.2.3.3 基于物联网的深基坑安全监测系统应用场景

深基坑安全监测以工程为主线，通过传感设备进行监测数据自动采集上传，分析处理工程所处的安全状态。当工程处于异常状态时，系统进行报警，发送报警通知给相关负责人，安监机构会同相关单位进行各报警工程处理工作，系统将对处理结果进行实时跟踪。监测管理流程如图 13-14 所示。

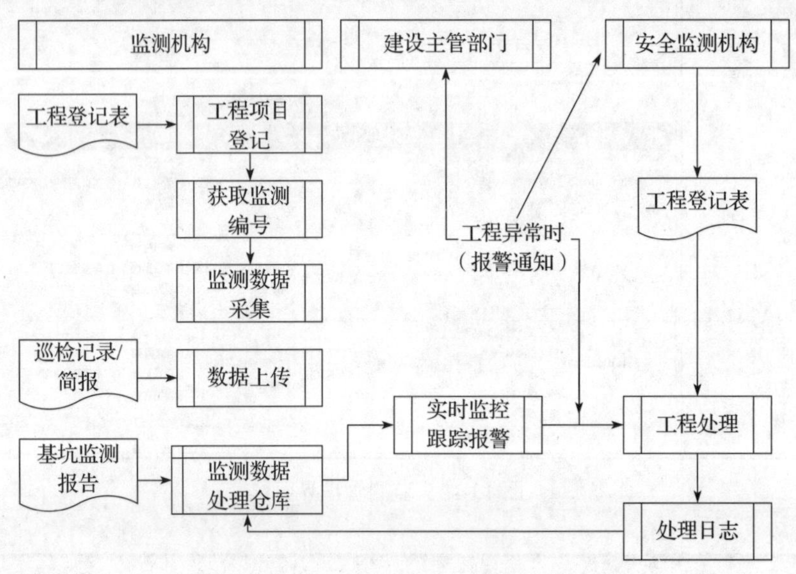

图 13-14 深基坑监测流程图

深基坑安全监测管理主要步骤如下：

（1）监测数据采集。实时将监测数据传输至系统平台解算中心，进行实时解算，并评定数据结果。

（2）实时监控。对在建工地按报警类型予以分类统计，以图形化形式显示各类报警工程信息，如图 13-15 所示。

（3）监督管理。利于监督人员实现对工地的精细化管理。在工程有警情的情况下，帮助监督人员做到责权明晰、条理清晰、有理有据、有条不紊地处理各类安全问题。

13.2.4 基于物联网的起重机械安全监督管理

13.2.4.1 应用背景

随着近年来我国经济建设的高速发展和城镇化进程的逐步深入，工程建设规模不断扩大，各类建筑起重机械（塔吊、施工电梯、物料提升机等）的使用也与日俱增，并成为工程施工现场的重要设备。同时由于各种客观原因（如施工环境）或主观因素（如违规作业），这些设备往往在使用过程中容易引发安全事故，甚至造成重大人员伤亡和财产损失，给企业的正常经营带来巨大的风险。

图 13-15　深基坑工程实时监控界面

建筑起重机械使用过程中常见的安全事故主要有：倾覆倒塌、高空坠落、相互碰撞或者与周围环境碰撞等，如图 13-16 所示。

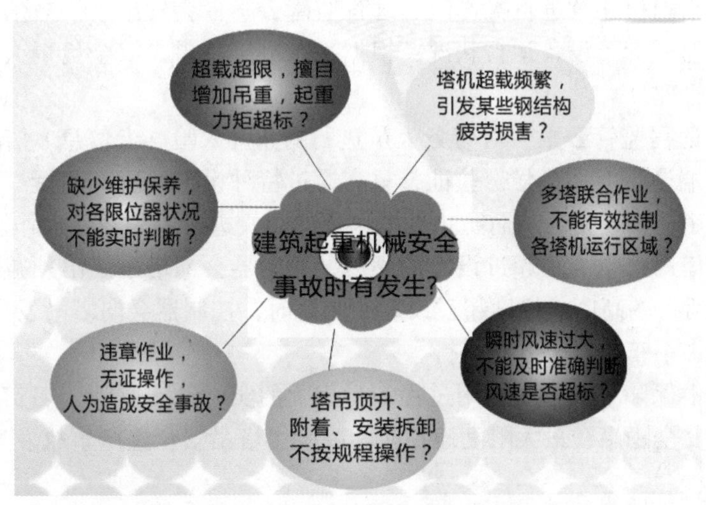

图 13-16　起重机械安全事故原因

《建筑起重机械安全监督管理规定》（住房和城建设部第 166 号令）明确规定起重机械的出租单位、使用单位、安装单位、监理单位、建设单位和总承包单位均对建筑起重机械的安全使用负有责任，加强对建筑起重机械的管理和监控，降低事故发生率是各相关企业共同的职责，通过信息化的手段实现建筑起重机械的安全监控成为必然。

13.2.4.2　基于物联网的起重机械安全监控系统

基于物联网的起重机械安全监控集数据采集、存储、传输、统计分析和实时报警为一体，实现建筑起重机械的规范化、标准化和信息化监管，对提高起重机械的安全运行管理水平、控制各种危险因素、预防和避免安全事故的发生具有重要作用。目前国内部分企业研发了起重机械监控系统。比如黑龙江共友科技发展有限公司研发的“起重机械安全监控系统”、广州粤建三和软件股份有限公司研发的“建筑起重机械安全监控系统”、温州朗派科技有限公司研发的“太阳能无线塔吊监控系统”、郑州恺德尔科技发展有限公司研发的“塔机安全监控管理系统”等。

1）系统功能介绍

以广州粤建三和软件股份有限公司研发的建筑起重机械安全监控系统为例，基于物联网的起重机械安全监控系统功能介绍如下：

（1）采集客户端。使用传感器对现场特种设备的运行工况进行数据采集，并在终端设备上把采集后的数据进行分析处理，若采集数据不符合规范要求（超出设备主机设定的阈值），则终端设备自动使用声光报警设备提示司机进行安全预防，同时把采集到的数据通过 GPRS 模块连接数据中心，实时将采集数据传输至远程监管云平台进行分析、展示。

（2）设备管理。各使用单位通过自有登录账号登记设备信息，包含设备产权、购买日期、使用年限、企业资质、是否使用监控设备等信息。可以办理起重设备的产权登记、备案登记、检测、使用登记业务，管理部门可全面掌握各使用单位现场设备安装、拆除的详细信息及设备状态，便于行政管理，也便于各建设单位择优选取优质服务单位。

（3）远程监视。终端设备以 10 秒 / 次的速率上传采集到的数据发送到远程监管云平台上。从而可以在办公室构建全方位的特种设备远程监管云平台，在管理平台的监控画面中以图像、文字的形式动态呈现设备的运行状态。包括塔吊的吊重（重量）、力矩、变幅（幅度）、高度、回转转角（回转）、塔身倾斜角度（倾角）、环境风速（风速）、司机信息、报警信息；包括升降机的楼层、速度、开关门状态、司机信息、冲顶蹲底报警等监控信息。

（4）安全监督。当司机违章进行操作时，远程监管云平台会发出手机短信告知安全负责人，安全负责人会在平台上监视起重设备运行状况，根据平台分析结果，安全负责人决定是否到现场进行安全指导工作和行政管理。

（5）身份认证。远程监管云平台对劳务人员进行身份（人脸、卡信息）信息管理，可以远程下发人员注册信息到终端设备上进行身份验证，只有通过特种设备监管部门授权发卡或注册人脸信息的司机才可以正常使用特种设备，从而防止无操作证的司机进行特种设备操作。

（6）设备控制。塔吊吊重力矩超过设定的阈值，控制器会向塔吊发出预减速指令，减慢塔吊上升下降的速度；小车运行的高度或幅度超过设定的阈值时，控制器会向塔吊发出切断“不安全方向”电源的指令，只能允许小车向安全方向运行。

系统从技术手段上保障了对塔吊使用过程和行为上的实时动态监管，切实防范、管控设备运行过程中的危险因素和安全隐患，最大限度地预防和减少了塔吊安全生产事故发生。

2）应用价值

（1）实现起重机械安全运行预警报警，并追踪有关监测报警处理情况，使监测结果反馈更具时效性，以便及时采取相应措施，达到防灾减灾的目的。

（2）系统的应用改变了建设工程行政和安全监督部门的管理模式，提高了政府的管理效率，节约了行政成本。

13.2.4.3　基于物联网的起重机械安全监控系统应用场景

应用建筑起重机械安全监控系统实现塔吊设备的监督管理，主要通过接收安装在塔吊上的远程数据终端实时采集的有关载质量、力矩、高度、幅度、角度、风速和倾角等塔吊运行工况参数，实现在互联网上对塔吊进行远程实时在线监测、各种状态限制报警和远程控制等功能。监测管理数据流程如图 13-17 所示。

具体来说主要体现在以下几个关键环节：

（1）信息采集。由各工程项目上的塔吊所安装的远程监控终端自动、实时地采集重量、力矩、高度、幅度、角度、风速和倾角等信息。

（2）信息传输与存储。通过无线网络将远程监控终端实时采集的塔吊运行工况参数信息进行传输并汇总到监测平台数据库中存储，确保塔吊关闭电源或供电中断之后，其运行工况参数信息完整保留在监测平台数据库中，方便对塔吊运行状态及故障进行历史追溯。

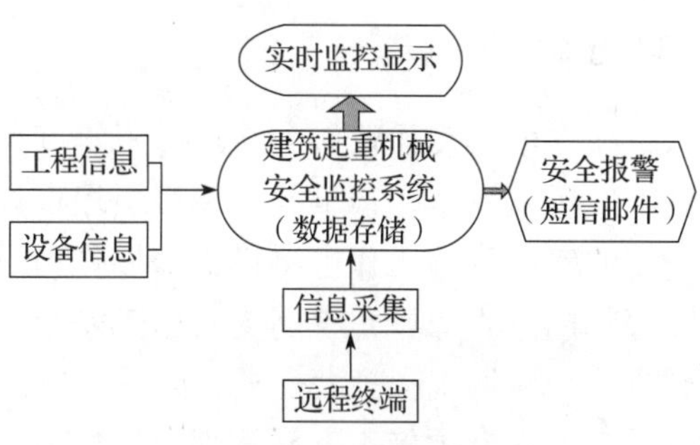

图 13-17 监测管理数据流程图

（3）实时监控。监测平台数据库中的所有塔吊运行工况参数信息能通过平台实时显示，同时安装在塔吊控制台的远程监控终端也能显示相关参数信息，对于违规操作进行声光报警和文字提示，使塔吊操作人员全面直观地掌握设备的工作状态。如图 13-18 所示。

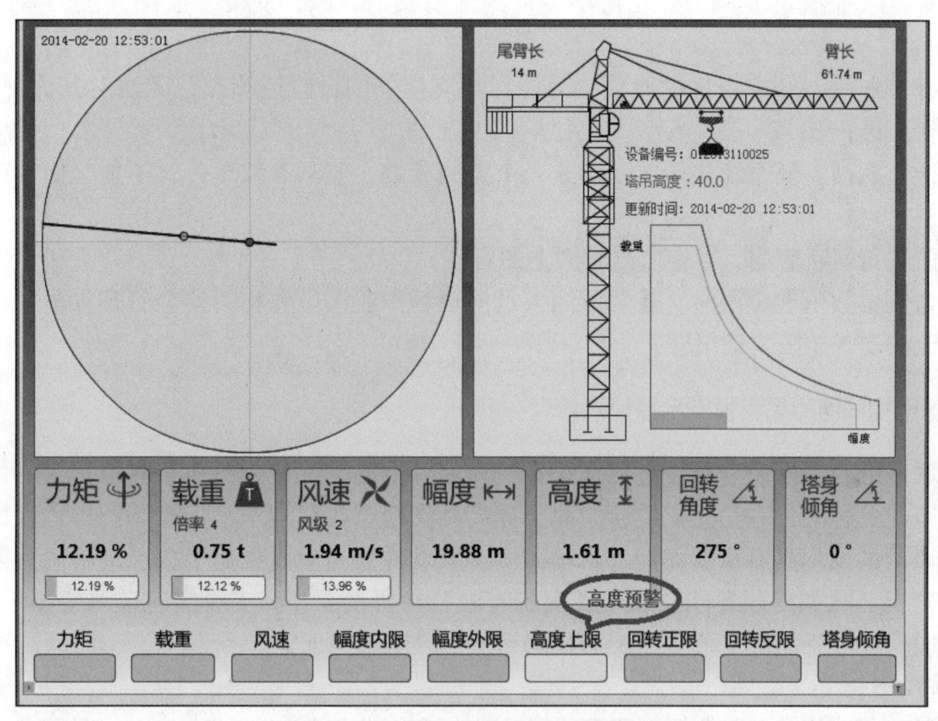

图 13-18 起重机械实时监控信息界面

（4）安全警报。主要实现四类信息的自动报警与预警。

①单机区域防撞。可人为设置单台塔机禁入区域和禁吊区域，在临近限制位时发出报警，实施有效安全保护。

②多机区域防撞。通过自组网技术手段实现局域网络数据通讯，集成群防群控功能，通过参数设置软件的合理配置，可实现无限数量塔机的群防群控组网。

③ IC 卡人员验证需求。具有特种作业证书的塔吊操作人员，在每次启动塔吊前，需通过个人 IC 卡进行身份验证，验证通过后才能操作塔吊，否则电源暂不连通，不能对塔吊进行任何操作，从而杜绝人为的违章操作。

④传感器故障检测需求。通过检测各传感器的状态，对传感器故障、人为非法拆除等进行实时检测，真正做到事前预防，保障系统运行的准确性。

13.2.5　基于物联网的高支模安全监督管理

13.2.5.1　应用背景

高支模架设作业作为一项施工难度大、技术要求水准高、危险系数大的综合性作业工程，容易集中性爆发安全生产事故。模板坍塌事故是建筑施工中极易引发群体伤亡的危险源之一，建筑施工企业的安全管理工作已将模板坍塌作为重大危险源进行识别和控制。为此，各级政府建设工程行政管理部门一直非常重视高支模施工安全，相继出台了多个安全管理办法和规定。住房和城乡建设部颁布的《建设工程高大模板支撑系统施工安全监督管理导则》(建质［2009］254 号)，专门针对高支模系统，在专项施工方案管理、现场施工管理、高支模系统验收管理、监督管理等四大方面，做出了全面而细致的要求。同时，各省市建设行政主管部门也制定了多个管理办法，规范了高支模的安全管理。这些制度的实施虽然在高支模的安全控制方面发挥了积极的作用，但主要是从方案设计、过程验收、流程控制等管理上采取相应措施，尚缺乏有效的技术手段。

与逐渐健全的高支模施工安全管理规章制度相比，高支模安全检测方法目前主要还停留在传统的光学观测、人工报警的基础上。层出不穷的高支模安全事故，使传统监测方法固有的缺点暴露无遗。

（1）受外围脚手架和安全网的遮蔽，只能在高支模外围设置监测点，无法对其内部进行监测，监测区域存在盲区；

（2）只能监测高支模系统构件的变形这一个监测参数，监测参数单一，不能全面反映高支模系统构件的状态；

（3）只能进行间断监测，存在监测时间上的盲区；

（4）当监测参数出现超限时，需要监测人员向现场作业人员和相关安全管理人员发出报警，响应速度慢，无法实现超限自动报警。

13.2.5.2　基于物联网的高支模安全监控系统

基于物联网的高支模安全监控集数据采集、存储、传输、统计分析和实时报警为一体，实现高大模板的规范化、标准化和信息化监管，对于提高高支模监控管理水平，控制各种危险因素，预防和避免安全事故的发生具有重要作用。目前国内多家软件公司对此提出了自己的解决方案并研发了相关的软件产品，比如广州粤建三和软件股份有限公司研发了“高支模实时监测警报系统”、北京智博联科技股份有限公司研发了“ZBL-D1000 无线高支模实时监测系统”。

1）系统功能介绍

以广州粤建三和软件股份有限公司研发的高支模安全监控系统为例，基于物联网的高支模系统功能介绍如下：

（1）实时采集。实时接收现场监测数据，如图 13-19 所示。

（2）实时分析。按规范及相关要求实时解算上传的监测数据。

（3）智能预警。根据解算数据及项目报警值，自动判定监测数据是否超限，将报警信息及时发送至相应各方的相关人员，如图 13-20 所示。

（4）监管联动。各行政部门根据报警信息对报警情况予以处理，预防安全事故发生。

2）应用价值

（1）实现对高支模系统模板沉降、立杆轴力、立杆倾角、支架整体水平位移等参数的监测，克服传统监测方法监测范围小、监测参数单一、响应速度慢等缺点，实现对高支模系统的整体监测。

（2）对监测参数进行数字化、高频次（采样频率为 1Hz）的自动采集、传输，克服传统监测方法主要依靠人工读数、监测间隔时间长的缺点，实现对监测参数的实时采集。

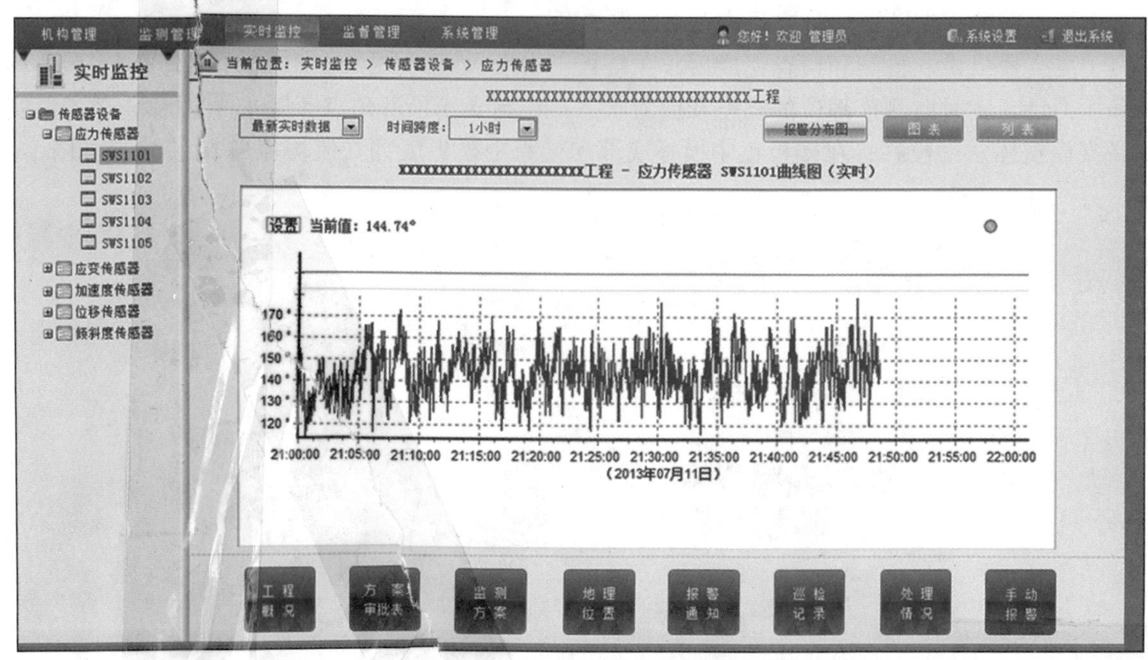

图 13-19　实时采集界面

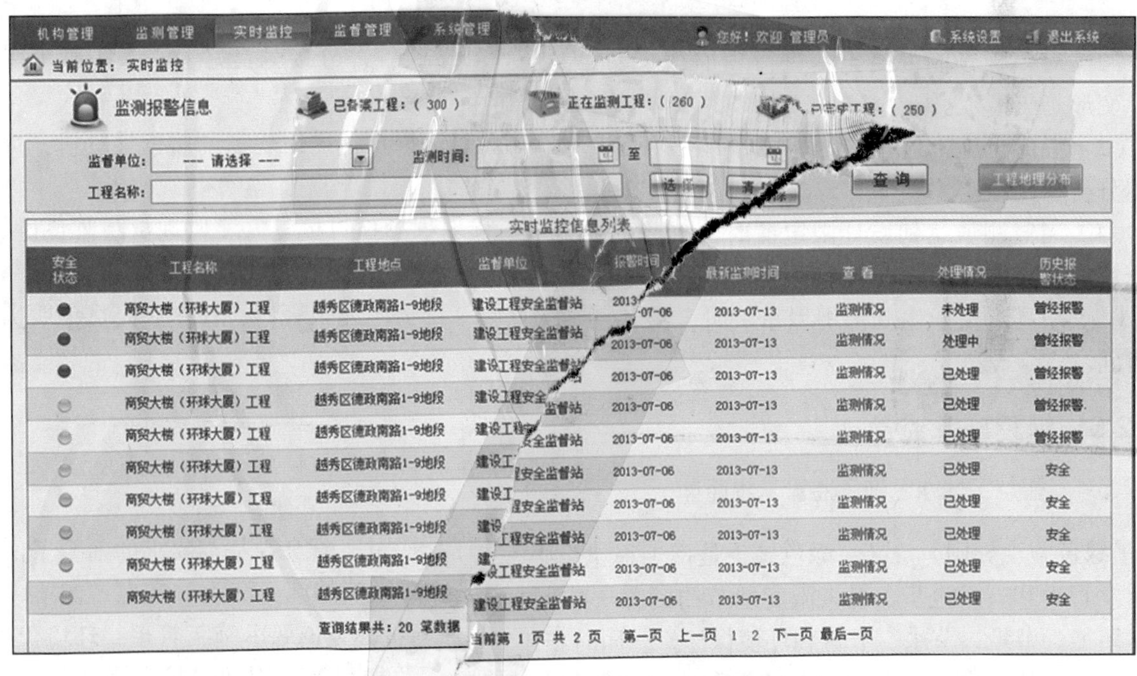

图 13-20　智能预警界面

（3）实现对实时监测数据自动分析、储存与查询的信息化管理功能，使监测人员能直观地了解高支模系统的实时状态，并为设计、施工人员在高支模浇筑完成过程中及时进行复核和总结提供便利。

（4）实现超限监测参数自动报警的功能，克服传统监测方法响应速度慢的缺点，提高高支模施工现场安全紧急响应速度，预防高支模安全事故的发生，最终达到提升高支模安全管理水平的目的。

13.2.5.3 基于物联网的高支模安全监控系统应用场景

基于物联网的高支模安全监控系统应用过程如下：

（1）高支模搭设、检测和检查完成后，在楼板正中模板底部和梁跨中模板底部分别安装位移传感器和压力计，实时监测该部位的挠度和应力状态；在高支模顶部角点布置水平位移传感器，实时监测高支模整体水平位移；在楼板正中模板底部和梁跨中模板底部安装坍塌触发装置，如图 13-21 所示。

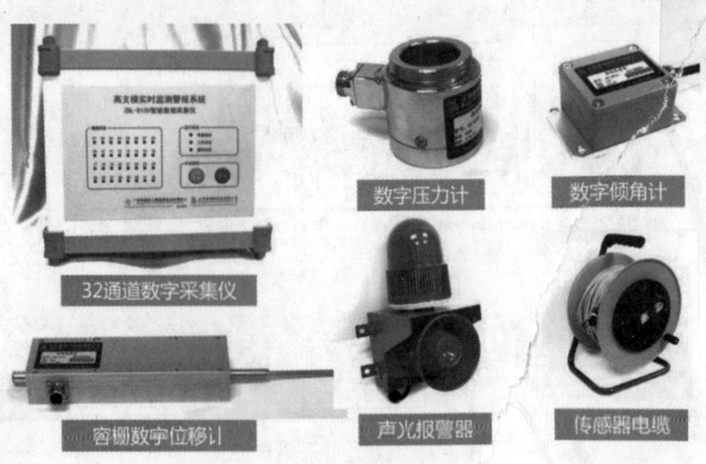

图 13-21 高支模监测传感器

（2）对模板预制混凝土块进行预加载，目的在于使高支模各部分接触良好，进入正常工作状态，变形趋于稳定。

（3）混凝土施工过程中，监测系统实时监测，数据通过采集仪传送给现场的监控计算机，进行数据分析和判断。

（4）当监测值达到设计限定值时，系统发现预警，提醒现场项目负责人、监理员、监督员等，排查造成高支模变形过大或承载过高的原因。

（5）当高支模发生局部坍塌事故时，报警触发装置触发现场声光报警器，让作业人员争取逃生的时间。

13.2.6 绿色施工监管

13.2.6.1 智慧工地绿色施工监管基本原理

《绿色施工导则》定义“绿色施工是指工程建设中，在保证质量、安全等基本要求的前提下，通过科学管理和技术进步，最大限度地节约资源与减少对环境负面影响的施工活动，实现“四节一环保”(节能、节地、节水、节材和环境保护)”。同时指出“绿色施工总体框架由施工管理、环境保护、节材与材料资源利用、节水与水资源利用、节能与能源利用、节地与施工用地保护六个方面组成。这六个方面涵盖了绿色施工的基本指标，同时包含了施工策划、材料采购、现场施工、工程验收等各阶段指标的子集。”绿色施工监管通过对与各阶段指标相对应的工作进行检查、评价考核来实现。

智慧工地的绿色施工监管通过应用相关工具整合企业的绿色施工管理信息，根据绿色施工基本指标，实现对不同责任主体的检查、评价与考核。

13.2.6.2 智慧工地绿色施工监管应用工具

当前政府及建筑行业对绿色施工有着迫切的需求，近年来我国部分软件公司开发了一些绿色施工监管工具。例如深圳市越众（集团）股份有限公司研发了“绿色施工数字化在线监测与评价管理系统”、广州粤建三和软件股份有限公司研发了“绿色施工信息管理系统”，北京联合众为科技发展有限公司开发了在智慧工地建设中应用的“生活区用电监控系统”、“环境监测系统（包括扬尘噪声监测系统和污水监测系统）”等信息化工具。

智慧工地绿色施工监管应用工具主要包括三部分：

（1）绿色施工管理。实现绿色施工管理层面各项业务工作，涵盖从绿色施工规划与方案设计、绿色施工日常工作管理、绿色施工示范工程项目的申报与审批、绿色施工企业自查与验收评审管理等业务。

（2）绿色施工在线监测。实现对施工项目能耗指标、水耗指标、施工噪声和施工扬尘指标的实时在线监测监控，并为绿色施工评价量化考核指标提供实时数据支撑。

（3）绿色施工评价。提供一种实时在线的评价工具，为实现多专家在线评价打分与线下实地考察绿色施工实施措施并进行评价成为可能。

监管单位通过相关应用工具对施工现场绿色施工状况进行检查、评价考核，并进行各项业务操作，实现与企业绿色施工管理的数据共享、同步和实时反馈，提高了监管效率。

2014 年广州粤建三和软件股份有限公司响应广州市建委推行绿色施工试点工作通知，研发了“绿色施工诚信评价信息管理系统”，实现了广州市在监工程的绿色施工践行情况的诚信评分。

13.2.6.3　智慧工地绿色施工监管工具应用场景

根据绿色施工管理内容，以广州粤建三和软件股份有限公司的绿色施工信息管理系统为例，介绍绿色施工监管工具的主要应用场景。

1）扬尘噪声监测

扬尘噪声监测由数据采集器、传感器、无线传输系统、后台数据处理系统及信息监控管理模块组成。监测端集成了大气 PM2.5、PM10 监测、环境温湿度及风速风向监测、噪声监测等多种功能，如图 13-22 所示；信息监控管理模块是一个互联网架构的网络化平台，实现对各监测端的监控功能以及对数据的报警处理、记录、查询、统计、报表输出等多种功能，系统界面如图 13-23 和图 13-24 所示。

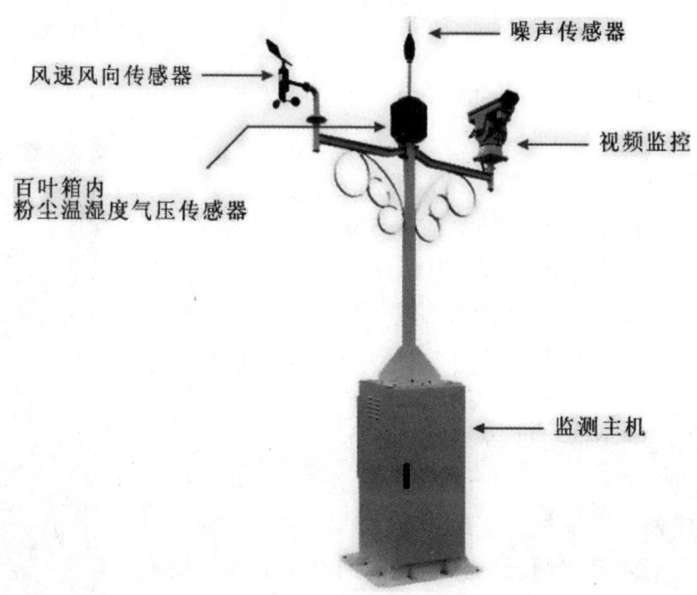

图 13-22　扬尘噪声监测端

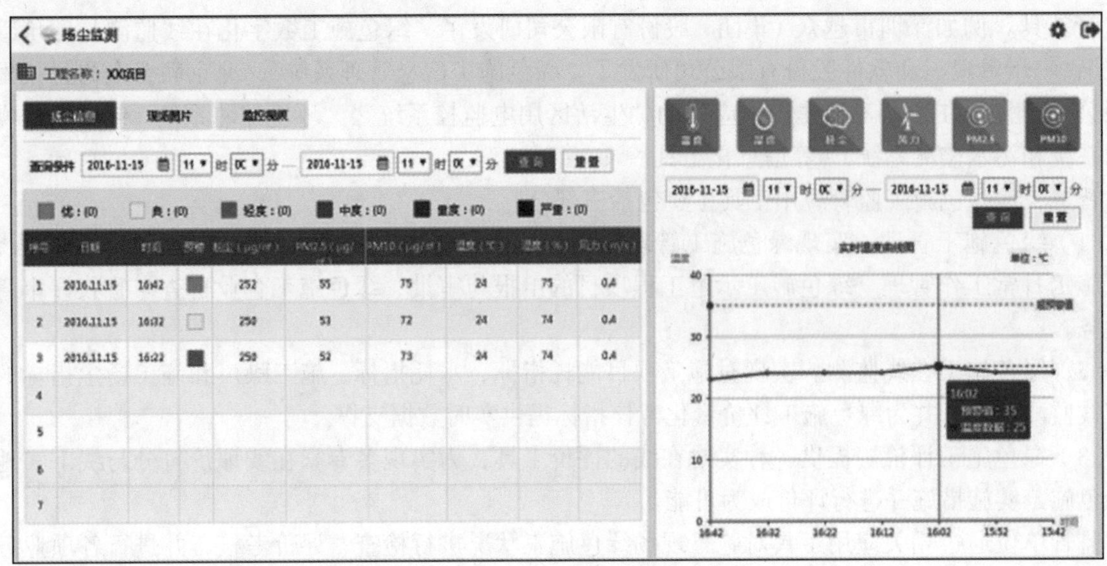

图 13-23 扬尘监测界面

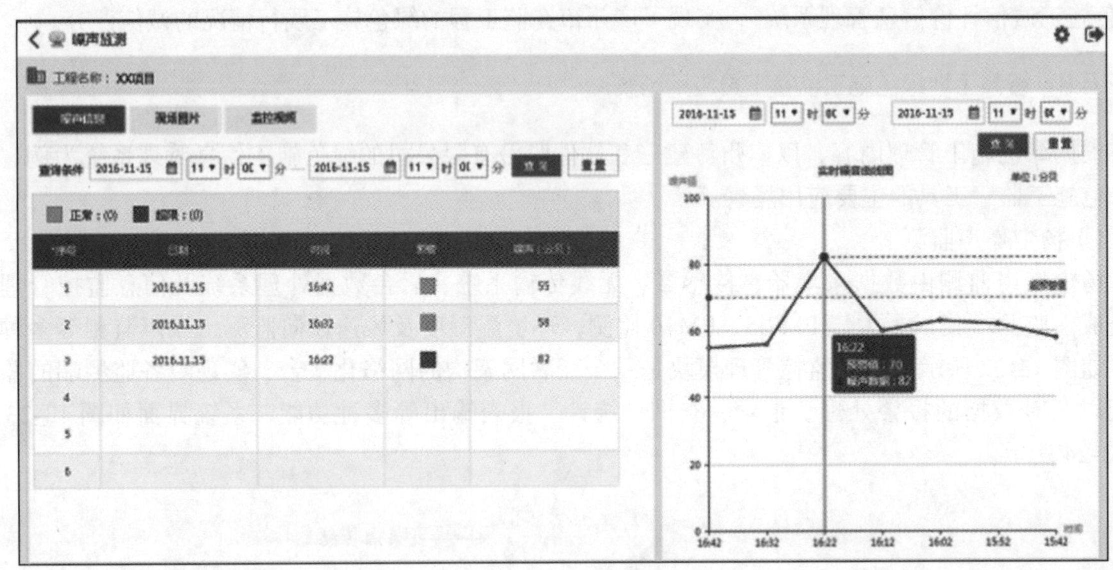

图 13-24 噪声监测界面

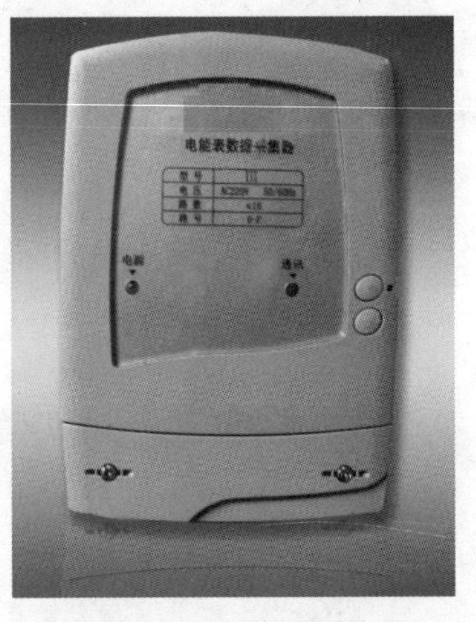

图 13-25 电表数据采集器

2）节电、节水监测

通过对用电、用水设备的分项计量统计各种设备和各区域的耗电、耗水量，如图 13-25 图 13-26 所示。根据现场情况，利用计算机技术、通信技术、自控技术，通过现场的计量设备和数据采集器把能耗实体的实时数据进行统计和收集，并以标准的数据格式封装传送到监测软件模块，从而为外部环境信息进行快速分类、统计、分析，为能耗分析决策层的决策提供必要的依据。

3）节材、节地管理

首先，通过整体规划制定节材、节地措施，然后在工程施工过程中，跟踪节材、节地措施落实情况，并以此作为对企业评价的重要依据，如图 13-27 所示。

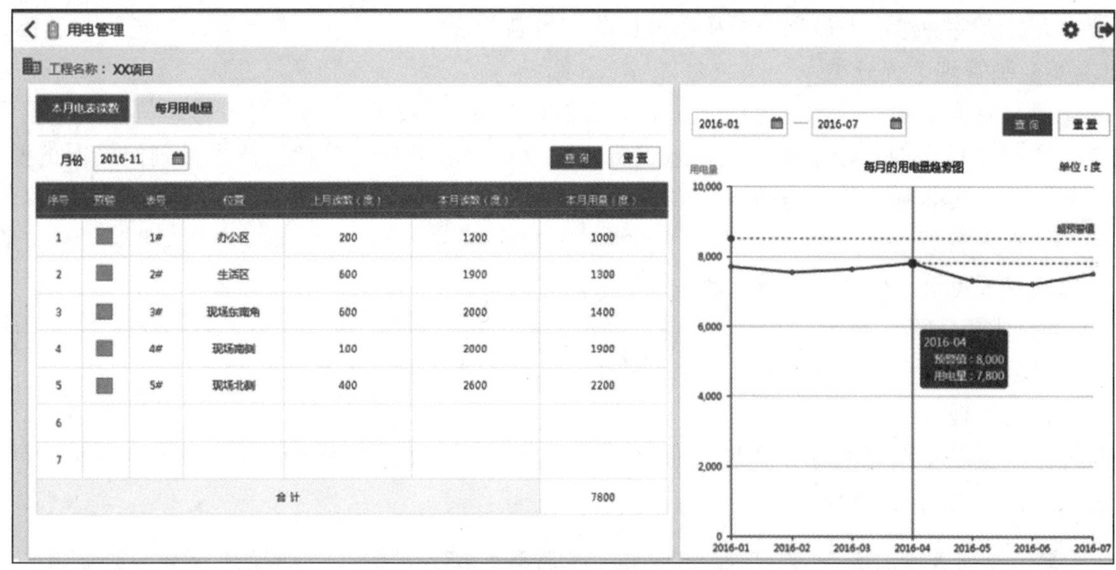

图 13-26　节电监测界面

图 13-27　节地管理界面

13.2.7　基于互联网的现场从业人员实名制管理

13.2.7.1　应用背景

在建筑工地施工现场，现场人员是影响建设工程质量、安全、进度、成本等工程项目各方面的最重要因素，所以现场人员的管理是一个政府重视、企业关注、工程管理不可或缺的重要课题。人员真实到岗是现场从业人员管理的前提，实施现场从业人员实名制管理是其重要途径。当前施工现场人员监管重点与难点包括如下内容。

（1）关键岗位人员到岗监管困难。为进一步落实企业工程质量和安全生产主体责任，需切实提高施工现场关键岗位人员到岗率，但以人员巡查为主的工程监管方式不能应对当前工程量大、范围广的人员监管难题，缺乏有效工具监管现场关键岗位人员的到岗情况。

（2）劳务人员实名制管理缺乏有效工具。为加强建设工程劳务用工管理，保障劳务作业人员合法权益，构建有利于形成建筑产业工人队伍的长效机制，需要对建设工程劳务作业人员予以实名登记，将其基本身份信息、培训和技能状况、从业经历、考勤记录、诚信信息、工资支付等情况进行系统化规范化管理，但传统的人员监管方式难以有效实现其目标。

13.2.7.2　基于互联网的现场从业人员实名制管理系统

基于互联网的现场从业人员实名制管理有望实现现场从业人员的实名制管理，基于互联网的现场从业人员实名制管理以居民二代身份证为实名制基础信息来源，结合身份识别技术，实现对施工现场管理人员、特种作业人员和普通从业人员的实名制监管。

1）实名制管理系统分类

以管理对象为基准，当前现场从业人员实名制监管系统分为两类：一是关键岗位人员考勤实名制系统，实现项目经理、技术负责人、施工员、安全员、质量员等关键岗位人员到岗情况的监管；二是劳务人员的实名制监管。当前国内多家软件公司推出了实名制管理系统，例如浙江工汇网络科技有限公司在其智慧工地产品下提供了“工地实名制管理”功能模块，共友时代（北京）科技股份有限公司研发了建筑工程“一卡通管理系统”等。

2）系统功能介绍

下面以劳务人员实名制管理为例，介绍基于互联网的实名制管理系统的主要功能。

（1）人员管理

对劳务人员基本信息的操作管理，通过身份证读卡器有效解决了该劳务人员实名认证的问题，保证进入项目工地用人的有效性，如图 13-28 所示。

图 13-28　人员管理界面

（2）教育管理

劳务工人在项目工地参加项目方所举办的各种教育培训，项目方可上传该教育记录，监管机构可随时查看和评估，便于推进劳务培训的有效有序，如图 13-29 所示。

（3）人员考勤

劳务人员在项目工地施工作业时，需要进行刷卡考勤操作。系统能够实时统计劳务工人的刷卡记录，监管单位可按照姓名、企业、项目进行查询，以作为后期杜绝企业拖欠工资和劳务工人恶意讨薪的有力证据，如图 13-30 所示。

（4）企业培训

监管单位需要督促相关企业机构组织培训，企业通过在本系统中组织培训，选择系统中的培训人员，并上传培训内容，便于提升企业的认知水平以及保证监管单位的政策办法能够有效地传到各个企业机构，如图 13-31 所示。

（5）项目管理

对于所监管区域的项目进行信息录入，并跟踪其开工状态，作为项目工地“黄页”，监管部门可根据不同的项目工地进行不定期抽查，如图 13-32 所示。

继续教育

欢迎您！ admin 2017-2-14 星期二

人员管理　企业信息　继续教育　人员考勤　企业培训　项目管理　设备管理　报表统计　系统管理　罚单管理

身份证号：　姓名：　企业：　查询　新建　删除　导入　服务器导入　岗前教育

	身份证号	姓名	成绩	考试日期	学习时长	所在企业
	222424196504233119	朴勇进	及格(81)	2015-01-08	1846	吉林省州府建筑工程有限公司
	410727196210202017		及格(86)	2015-01-08	2457	
	220281198210153432	薛刚	及格(81)	2015-01-09	1823	珲春建工集团有限责任公司
	222401197701203138		及格(68)	2015-02-09	1866	
	222404197709123019		及格(96)	2015-03-12	1865	
	222401196007182117		及格(80)	2015-01-29	1930	
	222426197801134720		及格(74)	2015-01-20	2633	
	222401199010230339	郑龙	及格(80)	2015-01-10	1856	吉林省州府建筑工程有限公司
	222426198111132028	孟庆伟	及格(73)	2015-01-27	1828	吉林省州府建筑工程有限公司
	32072119800107461X	丁兆波	及格(88)	2015-02-09	2545	吉林省州府建筑工程有限公司

共694页　首页　上一页　1　[2]　[3]　[4]　[5]　[6]　[7]　[8]　[9]　[10]　下一页　末页　共6931条

图 13-29　教育管理界面

图 13-30　人员考勤查询界面

图 13-31　企业培训管理界面

图 13-32　项目管理界面

（6）报表管理

报表统计可对继续教育、人员考勤、考勤设备、企业培训等统计内容进行打印和导出，监管部门可存档及做更深入细致的分析，如图 13-33 所示。

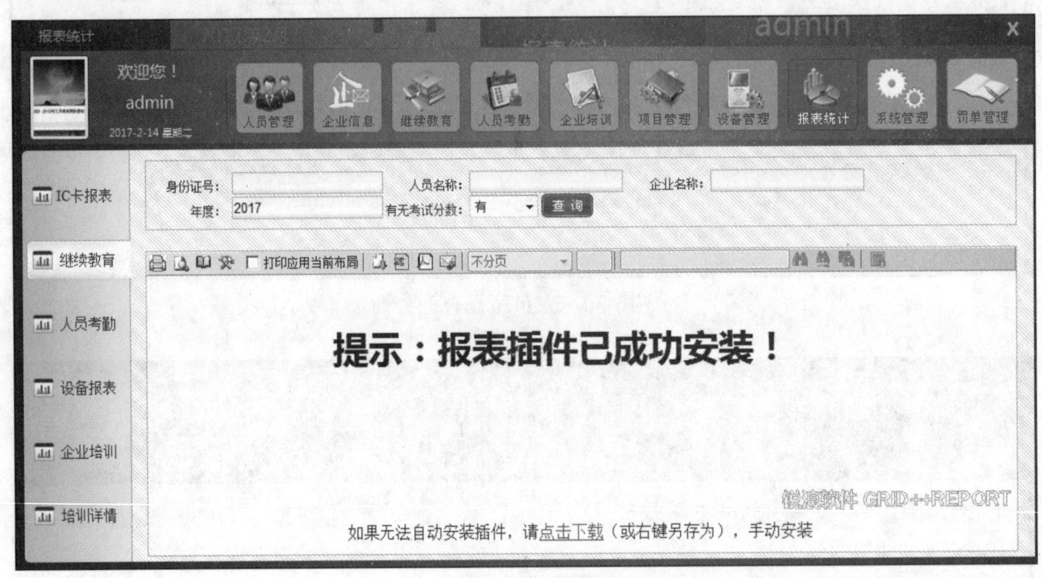

图 13-33　报表管理界面

（7）罚单管理

对主管部门通过移动执法检查开具的罚单进行管理，平台能够进行记录和统计，可作为监管部门评估项目工地的指标之一，如图 13-34 所示。

13.2.7.3　基于互联网的现场从业人员实名制管理系统的应用价值

（1）提高对劳务人员的管理

建立企业劳动工人信息库，对劳动工人实名登记，并将信息共享，在劳务人员进场时可以直接提示管理者进场人员是否存在问题或风险，从而将不符合要求的人员拒之门外，防患于未然。

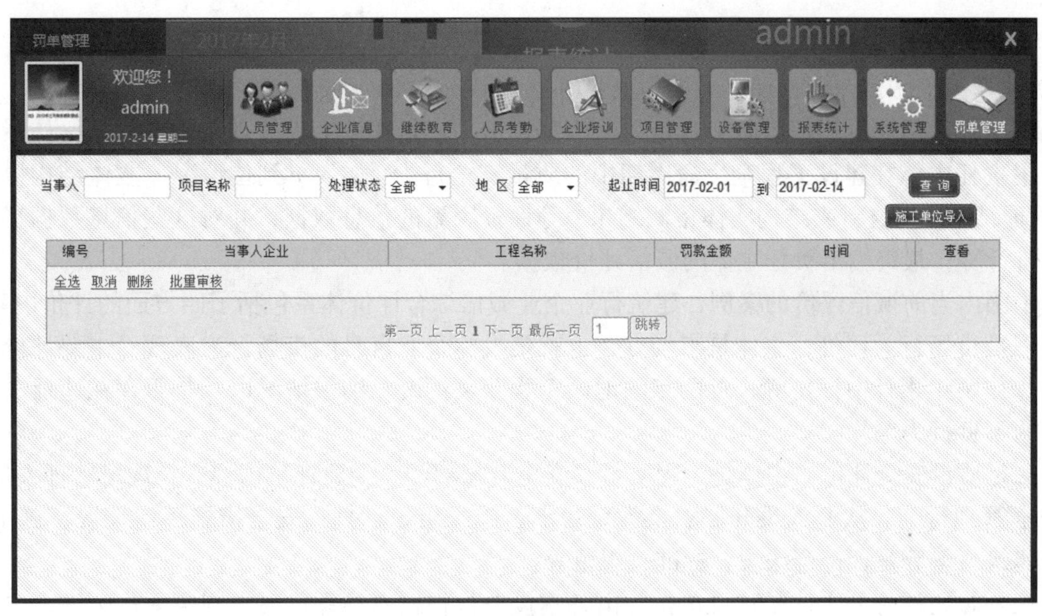

图 13-34　罚单管理界面

建立劳务施工的信息库，加强考勤管理，动态掌控项目人员出勤情况；自动生成劳务企业、施工班组及工人考勤表，提高考勤准确性；现场通过 LED 显示屏实时掌握项目施工人数、工种情况。

（2）提高劳务人员的操作水平

劳务分包资源集中，可选择范围较少。对在现场施工业务不熟练的劳务人员，通过岗前培训环节，对他们进行指导与技术交底，并按照制度要求对劳动工人进行进场教育、安全教育。

（3）提高对企业监管的水平

建立企业机构的信息库并记录罚单数据，通过企业罚单数据、劳务施工数据，能够对项目工地、施工企业进行全方位的管理和评估，建立企业的信用档案。

（4）数据分析统计

通过采集考勤数据，对采集结果进行统计分析，可随时形成劳动力日报、月报、年报；生成人员增减台账；测评施工队伍综合实力等。

13.2.8　建设工程诚信评价管理

13.2.8.1　应用背景

随着建筑市场规模迅猛发展，建筑市场监管体系逐步健全，建筑市场管理在取得显著成效的同时，围标串标、转包挂靠、弄虚作假等违法违规行为在一定程度上仍然存在。这些问题存在的主要原因是，企业在招标交易市场的行为与其在施工现场的行为是不相关的，企业中标因素主要是投标报价，这显然是不科学、不合理的。

为了引导和促进建筑市场招标投标活动公开、公平、公正地选择信誉良好、实力雄厚的施工企业和监理企业，建立完善的市场信用体系，营造诚信守法的市场环境，规范建筑市场秩序，确保工程质量和施工安全文明，按照以施工现场与招投标市场“两场”联动为基本特征构建企业诚信综合评价体系的要求，建立涵盖招标投标、质量安全、合同履约、工程款拖欠治理等整个施工周期的评价系统，并对评价数据进行自动采集或及时上传，实现全方位、多环节、客观化、公开化的诚信评价机制，充分发挥多方监督效能，真正实现建筑市场与施工现场的无缝衔接和良性联动势在必行。

13.2.8.2　建设工程诚信评价管理应用工具

1）建设工程诚信评价管理应用工具主要内容

建设工程诚信评价管理应用工具是利用信息技术，依托建设工程管理诚信评价指标体系，通过自动采集责任主体在建设工程全生命周期中的质量安全行为（如人员到位情况、主体结构检测过程等）、管理结果（如材料或结构实体检测结果）等评价因素的信息数据，并对这些信息数据自动进行综合评价计算，最终输出责任主体的诚信评价数据。

基于国内当前诚信评价的案例，建筑行业企业诚信综合评价体系包括了四方面的评价内容：

第一是市场行为评价，主体是市场方，也就是投标企业自身的市场行为表现。主要评价主要内容有：过往两年累计中标份额；近两年的地区工程获奖情况、纳税情况以及是否存在违反法律法规和规章的不良行为等。

第二是质量安全评价，主体是工程质量和安全监督部门。主要评价内容有：现场管理人员配置、日常安全管理行为，从业人员开展安全教育培训、施工组织计划、安全措施落实情况，施工技术、验收、建筑材料等是否符合法规、标准、规范等。

第三是履约评价，主体是建设单位。由各建设单位根据履约评价要求制定评价标准，主要内容是施工单位履行合同的行为。

第四是其他评价，主体是相应管理部门。主要评价内容是行业管理的其他事项，例如诚信信息的真实性、资质申报、是否拖欠工资、是否履行统计信息申报义务等。

建设工程诚信评价管理应用工具的建设是一个复杂的过程，需要整合各方信息资源作为评价的基础，由于涉及内容众多，一般采用分类分步法建设。其中，质量安全诚信体现责任主体的现场管理行为，其内容必须合理、科学。

2）建设工程诚信评价管理应用工具建设重点

建设工程诚信评价指标的制定与指标对应信息的采集是建设工程诚信评价管理应用工具的重点。其中，评价指标的制定需要经过多方位的调查研究确定指标内容，并通过专家审核其内容的合理性、科学性，然后通过专家打分等方式确定内容的权重。

当前信息采集方式主要有两种：第一种是自动采集，系统通过从工程监督、管理业务系统中获取信息，例如从实名制管理系统中获取人员到岗情况、从检测系统中获取工程材料检测结果等。第二种是资料上传，由被评价单位根据系统要求提供对应指标的资料信息，然后通过管理部门审核后被系统采纳，实施评分。如果被评价单位未提交资料，系统将对其扣分。

13.2.8.3　建设工程诚信评价管理应用工具的应用价值

（1）全范围评价，形成监管合力

通过建立全范围、多专业、各环节的诚信评价体系，使市场各方主体既形成监管合力，又能够彼此制约，营造“守信激励、失信惩戒”的建筑市场信用环境，避免“一家说了算”，从源头上预防了个人独断专行的现象出现，加强了被评价主体和全社会对评价行为的监督，使权力运行在阳光下，起到了预防腐败的作用。

（2）多角度评价，确保数据全面

建筑行业企业诚信综合评价以从多角度、多方面且权重平衡分摊的评价方式，从制度上分散、减少了评价主体的廉政风险点；企业的评价得分考虑众多因素，避免了对企业的片面评价，极大地增加了企业通过“走关系”的难度和成本，促使企业从内部管理现代化、施工工艺创新、质量安全和成本控制、劳务工人专业化、产业化等方面提供核心竞争力。

（3）公开化评价，杜绝权力寻租

诚信综合评价体系实行完全公开化，评价标准、评价行为和结果暴露在阳光下，接受社会监督。制度的制定过程中，公开征求各方意见，拒绝闭门造车；标准对外公布，一视同仁，不存偏袒；评价主体按照公开的标准进行评价，评价结果通过诚信评价系统在网上对外公开。例如市场行为评价部分，设立了项目业绩公示制度，将通过审查的企业业绩在交易中心网上公示，公示期为 10 个日历日；公示期满后，企业业绩将进入正式库；公示期间有投诉的，根据投诉核实查清的结果，确定企业业绩是否进入正式库。通过公开化的制度运行，压缩了暗箱操作的空间，降低了廉政风险；通过社会化的监督，加强了廉政防控和惩治力度。

（4）自动化评价，避免人为操纵

企业诚信综合评价体系依托计算机系统对各部分的评价分数按既定的标准进行计算，实现各部分每日一评、每日一算、每日即时公布得分与排名。其中，质量安全评价内容通过科技手段建立了自动评分系统，通过自动采集施工监理企业在建筑施工活动中的质量安全行为和管理结果信息数据，实现对建设工程质量安全管理现场诚信评价的自动评分。自动评分，减少了人为失误，提高了效率，也限制了企业通过“买通、串通”评价人员获得高分，有效预防了腐败的产生。

（5）两场评价，促使企业注重标后管理

企业诚信综合评价制度通过对施工企业综合评价并排名，很好地把建筑企业施工现场的表现和建筑市场的招投标市场竞争力有效地结合起来，实现了“两场联动”。“两场联动”是一个完全闭合的、相互作用和相互影响的机制，两者不能偏颇，较好地体现了企业诚信综合评价体系的作用，促使了企业不再重投标、轻工程管理，有利于信誉良好、实力雄厚、施工现场管理表现好的企业中标，有利于引导建筑业企业注重标后管理，形成优胜劣汰的市场竞争格局，从而促进建筑业的发展和工程建设水平的提高。

（6）为建设单位选择优秀的预选承包商提供依据

建设单位参照诚信评分系统排名，采用集中资格预审方式确定施工招标项目合格投标人，由高至低确定预选承包商，直至达到预选承包商目标数。施工、监理企业诚信评分排名靠后的，不能成为建设单位的预选承包商，形成优胜劣汰的市场竞争格局，从而促进工程建设水平的提高。

13.3　应用案例：广州市建设工程“一张图”管理系统的应用

1）应用背景

工程质量百年大计，事关人民群众切身利益、国民经济投资效益、建筑业可持续发展。由于工程项目建设时间跨度大、施工工序多、责任单位多、质量安全影响因素杂、管理难度高，任何一个环节或要素的疏忽都可能对工程质量和安全造成影响，因而加强工程建设过程中的信息共享和信息交流就成为有效控制工程质量和安全的重要条件之一。但由于多方面的原因使得目前工程建设领域信息化程度不高，各相关责任单位之间以及和行政主管部门之间信息交流不畅，信息共享不够，甚至人为隐瞒相关信息，造成信息严重不对称，从而影响了工程质量和安全的有效管控。

广州市是国内率先进行建设工程监管信息化的城市，近十几年来，广州市先后建立了建设工程质量监督系统、建设工程质量检测监管系统、混凝土质量追踪和动态监管系统、建设工程安全监督系统、地下工程和深基坑安全监测预警系统、起重机械安全监控系统、高支模安全监测系统等一系列建设工程监管业务系统。这些系统在保障工程质量安全和工程施工安全方面都达到了最初的设计效果，取得了良好的社会效益。但是，建设工程监督管理不仅是要对某一方面的因素进行监管，更需要从整体出发，把握工程项目的整体情况，特别是对于管理决策者，把握工程整体态势尤为重要。

鉴于该种状况，广州市建委联合广州粤建三和软件股份有限公司立项研发建设工程“一张图”

管理系统，实现广州市在建工程所有监管信息的统一管理。

2）建设目标

建设工程“一张图”管理信息系统就是在一张 GIS 地图上实现建设工程一体化的信息化监管，实现“数据一个库，监管一张网，管理一条线”的目标。

（1）“数据一个库”。“数据一个库”就是要统一标准、共享数据，即是要在统一的数据标准之下建立企业、人员和工程项目三大基础数据库，并将全市工程项目的实体质量安全动态数据，如混凝土、工程检测、基坑监测、高支模和起重机械等信息实时采集并汇总，同时整合各工程项目有关形象进度、分部验收、安全评价、工地视频、夜间施工、绿色施工、执法情况、扬尘噪声、项目支付、奖惩情况和人员培训等动态信息形成一个完整的建设工程管理数据库，并直观、简洁地展现在一张 GIS 地图上。同时还能自动汇总和分析企业与人员的行为记录数据，并自动进行质量安全评分，形成真实、准确和客观的诚信数据库，落实五方责任主体质量终身责任。

（2）“监管一张网”。就是要“两场”联动、齐抓共管，即是要在统一的工程质量安全监管一体化信息平台上，整合企业的业务信息系统和政府的监管信息系统，实时采集能够动态反映施工现场质量安全的相关信息，如钢筋、混凝土等主要建材的质量问题或起重机械违规操作的安全隐患问题等，并与相关责任企业和人员信息关联起来，形成一个完整的监管网络，督促各责任主体及责任人员及时处理工程实体质量安全问题，也便于政府行政主管部门落实“两场”联动，有效实施监管。

（3）“管理一条线”，就是要理清责任、落实解决，闭合管理，即是在统一的工程质量安全监管一体化信息平台上，完整、准确反映工程实体质量安全问题和责任主体行为记录，帮助厘清质量安全责任，以便督促检查责任主体落实解决质量安全问题，达到闭合管理要求，切实提高工程质量安全管理水平。

3）应用内容

本系统以建设工程质量安全监管主要内容为依据，按照“数据一个库、监管一张网、管理一条线”的设计思想，在整合现有信息系统资源的基础上，采集建设工程各方面的管理信息，实现工程概况、形象进度、夜间施工、工地视频、工程检测、混凝土质量、深基坑监测、起重机械监控、高支模监控、扬尘、噪声监测、绿色施工、监督执法、人员培训、项目支付、奖惩情况、诚信评价等监管信息的统一管理，如图 13-35 所示。其内容基本涵盖了建筑市场管理和工程质量安全监管的主要信息内容，体现了落实质量终身责任、打击转包分包违法行为、健全工程监督管理机制、加快诚信体系建设和促进产业健康发展的六大重要工作任务。

图 13-35　建设工程“一张图”管理系统界面

系统通过一张图直观地展示了工程所有监管信息，为建设行政主管部门相关管理人员决策提供便捷、高效的信息支持，也为各工程参建单位相关人员和社会大众提供信息服务。

4）应用效果

该系统自 2014 年末上线运行至今取得了较好的应用效果。

（1）全面控制工程质量安全，实现工程质量安全一体化监管。本项目参照工业生产领域成熟的闭环控制思想，将复杂的建筑工程的质量安全管理分解为数据采集、数据分析、偏差校正、行为评判四个环节，各环节根据预设的质量安全控制目标，实时监控工程实体质量安全状态，配合并督促各质量安全责任主体行使自身职责，实现工程质量安全的闭环管理。通过充分整合行政主管部门和相关企业信息系统资源，在统一企业、人员和项目三大基础数据库数据标准基础上，实现企业业务系统与政府监管系统的无缝对接，突破了信息孤岛状态，实现了系统互通互联和数据共享，确保了数据的一致性、完整性和信息系统的持续运行能力，为“两场”联动管理提供了有效的数据支持，实现了工程质量安全一体化监管。

（2）层层追溯质量责任，全面落实五方主体项目负责人终身责任制。本项目实现建设主管部门对工程质量安全管理全过程的监控与追溯，有助于加大对工程质量安全的监管力度，落实监管部门关于落实五方主体项目负责人终身责任制的要求。同时对打击建筑施工转包违法分包行为具有巨大的帮助作用，对提高从业人员素质具有极大的促进作用。

（3）规范了相关单位质量安全行为，健全工程质量监督、监理机制。本项目利用 Internet 网络数据交换平台实现工程质量安全数据和报告的在线监管、自动采集、实时上传、电子标记、分类归档和比对监管等功能，提高了工程监管的效率和精细化水平，强化了工程项目实体质量监管的科学性和实效性，显著提高了工程质量监管水平，同时也能健全工程质量监督、监理机制，规范建设工程检测市场。

（4）推动了建筑市场诚信体系建设。对施工、监理、检测等企业建设工程质量安全现场管理诚信评价进行评分排名，为建设单位选择优秀的预选承包商提供了依据，有利于保证建设工程质量安全，提高工程质量水平。促进了国内建设工程诚信评价体系的发展，引领未来建设工程诚信评价向自动化、智能化的方向发展，提升诚信评价的客观性和真实性，为工程质量安全保驾护航。

（5）为工程统计分析、经验总结提供了便利条件。本项目通过运用数据库技术，使得各种工程资料、工程文档的保存、查询变得极为便利，这对于工程进展情况的查询、工程问题的解决以及工程经验的总结等都能提供很便利的条件。

建设工程“一张图”管理系统推动了建筑业管理、质量安全监管、企业诚信评价等数据的互联互通，实现了管理技术、管理手段和管理思路的创新，提升了质量安全监管的深度和效率，为广州市工程监管插上了信息化腾飞的翅膀。

13.4 存在的问题及发展趋势

随着信息技术在建设工程行业监管的广泛应用，建设工程行业监管模式发生了根本性的改变，其监管模式逐渐由人工巡查方式转向以信息化为支撑的差异化、精细化管理，这对解决当前工程监管量大、范围广、人手不足的状况有非常重要的效果。但随着云计算、大数据技术的成熟，物联网的广泛应用，基于物联网与数据集技术的智慧监管应用将进一步提升工程监管效率，优化工程监管模式。智慧监管应用将实现建设工程的协同监管，实现建筑工程施工现场各类案件（质量、安全、环境、人员等）的建立、处理、反馈、核查结案、综合评价等功能，实现施工现场全方位监管信息的查询统计及一体化展示。

参考文献

［1］袁勇. 浅谈信息化建设对工程安全质量监督管理的重要性［J］. 中国高新技术企业，2014 (5): 150-152.

［2］董文斌. 新形势下工程质量监督管理工作的思考与探讨 .

［3］http://www.chinacem.com.cn/xmgl/2015-09 /196273.html.

［4］http://mt.sohu.com/20160627/n456463284.shtml.

第 14 章　智慧工地发展趋势展望

随着大数据、云计算、物联网、BIM 等信息技术的飞速发展及智慧工地的出现，施工现场管理逐渐由人工方式管理转变为信息化、智能化管理，这将极大地提高了工程质量、进度、安全等管理效率，显著提升了管理效率和效果，大大地节省了工程管理成本。中央经济工作会议释放出 2017 年建筑业改革与发展方向，给建筑业改革发展定下基调。会议提出，引导企业形成自己独有的比较优势，发扬“工匠精神”，加强品牌建设，培育更多“百年老店”，增强产品竞争力。实施创新驱动发展战略，既要推动战略性新兴产业蓬勃发展，也要注重用新技术、新业态全面改造提升传统产业。

信息化、智能化是当前科技发展趋势，作为传统行业的建筑业其发展趋势必然是信息化、智能化、智慧化。“十三五”时期，建筑业将全面提高建筑业信息化水平，着力增强 BIM、大数据、智能化、移动通讯、云计算、物联网等信息技术集成应用能力，建筑业数字化、网络化、智能化将取得突破性进展，初步建成一体化行业监管服务平台，数据资源利用水平和能力将明显提升。

随着工程体量的快速增长，对工程的复杂度和工艺水平提出了更高的要求，这不仅是社会发展的需求，更是时代的变革。建筑工地环境复杂、人员复杂的区域，存在施工地点分散、施工安全管理难、文明施工监管难、人员管理难、调查取证难等特点，政府监管部门很难有足够的人员巡查管理工地现场。大数据、云技术、物联网及 BIM 等各种技术因素对建筑行业的各个环节产生了很大影响，为智慧工地的发展提供了机遇。无论是工地精细化管理的内在需求还是当代先进技术快速发展和综合应用的外在动力，建筑施工行业向更加集成统一管理、高效协同工作以及更加自动化和智能化的智慧化方向发展。

14.1　智慧工地管理发展趋势

建筑工程施工现场管理涉及工序安排、材料与资源调度、空间布置、进度控制、质量监管以及成本管理等多方面内容。传统工程项目建设过程的管理模式中各参与方及各项管理内容独立分散，导致效率低下、资源浪费等。随着建设项目复杂程度和规模的日益增长，传统工地现场管理模式已跟不上现阶段项目管理高速发展的步伐。智慧工地管理将从独立分散逐步发展到集成统一的方向发展。

14.1.1　智慧工地将建立标准化集成管理机制

智慧工地的核心就是要整理施工现场管理中的管理定式和定式的响应基础，并且以信息化手段进行整合。智慧工地的发展离不开工地本身的发展暨对智慧管理的需求驱动，如果没有基础管理动作标准化和响应机制的建立，智慧工地的各种先进技术手段就无法与项目管理进行融合和交互，各个局部获得的信息也无法实现与现场管理的集成，智慧工地也就会变成一个简单的技术手段的罗列和拼接，只能成为现有管理体系的一种辅助工具，而不是对现有管理体系的提升和集成。

建筑工地集成管理制度的建设是推动施工现场精益管理的关键，是智慧工地集成管理发展的基础和关键。智慧工地集成管理体系的构建应遵循智慧建设的集成性、智慧性、可持续性三大基本特性，将重心放在项目建造和运行的核心管理实践活动上，着重加强工程项目全生命周期内的各个层级管理活动的可视化、实时化、高效化与精确化。

智慧工地集成管理机制与标准化发展将以总工程管理机制为核心，以项目现场基础的管理动作标准化为基础，以满足施工工地现场的管理需求为目的，以构建工地现场的智慧环境和运行体系为实现途径，通过技术创新和管理创新对工程项目施工过程实施基于工程全生命周期信息的可视化、参数化的现场管理，并推进面向可持续的工程施工优化改进，以数据的横向到边、纵向到底为要求，整合众多应用实现现场管理集成化。

14.1.2 现代先进技术将为智慧工地集成管理提供强力支撑

智慧工地趋势离不开工地本身的发展暨对智慧管理的需求驱动，是对工地数据的无限追求。智慧工地的本质是建筑物数据和管理行为与结果的“数据化”，发展趋势亦会沿着这个方向不断地深入与精细，辅助数据呈现在管理者面前的是网络、是连接、是大数据、是 BIM、是 PM、是物联网、是云、是移动应用、是智能端，万千呈现皆围绕“工地数据”运转。通过以物联网、BIM、大数据等当代先进技术的综合应用，构建项目建造和运行的智慧环境，结合建筑施工行业新型集成管理机制，实现对工程项目全生命周期的所有过程实施有效改进和集成管理。

将 BIM 技术、传感技术、监控测量技术等新型科技手段与系统进行集成，在底层平台和业务逻辑的支撑基础上，实现每一个单点的应用都是系统的一个有机组成部分，通过物联网技术的应用扩展智慧工地的信息采集渠道。

（1）物联网技术深度融合将促进工地智慧化管理

物联网是可以把所有的物品通过信息传感设备，按约定的协议，进行信息交换和通信，以实现智能化识别、定位、跟踪、监控和管理的网络。传感器、高速移动通讯、无线射频、近场通讯及二维码识别等物联网技术与工程项目管理信息系统的集成应用，积极探索工程信息化管理技术，将物联网技术与施工现场管理深度融合，利用互联网的海量数据进行项目精细化和标准化管理，让传统的建筑工地长出“智慧大脑”。电线杆上长出了“眼睛”、“耳朵”和“鼻子”，看得到违规，听得到噪声，闻得到粉尘；混凝土底板不用人管，自己也能“量体温”；高支模全身遍布“末梢神经”，一有异常就发出警报……以各项新型科技手段的集成为特点，将传感技术、监控测量技术等新型科技手段与系统进行集成，有了底层平台和业务逻辑的支撑，每一个单点的应用都是系统的一个有机组成部分，每一个物联网技术的应用都相当于是在一个统一的机体上延长了智慧触手。

施工现场管理以移动物联网技术应用为手段，通过移动终端的使用来适应项目管理人员现场工作的特点，彻底解决工地现场录入信息系统的问题，既提高了工作效率，又保证了数据的真实性。智慧工地采用物联网技术，通过移动终端的使用，直接在现场工作，大大提高了效率；实现了物联网的使用与现有管理体系的无缝整合。各项业务活动和数据的传递按照项目现场管理的逻辑关系，实现了横向到边、纵向到底的贯通，物联融合深度提升，功能业务融合深入，真正驱动进度，质量，环保等管理提升，从工地管理到智慧化控制和防范管理。

（2）建筑施工大数据平台将提升智慧工地管理效益

依托物联网、互联网建立的大数据管理平台，是一种全新的管理模式。智慧工地以信息的互联互通为支撑，覆盖项目全生命周期，按照项目现场业务管理的逻辑，打通数据之间的互联互通，形成横向到边、纵向到底的数据交互关系，避免了信息孤岛和数据死角。随着施工项目和施工过程的大数据积累，将更侧重信息互联挖掘，实现科学数据支撑决策、综合预测优化、改进运营模式，不同管理层次以及商业方面的大数据价值将充分体现出来。

随着大数据分析技术的普及，打造企业级的数据中心，利用标准的数据接口，数据中心获取企业项目的所有关键数据，通过数据中心的计算分析，对项目及企业进行进度控制情况的集中展现，并实施预警，使项目管理人员和企业管理人员及时有效地获取项目进度管理情况，及时化解工期风险。以大数据的充分挖掘和共享为基础，通过顶层提供的统一数据标准架构对业务管理活动过程中产生的大数据分类、归纳、汇总、展示和追溯的业务标准，让各级管理人员实时掌握分管方面的决策知识信息，及时在管理过程中解决相关题。同时，通过历史数据的积累和分析，按系统后台设立的机制对管理体系进行反馈和智能响应，实现管理的持续改进。

智慧工地实现了要素管理可量化、指标和风险可控制、信息可积累，并在此基础上，将充分挖掘大数据的价值。智慧工地以智能化的决策支持为目的，建立数据结构的框架和标准，打通数据之间的内在联系，建立数据归集、整理、分析、展示的机制，使现场管理中产生的大量数据能够及时为各个管控智慧工地提供智能化的决策支持为目的，建立数据结构的框架和标准，打通数据之间的内在联系，建立数据归集、整理、分析、展示的机制，将施工大数据在虚拟现实环境下与物联网采集到的工程信息进行数据挖掘分析，提供过程趋势预测及专家预案，实现工程施工可视化智能管理，以提高工程管理信息化水平，使现场管理中产生的大量数据能够及时为各个管控提供服务，促进提升智慧工地管理效益，逐步实现绿色建造和生态建造。

（3）基于 BIM 的项目集成管理将得到广泛发展

随着现代建设工程项目朝着大型化、复杂化的方向发展，BIM 技术应用到建设工程项目全生命周期集成管理中可以解决建设工程项目管理各阶段和各子系统之间的信息割裂、项目管理效率低下和目标不一致等问题，真正实现建设工程项目全生命周期集成管理，这也是我国建筑业走可持续发展道路的必然选择。建筑信息模型（BIM）技术作为建筑业的新技术、新理念和新手段，得到业内的普遍关注，正在引导建筑业传统思维方式、技术手段和商业模式的全面变革，将引发建筑业全产业链的第二次革命，发展 BIM 技术已经成为推进绿色建造的重要手段。

BIM 技术通过数字信息仿真模拟建筑物所具有的真实信息为建筑物提供可视化参数，具有协调性、模拟性、优化性等特点。利用 BIM 技术将建设工程项目全生命周期中各种信息转化为在建筑信息模型系统中能不断储存、实时更新和随用随调的数据，从而完成对建设项目各参与方多要素和全生命周期的集成管理。从而实现从设计阶段应用向施工阶段深化应用延伸的多阶段应用，从单业务应用向多业务集成应用转变的集成化应用，从单纯技术应用向与项目管理集成应用转化的多角度应用，从单机应用向基于网络的多方协同应用转变的协同化应用，从标志性项目应用向一般项目应用延伸的普及化应用。

BIM 技术的出现为智慧项目协同管理的实现提供了有效的方法和工具，依托 BIM 技术可将包括项目规划、设计、施工、运维各阶段的信息集成，搭建了全生命周期的项目协同管理的平台，不仅仅是单目标管理，而是实现从进度、安全、质量、成本等各个方面的全面集成化管理。BIM 技术的特点有效契合项目协同管理对信息化和项目管理两个方面的要求，将在智慧项目协同管理中的应用越来越广泛。

此外，集成化的 BIM 可以作为建设工程项目各参与方之间进行相互沟通和交流的平台，不同阶段不同参与方所需的相关信息都可以随时通过这一平台查询或提取，同时各参与方也可以根据建设工程项目管理的实际需要，扩展和输入相应的信息，不断完善 BIM 信息集成管理平台。这一特点改变了以往建设工程项目各利益相关方点对点式的信息传递渠道和共享方式，降低了建设工程项目信息传递过程中的衰减，满足了工业化、信息化条件下的建设工程项目利益相关方多方参与和集成管理的需求。BIM 技术为建设工程项目集成管理提供了技术支撑，其全面应用将对建设工程项目管理产生不可估量的影响，为建筑业的发展带来巨大效益。

14.2 智慧工地建造发展趋势

《中国制造 2025》指出，我国要推动信息化与工业化深度融合，培育新兴产业，增强产业发展活力。工业化是现代化的前提和基础，信息化是现代化的引领和支撑。推进两化深度融合，运用信息技术特别是新一代信息通信技术改造传统产业，发展新兴产业，加快产业转型升级，是高质量实现工业化和现代化的必然选择。

智慧工的发展顺应了整个建筑行业发展趋势，是应运而生，借助最新的科学技术，自动化、智能化将成为智慧工地建造主要的发展趋势。主要体现在支持云计算、物联网等新一代信息技术研发和产业化，以深化新一代信息通信技术在工业领域的集成创新和应用为核心，深入实施工业云、互联网与工业融合及新型制造模式的发展；基于BIM技术和3D打印技术的装配式建筑；推进智慧建造，对施工现场人、机、料实施全方位、全过程监控等。整个智慧工地的持续推进将会给互联网时代的建筑业带来一场深远的变革，也将彻底颠覆传统的现场作业模式，改进建造模式，推动精益建造，成为实现建筑产业现代化软实力的重要支撑。

14.2.1　智慧工地将向自动化建造方向发展

目前我国正逐步进入老龄化社会，熟练和半熟练技术工人越来越缺乏，人工成本逐年增加，这些问题都需要借助自动化设备来解决，同时也可以将有限的劳动力从繁重的体力劳动中解放出来。设备功能自动化，主要实现设备操作的简单化、无人化、智能化，实现基于多设备类型的协同精准作业的现场管理，提升施工现场的精细化生产管理水平，并通过网络实现信息化管控和记录。在管控中提供如故障诊断、远程指导、备件查询和成本统计分析，甚至提供物流端到端监控及安全管理和“维保”成本核算等内容，能够取得更大的经济效益、更好的综合效益。机器人、无人机等自动化设备的出现和普及，将促进建筑行业自动化进程。

机器人促进建筑施工进入自动化新时代。世界上的第一个砌砖机器人是由一个名叫珀斯的工程师发明的，它可以在2天内就砌起一幢新房的砖墙，也可以全年无休地工作，而人类的泥水匠要4 ~ 6周才能砌起一幢新房的砖墙。在香港维多利亚港湾，香港新世界大厦的外防护架采用的是一种全新的能够自动提升的全金属脚手架——由国内企业自主研发、世界首创的建筑施工防护机器人。这种新型建筑防护施工机器人不仅性能优越、安全可靠、提升迅速，而且操作简单，每层提升两个人就可以搞定，节省了大量人力，这对人工费很高的海外市场来说，仅此节省的就是一笔不小的开支，经济及社会效益十分显著。

无人机技术在施工工地实施监管应用，指导总承包管理。设置无人机拍摄航线及固定拍摄点，可以获得每个时段现场人、材、机布置情况及形象进度，指导总平面管理。将无人机拍摄影像与BIM施工模拟进行对比分析，助力项目实施掌控及调整施工部署，并最终获得整个项目的建造影像资料，提高了工作效率。

无人机在建筑工地最为关注的发展潜能在于其替代部分人类工作的可能性。能飞行的机器比传统建筑机器有很多优势，尤其是他们能到达空间任何一点并能飞进或环绕任何已有的物体。诸如建造绳桥这种，存在一定危险性和困难性的工程，无人机的存在显然成为了建筑工作者的福音。苏黎世联邦理工大学研究人员操纵几架无人机搭建起一座长7.3m能支撑一个普通成年人体重的绳桥，说明无人机具有独立实现全部建筑行为的应用潜力。

14.2.2　智慧工地将向智能化建造方向发展

新技术必然推动模式创新，施工工地的智慧化发展推动建筑行业智慧建造的发展。3D打印建筑、机器人放样、无人机“监工”、三维激光扫描、互联网技术交底、BIM-5D技术，智慧工地正在从信息化向着智能化和智慧化的方向逐步发展。智能机器人、智能穿戴设备、手持智能终端设备、智能监测设备、3D扫描等智能化技术和设备在施工过程中的应用，可有效提升施工质量和效率，降低施工过程的安全风险。进一步将智能化技术与大数据、移动通讯、云计算、物联网等信息技术集成，进行数据智能化分析，如视频监控与空间信息时空关联、视频信息提取识别、智能化分析等，促进智慧工地建造模式的改变和发展。

设备管控智能化，分为人对设备的管理和设备本身操作的管理。人对设备的管理行为主要依靠企业规章制度和国家规范建立起来的相应信息系统和 App，通过规范统一的管理和数字化的记录，实现自动统计分析、定期提醒等智慧化增值内容。设备本身操作的管理通过设备本身的优化成为电子化、数字化、的操作方式，并和物联网技术结合，会融合到管理行为的信息系统中，有机地实现人员设备合一。甚至互联网 + 的远程操作、管控，使解决降低劳动强度、远离危险作业环境成为可能。

除了智能化设备与新一代信息技术、3D 打印技术在建筑行业的应用逐步展开，成为全球建筑革命的热点。结合 BIM 技术应用，3D 打印改变了传统的建筑施工工艺，从环保节能、省时省力角度看，有其创新意义。3D 打印不仅是一种全新的建筑方式，更是一种颠覆传统的建筑模式。它更加坚固耐用、保护环境、高效、节能，不仅解放人力，还能大大降低建造成本。3D 打印最大的亮点，是实现了建筑垃圾再利用，同时让新建筑不再产出新的建筑垃圾。建筑过程中将大大降低扬尘和污染，建筑工地不再会是一片狼藉，城市空气质量也会得到改善。我国建筑业规模约占全球的 50%，建筑用钢材水泥约占全世界的 50%，是资源能耗、能源消耗和污染产业最大的行业，实行精细化管理、减少消耗和排放时不我待。实际上，智慧工地是智能工厂的一个环节，智慧工地的信息化将推动建造模式的改变，逐步实现全链条产业链的智慧建造，实现产业的和谐发展，与大自然和谐可持续发展。

14.3　智慧工地协同发展趋势

项目施工是一个系统化的工程，是集合人、材、机生产元素，利用施工工艺、工法，按施工组织设计流程，围绕一个拟建项目开展施工活动的组织。在社会不断发展的背景下，工程体量不断增大，功能、构造、要求趋于复杂，在大型复杂项目中，建设团队往往由来自全球各地的多个组织组成，除了地域的阻隔，管理方式、建设规范不同，文化也存在差异，如何高质量、低成本地顺利完成项目成为问题焦点。

全部工作围绕单一建筑物展开，过程中需要整合多方资源，任何组织、个人甚至工序间必须实现良好的协同，才能保障施工正常开展。项目施工沟通和协作成本过高，协同效率低下，会造成许多工作重复和偏差，任何一个环节的协作不畅通，都易出现工程质量和成本问题，严重的话可能会导致工程无法交工。对于所涉及各个单位而言，他们之间互联的核心是多方协同，围绕着信息的互通、数据的共享、任务的协同三方面展开。信息的互通保证意见、建议能够有效地传达，数据的共享方便各相关方熟知工地状态，任务的协同提高彼此间的协作效率。

14.3.1　将在新型管理模式下发展更高效的协同模式

随着智慧项目信息化平台趋于完善，信息化技术应用成熟，虚拟化、云技术的发展，管理方式的进步，使得项目管理能够突破地域、组织的限制，可实现各方参与的远程综合协同管理，同时，工程建设不再是单个项目的建设任务，多个项目间资源可相互补充、相互支持，提高了资源整体的利用效率。

项目协同管理的发展除了工具的完善，还包括项目管理方法的进步，在新型管理模式下，工程建造不再是对各个参与方围绕各自的工作目标形成的成果的线性衔接拼接，而是各方人力、资金、技术、信息高度协同下追求工程全生命周期共同目标的集成。例如在新兴的 IPD 模式下，各参与方在项目早期建立合作合同，发挥各自资源优势，共同参与项目决策，共同承担责任，共同追求项目整体效益最大化，有效降低成本、缩短工期、协同管理是 IPD 模式的基础。IPD 模式是目前实现项目协同管理的最佳方式，通过管理模式的创新，加深项目协同深度及广度，降低项目内耗，加强各方资源互补的溢出效益，是项目协同管理的发展方向。

为提高施工工效，节约了施工成本，寻找专业间的协同施工的方法，探索施工过程中不同专业之间的协同技术。如超高层建筑施工中需要采用智能平台，大型塔式起重机，超高泵送系统，重型构件堆场设计与加固等关键技术，这些技术在组合剪力墙施工过程中相互穿插，互相影响，需要整体协调和综合应用。通过多专业和设备的协同施工关键技术，做到了施工质量一次“成优”，在工艺新颖的基础上，保证了施工过程绿色环保，还保证了协同施工高效建造及质量控制。

“一带一路”，是加强中国与丝绸之路沿线国家交流的良好契机。我们不仅有更多机会走出去，承包国外大型工程项目，而且对智慧工地的建设，也有着极大的促进作用。智慧工地协同办公对于国际工程建设项目的重要性不言而喻，在国家“一带一路”战略规划指导下，也是为智慧工地走出中国，迈向国际化奠定了坚实的市场基础。

14.3.2　基于云平台的项目协同管理将与智慧建筑深度融合

基于信息化技术的智慧建造是工程领域的总体发展趋势，协同管理将与智慧建筑深度融合，项目管理依托于高度协同的方法和工具来实现，项目阶段与阶段间信息互用性及共享性大大提高，协同程度不断加深。例如，智能传感器将人员、设备、材料、环境、进度、成本、质量等现场信息自动采集、传输，并通过协同管理平台集成，自动分析并预警，及时将分析结果反馈至项目管理层，辅助项目决策。此外，行业级、企业级大数据平台将为智慧项目协同的实现提供数据支持，在智慧建筑环境下，协同范围从单纯的人与人协同转变为人、设备、终端间广泛协同，整个协同管理过程将在少量人为干预情况下实现。

针对各参与方之间信息传递效率低、信息协同和共享性差等问题，搭建大型云－大数据的平台，实现多专业共享协同，实现项目充分连接，实现人、机、料等的互联互通，实现项目内部无障碍沟通，项目管理协调顺畅。基于云平台技术的建筑施工现场协同管理的目标就是协同应用多种信息技术，以施工单位为主体，多个组织协同参与管理与监督，以实现参与现场生产的各生产要素在有序流动和安全管理效能方面的提高。同时，BIM 技术与协同设计技术将成为互相依赖、密不可分的整体。同一构件元素只需要维护一次，各工种可共享元素数据，并根据专业不同操作该构件元素。云计算可解决协同工作中最基本的标准化及应用程序标准化的问题，传统的服务器只能存储调用文件，只能解决在本地的实时协同和数据共享，云计算可以帮助实现实时的、不受地点限制的协同工作，对设计协同工作模式有着巨大的现实作用。

14.3.3　BIM+ 装配式全产业链协同工作将成为建筑业的未来

智慧建造理念将深入建筑行业企业，将至少节约 20% 以上的资源消耗和碳排放，工程现场一线的精细化建造将带来 5% ~ 10% 的节约潜力空间，现场一线由于管理造成的粗放浪费、返工、进度延迟现象将被大幅减少；质量提升及工程生命周期延长，将大幅减少资源损耗和降低碳排放；智慧建造理念将大幅提升大型建筑企业的管理水平，改变当前规模不经济的现状，推动市场集中度的提高，实现集约化经营，快速淘汰落后产能。建筑业建造模式将从智慧工地向装配式、绿色、智慧建造方向发展。

装配式建筑涉及行业顶层设计、技术标准、全产业链打造以及关键技术等工作，非一家企业能为之，必须依靠产业协同、优势对接来完成，装配式建筑全产业链协同势在必行。装配式建筑全产业链协同包括标准化设计、云端协同、智能化制造、精益化装配以及 BIM 信息化管理等流程。

如上海浦东新区宝业万华城 23 号楼工业化住宅项目，采用双面叠合板式混凝土剪力墙体系，单体预制率达到 46%。项目采用了 BIM 技术，将建筑、结构、机电一体化设计，13 层住宅仅用时 82 天完工，实现了建设全过程的控制。通过 BIM 技术进行构件设计，统一构件包括阳台、墙板、楼板、楼梯；构件种类越少，建造成本越低；实现构配件标准化、单元标准化、构造节点标准化、厨卫及阳台模板化等；将标准化模块部件交由工厂生产，节省工期 31%，减少湿作业，标准化构件工厂制作，现场“搭积木”式拼装，省人工，省工期；采用高效的部件生产过程：叠合内板混凝土浇筑、叠合内板混凝土振动抹匀、检查校验后进入养护室、翻转叠合外板、叠合板起吊堆放、预制完成的双面叠合板。与传统建造方式相比，采用集成交付模式，施工现场仅需安装，不仅建设速度提高，且建筑质量也大幅提升。

总的来说，项目工地也是依托于整个产业而存在的，及时有效的上游资源供应是保质保量完成项目的大前提。智慧工地的协同，是基于模型的阶段数据协同，是基于业务流程的多方共享协同，是基于碎片化应用基础的真实数据协同。智慧工地要互联互通，也就是说工地的各参与方都要积极参与到智慧工地的实践过程中来，实现各要素之间的良好协作和高效协同，这样施工工地才能成为真正的智慧工地。

智慧工地是建筑产业现代化的一个重要环节，建筑产业现代化不仅是主体结构的工业化，或是施工过程的产业化，而应当是在形成技术标准体系的基础上，协同推进建筑全产业链的整合与发展，从上游至下游全产业链的产业化和标准化发展。

参考文献

[1] 陶雨濛，张云峰，陈以一，等. 3D 打印技术在土木工程中的应用展望 [J]. 钢结构，2014, 29 (8): 1-8.

[2] 曾凝霜，刘琰，徐波，等. 基于 BIM 的智慧工地管理体系框架研究 [J]. 施工技术，2015, 44 (10): 96-100.

[3] 孙志伟. 物联网在建设工程智能化管理中的应用 [J]. 科技管理，2015, 30 (03): 33.

[4] 杨宝明. BIM 改变建筑业 [J]. 施工企业管理，2013 (12): 31-32.

[5] 冼江夏. 建筑项目施工管理中信息技术与应用分析 [J]. 价值工程，2011 (22).

[6] 茅洪斌. BIM 与物联网融合的价值分析 [2012-10-09]. Http://cnbim.org/1218.html.

编 后 记

《中国建筑施工行业信息化发展报告（2017）：智慧工地应用与发展》秉承客观公正、科学中立的原则和宗旨，充分调研了我国建筑施工行业智慧工地应用与发展现状及趋势，系统总结了智慧工地应用的范围、内容、流程和实际案例，科学归纳了智慧工地的理论体系和核心关键技术，为建筑施工行业推广“智慧工地”提供了理论和实践指导，对推动工程项目现场智慧化管理和应用具有重要意义。

本书适合建设行业各级主管、监管人员，建设单位、施工企业、项目部各级管理和技术人员，建设领域信息化的研究人员、高等院校相关专业师生，以及工程项目其他相关参与单位的工程管理人员等阅读。

本书由住房城乡建设部信息中心组织编写。第一章由清华大学、广联达科技股份有限公司完成；第二章由住房城乡建设部信息中心、广联达科技股份有限公司合力完成；第三章由中国建筑第八工程局有限公司、北京广联达宜比木科技有限公司合力完成；第四章、第六章由中国建筑第三工程局第一建设工程有限责任公司、北京广联达宜比木科技有限公司、广联达科技股份有限公司合力完成；第五章由上海建工集团股份有限公司、广联达科技股份有限公司合力完成；第七章、第八章由北京广联达筑梦科技有限公司、广联达科技股份有限公司、北京城建集团、北京广联达宜比木科技有限公司合力完成；第九章由广州粤建三和软件股份有限公司、清华大学合力完成；第十章由中国建筑第三工程局有限公司完成；第十一章由上海建工集团股份有限公司、广联达科技股份有限公司合力完成；第十二章由北京城建勘测设计研究院有限责任公司完成；第十三章由广州粤建三和软件股份有限公司完成；第十四章由北京城建勘测设计研究院有限责任公司、广联达科技股份有限公司合力完成。

感谢清华大学、北京云建信科技有限公司、北京广联达筑梦科技有限公司、浙江工汇网络科技有限公司、北京广联达宜比木科技有限公司、中国建筑第三工程局第一建设工程有限责任公司、广联达科技股份有限公司、北京广联达易联电子商务有限公司、广州粤建三和软件股份有限公司、北京广联达平方科技有限公司、北京城建集团有限责任公司、北京城建勘测设计研究院有限责任公司、广州建筑股份有限公司、北京安捷工程咨询有限公司、中国建筑第三工程局第三建设工程有限公司、中国建筑基础设施工程有限公司、中国建筑第三工程局集团有限公司工程总承包公司、共友时代（北京）科技股份有限公司、用友网络科技有限公司、深圳市斯维尔科技股份有限公司等提供案例和相关资料。

全书统稿工作由清华大学马智亮教授完成。

在本书编写过程中，中国建筑工程总公司给予了大力支持，广联达科技股份有限公司承担了大量的调查研究、资料整理等工作，在此表示衷心感谢！中关村智慧建筑产业绿色发展联盟给予了特别关注，一并感谢！

由于时间仓促，疏漏之处在所难免，恳请广大读者批评指正。

本书编委会